범죄예방론

이윤호

CRIME PREVENTION

박영사

서 문

한때 하루를 시작하거나 오랜만에 만났을 때 나누는 인사가 "밤새 안녕하셨습니까" 아니면 "식사는 하셨습니까"라고 했던 시절이 있었다. 그만큼 먹고사는 것과 생사문제가 여의치 않았었다는 것을 상징적으로 보여준다. 물론 아직도 절대적 빈곤이 완전히 해결된 것은 아니지만 먹고사는 문제로부터 비교적 상대적으로 예전보다는 나아졌음이 분명하고, 냉전이 끝나고 전쟁의 위험도 잦아진 지금 우리에게 가장 큰 관심사는 범죄와 범죄에 대한 두려움이 된 지 오래이다.

범죄는 우리에게 너무나 크고 심해서 그 상처가 오래가고, 그 치유에는 고통과 비용과 시간이 엄청나게 요구되는 가장 심각한 사회문제 중의 하나이다. 범죄가 무릇 사회적 질병이라고도 한다. 건강은 건강할 때 지켜야 한다고 한다. 아프기 전에, 병들기 전에 조심하고 관리해서 병에 걸리지 않아야 한다. 예방의학이 강조되는 이유이다. 범죄도 마찬가지이다. 범죄가 발생하면 신체와 재산상의 손상과 고통은 물론이고 심리적 손상과 고통과 사회적 불신이나 비용도 엄청나다. 범죄피해는 그 회복이 영원히 불가능하거나 회복하려면 상당한 시간, 비용, 고통을 수반하게 된다. 범죄도 질병처럼 예방이 중요한 이유이다.

범죄의 심각성과 그 예방의 중요성에도 불구하고, 불행하게도 우리에게는 체계적이고 학문적으로 기술된 전문서적을 찾아보기가 어렵다. 용기를 내어 저술을 시작하였다. 본서는 범죄예방이 무엇이고, 어떻게 범죄를 예방할 것인가를 중심으로 구성되었다. 경찰의 법집행과 형벌 등 전통적 범죄예방으로서 범행동기의 억제에서부터, 상황적 예방을 중심으로 하는 기회이론, 그리고 동기와 기회를 통합하는 노력은 물론이고, 사회개발과 발전에 이르기까지 다양한 모형을 집대성하고 있다. 특히, 저자의 관심이 큰 피해자정책을 통한 범죄예방, 즉 피해자지원, 범죄에의 저항, 회복탄력성의 증대를 통한 범죄예방 등 범죄피해자화예방을 강조하였다. 첫술에 배부를 수 없다고 스스로 위로하지만, 당연히 부족한 부분도 적지 않을 것이다. 시간을 두고 더 연구하고, 학계의 평가도 참고하여 부족한 부분은 채워 나가고자 한다.

　　본서가 나오기까지에는 언제나 그랬던 것처럼 많은 사람들의 도움이 있었기에 가능했다. 사제에서 이제는 학문적 도반이 되었음에도 변함없이 저술에 필요한 도서와 자료를 수집하고 정리하는 데 무한의 도움을 준 동국대학교 융합연구센터(CRC)의 연구교수인 전용재 박사에게 먼저 심심한 감사의 인사를 전하고 싶다. 변함없이 40여 년을 곁에서 지켜주고 응원해 준 아내 불이보살, 내 삶의 이유이기도 하였으나 이제는 든든한 나의 지킴이가 된 두 아들, 창욱과 승욱에게도 고마울 따름이다. 당연히 본서가 나오기까지에는 박영사의 임직원 여러분이 있어서 가능했기에 감사하는 바이다.

2022년 임인년 새해 벽두
북촌 고려사이버대학교 연구실에서
저자 이윤호

목 차

제1장 범죄예방의 정체성 ·· 1

|| 제1절 || **범죄예방의 중요성과 필요성** ·································· 3
　1. 범죄와 범죄피해, 범죄두려움의 심각성과 그 비용 _ 3
　2. 피해회복의 어려움과 비용 _ 10

|| 제2절 || **범죄예방의 이론적 기초** ································ 12
　1. 범죄예방 전략과 이론의 역할 _ 12
　2. 발전적 범죄예방에 영향을 미친 이론들 _ 13
　3. 지역사회 범죄예방에 영향을 미친 이론들 _ 14
　4. 상황적 범죄예방에 영향을 미친 이론들 _ 17
　5. 기타 범죄예방에 영향을 미친 이론 _ 19

|| 제3절 || **범죄예방의 개관** ··································· 26
　1. 범죄예방의 역사적 발전 _ 26
　2. 범죄예방의 개념적 정의 _ 32

|| 제4절 || **범죄예방의 실질적 특성** ···························· 39
　1. 복잡성과 단순성 _ 39
　2. 범죄예방의 평가 _ 42

|| 제5절 || **범죄예방과 형사사법제도** ·························· 43
　1. 범죄예방의 표적 _ 46
　2. 범죄예방과 형사사법제도의 비교 _ 48
　3. 범죄예방의 책임, 주체 그리고 실천기관 _ 51

|| 제6절 || **범죄예방의 유형** ·· 62

1. 상황적 예방과 사회개발모형 _ 64

2. 1차(primary), 2차(secondary), 3차(tertiary) 예방 _ 66

3. 집합적 예방과 개인주의적 예방 _ 67

4. 범죄예방의 축 _ 67

5. 2차원적 범죄예방유형 – 예방의 표적과 실천단계 통합모형 _ 68

제2장 전통적 범죄예방 ·· 71

|| 제1절 || **실증주의 범죄학과 범죄예방** ································ 73

|| 제2절 || **경찰의 범죄예방** ·· 76

1. 경찰의 주요 범죄예방활동 평가 _ 77

|| 제3절 || **억제(deterrence)와 무능력화(incapacitation)** ·············· 87

1. 억제의 개관 _ 88

2. 억제효과의 요건과 전제 _ 90

3. 억제효과의 평가 _ 92

4. 인식(perception)과 억제 _ 95

제3장 1차적 범죄예방 ·· 101

|| 제1절 || **가정과 범죄예방** ·· 103

|| 제2절 || **학교와 범죄예방** ·· 106

|| 제3절 || **대중언론과 범죄예방** ·· 109

1. 언론과 범죄 _ 109

2. 언론의 범죄예방 활동 _ 112

|| 제4절 || **발전적 범죄예방** ·· 115

1. 발전적 접근의 합리성 _ 115

2. 발전적 범죄예방의 배경 _ 117

3. 발전적 예방의 내용 _ 121

4. 발전적 예방의 새로운 방향 _ 123

제4장 2차적 범죄예방 ··125

|| 제1절 || 재범예측과 범죄예방 ··130

1. 미래 범행의 예측 _ 130

2. 위험요소(Risk factors)와 예측 _ 136

3. 장소와 시간의 예측 _ 144

4. 반복피해자화(Repeat victimization) _ 150

|| 제2절 || 학교와 범죄예방 ··154

1. 반사회적 행위의 기여요소로서의 학교 _ 154

|| 제3절 || 특수범죄의 예방 ··160

1. 마약 _ 160

2. 사이버범죄의 예방 _ 170

3. 화이트칼라 범죄 _ 182

제5장 3차적 범죄예방 ··189

|| 제1절 || 특별억제와 무능력화 ··193

1. 형사제재(criminal sanction)의 특별억제 효과 _ 193

2. 무능력화(Incapacitation) _ 194

|| 제2절 || 교화개선(Rehabilitation)과 범죄예방 ·····················198

1. 교화개선의 유효성(Nothing works vs. something works, then what works?)
   _ 199

2. 효과적인 교화개선 프로그램 사례 _ 202

3. 범죄예방으로서의 교화개선 평가 _ 210

제6장 상황적 범죄예방 ··211

|| 제1절 || 상황적 범죄예방의 가정과 발전배경 ······················213

1. 가정(assumptions) _ 215

2. 발전배경 _ 217

|| 제2절 || **이론적 배경** ··219

1. 일상활동(Routine Activity)이론 _ 220

2. 합리적 선택(Rational Choice)이론 _ 224

3. 범죄유형(Crime Pattern)이론 _ 227

4. 범법자/표적 탐색(Offender/Target Search)이론 _ 232

|| 제3절 || **상황적 범죄예방의 정의와 기술** ······················233

|| 제4절 || **상황적 예방의 우려와 쟁점들** ······················237

|| 제5절 || **범죄대체와 효과의 확산** ····························243

1. 범죄대체(Crime displacement) _ 244

2. 이익의 확산(Diffusion of benefits) _ 250

3. 대체와 이익확산의 경험적 증거 _ 251

4. 평가 _ 253

5. 상황적 예방의 평가 _ 260

제7장 지역사회 범죄예방 ································269

|| 제1절 || **지역사회 범죄예방의 범죄원인론적 배경** ············274

|| 제2절 || **지역 범죄예방 접근의 유형** ························277

1. 지역사회방어모형 프로그램 _ 277

2. 구체적 프로그램 _ 282

3. 과제와 평가 _ 286

제8장 환경설계를 통한 범죄예방(Crime Prevention Through Environmental Design) ···················301

|| 제1절 || **범죄예방의 중요성과 필요성** ······················303

1. 개관 _ 303

2. 물리적 설계의 영향 _ 309

3. 방어 공간에 대한 도전 _ 313

4. CPTED의 진화 _ 314

제9장 사회개발을 통한 범죄예방(Crime Prevention Through Social Development: CPSD) ·················329

|| 제1절 || 개관 ···331

|| 제2절 || 이론적 배경 ···332

1. 아노미, 긴장이론 _ 333

2. 차별적 접촉이론(Differential Association Theory) _ 334

3. 사회학습이론 _ 336

4. 사회통제/사회유대이론 _ 337

5. 발달범죄학(Developmental Criminology) _ 339

|| 제3절 || CPSD의 특성과 내용 ·································341

제10장 피해자와 범죄예방 ································347

|| 제1절 || 피해자, 형사사법제도, 그리고 범죄예방 ·······349

|| 제2절 || 반복 피해자화의 예방(Prevention of repeat victimization) ···351

1. 반복 피해자화의 개념과 유형 _ 352

2. 반복피해자화 예방의 이유 _ 356

3. 반복 피해자화와 그 예방의 이론적 배경 _ 358

4. 반복 피해자화 예방의 평가 _ 360

|| 제3절 || 상황적 피해예방 ·······································362

1. 잠재적 피해자의 행동수정을 통한 범죄기회의 축소 _ 362

2. 범죄예방의 새로운 패러다임으로서 도시 회복탄력성(Urban Resilience) _ 364

제11장 회복적 사법(Restorative Justice)과 범죄예방 ·········371

|| 제1절 || 범죄예방대책으로서의 회복적 사법의 필요성 ·····················373

|| 제2절 || 회복적 사법 ···375

|| 제3절 || 범죄예방으로서의 회복적 사법 ···377
1. 가해자-지향(Offender-oriented) 예방 _ 377
2. 피해자-지향(Victim-oriented) 예방 _ 380
3. 지역사회-지향(Community-oriented) 예방 _ 382
4. 사회-지향(Society-oriented) 예방 _ 383
5. 선취적 2차(Secondary prevention through pre-emption) 예방_ 384

제12장 범죄예방으로서의 피해자 지원(Victim Support) ··387

제13장 과학기술과 범죄예방 ·····································393

|| 제1절 || 과학기술이 피해자와 가해자 행동에 미치는 영향 ·····················396
1. 과학기술과 관련된 범죄예방이론의 역사적 발전 _ 397
2. 피해자화와 사회통제 _ 398
3. 기술이 인간의 사회행위에 미치는 영향 _ 400

|| 제2절 || 범죄예방이론과 기술 ···401

|| 제3절 || 기술 기반 범죄예방(Technology-driven crime prevention) ··404
1. 카메라에 기초한 기술 _ 404
2. 전자감시와 GPS에 기초한 기술 _ 405
3. Bluetooth/WIFI 기술 _ 406
4. 감성 컴퓨팅(Affective-Computing) _ 406
5. 정보기술 _ 407
6. 모바일 앱(Mobile Apps) _ 407

|| 제4절 || 기술과 상황적 범죄예방 ···408

|| 제5절 || **기술혁신과 경찰의 범죄예방활동** ···411
  1. 범죄예방에 있어서 경찰의 기술 활용의 중요성 _ 411
  2. 범죄예방의 신기술 – 연성기술과 경성기술 _ 414
  3. 범죄예방의 신기술 _ 415
  4. 범죄예방에 있어서 기술혁신과 관련된 쟁점 _ 418

제 14 장 증거 기반의 범죄예방
(Evidence-Based Crime Prevention) ·······················423

|| 제1절 || **개관** ··425

|| 제2절 || **효과적 예방의 사례** ···427
  1. 아동에 대한 프로그램 _ 427
  2. 가해자에 대한 프로그램 _ 428
  3. 피해자에 대한 프로그램 _ 429
  4. 범죄 장소에 대한 프로그램 _ 429

제 15 장 범죄예방으로서의 회복탄력성(Resilience) ············431

|| 제1절 || **취약성(vulnerability)과 화복탄력성(resilience)** ·······················434

|| 제2절 || **위험요소, 보호요소, 그리고 회복탄력성 요소** ·······················435

|| 제3절 || **중요 회복탄력성 요소** ···437
  1. 교육 _ 439
  2. 비폭력적 가정환경, 피해자화 그리고 폭력의 수용태도 _ 39
  3. 범죄적 역할모형에의 노출과 비행적 교우관계 _ 440
  4. 약물의 부재 _ 440

|| 제4절 || **예방정책으로서의 함의** ···442

제16장 시장 기반 범죄예방으로서 제3자 경찰활동
(Third-party policing) ·················· 445

제17장 범죄예방으로서의 범죄단절
(Desistance from crime) ·················· 451

제18장 범죄예방의 추세와 전망 ·················· 459

‖ 제1절 ‖ 일반적 추세와 전망 ·················· 461

‖ 제2절 ‖ 범행자원의 제한과 범행능력 감축에 의한 예방 ·················· 466

‖ 제3절 ‖ 범죄예방을 위한 문제-해결(problem-solving) ·················· 469

제1장

범죄예방의 정체성

범죄예방의 정체성

제1절 | 범죄예방의 중요성과 필요성

1. 범죄와 범죄피해, 범죄두려움의 심각성과 그 비용

1) 범죄피해의 심각성과 비용

과거 냉전과 빈곤의 시대에는 전쟁과 기아가 가장 심각한 사회문제로 각종 여론조사 결과로 등장하였지만, 적어도 절대적 빈곤이 어느 정도 해소되고 전쟁의 위협도 상대적으로 낮아진 현재는 범죄가 가장 심각한 사회문제로 지적되곤 한다. 우리사회에서 범죄문제가 얼마나 심각한가는 대체로 미국 FBI의 UCR(Uniform Crime Report)과 같은 공식범죄통계와, 이에 대한 보완으로서 자기보고식조사(Self-reported Survey)와 피해자조사(Victim Survey)를 활용하여 평가하고 추정한다. 여기에 더하여 하나의 간접 피해 유형이라고 할 수 있는 범죄에 대한 두려움과 공포(fear of crime)도 그 심각성은 범죄에 못지않다고 한다. 범죄의 직접 피해는 물론이고 간접 피해라고 할 수 있는 범죄의 두려움과 공포는 우리에게 상당한 노력, 시간, 그리고 비용을 요구한다. 범죄가 없다면 불필요한 비용과 시간과 노력을 강요당하고, 그 결과 우리의 삶의 질이 송두리째 떨어지게 된다. 물론 어쩌면 이보다 더 큰 문제는 사회전반에 걸친 사회적 불신 풍조, 국가, 특히 경찰을 비롯한 형사사법기관과 제도에 대한 불신이 아닐까 한다.

그렇다면 범죄와 범죄피해의 비용은 어떤 것들이고, 얼마나 될까. 사실 범죄와 범죄피해의 문제는 단순하게 범행건수 또는 범죄사건의 수를 세는 것 이상이라고 할 수 있다. 범죄는 그 피해자는 물론이고 우리 사회 모두에게 여러 가지의 상이한 영향을 미치며, 다양한 방면에서 이들 영향은 공식통계나 피해자조사에 나타난 수치의 크기와 범위를 훨씬 능가하기 때문이다. 여기에 더하여, 범죄와 범죄피해로 인한 경제적 손실, 부상, 의료비용, 직장에서의 작업손실 등은 범죄가 미치는 영향에 대한 추가적인 비용이라고 할 수 있다. 아직 우리는 비교적 정확한 추산조차도 하지 못하고 있지만 미국의 범죄피해자조사결과에 따르면 2006년에만 피해자들이 180억 달러 상당의 직접적인 손실을 범죄피해로 보게 되었으며, 이는 피해자 1인당 평균 731달러에 해당되는 금액이라고 한다. 이런 달러 수치만 해도 엄청난 손실이지만, 범죄 한 건당 경제적 손실이 인플레이션 이상으로 점증하고 있다는 사실이다. 즉, 범죄 한 건당 피해액수와 규모가 점점 증대되고 있다는 것이다[1].

실제로 미국에서는 범죄율이 낮아지고 당연히 범죄로 인한 비용도 그만큼 감소되었을 것으로 생각하겠지만 사실은 그렇지 않다고 한다. 예를 들어, 2011년에 발표된 미 법무부 통계국의 자료에 따르면 2007년도에만 해도 형사사법에 년 23억 달러의 예산을 집행하였다고 하는데, 이 예산은 경찰, 법원, 교정, 그리고 대부분은 국토안보부 예산만을 포함하는 경비라고 한다. 이는 연방, 주, 지방 단위의 형사사법 비용 외에도, 개인이든 법인이든 피해자가 감수해야 하는 비용도 있는 것이다. 범죄피해는 상당한 금전적 피해를 수반하여, 예를 들어 2002년 기준으로 강도는 건당 평균 1281 달러에 달하였다고 한다. 당연히 범죄비용은 직접적인 것뿐만 아니라 간접적인 것도 있으며, 민간경비(private security)와 손실방지(loss prevention), 의료비, 노동력과 근로 손실, 재물손실, 보안시설과 경비 강화 등 표적강화경비 증대, 절도 등으로 인한 제품단가 상승 등의 비용도 포함

---

1) D. A. Anderson, "The aggregate burden of crime," Journal of Law and Economics, 1999, 42: 611 – 642; S. P. Lab, Crime Prevention: Approaches, Practices and Evaluations, New Providence, NJ: Matthew Bender & Company, Inc. 1999, p. 8

된다. 그 밖에도 구금으로 인한 비용으로 이는 그 비용의 계산이 더 어려운 것으로, 구금으로 인한 가족 관련 비용과 영향, 그에 따른 사회보장과 복지비용 증대, 구금으로 인한 노동과 취업 손실에 기인한 세수감소 등이 이에 해당되는 비용이라고 할 수 있다. 이런 제반 비용은 공적 경비만이 아니라 사적 비용도 증대시키는데, 예를 들어 미국에서는 이미 민간경비가 인력과 예산 모두에서 공공 분야(경찰)를 능가하여 민간경비원이 경찰관 수를 능가하고 민간경비 예산이 경찰예산을 능가하는 실정인데, 민간 분야가 공공 분야를 추월하는 이런 간극은 앞으로 더욱 심화될 것으로 예상되고 있다[2].

금전적 손실 외에도 미국의 피해자조사는 범죄피해로 인한 신체적 부상과 손실된 시간의 영향에 대한 정보도 제공하는데, 예를 들어 약 30% 정도의 피해자가 신체적 부상을 당하고 그중 절반 정도는 치료를 요하고, 이들 중 절반은 입원치료를 요할 정도라고 한다. 피해자 10명 중 한 명 정도는 범죄피해로 인하여 직장에 출근하지 못하는 등 근로손실을 겪었고, 당연히 임금손실도 따랐다고 한다. 이 정도만 해도 범죄영향의 심각성 정도에 대한 그림이 그려지지만. 실제 영향은 공식통계나 피해자조사에 반영된 개별 피해자에게 가해진 직접적인 비용을 넘어서까지 확대된다고 한다. 먼저 개인피해자보다 훨씬 더 광범위한 사회적 영향을 보자. 교정이나 경찰을 비롯한 형사사법기관의 예산, 안전방범설비, 보안인력이나 장비 등 범죄로 인한 각종 활동이나 장치, 범행하려는 범죄자와 그것을 막으려는 사회가 부담하는 시간손실과 노력으로 인한 비용과 고통, 부상으로 인한 손실과 손실된 생명의 가치, 범죄로 인한 손실된 재물의 직접적 가치 등이 그것들이다[3].

범죄피해는 안타깝게도 이와 같은 유형적 피해에만 그치지 않는다. 범죄는 사람에 따라 다르게 영향을 미치지만, 대체로 피해자화(victimization)는 종종 트라우마를 초래하고, 그 사람이 자신의 삶에서 이미 경험했던 트라우마의 수준에 따라 범죄가 엄청나게 충격적일 수 있으며, 범죄피해는 대부분 신체적, 재정적

---

2) D. A. MacKey, "Introduction to crime prevention," pp. 1−30 in D. A. MacKey and Levan, K.(eds.), Crime Prevention, Burlington, MA: Jone & Bartlett learning, 2013

3) D. A. Anderson, "The aggregate burden of crime," Journal of Law and Economics, 1999, 42: 611−642

피해와 비용뿐만 아니라 감정적, 정신적, 사회적 피해도 초래한다. 먼저 감정적 영향으로, 충격, 믿지 못함, 그리고 부정으로서 피해자는 처음에는 자신이 범죄 피해자임을 쉽게 믿지 못하고, 심지어 일어나지 않은 것처럼 여기기도 한다. 이러한 초기 충격이 약화되면서 피해자들은 분노, 두려움, 좌절, 혼란, 죄의식, 수치심, 그리고 비애와 같은 다른 감정적 경험을 겪게 된다. 피해자들은 가해자는 물론이고 심지어 가족, 친지, 사법제도, 자신은 물론이고 신에게까지도 분노하고 화가 나고, 그래서 일부는 보복의 강한 욕구를 갖게 되고, 심지어 증오도 하게 되지만 이들 대부분은 사회가 용인하지 않는 것들이다. 당연히 자신의 생명과 안전에 대한 위협을 초래한 범죄 후에는 범죄에 대한 공포와 두려움에 떨게 되어 때로는 공항발작을 일으킬 수도 있다. 피해자들은 자신의 무력감이나 무기력함에 좌절하기도 한다. 특히 피해회복을 위해 필요한 정보나 지원을 받지 못하고, 사법정의가 더디거나 제대로 이루어지지 않을 때 더욱 심하게 좌절한다. 피해자들은 또한 대체 무슨 일이 일어났는지조차 혼란스러워지고, 왜 나에게 이런 일이 벌어졌는지 답을 찾느라 더욱 혼란스러워지기도 한다. 그리고 피해자가 스스로 자신을 비난하게도 되는데, 왜 자신이 '잘못된 시간에 잘못된 장소에(at wrong place at wrong time)' 있었을까 자책하고, 시간이 지나 왜 자신이 스스로를 충분히 방어하고 보호하지 않았을까 죄의식을 갖기도 하고, 또한 일부의 경우에는 같이 있던 동반자는 살해되었는데 자신만 생존한 데 대해 '생존 죄의식(survivor guilty)'도 느끼기도 한다. 더욱 슬픈 것은, 특히 성범죄피해자들 일부가 때로는 자신을 비난하고, 때로는 가해자도 피해자를 강등(degrading)시키며, 수치심과 창피함을 가하여 장기간 '더러워졌다(being dirty)'거나 그래서 '씻어 버릴 수 없다(washed away)'고 느끼기도 한다는 것이다[4].

범죄로 인한 심리적 손상이 가장 극복하기 어렵고 오래 지속된다고 한다. 대체로 범죄로 인한 심리적 고통이 사고보다 더 심각한 것은 범죄는 다른 사람에 의한 의도적인 가해이기 때문일 것이다. 그러나 어쩌면 심리적 고통보다 더 심각한 영향을 주는 것이 있다면 아마도 사회적 손상과 2차 피해자화(secondary victimization)라고 할 수 있을 것이다. 여기서 사회적 손상이라면 범죄 이후에 사

---

4) Canadian Resource Centre for Victims of Crime, The Impact of Victimization, October 2005

회가 야기한 것이라고 할 수 있는 것으로, 무감각하게 또는 둔감하게 취급되고 처우되거나, 피해자가 응당 받아야 할 정보나 서비스를 받지 못하는 경우라고 할 수 있다. 이런 사회적 손상은 누구라도 가할 수 있어서, 가족, 친구, 경찰, 검사, 판사, 위기상담사나 피해자지원 관계자도 가할 수 있다고 한다. 2차 피해자화(secondary victimization)는 범죄행위 그 자체로부터 직접 초래되는 것이 아니라 피해자에 대한 제도와 개인의 반응과 대응을 통하여 초래되는 피해자화라고 할 수 있다. 예를 들어, 사법절차와 과정에서 자신을 피해자로 인정해 주지 않는다거나, 사법기관 종사자들의 부적절하거나 사생활이나 인권을 침해하는 등 거슬리는 언행, 기소 여부와 재판에서의 양형 등 전체 사법과정과 절차 전반, 피의자보다 못한 피해자 권리, 피해자를 전혀 고려하지 않는 사법과정, 피해자가 아니라 피의자 우선 또는 지향의 사법 등이 2차 피해자화의 이유나 요소라고 할 수 있다[5].

2) 범죄에 대한 두려움

어쩌면 위에서 살펴 본 범죄의 직접적인 또는 1차적 피해라고 할 수 있는 비용과 영향보다 더 심각한 것이 간접 피해 또는 2차 피해라고 할 수 있는 범죄에 대한 두려움일 것이다. 범죄에 대한 두려움(fear of crime)은 비록 반드시 실제는 아닐지라도 불안과 무서움, 즉 범죄두려움으로 활동이나 움직이지 않거나 못하게 되는 기초를 형성하는 범죄피해자화(criminal victimization)에 대한 관점, 견해를 표현하는 것이다. 사실 이 두려움 감축(fear reduction)이 대부분 범죄예방의 주요요소이고 때로는 범죄감축(crime reduction)보다 이 두려움 감축이 주가 되기도 하며, 이를 반영하듯 이제는 범죄예방(crime prevention)보다 오히려 피해자화예방 또는 피해예방(victimization prevention)이 더 강조되기도 한다.

(1) 범죄두려움이란?

그렇다면 범죄에 대한 두려움이란 과연 무엇인가. 불행하게도 이 범죄두려움에 대한 학문적, 실무적 관심은 상당히 증대되었지만, 범죄에 대한 두려움이란 용어 자체가 정확하게 무엇을 의미하는지 합의가 이루어지지 못하고 있다.

---

5) op cit.

그럼에도 지금까지의 논의 중에서 Kenneth Ferraro의 정의가 가장 많이 받아들여지고 있는데, 그는 개인이 범죄와 관련되는 상징이나 범죄에 대한 불안 또는 무서움의 감정적 반응이라고 정의하면서, 이 정의는 두려움을 일으키기 위해서는 소위 인식된 위험성(perceived risk)이라고 하는 잠재적 위험(potential danger)이 필요하다는 것을 함축한다고 설명하였다.6)

(2) 얼마나 두려워하는가?

범죄에 대한 두려움이 다양하게 정의되고 있다면, 그 측정 또한 그만큼 다양할 수밖에 없다. 일부 설문조사에서는 설문응답자들에게 자신이 범죄피해자가 되는데 대하여 얼마나 걱정(worry)하는지 묻는 반면에, 다른 설문에서는 자신의 지역사회에서의 범죄문제에 대한 인식(perception)을 묻는다. 또 다른 설문은 응답자로 하여금 자신이 피해자가 될 확률(chance)을 매기도록 한다. 이런 다양한 접근으로 인하여 범죄두려움과 그 정도에 대하여 당연히 동일한 정보를 가지기 힘든 것이다. 그러나 어떤 설문으로 어떻게 측정하였거나 대다수 연구결과는 국가와 시대에 따라 큰 차이가 있지만 대체로 낮게는 국민의 40~50%에서 많게는 무려 70~80%가 범죄에 대한 두려움을 표했다고 밝히고 있다7).

여기서 한 가지 중요한 사실을 기억할 필요가 있는데, 바로 두려움의 정도나 수준이 실제 범죄의 수준을 능가한다는 점이다. 실제로 강도를 당한 사람이나 당한 경험이 없는 사람이나 비슷한 정도로 동네를 야간에 혼자 걸을 때 조금 또는 많이 불안하다고 답했다는 점을 들어 범죄와 두려움 사이의 연계의 결여나 부재를 보여주기도 한다. 당연히 강도 피해자가 피해를 당하지 않은 사람(non-victim)에 비해 훨씬 심각한 수준의 두려움을 표할 것이라는 기대와 너무나 상반된 결과이지 않을 수 없다. 마찬가지로 공식통계나 피해자조사 모두 국민의 10% 미만만이 피해를 당하는 것으로 나타남에도 불구하고 전 국민의 40~50%가 두려워한다고 답한 것도 실제 범죄와 두려움은 일치하지 않음을 보여준다. 물론 다른 일부 연구에서는 범죄피해경험과 두려움 사이의 긍정적 상관관계도 보고되기도 하며, 또 다른 일부에서는 오히려 피해경험과 두려움은 부의

---

6) K. F. Ferraro, Fear of Crime: Interpreting Victimization Risk, Albany, NY: SUNY Press, 1995, p. 8

7) Lab, op cit., pp. 10-13

관계, 즉 반비례하여 피해경험자가 오히려 면역이 생겨 두려움을 적게 느낄 수 있다는 주장도 한다. 즉, 두려움이란 미지와 불확실성에 기인한 바가 크기 때문에 범죄피해에 대한 미지와 불확실성이 무경험자를 경험자보다 더 두렵게 느끼게 할 수 있다는 것이다. 이런 피해자화-두려움(victimization-fear)관계의 다양함 외에도, 두려움의 수준은 모든 인구사회학적 집단에 일관적인 것은 아니라는 것도 기억해야 할 사항이다. 범죄 두려움은 대체로 도시문제이고, 노인과 여성들에게 다른 집단에 비해 훨씬 크게 영향을 미친다고 한다. 농촌주민의 30%에 비해 도시민 60% 이상이 두려움을 느끼고, 여성이 남성보다 적어도 3배 이상 더 두려워하며, 노인이 청년들보다 2배 이상 더 두려워한다는 것이다[8].

(3) 두려움의 결과와 비용

범죄두려움으로부터의 손실과 피해를 당할 수 있다는 예상으로 인한 비용은 다양하다. 물론 이들 손실과 비용은 안정적이라기보다는 정치적 분위기, 언론의 범죄에 대한 관심, 경찰의 활동, 그리고 이웃 등 피해자화 위험성 외의 다른 요소들은 물론이고 개인의 신체적, 심리적 건강에 따라 매우 유동적이다. 그 중에서도 범죄피해 가능성을 예상함으로써 발생하는 유형적 비용(Tangible costs)은 교통비를 증액하는 등 위험성을 줄이기 위한 행위 또는 행동유형의 변화나 변경으로 인한 비용을 포함한다. 뿐만 아니라 안전을 담보하기 위하여 보안시설이나 장비 또는 보안 서비스를 구입하는 등 추가적인 경호경비 비용의 부담도 적지 않다. 그리고 더 큰 비용은 자신이 하고 싶은 일을 하거나 가고 싶은 곳을 하고 싶은 시간과 가고 싶은 시간에 하지 못하고 가지 못하는 소위 말하는 자유의 상실이 주는 삶의 질의 저하는 엄청난 비용이 아닐 수 없다[9].

아마도 이런 유상의 손실과 비용보다 더 큰 손실은 범죄에 대한 두려움이 가져다주는 시민들의 세계관의 변화일 것이다. 범죄 두려움과 공포는 곧 세상은 위험한 곳이고, 이 세상 누구도 믿을 수 없다는 세상과 사회에 대한 불신을 초래한다. 흔히 이런 인식과 세계관을 사람들은 'Mean world syndrome', 소위

---

8) S. P. Lab, Crime Prevention: Approaches, Practices and Evaluations(7th ed.), New Providence, NJ : Matthew Bender & Company, 2010, pp. 13-15

9) P. Dolan and Peasgood, T., "Estimating the economic and social costs of the fear of crime," British Journal of Criminology, 2007, 47: 121-132

'잔인한 세계관 증후군'을 갖게 하여, 세상을 필요 이상으로 위험한 곳으로, 그리고 이웃마저도 위험한 사람으로 여기는 편견적 인식과 태도를 갖게 한다는 것이다. 결국, 사람들을 '범죄의 두려움(fear of crime)'이 '삶의 두려움(fear of life)'으로 살게 만든다는 것이다[10].

2. 피해회복의 어려움과 비용

범죄피해는 누구에게나 무섭고 불안하게 하는 경험이다. 그 경험은 평생 잊혀지지 않기도 하고 그래서 영혼의 살인이라는 비난을 받는 범죄가 있다. 더구나 아무런 잘못도 하지 않았음에도 오로지 그 시간에 그 자리에 있었다는 이유 하나만으로 엄청난 범죄피해를 당한 무고한 불운한 피해자에게는 그 충격이 더욱 클 것이다. 범죄피해는 예측을 할 수가 없으며 대체로 예방될 수도 없거나 종종 예기치 않게 일어난다. 더구나 다른 평범한 생애 경험들과는 전혀 다르게 자신이 추구하지도 결코 환영받지도 못하는 것이고, 쇠약하게 만들고, 의기소침하게 만들어서 그 영향은 평생을 갈 정도로 장기적이며 극복하기가 불가능하거나 많은 시간, 노력, 고통, 비용을 요하는 어려움과 고통이 따른다. 그리고 설사, 회복할 수 있어도 그리고 회복되어도 많은 시간과 비용과 고통을 감내한 후이며, 그것마저도 피해 이전의 상태보다 좋아질리 없다.

그런 과정 속에서 피해자들은 혼란스럽고, 공포스럽고, 좌절하고 분개한다. 피해자는 왜 그런 일이 일어났으며, 하필이면 왜 자신에게 일어났는지 알고 싶어 한다. 피해자들은 사건 발생 후에도 어디로 누구에게 가야 할지도 모른다. 그들은 불안하고, 누구를 믿고 누구에게 지원, 이해, 도움을 청해야 할지도 모른다. 그럼에도 그들은 물리적으로 뿐만 아니라 경제적, 심리적, 사회적, 재정적으로 고통을 받을 뿐만 아니라 때로는 오히려 형사사법제도의 절차와 과정을 거치며 경제적 시간적 부담을 지고 심지어는 2차 피해까지도 경험하게도 된다.

범죄피해를 당하고 자신의 삶을 바로잡고 추스르기란 매우 어렵고 복잡하다. 신체적 손상의 치료, 마음의 치유, 경제적 손실의 회복, 사회관계와 신뢰의

---

10) L. Dammert and Malone, M. F. T., "Fear of crime or fear of life? Public insecurities in Chile," Bulletin of Larin American Research, 2003, 22: 79 – 101

재건 등 어려운 일들이 겹겹이기 때문이다. 이런 복잡하고 많은 일들을 감내하려면 그만한 시간을 요하고 또 어려운 일이다. 치유과정은 느리고, 때로는 자신을 제대로 이해하지 못하는 가족, 친지, 서비스 제공자로 인해 더 복잡해질 수도 있다. 사람들이 왜 피해자가 아직도 극복하지 못하는지, 언제쯤이나 피해를 뒤로 하고 나머지 삶을 이어갈 수 있는지 묻는 등 피해자에게 가해지는 일종의 둔감한 언급이 피해자에 대한 이해부족 탓이고 그로 인해 피해자는 더 고통스럽게 된다.

따라서 회복과정에는 두통이나 고혈압 등 피해자화와 관련된 스트레스로 인한 건강문제, 식욕이 없거나 과식하는 등 식습관 문제, 불면증이나 악몽과 같은 수면문제, 그리고 남을 믿지 못하는 등 관계의 문제와 같은 장기적 위기 대응이 포함되어야 한다는 것이다. 이와 같은 반응과 그에 대한 대응은 범죄 이후에도 수년 동안 지속될 수 있고, 범죄라는 외상적 사건(traumatic event)을 겪은 사람들에게는 지극히 보편적인 반응이라고 한다. 범죄에 대한 기억도 장기적 위기 반응을 야기할 수 있는데, 기억이 되살아나면 원래 범죄만큼이나 고통스러울 수 있고, 동시에 피해자로 하여금 혼란스럽게도 만드는 것이다. 물론 피해자에 따라서 그리고 피해유형이나 범죄유형에 따라서 기억으로 인한 영향이 다양할 수 있으나, 대부분 공통적으로 범법자를 다시 보고, 범죄시에 피해자가 느꼈던 무언가와 유사한 느낌(듣고, 보고, 만지고, 맛보고 등)을 갖고, 동일 또는 유사한 범죄에 대한 언론보도, 범죄 발생 몇 주기, 형사사법과정을 거치고, 민사소송을 거치는 등이라고 한다. 이러한 위기반응의 빈도와 강도는 통상적으로 시간이 흐름에 따라 감소되지만, 여기에는 당연히 인내와 시간이 이 치유과정에서 중요한 요소가 되기 마련이다. 무엇보다도 중요하고 피해자를 더 힘들게 하는 것은 피해자는 피해를 당하고자 선택하지 않았음에도 때로는 비난받기도 하고 때로는 스스로 자책하기도 한다. 그러나 세상 누구도 성폭행을 당하기를 바라지 않고 누구도 폭행을 당하고 누구도 살해당하기를 스스로 선택하지 않는다. 피해자가 된 것은 불쾌하고 고통스럽고 원치 않는 삶의 경험이다. 그래서 범죄피해자화의 영향은 심각하고, 충격, 두려움, 분노와 불안의 도가니로 피해자를 던져 넣는 것이며, 범죄로 인한 감정적, 신체적, 심리적, 재정적 파문은 피해자에게는 엄청난 충격이 아닐 수 없다. 당연히 피해자화로부터 회복하고 그것을 극복하는 것은 복잡한 과정이고, 그래서 시간, 비용, 노력, 고통이 수반되기 마련이고, 그것조차도 안타깝게도 일부 피해자들은 결코 극복하고 회복하고 치유받지 못하기도 한다. 따라서 그러한 피해를 방지하기 위해서는 당연히 범죄가 발생하지 않도록 예방하는 길밖에 없다는 것이다.

제2절 범죄예방의 이론적 기초

1. 범죄예방 전략과 이론의 역할

이미 대부분의 범죄예방은 이론에 기초한 것들이다. 실제로 정치인이나 관료들의 야망으로만 정당화되는 정책보다 더 위험한 것은 없다는 경고는 오래전의 일이다. 만약 범죄예방대책이 성공하려면 개인이 범죄를 저지르도록 이끄는 개인적, 생태학적 요소와 요인에 관한 지식—기반의 이론으로 뒷받침되어야 한다. 어떤 사회조건과 사회의 변화가 범죄 수준에 영향을 미치고, 어떤 전략이 범죄발생을 예방하기 위해서 개발되어야 할지 이해할 수 있도록 해 주는 것은 바로 이론이라는 것이다[11].

대체로 거의 모든 정책이 다 그렇듯, 범죄예방정책을 포함한 형사정책이 실패한다면 다양한 원인과 이유가 있겠지만, 그중에서도 가장 근본적이고 기본적인 원인과 이유가 있다면 당연히 이론적 근거나 뒷받침이 없거나 약하기 때문이라고 할 수 있다. 범죄의 예방은 그 유형과 방식에 따라 다양한 형태와 방법을 보이지만, 가장 바람직한 것은 애당초 범죄가 처음부터 발생하지 않도록 해야 하고, 이를 위해서는 범죄의 동기와 원인을 해소하거나 제거하는 것이 전제되어야 한다. 이런 측면에서 범죄예방이론은 중요하지 않을 수 없으며, 크게 동기 (motivational)와 원인론적(criminogenic) 이론의 입장에서 개인의 사회환경이나 유전적, 심리적 기질이라는 측면에서 사회발전(social development model)이나

---

11) M. R. Gotfredson and Hirschi, T., "National crime policy," Society, 1995, 32(2): 30－36; P. Wickstrom and Torsetensson, M., "Local crime prevention and its national support: Organization and direction," European Journal on Criminal Policy and Research, 1999, 7: 459－481

공중보건모형(public health model)이 그 답이 될 것이고, 그 다음은 범행기회와 피해자화 이론을 들 수 있을 것이다. 현재 학계나 실무에서 가장 보편적으로 이해하는 범죄예방 전략은 대체로 발전적 범죄예방(Developmental Crime Prevention), 지역사회 범죄예방(Community Crime Prevention), 그리고 상황적 범죄예방(Situational Crime Prevention)이라고 할 수 있는데 이들 각각의 예방 전략에 영향을 미친 이론을 아래 <그림-1>과 같이 분류할 수 있다. 아래에 분류된 이론을 중심으로 보편성에 비추어 제외할 것은 제외하고 추가할 것은 추가하여 상술하면 아래와 같다.

그림-1 세 가지 주요 범죄예방 전략과 영향을 준 핵심 이론[12]

2. 발전적 범죄예방에 영향을 미친 이론들

발전적 범죄예방(Developmental Crime Prevention: DCP)은 한편으로는 위험성에 기초한 예방(Risk-based prevention)으로도 알려진 것으로, 비행과 그 이후의 범행에 대한 위험요소(risk factors)와 보호요소(protective factors)를 표적으로 하는 예방이다. 일반적으로는 범죄에 대한 동기 또는 인간개발과 생애과정이론

---

12) Welsh et al., op cit., 2018, p. 144, Figure 1. The three main crime prevention strategies and their key theoretical influences

으로 알려지고 있으며, 범행의 발전에 대한 종단적(longitudinal) 연구로도 알려지고 있다. Tremblay와 Craig는 무엇이 효과적인가에 대한 통상적인 평가 외에, 반사회적 행위 발달의 상이한 모형에 대한 이론적 지지가 어느 정도일까라는 관심에서 Gottfredson과 Hirschi의 범죄의 일반이론으로 대표되는 자기-통제이론(self-control theory), Loeber가 처음 제안한 다중경로(multiple pathways)모형, 그리고 집합적 효과 이론(collective effect theory)의 지금까지 가장 두드러진 세 가지 이론에 초점을 맞추어 설명한다[13].

이들 세 이론은 각자 약간은 상이한 발전적 예방 양식에 대한 기초를 제공하는데, 조기 자기-통제이론(early self-control theory)은 아주 어린 연령기부터 아동의 자기-통제력을 키우기 위하여 적절한 보상과 처벌에 초점을 맞추는 부모행동훈련(parental behavioral training)이 자기-통제이론의 심장이라고 할 수 있다. 경로모형(pathways model)은 초기 아동기에서 중기 청소년기로 연령에 따라 점진적으로 위험과 보호요소에 특별히 초점을 맞추는 비행에 대한 상이한 경로에 맞춘 다양한 범위의 개입을 제안한다. 즉, 발전, 발달, 비행에 대한 상이한 과정에 따라 성장 단계 별로 달라지는 위험과 보호요소에 맞춘 맞춤형 개입이라고 할 수 있다. 이와는 대조적으로, 집합적 효과모형(cumulative effect model)은 초기 아동기에 초점을 맞춘 다중형식의 접근을 강조한다. 여기서는 개입의 결합이나 연합이 취학전 지능향상이나 사회기술훈련 등 개인, 부모훈련이나 가정방문 등 가정, 반 집단 괴롭힘 교육훈련(anti-bullying education and training) 등 학교를 포함하는 하나 이상의 영역에서 복수의 위험요소를 표적으로 할 수 있다는 것이다[14].

3. 지역사회 범죄예방에 영향을 미친 이론들

범죄를 예방하기 위한 지역사회에 기초한 노력들은 때로는 발전적 예방과

---

13) R. E. Tremblay and Craig, W. M., "Developmental crime prevention," pp. 151-236 in M. Tonry and D. P. Farrington(eds.), Building a Safer Society: Strategic Approach to Crime Prevention, Chicago: University of Chicago Press, 1995

14) Welsh et al., op cit., p. 145

상황적 예방의 결합으로 보이기도 한다. 이와 관련하여 지역사회 범죄예방과 프로그램 형태를 규정하기가 어렵게 되는데, 구체적으로 그것은 바로 지역사회 전략과 관계된 두 가지 지배적인 관점 때문이라고 한다. 그중 하나의 관점은 범죄의 사회적 조건과 그 조건들을 규제하는 지역사회의 능력에 초점을 맞추는 반면에, 다른 하나의 관점은 관련된 기제와는 상관없이 전체 지역사회 단위에서 작동한다는 생각을 가진 관점이다. 지역사회 범죄예방은 거주지 지역사회에서의 범행에 영향을 미치는 사회적 조건과 제도를 바꾸기 위하여 고안된 행동들을 포함하는 것이라고 정의되기도 한다[15].

개념과 유형의 정의가 쉽지 않은 것과도 관련이 되겠지만, 실제로 지역사회 범죄예방이라는 다수의 실용적 노력들은 사실상 대체로 비이론적(atheoretical)이라는 현실적 인식들이 없지 않았다. 이러한 관점은 적어도 부분적으로는 지역사회 폭력성의 원인과 치료 사이에 단절이 있다는 생각에 기초하는 것이다. 그런데 이러한 단절(disconnect)이 적어도 부분적으로는 수직적(vertical) 지역사회 범죄예방 노력과 수평적(horizontal) 지역사회 범죄예방 노력 사이의 차이에서 나온다는 것이다. 여기서 수평적 지역사회 범죄예방은 주로 비공식적 사회통제를 통하여 범죄예방에 있어서 지역사회 주민들의 역할을 강조하는 반면에, 수직적 지역사회 범죄예방은 지역사회 외부의 집단이나 집합체에서 제공하는 서비스와 물품 등을 지역사회에 연계시키는데 초점을 맞춘다는 것이다. 그 차이가 사적, 지역적, 또는 공적 통제에 대한 이론적 기초에 반영된다고 한다. 지금까지의 경험으로는 그러나 하류계층 지역사회에서의 사회적, 경제적, 문화적 소외 해소의 중요성을 강조하는 이론에도 불구하고, 사적 통제와 지역적 통제를 구축하고 강화하기 위해 설계된 수평적 지역사회 범죄예방의 노력들은 성공하지 못하였으나 공적 통제를 위해 설계된 수직적 접근은 상대적으로 제한적이라고 평가되고 있다[16].

개념과 유형의 규정을 어렵게 하는 이유 중 하나였던 지역사회 범죄의 원

---

15) T. Hope, "Community Crime Prevention," pp. 21-89 in Tonry and Farrington, op cit., 199

16) D. P. Rosenbaum, "Community crime prevention: A review and synthesis of the literature," Justice Quarterly, 1988, 5: 323-395; Hope, op cit.

인과 치료의 단절은 마치 과거 미국의 청소년 gang문제 해결을 위하여 gang문제의 원인이 더 광범위하고 큰 사회적 질환을 반영하는 것임에도 주로 현장 복지나 위기개입 등에 초점을 맞추었지 실질적 원인과 관련된 지역사회 저변의 위험요소를 다루지 않았으며, 그 결과도 당연히 효과가 없었다는 평가이다. 이와 관련된 진전이라면 사회구조에 초점을 맞춘 이론과 사회과정을 범행에 연계하는 이론을 구별하는 것이며, 그 한 예로서 제도적 자원, 관계, 그리고 규범/집합 효율성이라고 하는 지역사회 영향이나 효과가 작동하는 기제를 이해하는 이론적 모형을 개발하여 이 이론적 구분을 지역사회 범죄예방 노력에 연결시켜서 지역사회 조직화(community organization), 지역사회 방어(community defense), 지역사회 개발(community development)로 범주화한 것이다[17].

이런 범주화를 토대로, 초기 지역사회 조직화(community organization)가 기초했던 이론적 기반은 Shaw와 McKay의 사회해체이론(Social disorganization theory)과 Cloward와 Ohlin의 차별적 기회이론(Differential opportunity theory)이 포함될 수 있다. 지역사회 방어(community defense)라는 관점에서의 지역사회 범죄예방 노력은 잠재적 가해자만큼이나 잠재적 피해자에도 초점을 맞추는 것으로, 여기에는 깨어진 창 이론(broken windows theory)이 대표적 이론이라 할 수 있는데, 이는 건물의 낙서와 같은 물리적 무질서나 쓰레기 등 사회적 무질서가 바로 그 지역사회는 사회통제가 약하고, 범죄가 용인되며, 억제가 최소한이라는 시각적 단서를 제공하여 범죄활동에 좋은 환경을 낳는다는 것이다. 마지막으로 지역사회개발(community development)은 건축적 개선, 지역사회 권한강화(empowerment), 사회-경제적 재생(regeneration), 주택개량 등 다양한 노력들이 있다[18].

---

17) T. H. Bennet, "Crime prevention," pp. 369−402 in M. Tonry(ed.), The Handbook of Crime and Punishment, NY: Oxford University Press, 1998; S. F. Messner and Zimmerman, G. M., "Community−level influences on crime and offending," pp. 155−172 in B. C. Welsh and Farrington, D. P., The Oxford Handbook of Crime Prevention, NY: Oxford University Press, 2012; T. Leventhal and Brooks−Gunn, J., "The neighbofhoods they live in: The effects of neighborhood residence on child and adolescent outcome," Psychological Bulletin, 2000, 126: 309−337; Welsh et al., op cit.
18) Welsh et al., op cit.

4. 상황적 범죄예방에 영향을 미친 이론들

사회나 사회제도를 향상시키는 것이 아니라 그냥 단순히 범죄를 위한 기회를 줄이는 데 의존하는 예방적 접근이라고 할 수 있는 상황적 범죄예방은 범행에 따른 위험성과 범행에 필요한 노력의 증대와 그에 반하여 범행으로 인한 보상과 범행에 대한 촉발과 변명의 축소에 대한 잠재적 범법자의 인식에 직접적으로 영향을 미치기 위하여 물리적 환경을 조정하거나 수정함으로써 가능해진다는 것이다. 예방의 기제나 작동 수단이 보상, 변명, 촉발, 위험, 노력 등 다양한 만큼 이런 상이한 접근법이 바로 상황적 범죄예방 기술을 매우 상세하게 분류할 수 있는 체계를 제공한다. 표적강화, 자연적 감시 강화 등 지금까지 25개의 구체적인 예방기술이 제시되고 있다[19].

상황적 예방은 비교적 이론이 그 실천에 필수적이며, 분류체계가 이 전략에 근본적이어서 정책과 관행에 영향을 미치고, 과학적 지식을 향상시키기 위한 이론적이고 경험적인 발전에 연계시킬 수 있다는 것이다. 70년대 후반에 시작된 분류체계는 범행을 보다 더 어렵게 만들고, 범죄의 비용과 이익을 조정하게 하는 두 가지 개념적 범주에 각각 4개의 기술로 구성된 8개의 범죄감축 기술로 이루어진 비교적 단순한 것이었다. 이론적이고 경험적 지식이 증대됨에 따라, 그러나 범행에 요구되는 노력을 높이고, 범행에 따른 위험도 높이는 반면에 범죄에 따른 보상은 줄이는 세 가지 범주에 각 4개의 구체적 기술로 구성된 12가지 기술로 확대되었고, 몇 년 후 다시 변명의 여지를 없애고 죄의식이나 수치심을 불어넣는 한 가지 범주가 더해져서 16개의 기술로 더욱 확대되었다. 이에 그치지 않고 가장 최근에는 노력의 증대, 위험의 증대, 보상의 축소, 촉발(provocation)의 축소, 변명(excuse)의 제거라는 다섯 가지 범주별 각각 5개씩 전체 25개의 구체적 기술로 더욱 확대되었다. 확대된 범주 두 가지, 촉발

---

19) D. B. Cornish and Clarke, R. V., "Opportunities, precipitators, and criminal decisions: A reply to Wortley's critique of situational crime prevention," pp. 41–96 in M. J. Smith and D. B. Cornish(eds.), Theory for Practice in Situational Crime Prevention, Monsey, NY: Criminal Justice Press, 2003; M. J. Smith and Clarke, R. V., "Situational crime prevention: Classifying techniques using 'good enough' theory," pp. 291–315 in Welsh and Farrington, 2012, op cit.

의 감축과 변명의 제거는 '상황적 촉진제(situational precipitator)' 이론에 크게 영향을 받았다고 한다[20].

이러한 분류체계의 진화는 기회이론(opportunity theory)에 영향을 크게 받았으며, 구조적 요인이나 기질적 요인과 같이 범죄의 먼 원인, 즉 원위적(distal) 요인에 초점을 맞추는 범죄학적 이론과는 달리, 기회이론에서는 이들 요인을 배경요소로 취급하고 그 대신 특정한 시간과 장소에서의 범죄사건의 가까운 원인, 즉 근위적(proximate) 또는 상황적 요인에 초점을 맞추는 것이다. 이론에 따르면, 범법자는 환경적 요인과 기회에 크게 영향을 받으며, 상황의 변화에 매우 적응성이 있는 존재라는 것이다. 그런데 이 기회이론은 합리적 선택, 일상활동, 그리고 범죄유형이론의 기초를 놓았다고 할 수 있다[21].

환경설계를 통한 범죄예방(crime prevention through environmental design)은 환경범죄학과도 관련된 것이라고도 할 수 있는 것으로 합리적 선택의 또 다른 하나의 변형 내지는 변이라고 할 수 있는 것이 있다면 아마도 상황적 범죄예방으로서, 이는 합리적 선택이론을 범죄가 발생할지도 모르는, 발생할 수도 있는 특정한 상황에 적용하는 것이다. 사실 상황적 범죄예방은 특정한 범죄행위와 관련된 위험을 높이고 반대로 범행과 관련된 보상은 줄임으로써 잠재적 범법자가 범행을 선택하지 않도록 함으로써 범죄를 예방할 수 있다는 논리이다. 즉, 범죄가 발생할 수 있는 상황을 만들지 않거나 그러한 상황을 바꿈으로써 합리적 선택을 할 수 있는 이성적(rational) 범죄자로 하여금 범죄를 선택하지 않도록 하자는 것이다. 좀 더 구체적으로 설명하자면, 범행에 요구되는 노력을 증대시키거나, 발각의 위험을 높이거나, 범행으로 얻어질 수 있는 보상을 줄이거나, 일련의 범죄행동으로 상승시킬 수 있는 유발, 촉발 등을 줄이거나, 범행에 대한 변명을 제거할 것 등을 강조한다[22].

---

20) R. V. Clarke, 1995, op cit.; J. M. Hugh, Clarke, R. V. and Mayhew, P., "Introduction," pp. 1–17 in Clarke and Mayhew(eds.), Designing Out Crime,. London: Her Majesty's Stationary Office, 1980; R. V. Clarke, "Introduction," pp. 3–36 in Clarke(ed.), Situational Crime Prevention: Successful Case Studies, Albany, NY: Harrow and HD. Heston, 1992; D. B. Cornish and Clarke, R. V., op cit., 2003; R. Wortley, "A classification of techniques for controlling situational precipitators of crime," Security Journal, 2001, 14: 63–82

21) Smith and Clarke, op cit.; Welsh et al., op cit.

상황적 범죄예방의 기술이나 기법은 물리적 공간에 대한 익숙함이나 친숙성, 접근의 용이함, 소유의식 또는 소속감이나 주인의식(sense of ownership), 그리고 발각의 위험성 등의 개념을 발판으로 하는데, 이는 방어 공간이 거주자들의 자조(self-help)와 영역성 경계(territorial boundaries)가 좌우한다고 주장하는 Oscar Newman의 '방어 공간(defensible space)'의 원리에 기초하고 있다. 그가 말하는 이 방어 공간은 미국 미주리주의 St. Louis시의 1950년대 건축된 고층, 다중밀집 주거단지의 실패를 교훈으로 탄생된 개념이라고 한다. 이 거주단지는 고층에다 공동시설 위주로 구성되어 누구도 개인적으로 공동공간에 대한 책임을 지지 않아 급속하게 퇴락하여 결국 사용이 불가할 정도가 되었다는 것이다. 반면에 뉴욕의 Bronx에서는 방어 공간의 개념을 적용하였다고 하는데 그것은 바로 주민들이 지역을 공유하는 가정의 수가 적을수록 그 지역을 확인하고 유지하는 데 더 큰 책임감을 느꼈다는 것이다. 이를 바탕으로 환경설계를 통하여 이런 방어할 수 있고, 방어될 수 있는 공간으로 환경을 설계, 구성, 구축하여 범죄를 예방하자는 소위 "환경설계를 통한 범죄예방(Crime Prevention Through Environmental Design: CPTED)"이 최근 활발하게 적용되고 있다.[23]

5. 기타 범죄예방에 영향을 미친 이론

1) 사회적 예방이론

범죄의 사회적 예방이란 주로 개인의 범행기질과 범죄 근원의 해결을 목표로 한다. 당연히 형사사법적 접근과 지역사회, 학교, 가구, 개인에 의해 실행되는 전략들은 물론이고, 범죄를 해결하는 데 있어서 형사사법제도와의 공조와 같은 형사사법을 넘어선 접근도 포함하고 있다. 먼저 형사사법 예방은 경찰을 비

---

22) R. V. Clark, "Situational crime prevention," in M. Tonry and D. P. Farrington(eds.), Building a Safer Society: Strategic Approach to Crime Prevention, 1995, Chicago: University of Chicago Press, pp. 91-150; Center for Problem-Oriented Policing, Twenty five techniques of situational crime prevention, http://www.popcenter.org/ 25techniques, 2021, 1, 2 검색

23) O. Newman, Creating Defensible Space, Washington, DC: Office of Policy Development and Research, US Department of Housing and Urban Development, http://huduser.org/ publications.pdf/ def.pdf, 2021, 1, 2 검색

롯한 형사사법제도에 의한 전통적인 억제(deterrence), 무능력화(incapacitation), 그리고 교화개선(rehabilitation)적 전략이라고 할 수 있다. 이런 유형의 범죄예방은 대부분 대체로 억제이론(deterrence theory)에 기초한 것으로, 범죄자나 잠재적 범법자들이 심각한 제재나 체포의 위협에 직면하게 되면 범행을 중단할 것이라고 가정하고 있다. 이와 같은 측면에서의 대표적인 경찰활동은 순찰이며 한 때 Kansas City Preventive Patrol Experiment에서는 순찰의 범죄억제효과가 입증되지 않았으나 후에 경찰 순찰 수준이 높을수록 범죄율은 낮아지는 상관관계가 있다는 연구결과도 없지 않다. 억제이론에 기초한 다른 형사사법 접근으로서 보석을 어렵게 하거나 양형을 높이거나 재판 전 예방적 구금을 하는 등 법원, 교정, 그리고 입법적 접근도 다양하다. 그 밖의 범죄학적 이론들도 형사사법 예방 전략의 발전에 기여하는데, 예를 들어 교정시설에서의 범법자들을 분류·수용하는 것은 사회학습이론에 기반하며, 의료모형(Medical Model)의 형사사법은 생물학적 기질이론에 그 뿌리를 두고 있으며, 피해자 없는 범죄(victimless crimes)를 비범죄화(decriminalize)하고, 청소년 범죄자에게 낙인을 피하게 해 주는 전환(diversion) 프로그램은 낙인이론(labeling theory)과 연계된 것이다[24].

두 번째는 범죄문제가 주로 경찰과 기타 형사사법기관의 손에 맡겨져 왔기 때문에 광의의 사회적 쟁점으로서의 범죄예방이 과거에는 경시되어 왔다는 것이다. 불행하게도 그러나 형사사법제도의 개인과 집단은 범죄와 같은 사회문제의 저변에 깔린 근본적 원인을 파악하고 다루는 데 필요한 전문성, 훈련, 자원, 그리고 지향성이 부족하다는 것이다. 그러나 형사사법 밖의 사회적 예방은 범죄의 근원을 표적으로 하고, 초기단계에 그것들을 해소하려는 분석에 기초하고 있다. 이런 관점에서 이론적 기반이 되는 것은 통제이론(control theory)과 긴장이론(strain theory)이라고 할 수 있다. 통제이론은 왜 대부분의 사람들은 범행하지 않는데 일부 사람들은 범행을 하는지 범죄자와 비범죄자의 차이를 파악하고자 하는 다른 범죄원인론과는 달리, 왜 사람들이 범행하는가보다는 왜 모든 사람들이 범행할 수 있음에도 절대다수의 사람이 범행하지 않고 동조(conform)하는가를 설명하려는 이론이다. 가장 전통적인 통제이론으로서 사회유대이론(social

---

24) Farrington and Welsh, op cit., 2008; T. B. Marvell and Moody, C. E., "Specification problems, police levels and crime rates," Criminology, 1996, 34: 609-646

bond theory)은 사람들이 전념(commitment), 애착(attachment), 참여(involvement), 신념(belief)과 같은 4가지 핵심요소가 사회적 가치에 대한 중요한 사회적 유대를 대변하는데, 이들 요소가 약할수록 사회유대도 약화되고 사회로부터 통제도 적게 받게 되어 결과적으로 더 쉽게 일탈할 수 있게 된다는 것이다. 이런 견지에서 가족과 학교와 같은 전통적 제도, 그리고 결과적으로 아동의 초기 사회화(socialization)를 지원하고 강화하는 것이 범죄예방의 근본적, 기본적, 기초적 관점이라는 것이다. 이처럼 인생 초기의 조기개입을 옹호하는 대책들이 통제이론, 특히 범죄의 일반이론(general theory of crime)과 관련된다는 것이다[25].

긴장이론은 문화적으로 수용되는 목표와 그 목표를 성취하기 위한 수단이나 기회의 괴리에서 일부 사람들이 긴장을 느끼게 되고, 일부가 목표의 성취를 위하여 제한되거나 차단된 합법적 기회와 수단이 아닌 불법적 수단과 기회에 호소해서라도 목표를 성취하려 하고 그것이 곧 범죄라는 것이다. 이런 이론적 가정에서는 당연히 범죄를 예방하려면 기회구조와 집단이나 지역사회 수준에서의 비행의 처우에 초점을 맞추어야 한다는 것이다. 합법적 기회가 주어지면 사람들은 문화적으로 수용되는 합법적 목표를 성취할 가능성이 높아지며, 그 결과 성공을 성취하기 위하여 굳이 불법적 수단에 호소할 가능성은 그만큼 더 낮아진다고 가정하는 것이다. 따라서 긴장이론에 기초한 범죄예방은 기회와 수단이 제한되기 쉬운 하류계층에게 경제적 기회와 교육훈련 기회를 마련하고 제공할 것을 강조한다. 통제이론과 긴장이론 외에도, 부정적인 또래 영향으로부터 아이들을 멀리하려는 노력들은 일종의 사회학습이론, 특히 차별적 접촉이론(differential association theory)과 연관될 수 있다. 그리고 어쩌면 최초의 체계적인 범죄예방 프로젝트라고 할 수 있는 Chicago Area Project가 이론적 배경으로 하고 있는 사회해체이론(social disorganization theory)도 있다[26]. 이들 이론에 기초하여, 학자들은 범죄와 관련된 일련의 위험요소(risk factors)와 보호요소(protective factors)들을 파악하려고 노력해 왔다. 당연히 위험요소는 범행을 촉발하거나 적어도 용이하게 하는 요소이며, 반대로 보호요소는 그러한 범행의 위험으로부터 보호하는 요소라고 할 수 있다. 위험요소는 가정, 학교, 지역사회와 같은 사회제

---

25) Zhao and Liu, op cit., p. 212
26) ibid.

도가 위험한 행위를 줄이고 범죄를 예방하는 데 있어서 중요한 역할을 한다는 것이다[27].

2) 공중보건(public health)모형

지난 20여 년 동안 의료 분야에서 범죄적 폭력에 대한 점증적 관심을 보여왔는데, 이는 대인적 폭력으로 야기되는 치명적 또는 치명적이지 않은 부상이 심각한 공중보건 문제로 간주되기 시작하였다는 의미이기도 하다. 그렇다면 왜 건강의료 분야에서 형사사법에 관심을 갖게 되었을까. 먼저, 심지어 신체적 손상이 의도적인 것이라도 사람이 죽고 부상을 당하는 데 대한 연구는 공중보건 전문가들의 분명한 관심사가 아닐 수 없다. 실제로 폭력으로 조기 사망과 부상이 증가하면서 폭력에 대한 관심과 우려도 커지며, 살인이 특히 흑인들에게 있어서는 제1의 사망원인으로 지목되고 있기 때문이다. 다행히 공중보건에서도 이런 대인폭력을 "형사사법(criminal justice)"의 문제가 아니라 대체로 '사회적(social)' 문제로 인식하기 시작한 것이다. 대체로 사법제도에서는 자원을 주로 직업적 범법자들에 집중해 왔지만, 사실 모르는 낯선 사람을 희생으로 하는 아주 다루기 힘든 약탈자는 폭력행위의 극히 작은 부분에 지나지 않고, 폭력은 오히려 가정폭력이나 연인 또는 교제폭력(date violence)과 같이 가까운 대인관계 상황에서 더 자주 발생한다. 이런 측면에서 보면, 사법제도의 대응만으로는 적당치 않고 적절치 않은 분야가 적지 않다는 것이다. 이런 상황에서는 사후에 부과되는 사법적 제재보다는 정신건강, 사회복지, 중독 치료 등의 분야에서의 시의적절한 개입이 더 바람직할 수 있다는 것이다. 더불어 사회개발, 발전적 접근을 옹호, 주창하는 범죄학자들도 폭력을 다루는 데 있어서 다양한 지역사회 자원의 활용과 1차적 예방을 주장한다. 또한 공중보건 접근은 점점 강조되고 있는 법집행보다는 범죄예방은 물론이고 풀뿌리와 지역 기관의 참여를 통한 지역사회 문제 해결을 강조하는 철학인 지역사회경찰활동(community policing)과도 잘 조화를 이룬다[28].

---

27) Farrington and Welsh, op cit.

28) T. Gabor, Welsh, B. and Antonowicz, D. H., "The role of health community in the prevention of criminal violence," Canadian Journal of Criminology, July 1996, pp. 317-333

전통적으로, 형사사법제도와 정책은 범죄사건에 대응하는 데 초점을 맞추었는데, 이는 의심되는 범죄활동이나 행동의 신고나 서비스 요청에 대한 경찰의 대응에 거의 전적으로 의존하는 것이었다. 그러나 최근 들어 형사사법제도가 이런 전통적 사후 대응적(reactive) 정책으로부터 공중보건모형 또는 의료모형(medical model)으로 그 강조점을 옮기기 시작하였다. 개인적으로 범죄와 질병을 비교하는 경우가 많은데, 당뇨나 심근경색 등 성인병을 예로 들자면, 병이 걸린 후에 아무리 빨리 대응하는 것보다 이런 성인병에 처음부터 걸리지 않는 것이 최상인 것처럼 범죄도 마찬가지라고 할 수 있다. 평소 올바른 식습관, 운동 그리고 체중과 건강관리 등으로 질병을 예방하는 것이 최상이라는 것이다. 이런 질병에 대한 우리 사회의 주요 대응은 시민들이 이런 질병의 고통을 겪지 않게 하는 것과 응급차량의 장비나 기술 향상으로 환자를 긴급하게 후송하여 재빨리 수술하는 것보다 시민들이 이런 성인병의 위험성을 줄이도록 사전에 자신의 생활유형을 바꾸는 것이 더 바람직하다는 것이다. 이런 사전 예방적 생활유형의 변화는 식습관, 운동, 금연 등을 포함하는 것이다. 이에 더하여 이들 질병의 고위험군(high risk)에게는 약물처방과 기타 예방의학이 가미되고 추가적인 생활유형 수정도 가능할 것이다.

이와 같은 공중보건모형이 범죄행위에 적용된다면 범죄행위의 건수와 심각성의 정도 둘 다를 줄이기 위한 상호 관련되고 공조되는 세 가지 1차, 2차, 3차적 예방을 강조하게 된다. 1차적 예방은 범죄행위를 회피하는 것과 관련된 요인인 '회복탄력성 요인(resiliency factors)'을 강화하는 것과 범죄에 가담할 성향을 증대시키는 요인인 '위험요인(risk factors)'을 줄이고자 하는 것이다. 1차적 예방은 전형적으로 범죄가 시작되기 훨씬 전의 사전적, 예방적 노력에 초점을 맞추는 것으로서, 소년비행을 예로 들자면 비행예방의 잠재성이 있는 부모훈련이나 취학 전 프로그램 등이 있다. 이들 프로그램은 아동의 발달과 그로 인한 학업성취에 영향을 미치고 이는 장기적으로 발달이 더디고 학업성취도가 낮은 것이 비행가담 확률을 높이는 것으로 알려진 요소들이기 때문이다[29].

29) M. Shader, Risk factors for delinquency: An overview(NCJ 207540), Washington, DC: Office of Juvenile Justice and Delinquency Prevention, Office of Justice Programs, US Dept. of Justice, http://www.ncjrs.gov/pdffiles1/ojjdp/frd030127.pdf에서 인용; D. P Farrington, "Explaining and preventing crime: The globalization of knowledge,"

2차적 예방은 비행을 지속할 위험성이 높은 것으로 간주되는 개인과 환경에 초점을 맞추는 것으로, 비행가담의 기간(duration), 심각성, 그리고 그 성행을 줄이는 데 초점을 맞추어서 당연히 1차적 예방보다 더 좁혀진 인구를 표적으로 한다. 이들 개인은 범행의 위험은 있으나 아직 심각하고 만성적인 비행에는 가담하지 않은 청소년들이라고 할 수 있는데, 이들에게는 연구결과 확인된 범죄성 위험요소(criminality risk factors)를 줄이거나 해소하고자 하는 노력이다. Farrington은 특히 소년비행에 대한 위험요소로 행동과잉(hyperactivity), 낮은 집중력(attention deficit), 낮은 학성성취, 반사회적 아버지, 대규모 가족, 낮은 가계 소득, 결손가정, 부적절한 부모감독, 부모 부조화 등을 지적하고 있다[30].

3차적 예방은 이미 형사사법제도의 통제 하에 놓인 사람들의 더 이상의 범행을 예방하려는 것이다. 따라서 교정에서의 교화개산과 사회복귀(rehabilitation)가 이 3차적 예방의 초점이 되며, 위험요소와 보호요소(protective factors)는 물론이고, 병영캠프(Bott camp), 약물 및 알코올 치료, 그리고 교육 프로그램 등을 통하여 그 사람들을 위험한 상황으로부터 격리하려는 노력들이다. 결국, 3차적 예방은 교정교화단계에서 교화와 개선을 통하여 정상적인 준법시민으로 사회에 복귀시켜 더 이상의 범죄를 하지 않도록 하자는 것이 그 핵심이다[31].

폭력에 대한 공중보건 접근은 대체로 다음과 같은 몇 가지 특성을 가지고 있다. 첫째, 범죄가 지역사회 질서가 아니라 오히려 지역사회의 건강에 대한 위협으로 간주된다. 폭력범죄는 질병과 사고로 인한 손상과 같이 건강문제라는 보다 광의의 범주에서 보면 의도적 손상으로 간주될 수 있으며, 이 모든 것들이 다 질병률과 사망률에 기여한다. 둘째, 공중보건모형은 대체로 범행과 범행으로 인한 피해자화와 관련된 위험요소를 해소하는 것을 포함하게 되는데, 그 목적은 폭력과 같은 문제를 사건이 일어난 후 사후적으로 비난하기보다는 예방하거나 적어도 최소화하려는 것이다. 셋째, 범죄는 복잡한 원인체계에 기인하여, 범법자의 동기로만으로는 이해될 수 없다. 넷째, 공중보건 문제는 특정한 질병이나 부상의 예방을 통해서 해결된다. 이러한 추세를 반영하듯, 미국 질병통제센터

Criminology, 2000, 39(1): 1 – 24

30) Farrington, 2000, op cit., p. 5

31) MacKey, op cit., p. 5

(Center for Disease Control: CDC)의 국가 부상예방통제센터(National Center for Injury Prevention and Control)에서도 폭력이 주요 연구주제가 되었다[32].

3) 환경범죄학(Environmental criminology)

환경범죄학은 Brantingham과 Brantingham이 1991년에 처음 제안했을 때는 범죄가 시간과 공간적으로 균등하게 분포되지 않는다는 점에 착안하여 발전시킨 것으로 그들의 이론지향성의 기본적인 출발점은 따라서 특정한 범법자의 동기보다는 오히려 개별 범죄사건에 있어서 시간과 공간의 역할에 더 초점을 맞춘다는 것이다. 그들은 범죄성의 유형, 형태(patterns of criminality)는 도로망, 대중교통, 비즈니스, 주거지역의 반영이라는 것이다. 물론 이러한 환경범죄학도 전혀 새로운 것은 아니며, 1800년대 초 프랑스의 제도학파 또는 통계학파의 범죄를 지도화(crime mapping)하려던 노력에 그 뿌리를 두고 있으며, 미국에서도 1960년대 말 시카고학파의 생태학적 범죄학과 사회해체이론의 기초가 된 Shaw와 McKay의 범죄의 공간적 분포 연구 등으로 범죄학도들에게는 이미 익숙한 개념이기도 하다. 그러나 최근에는 환경범죄학이 환경의 훼손, 파괴 등과 관련된 범죄의 연구로 바뀌고 있으며, 그에 상응하여 이런 의미의 범죄학은 Green Criminology라고 불리고 있다. 환경관련 범죄라는 의미의 환경범죄학을 Green Criminology라고 한다면, Environmental criminology는 범죄의 공간적 분포와 분석에 관한 것이 되고 있다.

Brantingham과 Brantingham은 범죄와 물리적 환경에 대한 몇 가지 가정을 제시하였는데, 예를 들어 동기가 부여된 범법자들이 물리적 환경조건에 놓인 잠재적 피해자를 '좋은 피해자(good victim)'에 대한 그들의 본보기 또는 견본과 대조, 비교하기 위하여 환경에 놓여있는 신호나 단서를 이용한다는 것이다. 또한 범죄사건은 통상 범법자의 집에서 가까운 거리에서 일어나지만, 살인을 제외하고는 범법자의 집 목전에서 일어나는 범죄는 아주 적다고 한다. 따라서 집으로부터 어느 정도 멀어질수록 범행이 정점에 이르렀다가 더 이상 멀어지면 다시 감소하게 된다는 것인데, 여기서 범행의 정점에 이르는 지역은 대체로 체포의 위험성이 가장 높다는 인식과 지역에 대한 범법자의 지식과 친숙성(familiarity)에

---

32) Gabor et al., op cit.

상응한다는 것이다. 사람들의 비범죄활동은 보다 넓은 지역에서 일어나는데, 이 지역을 인식공간(awareness space)이라고 하며, 그러한 보다 넓은 인식공간에 대한 범법자의 지식이 범죄자가 체포의 위험성이 얼마나 될까 고려하는 행동공간(ction space)의 선택에 영향을 미친다고 한다. 집, 직장, 그리고 여가와 연계된 공간은 물론이고, 지하철, 자동차, 도보 등 장소와 장소 사이의 교통형태가 범법자의 인식공간의 형성에 영향을 미친다고 한다. 따라서 잠재적 범법자, 기업/상업시설, 여가기회, 그리고 기타 시설의 물리적 분포가 도시의 전반적인 범죄분포의 차이를 반영하게 된다는 것이다[33].

제3절 범죄예방의 개관

1. 범죄예방의 역사적 발전

1) 개관

범죄예방이 전혀 새로운 것은 아니다. 실제로 인류역사에서 사람들이 범죄피해를 당함에 따라 자신과 가족을 보호하려는 노력을 해 왔기 때문이다. 범죄예방의 역사는 어쩌면 인류역사와도 그 궤를 같이한다고 할 수 있다는 것이다. 그렇지만 '범죄예방'이라는 용어는 최근에서야 범죄와의 전투, 전쟁을 위한 일련의 생각과 노력들을 강조하고 알리게 되었다. 이런 면에서 일부 사람들은 범죄예방이 특히 시민의 참여라는 견지에서 보아 새롭고 독특한 것이라고 주장하는데, 이는 범죄예방으로 분류되고 있는 다수의 최근 활동들을 역사 속에서 볼 수 있기 때문이다. 이런 측면에서 소위 '새로운' 범죄예방 사고와 기술은 과거 관행의 환생이나 과거 기본적 접근의 확장에 지나지 않는다고도 할 수 있다. 일반시민들이 범죄와 피해자화(victimization)에 대항한 일차적 방어선이 아니었던 것은 비교적 최근의 일일 뿐이라는 것이다.

범죄예방의 발전적 역사 또는 역사적 발전을 알아보는 가장 좋은 방법은 과

33) P. L. Brantingham and Brantingham, P. J., "Notes on the Geommetry of crime," in P. L. Brantingham and P. J. Brantingham(eds.), Environmental Criminology, Prospect Heights, IL: Waveland Press, 1991, pp. 27-54

거에 일어난 일을 이해는 데서부터 시작하는 것이다. 범죄와 범죄학 또는 형벌의 역사에서 범죄에 대한 최초의 반응이나 대응은 개인과 그의 가족의 몫이였었다. 초기 역사의 전반에 걸쳐서 응보(retribution), 복수(vengeance), 보복(revenge)이 그 동력이었다. 이런 범죄에 대한 대응은 피해자를 다시 완전하게 만드는 데 기여할 뿐만 아니라 가해자가 획득하였던 이익을 제거하는 것이기도 하여 잠재적 범법자들이 범행에서 얻을 것이 별로 없다는 것을 알게 함으로 소위 사람들로 하여금 범죄행동을 취하지 않도록 억제(deterring)할 수도 있다고 가정되었던 것이다. 무려 기원전 1900년 때의 '함무라비법전(The Code of Hammurabi)'에서도 손상을 가한 행위에 대한 인정되고 받아들여지는 대응으로서 피해자나 그 가족에 의한 응보가 기술되어 있다. 탈리오의 법칙(Lex talionis)이라고 하는 '눈에는 눈(an eye for an eye)'이라는 원리가 특히 함무라비 법전의 주도적 원리가 되었다[34]. 바로 그러한 원리와 관행이 개별 시민의 행동에 정당성(legitimacy)을 제공하였던 것이다. 현대적으로 설명하자면, 그 하나가 사적 사법(private justice)이고, 두 번째가 억제(deterrence)라고 할 수 잇을 것으로, 합치면 사적 응보에 의한 억제라고 하는 일반예방과 특별예방이라 할 수 있을 것이다.

물론 범죄예방이 온전히 사적 대응의 형태로만 존재해 온 것은 아니지만, 그럼에도 범죄에 대한 사회통제의 공식적 체제와 제도가 존재하게 된 것은 그리 오래되지 않고 비교적 새로운 것이었다. 로마제국이나 프랑스에서처럼 초기 '경찰활동(policing)'은 도시에 집중되었고, 군대에 의하여 수행되었으며, 그러나 중앙정부나 왕과 같은 귀족계층 등의 문제들을 다루어 일반대중들은 자조적 방식을 지속하도록 남겨졌었다고 한다[35]. 이는 소위 '경찰활동'이 존재했음에도 그것은 왕권이나 중앙정부의 문제를 다루기 위한 것이었고, 일반대중의 범죄와 피해는 그때까지도 오롯이 개인에게 남겨졌다는 것이다. 결국 범죄에 대한 공식적인 사회통제 제도나 체제는 상대적으로 새로운 것일 수밖에 없는 것이다.

이런 사적 책임을 강조하는 관행은 11세기 영국에서도 계속되어, 1066년

---

34) T. C. Pratt, Cullen, F. T., Bilevins, K. R., Daigle, L. E., and Medensen, T. D., "The empirical status of deterrence theory: A Meta-analysis," in F. T. Cullen, J. P. Wright and K. R. Blevins(eds.), Taking Stock: The Status of Criminological Theory, 2006, New Brunswick, NJ: Transaction Publishers, pp. 367-395

35) ibid.

노르만 정복 당시 일종의 의무적(obligatory) 형태의 비직업적(avocational) 시민 경찰활동을 탄생시켜서 남성시민들은 서로 관찰하고 감시할 목적으로 하나의 단체로 함께 결합하도록 요구받았었다고 한다. 그 외에도 지역사회와 상호 보호를 위하여 시민참여에 의존했던 다양한 형태의 협동적 관행들이 나타났다고 하는데, 대표적으로 남자들이 돌아가면서 감시임무를 나누었던 소위 자경단이라고 할 수 있는 '감시와 퇴치(watch and ward)', 즉 관찰하여 쫓아내고, 감시자가 경계를 발동하고 도움을 요청하는 '경광과 경적(Hue and Cry)', 즉 필요 시 불빛 등을 밝히고 소리를 질러 도움을 요청하는 것이었다. 이런 관행들이 더 나아가서 일반 시민들에게 범법자를 검거하고 처벌할 수도 있게 했던 것이다. 그때까지도 결국 범죄예방은 시민들의 일차적이고 주요한 책임이었던 것이다. 이러한 관행은 신세계 미국에서도 유사한 시민책임으로 남겨져서 초기 영국에서의 '경광과 경적(Hue and Cry)'과 마찬가지로 법을 집행하고 질서를 유지하는 주요한 요소로서 '자경운동(vigilante movement)'으로 승화되었다[36].

대부분은 자발적인 것이었지만 범죄예방에 대한 개인적 책임은 영국에서 1800년대까지 이어졌으나, 이런 추세에 대한 한 가지 예외가 있었다면 바로 특정한 직업이나 집단을 위한 유료 민간 보안 경비경찰의 탄생과 발전이었다. 예를 들어 영국의 '상인경찰(Merchant Police)'로서 영국 직물산업(wool industry)을 보호하기 위하여 설치되었으며, 또 다른 하나는 부유층에서 자신의 기업과 주택을 보호하기 위하여 고용했던 '교구경찰(parochial police)'이 초기 민간경비경찰의 예라고 할 수 있다. 이와 같은 민간경찰활동(private policing)이 발전하여 기업적 경찰활동이 법제화되었는데, 이는 도둑을 붙잡고 도난품을 되찾는데 대한 보수를 허용했던 것이다. 이들 자원 현상금 사냥꾼(bounty hunter)의 활동은 1700년대까지 지속되었으며, 이는 1829년 런던의 경시청(Metropolitan Police)의 설치로 끝나는 경찰발전 과정의 시작이었다고 할 수 있다[37]. 런던 경시청의 설치는 범죄에 대한 공식적 사회통제의 시작이라고도 할 수 있으며, 동시에 공식적 범죄예방의 시작이기도 한 것이다. 사실, 미국에서도 이와 같은 기업적 경찰, 즉 민간경비경찰의 시작은 금광을 비롯한 광산산업의 보호를 위한 것이었다고

---

36) Lab, op cit., p. 23
37) ibid.

한다.

런던경시청이 범죄예방에 가지는 의미가 더 중요한 것은 런던경시청 조직의 핵심이 바로 범죄예방 사상이었기 때문이다. 런던경시청의 창시자라고도 할 수 있는 Robert Peel 경과 조직의 수장이었던 Charles Roman 두 사람 모두가 범죄예방을 경찰업무의 기본적 원리로 보았기 때문이다. 영국 런던경시청뿐만 아니라 프랑스와 같은 나라에서도 초기 공식경찰활동의 시도에서 도로 청소, 가로등 증설, 그리고 예방적 순찰 등의 방법을 통하여 범죄예방을 강조하였던 것이다. 이러한 추세는 미국에서도 예외가 아니어서 영국을 거울로 삼아 비슷한 경로를 걸었다고 볼 수 있다. 그러나 20세기 들면서 일탈행위에 대한 사회적 대응에 큰 변화를 목격하게 된다. 공식 경찰력이 규범이 되었을 뿐만 아니라, 범죄와 일탈을 다루고 해결하기 위한 다른 세력들도 나타나기 시작하였던 것이다. 범죄와 범죄행위에 대한 과학적 연구의 성장, 발전은 일탈행위에 대한 새로운 대응을 가능하게 하였다. 1800~1900년대의 심리학과 사회학의 발전이 범죄행위의 원인에 대한 의문을 갖게 하고, 그 대답을 찾으려고 하였으며, 그 결과 일탈을 단순히 선과 악의 문제로만 돌리던 전통을 이어가는 대신에 언제, 어디서 범행이 일어나고, 어떤 사람이 범행에 가담하는지 그 유형을 파악하기 시작하였고, 이들 요인들을 변화하는 사회구조와 대인적 관계에 관련시키기 시작하였던 것이다. 이러한 발전의 결과는 억압, 응보, 보복, 복수 등을 포함하는 단순한 대응으로부터 연구결과 가정된 일탈행위의 원인의 공격으로 이동하는 것이었다. 이는 당연히 사법제도로 하여금 자신의 활동을 보다 예방지향적인 것들을 통합하고 활용하도록 했던 것이다[38]. 이 부분에 대해서는 사회과학에 과학적 연구방법을 적용하여 범죄의 원인을 과학적으로 규명할 수 있고, 따라서 그 해결, 즉 주로 예방도 가능하다고 믿었던 미국의 실증주의 범죄학이 기여한바가 크다고도 할 수 있을 것이다.

이러한 과학적 연구결과들을 기초로 한 초기 범죄예방 접근의 가장 좋은 예라고 한다면 아마도 미국 일리노이주 Cook County에서 시작된 소년법원의 발전과 하류계층의 빈곤, 교육의 결여, 그리고 부적절하거나 부족한 부모양육 능력과 기술 등의 문제를 해소하기 위한 소년법원의 노력이라고 할 것이다. 소

---

38) Lab, op cit., p. 24

년법원의 철학적 기초는 비행의 원인을 과학적으로 파악할 수 있다는 임상전문가들을 비롯한 전문가들의 전문성에 있으며, 그들의 연구결과 비행이 바로 빈곤, 부모, 교육 등의 문제에 근본적인 원인이 있다고 믿었던 것이다. 결국 가정, 학교, 사회가 청소년을 제대로 양육, 보호한다면 비행소년이 되지 않았을 것이라고 믿었다. 이를 토대로 소년은 보호받을 권리가 있으며, 보호자가 보호하지 못하거나 보호하지 않을 경우 국가가 보호자를 대신한다는 국친사상(parens patriae)을 철학적 기초로 하게 되었으며, 바로 이 국친사상에서 소년법원의 예방적 특성을 찾을 수 있다. 국친사상에 의하면, 청소년은 도움을 필요로 하며, 그들을 성인법원에서 다루는 것은 예방이나 보호가 아니라 처벌을 지향하는 것이라고 주장한다. 소년법원의 예방적 특성을 가장 잘 보여주는 것이 바로 '우범소년'과 '지위비행(status offense)'이다. 우범소년은 아직 형법을 위반하지 않았지만 내버려 두면 비행과 범행이 우려되는 소년이라 국가가 개입할 필요가 있다는 것이고, 지위비행은 성인이라면 아무런 문제가 되지 않는 일이지만 청소년이기 때문에 일탈로 보는 행위이다. 이들은 사실 아무런 범죄행위를 하지 않았지만 장래 범죄 위험성을 차단하기 위한 목적으로 개입한다는 측면에서 예방적 특성을 함축한다는 것이다. 이런 측면에서 소년법원이나 소년사법제도는 당연히 범죄예방의 시도라고 할 것이다.

소년법원이나 소년사법보다 한 걸음 더 과학적이고 체계적인 예방활동이라면 바로 시카고대학교 사회학과를 중심으로 실험되었던 'Chicago Area Project'라고 할 수 있다. 이 프로젝트의 두 핵심인물인 Shaw와 McKay교수는 비행과 범죄가 거주이동이 빈번하고 따라서 현격하게 사회적 결속과 유대가 부족함이 지배적이었던 도심지역에 집중된다는 사실을 발견하게 되는데, 그들은 그 이유가 바로 거주이전이 빈번한 이 도심지역에서는 거주자가 빈번하게 바뀜으로써 지역사회가 해체되어 그 지역에 거주하는 주민들에 대한 비공식적 사회통제(informal social control)가 어렵거나 불가능해져서 사람들이 일탈을 쉽게 할 수 있게 되기 때문으로 분석하였다. 그런 지역의 주민들은 지역을 개선하여 그곳에 머물기보다는 자신을 향상, 발전시켜서 그 지역을 빠져나가는 데 더 큰 관심을 가지게 되어 범법자들이 이들 지역에서 일정한 정도의 면책성을 가지고 행동할 수 있게 된다는 것이다. 따라서 1931년에 시작된 이 프로젝트는 주민들과 함께 공동체의식과 자긍심을 가지도록 하고, 결과적으로 지역에 머물며 주민들의 행동에 통제력을 행사할 수 있도록 하자는 것이었다. 실제로 이를 위하여 청소년들을 위한 레크리에이션, 자경과 지역사회 자기개선, 중재 등이 그 핵심요소였던 것이다[39].

요약하면, 범죄예방은 범죄의 역사와 그 궤를 같이하고 있어서 전혀 새로운 사상이나 현상이나 활동은 아니다. 단지 그 형태가 변하고 용어가 비교적 새로운 것일 뿐이다. 역사 전반에 걸쳐서 범죄와 범법자를 다루는 것은 자발적이거나 아니면 의무로서 개인의 책임이었으며, 범죄에 대한 일차적 주요 책임을 맡게 된 경찰, 법원, 교정의 체제와 체계로 옮기게 된 것은 비교적 그리 오래된 역사가 아니다. 그러나 불행하게도 우리의 형사사법제도는 범죄를 예방하거나 통제할 수 없었고, 단순히 자원, 장비, 인력 등을 위한 예산의 증액만으로는 범죄를 중단시키기 위한 사법제도의 능력을 향상시킬 수 없었다. 결국 범죄는 사회적 문제이지 형사사법만의 문제가 아닌 것이었다. 이런 인식을 바탕으로 60년대 들어 범죄예방은 물론이고 범죄통제 등에도 적극적, 능동적 참여자로서 시민들을 소환하기 시작하였다. 이런 추세의 변화가 일면 새로운 것일 수도 있지만 사실은 역사적으로 개인의 책임으로 여겨졌던 것을 고려한다면 새로운 것, 혁신적인 것이라기보다는 개인적 책임의 전통으로 회귀하는 것이다.

2) 위험사회와 범죄예방

더욱이, 현대사회가 과학기술의 사회가 되면서 새로운 위험에 노출되고, 그래서 이런 새로운 위험에 대한 예방도 준비되어야 한다는 것이다. 다름이 아닌 바로 '위험사회(risk society)'에서의 예방인 것이다. '위험사회(Risk Society)'는 독일의 Ulrich Beck이 1998년에 출간한 자신의 저술에서 과학기술의 발달로 야기되는 새로운 위협과 위험에 직면한 사회로 규정한다. 첨단 과학기술이 없었다면 사회가 겪지 않아도 될 위험과 위협에 직면하게 되었다는 것이다. 현재 Post−modern사회와 현대사회의 '인내하지 못하고 참을성이 없는(impatient)' 재정자본과 고질적이고 상습적이고 집합적이며 심지어 심화되는 구조적 위기의 지배로 특징되는 "카지노 경제(Casino economy)"의 특성은 "위기관리(risk management)'가 더 이상 국

---

39) op cit., p. 25

가나 사회적 복지국가가 아니라 개인 스스로의 책임이 되고 있다는 사실이다[40].

이처럼 범죄는 당연하고 삶의 거의 모든 부분에서 자신을 보살펴야 하는 사람은 다름 아닌 자기 자신이라는 사실은 개인이 지나치게 사회/복지국가에 의존해서는 안 된다는 것을 의미한다. 당연히 자신의 일상생활과 직장에서의 모든 종류의 위험을 직면해야 하는 것은 바로 이렇게 원자화된 개인들이지만, 그렇다고 이 끝이 없는 노력의 과정에서 개인들이 완전히 혼자만은 아니다. 개인을 둘러싼 다양한 집단의 전문가들이 변화하는 위협과 새로운 위험에 대해서 지속적으로 경고하며, 동시에 의도적으로 두려움과 걱정도 심으면서 동시에 모든 종류의 위험을 감소시키려는 예방을 목적으로 하는 해결을 위한 다양한 도움과 지원도 제안한다[41].

2. 범죄예방의 개념적 정의

범죄예방이란 무엇인가. 범죄예방은 실제 또는 인식된 또는 상상된 위협이나 위험에 대항하는 예비적 보호나 방해라고 할 수 있을 것이다. 한편으로는 또한 예방은 즉각적이거나 약간의 간격을 둔 손상을 피하거나(줄이는) 노력, 예를 들어 관련된 사람에게 의미가 있거나 가치가 있는 무언가의 다소간 완전한 파괴나 감축이라고 규정될 수도 있다. 학자들에 따라 범죄예방에 대한 개념적 정의는 다양하다. 당연히 범죄예방이 현대 범죄학에서 가장 과도하게 시도되었으면서도 가장 이해도가 낮은 개념으로 평가되곤 한다. 일부는 형사사법제도 밖에서 시행된 전략에 초점을 맞추고[42], 두 번째 집단은 경찰활동이라는 좁은 부분과 약간은 무정형의 사회통제 사이 어디쯤에 위치하는 대책들을 포괄한다는 광의의 견해를 피력하고 있으며, 세 번째 집단은 하나 이상의 범죄사건을 방지하는 개인이나 집단, 공적이나 사적으로 행해지는 모든 활동을 포괄한다고도 규정한다[43].

---

40) P. O'Malley, "Policing crime risks in the Neo−liberal era," pp. 89−193 in Stenson, K., and Sullivan, R. R.(eds.), Crime, Risk and Justice, Uffcalme: Willan Publishing, 2001

41) F. Furedi, Culture of Fear, London: Continuum, 2002, pp. 131−139

42) P. J. Brantingham and Faust, F. L., "A conceptual model of crime prevention," Crime and Delinquency, 1976, 22: 284−296

두말 할 필요도 없이 예방은 범죄와 관련될 때의 범죄예방은 논쟁적인 특성을 유지하는데, 의심할 여지도 없이 예방의 목적도 다양하고 복잡하지만 그보다 더 논쟁적인 것은 그 목표와 목적을 어떻게 성취할 것인가, 특히 처벌, 치유, 보상적 개입 등 형사사법제도의 수단과 방법으로 성취할 것인가의 문제이다. 그래서 응보, 억제, 교화개선, 사회재통합 또는 회복적 사법 등 다양하게 시도되었던 것이다.

학자들은 또한 범죄예방과 범죄통제의 개념을 구분하려는 노력도 게을리하지 않았다. 범죄예방은 범죄통제와 처벌하고는 구별되는 것으로 범죄를 줄이기 위한 독특한 사회적, 환경적 전략으로 가장 잘 이해되고 또 활용된다. 그러나 범죄예방을 특징짓는 것은 범죄의 예방이라는 결과나 산물이 아니라 오히려 취해진 접근법이라고 주장한다. 행동이 일어나기 전에 우선 먼저 범행이나 범죄를 예방하기 위한 노력이라고 할 수 있다. 흔히 범죄예방과 통제가 미래 범죄행동의 발생을 예방하고자 하는 공동의 목표를 공유한다는 점에서 둘을 혼용하거나 혼돈하기도 하는데, 범죄예방이 그 목적의 하나가 젊은 사람들이 공식 형사사법제도와의 접촉을 방지하는 것이라는 점에서 예방은 공식 사법제도 밖에서 비롯된다는 관점에서 통제와 예방을 구별해 준다. 이런 면에서 범죄예방을 경찰, 법원, 교정과 함께 범죄감축의 네 번째 기둥이라고도 한다. 이런 점에서 범죄예방은 범죄에 대한 보다 전통적인 대응에 대한 하나의 대안적 접근으로 간주하기도 한다. 만약에 사회적 행동이 이미 발생한 범행에 의한 동기에서라면 통제를 일컫는 것이고, 만약에 범행이 단지 예견되는 것이라면 예방을 말하는 것이다[44]. 예방은 범죄가 발생하기 전에 미리 범죄를 중지시키려는 사전적 접근(proactive approach)이라는 함축적 의미를 담고 있으나, 범죄통제는 이에 비해 이미 발생한 범죄에 보다 사후 대응적(reactive)이라는 것이다. 다른 한편에서는 범죄통제는 범죄에 대한 위에서 아래로의 대응(top-down response to crime)으로서 사후 대응적(reactive)인 경찰의 법집행활동이 지배하는 것인 반면에, 범죄예방은 경찰

43) https://www.academia.edu/22232235?A_Syatem_s_Approach_to-Crime_0Prevention_The _Case_of_Macao?auto=download&email_work_card-, 2021, 6, 20 검색

44) B. C. Welsh, Zimmerman, G. M. and Zane, S. N., "The centrality of theory in modern day crime prevention: Developments, challenges, and opportunities," Justice Quarterly, 2018, 35(1): 139-161

활동에의 지역사회 참여와 지역사회의 공공안전에 대한 시민책임을 권장하는 outreach 대책이라는 것이다. 당연히, 지역사회 경찰활동(community policing)이 주요 전략으로서 범죄예방은 사전적(proactive)이며 아래로부터 위로(bottom – up)의 전술이라고 할 수 있다. 그러나 실제로는 다수 형태의 범죄통제가 범죄예방 방법이기도 하여, 자유형은 사후 대응적이며 동시에 사전 예방적이기도 한데 그것은 만약에 범죄가 애당초 없었다면 자유형도 있을 수 없기에 사후 대응적이며, 동시에 잠재적 범법자를 억제할 수도 있다는 점에서 사전 예방적이라는 것이다[45].

범죄예방은 그 원인에 개입함으로써 범죄와 무질서의 발생위험, 그리고 잠재적 심각성을 줄이는 데 관한 것으로서, 이와 같은 개념정의는 의도적으로 포괄적이어서 범죄의 이론이나 원인의 특정한 유형이나 종류에 초점을 맞추지 않고, 특정 유형의 개입을 선호하지도 않는다. 한편, 범죄예방을 논할 때 종종 같이 언급되는 범죄감축(crime reduction)은 예방과는 약간 상이한 관점으로서 단순히 범죄나 무질서 사건의 숫자와 심각성을 줄이는 데 초점을 맞추고, 예방의 미래지향성 개별 사건의 위험을 줄이는 것을 지향하거나 또는 보다 일반적 범죄위험을 줄이는 것을 지향하거나 예방의 미래 지향성(future orientation)을 포함하고 있다. 그렇지만 범죄통제는 일어나고 있는 특정한 범죄를 좌절시키거나 방해하는 현재 지향성(present orientation)도 가지고 있으며, 범죄발생 후에도 꾸준한 해를 제한하고, 범법자를 검거하고 처벌하거나 처우하는 과거 지향성(past orientation)도 가지고 있다. 그럼에도 실무적으로는 예방적 관점이 없는 범죄감축 행동은 거의 없다고 할 수 있는데, 그것은 범법자들이 통상적으로 개입과 처벌을 예견하고 회피행동을 취할 것이며, 구금이나 보호관찰이나 처우가 결국은 범법자들이 적어도 당분간이라도 다음 범행을 하지 않거나 할 수 없을 것임을 의미하기 때문이다[46].

---

45) J. C. Carroll, Ben – Zadok, E. and McCue, C., "Evaluation of efficiency in crime control and crime prevention programs," American Journal of Criminal Justice, 2010, 35: 219 – 235; P. Eckblom, "Proximal circumstances: A mechanism – based classification of crime prevention," Crime Prevention Studies, 1994, 2: 185 – 232; D. Weatherburn, "Law and Order Blues," Australian and New Zealand Journal of Criminology, 2002, 35(2): 127 – 144

46) P. Ekblom, "The conjunction of criminal opportunity: A framework for crime reduction

학문적으로 범죄예방은 정해진 위치에서 범죄행동의 발생 가능성이나 개인의 범죄행위의 온상을 줄이거나 차단하기 위하여 의도되는 모든 선제적 개입이라고 광범위하게 정의될 수 있다[47]. 이와 같은 확대적, 확장적 개념규정은 이론적으로나 응용적인 측면 모두 범죄예방 분야의 확장성, 광범위함을 반영하는 것이기 때문에 어쩌면 의도적이고 목적이 있는 것이라고 할 수 있다. 이러한 매우 포괄적인 개념정의는 범죄에 대한 전통적 형사사법의 접근방식으로부터 범죄예방을 구별하기 위하여 범죄예방에 적용되어야 하는 개념적 공통분모에 대한 학자들의 논쟁이 끝나지 않았음을 인지하는 것이기도 하다. 형사사법제도나 기관에서는 전통적으로 범죄가 발생한 후의 대응에 초점을 맞추었던 데 비해, 범죄예방은 오히려 범죄가 발생하지 못하도록 미연에 예방하고 방지하는 데 초점을 두기 때문에 상대적으로 그 범위도 광범위하고 그 방법 또한 훨씬 다양할 수밖에 없어서 개념 또한 다양하고 광범위해질 수밖에 없을 것이다.

범죄와 범인성에 대한 예방적 접근에 대하여 어떻게 규정되고 정의되어야 하는지 동의가 없음에도 불구하고, 적어도 이론적 범주 안에서는 범죄예방이란 그 사전 예방적 특성, 일반 사적 시민과 지역사회 및 공동체가 핵심적 역할을 한다는 점, 다기관 및 다분야 동반자 관계의 중요성, 그리고 비록 때로는 형사사법제도를 벗어나기도 하지만 각각의 문제의 독특한 상황에 맞춰진 해결책을 강조하는 동시에 범죄의 근본원인에 초점을 맞출 것을 옹호하는 문제지향적(problem-oriented)방법론 등을 통하여 형사사법제도와 구별되고 있다. 사회과학의 한 학제로서 범죄예방은 그 다학제적(Multidisciplinary)이고 응용적(applied) 특성이라는 특징을 가지고 있다. 심리학, 사회학, 범죄학, 보건, 건축, 도시계획과 설계, 교육, 경제, 사회사업, 그리고 지역사회개발과 같은 다양한 분야로부터 영향을 받고 또 개념, 이론, 원리, 전략 등을 함축하고 있다. 그리고 범죄예방은 실제로 논리적이고 통일된 이론적 틀이 부족하다는 비판을 받을 정도로 이론적 발전이나 개발에 큰 방점을 두지 않는 반면에 현실세계와 상황에서 적용할 수

toolkits," Home Office, England, 2001, www.crimereduction.gov.uk p. 3
47) A. Crawford, "Crime prevention and Community Safety," pp. 866909 in Maguire, M., Morgan, R. and Reiner, R.(eds.), The Oxford Handbook of Criminology(4th ed.), Oxford University Press, Oxford, 2007, p. 871; S. P. Lab, Crime Prevention: Approaches, Practices, and Evaluations(5th ed.), Anderson Publishing New York, 2004, p. 23

있는 개입을 개발하고 평가하는 데 치우치고 있다[48]).

1960년대를 거치며, 그 이전 형사사법의 전통적 이념이었던 응보형 사법에 대한 그 효과성과 비인간성 등 부정적 평가의 대안으로 강조되었던 범죄자에 대한 교화개선(rehabilitation)과 처우(treatment)를 통한 사회복귀 또한 거의 효과가 없다는 극단적 평가로 비판을 받게 되자 또 다시 찾게 된 대안이 지금까지의 전통적 사후 대응적(reactive) 형사사법이 아닌 사전 예방적 접근의 필요성을 강조하기에 이르게 되고, 실제로 비정상적일 정도로 '범죄예방'이라는 것과 관련된 이론, 활동, 그리고 프로그램들에 대한 관심이 증대되었다. 그럼에도 불구하고 위에서 언급한 바와 같이 범죄예방이라는 용어에 대한 보편적으로 동의되고 합의된 개념도 존재하지 않을뿐더러, 당연히 범죄예방의 범위와 경계에 대한 어떠한 합의점도 아직은 없다고 할 수 있다. 예를 들어, 범죄행위의 근본원인(root causes)을 다루는 형사사법, 특히 경찰에 있어서 매우 중요한 개념인 문제-지향 (problem-oriented) 또는 문제-해결(problem-solving) 경찰활동이 그 특성상 분명히 예방적임을 추구하지만, 과연 청소년 비행과 미래 범행 위험을 줄이기 위한 두 가지 매우 중요한 접근인 부모훈련과 긍정적 자녀양육기술 및 취학 전 교육을 우리가 범죄예방으로 명확하게 규정하고 있는가? 뿐만 아니라 더 근본적으로 과연 우리는 교도소와 경찰활동을 예방적이라고 분류하고 있는가? 비록 우리가 사전 예방적인 범죄예방 전략이 일반적으로 사후 대응적인 전통적 형사사법제도의 접근과는 다르다고 하지만, 그럼에도 불구하고 경찰활동이나 교정제도가 범인을 체포하고 구금함으로써 추후 범행이 예방될 수 있기 때문에 그 또한 잠재적으로 범죄를 예방할 수도 있다. 특히, 최근에는 경찰도 문제-지향 또는 문제-해결 경찰활동을 시작으로 경찰의 화두처럼 번지고 있는 지역사회 경찰활동(Community policing)을 적극적으로 적용하고 채택함으로써 사전적, 예방적 접근을 점증적으로 통합하고 있음을 고려한다면 더욱더 그렇다. 당연히 잠재적으로 범죄예방이라고 규정될 수 있는 많은 전략, 철학, 관행, 프로그램이 존재하기 마련이다. 일부에서는 그 방법이나 의도가 아니라 그 결과나 산물로 특정한 프로그램이나 전략이 예방적인지 아닌지 여부를 결정해야 한다고도 주장한다[49]).

---

48) S. Schneider, Crime Prevention: Theory and Practice, CRC Press, Boca Raton, Fl, 2010, p. xv

이런 저런 이유로 아직도 범죄예방을 개념적으로 분명하게 정의하고 규정하기란 쉽지 않다. 범죄예방은 각각의 사람들에게 서로 다른 것을 의미할 수 있는 모호한 개념이기 때문이다. 범죄예방을 제대로 개념화하기 위해서는 이 범죄통제철학의 원리를 통합하는 다양한 접근들을 망라하면서 동시에 너무 지나쳐서 모호하고 무의미할 정도로 광범위하고 포괄적이지 않을 그런 개념을 찾아야한다. 그런 시고로서 지금까지 다양한 노력이 있었고 그중에서 대표적인 몇 가지를 소개하면 다음과 같다.

먼저 미국의 국가범죄예방연구소(National Crime Prevention Institute)는 범죄예방을 "범죄위험을 평가, 인식, 예측하고 그 위험을 제거하기 위한 행동의 개시"[50]라고 정의하였다. 이 개념정의의 장점은 '예측'과 '범죄위험'과 같은 표현에서 범죄예방의 사전적 특성은 물론이고 범죄문제의 특성과 범위를 결정하는 문제-지향의 전략과 그리고는 '인식'과 '평가'라고 하는 적절한 대응을 구축하는 것을 강조하고 있다는 점이다. 물론 이 개념정의의 가장 큰 약점이라면 우리가 걱정하는바 지나치게 광범위하고 그리하여 모호하다는 것이다.

Van Dijk와 De Waard는 "국가에 의하여 범죄로 규정된 행동으로 야기된 손상을 줄이는 것을 목표로 하는 것으로 형법의 집행을 제외한 모든 민간분야의 노력과 국가정책"[51]이라고 범죄예방을 규정화였다. 이런 개념정의의 장점은 개별시민, 주민, 지역사회 집단, 기업 등이 주도하는 '사적 노력(private initiatives)'과 같이 정부는 물론이고 비정부 분야까지 함축하고, 법의 집행이라고 하는 전통적 형사사법접근과 구별한다는 것이다. 특히 '형법의 집행'을 표현적으로 생략, 배제함으로써 '범죄예방'이라는 용어의 개념적 명확성으로 약간의 경계를 제공하고 있다. 하지만 동시에 범죄예방의 사전적 뒷받침에 대하여 전혀 언급하지 않는 것이 약점으로 지적되고 있는데, 실제로 범죄행위로 야기된 손상(damage)을 강조함으로써 범죄예방을 대체로 사전 예방이라기보다는 오히려 사

---

49) Schneider, op cit., p. 3

50) National Crime Prevention Institute, Understanding Crime prevention, Vol. 1, National Crime Prevention Institute Press, Lexington, KY, 1978, p. 1

51) J. J. M., Van Dijk and De Waard, J., "A two dimensional typology of crime prevention projects: with a bibliography," Criminal Justice Abstract, 1991, September, pp. 483 – 490, p. 483

후 대응적인 것으로 규정하는 것으로 보이게 한다.

Ekblom은 "범죄예방은 범죄와 무질서한 사건의 발생의 위험성, 그리고 또는 그 결과의 잠재적 심각성을 줄이기 위하여 범죄와 무질서 사건의 원인에 개입하는 것"[52]이라고 정의한다. 그의 정의는 범죄와 개인과 사회에 대한 범죄의 원인 둘 다를 함축하고 있다. 그런데 지금까지 살펴본 대부분의 범죄예방 정의에서 실제 범죄수준을 완화하거나 더 이상의 범죄증가를 제한하려는 의도를 담고 있지만, 범죄에 대한 공포와 범죄와 피해자화(victimization)의 인식은 대부분이 다루지 않고 있다. 지금보다 더 포괄적이면서도 모호하지 않는 범위 내에서 이들까지 함축할 수 있는 개념적 정의가 필요하게 되는데, Lab은 "범죄예방은 실제 범죄 수준이나 범죄공포의 인식을 줄이기 위하여 고안된 모든 행동을 수반[53]하는 것으로 정의한다. 이를 좀 더 상술하자면 실제 범죄의 발생을 방지하고 그래서 실제 범죄 수준을 낮추는 것은 물론이고, 범죄에 대한 공포의 수준도 낮추고, 범죄피해를 차단하거나 그 정도를 줄이기 위한 모든 노력들로 확장할 수도 있을 것이다. 당연히 이런 모든 노력은 형사사법제도의 노력에 국한되지 않고, 공과 사를 막론하고 개인과 집단의 노력까지 포함되어야 한다.

Sherman과 그의 동료들에게는 범죄예방이 그 '의도(intentions)'가 아니라 '결과(consequences)'로 정의되어야 한다는 것인데, 이는 다시 말하자면 실제 접근방법은 결과만큼 중요하지 않다는 것으로서, 만약에 어떤 전략이나 프로그램이 범죄행동이 일어나지 못하게 하거나 범죄행위가 나타나지 못하게 했다면 범죄예방으로 정의되어야 한다는 것이다. 그런데 여기서 결과도 사실은 특정한 범죄행위나 사건의 예방이나 감소, 범법자 수의 감소, 범죄로 인한 손상의 예방이나 감소 정도, 또는 피해자 수의 감소 등 다양한 방식으로 정의될 수 있다. 이와 같은 정의의 장점이 있다면, 범죄와 범죄행위의 예방이라는 결과에 일차적으로 초점을 맞춘다는 점이다. 이렇게 범죄예방을 결과를 통하여 정의함으로써, 위험에 처한 어린이를 위한 것에서부터 상습적인 성인 범죄자를 구금하는 데 이르기까지 잠재적으로는 광범위한 범주의 접근법이 포함될 수 있다. 물론 이런 포괄

---

52) P. Ekblom, "Designing products against crime," in N. Tilley(ed.), Handbook of Crime Prevention and Community Safety, Portland, OR: Willan Publishing, 2005, p. 28

53) Lab, op cit., p. 26

성이라는 장점은 동시에 약점이자 단점이 될 수도 있는데, 그것은 이런 개념정의가 범죄예방의 개념이 여전히 모호하고 잘못 규정된 것으로 남게 되기 때문이다. 이런 접근방식으로 정의하고, 개입결과로 예방을 측정한다면, 이와 같은 개념정의하에서는 대체로 어떠한 통제전술이라도 여기에 포함될 수 있다[54].

제4절 범죄예방의 실질적 특성

1. 복잡성과 단순성

흔히들 범죄예방은 일면 상상외로 단순하다고 하면서 동시에 우리를 어리둥절하게 할 만큼 복잡한 것이라고 말한다. 놀라울 정도로 단순한 면은 범죄피해자화(victimization)의 위협을 최소화하기 위하여 광범위하고도 일상적으로 취해지는 매일매일의 지극히 상식적인 대책들과 관련된 것으로, 위협적으로 보이는 사람과 장소를 피하고, 위험을 주시하며, 약탈자들로부터 재산을 보호하며, 사랑하는 사람들을 지켜보는 것 등을 포함하고 있기 때문이다. 물론 이런 단순성은 충분히 강력한 처벌로 사악한 범법자들을 억제(deter)하거나 무력화, 무능력화(incapacitate)할 것이라는 대중적 믿음도 포함된다. 반대로 복잡성은 예방적 관심을 요하는 범죄의 우선순위와 개념정의, 미래 범죄에 대한 예측, 상이한 통제수단의 선택, 예방대책 실행에 관련된 과정, 상이한 예방활동의 윤리성과 미학, 조직과 기관의 능력, 책임과 관여, 상이한 예방대책의 기대효과와 그 측정, 예방적 개입의 비용과 이익, 예방 대책별 비용과 편익의 비교 등과 관련된 것이다[55].

현대생활의 복잡한 환경과 여건 속에서 전통적 범죄예방 기술을 실행하려면 기술적으로 복잡한 수단과 도구가 필요할 것이다. 귀중품에 대한 표식을 고

---

54) L. W. Sherman, Farrington, D. P., Welsh, B. C., and Layton MacKenzie, D., "Preventing crime," in Sherman et al.(eds.), Evidence—based Crime Prevention, 2002, London: Routledge, 2002, pp. 1—12, pp. 4—5

55) N. Tilley, "Introduction: Thinking realistically about crime prevention," pp. 3—13 in N. Tilley(ed.), op cit., p. 3

안하고, 장애물을 설치하고, 사이버공간을 보호하고 감시하는 것 등은 21세기까지 물리적 공간에서 직면했던 것들과는 전혀 다른 도전을 양산한다. 범죄예방의 기본적으로는 단순한 수단을 끌어내는 기술적 복잡성은 범죄예방 정책과 관행의 복잡화와 복잡성의 시작에 지나지 않을 수 있다.

　범죄예방 방법은 다양한 방식으로 분류되는데, Brantingham과 Faust[56]는 '1차적(primary)', '2차적(secondary)', 그리고 '3차적(tertiary)'예방으로 분류한다. 그들에 따르면, 1차예방은 처음부터 범죄사건을 예방하는 것이고, 2차예방은 범죄에 가담할 위험성이 있는 사람들의 범죄성(criminality)을 예방하는 것이며, 3차예방은 이미 범행에 가담했던 사람들의 지속된 범행을 예방하는 것이다. 반면에 Tonry와 Farrington[57]은 '상황적(situational)', '지역사회(community)', 그리고 '발전적(developmental)' 예방으로 구분하고, Tilley 등[58]은 '경찰활동과 형사사법기제(policing and criminal justice mechanisms)', 사회적 개입 기제(social intervention mechanisms)', '개별처우 기제(individual treatment mechanisms)', 그리고 '상황적 기제(situational mechanisms)'로 차별화한다. Ekblom[59]은 자신의 '범죄기회(criminal opportunity)'와 협력한 범죄예방 가능성을 전부 파악하려고 하였는데, 그는 더 즉각적(immediate)인 당면한 또는 근접하거나(proximal) 또는 보다 고립된(remote) 또는 원거리(distal)의 범죄원인을 다루는 11가지 일반적 유형(generic type)의 예방적 개입으로 구분하였다. 다루어진 원인의 계층에는 범죄적 성향(criminal predisposition), 범죄회피자원의 결여(lack of resources to avoid crime), 범행할 준비태세(readiness to offend), 범행의 자원(resources for committing crime), 범행 의사결정(decision to offend), 범행상황에 범법자의 존재(offender presence in the situation for offending), 범죄표적(the crime target), 범죄표적 울타리(crime target

---

56) P. Brantingham and Faust, F., "A conceptual model of crime prevention," Crime and Delinquency, 1976, 22: 284-296

57) M. Tonry and Farrington, D., "Strategic approach to crime prevention," in M. Tonry and D. Farrington(eds.), Building a Safer Society: Crime and Justice: A Review of Research, Vol. 19, Chicago: University of Chicago Press, 1995

58) N. Tilley, Smith, J., Finer, S., Erol, R., Charles, C. and Dobby, J., Problem-solving Street Crime, London: Home Office, 2004, Tilley, op cit., p. 4에서 재인용

59) P. Ekblom, "How to police the future," in M. Smith and N. Tillet(eds.), Crime Science, Cullompton: Willan Publishing, 2005

enclosure), 광의의 환경(the wider environment), 범죄예방자와 범죄 조장자(crime preventer and crime promoter) 등으로 파악하고, 이들 각각이 각자의 세부유형을 가지고, 이들 세부유형은 또한 다양한 예방가능성을 가지고 있다는 것이다. 이처럼 예방의 잠재적 범주는 어마어마하고, 그 성취를 위한 수단도 매우 다양하기 때문에 범죄를 줄이고자 하는 실무자, 범죄를 줄이기 위한 효과적 수단을 개발하고자 하는 범죄과학자, 그리고 범죄문제를 규정하고 그에 대응하는 정책과 관행을 비판적으로 이해하려는 범죄학자들에게는 상당한 도전이 아닐 수 없다.

대다수 범죄예방을 위한 노력들은 범죄를 범하는 기질, 성향 등을 완화하려는 것이었다고 할 수 있다. 외관상으로 단순한 방법은 개별 피해자들이 취하는 일종의 사전주의라고 할 수 있다. 범행할 마음이 있는 범법자들의 공급은 어쩌면 오히려 당연한 것이어서 실제로 일부 범죄를 범하기 위한 기질이나 성향은 그리 복잡하지 않으며, 어떠한 외부적인 억제제가 없다면 자신이 원하는 것을 취하는 것이나 처벌을 피할 수만 있다면 자신이 싫어하는 사람을 공격하는 것은 지극히 자연스럽지 않은가? 보편적으로 그러나 범죄를 범하고 더 일반적으로는 반사회적인 방식으로 행동하는 기질이나 성향은 문제가 있는 것으로 간주되고, 범죄성을 조장하는 교육적, 사회적, 문화적, 경제적, 발전적, 또는 유전적이거나 영양학적 조건이나 어떠한 정도이건 범인성과 관련된 위험요소(risk factors)를 구성하는 다양한 개입을 받게 되기도 한다. 그러나 일부 특정한 사람과 그들의 범죄경력과 관련하여 사회구조적, 전기적(biographical), 생물학적 상호작용은 매우 복잡할 수 있고, '잘못된 긍정(false positive)'의 문제도 그 비용이 만만치 않을 수 있다. 여기서 '잘못된 긍정'이란 범인성의 예측에 있어서 위험성이 없는데도 불구하고 위험성이 있다고 예측하는 것으로 개인적 비용과 사회적 비용이 수반되고, 더 문제는 그러한 낙인으로 범행의 기질이나 성향이 새롭게 만들어지거나 기존의 범행성향이나 기질이 더욱 악화될 수 있으며, 그렇게 낙인이 된 동료 우범자들과의 접촉으로 범행을 학습하는 위험도 가중될 수 있기 때문이다[60].

---

60) Tilley, op cit., p. 5

2. 범죄예방의 평가

범죄예방 정책과 관행들의 지위와 뒷받침들은 사실 상당한 쟁점을 야기한다. 범죄과학자(crime scientists)들은 과학이라는 방법과 언어를 이용하여 마치 의사나 의료과학자들이 질병을 다루듯이 범죄예방을 다루기를 원하여, 범죄를 줄이거나 억제하는 효과적인 수단을 찾기 위하여 범죄예방을 위한 기술을 검증하고 가설을 구성하는 데 관심을 가진다. 다른 일부에서는 이를 의견이 분분한 것이라고 인식한다. 범죄와 그 예방은 실질적으로 사회적이고 도덕적인 쟁점이어서, 사회적으로 규정되고, 사회적으로 범행되고 사회적으로 반응하고 대응하는 것이라고 한다. 이런 측면에서, 범죄를 예방하는 방법들이 효과적일 수 있지만 그것이 반드시 다른 방법으로도 받아들여지게 만드는 것은 아닐 수 있다. 예를 들어, CCTV가 범죄예방효과가 있을 수 있지만 인권의 침해와 무관할 수 없고, 범죄억제를 통한 예방을 위한 강력한, 또는 잔인한 처벌이나 원치 않는 사람들을 통제하기 위한 성곽과 같은 '외부인 출입금지 공동체 지역사회(gated community)'는 도덕적, 윤리적 문제를 야기할 수도 있는 것이다.

이처럼 범죄예방과 관련된 핵심적인 기술적, 도덕적 쟁점의 하나는 부작용 또는 부수적 효과와 관련된 것이다. 범죄예방과 관련된 가장 빈번하게 지적되는 부작용은 바로 범죄대체(crime displacement)이다. 이 가정에 따르면, 우리 사회에는 일정한 정도의 범죄는 있기 마련이어서 이렇게 저렇게, 여기저기서, 이 사람 저 사람에 의해 발생하기 마련이라는 것이다. 그래서 범인성의 근원을 해결하지 못하는 범죄예방은 일반적으로 범죄의 발생과 그 고통을 재분배(redistribute)하는 데 지나지 않는다는 것이다. 더 나쁘게는 오히려 범행을 결심한 범법자는 원래 비폭력적 단순한 범죄로부터 더 잔인하고 폭력적인 범행을 할 수밖에 없게 되어 범죄의 고통을 더 악화시킬 수도 있다는 것이다. 극단적으로는 따라서 범죄예방이 범죄에 어떤 영향도 미치지 못할 수도 있다고 하며, 단지 효과가 있다면 방범장치, 도구, 시설, 사람 등 안전을 구매할 수 있는 사람들로부터 표적이 그렇지 못한 사람들에게로 이동, 대체되어 사회 전체의 범죄수준에는 아무런 효과가 없다는 것이다. 결국, 범죄예방이란 범죄의 재분배 또는 분배에만 영향을 미치게 되고, 이 결과적 범죄 재분배는 개인에게 주어진 또는 사용할 수 있는 자원의 기능에 지나지 않는다는 것이다. 그러나 범죄예방이 효과적이라는 연구결과는 물론이고, 범죄대체가 범죄감소와 일치한다는 연구결과도 아직은 없으며, 심지어 일부에서는 예방지역뿐만 아니라 그 주변까지도 효과가 있다는 이익의 확산(Diffusion of benefits) 가설과 그 중간인 비범죄대체 가설도 등장하고 있으며, 결국 셋 모두 비록 범인성의 저변의 근본적 원인을 해소하는 것이 아니라도 예방적 노력의 효용성을 모두가 지향하고 있다고 할 수 있다[61].

제5절 범죄예방과 형사사법제도

현대의 형사사법제도는 그 정당성과 실무철학을 주로 범죄와 범죄성을 예방하는 데 있어서 스스로 가정한 효율성으로부터 끌어왔다. 형사사법제도의 예방적 업무수행을 논의할 때면 보통 범죄를 예방하기 위한 4가지 방법을 떠올린다. 우선, 일반적인 "부정적 예방(General negative prevention)"은 형사제재의 위협으로 자신의 범행 의도나 소망의 실현을 단념하게 하는 잠재적 범법자에 대한 위협에 기초한다. 이 경우, 법률체계가 발각되거나 유죄가 확정된 범법자에 대한 비용과 부정적 결과의 인위적(artificial) 증대와 같이 범죄의 유용성을 줄임으로써 범죄행위의 공리적 구조를 변화시키는 것이다. 형사제재는 개인의 도구적 합리성(Instrumental rationality)으로 하여금 의식적으로 예견되는 행동의 선택지에 대한 장점과 단점을 계산하고 따져보도록 하는 데 그 목적을 두고 있는 것이다. 두 번째, "특별 부정적 예방(Special negative prevention)"은 두 가지 관점에 기초하는데, 그 첫째는 형벌을 부과함으로써 범죄행동에 대한 비합리성이나 경솔함을 학습하게 하고, 범죄가 도움이 되지 않는다는 것을 보여주는 실제/유죄가 확정된 범법자에 대한 위협, 위하에 기초하는 것이다. 이와 관련된 것으로 소위 '무능력화(incapacitation)'도 어쩌면 조금 다른 유형의 '특별 부정적 예방'이라고도 할 수 있을 것이다. 범법자가 구금된 기간 동안은 적어도 담장 밖의 범죄를 범할 수 없도록 그의 범행능력을 무력화시킴으로써 더 이상의 범죄를 예방할 수 있다는 것이다[62]. 위의 첫 번째 '일반 부정적 예방'은 일반적으로 '일반억제

---

61) ibid., p. 6

(general deterrence)'로, 그리고 두 번째 '특별 부정적 예방'은 '특별억제(special deterrence)'로 불리기도 한다.

세 번째 '특별 긍정적 예방(Special positive prevention)'은 교화개선(reha-bilitation)의 결과로 유죄가 확정된 범법자가 교정처우를 통하여 교화되고 개선되어 사회로 준법시민으로 복귀, 재통합되어 더 이상 범행을 하지 않는 경우라고 할 수 있다. 결과적으로 이 또한 위의 특별 부정적 예방처럼 유죄가 확정된 범법자가 재범을 하지 않게 함으로써 그만큼의 범죄를 예방한다는 것이다. 단지, 둘의 차이는 '특별 부정적 예방'은 형벌의 제재라는 부정적 수단을, 반면에 '특별 긍정적 예방'은 교화개선이라는 긍정적 변화의 결과를 도구로 한다는 점이다. 당연히 이 '특별 긍정적 예방'은 범법자의 선천적 또는 후천적 범죄적 기질과 성향을 제거, 감축, 적어도 중화시키고 친사회적 동기, 사고방식, 기술, 태도, 가치지향, 행동유형으로 대체하는 것을 목표로 하는 실증주의적 범죄학 이론에 기초하고 있다. 결국 교화개선모형은 범법자의 가치 합리성(value rationality), 즉 그의 가치지향이 수용불가능하고 그래서 결과적으로 옳지 않으며 따라서 무언가 변화가 필요하다는 것을 확신시키는 것을 목표로 하는 것이다.

네 번째 '일반 긍정적 예방(General positive prevention)'은 형사법체계가 사회통합, 체제안정, 그리고 집합적 도덕적 양심을 재강화 또는 보호함으로써 성취하는 효과이다. 사실, 형벌을 통한 범죄억제와 예방에 대한 비판의 하나이지만, 형벌을 통한 범죄억제는 목표와 표적으로 하는 중·누범자나 잠재적 범법자가 아니라 오히려 소위 법이 없어도 문제가 없는 법을 가장 두려워하고 가장 잘 준수하는 훈육되고 동조하는 도덕적 절대다수에게 가장 잘 적용된다는 것이다. 이런 점에서 형사사법체계가 기본적인 사회가치와 규범의 의심할 수 없는 정당성을 상징적으로 확인해 주거나 적어도 똑바른 사람이 정상적으로 기대되는 행위가 의미가 없거나 센스가 없거나 비합리적, 비이성적이라는 느낌을 갖지 않도록 확실히 하는 것이다.

---

62) M. Pavarini, "Controlling social panic: Questions and answers about security in Italy at the end of the Millenium," pp. 75-95 in Bergalli, R. and Summer, C.(eds.), Social Control and Political Order, London: Sage, 1997, pp. 87-90; M. A. Niggli, "Rational choice and the legal model of the criminal," pp. 25-46 in Newman, G., Clarke, R. V. and Shoham, S. G.(eds.), Rational Choice and Situational Crime Prevention, Aldershot: Ashgate, 1997

의심할 여지도 없이 지금까지의 연구와 논의를 보면 형법이 실제로 예방적 기능을 성취, 수행하는지 또는 한다면 어느 정도인지 매우 의문의 여지가 많다고 한다. 그럼에도 불구하고, 포스트 모던 사회에서, 교화개선 효과와 형벌의 범죄억제 효과에 대한 논란과 부정적 평가로 한때 경시되기도 하였던 교화개선과 처벌의 중심인 교도소가 다시 되돌아왔다는 것이다. 더구나 교도소가 그 기능도 확대되고 강화되었다는 것이다63). 과거 어느 때보다 교도소가 심지어 예방적 방향에서도 효과적일 수 있다는 소리를 더 자주 들을 수 있으며, 이는 "무언가는 효과가 있다(something works)"라는 주장이 이를 대변하고 있다64). 그럼에도 불구하고, 교도소가 '일반 부정적 예방'이나 '특별 긍정적 예방'에 대한 효과는 의문시되고 있으며, '특별 부정적 예방'의 하나라고 할 수 있는 '선별적 무능력화 (selective incapacitation)'는 적어도 위험한 개인에 대한 안전한 수용이라는 실패할래야 실패할 수 없는 기능이 되고 있다.

비록 보다 엄격한 처벌이 범죄를 낮추거나 낮아진 범죄율이 더 엄격한 처벌 때문이라는 확실한 증거는 없지만, 더 엄중한 처벌과 '무관용(zero-tolerance)' 정책은 '안전 우선(safety first)'을 원하는 대중들로부터 상당한 지지를 받고 있다. 잠재적 피해자라고 할 수 있는 대중들은 범죄위험으로부터 보호되어야 한다. 그러나 문제는 처벌이 아무리 엄중하고 잔인하더라도 더 심화된 경제적, 사회적, 문화적 불안정성과 여기에 더하여 정치적으로 극단적으로 불안한 미래로부터 초래되는 위기와 위험, 위협의 감을 씻어 버릴 수 없다는 사실이다. 이러한 표출적(expressive), 보복적 (retaliatory)또는 '대중적 인기영합주의(populist)' 처벌의 몸짓과 태도로는 단지 안전에 대한 마술적 보상이나 주관적 환상만을 제공할 뿐이라는 것이다. 즉, 아무리 잔인하고 엄중한 처벌도 다수 범죄의 범죄원인과 동기라고 지적되고 있는 자연환경의 오염과 파괴, 이념적으로 규범화된 경제적, 정치적, 법률적 폭력, 구조적 실업, 정당화될 수 없는 경제적 불평등, 자유시장의 폭압, 절대적 빈곤, 일부 소외된 소수집단의 배제와 소외, 상대적 박탈, 타인의 필요에 대한 관심의 결여와 같은

---

63) S. Sheerer and Hess, H., "Social control: A defence and reformulation," pp. 96-130 in Bergalli et al(eds.), op cit., 1997, pp. 117-118; J. Young, The Exclusive Society, London: Sage, 1999, pp. 121-147

64) D. Garland, The Culture of Control, Oxford: Oxford University Press, 2001, p. 132

"환경적 위험(environmental risks)"을 줄일 수는 없다는 것이다.

1. 범죄예방의 표적

범죄예방의 개념과 정의가 다양하다는 것은 한편으로는 범죄예방을 누가 누구를 표적으로 또는 목표로 할 것인가를 파악하는 것도 복잡하고 다양하게 만들 수 있다. 사실 지금까지 주요 범죄예방 정책과 전술 그리고 구체적 대책들은 형사사법제도의 주요 초점이라고 할 수 있는 범법자를 다루는 데는 상대적으로 거의 시간을 할애하지 않고, 대신에 범죄예방이 갖는 사전적, 예방적 철학과 궤를 같이하여, 범죄예방이론이나 이론에 기초한 응용대책과 정책은 위험에 놓인 아동과 청소년 등 잠재적 범법자, 이웃주민과 기업 등 잠재적 피해자, 그리고 범죄다발지역과 같은 잠재적 범죄발생장소에 주로 초점을 맞추어 왔다[65].

예를 들어, 사회개발, 발전을 통한 범죄예방은 부모의 부적절한 양육과 보호, 빈곤과 같은 사회 환경의 질적 저하, 또는 행동문제 등에 기인하여 범죄나 비행행위로 발전할 위험성이 있는 아동과 청소년을 주로 표적으로 삼는다. 범죄의 근본원인을 경시하고 그 대신에 특정한 시간과 장소에서 범죄가 발생할 기회를 줄이는데 초점을 맞추는 상황적 범죄예방(situational crime prevention)은 주로 범죄의 피해자가 되었거나 될 수 있는 주거지역과 상업지역을 목표로 삼는다. 범죄예방대책 중에는 심지어 특별히 범죄발생공간과 장소인 물리적 환경을 표적으로 삼기도 하는데, 그게 바로 환경설계를 통한 범죄예방(Crime Prevention Through Environmental Design: CPTED)이다.

그런데 범죄예방의 표적을 좀 더 구체적으로 논한다면, 표적이 범법자로부터 피해자와 잠재적 범법자로 범죄예방의 초점이 이동하고 있다고 할 수 있다. 전통적으로 형사사법제도는 범법자를 체포하고 기소하고 재판하여 형벌을 가하는 것으로 전적으로 범법자에 초점을 맞추어 왔지만, 이와는 대조적으로 형사사법제도에 대한 주요 비판이 형사사법제도가 전통적으로 범죄의 피해자에게는 거의 관심을 주지 않았다는 것이다. 물론 그럼에도 불구하고 아직도 범죄예방에 있

---

65) S. Schneider, Crime prevention: Theory and Practice, Boca Raton, FL: CRC Press, 2010, p. 5

어서 범법자가 프로그램이나 활동의 주요 대상으로 자리하고 있는데, 특히 상황적 범죄예방만 하더라도 범법자들을 억제하거나 중단시키고자 하는 것이 중심이되고 있다. 그러나 최근 들어 범죄예방도 더 많은 관심과 강조를 잠재적 피해자또는 표적에 쏟고 있어서, 상황적 범죄예방이 지역과 사람을 범죄로부터 보호하기 위해 기획될 뿐만 아니라 이들 개입의 계획과 실행이 종종 범죄피해자가 될위험에 놓인 바로 그 사람들에 의해서 수행되고 있다. 또 한편에서는 관심의 초점이 범법자로부터 잠재적 범법자에게로도 옮겨지고 있다. 이런 움직임의 하나가바로 사회개발 접근의 특징으로서, 사회개발 접근이 아동과 청소년을 장래 또는현재 비행과 범인성의 위험에 놓이게 하는 요인들을 표적으로 하기 때문이다[66].

또한, 범죄예방이 목표로 하는 것도 무게 중심이 변하거나 최소한 확장되고있음을 알 수 있다. 전통적 접근에서는 그 초점이 범법자에게만 배타적으로 집중되고, 그렇게 하는 목적과 목표도 범죄의 발생을 억제하거나 방지하여 범죄를줄이고자 하는데 치우쳤던 것이다. 그러나 위에서 언급한 것과 같이 범법자뿐만아니라 피해자와 잠재적 피해자, 그리고 잠재적 범법자에게까지도 관심이 이동,확대되면서 자연스럽게 범죄예방이 범죄행위뿐만 아니라 범인성(criminality), 두려움(fear), 그리고 무질서(disorder)까지도 그 대상, 표적으로 삼게 되었다는 것이다. 예를 들어 위에서 설명한 비공식적 사회통제(informal social control)의 핵심 사례인 사회개발을 통한 범죄예방이 범죄와 비행의 근본원인(root cause)을해결하는데 대부분의 초점을 맞추고 있는데, 이는 물론 비록 교정이 범법자들의재범을 방지, 예방하기 위하여 처우나 교화개선을 시도하지만 실제로 처음부터범죄의 근원을 해결하려는 목적으로 결코 설계되지 않았다는 것이다. 이와는 반대로, 범죄예방은 단순히 범죄만을 다루고 해결하려는 것이 아니라 경우에 따라서는 시민의 범죄에 대한 두려움을 잠재적으로 완화하는 데 기여하는 교육, 도구, 권한, 그리고 집합적 안전 등을 지역사회와 시민들에게 제공함으로써 범죄에 대한 두려움까지도 표적으로 하게 되었다는 것이다[67].

한편, 일부 범죄예방이론과 전략은 법으로 범죄나 불법으로 규정되지 않았지만 일부 연구와 이론에 따르면 보다 더 심각한 범죄문제를 초래할 수도 있는 지역

---

66) op cit., p. 15
67) Schneider, op cit., pp. 15-16

의 무례(incivility)에 기여할 수 있는 무질서와 무례함 등에도 초점을 맞출 것을 옹호하고 있다. Lab에 의하면, 무례함에는 물리적인 것과 사회적인 것 두 가지가 있는데, 물리적 무례함의 신호에는 낙서, 건물의 쇠락, 기물파손, 버려진 자동차와 빈집 등이 포함되며, 사회적 무질서와 무례함의 신호로는 공공장소에서의 음주와 주취, 부랑아, 몰려다니며 어지럽히는 청소년 집단, 약물거래와 복용 등이 그 예라고 한다. 그런데 이런 무질서와 무례는 그러한 물리적, 사회적 무질서와 무례를 예방하는 데 도움이 될 만큼 충분히 강한 비공식적 사회통제 수준을 높이는 것을 포함한 지역주민의 조직과 동원으로서 다룰 수 있다는 것이다. 이런 점을 가장 잘 반영한 범죄예방 또는 법집행 전략이 바로 '무관용(zero tolerance)'에 기초한 것이라고 할 수 있다. 무관용이란 다름이 아니라 무질서와 무례함을 예방하고, 신속하게 붙잡아 처벌함으로써 보다 더 심각한 범죄문제를 조장하거나 용이하게 하거나 더 심각한 범죄나 문제로 상승하지 못하게 할 수 있다는 것이다[68].

2. 범죄예방과 형사사법제도의 비교

일부에서 범죄예방을 정의하고 특징지을 수 있는 한 가지 방법이 그 철학과 전략을 사후 대응적인 범죄통제에 대한 전통적 형사사법 접근과 구별하는 것이라고 한다. 실제로 범죄예방이 형사사법제도에 대한 비판으로서 그리고 그 대안으로서 나오게 되었다고도 주장한다. 특히 범죄가 가파르게 증가해서 사회가 혼란했던 시기에 형사사법제도의 '경찰, 법원, 교정'이라는 전통적 범죄통제전략으로는 공공의 안전을 위협하는 행동을 일방적으로 통제, 예방, 억제하기에는 충분하지 않았었다고 할 수 있다. 이런 현실에 근거하여, 전문가들은 범죄예방이 형사사법제도가 범죄를 양적으로 극복할 수 없었으며, 다수의 범법자를 확인하여 그들을 사법제도에 회부하지 못하며, 형사사법제도에 의하여 확인된 범법자들도 교화개선(rehabilitate)시키지 못하고, 범죄와 범인성과 관련된 저변의 요인들을 해결하지도 못한다는 가정에 기초한 것이라고 주장한다. 어쩌면, 형사사법제도와 범죄예방이 적어도 이론적으로는 상반되는 대조적이라거나 또는 최소한 전통적 형사사법제도와는 대조적, 상반된 것이었다고 할 수 있을 것이다. 이런 가정을

---

68) op cit., p. 17

가능하게 한 논리는, 우선 범죄예방은 사전적, 예방적(proactive)인 데 반해 형사사법은 사후 대응적(reactive)이며, 범죄예방은 검거, 기소, 재판, 그리고 교정이라는 범죄통제에 있어서 일련의 동일한 전략에 의존하는 형사사법제도의 '획일적' 접근 대신에 일반적으로 형사사법제도를 피하고 특정한 환경에 개별화된 해결책을 적용하는 융통성을 강조하는 분석적이고 문제 해결(problem-solving)적인 접근을 강조한다. 그리고 형사사법제도의 범죄통제가 정부의 책임이라면, 범죄예방의 책임은 정부와 국가라기보다는 주로 시민의 손에 있으며, 그래서 범죄예방은 국가에 의해서 행사되는 공식적 사회통제가 아니라 시민, 지역사회 집단, 그리고 기업과 같은 민간 분야에 의해서 수행되는 비공식적 사회통제에 더 큰 강조점을 둔다. 따라서 초점도 형사사법제도에서의 범법자로부터 잠재적 범법자와 잠재적 피해자에게로 전환되며, 당연히 그 표적도 범죄뿐만 아니라 두려움, 무질서, 그리고 공공의 비도덕성까지도 표적으로 삼는다[69].

표-1 범죄예방과 형사사법제도 비교[70]

	범죄예방	형사사법제도
시기(timing)	사전예방적(proactive)	사후대응적(reactive)
접근방법	예측, 평가, 개입	개입(실제 예측 없음)
대응방법	문제지향적(problem-oriented) (광범위한 적정 해결책)	좁은 범위의 해결책
주도적 책임	(지역사회기초) 시민	경찰, 형사사법제도 등 정부
서비스제공조직	공공의료, 지역사회조직, 사회사업가, 자원봉사자	교도소, 구치소, 유치장, 소년원, 시설
통제	비공식적 사회통제	공식적 사회통제
범주	범죄행동, 범인성(원인), 두려움, 비도덕성, 무질서	범죄행동
표적	피해자와 잠재적 범법자	범법자
환경여건	원래 집, 지역사회	인위적 시설
일차적 목표	향상된 기능	개인의 통제

---

69) Schneider, op cit., pp. 7-8

먼저, 개입시기부터 범죄예방과 형사사법제도는 정반대여서 범죄예방이 범죄발생 이전의 사전 예방적(proactive)인 데 비하여 형사사법제도는 범죄발생 이후의 사후 대응적(reactive)이라고 할 수 있다. 범죄통제를 위한 형사사법제도의 접근에 대한 한 가지 비판은 형사사법제도가 범죄와 무질서의 근본원인을 해결하도록 만들어지지도 않았지만 그럴 능력도 없고 다분히 범죄가 발생한 후에 대응, 반응하는 것에 지나지 않는다는 점이라고 한다. 반면에 범죄예방은 특히 형사사법제도와 비교할 때 범죄와 범죄성(criminality)을 다룸에 있어서 사전 예방적이어서, 범죄의 근원을 해소하거나 특정한 장소와 시간에 범죄가 발생할 기회를 줄임으로써 범죄가 발생하기 전에 범죄를 예견하고 줄이는 것을 추구한다는 것이다[71].

개입시기와도 무관하지 않은 것으로서 범죄예방은 사전 예방적이기에 당연히 문제의 근본원인을 해결하려는 소위 '문제 – 지향적(problem – oriented)' 또는 '문제 – 해결적(problem – solving)' 접근이 강조될 수밖에 없다. 우선 문제 – 지향적 접근에서는 잠재적 범죄문제나 범죄행위의 특성과 범위가 다양한 증상과 악화요인들로부터 문제의 원인을 확인하고 분리하는 것을 포함하는 적정한 정보의 수집과 분석을 통하여 평가되고 예측되는 분석적 과정을 함축하고 있다고 한다. 그리고 실제 개입은 특별히 (잠재적) 범죄문제가 해결될 수 있도록 만들어지는데, 다시 말하자면 범죄예방 전략의 특성과 범위는 문제의 범위와 특성에 맞고 문제가 발생하거나 할 수 있는 여건과 환경에도 적절한 것으로 만들어진다는 것이다. 여기에는 또한 개입이 전달되는 가장 적절한 기관뿐만 아니라 이들 개입을 전달하는 데 포함되어야 할 사람은 누구인지 결정하는 것도 포함되는 것이다. 이런 과정을 거쳐서 각각의 위험이 가지는 매우 개별화된 특성을 고려하여 범죄위험이나 범죄행위의 온상에 대한 예견과 대응에 있어서 광범위한 대안적이고 융통성 있는 해결책들이 고려된다고 한다[72].

문제 – 지향적 접근법을 구성하는 이 세 가지 요소가 모든 범죄예방 개입에

---

70) P. W. Greenwood, Changing Lives: Delinquency Prevention as Crime – Control Policy, Chicago: University of Chicago Press, 2006, p. 15

71) Schneider, op cit., p. 9

72) Schneider, op cit., pp. 9 – 10

있어서 취해져야만 하는 세 가지 단계로 전환된다고 하는데, 첫 번째 단계는 잠재적 문제를 예견하고 평가하는 것으로서, 위험성의 정도를 측정하고 특정한 여건에 발생할 수 있는 범죄의 유형을 예견하거나, 장래 범행의 위험이 있는 청소년들을 파악하고 그들을 위험에 처하게 하는 요소들을 평가하는 것이 포함된다. 두 번째 단계는 그 잠재적 문제의 영향, 정도, 특성, 범위 등을 평가하기 위한 적절한 정보의 수집과 분석이며, 마지막 단계가 파악된 위험과 실제 문제의 범위와 특성에 딱 맞는 개별화된 전략을 개발하고 적용함으로써 개입하는 것이다[73].

이에 대해서 Zahm은 특정한 시간과 장소에서 범죄 기회를 줄이기 위하여 활용되는 문제−해결 과정은 문제가 무엇인가, 왜 여기에 문제가 있는가, 문제를 해결하려면 무엇이 필요한가, 그리고 얼마나 그것을 잘하고 있는지 이 4가지 질문에 답하는 과정이 필요하다고 주장한다[74]. 한편, 문제−지향 경찰활동(problem−oriented policing)의 관점에서, Sampson과 Scott은 이는 범죄와 그 두려움에 대한 전통적 접근과는 현저히 다른 것이며, 사려 깊고 깊이 있는 분석에 기초한 지역별 독특한 문제에 대한 맞춤형 해결책을 함축해야 하며, 각 지역마다 문제가 다르기 때문에 일반적인 범죄통제모형으로부터 벗어나야 한다고 주장하였다[75]. 이를 입증하듯, 많은 경찰기관에서 문제−지향 접근법을 적용함에 있어서 'Scan, Analyze, Respond, and Assess: SARA모형'을 따르고 있다고 한다[76].

3. 범죄예방의 책임, 주체 그리고 실천기관

1) 책임과 주체

형사사법제도는 그야말로 국가권력의 상징이고 따라서 사회문제의 해결에

---

73) Schneider, op cit., p. 10

74) D. Zahm, Using Crime Prevention Through Environmental design in Problem−Solving, Problem_Oriented Guides for Police Problem_Solving Tools Series No. 8, National Institute of Justice, Washington, DC, 2007, p. 11

75) R. J. Sampson and Scott, M. S., Tackling Crime and Other Public−Safety Problems: Case Studies in Problem−Solving, US Dept. of Justice, Office of Community Oriented Policing Services, Washington, DC, 1997, p. 30

76) Schneider, op cit., p. 10

있어서도 위로부터 아래로의 접근(top-down approach)을 하는 국가-강요(state-imposed)의 체제이다. 즉, 정부가 법률을 통하여 문제를 규정하고, 그리고는 경찰, 검찰, 법원, 교정 등 형사사법제도에 의한 형법의 집행을 통하여 문제해결을 위한 전적인 책임을 지는 것이다. 이와는 대조적으로, 범죄예방은 아래로부터 위로 접근(bottom-up)을 전제로 하는 것으로서, 이는 다시 사적 시민, 민간인이 자유사회에서의 질서를 유지하는 데 있어서 주요한 역할을 할 수 있으며, 따라서 범죄, 범죄성, 그리고 무례함의 예방에 대한 책임도 가져야 한다는 가정에 기초하는 것이다. 이와 같은 실용주의적 전환은 범죄통제에 대한 책임이 적어도 부분적으로는 국가, 정부로부터 시민사회로 전이되고 있음을 보여주는 것이다. 물론 아직도 국가와 정부가 형사사법제도, 학교, 사회정책과 재정 등을 통하여 범죄예방의 일차적, 주요 역할을 수행하지만, 범죄예방의 선도적 책임(lead responsibility)이 국가가 아닌 시민들과 함께 한다는 것이다. 이는 시민의 책임성을 강조하는 것이지만, 이는 위에서부터 아래로가 아니라 아래로부터 위로 접근으로의 전환은 곧 국가기관이 범죄예방을 계획하고 실행하는 데 있어서 시민과 지역사회에 오히려 종속되어야 한다는 점을 강조하고 있다. 이런 측면에서 어쩌면 이 변화가 범죄통제와 관련되는 한, 국가는 법과 형사사법제도를 통하여 범죄에 대응하는 책임을 가지는 반면에 시민과 비정부조직이 범죄가 발생하지 않도록 방지, 예방하는 지역사회에 기초한 노력을 주도해야 한다는 일종의 분업(division of labor)이라고 할 수 있다. 다시 말하자면, 범죄예방은 물론이고 범죄통제와 안전 등이 과거에는 전통적으로 국가의 고유하고 독점적인 권한이고 책임이었지만, 이제는 더 이상 완전히 배타적 독점보다는 적어도 책임의 분산과 권한의 위임 등은 물론이고 공조를 통한 공동생산(co-production)이 되어야 한다는 것이다[77].

물론 그렇다고 모든 범죄가 그 예방을 위해서, 또는 모든 범죄예방정책이나 관행이 다 지역사회의 참여를 요하는 것은 아니다. 그것은 예방적 활동은 다양한 형태로 이루어질 수 있기 때문이다. 범죄예방 책임이 국가로부터 다소간 시민사회로 이동했다고는 하지만 아직도 국가와 정부가 전통적인 형사사법제도의 책임 그 이상을 맡고 있기에 당연히 아직도 범죄예방은 국가와 시민사회가 공유

---

77) Schneider, op cit., pp. 12-13

해야 할 책임이다. 이처럼 아직도 국가가 범죄예방에 있어서 주요한 역할을 맡아야 하기 때문에 정부기관과 조직은 물론 공공 서비스는 범죄에 대한 사전적, 예방적 접근에 있어서 핵심적인 역할을 수행하고 있고 또 수행해야만 한다[78].

이렇게 범죄예방의 책임과 역할주체가 이동함에 따라 범죄예방의 방식이나 절차, 또는 과정 및 수단과 방법도 그중심이 이동하고 있다고 할 수 있다. 과거 전통적 범죄예방이 주로 법의 집행, 특히 형벌을 통한, 국가에 의한 공식적 사회통제를 중심으로 하였던 데 비해 범죄예방의 책임과 주체가 시민사회로 기울게 됨에 따라 범죄예방의 방식, 절차, 또는 방법도 공식적 사회통제로부터 시민사회를 중심으로 하는 비공식적 사회통제로 옮겨오고 있다는 것이다. 당연히 비공식적 사회통제가 범죄예방의 핵심개념이라고 할 수 있는데, 그것은 특히 지역사회범죄예방은 범죄, 비행, 무질서, 무례행위의 예방과 규제를 포함하여 지역사회 자체를 비공식적으로 규제할 수 있는 지역의 사회적 환경을 강화하거나 구축하기 위하여 지역주민과 기업의 개인적이거나 집단적인 행위를 수정하고 재강화(reinforce)하는 데 관심을 갖는 것이다[79]. 일찍이 1920년대 시카고시에서 실험하였던 Chicago Area Project이 1960년대 New York의 '청소년을 위한 동원(Mobilization for youths)'이 좋은 예라고 할 수 있을 것이다.

이러한 비공식적 사회통제가 작동하는 기제는 이렇다. 비공식적 사회통제는 관습, 공통의 상식적 합의, 또는 사회규범에 기초하며, 지역사회와 관련해서는 특정한 지역의 가치, 표준, 그리고 용인 수준(Level of tolerance)과 일치되고 그것들을 지지하는 함축적인 지역사회 행위규범과 규율을 지키고 집행하는 것이라고 할 수 있다. 따라서 비공식적 사회통제는 지역사회가 가지고 있는 표준과 규범의 다양한 집행을 통하여 범죄와 무질서를 제한한다고 할 수 있는 것이다[80]. 이는 어쩌면 강조되고 있는 '집합효율성(collective efficacy)'과도 무관하지 않을 것으로 보이기도 한다. 여기서 다양한 집행이라 함은 비공식적 사회통제의 형태가 아마도 바람직하지 않은 행위에 대해서 눈살을 찌푸리거나 가십거리로

---

78) op cit., p. 14
79) ibid., p. 15
80) D. P. Rosenbaum, "Community crime prevention: A review and synthesis of the literature," Justice Quarterly, 1988, 5: 323-395, p. 327

삼거나 비웃는 등 자연발생적이고 매우 약한 것에서부터, 언어적 비난, 경고, 또는 물리적 개입과 같은 직접적인 대면에서, Neighborhood Watch와 같은 조직화된 집단 활동에 이르기까지 비공식적 사회통제의 표현이 다양하기 때문이다[81].

비공식적 사회통제를 전제로 하는 지역사회에 기초한 노력들은 점증적으로 국가가 수행해 온 사회통제에 대한 공식적 접근의 대안으로 여겨져 왔다. 그러나 범죄예방을 위한 공조적 협력적 접근이라는 상황과 여건과 환경에서는 비공식적 통제와 공식적 통제가 상호 배타적이어서는 안 되는데, 그것은 시민에 의한 비공식적 통제가 정부의 공식적 사회통제 기제를 보완하는 수단을 제공하기 때문이다. 모든 형사사법이 지역사회와 그 시민들과 격리되어서는 존재도 기능도 어렵다는 것은 역사적 경험에서 알 수 있는 것이다. 그런데 비공식적 사회통제가 효과적으로 기능하기 위해서는 강력한 공동체 의식(sense of community)과 지역의 사회적 융화와 융합(social cohesion)에 달렸다고 한다.

역사적으로 형사사법제도는 범법자, 즉 범행을 하여 형사사법기관과 공식적, 법률적 접촉을 하게 된 사람에 초점을 맞추는 사후 대응적(Reactive) 특성을 가져서 당연히 범법자를 체포하여 혐의를 입증하고 기소하여 형을 선고하고 처벌하고 약간의 교화개선을 하는 데 집중하게 된다. 당연히 기존의 전통적 형사사법제도에서는 피해자는 철저하게 '잊혀진 존재(forgotten being)'에 불과하였고 아무런 관심의 대상도 되지 않았다. 심지어 범죄예방에 있어서도 아직도 범법자에 집착되어 있어서, 동기에 기초한 전통적 범죄예방은 물론이고 특히 최근의 상황적 범죄예방마저도 사실은 범법자를 중단시키거나 억제하는 것을 지향하고 있다. 그럼에도 불구하고 최근 범죄예방은 잠재적 표적이나 피해자도 대단히 강조하고 있어서 상황적 범죄예방이 사람과 장소를 피해자화(victimization)로부터 보호하고자 하는 데 그치지 않고, 범죄피해자가 될 위험에 놓인 바로 그 시민들에 의하여 이들 범죄예방이 계획되고 실행되는 것이다. 뿐만 아니라 형사사법의 관심과 주의가 범법자에서 잠재적 범법자로 이동하는데, 어린이와 청소년을 미래 비행과 범죄성 위험에 빠지게 하는 요소들을 표적으로 하는 사회발전적 접근

---

81) D. P. Rosenbaum, "Community crime prevention: A review and synthesis of the literature," Justice Quarterly, 1988, 5: 323-395, p. 327

(social developmental approach)이 대표적이라고 할 수 있다[82].

이런 변화와 함께, 당연히 범죄예방은 범죄행동뿐만 아니라 범죄성(crimi-nality), 두려움(fear), 그리고 무질서(disorder)까지도 표적으로 삼게 된다. 위에서 기술하였듯이, 사회발전을 통한 범죄예방은 범죄와 비행의 근원(root causes)에 상당한 초점을 맞추고 있다. 물론 범법자의 재범을 예방하려는 시도로 교정당국이 수행하는 교화개선적(rehabilitative) 노력이 없진 않지만, 범죄와 비행의 근원의 해결이 그러한 목적으로 창시되었던 것은 아니다. 범죄예방은 단순히 범죄만을 다루지 않고, 일부 경우 잠재적으로 범죄 두려움을 개선할 수 있는 교육, 도구, 능력, 집합적 보안 등을 개인과 지역사회에 제공함으로써 범죄 두려움도 표적으로 한다. 이와 더불어 일부 범죄예방 전략과 전술에서는 법률적으로 아직은 범죄로 규정되지는 않지만 나중에 심각한 범죄문제로 비화될 수 있는 지역의 불안정성에 기여할 수 있는 무질서나 무례까지도 관심을 가질 것을 촉구한다. 이런 무질서와 무례(incivilities)에는 물리저적인 것과 사회적인 것 두 가지가 있으며, 소위 버려진 건물, 낙서 등이 물리적인 것이라면 약물거래, 구걸인, 청소년 패걸이 등이 사회적인 것이라고 할 수 있다. 바로 이런 점에 착안한 것이 '깨진 창(Broken Windows)'이론에 기초한 '무관용, 무용인(Zero tolerance)' 정책이다. 이는 무질서 문제의 집행이 보다 심각한 범죄문제로 비화될 수 있는 일부 요인들을 해결하는 데 도움이 된다는 믿음에 기초하는 것이다[83].

지금까지 살펴본 바와 같이, 어쩌면 형사사법제도의 목표는 범죄예방의 목표와는 사뭇 다르다고 할 수 있다. 예를 들어, 미국 Rand 연구소의 Greenwood는 비행예방과 형사사법제도의 궁극적 목표를 구별하는데, 그에 따르면 질서 있고 예의바른 사회를 만드는 데 도움이 되기 위한 형사사법제도의 주요 역할은 특히 범법자를 위시한 "개인의 통제"에 있는 반면에, 사회발전을 통한 범죄예방은 사회문제 해결, 지역사회 공동체 융합, 비공식적 사회통제, 그리고 학교와 가정 등 강력한 지역사회 제도 등을 통하여 궁극적으로는 개인의 기능이 향상되기를 지향하는 것이다[84].

---

82) Schneider, op cit., p. 15

83) J. Wilson and Kelling, G., "Broken Windows," Atlantic Monthly, 29 – 38, March 31, 1982

84) P. Greenwood, Changing Lives: Delinquency Prevention as Crime – Control Policy,

2) 범죄예방기관과 제도

범죄예방이란 범죄원인이 다양한 만큼이나 워낙 다양한 범주, 방법, 내용 등의 개입을 요하는 것이기 때문에 개인에서부터 집단, 지역사회, 국가, 나아가 서는 국제적 제도와 기구 또는 기관까지 범죄예방을 위한 프로그램이나 관행을 제공하고 시행하는 주체도 다양하다.

(1) 가정

흔히들 가정을 제1차 사회화 기관(socialization agency)이라고 하는데, 이는 가정이 그만큼 개인, 특히 아동과 청소년들의 사회화에 중요하다는 것을 함축하고 있다. 그래서 일부에서는 소년비행을 사회 부적응의 증상(Symptom of social maladjustment)으로 보고, 그 원인이 부적절한 사회화에 있다고 하여, 사회화의 최 일선인 가정의 중요성을 강조한 바 있다. 이런 이유에서 가정이 아동의 장래 범죄적 행위의 발전을 방해할 수도 반대로 조장할 수도 있는 가장 핵심적인 제도요, 기구요, 기관이라고 한다. 이는 당연히 가정이 아동의 발달과 사회화에 영향을 미치는 가장 가깝고 영향이 큰 환경이기 때문이다. 아동발달은 가족구조, 부모와 아동의 관계, 훈육, 가족의 정신건강, 학대와 방임, 가족의 약물남용이나 범죄 행위 기록 등을 포함하는 다양한 가족과 가정 특성과 관행에 의해서 크게 영향을 받게 된다. 지금까지 연구되고 알려진 바, 가족과 가정의 위험요소가 아동이 장래 비행이나 범행을 하게 될지 여부를 결정하는 가장 중요한 요소의 하나로 알려지고 있기 때문에, 특히 아동양육에 있어서 효과적이고 양육보호를 잘하는 가정과 가족 환경, 상황, 능력, 관행이 곧 장래 그 아동이 만성적 비행, 범죄, 또는 기타 반사회적 행위를 포함할 수 있는 미래의 삶으로부터 아동을 보호하는 데 핵심 열쇠라고 할 수 있는 것이다[85].

전통적인 형사사법적 접근이 아닌 사회문제해결적 접근방식으로의 범죄예방, 특히 비행예방은 그 핵심이 가족과 가정을 강화, 개선, 변화시키는 것들이었으며, 이런 노력의 대표적인 예가 부모들에게는 양육기술 등을 개발하고 향상시

Chicago, IL: University of Chicago Press, 2006, pp. 12 – 13; Schneider, op cit., p. 18
85) Schneider, op cit., p. 25

키고 지원하는 데 도움을 주고 동시에 빈곤, 약물남용, 공격성, 양육기술과 능력의 부적절함과 같이 아동에게 영향을 미칠 수 있는 부모들이 경험한 문제들을 해소하거나 완화하며, 반면에 아동에게는 보충교육, 멘토링, 심리상담, 사회생활기술개발, 여가활동 등과 같은 개인적인 회복탄력성(personal resilience)을 향상시키거나 증대시키려는 취지의 소위 다양한 가족치유(family therapy)를 들 수 있을 것이다.

(2) 학교

일반적으로 학교가 아동의 사회화를 위한 2차 사회화기관이라고 한다. 아동과 청소년을 긍정적으로 사회화시키기 위해 교육하고 도움을 주는 데 있어서 학교의 역할은 범죄, 특히 비행예방기관, 제도, 기구로서 그중요성이 가정 다음이라는 사실을 말해 주고 있다. 우선 많은 연구결과에 의하면, 교육이 범죄적 조건들을 상쇄시키는 핵심적인 보호요소(protective factor)이며, 학교는 청소년이 교육되고, 기본적인 학업능력과 기술을 배우며, 인지적으로 발달시키는 사회의 주기관이요, 제도라는 것이다. 범죄예방기관이요, 제도로서 학교가 하는 가장 중요한 역할은 읽고, 쓰고, 생각하고 계산하는 등 학습능력과 기술을 가르치는 것은 물론이지만 동시에 가정과 마찬가지로 청소년의 긍정적 사회화(positive socialization)와 기본적 사회능력(social competencies)을 함양하는 데 핵심적인 환경을 제공한다. 이에 그치지 않고 최근 들어서는 학교가 공격성, 집단따돌림, 폭력, 약물남용, 비행집단과 같은 특정한 위험요소들을 줄이기 위한 프로그램들이 제공되는 핵심 도구도 되고 있다. 예를 들어, 학교폭력 방지를 위한 학교경찰(school police), 마약중독방지를 위한 약물남용저항교육 DARE(Drug Abuse Resistance Education)과 같은 교육의 장이 바로 학교가 되고 있는 것이다. 뿐만 아니라 전반적으로 학교문화와 교육을 바꾸려는 노력은 물론이고 고위험군 학생들을 위한 혁신이 이루어지고 있기도 하다[86].

(3) 고용과 노동시장

비록 현재는 빈곤 또는 실업과 범죄의 관계가 개인, 집단, 지역사회, 국가단위 모두 항상 분명하게 확실한 것은 아니라 논란과 쟁점도 되곤 하지만, 전통

---

86) Schneider, op cit., p. 28

적으로 범죄의 원인으로서 빈곤, 실업, 경제적 곤궁이 범인성과 상관관계가 있다고 주장되곤 한다. 통계적으로 보아 범죄율이 가장 높은 지역사회가 실업률이 가장 높거나 빈곤율이 가장 높기도 한 것으로 나타나는 사실이 그냥 단순한 우연의 일치만은 아닐 것이다. 더구나 공식통계의 거의 모두가 인구구성비율에 비추어 지나치게 많은 양의 범죄가 교육받지 못한 16세에서 25세에 이르는 동시에 실업율도 높은 경향이 있는 집단의 범행이라는 것도 이런 주장을 뒷받침한다고 할 수 있다. 이런 현실들을 고려하여 실제로 청소년들의 비행을 예방하고 비행소년들의 재범과 성인 범죄자로의 발전을 방지하기 위하여 가장 많이 시도하는 것 또한 이들 청소년들에게 교육과 훈련을 제공하여 직업능력과 기회를 향상시키려는 것들로서 청소년을 위한 사회자원의 동원이나 비행소년 수용시설에서의 교육 훈련 등이 있다. 이는 곧 청소년들이 자신의 힘과 능력으로 정당한 돈을 벌 수 있다면 남의 돈을 훔치거나 빼앗지 않을 것이라는 가정을 전제로 하는 것이다. 이론적으로, 주로 비행과 범죄가 문화적으로 수용된 목표와 합법적 수단의 괴리에서 오는 긴장의 결과로 보는 긴장이론(strain theory)에서 주장하듯, 합법적 직업은 자신을 위하여 재산범죄 등 범죄로 되돌아갈 필요성을 제거할 뿐만 아니라 친사회적 행위를 조장하고, 사회관계를 확장하며, 사람들을 시민사회로 통합시키는 데 도움을 준다는 것이다.

고용 기반의 범죄예방은 따라서 전통적으로 범죄성 위험이 높고, 유죄가 확정되고 또 보호관찰로 가석방된 범죄자, 그리고 만성적으로 실업상태인 청년과 성인들을 표적으로 하였다. 그럼에도 고용기반의 범죄예방은 대체로 범인성이 높은 고위험군 청소년, 만성적 실업, 또는 유죄가 확정된 범죄자들을 위해 직업과 직장을 알선하거나, 이들 동일한 집단에게 직업훈련과 경험을 제공하는 두 가지 방식으로 이루어졌다. 대표적인 예로서 사회개발을 통한 범죄예방(Crime Prevention through Social Development: CPSD)의 중요 요소인 이 고용기반 범죄예방 프로그램이 이 직업훈련, 직업알선, 저금리 융자 등 종잣돈 제공, 창업보육 제공 등을 조건으로 하곤 한다[87].

---

87) ibid., 29

(4) 지역사회(community)

지역사회란 대체로 두 가지, 공간적 측면과 사회적 측면에서 규정되고 있다. 범죄예방 차원에서도 이 두 가지 개념이 적용될 수 있는데, 먼저 공간적 개념에서 보면 주거지역을 중심으로 물리적 퇴락 등과 관련이 있으며, 반면에 사회적 개념으로의 지역사회는 아마도 공동체라는 의미가 강해서 개인적 연계와 네트워크, 사회적 상호작용과 응집력, 소속감과 공동의 목표, 그리고 전체라는 느낌 등을 중심으로 범죄원인과 그 예방을 관련시키고 있다. 지역사회범죄예방이 전제로 하고 있는 범죄에 대한 지배적인 생태학적 이론이 그래서 사회적으로 융합적, 융화적, 응집적인 공동체의 상실이나 손상이 특히 선진화된 서구 사회에서의 범죄와 무질서에 기여했다는 것이다. 현대 도시사회는 익명성과 같은 도시성이 뿌리를 내리게 되고, 그래서 그 속의 사람들은 오히려 소외되며, 대인적으로 해체됨으로서 개인의 내적으로 생기는 개인 내부의 아노미, 소외, 내적 해체의 결과를 초래하고 이런 경험을 겪게 되는 사람들을 범죄와 일탈로 내몰게 된다는 것이다[88].

당연히 지역사회에 기초한 범죄예방의 효과나 효율성은 종종 '공동체' 감(sense of community)이나 지역적인 사회융합과 응집과 융화의 존재에 좌우된다는 것이다. 그래서 일부에서는 주거지역, 이웃(neighborhood)을 단순히 사회 발전적 또는 상황적 범죄예방 프로그램이 시행되는 공간적 지역으로 여기는 반면에, 동시에 다른 일부에서는 지역사회에 대한 사회학적 개념 그 자체가 확연히 구별되는 범죄예방 철학과 제도의 심장을 이루게 된다고 주장한다. 지역사회 범죄예방은 범죄와 무질서 행위를 예방하고 규제하는 것을 포함하여 비공식적으로 그런 것들을 규제하는 지역 사회 환경을 강화하고 조장하도록 지역사회 주민들의 개인적이고 집합적 행위를 수정하거나 재강화하는 데 관심을 갖는 것이다. 여기서 비공식적 사회통제의 존재는 강력한 지역의 사회적 융화와 응집의 존재에 의해서 좌우된다는 것이다. 이는 현재 그러한 지역사회 특성, 융화, 응집 등

---

88) J. Crank, "Watchman and Community: Myth and institutionalization in policing," Law and Society Review, 1994, 28(2): 325−351, pp. 336−337; B. Leighton, "The community concept in criminology: Toward a social network approach," Journal of Research in Crime and Delinquency, 1988, 25(4): 351−374

이 존재하지 않는 지역사회에서는 비공식적 사회통제와 지역사회범죄예방의 전제조건으로서 사회융화와 응집 등이 조장, 향상되어야 한다는 것을 의미한다. 이런 점에서, 사회적 융화와 응집, 집합적 행동, 그리고 비공식적 사회통제라는 핵심적인 지역사회범죄예방 전제조건들을 고려한다면, 지역사회가 하나의 중요한 범죄예방제도, 기관으로 간주되는 것이다[89].

(5) 물리적 구조와 환경

범죄학계의 일관된 목소리 중 하나는 범죄는 공간적으로 균등하게 분포되지 않는다는 것이다. 즉, 공간적 특성에 따라 범죄발생률이나 빈도가 같지 않다는 것이다. 범죄예방이라는 관점 안에서 보면, 공간, 더 구체적으로는 '장소(place)'의 개념은 절도나 기타 형태의 범죄피해의 표적이 될 수 있는 가정, 학교, 사무실 건물, 술집, 아파트, 공원, 주차장, 병원 등을 포함하는 모든 물리적 또는 공간적(spatial) 구조나 환경이라고 할 수 있다. 비록 '장소'의 개념이 다소 모호한 것으로 보일 수도 있지만, 대부분의 범죄가 특정한 장소에서 발생한다는 가정을 전제로 하는 범죄예방에 대한 상황적(situational) 접근, 즉 기회-감소(opportunity-reduction) 접근에 있어서 핵심적인 요소이다. 이런 견지에서 만약에 어떤 특정한 장소가 제대로 설계되고 관리된다면 범죄가 발생할 기회가 줄어들거나 예방될 수 있다는 것이다. 당연히 상황적 범죄예방의 초점은 통상적으로 특정한 장소의 물리적 보안을 증대시키는 것을 의미하는 것으로 범행을 더 어렵게 만듦으로써 범죄행동이 발생할 기회를 줄이거나 제거하는 것이다[90].

사실, 범죄와 범죄예방에 있어서 장소 또는 위치의 개념은 일찍이는 방어공간(defensible space)이라는 개념에서, 그리고 더 최근에는 '환경설계를 통한 범죄예방(crime prevention through environmental design)', 즉 CPTED의 이론과 실제에 특히 중요한 개념이지 않을 수 없다. 환경설계를 통한 범죄예방의 저변에 깔린 가정은 일정 유형의 물리적, 공간적 설계가 다른 유형에 비해 범죄행위를 더 용이하게 할 가능성을 더 높이게 되고, 결국 더 많은 범죄사건을 초래하게 된다는 것이다. 이와는 반대로, 그렇다면 만약 만들어진 물리적 환경을 적정하

---

89) Schneider, op cit., p. 30
90) ibid., p. 31

게 설계하고 효과적으로 관리한다면 범죄가 발생할 기회의 축소나 감소로 이어질 수 있다는 가정이 가능해지는 것이다. 결국, CPTED는 물리적 공간의 적정한 설계와 활용을 통하여 범죄의 기회를 줄이자는 전략이라고 할 수 있다. 이런 상황적 범죄예방과 그 실제로서의 CPTED는 최근에는 일반적으로 25개의 실무관행, 전략으로 나뉘어 기술되지만 구체적인 설명은 다시 논하기로 하고, 여기서는 중요한 내용 몇 가지만 소개한다. 보안용 창틀이나 열쇠 등 범죄 표적에의 접근을 어렵게 만들자는 "표적의 견고화(Target Hardening)", 출입통제(Access control), 출입구와 출입통로 제한, CCTV 등 '의도적(intentional)' 감시기술과 기법의 활용, 정당한 이용자의 '자연적 감시(natural surveillance)'를 극대화하기 위한 공간설계, 실내외 조명의 극대화, 은신처를 최소화하기 위한 건물과 지상의 설계, 놀이터, 공원, 산책로 등의 적정한 배치로 공공장소 활용도 극대화와 결과적인 인구이동 및 감시성(surveillance) 강화, 주민 상호작용과 융합 향상을 위한 공간설계 등을 들 수 있다. 그 밖에도 공간이나 장소 또는 위치가 상황적 범죄예방에 중요한 이유는 어떤 위치나 장소는 다른 곳에 비해 범죄행동에 더 취약한데, 이런 장소를 우리는 '범죄다발지역(hot spot)'이라고 하는 데서 알 수 있다[91].

(6) 경찰 및 형사사법기관

언제, 어디서나 경찰의 가장 분명한 역할과 사명은 다름이 아니라 범죄를 예방해서 우리 공동체 지역사회를 안전하게 하는 것이다. 물론 과거 전통적 경찰이 법집행과 질서유지 등을 중시해 온 것도 사실이지만, 오늘날 경찰학계와 실무에서 마치 화두처럼 또는 만병통치약, 판도라의 상자처럼 사용되고 있는 것이 있다면 바로 지역사회 경찰활동(community policing)과 문제—지향 경찰활동(problem—oriented policing)이며, 이들이 오늘날 경찰이 수행하는 가장 중요한 두 가지 범죄예방철학이기 때문이다. 지역사회 경찰활동은 경찰과 경찰이 봉사하는 지역사회 사이의 관계, 즉 경찰—지역사회 관계(police—community relationship)를 향상시키는 데 관심을 두는 것이고, 문제—지향 경찰활동은 발생한 범죄를 해결하기 위해서가 아니라 범죄발생의 원인에 초점을 맞춤으로써 범

---

91) Schneider, op cit., pp. 31-32

죄를 예방하고 통제하기 위한 보다 효과적인 그리고 오래 지속되는 방법에 초점을 맞추고 있다. 전통적 경찰이 범죄에 대하여 제한된 일련의 융통성도 없고 사후 대응적인 대응에 대부분을 의존하고, 사전적이고 예방적인 대책들을 포함시킬 수 없었다고 한다. 그럼에도 불구하고 우리는 몇 가지 깨닫게 된 점도 있는데, 첫 번째는 어떤 사회에서나 범죄관리에 대한 보다 종합적인 접근을 하려면 비공식적 사회통제(informal social control)가 공식 사회통제(formal social control)와 함께해야 하고 또 지원을 받아야 한다는 것이다. 두 번째는 아직은 논란도 있지만 경찰을 비롯한 형사사법기관이 경찰의 신속한 출동과 대응, 대다수 사람들에게 존재하는 처벌에 대한 두려움, 또는 범죄자에 대한 구금이건 범죄를 억제하고 예방하는 데 주요 역할을 한다는 것이다[92].

제6절 범죄예방의 유형

범죄예방 전술은 매우 다양하다. 다양한 유형이 공식화되었지만, 대체로 두 가지가 지배해 왔다. 하나는 공중보건과 의료계의 경험에서 끌어왔으며, 반면에 다른 하나는 범죄학 내부적으로 논쟁의 결과로 형성되었다고 할 수 있다. 먼저 의료와 공중보건모형은 개인이 범행할 위험성의 수준에 초점을 맞추어서, 물리적 환경과 대체적인 사회환경에서의 범죄원인론적 조건의 수정을 지향하는 1차적 예방, 범죄원인적(criminogenic) 상황에 놓인 개인이나 집단을 조기에 파악하고 개입하는 것을 지향하는 2차적 예방, 그리고 재범의 방지를 지향하는 3차적 예방이 그것이다. 한편, 범죄학적 분류에서 범죄예방 대책의 유형 간 가장 분명한 구분은 사회적 접근과 상황적 접근으로 구분하는 것이라고 주장한다. 일반적으로 사회적 범죄예방은 주로 개인의 범행기질과 위험요소와 보호요소와 같은 범죄의 근원을 해소하는 데 목표를 둔 대책에 관한 것들인 반면에, 이와는 대조적으로 상황적 예방은 범죄의 표적과 보호성(guardianship) 관점을 강조하는 것으로서 범행기회를 줄이기 위한 당면한 근접 물리적 환경의 설계, 관리, 조종을 포함하는 것이다. 물론 일부에서는 공중보건, 의료모형과 범죄학적 분류모형을

---

92) op cit., pp. 32-33

통합시키려는 노력도 하고, 그래서 특정한 범죄예방 전략을 6개 범주 중 하나에 위치하도록 한다[93].

표-2 범죄예방과 형사사법제도 비교[94]

	1차적	2차적	3차적
사회적	• 교육과 사회화 • 공식 학교교육 전 모든 어린이에게 'headstart' 제공 • 공공안내와 공익광고 운동 • 부모지원 initiative	• 위험에 놓인 10대 • 실업자, 지역사회 재생 표적으로 하는 프로그램 • 학교 무단결석 줄이기 위한 계획	• 선별된 범죄에 대한 더 엄중한 형벌
상황적	• 범죄예방원리를 주거단지 설계와 계획에 응용 • 상인, 거주자에게 일반적인 예방 안내와 충고 • 표적-강화와 감시	• 경계 강화 • 정선 일상 순찰 또는 특별감시 • 위험성 있는 주거지 이웃감시	• 무능력화 • 범죄 고위험 지역 폐쇄 • 반복 피해자화 기록 있는 은행에 CCTV, 방탄 유리창 설치

한편 위의 범죄예방 유형을 일련의 수평적 시간개념과 결부시켜 논의하기도 하는데, 위에서도 언급한 것처럼 예방의학모형을 적용하고 범죄예방노력의 개념화를 위하여 1차－2차－3차(Primary－Secondary－Tertiary: PST)로 분류한다. 이런 PST 모형의 강점은 경찰, 교정, 법원이라는 형사사법제도의 전통적 범죄예

---

93) D. P. Farrington and Welsh, B. C., "Early developmental crime prevention," pp. 321－343 in S. G. Shoham, O. Beck, and M. Kett(eds.), International Handbook of Penology and Criminal Justice, New York: Taylor & Francis, 2008; P. L. Brantingham and Brantingham P. J., "Situational crime prevention as a key component in embedded crime prevention," Canadian Journal of Criminology and Criminal Justice, 2005, 47(2): 271－291

94) P. W. Greenwood, Changing Lives : Delinquency Prevention as Crime－Control Policy, Chicago: University of Chicago Press, 2006, p. 15

방과 사법제도 밖의 기업, 학교, 가정, 개인 등의 예방노력들을 다 포함하는 포괄성이라고 할 수 있다. 이 범죄예방의 PST모형을 예를 들어 요약하면 아래 <표-3>과 같다. 1차적 예방은 시간적으로 단기적인 것으로 대체로 사회전반, 시민 전체를 대상으로 환경설계, 시민의 참살이(well-being), 범죄예방 교육 등이 이에 해당되며, 2차는 중단기적 성과를 목표로 위험요소와 사람의 조기 파악, 검사, 개인적 개입 등으로 이들이 비행에 가담하지 않도록 하는 것이고, 3차는 시간적으로는 상대적으로 단기적인 목표로 이미 법과 사법제도와 접촉한 사람들에게 처우, 처벌 등을 통하여 더 이상의 범행을 하지 않도록 하는 것이다.

표-3 1차-2차-3차(PST)모형[95]

	범죄예방		
	1차적	**2차적**	**3차적**
일반적 패러다임	환경설계 • 일반 사회적, 물리적 well-being 프로그램 • 범죄예방교육	조기파악 확인 • 비행 전 검사 • 개인적 개입 • 이웃프로그램	지역사회 처우 • 시설처우 • 처벌 • 훈련 • 지원 • 감시 • 시설구금
시간적 지평	장기	중단기	즉시

1. 상황적 예방과 사회개발모형

범죄예방 전략은 대체로 상황적 개선과 사회적 개발이라는 두 가지 측면에서 접근하고 있다. 상황적 범죄예방(Situational Crime Prevention: SCP)은 특정 유형의 범죄에 대한 범행기회를 줄이기 위하여 당면한 근접한 직접적인 물리적 환경과 인적 환경을 관리, 설계 또는 조작하는 것이다. 이 접근법은 범행하는 것을 더 어렵게 만듦으로써, 범행을 하다가 발각되거나 범행 후 체포될 위험을 증대

---

95) M. A. Anderson and Jenion, G. W., "Crime prevention nd the science of where people are," Criminal Justice Policy Review, 2008, 19(2): 164-180, p. 167, Table 1

시킴으로써, 또는 범법자에 대한 보상을 줄임으로써 범죄행동이 일어나는 기회를 줄이거나 제거하는 데 초점을 맞추고 있다. 이런 접근법의 저변에는 특정 지역에서 범행기회가 줄어들면 그만큼 범죄의 발생과 빈도도 줄어들 것이라는 가정이 깔려 있다[96].

사회개발을 통한 범죄예방(Crime Prevention through Social Development: CPSD)은 범죄의 근원에 초점을 맞추는 것으로, 위의 상황적 범죄예방과는 달리 잠재적 피해자에 초점이 맞추어진 경우에는 특정한 시간에 범죄발생 기회를 억제하거나 예방하거나 억제하기보다는, 오히려 잠재적 범법자에 초점을 맞추어 그들의 범죄적 성향이나 기질 등이 처음부터 발달하고 발현되지 못하도록 예방하는데 관심을 갖는다. 일반적으로 다수의 직업적 범죄자나 상습범죄자들이 빈곤, 학대, 방기, 부적절한 학업, 부정적인 역할모형 등을 포함하는 그들의 아동기 동안의 일부 좋지 않은, 불이익한 환경을 경험한 것으로 파악되고 있다. 장래 범행 위험성이 있는 아동, 청소년들은 과잉행동, 분노조절문제, 또는 심리적 장애와 같은 위험요소를 안고 있는 것으로 밝혀지기도 한다. 사회개발을 통한 범죄예방의 저변에 깔린 가정은 주로 아동기나 10대에 실행되는 몇 가지 사회적 개입이 이들 아동, 청소년들을 장래 비행, 범죄, 일탈행위를 할 위험에 처하게 하는 성향을 완화해 줄 수도 있다는 것이다[97].

요약하자면, 상황적 범죄예방은 특정한 시간과 장소에서 범죄발생 기회를 줄이려는 시도라면, 사회개발을 통한 범죄예방은 범죄행위의 근본적인 원인을 해소하려는 시도라고 할 수 있다. 이 두 가지 광의의 접근법을 구별하자면 바로 '기회감소(opportunity reduction)'와 '사회문제-해결(social problem-solving)'이라고 축약될 수 있다. 결국 거의 모든 범죄예방은 이 둘 중 하나에 해당된다고 할 수 있다. 그렇더라도 이 두 접근법이 상호배타적이 아니라 상호보완적인 것으로 간주되어야 한다. 가장 효과적인 범죄예방은 이 상황적 개입과 문제-해결적 개입을 결합한 것으로 평가되고 있다[98].

---

96) R. V. Clake, "Introduction," pp. 2-43 in R. V. Clarke(ed.), Situational Crime Prevention: Succvessful Case Studies(2nd ed.), Albany, NY: Harrow and Heston, 1997,

97) Schneider, op cit., p. 20

98) ibid., pp. 20-21

2. 1차(primary), 2차(secondary), 3차(tertiary) 예방

범죄예방의 유형화 그 첫 번째는 아마도 1차, 2차, 3차라는 세 가지 수준, 단계 또는 범주를 포함하는 질병예방과 통제를 위한 공중보건유형을 도입하여 범죄예방을 분류한 시도일 것이다. 공중보건(public health)에서의 구분은 각 단계가 주로 개입이나 처우가 어느 정도 사전 예방적인 그 정도에 따라 달라지는 것이다. 따라서 1차적 예방은 질병이나 범죄행위를 발생시킬 수 있는 조건을 막는 데 관심을 갖는 것이고, 2차와 3차예방은 이미 나타난 질병, 발생한 범죄행위의 결과를 줄이거나 처우하는 데 관심을 갖는다. 특히, 공중보건 분야에서 1차적 예방은 특정 질병의 발병을 피하고자 하는 대책들로서, 상하수도관리와 소독, 모기퇴치, 예방접종 등을 대표적인 예로 들 수 있다. 이와 유사하게 1차적 범죄예방은 건물의 부적절한 설계, 물리적 보안의 결여, 지역 내 비공식적 사회통제의 부재와 같이 범죄발생 기회를 제공할 수 있는 근접 사회적, 물리적 환경조건을 다루는 것이다. 1차적 범죄예방은 따라서 자물쇠 설치, 대문, 창문틀 강화 등 '표적을 강화(target hardening)'하거나 시민순찰이나 이웃감시(Neighborhood Watch)와 같이 지역주민을 조직(organizing local residents)하는 등과 같은 근접한 물리적, 인간적 환경에 초점을 맞추는 상황적 대책을 강구하고 있다[99].

2차적 예방은 공중보건 분야에서 질병의 조기증상을 보이는 개인이나 집단을 지향하는 개입에 관심을 가지며, 탄광근로자, 노약자, 저체중 신생아 등 질병이나 질환에 감염될 위험성이 높은 사람들에 대한 정기검진이나 암 검사 등을 예로 들 수 있다. 범죄 분야에서의 2차적 예방은 범법자가 될 위험성이 높은 개인이나 집단을 지향하는 사회적 개발과 개선이 일반적인데, 멘토링, 사회적 능력 향상 프로그램, 재교육이나 보수교육, 심리, 행동, 학습장애의 치료뿐만 아니라 스포츠나 레크리에이션 활동과 프로그램 등이 좋은 예라고 할 수 있다. 3차예방은 공중보건 분야에서는 손상을 이미 당했거나 질병에 감염된 사람에게 의료적 도움을 주는 것을 포함하며, 그 목표는 질병을 극복하거나 질병이 재발하지 못하도록 하는 것이며, 이를 위하여 수술, 약물, 치료, 재활 등이 이루어질 수 있다. 3차 범죄예방은 이미 범행을 한 사람에 초점을 맞추며, 그들이 더 이상의

---

99) op cit., pp. 21－23

범행을 하지 않도록 그들의 삶에 개입하는 것이 목표이며, 이는 개인적 억제나 처우, 또는 구금을 통하여 이루어질 수 있다[100].

3. 집합적 예방과 개인주의적 예방

범죄예방 전략을 분류하는 한 가지 방법은 그 특성상 개인주의적인 것과 집합적인 것을 구분하는 것이다. 개인주의적 범죄예방은 자신의 범죄피해를 피하기 위하여 자신이 개인 혼자 취하는 대책들이라고 할 수 있다. 예를 들어서, 창문이나 출입문 등에 자물쇠나 잠금장치의 설치와 활용, 무단침입경보기 설치, 창틀의 설치, 자동차 절도 방지를 위한 운전대 잠금장치, 야간에 특정 위험 지역 회피, 방범장비 휴대, 호신술 학습 등 자기방어 능력 향상이 좋은 예로서, 이들 범죄예방은 일반적으로 가정과 같은 사적공간만을 보호하고, 그런 대책을 취하는 개인에게만 이익이 되는 것들이다. 집합적 범죄예방은 지역 공원이나 거주지역, 이웃 도로 등과 같은 공공장소와 주변환경의 안전과 자신의 안전을 극대화하기 위하여 2인 이상이 함께 하는 경우이다. 집합적 범죄예방은 이웃감시제도(Neighborhood Watch)나 시민순찰(citizen Patrol)과 같은 "지역사회 방어(Community defense)" 전략의 핵심이라고 할 수 있다. 이런 면에서 지역사회에 기초한 범죄예방(community-based crime prevention)의 중심에는 자기 스스로만으로는 이룰 수 없는 범죄를 줄이거나 예방하기 위하여 취하는 개인들이 함께 행동하는 그런 집합적 반응이 자리하고 있다[101].

4. 범죄예방의 축

일반적으로 범죄예방은 주축이 되는 4가지 범주로 구분하기도 하는데, 그 중 첫 번째 축 또는 범주는 '법집행(Law Enforcement)'으로서 경찰, 법원, 교도소 등 형사사법기관과 제도에 의하여 수행되는 범죄통제에 대한 가장 전통적인 접

---

100) S. P. Lab, Crime Prevention: Approaches, Practices and Evaluations(5th ed.), New York: Anderson Publishing, 2004, p. 24

101) Schneider, op cit., p. 24

근이다. 두 번째는 발전적(developmental) 축으로서, 개인의 범죄적 잠재성의 개발과 발전을 예방하기 위하여 설계된 개입이며, 세 번째는 공동체적(Communal) 예방으로 비공식적 사회통제나 미국 뉴욕에서의 60년대 청소년을 위한 사회 총동원과 같은 지역사회 동원(mobilization for youths) 등 주거지역 공동체사회에서의 범행과 피해자화에 영향을 미치는 사회적 조건들을 변화시키기 위하여 설계된 개입이다. 마지막으로 상황적(Situational) 단계의 예방은 특히 범행의 기회는 줄이되 그 위험은 증대시킴으로써 범죄의 발생을 예방하기 위하여 설계된 개입이다[102].

5. 2차원적 범죄예방유형 - 예방의 표적과 실천단계 통합모형

범죄문제나 현상과 종종 비교되는 질병도 예방이 최우선이고 이를 다루는 전문의학 분야를 우리는 예방의학이라고 하는데, 이 예방의학에서도 범죄예방과 마찬가지로 1차, 2차, 3차예방으로 구분한다. 당연히 1차예방은 초기 하수도와 같은 위생시설의 개선이나 현재 비만퇴치운동과 같이 일반대중을 표적으로 대책을 시도함으로써 발병률을 낮추려는 시도이고, 2차예방은 가벼운 증상이나 불편이 있는 사람에게 비타민을 처방하는 등 질병의 초기증상이 있는 것으로 진단된 개인이나 집단에 대한 일정 형태의 개입이며, 3차예방은 질병으로 고통을 받는 사람들에 대한 치료 등 개입이라고 할 수 있다. 종합하면, 이는 문제나 합병증의 발생이나 재발을 예방하고 질병을 치료하는 것 모두를 아우르고 있다[103].

거의 동일한 구분이 범죄예방에도 적용될 수 있는데, 1차예방은 범죄행동을 촉발하거나 범행의 기회를 제공하는 물리적, 사회적 환경조건을 파악, 확인하는 것으로, 자동차절도의 경우 범죄방지설계, 이웃감시, 과거 미국의 Crime Dog, Crime Stoppers, McGriff 등과 같은 범죄예방에 대한 대중매체의 캠페인이나 공익광고 등이 좋은 예라고 할 수 있다. 2차예방은 잠재적 범법자의 조기파악과 개입이라고 할 수 있으며, 대체로 범죄발생 다발지역을 목표로 하고 잠

---

102) op cit., pp. 24-25

103) J. J. M., van Dijk and de Waard, J., "A two dimensional typoloy of crime prevention projects: With a bibliography," Criminal Justice Abstract, September 1991, pp. 483-503

재적 문제 청소년들을 목표로 하는 경우라고 할 수 있다. 3차는 실제 범법자를 다루는 것으로, 그들이 장차 더 이상의 범행을 하지 않도록 하는 방향으로 개입하는 것이며, 범법자와 전과자에 대한 교화개선과 처우가 여기에 해당된다[104].

이와 같은 유형화는 그러나 동일한 단계의 개입이라도 지향하는 목표에 따라 그 표적도 달라짐에도 불구하고 제대로 구분하고 차별화하지 못한다. 그리고 현재의 범죄예방 유형은 특히 실제 범죄피해자를 지향하고 표적으로 하는 것이 빠져 있다는 것이다. 구체적인 사례로, 3차예방이 실제 범법자에 의한 새로운 범행의 예방과 방지를 목표로 하는데, 실제 피해자를 위한 부조, 지원, 정보의 제공으로 범죄의 재발이 예방될 수도 있다는 것이다. 그럼에도 불구하고 기존의 범죄예방유형은 이런 점들을 담아내지 못한다는 것이다. 따라서 범죄예방모형은 이들 개입표적과 개입단계라는 두 가지 결정적 특성을 기초로 분류되어야 한다는 것이다. 그중 첫 번째 차원의 특성은 공중보건모형에서 따온 기존의 관습적 구분, 즉 일반대중을 표적으로 하는 1차, 범죄와 관련될 위험이 높은 집단을 표적으로 하는 2차, 그리고 범죄로 직접 영향을 받은 핵심집단을 표적으로 하는 3차로 나누고, 새롭게 고려하는 두 번째 차원은 대체로 일상활동이론에서 영감을 받은 바 큰데, 범죄행위는 동기가 부여된 범법자와 잠재적 피해가 제대로 보호되지 않는 환경에서 시간과 공간적으로 만날 때 비로소 발생할 수 있다는 것이다. 이 점을 감안하여 범죄예방은 범행할 성향, 기질을 줄이고, 잠재적 피해자의 취약성을 감소시키며, 환경의 보호 수준을 강화하는 것을 목표로 한다. 이는 곧 범죄예방의 분류는 범법자-지향, 상황-지향, 그리고 피해자-지향 활동이 구별되어야 한다는 것이다. 결국, 개입표적과 단계를 종합하여 분류하면 결국 9가지 유형의 범죄예방이 구분될 수 있다는 것이다[105].

---

104) P. J. Brantingham, and Faust, F. L., "A conceptual model of crime prevention," Crime and Delinquency, 1976, 22(3): 284−296

105) van Dijk and Waard, op cit., pp. 484−485

표-4 1차-2차-3차(PST)모형[106]

표적집단	범죄문제 발전단계(표적 단계)		
	1차(일반대중)	2차(위험집단/상황)	3차(핵심집단/상황)
범법자	• 일반대중 대상 • 범행방지 활동(부모교육, 학교에서의 시민교육, 약물남용, 무단결석 교육 등)	• 범행 위험집단 대상 • 범행방지 활동(길거리 보호활동, 직업훈련/직업알선, 청소년 여가활동 등)	• 실제 범접자 대상 • 재범방지 활동(교화개선, 집중보호관찰, 직업훈련/직업알선)
상황	• 일반대중 대상 • 범죄기회 축소(표적강화, CPTED, 가로등)	• 위험지역 대상 • 범죄기회 축소(범죄빈번지역 재설계, 민간경비, 관리인)	• 범죄다발지역 대상 • 범죄기회 축소(hotspot 파악, 감시강화)
피해자	• 일반대중 대상 • 피해방지 활동(아동 성폭력 피해 특별조언, 정보활동)	• 요보호 인물 대상 • 피해방지 활동(VIP 보호, 이웃감시, 공동육아)	• 직접 피해자 대상 • 중·반복 피해자화 방지(국가보상, 피해자지원, 강간위기 쉼터, 피난처)

106) M. A. Anderson and Jenion, G. W., "Crime prevention nd the science of where people are," Criminal Justice Policy Review, 2008, 19(2): 164-180, p. 167, Table 1

제2장

전통적 범죄예방

제2장

전통적 범죄예방

제1절　실증주의 범죄학과 범죄예방

　　고전적 범죄학의 이론적 지침을 따르는 형법의 기능은 기본적으로 합리적
이고 자기애적인 동기가 부여된 범법자에 초점을 맞추고 있다. 이와 같은 관점
에서, 실증주의 범죄학은 범죄의 원인을 과학적으로 규명할 수 있고, 따라서 그
치유와 치료와 같은 해결도 가능하다고 전제하고 있다. 그래서 실증주의 범죄학
은 물론 엄격한 과학적 방법으로 범죄행위의 원인을 발견해야 하고, 그것들을
제거하거나 제한하도록 노력해야 한다고 그 목표를 공식화하고 있다. 이런 실증
주의의 프로그램은 따라서 동기가 부여된 범법자와 결과적인 범죄의 수를 확실
하게 줄일 수 있다는 믿음에서 범죄적 성향이나 기질을 만들고 유지시키는 핵심
요소들에 영향을 미치는 것을 목표로 하고 있다. 이와 같은 고전주의 또는 실증
주의 범죄학의 시도는 현대 포스트 모던(post-modern)사회에서는 어떻게 작동
되고 있을까. 기대만큼 제대로 작동되지는 않는다고 한다. 특히 현대 실증주의
범죄학의 사회-정치적 영향력이 상당히 줄어들었으며, 반면에 피해자 보호와
지원, 범죄로 초래되는 비용 절감, 범죄피해자화(victimization)나 그와 관련된 위
기의식의 예방이나 적어도 축소와 같은 실질적 예방정책이 범죄행위의 사회, 경

제, 문화적 원인을 제거하는 것보다 범죄의 해악적 결과를 줄이는 데 더 많이 더 잘할 수 있다는 것이다. 이와 유사한 논리로 일각에서는 범죄의 감축이 어렵고, 시민의 극히 일부에 해당되는 문제임에도 전 국민이 두려워하는 국민적 문제가 된 범죄 두려움(fear of crime)을 낮추는 것이 더 현명한 형사사법의 목표일 수 있다고도 주장한다. 이런 사고는 흔히들 경찰이나 사법 당국이 할 수 있는 범죄예방은 거의 없다는 지적과도 그 궤를 같이한다. 즉, 사회, 경제, 정치, 문화적 범죄원인은 경찰은 물론이고 형사사법제도의 기능과 역할과는 거리가 멀기 때문이다.

그런데 문제는 이와 같은 지적을 차지하고라도, 고전주의 또는 실증주의 범죄학의 범죄학적 설명은 그 자체가 결함이 있다고 지적되기도 한다. 실증주의 범죄학은 그동안 범죄행위의 핵심원인으로 기술되고 파악되고 지적되어 온 구조적이거나 과정(structural and process), 미시나 거시(macro and micro), 생물학 – 사회학 – 심리학 등 엄청나게 다수의 변수들을 연구하였으나, 범죄는 확실하게 예방되지 않았다는 것이다. 지금은 오히려 범죄행위유형을 일으키는 병인론적(pathological) 역할을 하는 것으로 제시된 요인, 요소가 지나치게 많아서 인과적 또는 범죄원인론적(criminogenic) 결정인자가 아닌 것이 무엇인지를 찾는 것이 더 어려운 지경이 되었다는 것이다. 이보다 더 큰 문제는 설사 이들 원인요소나 인과적 결정인자들이 옳다고 하더라도 동일한 독립적 원인변수에 노출된 사람 중 극히 일부만 실제로 범행을 한다는 점이다. 그럼에도 실증주의 범죄학적 설명은 이 문제에 대한 확실한 답변을 내놓지 않고 있는 것이다. 여기에 더하여, 범행에 대한 기질이나 성향을 표면적으로 보이는 사람이라도 항상 형법규범에 반대되게 행동하지는 않는 반면에 특정한 상황이나 여건에서만 용인되지 않고 금지된 방식으로 행동하며, 이와는 반대로 주목할 만한 범죄적 기질이나 성향을 보이거나 가지지 않은 사람도 종종 범행을 한다는 것이다. 다수의 화이트칼라, 엘리트 범죄자들을 보라. 또한, 어떤 때는 범죄의 원인이 되었던 변수가 또 다른 때에는 오히려 그 정반대의 변수가 원인이 되기도 한다는 사실이 또 다른 하나의 실증주의 범죄학의 패러독스이다. 예를 들어, 때로는 다수의 전통적 재산범죄와 같이 빈곤이 범죄의 원인이지만, 화이트칼라나 엘리트 범죄 등 또 다른 경우에는 빈곤이 아니라 오히려 부(wealth)와 풍요로움이 원인이고, 지능지수가 낮은 것이 비행의 원인 중 하나로 지적되었지만 경제범죄나 기술범죄 등 고등범죄는 지능이 높아야 더 쉬운 범죄로 지적된다는 사실이다[1].

실증주의 관점에서는 범법자는 주로 부적절하게 사회화되었거나, 자아통제나 훈육이 부적절하거나, 무언가 일종의 결핍이나 결함을 가진 사람이다. 그 결함은 지능이 낮거나 공감능력의 결여 등 내적이거나, 마땅한 직장이 없거나 준거집단으로부터 인정과 존중을 받지 못하는 등 외적일 수 있다. 또한 중요한 것은 이들 범죄자들은 보통 사회적 소수로 기술되어 만약 우리가 이들 한 줌 정도의 구제불능의 범죄자들을 따로 떼어 놓을 수 있다면 형법규범을 위반한 사람들이 치료되고, 재사회화되고, 재교육되고, 교화 개선되고, 재생되어 그야말로 '다소간 우리'처럼 될 수 있다는 것이 실증주의 범죄학자들의 주장이다. 더불어, 이들은 한편으로는 교화개선과 처우모형에 기대를 걸고 있으며, 다른 한편으로는 빈곤과 실업 등 병리적이거나 반사회적 행위를 일으키는 범죄의 근원으로 불리는 대부분의 사회문제들이 경제성장과 사회발전으로 제거, 해소될 것이라 믿었다. 그러나 경제가 가장 호황이었던 시절 일부 서구사회에서는 범죄가 오히려 급증하였던 것이다. 이에 대하여, '신 우익(New Right)' 측에서는 교화개선이 효과가 없으며, 복지국가가 오히려 수급자들의 나태함이나 의존성을 더 악화시키는 등 사회문제를 해결하지 못하며, 소위 민주화가 지나쳐서 정치적으로 위험한 정도가 되었기 때문이라는 해석을 내놓았다. 이에 대한 그들의 처방은 더 많은 통제이다.

그런데, 이들 실증주의 범죄학에서 초점이 되었던 전통적 노상범죄에 못지 않게 심각한 사회문제로 등장한 것이 있으니 바로 화이트칼라 또는 엘리트 범죄이다. 과거 실증주의자들이 범죄가 사회경제적으로 하류계층의 전유물처럼 여겼으나, 이제는 사회경제적 계층과 아무런 상관도 없이 누구나 어디에서나 목격할 수 있게 되었다는 것이다. 엄청나게 놀라울 정도로 많은 숫자의 존경받고 부유하고 강력한 권력과 특권을 가진 사람들이 범죄행위자로 규정되고 있음을 볼 수 있어서, 범죄자의 경계를 구분하는 것이 더 이상 분명하지도 따라서 의미가 있지도 않게 된 것이다. 어쩌면 이들 특권계층의 범죄가 범죄예방 정책이 전통적

---

1) Young, op cit., 1999, pp. 30-55; B. Roshier, Controlling Crime: The Classical Perspective in Criminology, Milton Keynes: Open University Press, 1989, pp. 20-39

으로 지향해 왔고 사실 지금도 지향하고 있는 하류계층 중심의 전통적 노상범죄자들의 전통적 노상범죄보다 훨씬 더 크고 많은 손상을 가하고 있다는 것이다. 예방이라는 이념은 문제가 되는 사람과 행위와 문제가 되지 않는 사람과 행위의 경계가 일반적으로 애매하지 않고 쉽게 인식될 수 있으며, 문제가 없는 사람이 문제가 있는 사람에 대항하여 씨름을 하고, 문제를 제거하거나 줄이려고 노력하며, 문제가 없는 또는 안 되는 사람이 문제가 있거나 문제가 되는 사람보다 더 강하고 더 권력이 있다는 가정에 기초하는 것이다. 불행하게도 이제는 위 세 가지 가설이 모두 의문시되고 있다. 결국, 범죄는 어디서나 누구에게나 있을 수 있고, 누구나 범죄에 가담할 수 있다면, 범죄원인과 예방에 있어서 범죄동기에 대한 관심은 점점 줄어들 것인 반면에, 범죄예방 정책은 따라서 범죄동기를 줄이는 것이 아니라 오히려 범죄행위의 비용은 높이고 이익은 낮추려는 것이어야 하며, 그것이 바로 '상황적 범죄예방'이라고 한다[2].

제2절   경찰의 범죄예방

대부분의 사람들은 경찰관이 많을수록 범죄는 그만큼 더 줄어들 것이라고 믿고 있지만, 사실은 경찰관의 증원이나 심지어 경찰 자체도 범죄예방에 기여하는 바가 크지 않다는 것이다. 그러나 진실은 아마도 이 두 극단의 중간 어디쯤에 자리하지 않을까. 물론 경찰관의 증원이 범죄를 예방할 수 있는가 여부는 경찰이 특정한 목적, 임무, 장소, 시간, 그리고 사람에 얼마나 집중하는가에 달렸을 것이다. 당연히 가장 중요한 것은 인력의 효율적 운용이라는 측면에서 강력범죄가 집중되는 곳, 발생할 가능성이 가장 높은 시간에 경찰을 더 많이 배치하고 위험요소에 얼마나 더 집중하느냐에 따라 달라질 것이다. 위험요소에 대한 경찰력의 집중이 지난 수십 년에 걸친 연구경험에서 나온 가장 강력한 결론이라고 할 수 있다. 112 긴급출동, 무작위 순찰, 사후 대응적으로 피의자를 체포하는데 더 많은 경찰관을 채용, 배치한다고 강력범죄를 예방하지는 못한다는 것을 우리는 익히 연구와 실험을 통하여 그리고 통계적으로 사실임을 알게 되었다. 범죄 위험요소

---

2) J. Lea, Crime and Modernity, London: Sage, 2002, pp. 127-133

에 분명하게 집중하지 않은 지역사회 경찰활동은 일반적으로 별 효과가 없는 것으로 나타났지만, 반면에 지정순찰(directed patrol), 사전체포(proactive arrest), 범죄다발지역에서의 문제-해결 등은 범죄예방 효과가 상당하다는 것을 보이고 있다. 즉, 경찰도 특정한 방법을 특정한 조건에서 제대로 잘 운영하면 강도나 무질서나 가정폭력이나 음주운전이나 총기폭력도 예방할 수 있다는 것이다. 한마디로 교정에서 "Nothing works"가 아니라 "Something works"일 수 있다고 하듯이 경찰활동도 '무언가 제대로 조건과 표적에 맞게만 한다면 효과가 있을 수도 있다는 "Something works"가 될 수 있다는 것이다3).

1. 경찰의 주요 범죄예방활동 평가

1) 112 긴급출동

경찰이 긴급전화를 받고 범죄현장에 도착하는 시간이 짧을수록 범인을 검거하고 사건을 해결하는 확률도 그만큼 높아진다는 것이다. 이 가설은 세 가지 범죄예방효과를 만들어 낸다는 주장으로까지 확대되곤 하는데, 경찰의 빠른 개입으로 진행 중인 범죄가 방해를 받아 범죄로 인한 해를· 줄이고, 긴급대응과 관련한 체포률의 상승으로 재강화된 처벌의 확실성 위협으로 인한 범죄억제효과의 증대, 그리고 범법자의 체포와 구속, 그리고 자유형으로 가능해지는 무능력화로 인한 예방효과가 그것들이다. 물론 이 세 가지 가설 모두가 경찰이 사건이 진행 중이거나 직후에 바로 신고를 받는다는 것을 전제로 하고 있다.

상식적으로는 현장 출동시간이 빠를수록 현장에서 범인을 검거하거나 범인의 신원을 확인하고, 목격자와 증거를 확보할 확률이 높아지고, 그만큼 사건해결 가능성, 즉 범인 검거나 체포의 확률이 높아진다는 것이다. 이런 가설이 받아들여지기 위해서는 우선 위에서 언급한 것처럼 범행 중이거나 범행 후 즉시 신고가 되어야 한다는 전제가 필요하다. 사건 발생 후 상당한 시간이 흐른 후에 신고가 된다면 범죄현장에 아무리 경찰이 빨리 출동하여도 이미 상당한 시간이 흐른 다음이라 긴급출동의 효과가 있을 수 없다. 따라서 출동시간도 빠를수록

---

3) L. W. Sherman, "Policing for crime prevention," https://www.ncjrs.gov/works/chapter8.htm, 2021, 7, 25 검색, p. 1

좋지만 먼저 신고시간이 빨라야 한다는 것이고, 결과적으로 빠른 신고와 빠른 출동이 모두 전제되어야 효과가 나타날 수 있다는 것이다. 그리고 여기에 더하여 출동시간도 어느 정도가 빠른 것이고 그래서 범인검거에 효과가 있는지도 중요한 변수라고 한다. 즉, 연구에 의하면 출동시간 관련 체포확률과 출동시간의 상관관계는 출동시간이 9분을 초과하면서 없어진다는 것이다. 그런데 안타깝게도 앞에서 설명한 것처럼 신고시간도 문제여서 평균 신고시간이 41분이라는 연구가 있고, 경찰출동시간을 5분에서 2.5분으로 단축하려면 경찰력을 2배로 증원해야 한다고도 한다. 결국, 긴급출동을 위한 경찰력의 증강은 비용-편익 면에서도 이익이 없으며, 그럼에도 불구하고 출동시간보다는 신고시간이 더 중요하다는 점에서 경찰은 신고시간을 단축시키는 데 더 노력할 필요가 있는 것이다. 그런데 문제는 신고 여부와 시간은 경찰의 몫이 아니라 시민의 몫이라는 점이다4).

2) 무작위 순찰(Random patrol)과 지정순찰(Directed patrol)

초기 경찰순찰은 일종의 지정순찰로서 정해진 장소를 정해진 시간에 순찰을 하는 것이었으나, 자동차 순찰과 그로 인한 긴급출동의 증대는 이런 지정순찰을 점차적으로 끝내는 대신에 경찰관으로 하여금 무작위 순찰을 점점 더 허용하게 되었다. 이런 가설은 무작위 순찰의 예측불가성(unpredictability), 즉 경찰관이 언제 어디를 순찰할 것인지 예측할 수 없게 함으로써 잠재적 범법자의 범행동기를 더 억제할 수 있을 것이라는 이론으로 정당화되곤 하였다. 그러나 전산화된 범죄분석의 출현으로 범죄유형에 대한 더 정확한 분석과 확인과 예측이 가능해짐으로써, 경찰도 순찰자원을 강력범죄 위험성이 가장 높은 장소와 시간에 집중할 수 있게 되면서 범죄다발지역(hot-spot)과 시간(hot-time)에 순찰을 더 집중할수록 그 시간과 장소에 범죄가 그만큼 덜 일어날 것이라고 가정하는 것이다.

무작위 순찰의 효과성에 의문을 제기한 결정적 연구는 바로 Kansas City Preventive Patrol Experiment, 즉 캔자스시 예방순찰 실험일 것이다. 3개 지역을 무작위로 나누고, 한 곳에는 지금까지와 동일한 수준의 순찰을, 다른 한 지역은 지금보다 순찰을 증대하고, 반면에 나머지 한 곳은 현재보다 줄이는 실험이

---

4) Sherman, op cit., pp. 8-9

었다. 결과는 놀랍게도 순찰의 변화 자체조차도 시민들은 느끼지 못하였으며, 당연히 순찰을 증강하는 것이 아무런 범죄예방효과를 내지 못하는 것으로 나타났던 것이다. 물론 이에 비하여 범죄위험성에 초점을 맞추지 않은 무작위 순찰이 범죄예방효과가 있다는 연구도 없지는 않다고 한다. 이에 비하여, 지정된 예방순찰효과에 대한 증거는 보다 많고 다양하며, 과학적으로 더 강하고, 더 일관적이라고 한다. 즉, 순찰이 범죄활동의 다발시간과 장소에 보다 정확하게 집중될수록 그 시간과 장소에 그만큼 범죄가 적어진다는 것이다. 실제로 범죄가 가장 많이 발생하는 정점에 사람들의 눈에 잘 보이는 가시적인 순찰차로 제복을 입은 경찰관의 순찰을 강화하자 범죄예방효과가 특히 눈에 띄게 나타났다는 것이다. 범죄의 시간적, 공간적 분포에 기초하여 범죄발생빈도가 낮은 지역에는 순찰을 줄이고 대신 다발지역에 2~3배로 늘리는 극단적으로 순찰을 집중하자 순찰의 길이와 경찰이 순찰을 마치고 현장을 떠난 후 범죄가 발생하지 않은 시간의 길이 사이에 아주 강력한 관계가 발견되었다고 한다. 경찰이 떠나기 전 오래 순찰에 머물수록 떠난 뒤 첫 번째 범죄가 발생할 때까지의 기간도 그만큼 길어졌다는 것이다. 결론적으로, 범죄다발시간과 장소에 약 15분 정도로 순찰을 집중하면 최대 2배 정도의 범죄예방효과가 있다는 것이다[5].

3) 깨어진 창(Broken Windows) - 무관용(Zero Tolerance)

미국 하버드대학의 Wilson과 Kelling은 동네에 창문이 깨진 집이 그대로 방치되면 그 동네나 지역은 주민들이 관심을 갖지 않는 것으로 인식되고, 급기야 문제 청소년들의 아지트가 되고 곧 마약거래나 중독자의 은신처가 되는 등 범죄의 온상이 될 수 있다고 설파했던 것이다. 이런 주장은 물론 스탠포드대학 심리학과 Zimbardo 교수의 자동차 실험도 원용되었을 것이다. 이를 근거로 뉴욕시에서는 당시 심각한 범죄문제의 해결을 고민하는 차에 작은 일탈이 강력 범죄로 상승될 수 있다는, 즉 바늘도둑이 소도둑이 된다는 격언처럼 작은 질서위반이나 경미비행도 용인하면 더 큰 범죄로 비화될 수 있다고 이들 경미비행이나 작은 무질서행위에도 일체의 관용을 베풀어서는 안 된다는 소위 '무관용 경찰활

5) L. Sherman and Wiseburd, D. A., "General deterrence effects of police patrol in crime 'Hot Spots': A Randomize, Controlled Trial," Justice Quarterly, 1994, 12: 625–648, p. 644

동(zero-tolerance policing)'을 실천하였던 것이다. 무관용 경찰활동에 대한 큰 우려는 경미한 범행으로 체포된 사람들에게 미치는 장기적 영향이었다. 물론 대량 체포로 단기적으로는 특히 총기폭력과 같은 범죄가 줄어들 수 있지만, 장기적으로는 오히려 강력범죄를 증가시킬 수도 있다는 것이다. 또한 이런 대대적 체포는 노동시장에도 영향을 미치는 것이다. 경미범행에 따른 체포경험이 영원히 경찰 정당성을 낮추고, 체포로 인한 범죄원인론적(criminogenic) 영향, 즉 전과자 낙인과 그로 인한 부정적 영향이 체포되었던 사람을 더 힘들게 하고 따라서 분노를 조장하여 가정폭력과 아동학대의 위험을 높이며 상습 범죄자의 길을 걷게 할 수도 있다는 것이다6).

4) 지역사회경찰활동과 문제-지향 경찰활동

(1) 발전적 배경

전문적이고, 고등기술을 활용하고, 사건사고에 기초하여, 긴급 출동하는 경찰활동의 확산에도 불구하고 범죄율은 오히려 급증하였다. 범죄 상황의 악화는 국가 통제 형사사법제도, 특히 경찰로는 더 이상 복잡한 현대 사회에서 범죄를 통제하는 배타적이거나 심지어 가장 효과적인 제도나 기관일 수 없다는 비난을 불러일으켰다. 더구나 자동차 순찰로 이미 멀어진 지역사회와 주민과의 거리는 미국에서는 인종차별, 한국에서는 경찰 정당성이나 비민주성 등의 이유로 자신이 봉사해야 하는 지역사회와 더욱 멀어지고 격리되고 심지어 적대시 당하는 입장이 되었다. 경찰하위문화로서의 "we vs. they", 즉 경찰과 시민이 친구가 아니라 적으로 인식하는 것처럼 경찰이 오히려 봉사해야 할 시민에게 가혹한 것으로 간주되었고, 경찰이 시민을 위한 공복(civil servant)이 아니라 오히려 '점령군(occupying army)'처럼 행동한다는 대중의 비난이 거세졌다. 거기에다 경찰의 비리와 부패는 경찰에 대한 시민의 믿음을 더욱 악화시켰다7).

이를 계기로 미국의 대통령범죄위원회(Presidential Crime Commission)는 1967년도 보고서에서 지역의 범죄문제를 해결하는 데 있어서 경찰을 돕기 위해

---

6) Sherman and Eck, op cit., p 19

7) A. A. Braga, Problem-Oriented Policing and Crime Prevention(2nd ed.), Monsey, NY: Criminal Justice Press, 2008, p. 8

서는 시민들의 능동적이고 적극적인 참여의 필요성을 주장하였다. 이에 호응하여 연방정부 범죄 통제 정책은 지역사회가 지역사회 범죄예방을 규정하는 데 중심적인 역할을 해야 하며, 지역 범죄문제에 대응하는 가장 좋은 도구는 아마도 조직화된 주민 집단이라고 인정하였던 것이다. 당연히 경찰도 자신이 봉사하는 지역사회와 긍정적인 관계를 형성, 유지, 발전시켜야 된다는 것도 분명해진 것이다. 드디어 70년대에 들면서, 국제경찰장협회(International Association of Chiefs of Police: IACP)를 중심으로 경찰－지역사회관계(Police－Community Relation: PCR)가 강조되었고, 구체적으로 경찰은 스스로 지역사회 공동체로 되돌아가려고 하였으며, 동시에 도보순찰(Foot patrol), 이웃감시(Neighborhood Watch), 학교 연락 경찰관(School liaison officer), 지역사회관계 전담부서 설치 등 지역사회에 기초한 범죄예방 노력과 활동도 지지하고 지원하기 시작하였다. 물론 도보순찰 등의 노력이 범죄율을 크게 낮추지는 못하였다고 하지만 범죄에 대한 두려움은 상당한 수준으로 낮추고, 결과적으로 경찰에 대한 시민의 인식과 태도, 그리고 평가와 신뢰에 긍정적인 영향을 미쳤다고 한다[8].

여기서 한 발짝 더 나아가서, 미국 미네소타대학교의 법학교수 Herman Goldstein은 "문제－지향 경찰활동(problem－oriented policing)"이라는 개념을 소개하였다. 그는 경찰의 전문화(professionalization)와 현대화에 동반되었던 경찰활동의 한 가지 주요 문제로 경찰이 경찰의 조직과 관리와 같은 경찰의 업무수행 방법과 방식에 점증적으로 사로잡히게 되어 범죄통제 등 경찰업무의 효과성에는 점점 관심을 덜 갖게 되었다고 비판하였다. 다시 말해서 경찰이 보다 효율적이 되었지만 반대로 높아지는 범죄율을 통제하는 데는 그리 효과적이지 못한 것처럼 보였던 것이다. 경찰이 범죄문제 해결을 위한 최선은 범죄의 근원이나 적어도 범죄를 용이하게 하는 요소를 해결하는 것이라는 경찰활동의 근간, 근본, 기초를 잃게 되었다는 것이다. 그의 '문제－지향 경찰활동'은 당연히 이런 면에서 범죄문제의 특성과 범위를 결정하고, 문제의 특정한 상황에 대해 개별화된 적절한 대응책을 마련하고 해결책을 강조하는 범죄예방의 기본적 속성에 기초하고 있음을 알 수 있다[9].

---

8) Schneider, op cit., p. 224

9) H. Goldstein, "Improving policing: A problem－oriented approach," Crime and Delinquency,

(2) 지역사회, 문제-지향 경찰활동과 범죄예방

범죄예방이론이 범죄예방을 위하여 지역 공동체 사회의 동원을 가장 중요시하지만, 범죄통제와 예방에 있어서 경찰의 역할은 그럼에도 상당히 많이 남아 있다고 할 것이다. 지역의 범죄를 예방하는 데 있어서 경찰의 적합성이나 관련성은 최근 가장 폭넓게 활용되고 있는 경찰활동모형인 지역사회와 문제-지향 경찰활동의 철학으로 더욱 보완되고 강화되었다고 할 수 있다. 사실, 최근의 추세라고는 하지만 이 둘은 현대 경찰의 아버지라고 일컬어지는 Robert Peel경이 발전시킨 도시경찰활동에 대한 철학적, 조직적, 그리고 운용적 접근의 재현, 갱신, 그리고 부활을 대변하는 것이다. 지역사회, 문제-지향 경찰활동이, ① 경찰로 하여금 범죄와 무질서 문제가 발생하기 전 또는 더 심각하고 해가 더 커지기 전에 예견하고 예방하도록 권장함으로써, ② 범죄예방과 통제에 있어서 사적 분야의 역할을 권장함으로써, ③ 동반자적 접근을 조장함으로써, ④ 문제의 범위, 특성, 영향, 그리고 원인을 분석하는 것을 장려하는 문제-해결과정에 의존함으로써, ⑤ 각 문제에 개별화된 장기 지속 가능한 해결책을 찾음으로써 범죄예방의 중심적 교리를 내재화하게 된다는 것이다[10].

더 구체적으로, 미국의 국가범죄위원회(National Crime Prevention Council)의 1997년도 "범죄예방과 지역사회 경찰활동: 핵심적 동반자 관계(Crime Prevention and Community Policing: A Vital Partnership)"라는 소책자에서 지역사회 경찰활동과 범죄예방의 6가지 공통점을 제시한 바 있다[11].

- 둘 다 지역사회의 건강을 다루며, 각각 범죄를 일으키는 다수의 상호 관련된 쟁점들을 인지하고, 병리학적 조건들을 치료뿐만 아니라 건강하게 구축하고자 한다.
- 각각 저변의 원인과 문제를 해결하려고 하며, 범죄가 상당히 줄어들려면 비록 단기적으로 사후 대응적인 대책도 필요하지만 그것만으로는 부족하며, 지역사회 문제의 원인을 치유하기 위해서는 증상 그 이상을 들여다보

April 1979, 25: 236−244

10) Schneider, op cit., p. 249

11) ibid., p. 250

아야 한다.

- 둘 다 범죄 유발 상황은 지역사회의 물리적뿐만 아니라 사회적 문제에서 야기된다는 것을 인지하고 있으며, 가능한 가장 포괄적인 범위의 원인과 해결책을 검토한다.
- 각각 지역사회 주민들의 적극적인 참여를 요하지만, 시민, 경찰, 예방 실무자의 핵심 임무는 사람들로 하여금 적절한 지식을 얻고, 협조적 태도를 갖고, 유용한 행동을 취하도록 도움을 줌으로써 자신과 지역사회를 더 안전하게 만들 수 있게 하는 것이다.
- 효과적이기 위해서는 둘 다 법집행 그 이상의 동반자 관계를 요하고, 범죄예방 노력은 지역사회의 거의 모든 구성원이나 제도나 기관이나 단체나 집단을 포함해야 하며, 지역사회경찰활동의 경험상 주민들에게 다다르고 문제를 해결하기 위해서 유사한 동반자 관계가 필요하다는 것이다.
- 둘 다 프로그램이 아니라 하나의 철학이이어서, 특정한 서비스 전달을 위한 하나의 고정된 모형이 아니라 임무수행, 사업의 방식이라는 것이다.

(3) 평가

지역사회경찰활동이나 문제 – 지향경찰활동과 관련된 가설이나 가정은 다른 경찰 관련 가설에 비해 초점이 약간은 흐리다고 할 수 있는데, 그것은 지역사회경찰활동과 문제 – 지향 경찰활동이 모두 개념도 일부 모호하고 광범위하며, 따라서 그 형태와 방법과 내용도 마찬가지여서 가설을 구성하고 그 가설을 검증하기도 그만큼 까다롭다고 할 수 있다[12]. 지역사회와 문제 – 지향 경찰활동은 종종 서로 중첩된다고들 하지만, 사실은 매우 다른 역사적, 이론적 뿌리를 가진다고 한다. 지역사회경찰활동은 미국에서 60년대 도시 인종 폭동 이후 정당성 위기에서 나타났다고 한다. 당시 경찰은 도보순찰(Foot patrol)에서 무선통신이 가능한 자동차 순찰로 바뀌고 법집행에 대한 법률적 접근을 취함으로써 소수집단과의 접촉을 상실하게 되자 '집단순찰(Team policing)'을 중심으로 긴급 상황에만 대응하는 것이 아니라 보다 긍정적인 상황에서 시민과의 접촉을 증대시킬 것을 권고

---

12) Sherman and Eck, op cit., 2006, p. 298

받은 결과, 시민과 경찰의 접촉의 질과 양을 증대시키려는 노력으로 나타난 것이 지역사회 경찰활동이라는 것이다. 반면에 문제-지향 경찰활동은 긴급출동, 무작위 순찰 그리고 경찰력 증원 등 어느 것도 범죄전쟁에 효과가 없다는 70년대에 촉발된 범죄예방에 대한 경찰 효과성 위기에서 일어난 것으로, 시민과의 어떤 접촉이든 상관없이 개혁에 초점을 맞추는 것이다. 지역사회경찰활동이 지역사회 참여가 핵심인 반면에 문제-지향 경찰활동은 범죄예방에만 국한된 것은 아니지만 범죄예방을 포함한 공공안전에 대한 경찰활동의 효과라는 결과가 핵심개념이라고 한다.

어쩌면 가장 오랜 그리고 가장 잘 알려진 지역사회 경찰활동이라고 할 수 있는 이웃감시(Neighborhood Watch) 프로그램은 범죄를 예방하는 데는 효과적이지 않은 것으로 알려지고 있다. 이웃감시가 효과적이지 않은 가장 큰 이유는 어쩌면 가장 효과가 클 수 있는 지역인 범죄율이 가장 높은 지역이 이웃감시제도를 운용하기 위하여 지역사회를 조직하는 것을 가장 주저하고 꺼려하기 때문에, 즉 프로그램의 결과가 크게 나지 않을 수 있는 비교적 범죄율도 안정적이고 그래서 지역사회를 조직하기 쉬운 지역을 중심으로 실행되기 때문이라는 것이다. 오히려 이웃감시가 실행됨으로써 주민들의 범죄에 대한 두려움을 더 증가시킨다고도 한다. 지금까지 알려진 바로는 가장 장래가 촉망되는 지역사회경찰활동은 이론적으로도 일관성이 있는 것으로 경찰 정당성(police legitimacy)이 범죄를 예방한다는 것이다. 당연히 경찰에 대한 정당성 인식과 법을 준수할 의사 사이에 강력한 상관관계가 밝혀지고 있다. 여기서 경찰 정당성은 대체로 이전 경찰접촉 시 경찰이 자신을 어떻게 취급하고 다루었는지 묻는 것으로 측정되고 있다. 시민들이 인식하기에 강력 범죄가 가장 많이 감소한 곳이 경찰이 시민들의 우려에 가장 잘 대응한다고 답한 지역이었다고 한다. 이런 경찰 정당성의 범죄예방 능력은 지역사회 경찰활동이 할 수 있는 무언가가 될 수 있다는 암시일 수 있는 것이다[13].

반면, 문제-지향 경찰활동은 지역사회 경찰활동에 비해 긍정적인 평가를 받고 있다. 그러나 이 또한 실패는 보고되지 않고 성공한 사례만 보고되는 선별적 보고의 결과일 수 있다는 우려가 존재한다. 문제-지향 경찰활동처럼 매우

---

13) Sherman and Eck, op cit., pp. 19-23

다양하고 복잡한 가설을 검증하는 것과 관련된 가장 기본적인 문제는 그것이 실질적으로 직관, 상상 그리고 창의에 관한 것이라는 점이다. 문제－지향 경찰활동의 핵심이 분류, 예측 그리고 인과성이라는 과학 그 자체여서, 이런 과학적 방법에 대한 과학적 평가는 역설적이게도 과학적 방법에 그리 민감하지 않다. 만약 과학적으로 범죄의 근본 원인을 과학적으로 밝혀낼 수 있다면 그 원인의 제거라는 문제－해결 경찰활동이 범죄를 예방할 수 있다고 할 수 있으나, 현실적으로는 다수의 범죄근원에 대해서 경찰이 할 수 있는 것이 별로 없다는 점이다.

지역사회 경찰활동의 핵심 개념이 지역사회 자신을 위한 지역사회의 참여라고 전제한다면, 가장 중요한 평가범주는 아마도 '지역사회경찰활동이 어느 정도나 대중을 동원하였는가'일 것이다. 이웃감시에 대한 메타분석을 통해서 Sherman과 Eck은 경찰이 지역사회를 이웃감시로 조직화하는 데 효과적이지 못했다는 일관적이고 강력한 증거가 나왔다고 결론을 내린 바 있다. 경찰이 이웃감시 프로젝트에 소수의 지역유지나 헌신적인 사람을 제외하고는 지역사회를 조직하고 적극적으로 참여시킬 수가 없었다는 것이다. 물론 이는 비단 지역사회 경찰만의 문제라기보다는 전반적으로 범죄예방 전체가 지역사회 동원의 어려움을 겪고 있기 때문이다. 이와는 반대로 일부에서는 이런 문제가 부각되기보다는 주민참여도도 높고 성공적인 사례도 있었다고 한다. 결국 지역사회 경찰활동 자체가 문제라기보다는 어쩌면 지역사회 경찰활동이 얼마나 잘 운영되었는가에 그 성패가 달렸다고도 할 수 있을 것이다[14].

보다 구체적인 평가로, 지역사회 경찰활동 전략이 범죄와 피해자화에 어떤 영향을 미쳤는가의 연구결과는 결론적이지 않다. 도보순찰이나 지역사회 모임과 같은 산만하거나 목적이 불분명한 지역사회 경찰활동 전술은 범죄와 무질서를 줄이지 못한다고 결론을 내렸고, 불법 약물 공급을 줄이려는 시도에서 도입되었던 혁신적 이웃－지향 경찰활동(Innovative Neighborhood－Oriented Policing)은 약물 불법거래, 범죄 두려움, 약물 관련 범죄에 미미한 영향만 미쳤다는 연구결과도 있으며, 공식통계를 분석한 연구에서도 지역사회 경찰활동이 폭력범죄의

---

14) op cit., p. 299, 315; S. Sadd and Grinc, R., "Innovative neighborhood oriented policing: An evaluation of community policing programs in eight cities," pp. 27－52 in D. P. Rosenbaum(ed.), The Challenge of Community Policing: Testing the Promises, Newbury Park: Sage, 1994, p. 31, 35

감소나 통제에 거의 영향을 미치지 않았다고 결론을 내렸다. 이와는 반대로 방범심방과 같은 가정방문은 폭력범죄보고의 감소를 보고한 바 있고, 시카고의 대안적 경찰활동(Chicago Alternative Policing)도 자동차 절도, 폭력범죄, 약물범죄, 기타 노상범죄의 감소를 보고하였다[15].

문헌연구를 토대로 보아, 일반적으로 광범위한 보편적 지역사회 경찰활동들은 적어도 경찰이 봉사하는 지역사회와 경찰 사이의 관계를 증진, 향상시키고, 범죄에 대한 두려움과 공포를 줄이는 것으로 밝혀지고 있다. 경찰 지역사회 사무소(police community station)나 시민 계약 순찰 또는 공조 지역사회 경찰활동 등 시민과 경찰의 직접적인 접촉을 수반하는 지역사회 경찰활동 전략들은 주민들의 범죄 두려움을 줄이고, 마을 내의 범죄에 대한 우려도 낮추는 것으로 알려지고 있다. 또한 지역사회 경찰활동이 경찰행동에 대한 시민의 판단도 향상시켜서 경찰에 대한 확신이나 신뢰의 간극을 좁혀준다고도 한다[16].

문제-지향 경찰활동의 평가도, 문제-지향 경찰활동 운동이 '성공적이었는가'와 문제-지향 경찰활동이 '효과적이었는가'는 별개의 문제라고 한다. 첫 번째 물음은 과연 문제-지향 경찰활동이 범죄와 무질서를 줄이고, 지역사회를 더 안전하게 하였으며, 경찰활동의 다른 접근방법들보다 더 나았는지 그 증거를 찾는 것이라면, 두 번째 질문은 문제-지향 경찰활동이 경찰황동에 대한 표준 접근법이 되었는가에 대한 의문이라고 할 수 있다. 효과성의 의문에 대해서는, 다양한 장소에서의 다양한 유형의 범죄와 무질서 문제를 다루는 데 있어서 효과적이라 제안되고 있으며, 특히 범죄다발지역을 표적으로 할 때 더욱 효과적이었다고 하여 문제-지향 경찰활동이 범죄를 줄이는 효과적인 방법이라고 결론을 내리고 있다[17].

---

15) Saad and Grinc, op cit., p. 35; J. Macdonald, "The effectiveness of community policing in reducing urban violence," Crime and Delinquency, 2002, 48(4): 592-618; Sherman, op. cit., p. 251

16) A. A. Braga and Weisburd, D. I., op cit., 2006, pp. 14-15

17) M. S. Scott, Problem-Oriented Policing: Reflections on the First 20 Years, US Dept. of Justice, Office of Community-Oriented Policing Services, Washingto, DC, 2000, p. 31; L. W. Sherman and Eck, J., "Policing for crime prevention," pp. 295-329 in Sherman, L. W., Farrington, D. P., Welsh, J. and MacKenzie, D.(eds.), Evidence-Based Crime Prevention(revised ed.), London: Routledge, 2002, pp. 319-321

한편, 두 번째 의문이었던 문제-지향 경찰활동은 그렇다면 과연 얼마나 보편화되고 잘 정착, 확산되었을까. 세계적으로 지역사회 경찰활동(community policing)이 경찰기관에 대한 미래의 비전(vision)이라고 각광을 열정적으로 받아왔고, 또 경찰조직의 철학과 운영에도 지대한 영향을 미쳤지만, 전통적인 사건 주도와 기반의 법집행에 비해 그만한 또는 동등한 자원과 지위를 획득할 수 있을지 의문이 제기되기도 한다. 그러기가 쉽지 않다고 하는데, 그 이유는 대중의 서비스 요구에 응해야 하는 필요성의 지속, 경찰조직이 내부적 권력구조와 관료제를 재조직화하는 데 대한 저항 등이 상존하기 때문이라는 것이다. 따라서 문제-지향 경찰활동도 언젠가는 또 다른 새로운 시도나 추세에 그 자리를 물려주게 될 것이라는 비관적 결론도 나오곤 한다. 그럼에도 불구하고 문제-지향, 지역사회-지향 경찰활동이 세계적으로 환영받고 있는 것은 최신의 개혁이고 추세로 알려지고 있는 시도를 도입함으로써 경찰이 스스로 첨단을 걷고 있다는 인상을 심어주고 싶기 때문이라는 것이다[18].

제3절 억제(deterrence)와 무능력화(incapacitation)

1차적 범죄예방을 논의할 때면 언제나 처벌을 통한, 형벌의 고통으로 인한 범죄동기의 억제효과를 빼놓을 수는 없다. 1차적 범죄예방이 범죄가 발생하기 전에 일탈행위의 수준을 줄이거나 제거하고자 시도하는 것이다. 당연히 이는 일반 대중의 범죄예방활동에 초점을 맞추기 마련이다. 그런데 대다수 대중은 공식 사회통제기관이 범죄를 제거하는 책임이 있고, 책임을 져야 한다고 믿고 있다. 공식적인 사회통제란 법률적 통제가 주가 되고, 법률적 통제는 곧 처벌, 즉 형벌이다. 실제로 형사사법기관의 행위는 억제를 통한 범죄의 제거를 목표로 하고 있다.

---

18) H. Goldstein, "Forward," pp. viii-x in Rosenbaum, D. P.(ed.), The Challenge of Community Policing: Testing the Promises, Thousnd Oaks, CA: Sage, 1994, p. viii; D. H. Bayley, "Community policing: A report from devil's advocate," pp. 225-238 in Greene, J. R. and Mastrofski, S. D.(eds.), Community Policing: Rhetoric of Reality, New York: Praeger, 1988, p. 225

이론적으로, deterrence는 억제 또는 제지라고도 일컬어지는데, '공포로 영향을 미치는 것(influencing by fear)'이라고 정의되는 것으로, 구체적으로 설명하자면 잠재적 범법자들로 하여금 체포와 처벌의 두려움, 공포로 인하여 범죄행위를 범하지 않도록 결정하게 하는 것이다. 당연히 억제효과, 억제 가능성이나 확률은 처벌의 위험성이 높아짐에 따라 증대되는 것이다. 물론 처벌에 의한 억제가 반드시 처벌을 직접 경험할 것을 전제로 하지는 않아서, 개인이 억제되기 전에 처벌의 실제 경험이 일어나야만 하는 것은 아니다. 오히려 적절한 상황만 갖추어진다면 처벌의 위협만으로도 억제효과를 내기에 충분하다는 것이다. 이런 측면에서 일부에서는 이런 형태의 억제를 '일반 예방(general prevention)'이라고도 하는데, 이는 곧 두려움, 공포를 이용한 범행의 방지, 범죄의 예방이라고 할 수 있다[19].

1. 억제의 개관

범죄억제는 크게 두 가지 유형으로 나누어지는데, 바로 특별억제(specific deterrence)와 일반억제(general deterrence)가 그것이다. 특별억제는 이미 범행을 한 개별 범죄자에게 형벌을 가하여 형벌의 고통이라는 겁을 주는, 소위 형벌의 위하작용에 호소하여 형벌의 고통을 피하고자 미래에 다시 범행, 즉 재범을 하지 않도록 범행 동기를 억제하는 것이다. 여기서 형벌의 고통에 의한 범죄동기의 억제는 당연히 형벌이 가해진 표적 범죄자 당사자 외에는 누구에게도 영향을 미치리라고 기대되지는 않는다. 이보다 더 엄격하게 설명하자면, 사실 억제행위는 동일한 범죄자에게도 다른 모든 범죄가 아니라 동일한 유형의 범죄에만 영향을 미치는 것이어서, 예를 들어 절도에 대한 형벌이 강간이나 폭력과 같은 다른 범행에도 영향을 미치리라 기대되지 않아야 한다는 것이다. 물론 유사한 재산범죄에는 주거침입강도에 대한 형벌이 억제효과에 영향을 미칠 수도 있을 것이나 주거침입강도에 걸 맞는 정도의 영향은 아닐 것으로 기대되는 것이다. 반면, 일반억제는 한 사람의 표적 범죄자 이상 더 많은 사람들에게 영향을 미칠 것을 기

---

19) J. Andenaes, "General prevention revisited: research and policy implications," Journal of Criminal Law and Criminology, 1975, 66: 338－365

대하는 것이다. 한 사람의 범죄자를 체포하고 처벌하는 것이 다른 범법자들과 잠재적 범법자들에게 하나의 교훈으로 작용하리라 희망하는 것이다. 즉, 범죄자에 대한 형벌의 고통을 목격함으로써 다른 모든 사람들에게 일종의 경고의 메시지를 전하여 그와 같은 형벌의 고통을 겪지 않으려면 장래 아무런 범죄도 하지 말라는 경고를 함으로써 범행동기를 억제하여 범행을 예방하자는 바람인 것이다. 이런 작동형식이나 기제는 마치 일탈, 범죄이론의 하나로서의 사회학습이론, 즉 타인의 행위에 대한 보상과 처벌에 따라 특정 행위를 학습하고 안 하고, 그리고 학습된 행위를 실행하고 안 하고를 학습하게 된다는 주장과도 일맥상통하는 주장이라고 할 수 있다. 일반대중들에게 범죄자에 대한 확실하고 신속하고 강력한 처벌을 보여줌으로써 범죄행위를 학습도 실행도 하지 않도록 학습시키는 것이다. 여기서도 물론 다른 사람들의 다른 범죄유형에도 영향을 미치리라 기대하지만, 동일한 범죄유형에 가장 큰 영향을 미친다고 한다[20].

중요한 핵심적 가정이기도 하고, 그래서 억제이론의 단점이자 한계로도 지적되고 있는 것이 일반억제나 특별억제 모두 범죄자도 사고능력이 있는 합리적인 존재를 전제로 해야 한다는 점이다. 어떠한 억제효과도 범법자가 우리 사회의 행동 기준을 위반할 것인가 말 것인가의 합리적 결정 능력에 좌우된다는 것이다. 범법자가 범죄의 이익과 손실을 합리적으로 계산한 결과 범행의 이익이 손실보다 크다고 판단한 결과로 범행을 선택하는 능력이 있어야 하는데, 그렇지 못하다면 억제효과를 기대하기가 곤란하게 되는 것이다. 합리적 의사결정능력이 없다면 억제효과를 무력하게 만든다는 것이다. 그런데 문제는 다수의 범죄자가 지능, 정신질환, 장애, 흥분, 음주나 약물의 영향 등 다양한 이유로 합리적 의사결정 능력이 없거나 부족하다는 사실이다. 여기에 덧붙여서 억제이론은 범법자들이 쾌락은 추구하지만 고통은 회피하고자 한다는 소위 쾌락주의적(hedonistic) 이라는 것도 가정되어야 한다. 형벌은 여기서 고통이고 반대로 범죄행동의 결과는 쾌락의 요소가 되는데, 억제이론은 범죄행동의 결과로 가해지는 형벌의 고통을 범행으로 얻을 수 있는 쾌락과 적어도 동일하거나 그보다 더 크게 가함으로써 합리적 계산과 선택을 할 수 있다고 가정되는 범죄자나 잠재적 범죄자가 처음부터 또는 더 이상 범행하지 않도록 하자는 것이다[21].

---

20) Lab, op cit., p. 150

그런데 여기서 부연설명이 필요한 것은 두 가지 형태의 억제가 서로 다른 범죄예방과 관련된다는 점이다. 특별억제가 재범방지라는 측면에서 1차적이라기 보다는 3차적 예방에 가깝다면, 일반억제는 불특정 일반 시민 대중들의 잠재적 범행동기를 처음부터 억제하려는 시도라는 점에서 1차적 예방에 가깝다고 할 수 있다. 이와 더불어, 특별억제는 일종의 범죄자에 대한 무능력화(Incapacitation)와 혼돈하기 쉬운데 엄격하게 말하자면 사실 범죄자에 대한 구금이라는 완전한 통제에 의한 범행의 억제나 금지는 범죄자의 선택이 아니라는 점에서 특별억제와 동의어라고 할 수는 없을 것이다. 특별억제는 형벌이 가해진 이후의 활동이나 행동을 다루는 것이지 형벌이 집행되는 과정 중의 결과나 효과를 말하는 것이 아니기 때문이다[22].

2. 억제효과의 요건과 전제

형벌을 통한 범죄동기의 억제가 가능하기 위해서는 먼저 인간이 합리적 존재라는 것과 선택할 수 있는 자유의지를 가진 존재라는 기본적 명제가 전제되어야 한다. 인간의 본성에 대해서 이와 같은 자유의지(Free Will)를 가진 존재로 보기도 하지만, 반대로 혈액형이나 남녀 성별과 같이 내가 선택하기보다는 이미 결정되어진다는 결정론(Determinism), 두 가지 극단적으로 상반된 견해가 있다는 점에서 모든 인간이 언제, 어디서나 항상 합리적 존재이고 합리적 선택을 한다는 보장은 힘들 수도 있는 것이다. 그럼에도 불구하고 형벌을 통한 범죄억제를 기대하려면 인간의 자유의지와 합리적 선택을 전제로 하지 않으면 안 된다. 그리고 여기에 더하여 관련된 전제로서 합리적 선택이 되기 위해서는 가능한 모든 조건이나 정보, 그리고 이를 토대로 한 가능한 모든 선택지가 주어진다는 전제가 충족되어야 만 완전한 합리적 선택이라고 할 수 있을 것이나 현실세계에서는 이런 완전한 합리적 조건이란 거의 불가능에 가깝다고 한다. 바로 이런 합리성의 한계로 우리는 제한적 합리성(limited rationality)이라는 말로 극복하려고 한다. 형벌의 범죄억제가 작동하려면 최대한의 합리성이 확보되어야 한다는 전제가

---

21) op cit., p. 151
22) ibid.

따른다는 것이며, 이런 전제 외에도 억제효과는 다음의 세 가지 요소에 좌우된다고 한다.

1) 처벌의 엄중성(Severity)

처벌의 엄중성이란 형벌이 범죄행동으로부터 얻어질 수 있는 쾌락(pleasure)을 상쇄하기에 충분한 고통을 가하는 것을 확실히 하는 것을 함축하는 것이다. 이러한 사고의 배경에는 범죄자가 자신이 한 범죄로 붙잡히게 되어 발생할 수 있는 잠재적 비용에 대비한 범죄의 이익을 저울질하여 그 이익이 비용보다 클 때 범행을 선택한다는 가정이 자리하고 있는 것이다. 바로 이런 관점에서, 범죄는 불법행동으로 인한 쾌락이 고통보다 더 크다는 분석의 결과라는 것이다. 따라서 처벌의 엄중성은 범죄행위의 긍정적이고 쾌락적일 수 있는 결과를 제거하는 대신, 부정적이고 원하지 않는 고통으로 대체하려는 것이다. 쾌락이 고통을 상쇄, 능가하는 점이 바로 처벌이 가해지는 수준을 결정하는 것이다. 여기서 처벌의 수준이 중요한 것은 처벌이 쾌락을 상쇄하여 범죄동기를 억제하는 데는 충분하지만 오히려 엄벌의 두려움으로 범죄가 더욱 흉포화되거나 완전범죄를 계획하거나 형벌과 사법정의에 대한 증오를 가질 정도로 지나쳐서도 안 된다는 점이다.

2) 처벌의 확실성(Certainty)

처벌의 확실성은 누군가가 자신의 범죄행위로 체포되어 처벌을 받을 확률이라고 할 수 있다. 범죄자에게 고통을 부과하기 위해서는 그 범죄자가 누구인지 신원이 확인되고, 검거되어 유죄가 확정되고 형이 확정되는 것을 필요로 한다. 극단적으로 말하면, 만약 개인들이 자신의 범행으로 검거되어 죄에 상응한 처벌을 받을 확률이 전혀 없거나, 적어도 그럴 가능성이 없다고 생각한다면 아무리 강한 처벌이라도 사람들의 의사결정, 즉 범행 선택에 아무런 영향도 미치지 않을 것이라고 할 수 있다. 이런 상황이 벌어질 수 있는 경우는 흔치 않겠지만, 형사사법제도가 의심스러운 행위에 관심이 없거나 신경을 쓰지 않거나 또는 형사사법제도가 법을 제대로 집행할 의지나 능력이 없을 때라고 할 수 있다. 물론 개인의 의사결정 능력도 그 사람의 처벌에 대한 확실성 판단에 지대한 영향을 미칠 수 있다. 예를 들어, 지적 장애를 심하게 가졌거나 아니면 음주운전자들처럼 지나친 자신감이나 자기 확신으로 합리적 계산과 선택을 못하게 되는 경우도 형벌의 엄중성마저도 작동하기 힘든 경우가 될 수 있다. 음주운전의 경우, 상당히 엄격하고 신속하고 확실한 처벌을 하는데도 불구하고 음주운전이 억제되지 않고 있는 것이 바로 이런 이유에서라고 할 수 있는 것이다.

3) 처벌의 신속성(Celerity)

처벌의 신속성이란 기왕 처벌할 것이라면 빠를수록 그 효과가 높다는 것이다. 이는 우리 사회와 형사사법제도가 그러한 범죄행위에 즉각적으로 반응하고 있다는 것을 보여줌으로써 대중들에게 또는 범죄자나 잠재적 범죄자에게 형벌의 위하를 더 크게 심어주자는 것이다. 처벌의 신속성이 억제효과에 영향을 미친다고 보는 것은 범행시점에서 멀어질수록 범행 즉시 처벌하는 것에 비해 동일한 영향을 미치지 못한다고 판단되기 때문이다. 시간이 흐를수록 사람들은 앞선 범죄행위로부터의 쾌락과 처벌로부터의 지체, 연기된 고통을 정확하게 계산하는 능력이 무뎌지거나 무능해지고, 일반대중들에게는 잊혀지기 때문이다. 당장의 잘못에 대해 그 처벌을 미루면 당장 처벌하는 것에 비해 처벌의 효과가 줄어들기 마련인 것이다. 특히, 처벌의 즉시성, 신속성이 일반억제효과에는 더 큰 영향을 미칠 수 있다. 예전 '막가파'나 '지존파' 등에 대하여 신속하게 사형이 집행된 것도 대중들의 뇌리에서 그 사건이 잊혀지기 전에 처벌함으로써 더 큰 범죄억제효과를 기대했기 때문일 것이다.

3. 억제효과의 평가

형벌의 범죄억제효과는 아직도 논란의 여지가 많은 쟁점으로 남아 있지만, 한 가지 분명한 것이 있다면 형벌의 억제효과가 있다는 확실한 과학적인 증거도 없으며, 그렇다고 없다는 과학적인 증거도 없다는 사실이다. 가장 좋은 예가 사형제도 존폐론의 근거로 제시되는 사형제도의 범죄억제효과 논란이다. 이런 결론 아닌 결론은 다양한 이유에서 파생된 것이다. 우선, 억제에 대한 개념상의 문제로 형벌의 실제 경험과 인식의 차이에서 오는 것일 수도 있다. 분명 직접 경험한 형벌과 경험하지 못하고 그냥 생각만으로 인식하는 형벌은 큰 차이가 있기 때문이다. 그리고 형벌의 억제효과가 있기 위해서는 인간의 본성으로서 자유의사와 합리적 선택이 전제되어야 하는데 그렇지 못한 경우가 많기 때문이다. 인간은 모두가 언제나 합리적이고 자유의지를 행사할 수 있지는 않다. 특히, 합리적 선택이라는 전제가 중요한 제약이기도 한데, 그 이유는 우리에게 완전한 합리성이란 존재하기 어렵기 때문이다. 실제로 범죄자들 중에는 자유의지를 가지고 합리적 선택을 할 수 없는 상황이거나 사람이 적지 않은데 이들에게는 형벌을 통한 범죄억제가 애당초 기대할 수 없는 것이다.

그리고 음주운전의 경우처럼 처벌의 확실성이 전혀 작동하지 않는 경우에도 형벌의 억제효과는 작동되지 않는다. 그리고 범죄특성상 인간의 자유의지와 합리적 선택 조건이 구비된다 해도 형벌의 억제효과를 기대할 수 없는 경우가 허다한데, 예를 들어 격정과 충동의 범죄나 확신범죄가 이에 속한다. 특히 형벌의 범죄억제효과를 논하기 위하여 찬반 양쪽 모두가 예로 들고 있는 사형제도가 살인범죄에 미치는 영향이 좋은 사례라고 할 수 있다. 즉, 살인은 대부분 확신범죄이기 쉬워서 사형을 통한 범죄억제와는 큰 관련이 없다. 치정, 원한을 동기로 하는 살인이라면 자신의 살인행위가 자신을 사형에 처할 수도 있다는 것을 알면서도 살인을 하며, 격정이나 충동과 같은 상황적 범죄로서의 살인도 합리적 계산과 선택의 결과가 아닌 그야말로 격정이나 충동의 상황이 만든 살인이기에 합리적 선택의 결과라고 할 수 없어 사형을 통한 억제가 작동하지 않는 것이다.

그럼에도 불구하고 가장 사전 계획적인 범죄라면, 분명히 철저하게 계산된 합리적 선택의 결과일 수 있어서 형벌을 통한 범죄억제가 가능할 수 있는 범죄도 분명히 존재한다. 대부분의 재산범죄가 이런 유형에 속한다고 할 수 있는데, 사기와 같은 범죄로 얻을 수 있는 이익이 그에 따르는 형벌의 확실성이나 엄중성 등 범죄의 비용, 즉 고통을 초과하는 것으로 계산하고 선택한 결과라면, 범죄의 이익보다 훨씬 큰 비용과 고통을 부과한다면 형벌을 통한 범죄억제를 어느 정도 기대할 수 있을 것이다. 가장 편한 예를 든다면, 환경범죄로서 환경정화시설을 설치하는 데 상당한 비용이 들지만 환경정화시설을 설치하지 않은 데 대한 처벌을 받은 경험이 없어서 형벌의 확실성이 아주 낮거나 설사 발각되어도 벌금 등 그 비용이 시설을 설치하지 않음으로써 절약한 비용보다 훨씬 작다면 범행의 동기는 억제될 수 없을 것이다.

한편, 형벌의 범죄억제효과 유무에 대한 논쟁은 아직도 계속되고 있는데, 그중에서도 가장 분명한 것은 억제효과에 대한 확실한 과학적 증거가 충분하지 않다는 것이었다. 이는 억제효과에 대한 과학적인 연구가 많지 않았기 때문인데, 그 이유는 살인과 사형의 관계처럼 애당초 가장 과학적인 실험의 연구가 가능하지 않기 때문이다. 더구나 형벌의 억제효과는 3가지 요건을 전제로 하는데, 대부분의 연구가 이 세 가지 요건들을 동시에 검증하지 않거나 못했기 때문이다. 물론 이상적으로는 형벌이 확실하고 엄중하게, 그것도 신속하게 부과되는 경우가 가장 그 효과가 클 것으로 기대되지만 말이다. 형벌이 아무리 엄중해도 확실성이 담보되지 않는, 즉 아무도 처벌되지 않는다면 아무 소용도 없으며, 반대로 아무리 확실해도 그 처벌이 충분히 엄중하지 않으면 당연히 범죄의 비용보다 이익이 훨씬 큰 것으로 계산되어 억제효과를 기대할 수 없는 것이다. 당연히 확실성과 엄중성이 둘 다 전제되고 신속해야 하는 것이다. 여기에 더해서 세 가지 중 어느 조건이 더 억제효과에 큰 영향을 미칠까도 분명하지 않은 점도 논쟁을 키우는 요인이기도 하다. 그러나 대부분은 엄중성보다 확실성에 더 큰 기대를 거는 것 같다.

마지막으로 형벌의 범죄억제효과를 판단하기 어렵게 만드는 요소로 개인별 차이를 들 수 있다. 개인에 따라 범죄의 이익과 비용이 다르게 평가되고, 따라서 같은 범죄와 같은 형벌에 대해서도 그 억제효과가 달라질 수 있다는 것이다. 벌금형의 경우라면 재산의 정도에 따라 동일한 액수의 벌금이 미치는 고통의 정도가 전혀 달라질 수 있으며, 자유형의 경우라도 공직자와 같은 사람과 조직범죄 행동대원이나 전과자는 전혀 다른 계산과 선택을 한다. 즉, 형벌로 인하여 공직자는 모든 것을 다 잃을 수 있어서 그 비용이 더 커지만 누군가는 형벌이 오히려 보상이나 훈장이 될 수도 있기 때문이다. 그리고 형벌의 억제작용을 기대하기 위해서는 누구나 범죄에 대한 형벌의 정도를 정확하게 알고 있다고 전제되어야 하는데, 사실 대부분의 사람들은 어떤 행위가 어떤 범죄가 되고, 그에 대한 형벌의 정도를 정확하게 알지 못한다. 비용을 제대로 계산할 수 없다면 당연히 합리적 계산과 선택도 어려워지는 것이다. 이런저런 이유로 그래서 일부에서는 형벌의 범죄억제는 표적으로 하는 범죄위험성이 높거나 중·누범자들에게는 효과가 없고, 오히려 형벌과는 아무런 관계도 없을 소위 '법이 없어도 산다'는 준법시민들에게 가장 두려운 비용이고 가장 효과적이라고 극단적으로 비판하기도 한다.

4. 인식(perception)과 억제

형벌로서 범죄자를 억제하는 것은 잠재적 범법자의 형사사법제도와 법률에 관련된 지식에 대한 다양한 가정에 달렸다고 할 수 있다. 법의 존재나 실제 제재의 부과가 자신에게 위험이라는 것을 인식하는 사람에게만 영향을 미친다는 것이다. 법을 모르거나 무시하는 사람에게서 단순히 법의 존재로만 가지고 그의 행동을 제재할 수 없는 것이다. 설사 법의 존재를 알아도 법을 어겨서 자신이 체포될 확률이나 가능성이 얼마나 되고, 자신에게 부과될 형벌이 어느 정도인지 모르거나 무시하는 사람에게도 억제효과는 제대로 나타날 수가 없을 것이다. 예를 들어, 좀도둑은 범죄라는 것을 단순히 아는 것만으로는 범죄를 억제하기에 충분하다고 하기는 어렵다는 것이다. 잠재적 범법자가 좀도둑이 범죄인 줄 알면서도 붙잡힐 확률이 아주 낮고, 잡히더라도 처벌 수준이 아주 경미하다고 믿는다면 억제효과는 기대하기 어려운 것이다. 이런 억제효과의 결여나 부족은 잠재적 범법자들의 형사사법제도와 법률에 대한 인식이 다르기 때문인 것이다.

실제로 대부분의 연구, 특히 억제이론에 대해서 비판적인 시각에서는 대부분의 일반 대중은 물론이고 범법자들도 사실 법률에 대하여 제대로 정확하게 알지 못한다. 어떤 행위가 어떤 범죄이며, 그런 행위에 대한 처벌 수준은 어느 정도인지 잘 알지 못한다. 심지어 범법자들도 자신이 사법제도에 관여되고 나서야 제재에 대해서 알게 된다. 더구나 법률은 특정한 범죄에 대한 가능한 처벌수위, 정도, 범위에 대한 정보만 제공할 뿐이지, 체포확률이나 실제로 최고 형량이 부과되는 확률에 대해서까지 알려주지는 않는다. 이런 이유로 일반억제에 대한 연구를 위해서는 인식의 역할을 검증해야만 하는 것이다[23].

억제효과 연구는 대체로 위험성 인식을 높이면 일탈행위도 낮아진다고 가정하고, 연구결과도 대부분 그런 증거를 내놓고 있다. 일찍이 Erikson 등은 고

---

23) Lab, op cit., p. 161

등학생을 대상으로 한 억제연구에서 체포나 구금의 확실성 인식의 수준이 높을수록 자기-보고(self-reported survey)식 비행의 수준은 역으로 낮아지고, 반대로 확실성 인식 수준이 낮을수록 비행 수준은 높아진다는 것을 밝혔다. 특정한 범행으로 체포되고 구금될 확률이 높다고 인식하는 청소년일수록 일탈행동 유형에 가담할 가능성이 그만큼 낮아진다는 것이다. 또한 범행에 대한 사회적 비난도 체포와 구금의 인식 정도로 범행수준에 영향을 미쳤다고 하는데, 이는 사회적 비난의 수준이 사법제도의 반응에 대한 인식에 영향을 미쳤기 때문으로 이해하였다. 위험의 인식이 범행기회를 낮추는 데 분명한 영향을 미친다는 것이다[24].

물론 이와 같은 연구결과는 정 반대의 결과도 나온다. 고교생들과 청소년들을 대상으로 한 연구에서 체포될 확률의 인식과 자기-보고식 비행 가담은 거의 관련이 없는 것으로 밝혀지기도 했기 때문이다. 오히려 범행할 기회가 위험성이나 제재의 인식보다 더 큰 영향을 미친다는 것이다. 또 다른 빈곤하고 범죄율이 높은 지역 고교생들을 대상으로 한 인식의 영향에 관한 연구에서도 확실성 인식과 비행 가담은 관계가 없었다고 밝히면서, 그 이유는 아마도 응답자들의 주거상태와 소득에 기인한 것으로 해석하였다[25].

형벌의 확실성 인식에 대한 연구의 문제 중 하나는 인식과 실제 형사사법제도와의 연루 사이의 시간적 순서 때문이라는 것이다. 다시 말해, 검거의 인식이 범죄를 억제하는 것인지 아니면 개인의 실제 검거가 위험성의 인식을 높이는지 의문이라는 것이다. 이를 학자들은 경험효과(Experiential effect)라고 하는데, 이는 연구자들이 먼저 개인의 인식을 측정하여 그것을 과거의 일탈행위에 연계시킨다는 것이다. 과거일탈행위로 검거되지 않은 경험이 현재의 낮은 위험성 인

24) M. L. Erikson, Gibbs, J. P. and Jensen, G. F., "The deterrence doctrine and the perceived certainty of legal punishment," American Sociological review, 1977, 42: 305-317; D. S. Nagin, "Criminal deterrence research at the outset of the twenty-first century," Crime and Justice, 1998, 23: 1-42

25) G. F. Jensen, M. L. Erikson, and J. P. Gibbs, "Perceived risk of punishment and self-reported delinquency," Social Forces, 1978, 57: 57-78; I. Piliavin. Thornton, C., Garten, R. and Matsueda, R., "Crime, deterrence, and rational choice," American Sociological Review, 1986, 51: 101-119; W. D., Foglia, "Perceptual deterrence and the mediating effect of internalized norms among inner-city teenagers," Journal of Research in Crime and delinquency, 1997, 34: 414-442

식과 견해를 불러일으킨다는 것이다. 즉, 인식이 오히려 인과적으로 행위 뒤에 온다는 것이다. 이런 연유로 당연히 연구자들은 현재의 인식을 미래 일탈행위에 연계시킬 필요가 있어야 경험효과가 아닌 억제효과를 논할 수 있게 된다고 설명한다. 몇몇 연구자들이 이런 점을 고려한 연구에서 검거 위험성이 거의 없다고 보는 사람이 상대적으로 법률위반 가능성이 더 높았다는 분석결과를 토대로 검거 위험성 인식이 미래 법률위반 의도에 중요하게 관련되며, 당연히 인지된 위험, 위험인식이 과거 일탈행위보다 미래 일탈의사나 의도의 더 나은 지표라고 주장하였다. 그러나 이런 유형의 연구에서 실제 행동의 측정이 아니라 행위의 의도(intention)를 대신 사용한다는 점을 두고 실제 의도나 의사가 결코 결실을 맺는, 즉 행동으로 실행되지 않는 가능성도 얼마든지 있다고 문제를 제기하고 있다[26].

이와 같은 문제제기에 대한 대안으로서 연구자들은 종단자료를 활용하는데, 그들은 시간적으로 먼저 인식을 측정하고, 그 후에 다시 조사대상자의 실제 행위를 측정하는 방식으로 미래 행위에 대한 인식의 영향, 즉 억제효과(deterrent effect)와 미래 인식에 대한 행위의 영향, 즉 경험효과(experiential effect)를 평가하였던 것이다. 그들의 분석결과는 검거 위험성 인식 수준이 높을수록 미래행위 수준은 낮았으며, 이는 억제효과의 주장을 지지하는 것이라고 설명한다. 그러나 과거 비행행위의 영향이 차후의 결과적인 인식에 미치는 영향이 인식이 행위에 미치는 영향보다 더 컸다고 하는데, 이는 곧 경험효과가 억제효과보다 더 크다는 것을 의미한다. 이런 연구결과들을 종합하면, 처음에는 검거 위험성이 높다고 인식하는 무경험자들이 체포되지 않고 일탈행위에 가담하기 시작한 후에 자신의 인식을 수정하는 것으로 설명하며, 이는 바로 검거되지 않은 일탈행위 경험이 인식을 변화시키는 것이며, 이것이 경험효과의 존재를 보여주는

---

26) D. M. Bishop, "Deterrence: a panel analysis," Justice Quarterly, 1984, 1: 311−328; D. M. Bishop, "Legal and extralegal barriers to delinquency: a panel analysis," Criminology, 1984, 22: 403−419; R. Paternoster, Saltzman L. E., Waldo, G. P., and Chiricos, T. G., "Assessments of risk and behavioral experience: an exploratory study of change," Criminology, 1985, 23: 417−436; L. Saltzman, Paternoster, R., and Chiricos, T. G., "Deterrent and experiential effects: the problem of causal order in perceptual deterrence research," Journal of Research in Crime & Delinquency, 1982, 19: 172−189; Lab, op cit., pp. 162−163

것이라고 한다. 실제로 학자들이 직·간접적인 경험을 억제의 핵심요소로 재개념화(reconceptualization)하여, 처벌과 처벌회피의 직·간접적인 경험이 억제수준에 영향을 미치는 것으로 받아들인다. 사실 경험이 개인의 인식에 영향을 미치지 않을 수 없기에, 경험을 억제로부터 별개의 것으로 간주하기보다는 억제효과의 필수적인 부분으로 보자는 것이다. 일부 학자들은 그래서 '경험효과'가 실제로 억제요소들을 형성한다거나, 검거와 처벌을 피하기 위하여 자신의 행위를 바꾸는 데 경험과 상황적 암시나 신호를 이용한다고 주장한다. 결국, 종합하면, 억제효과가 없다는 것이 아니라 억제가 개인의 경험만큼 중요하지 않다는 것이다[27].

처벌의 확실성, 엄중성, 그리고 신속성이라는 억제효과의 요소들 중에서 처벌의 확실성 인식과 억제효과에 대한 연구에 비해 처벌의 엄중성과 신속성의 억제효과에 대한 연구는 그리 많지 않다고 한다. 아마도 처벌이 엄중하다면, 즉 범죄의 비용이 이익에 비해 월등하게 크다면 사고하는 이성적 범죄자(reasoning criminal)가 범죄를 합리적으로 선택하지 않을 것이 분명하기 때문일 것이라 짐작할 수 있을 것이다. 그러나 억제이론의 한계로 지적되기도 하는 주장으로서 실제로 일반 대중들은 형벌에 대해서, 그리고 형벌의 엄중성에 대해서, 심지어는 범죄행위 여부나 행위의 범법성 자체에 대해서도 잘 알지 못하기 때문에 형벌의 엄중성은 영향이 약할 수밖에 없다고도 한다. 더불어, 낙인이론을 중심으로, 형벌이 개인에게 미치는 영향, 특히 억제효과는 형벌의 엄중이 아니라 형벌의 부수적 효과라고 할 수 있는 '전과자'라는 낙인과 그로 인한 사회적 배척과 배제와 불이익 등에 대한 우려가 더 중요하다고 강조한다.

또한, 형벌의 억제효과는 신속성, 엄중성, 확실성을 따로 별개의 변수가 아니라 상호 결합된 효과로 분석해야 한다는 것이다. 억제효과는 형벌이 신속하고 확실하고 그리고 엄중할수록 그 효과가 가장 크기 때문인 것이다. 실제로 이 세

27) Bishop et al., op cit.; Pateroster et al., op cit.; Saltzman et al., op cit.; M. Stafford and Warr, M., "A reconceptualization of general and specific deterrence," Journal of Research in Crime & Delinquency, 1993, 30: 123–135; R. Paternoster and Piquero, A., "Reconceptualizing deterrence: An empirical test of personal and vicarious experiences," Journal of Research in Crime & Delinquency, 1995, 32: 251–286; B. A. Jacobs, "Crack and dealers and restrictive deterrence: Identifying narcs," Criminology, 1996, 34: 409–432; Lab, op cit., p. 163

가지 억제요인들을 다 고려한 고교생들을 대상으로 한 연구에서, 처벌의 신속성과 엄중성의 인식이 비행 결과에 대한 두려움을 증대시켰고, 이는 다시 비행 가능성을 줄였다고 밝혔던 것이다.

결론적으로, 검거의 확실성, 즉 형벌의 확실성이 억제의 가능성을 증대시키는데 가장 큰 잠재력을 가지고 있으며, 반면에 신속성과 엄중성은 행동을 억제하는데 영향이 전혀 또는 거의 없다는 것이 연구자들의 다수 의견이라고 할 수 있다. 물론 위에서 설명한 바와 같이 경험효과와 억제효과의 조합 또는 복합이 연구결과들의 해석을 어렵게 하지만, 인식이 미래행위에 미치는 영향보다 경험이 인식을 결정하는 데 더 큰 역할을 하는 것으로 보인다. 그럼에도 인식도 개인들에게 일부 약간의 억제영향을 미치는 것 같다고 할 수 있다.

제3장

1차적 범죄예방
(Primary Crime Prevention)

1차적 범죄예방(Primary Crime Prevention)

제1절 가정과 범죄예방

1차적 범죄예방의 핵심이며 그래서 또한 시작이기도 한 것이 있다면 바로 가정과 학교일 것이다. 청소년 비행 전문가들은 청소년범죄나 비행이 사회 부적응의 증상(The symptom of social maladjustment)이라는 데 크게 이의를 제기하지 않는다. 비행이 사회 부적응의 증상이라면 왜 일부 청소년이 사회에 적응하지 못하게 되었을까. 이에 대한 전문가들의 공통된 견해는 부적절한 사회화(inappropriate socialization) 때문이라는 것이다. 사회화란 사회생활에 필요한 규범이나 도덕 등을 자기 것으로 내재화(internalization)하는 것인데, 아이들을 사회화시키는 주요기관으로서 가정이 1차요, 학교가 2차, 그리고 사회가 3차 사회화기관(socialization agency)이라고 한다. 여기에 더하여 최초 비행의 시기가 이를수록 성인범죄자로 이어질 위험성이 더 높다는 발달 및 생애과정 이론(Developmental and Life-Course Theory)을 중심으로 한 연구결과를 보더라도, 그리고 예방은 빠를수록 좋다는 점을 고려하더라도 범죄예방의 핵심은 가정과 학교, 그리고 나아가 사회가 되어야 할 것이다.

범죄예방에 있어서 1차적 예방이 특히 강조되는 데는 그만한 이유가 있다. 우선 범죄가 발생하면 직, 간접적인 범죄피해가 발생하기 마련이고, 그 피해는 회복이 될 수 없거나 되더라도 시간, 경비, 노력, 고통이 따르게 된다. 이는 마치 의료 분야에서 예방이 최우선이며, 질병의 치료는 조기발견과 조기치료가 생명이 듯이 범죄나 약물남용 등 각종 사회문제를 해결하는 데 있어서 가장 효과적, 효율적이며 따라서 범죄로 인한 비용과 이에 대응하기 위한 형사사법경비와 자원을 아낄 수 있기 때문이다. 가정과 학교와 같은 장소를 중심으로 한 조기 비행예방 프로그램의 주요 목표는 비행의 예방뿐만 아니라 비행과 관련된 위험요소(risk factors)는 줄이고, 비행행위의 발전에 호의적인 상황으로 청소년을 단절시키고 보호하는 보호요소(protective factors)는 강화함으로써 비행의 예방은 물론이고 성인 범죄성으로의 지속까지도 예방하기 위한 것이다. 당연히 위험요소의 만연을 줄이는 것은 곧 비행의 심각성과 빈도에 영향을 미치게 되고, 이는 나아가 성인범죄에도 영향을 미치게 되어 범죄 발생 정도가 줄게 되고, 이는 곧 사회, 잠재적 피해자, 그리고 심지어 범법자들에게도 이익이 되지 않을 수 없다는 것이다[1].

우리의 상식과 경험은 문제 청소년의 뒤에는 어김없이 문제가정이 도사리고 있으며, 그 문제가정이란 다름 아닌 문제가 있는 부모로 인한 것임을 말해주고 있다. 이유는 앞에서도 언급한 것처럼 가정은 청소년을 위한 1차 사회화기관이며, 그 책임자는 부모여야 하는데 부모의 문제로 제대로 사회화 기관으로써 역할과 책임을 다하지 못할 때 청소년의 부적절한 사회화가 초래되고, 결과적으로 비행소년으로 성장할 수 있다는 것이다. 그럼에도 불구하고 세상의 어떤 직업이나 직장도 아무런 교육이나 훈련이나 경험도 없는 사람에게는 기회가 제공되지 않는 데 반해, 그보다 더 중요한 부모가 되는 데는 아무런 교육도 훈련도 경험도 요구되지 않는다. 가정환경이 가정 내에서의 아동의 조기발달은 물론이고 그의 삶의 궤적에도 영향을 미치기 때문이다. 지지하고 사랑하는 가정과 가족 환경에서의 조기 경험이 유아기로부터 성인기로의 아동의 궤적을 향상시키겠지만, 반대로 부모의 불화, 부모의 폭력, 부모의 범죄성과 약물과 알코올 남

---

1) B. C. Welsh and Piquero, A. R., "Investing where it counts: Preventing delinquency and crime with early family-based programs," in R. Rosenfeld, Quinet, K. and Garcia, C.(eds.), Contemporary Issues in Criminological Theory and Research: The Role of Social Institutions(2nd ed.), Belmont, CA: Wadsworth/Cengage Learning, 2012, pp. 13-28; D. P. Farrington, "Explaining and preventing crime: The globalization of knowledge," Criminology, 2000, 38(1): 1-24

용, 물리적이고 정신적인 학대, 아동에 대한 방임과 무관심, 그리고 부적절한 감시와 감독 등으로 점철된 가정환경은 아동의 사회적 궤적에 부정적인 영향을 미친다는 것이다. 이러한 주장은 Freud의 주장에서처럼 실제 연쇄살인범과 같은 강력범죄자 대다수가 어린 시절 가정폭력이나 아동학대 등 부정적인 가정과 심리적 경험을 가지고 있다는 많은 자료와 연구로도 알 수 있다[2].

그럼에도 불구하고 부모가 되는 데는 아무런 전제 조건도 교육훈련도 존재하지 않기 때문에 문제가정의 위험성을 더 높이게 된다. 조기 육아 교육이나 훈련 프로그램은 서로 관련된 복수의 목표를 가지는데, 10대 청소년 부모에게서 태어난 아동이 후에 비행에 가담할 위험성이 더 높아진다는 점에서 10대 임신과 출산을 예방하려는 노력과 같은 일부 비행예방 프로그램은 매우 조기에 시작되기도 한다. 10대 임신출산 예방과 같은 프로그램이 바로 대표적으로 '비행 1차예방'에 해당되는 예라고 할 수 있으며, 반면에 초기 가정환경과 상황에 초점을 맞추는 이런 조기 육아 프로그램과는 달리 2차예방 프로그램은 범행 위험 군으로 간주되는 청소년에 초점을 맞추고, 3차예방 프로그램은 초범 소년이 범행을 다시 하지 못하도록 예방하고자 하는 것이다. 이런 점에서 1차예방은 전체 청소년 집단 또는 광범위한 청소년 인구집단에 대한 위험요소는 줄이는 반면에 보호요소는 강화하자는 것이다[3].

형사사법, 그중에서도 특히 1차예방은 가장 보편적으로 예방의학모형으로 동일시되는 공중보건, 공공의료 접근법, 특히 위험요소와 보호요소를 강조하는 예방의학의 철학과 용어를 차용하고 있다. 가정과 가족환경에서의 다수의 복합적인 위험요소의 존재는 곧 공중보건이나 예방의학에서는 질병에 걸릴 위험성이고 형사사법에 있어서는 범죄에 가담할 위험성이 높아진다는 것이다. 비행과 관련된 특별한 위험요소로는 부적절한 부모의 양육, 부모의 약물남용, 가족의 자원/빈곤, 아동에 대한 부모의 부적절한 감시감독, 혹독하거나 느슨하거나 무관심한 훈육, 부모-아동 유대약화, 그리고 부모이혼 등을 꼽을 수 있다[4].

---

2) Welsh & Piquero, op cit.; D. A. MacKey, "Primary interventions: Crime prevention in the family and schools," in MacKey & Levan(eds.), op cit., pp. 31–59

3) Welsh & Piquero, op cit.; D. A. MacKey, "Primary interventions: Crime prevention in the family and schools," in MacKey & Levan(eds.), op cit., pp. 31–59, p. 32

4) Welsh & Piquero, op cit.; M. Shader, Risk Factors for Delinquency: An Overview,

이미 학교가 아동의 2차 사회화기관임을 강조하였는데, 이는 학교가 아동에게 지식과 상식과 지혜를 가르치는 교육의 장으로서 적절한 사회화에 없어서는 안 될 기관이고 제도임을 말해 주고 있다. 여기에 더하여 학교는 어쩌면 청소년들이 가정보다 더 많은 시간을 보내는 곳이며, 부모와 형제자매보다 선생님과 친구들과 더 많은 시간 동안 더 밀접하고 강도 높은 상호작용을 하는 곳이기도 하여 더욱 중요하다. 특히 청소년에게 있어서 학우란 부모와 형제 이상으로 가장 중요한 타자(Significant Others)가 되어 그들의 사회화 등에 동료로부터의 영향이 커짐을 뜻하고 이런 현상은 비행이론 중 중화이론(Neutralization theory)에서 잘 지적하고 있다. 더구나 아동이 학교를 다니기 시작하면서 상당한 시간을 부모의 감시와 감독으로부터 멀어져서 보내게 되는 것이다. 학교는 그래서 가정과 함께 범죄학에서 기존의 몇 가지 중요한 이론의 초점이 되고 있다. 위에서 언급한 중화이론은 물론이고 다수의 비행하위문화이론을 비롯하여 일부 사회통제이론에서도 강조되고 있다. 예를 들어, 사회통제이론(Social Control Theory)의 하나인 Hirschi의 사회유대이론(Social Bonds Theory)은 청소년의 학교에 대한 애착(Attachment)과 학교에의 참여(Involvement)를 강조한다. 학교에 대한 애착이 강하고, 학업성적이 우수하고, 교육의 가치를 높이 사는 청소년일수록 비행소년이 될 가능성이 낮다는 것이다. 뿐만 아니라 최근 비행연구에 이론적 틀로서 이용되고 있는 Agnew의 일반긴장이론(General Strain Theory)에서도 다수의 학교 관련 긴장요인들을 지적하고 있는데, 학업성적 등 긍정적인 가치의 목표를 성취하지 못하거나, 긍정적 가치의 자극이 제거되거나, 오히려 부정적 자극이 대신하는 등이 그 좋은 예라고 할 수 있다. 이와 같은 학교로부터의 긴장요인들에 대해서 청소년들이 친사회적 기제(pro-social mechanisms)를 이용하여 제대로 대응하지 못하면 부정적 결과가 초래될 수 있다는 것이다. 더불어 최근 더욱 강조되고 있는 상황적 범죄예방에서도 학교 환경이나 여건이 학교폭력의 촉발과 예방 요인으로 작용될 수 있음도 보여준다[5].

Washington, DC: Office of Juvenile Justice and Delinquency Prevention, Office of Justice Programs, US Department of Justice, http:www.ncjrs.gov/pdffiles1/ojjdp/frd030127.pdf

지금까지 일반적으로 학교에서의 범죄와 무질서에 대한 접근은 대체로 두 가지 방향에서 시행되었는데, 그 하나는 학교 내에서 보다 공식적인 사회통제에 의존하는 것인 반면에 두 번째는 비공식적 통제를 강조하는 접근이었다. 그러나 대부분의 학교는 공식적인 접근을 더 선호하여, CCTV 등 물리적 보안, 경비원 등 인적 보안, 정복 학교경찰, 익명신고제도, 화장실 감시, 방문객 통제 등의 기법을 활용하였다. 반면에 두 번째 비공식적 사회통제라면 학과성적, 긍정적 학교 분위기, 숙제, 특별활동과 수업, 시민의식과 책임 인식교육 등을 강조하는 편이었다[6].

청소년 비행 연구의 대부분은 학교에서 학생들에게 일어난 일, 또는 학생이 학교에서 무엇을 어떻게 하는지, 아니면 학교가 학생에게 무엇을 어떻게 하는가에 따라 비행을 포함한 학생의 문제행동이나 나쁜 행실로 이어질 수 있다는 것이다. 여기에 더하여 개인의 인성, 자기통제, 지능, 사회계층, 가족요인, 학교특성, 그리고 지역사회여건과 환경과 같은 요소들도 영향을 미친다고 한다. Agnew는 많은 학생들이 학업성적이 좋지 않고, 학교를 좋아하지 않게 되고 급기야 싫어하고 증오하게 되고, 그래서 학교가 그들에게는 일종의 긴장(strain)의 근원이 되어 학교가 이들에게 거의 통제력을 행사할 수 없게 되며, 오히려 때로는 비행소년을 비롯한 학교에 만족하지 못하는 비슷한 다른 학생들과의 접촉을 하게 하는 여건을 제공하게 된다고 설명한다. 결국, 비행소년일수록 학업성적이 낮을 확률이 더 높고, 학교활동에 참여할 확률도 더 낮으며, 학교에 대한 애착도 더 낮으며, 교사와 갈등적, 대항적 태도를 가지고 신뢰관계를 갖지 못하는 등 교사와의 관계가 좋지 않을 가능성은 더 높아지고, 당연히 교육목표도 낮아지고, 그만큼 학교에서의 비행확률은 더 높아진다는 것이다[7].

다른 한편에서는 청소년 비행과 관련하여 학교 안 문제보다는 학교 밖 청소년 문제가 더 심각하다고 주장한다. 즉, 학교 안에서는 공식통제기제가 작동할 수 있지만, 학교 밖에서는 그렇지 않기 때문이라는 것이다. 그러나 학업을

---

5) MacKey, op cit., p. 39

6) ibid., pp. 40 − 41

7) R. Agnew, Juvenile Delinquency: Causes and Control(3rd ed.), NY: Oxford University Press, 2009, p. 241

중단하는 청소년이 줄어들고 있다는 점을 고려하여 또 다른 한편에서는 그래도 학교는 학업을 중단(drop-out)한 학교 밖 문제라기보다는 학교에 남아 있는 (stay-in) 학생들의 학교 안 문제라고 주장한다. 이런 관점에서 이들은 학업에 관심이 아예 없거나 있어도 거의 없는 수준이며, 다른 학생들까지 방해하는 이들 학생의 존재를 해결해야 한다고 주장한다[8].

물론 일부 강력범죄나 미국에서처럼 학교 총기난사와 같은 엽기적인 범죄도 발생할 수 있지만, 그래도 대부분은 경미한 비행이라고 할 수 있다. 사실 절대다수의 학생들에게 그들의 학교생활 중 언젠가 한 번쯤은, 그러나 일부 학생들에게는 수시로 정기적으로 영향을 미치는 것은 오히려 경미한 사건들이라고 한다. 왕따, 따돌림, 집단 괴롭힘, 놀림, 희롱, 경미한 피해자화(victimization)라도 학습환경에 부정적 영향을 미치는 것으로 알려지고 있는데, 그것은 불안정한 학교환경이나 분위기가 피해학생들의 개인적 성장발달과 well-being에 영향을 미치기 때문이라고 한다[9].

실제로 학교 분위기나 환경과 피해경험의 관계를 살펴본 연구결과들이 이를 증명해 보인다. 이들 연구들은 그래서 기대되는 학교 안의 질서 수준이나 정도의 지표로서 학교의 환경과 분위기의 중요성을 보여주고 있다. 긍정적인 학교환경과 분위기를 갖는다는 것은 최소한 분명한 사명감을 가지고 높은 수준의 학업성취도와 행동에 대한 분명한 기대 등을 강조하는 그런 학교라고 한다. 학교 분위기는 학업부문에서는 질서와 안전이 확보된 여건에서 높은 학업성취를 이루는 것이고, 사회적 분위기는 구성원, 학생과 교사, 교사와 학생 간 소통으로써 학생들의 투입이 강조되는 것이며, 물리적 분위기는 시설의 청결상태 등을 포함하는 것이며, 감정적, 정서적 분위기는 학생들이 공유하는 신념과 가치로서 일종의 소속감으로 알려지고 있다. 더 구체적으로는, 학교분위기를 학생과 교사의 특성, 물리적 환경, 사회적 환경, 그리고 문화적 특성으로 나누기도 한다. 학생과 교사의 특성은 학교에서의 경험, 전문성, 견해의 다양성을 말하며, 물리적 환경은 학교 내의 물리적, 사회적 질서의 정도를 반영하는 것이고, 사회적 환경은

---

8) J. Toby, "The Schools," in J. Q. Wilson & J. Petersilia(eds.), Crime, San Francisco, CA: Institute for Contemporary Studies, 1995, pp. 141-170

9) MacKey, op cit., p. 48

학급구조와 학생참여도로 구성되고, 문화적 특성은 긍정적 활동에 대한 인정과 성장기회, 높은 수준의 행동과 학업성취를 기대하는 전통, 소속과 유대 등을 함축한다는 것이다[10].

한편에서는 학교의 훈육이 학교 분위기나 환경의 중요 요소라고도 한다. 학교분위기의 기본요소가 학교에서의 훈육과 질서의 정도라고 하여, 훈육이 학습에 도움이 되는 환경이 되도록 하며, 학생과 교사의 안전에도 기여한다고 설명한다. 훈육이 곧 안전한 학교와 긍정적인 학교 분위기 모두의 핵심 요소이며, 그것을 유지하기 위해서는 정교한 균형을 완벽하게 맞출 것이 요구된다고 한다. 안전하고 완전한 교육환경을 유지하기 위해서는 학교는 강제적이고 부정적인 권한과 학습과 관련된 보다 관용적이고 개방된 양질의 서비스의 균형을 맞추어야만 한다는 것이다. 이와 같은 균형을 잡는 과정은 바로 폭력을 예방하고 동시에 교육적 성취를 향상시키는 학교의 두 가지 목표와 관련된 훈육의 역할을 검증하는 것을 내포하고 있다[11]. 청소년들의 폭력을 줄이는 가장 좋은 방법은 당연히 학생들로 하여금 자신의 열정과 정열과 힘을 학업에 쏟을 수 있는 분위기를 만들어주는 것이다. 학업에 흥미가 없는 학생이 늘어나면 교사들의 탈진도 증가할 것이고, 그만큼 교사들의 동기도 낮아지고 학생들에 대한 관심과 감시활동에 적극적일 가능성도 낮아지기 마련이다[12].

제3절 대중언론과 범죄예방

1. 언론과 범죄

앞에서 물리적 설계와 이웃 범죄예방 프로그램이 범죄와 범죄의 두려움에 영향을 미친다는 것을 보았고, 동시에 그러나 그 영향은 한계가 있음도 알게 되었다. 이런 한계나 부족함은 여러 이유로 이들 프로그램이 많은 사람과 지역에

---

10) MacKey, op cit., p. 49

11) L. Lariche, "The sociology of classroom discipline," The High School Journal, 1992, 75(2): 77−89

12) MacKey, op cit., p. 54

미치지 못하였고, 그래서 이들 프로그램에 많이 참여하지 못하였기 때문이라는 것이다. 이 문제에 대한 하나의 대응은 당연히 더 광범위한 사람에게 손을 뻗쳐서 더 많고 적극적인 참여를 불러일으키는 방법을 활용하자는 것이고, 대중매체가 바로 그런 대안이라는 것이다. 과거 정통 언론(legacy media)에 비해서 현재 사회적 언론(social media) 시대에는 더 많은 사람에게 시간과 공간의 제약이 없이 더 쉽게 미칠 수 있다는 확장성은 범죄와 그 두려움, 그리고 범죄와 두려움의 예방으로서 더욱 더 큰 영향을 미칠 것으로 예견되고 있다. 물론 전통적인 정통 언론에서도 범죄와 관련하여 언론이 범죄의 원인으로서(as causes of crime), 그리고 범죄의 해결책(as Solution of crime)으로서 작용하고 있다. 당연히 범죄원인으로서 언론은 범죄학습과 모방범죄를 중심으로 제기되는 것이고, 범죄 해결책으로서 언론은 시민교육과 참여를 통한 범죄억제효과를 중심으로 작동하는 것이다.

이처럼 여러 가지 측면에서 언론과 범죄는 관련을 갖지만, 굳이 이론적이거나 경험적 자료나 근거가 없이도 인쇄나 시각매체 언론에서 다루어지고 있는 범죄와 범죄 관련 활동들의 비중만 보아도 언론과 범죄가 얼마나 중요한 관련이 있는지 쉽게 알 수 있다. 연구자들에 따라 다소의 차이는 있겠지만, 언론과 범죄 관계를 주로 연구해 온 Reiner는 언론의 오락 프로그램의 대충 25% 정도가 범죄활동과 형사사법제도를, 그리고 뉴스의 약 20% 정도가 범죄뉴스를 다루고 있다고 주장한다. 더구나 근년에 들면서 소위 '리얼리티 쇼(reality show)'가 대중적 인기를 끌면서 이런 추세는 더욱 강해져서 전 세계적으로 언론의 주요 기능 중 연예 오락과 교육, 정보 기능을 합친 소위 'Edutainment (Education + Entertainment)' 또는 'Infotainment(Information + Entertainment)', 즉 오락과 정보를 동시에 제공하거나, 교육과 오락을 동시에 제공하는 융합 프로그램까지 넘쳐나게 되었다. 특히, 최근에는 사회관계망 서비스(SNS)가 일상화되면서 대중매체뿐만 아니라 새로운 매체까지 범죄와 직접적인 관련을 갖게 되었다[13].

그러나 언론의 범죄 묘사와 실제 범죄의 정도와 유형은 상당한 차이가 있다고 한다. 이런 현상은 범죄정보와 자료 그 자체가 한계가 있으며, 언론의 범죄

---

13) R. Reiner, "Media made criminality: The representation of crime in the mass media," in M. Maguire, Morgan, R., and Reiner, R.(eds.), Oxford Handbook of Criminology, Oxford: Oxford University Press, 2002, Lab(10th ed.), op cit., p. 117에서 재인용

보도는 대부분 형사사법기관의 공보나 홍보기능의 일부로서 취득된 것이며, 여기에다 경쟁적 언론환경에서 청취율이나 구독율이 광고라는 수익과 직결된 언론이 선정성 등에 매몰되어 대중적 관심의 대상이 될 수 있는 일부 범죄를 중심으로 보도경쟁을 벌이지만, 범죄정보에 대한 아무런 접근이 없는 대중은 범죄정보를 언론보도에만 의존한 결과 생기는 소위 '왜곡된 정보(distorted information)'만을 접촉한 결과라는 것이다. 대중들은 범죄라는 그림을 때로는 '볼록 거울'로 보아 실제보다 더 크게 보고, 때로는 '오목 거울'로 보게 되어, 실제보다는 더 작게 보게 되어 사회의 실제 범죄 그림과는 전혀 다른 왜곡된(distorted) 범죄 그림을 그리기 쉽다는 것이다. 이런 현상을 Surette은 '후진 법(Backward law)'이라고 하여, 이는 언론이 속성인 희귀성과 뉴스 가치성을 강조하여 범죄보도에 있어서도 보다 전형적이고 평범한 노상범죄보다는 보다 희귀하고 보다 심각한 강력 범죄에 초점을 맞추기 때문이라고 설명한다. 이처럼 언론은 선택된 유형의 범죄에 초점을 맞춤으로써 범죄 그림을 왜곡하여 일부 범죄는 그 수준을 지나치게 과장하여 강조하고, 다른 일부 범죄는 지나치게 경시하거나 축소하여 범죄사건에 대한 완전하고 정확한 정보를 제공하지 못한다는 것이다. 결과는 시민들이 사회의 범죄현실에 대해서 폭력범죄 등은 과장하는 반면에 화이트칼라 범죄나 기업범죄에는 과소평가하게 되고, 결과적으로 사실 이상으로 폭력 범죄로 인한 범죄 두려움을 갖게 만든다는 것이다[14].

그 밖에도 범죄원인, 특히 학습과 모방으로 인한 범죄원인으로서의 언론에 대하여 언론의 폭력성에 많이 노출될수록 스스로 폭력적, 공격적 행동에 가담할 가능성도 높아진다는 것이다. 이와는 반대로 전 국민이 같은 언론의 폭력성에 노출되지만 극히 일부만 폭력성을 학습하고 행동으로 옮긴다는 점에서 언론의 폭력성에의 노출과 폭력성의 관계를 그리 중요하게 여기지 않는다. 종합하자면, 언론은 범죄행위와 범죄의 두려움 모두에 영향을 미치지만, 그것이 항상 인과적 형태로 나타나는 것만은 아니라고도 할 수 있다는 것이다. 이유인즉슨 언론에의 노출은 거의 모든 사람의 일상생활의 한 부분이기 때문이다. 당연히 언론은 대

---

14) R. Surrete, Media, Crime, and Criminal Justice: Images, Realities, and Politics, Samford, CT: Cengage, 2015, Lab(10th ed.), op cit., p. 117에서 재인용; S. M. Chermak and N. Chapman, "Predicting crime story salience: A replication," Journal o Criminal Justice, 2007, 35: 351－363

중이 가지는 범죄에 대한 인상(image)에 영향을 미칠 수 있는 분명한 능력이 있는 것이다. 언론은 특히 모방범죄와 같이 공격적 행동과 범죄 두려움에 기여할 수 있으며, 또한 언론에의 노출은 범죄의 보다 현실적, 사실적 인상이나 그림을 가져다 줄 수도 있어서 사람들로 하여금 범죄예방 기법을 활용하도록 조장, 권장할 수도 있다는 것이다. 뿐만 아니라 언론 폭력성에의 노출이 오히려 시청자들에게 사전주의 조치와 행동의 필요성을 일깨워 주고 실제 행동하게도 한다는 것이다. 결국, 언론은 범죄의 원인으로서도, 그리고 범죄예방이나 범인검거와 같은 범죄 해결책으로서도 양방향으로 작용한다고 할 수 있는 것이다.

2. 언론의 범죄예방 활동

대중언론을 통한 범죄예방은 다양한 형태를 취할 수 있으며, 그래서 서로 다른 방식으로 영향을 미칠 수 있는 잠재력을 가지고 있다. 언론, 특히 언론의 관심과 홍보(publicity) 활동과 역할은 범법자들에게는 실제 체포될 위험 등 위험성을 증대시킬 뿐만 아니라 그들에게 위험의 인식도 높이게 되며, 반대로 대중들에게는 범죄의 위험에 대비하여 안전 실천을 권장하는 것과 동시에 대중들에게 안전을 재확인해 줄 수 있다는 것이다. 따라서 만약 언론을 성공적으로만 활용한다면 대중의 범죄 두려움과 범죄의 감소를 가져다줄 수 있다는 것이다. 아직 우리는 이런 언론의 범죄예방적 기능과 역할이 미비하지만 미국에서는 McGruff, Crime Stoppers와 같은 전통적인 것부터 최근엔 뉴스레터, SNS, 그리고 텔레비전의 '리얼리티 쇼'를 비롯한 소위 오락과 정보를 통합한다고 하여 오락을 통한 정보전달을 목적으로 하는 'Infotainment(information+entertainment)'로서의 언론의 범죄예방활동이 강조·강화되고 있다.

구체적으로 언론의 홍보(publicity) 활동이 어떻게 범죄예방에 활용되는지를 Bowers와 Johnson은 다음과 같이 요약하고 있다. 범죄예방과 관련하여, 다양한 형태의 홍보(publicity)가 활용될 수 있는데, 예를 들어 범행하지 않도록 범법자를 설득하고, 취약한 집단으로 하여금 자신의 행동을 조정하여 피해자가 되는 가능성, 확률을 낮추거나, 둘을 결합하여 활용될 수 있다. 따라서 상이한 홍보형태 별 차이를 구분하는 첫 번째 관점은 범법자, 피해자, 그리고 보다 일반적으로 대중을 목표로 하는가, 즉 지향하는 모집단이라고 할 수 있으며, 두 번째 구분은 대체로 홍보의 지리적 범위이며, 세 번째는 일반적이냐 특정적이냐의 구분이다. 아래 <표-5>를 보면, 홍보가 대체로 4가지 광의의 형태로 나누어지는데, 첫째는 정보원 전략(informant strategy)으로서, 대중으로 하여금 범법자의 체포와 유죄확정으로 이끌 정보를 제공하도록 권장하는 것이다. 두 번째는 범법자를 표적으로 하는 전략으로 범법자들에게 붙잡힐 위험성이 높다는 것을 경고하는 목적이며, 세 번째는 피해자화(victimization) 위험성을 증대시키는 행동을 피하고, 안전에 관한 대중행동을 권장하는 것을 목표로 한다. 이들 전략은 대중들로 하여금 안전에 대한 사전주의를 취하거나 주택보안을 강화하여 자신을 더 안전하게 만들게 하는 것이다. 또한 대중들에게 피해자화 통계를 소통하는 등 위험성을 고지하고 알게 함으로써 단순히 두려움을 증대시키기보다는 특히 위험한 상황과 장소에서 경계하도록 권장하고, 기존 범죄예방 정책이나 프로그램을 광고 혹은 홍보하거나 알리고자 하는 것이다[15].

표-5 언론 홍보활동(Use of Publicity)의 활용[16]

범법자에게 위험 증대시키기	범법자에게 위험인식 증대시키기	대중들에게 안전실천 권장하기	대중들에게 안심시키기
• 사람들로 하여금 경찰에 정보 제공 권장 • Crime Stopper • 경찰정보원	• 범법자를 표적으로 범법자에게 범죄예방 전략 주지시킴	• 대중들에게 행동하도록 만드는 목표 • 주민들에게 범죄예방 충고	• 대중에게 성공과 높아진 안전 수준 공지
	범죄 감소	범죄두려움 감소	

그렇다면, 이 홍보활동이 범죄감소로 이끄는 기제(mechanism)는 무엇일까.

---

15) K. J. Bowers and Johnson, S. D., "Using publicity for preventive purpose," in N. Tilley(ed.), Handbook of Crime Prevention and Community Safety, Portland, OR: Willan, 2005, pp. 329-354, pp. 330-332

16) ibid., p. 332, Table 13.1 Some different types of publicity

그 첫 번째 기제는 범법자에게 위험을 증대시키는 것이다. 이 기제의 논리는 대중으로부터 중요한 정보를 끌어냄으로써, 즉 정보나 제보를 받음으로써 범법자의 실질적인 체포, 기소, 그리고 유죄확정의 가능성을 증대시켜 범죄를 억제하고 예방한다는 것이다. 두 번째 기제는 인식된 위험성이나 위험 인식을 범법자에게 조작함으로써 위험성을 더 크게 인식하고 범행을 억제하도록 하자는 것이다. 실제로 대부분의 범법자조차도 범죄에 대한 구체적인 자료가 없고, 당연히 위험성의 계산도 어렵고 주관적이어서 홍보를 통하여 특정한 시간, 장소 등에서 검거의 위험성에 대한 범법자의 인식을 조작할 수 있다는 것이다. 이런 기제는 합리적 선택이론의 핵심 아이디어로서 범행할 것인지 말 것인지 결정하는 데 범법자의 위험 평가가 핵심요소로 고려된다는 주장과 궤를 같이한다. 즉, 범행의 위험이 보상을 초과하면 범행을 선택하지 않지만 위험보다 보상이 크면 범행을 선택한다는 논리에 기초한 것이다. 이런 기제는 따라서 주로 범법자-표적의 홍보에서 주로 작동하는 기제이다. 홍보를 통하여 피해자화에 영향을 미치는 세 번째 기제는 대중들로 하여금 위험한 행동을 하지 않도록 권장하는 것이다. 그리고 마지막으로, 대중을 안심시킴으로써 범죄 두려움에 대한 감소효과를 기대하는 것이다. 범죄 관련 홍보의 부작용 또는 역기능으로 비판도 받는 것이 바로 범죄홍보가 오히려 범죄 두려움을 증대시킬 수 있다는 것인데, 이런 점에 비추어 정확한 홍보가 필요하다는 것이다[17].

이처럼 언론의 홍보활동은 범죄와 범죄두려움의 감소에 기여할 수 있다는 것인데, 이 경우의 언론은 대체로 대형 대중매체(mass media)에 초점을 맞추었지만 사실 소형, 소규모 언론도 범죄예방활동이나 대책의 성공에 영향을 미칠 수 있다고 한다. 그러한 효과와 영향은 실제로 실제 범죄예방 계획이나 대책 이전이나 또는 그와는 별도로 일어날 수 있다는 것이다. 즉, 다시 말해서 언론의 홍보 그 자체로도 범죄를 줄일 수 있다는 것이다. 이와 같은 가능성의 저변에 자리하고 있는 가정은 언론홍보가 피해자의 행위와 행동을 바꾼다기보다는 범죄의 위험과 보상에 대한 범법자의 인식에 영향을 미친다는 것이다. 실제 범죄예방 프로그램의 실행보다 먼저 발생하는 범죄의 변화나 변동은 일종의 기대이익의 한 형태라고 할 수 있는데, 한편으로는 이런 효과가 범법자, 피해자, 그리

---

17) Bowers and Johnson, op cit., pp. 332-335

고 기타 관련된 사람들이 곧 있을 범죄예방활동에 대해서 알게 되어 활동이 활성화되기 전에 미리 반응, 대응하기 시작한다는 사실로부터 가장 확실하게 발생되는 일종의 이익의 확산의 한 형태라고 할 수 있다. 곧 있을 범죄예방 프로그램에 대한 홍보(publicity)는 이런 기대이익의 추진동력이라고 할 수 있는데, 이러한 홍보는 그래서 다분히 의도적이라고 할 수 있다. 이와 유사한 것으로 연발연시 음주운전 단속 강화와 같은 publicity 캠페인도 음주운전 예방과 감소에 효과가 있다고 하지만, 대체로 그 효과가 단기간에 그치기 쉽다고 하는데, 이를 흔히 '공표효과(announcement effect)'라고도 한다[18].

제4절 발전적 범죄예방

1. 발전적 접근의 합리성

지금까지는 지역사회의 물리적 개선이나 범죄투쟁을 위한 주민의 조직화, 그리고 시민들로 하여금 사전주의 조치를 하고 범죄대책에 참여하도록 설득하고 권장하는 비교적 단순한 노력으로도 범죄와 범죄 두려움에 중대한 영향을 미칠 수 있음을 알았다. 실제로 다수의 연구에서도 이들 1차 범죄예방 기술들이 효과적일 수 있고 또 효과적임을 보여주었다. 물론 당연히 범죄와 범죄 두려움에 영향을 주지 못하는 다수의 프로그램도 있었으며, 설사 영향이 있었던 것도 오로지 단기적이었을 뿐인 프로그램들도 없지 않았다. 다행스러운 것은 그러나 1차적 범죄예방이 물리적 환경의 개선, 지역사회의 조직화, 주민의 참여 권장 등 주로 범행기회의 차단이나 제한을 중심으로 하는 활동과 프로그램에만 제한되지는 않았다는 점이다. 1차적 예방의 중요한 형태 중에는 보다 기초단계에서 잠재적 범법자의 동기와 욕구를 변화시키는 행동으로 이루어지는 프로그램도 있다는 것이다. 즉, 잠재적 범법자들을 긍정적, 건설적인 준법시민으로 발전, 성장시켜서 그들의 범죄동기와 욕구를 억제하여 그들의 범죄를 예방하자는 것이다[19].

---

18) S. D. Johnson and Bowers, K. J., "Opportunity is in the eye of the beholder: The role of publicity in crime prevention," Criminology and Public Policy, 2003, 2: 497–524
19) Lab(10th ed.), op cit., p. 135

사람은 발사순간에 궤도가 이미 전해진 로켓과는 달라서, 인간으로 하여금 조기 해악으로부터의 극적인 회복을 가능하게 하고, 이후의 역경에 대한 예방접종이 불가능하게 하는 것은 바로 재조작화와 변화를 위한 평생의 능력이며, 이 평생의 플라스틱 같은 가소성은 우리를 적응할 수 있게도 하고 취약해지게도 한다는 것이다. 그러나 아무리 위대한 재능과 부지런함에도 기회가 없이는 역경을 이기고 인생 성공을 보장할 수 없다고 한다[20].

발전적 예방은 범죄나 다른 문제가 후에 발달하지 못하게 미연에 방지하기 위하여 개인, 가족, 학교나 지역사회에 자원을 조직적으로 제공하는 것이다. 범죄에 대하여 무언가 조기에, 아마도 손상이 고쳐지거나 회복되기가 너무 어려워지기 전에 또는 범죄가 견고하게 확립되기 전에 범죄에 대한 무언가를 한다는 것이 범죄예방에 대한 논리적 접근이라고 할 수 있다는 것이다. 마치 질병이 발병하기 전에 미리 예방의학적 노력을 다하고, 질병을 조기에 발견하여 치료함으로써 질병을 사전에 예방하는 것과 같다. 물론 범죄에 가담할 확률을 높이는 개인, 가정, 학교나 지역사회가 안고 있는 것이 무엇인지 정확하게 파악하고, 그리고 파악, 확인된 조건들에 대한 유용한 무언가를 가능한 조기에 해야 하는 두 가지 도전은 안고 있다. 그러나 다행인 것은 두 가지 도전을 극복할 수 있고, 이 접근법이 실제 효과가 있다는 설득력 있는 과학적 증거도 있다는 것이다[21]. 실제로 미국에서의 조기 개입 프로그램이 소득 수준이 낮은 가정 출신의 어린이들에게 긍정적인 영향을 미쳐서, 처음에는 지능과 학업성취도를 높이고, 장기적으로는 보다 더 성공적인 학교경험을 반영하는 결과뿐만 아니라 행동문제와 비행의 감소도 가져다주었다고 한다[22].

발전적 범죄예방은 그래서 범죄자가 될 수 있는 개인의 잠재성을 표적으로 한다. 그 기본적 가정은 범죄활동과 일탈행동은 생애 초기 경험과 학습의 결과

---

20) J. P. Shonkoff and Phillips, D. A., From Neurons to Neighborhoods: The Science of Early Childhood Development, Washington, DC: National Academy Prees, 2000, p. 90; G. H. Elder, "The lifecourse as developmental theory," Child Development, 1998, 69: 1-12, p. 9

21) R. Homel, "Developmental crime prevention," in Tilley(ed.), op cit., p. 71

22) J. Brooks-Gunn, Fuligni, A. S. and Berlin, A. J., Early Child Development in 21st Century: Profiles of Current research Initiatives, NY: Teachers College Press, 2003, p. 10

라고 보는 것이다. 실제 범죄학에서는 청소년 비행을 사회 부적응의 한 증상으로 보고, 그 이유는 청소년들의 부적절한 사회화 때문이라고 가정하고 있는 데서도 발전적 범죄예방의 가정을 이해할 수 있는 것이다. 그리고 현실적으로도 연쇄살인을 비롯한 대부분의 강력범죄자들이 어린 시절 아동학대와 가정문제 등을 경험하고, 그 시기에 배워야 할 것을 제대로 학습할 수 없었던 경험을 가지고 있음을 보여주곤 하였다. 결국 적지 않은 청소년 범죄자가 그들을 보호해 줄 요소는 경험하고 학습하지 못하고 그들을 범죄의 위험에 빠지게 하는 위험요소는 경험하고 학습하게 된 결과라고 할 수 있는 것이다. 그러한 요소들을 제대로 해결하지 못한 사회적 실패가 이들 청소년들을 범죄유혹에 취약하게 내몰았다는 것이다. 이런 점에서 발전적 범죄예방은 범죄와 일탈에 관한 핵심 범죄학적 이론, 즉 범죄원인론과 그리 크게 다르지 않다고 할 수 있다. 발전적 범죄예방은 따라서 개인이 일탈적 행동을 범하도록 야기하는 요인과 그 활동에 관해서 할 수 있는 것이 어떤 것인지를 강조하고 있다. 중요한 분기점은 가급적이면 초기 행동 전에, 발전 과정 초기에 그 원인을 해결하려는 시도에 초점을 맞춘다는 것이다[23].

2. 발전적 범죄예방의 배경

발전적 범죄예방의 주춧돌은 범죄란 전적으로 다 그렇지는 않지만 그러나 주로 어린 시절에 학습되는 행동, 신념, 가치로부터 초래된다는 것이다. 차별적 접촉(different association)이나 조작적 조건화(operant conditioning)와 같은 고전적 학습이론(classical learning theories)이 행위의 발전에 대한 통찰력을 제공할지라도 범죄성, 범인성(criminality)을 적절하게 설명하기에는 지나치게 편협하다는 것이다. 초기 경험이 그 후의 행위에 영향을 미친다는 사실이 아주 다양한 관점과 정보가 중요한 기여요소라는 것을 보여준다는 것이다[24].

---

23) R. E. Tremblay and Craig, W. M., "Developmental juvenile delinquency prevention," European Journal of Criminal Policy and Research, 1997, 5(2): 33−49

24) R. E. Tremblay and Craig, W. M., "Developmental juvenile delinquency prevention," European Journal of Criminal Policy and Research, 1997, 5(2): 33−49

물론 개인의 생애에 있어서 그와 같은 초기의 경험과 학습 이상의 요소들도 중요하기는 마찬가지이다. 발달범죄학이나 생애과정이론의 설명은 범행에 기여할지도 모르는 개인의 생애 전체를 걸친 중요한 사건들을 통합하여 범죄행위의 발전을 설명하려고 한다. 졸업과 입학, 군 입대, 취업, 결혼과 자녀의 탄생, 심지어 이직과 거주지의 이전 등과 같은 생애의 전환점이 될 주요 사건들이 범죄행위를 조장하거나 반대로 금지할 수 있다는 것이다. 이처럼 생애과정의 변화는 곧 행위의 변화까지도 포함하지만, 발전적 범죄예방 프로그램은 대체로 초기 아동기에 초점을 맞추는 경향이 있다고 한다[25].

발전적 범죄예방의 이론적 배경 중 흥미로운 점은 어느 하나의 이론이 아니라 복수의 이론을 하나의 인과적 설명모형으로 통합한다는 것이다. 각 이론의 장점요소들을 하나의 인과적 설명모형으로 통합하는 것이다. 가장 보편적인 통합의 시도는 비행의 발전을 설명하기 위하여 사회통제와 차별적 접촉이론을 결합시키려는 시도였다. 그리고 일부에서는 또한 개인의 인지발달과 능력에 중요한 역할을 하고, 이어서 개인, 가족, 친구, 학교 사이의 상호작용에도 영향을 미치는 생물학적 요인들로부터 시작하는데, 이들 상호작용이 학교에서의 성공에 방해가 되고 그 후의 생의 압박으로 이어질 수 있다는 것이다. 신경심리학(neuropsychological)적 결함이 학교에서의 실패, 낮은 자아관념, 거절과 은둔, 기타 문제로 이어지는 그 사람의 성질(temperament), 언어능력, 학습능력, 그리고 기타 요소들을 변화시킨다는 것이다[26].

발전적 비행/범죄예방은 몇 가지 이론적 근거를 기초로 하고 있는데, 그중에서 가장 단순한 모형은 Gottfredson과 Hirschi의 '범죄의 일반이론(General theory of crime)'과 같은 일종의 선형설명(linear explanation)으로서, 부모의 초기 아동 양육의 실패가 그 아동의 낮은 자기-통제(self-control)와 범죄와 일탈이 표출될 더 크고 많은 기회로 이어진다고 가정하는 것이다. 두 번째 모형은 성인

---

25) R. Homel, "Developmental crime prevention," in Tilley(ed.), op cit., pp. 71-106

26) J. L. Massey and Krohn, M. D., "A longitudinal examination of an integrated social process model of deviant behavior," Social Forces, 1986, 65: 106-134; T. P. Thornberry, Lizotte, A. J., Krohn, M.D., Farnsworh, M. and Jang, S. J., "Delinquent peers, beliefs, and delinquent behavior: A longitudinal test of interactional theory," Criminology, 1994, 32: 47-84

범죄로 이어지는 데는 복수의 경로가 있다고 가정하는데, 이처럼 상이한 경로가 있다는 것은 곧 청년들의 일탈행위는 그 형태가 다르고, 발현 시기도 다르며, 다른 유형의 성인범죄로 진행된다는 것을 인정하는 것이다. 세 번째 모형은 생물학적 문제와 같이, 부적절한 양육, 인지결함, 그리고 다른 요인들 모두가 서로 상호작용하여 문제행동으로 끝이 나게 된다는 것이다[27].

물론 여기에 더하여 더 많은 이론적 관점을 통합한 더 정교한 모형도 제시되고 있다. Farrington은 학습이론, 사회통제이론, 긴장이론, 그리고 낙인이론뿐만 아니라 합리적 선택이론의 관점들을 통합하는 것이다. 그의 설명은 범죄가 불가피하다는 것이 아니라 범죄행위의 확률이 더 클 뿐이라고 주장하여, 범행으로 진전되는 과정을 중단시키기 위하여 개입이 적용될 수 있는 지점이나 시기는 다양하게 많을 수 있다고 설명한다. 어떤 경우라도, 발전, 발달적 예방은 개인이 차후에 범죄나 비행을 할 성향을 더 크게 만드는 그러한 요인들을 완화하려는 시도라고 할 수 있다. 그래서 발달, 발전 범죄예방은 그 핵심이 범죄학의 실증주의학파가 자리하고 있는데, 실증주의에 따르면 범죄는 개인의 통제 밖의 요인들로 야기되며, 그래서 범죄와 비행을 다루고 제거하기 위해서는 개인이 그들이 행동하는 대로 행동하게 만드는 그러한 요인들을 파악하여 제거할 것을 요구한다. 이는 사람은 어떤 행위를 할 것인지 안 할 것인지를 선택함으로써 범죄기회에 대응, 반응하는 능력이 있다고 주장하는 인간본성의 또 다른 한 축인 자유의지론을 기반으로 하는 선택이론 등과는 대비되는 가정이다. 발달, 발전적 접근은 당연히 개인은 자신의 행위에 있어서 선택의 여지가 거의 없다는 생각에 상당한 믿음을 주는 반면에 과거의 경험을 통하여 조건이 지어지고 특정한 방향과 방식으로 행동하도록 강제된다는 것이다. 물론 그렇다고 인간의 행위가 전적으로 개인의 의사와는 전혀 무관하게 이미 정해지지도 않으며, 반대로 완전히 전적으로 개인의 자유로운 선택의 결과라고만 할 수도 없다. 발전적 예방에 대한 실증주의적 접근은 그것이 다수의 목표를 가진다는 의미인데, 그 첫 번째 목표는 미래 범죄성에 대한 위험요소를 파악하여 개입하는 것이며, 두 번째는 범인성의 기회를 줄이기 위한 보호적 요소(protective factors)를 파악하려는 것이며, 마지막으로 개인이 더 이상의 범죄에 저항하기 위한 방법을 파악하는 것이라고 한다[28].

---

27) Trembley and Craig, op cit.; Lab(10th ed.), op cit., p. 136

결론적으로, 발전, 발달 범죄예방을 요약하자면, 개인의 발전과 발달을 통하여 범죄와 비행의 성향이나 범죄나 비행을 유발하고 촉진하고 야기하는 위험요소(risk factors)는 약화시키거나 제거하고 반대로 그러한 성향이나 위험으로부터 개인을 방어, 보호하는 보호요소(protective factors)는 강화함으로써 개인의 범죄성과 범죄 가담 위험이나 확률을 낮추자는 것이다. 물론 이런 주장과 접근에 대해서 우려가 없는 것도 아니다. 가장 큰 우려는 변화시키고자, 즉 발전이나 발달시키려는 위험요소들을 조기에 적절하게 파악하는 능력이 충분한가 하는 것이다. 예를 들어 중요 위험요소라고 할 수 있는 부모의 범죄성, 지역사회와 공동체의 박탈, 또는 그로 인한 범죄적 환경 등은 특히 합리적 시간 안에 변화가 가능하지 않다는 것이다. 물론 이를 고려하여 일부 개입은 특정한 위험요소를 표적으로 할 때 효과적일 수 있는 것은 분명하지만, 동시에 동일한 위험요소를 표적으로 다른 여건이나 상황이나 환경에는 효과적이지 않기도 하다는 것이다. 이와 관련된 것으로 두 번째 우려는 바로 과연 이러한 접근이 1차적 범죄예방의 테두리에 들 수 있는가 하는 것이다. 전체 학급이나 지역사회를 표적으로 하는 발달 프로그램이라면 분명히 1차적 범죄예방의 테두리에 적합하지만 위험성이 가장 높은 특정한 개인이나 특정한 상황만을 표적으로 하는 발달과 발전 프로그램은 1차적이라기보다는 오히려 2차적 예방에 더 가깝기 때문이다. 실제로도 다수의 발달, 발전 프로그램이 이미 법을 위반하고서야 개입하려고 하여 그들의 재범행을 표적으로 하고 있다. 더구나, 생애 발달경로는 차후의 생애에서 나타나고 변화한다는 엄연한 증거들이 있으며, 그래서 인간은 전 생애에 걸쳐서 하나의 경로에서 다른 하나의 경로로 전이시키는 오랜 시간에 걸친 경험과 상황에 직면하게 된다고 한다. 그런데 바로 이런 변화를 추구하는 프로그램은 일반적으로 3차적 예방으로 알려지고 있다. 뿐만 아니라 발전, 발달 프로그램은 이미 언급된 것처럼 대부분은 상당한 시간, 일부는 전 생애에 걸쳐서 진행되고 지속되어야 하는 것들이어서 재정지원이나 예산 등과 같은 그와 관련된 현실적, 실무적 어려움도 수반된다는 것이다. 그리고 또 다른 실무적 쟁점으로 대부분의 프로그램이 특정한 개인이나 상황이나 요소를 표적으로 실시되는데, 그것들이 효과성이 입증되어 더 광범위한 표적으로 확대하기가 쉽지 않다는 것이다[29].

---

28) Lab(ed.), op cit., pp. 137-138

3. 발전적 예방의 내용

1) 조기개입(early intervention)과 위험기반의 예방(risk-focused prevention)

여기서 말하는 조기개입이란 대체로 5세 이하의 아동과 그 가족의 건강과 well-being을 증진, 향상시키기 위하여 설계된 다학제적(multidisciplinary) 서비스라고 할 수 있을 것이다. 조기 개입이 중요한 것은 생애 후기나 성인보다는 아동의 인성이나 기질이나 인식 그리고 행동유형이나 습관들이 굳어지기 전에 개입함으로써 그 개선가능성이 훨씬 더 높기 때문이다. 이때 조기개입은 주로 '위험요소(risk factors)'에 초점을 맞추는 경향인데, 여기서 '위험요소'란 프로그램 설계와 전달의 기초로서 미래 범죄와 관련된 핵심 변수들의 파악, 측정, 그리고 조작을 강조하는 것이다. 지금까지 청소년범죄를 예측하는 데 있어서 가장 보편적으로 사용된 위험요소는 아동기 반사회적 행위, 장기 계획능력의 결여, 충동성, 과잉행동 등 낮은 자기통제력, 낮은 수준의 부모감독, 가혹하고 일관성이 없는 훈육, 학대와 방임, 부모와 형제의 전과경력 등 범죄성, 부모의 갈등, 연약한 가정과 학교에의 애착 등을 포함하고 있다. 위험요소에 기초한 조기 개입이라는 접근의 기본사상은 아주 단순하여, 범행에 대한 핵심 위험요소를 파악, 확인화고, 그것들에 대항하기 위한 예방법을 실행하는 것이다. 이런 접근은 종종 범행에 대한 핵심 보호요소를 파악하여 그것들을 향상시키기 위한 예방법을 실행하려는 관련된 시도도 한다[30].

2) 평가와 쟁점

발전적 예방의 핵심요소인 조기개입에 따르면, 만약에 범행성향이 5세 이

---

29) D. Weisbud, Farrington, D. P. and Gill, C., "What works in crime prevention and rehabilitation: An assessment of systematic reviews," Criminology & Public Policy, 2017, 16: 415-449; Lab(10th ed.), op cit., p. 149

30) M. Susser, "Does risk factor put epidemiology at risk? Peering into the future," Journal of Epidemiology and Community Health, 1998, 52: 608; D. P. Farrington, "Developmental criminology and risk-focused prevention," in Maquire et al(eds.), op cit., 2002

전에 형성된다면 또는 만약에 이보다 좀 더 일반적으로 말해서 초기 아동 발달이 생애 초기에 자리하고, 건강, 학습, 그리고 행동과 관련하여 교육을 통하여 성인기로 이어지는 경향이 있는 인간발달궤적에 있어서 핵심단계라면 논리적으로 볼 때 범죄예방 노력의 주요 초점은 마땅히 초기 아동기여야 한다. 그러나 이와는 반대로, 아동기 위험요소가 단지 성인기의 예측력은 그다지 크지 않으며, 인위적인 것, 상황적 요소와 우연 등이 인생역정에서의 다양성과 변동성이라는 견지에서 더 중요하다면, 예방을 위한 자원을 초기 아동기가 아니라 생애 과정 전체에 자원을 쏟아야 하며, 개입을 설계하면서 위험요소의 분석과 범법자 유형화에 지나치게 의존하는 것에 회의적이며, 범죄예방에 있어서 발전적 관점뿐만 아니라 일상활동과 상황적 접근과 관점에도 무게를 두어야 한다는 것이다[31].

이와 관련된 쟁점으로는, 개입시기에 따른 문제이다. 조기개입이 치료효과를 증대시킬 수도 있지만, 반대로 부정적 낙인이 가해질 수도 있다는 지적이다. 실제로 다수의 연쇄살인범이 어린 시절의 부정적 경험과 각종 박탈 등 위험요소를 가졌었다는 연구결과에서 알 수 있듯이, 범행의 일부 연속성이 취학 전부터 나타났었다고 하며, 이럴 경우라면 당연히 조기개입이 청소년 비행은 물론이고 그로 인한 성인범죄자로의 성장을 방지할 수도 있을 것이다. 이는 범인성이 고착화되고 행동유형이 단단하게 자리잡기 전에 개입함으로써 효과를 증대시킬 수 있고 더불어 예방이 사후 대응보다 비용-편익(cost-benefit)적이며, 보호적이고 기대적인 행동이 범행 후의 임상적, 처벌적 개입보다 더 강력하고 덜 고통스럽다는 것이다. 그러나 조기개입은 동시에 잘못된 개입과 개입으로 인한 부정적 낙인에서 자유로울 수 없으며, 또한 설사 조기개입의 전제였던 것으로, 초기 아동기의 확고한 기초나 토대가 반드시 문제 없는 청소년기와 성인기를 보장하지는 않는다는 것이다. 중상류층 청소년 범죄의 증가나 다수의 화이트칼라 범죄나 엘리트 범죄 또는 기업범죄자를 비롯하여 청소년기나 그 이후 범인성을 발현하는 예를 종종 볼 수 있기 때문이다. 이런 점을 고려한다면, 개입의 시기는 연령에만 의존할 것이 아니라 확인된 범행경로와 이들 경로를 특징짓는 핵심 전환점에 의존할 필요가 있다는 것이다. 예를 들어, 첫 번째 범행이나 형사사법기관

---

31) Homel, op cit., p. 81

과의 첫 번째 접촉 등이 개인의 삶에서 그러한 핵심적 전환점의 하나라고 한다.[32]

4. 발전적 예방의 새로운 방향

발전적 범죄예방에서의 한 가지 주요 학습이 있다면 그것은 아마도 단기적으로도 장기적으로도, 특히 불리한 조건의 어린이와 청소년들에게 영향을 줄 수 있다는 것이다. 물론 초기 아동기에 시작하는 것이 좋지만, 생애 과정 후기에서도 많은 것을 할 수 있으며, 그래서 발전적 예방에서는 일반적으로 '결코 너무 일찍도 너무 늦은 것도 없다'는 것이 규율이라고 한다. 물론 이런 발전적 접근이 가능하기 위해서는 어쩌면 인간의 본성을 자유의사론(Free Will)적 관점이 아니라 결정론(Determinism)적 관점에서 바라보는 편이 더 좋을 수도 있다. 자유의지에 의한 범죄의 선택에 대해서 발전적 접근이 기여할 수 있는 공간은 그리 많거나 크지 않을 수 있다. 범죄가 선택이 아니라 결정적인 원인에 기인할 때 그 결정적 원인의 해소를 위한 조기 개입 등이 효과를 발할 수 있기 때문이다.

발전적 범죄예방에 대한 평가는 지금까지는 불행하게도 성공과 실패가 함께하고 있다. 과학이 이제는 발전적 접근에 대한 낙관을 위한 일부 기초를 제공한다는 점이 좋은 소식이라면, 나쁜 소식은 모든 흥미로운 아이디어들이 다 제대로 작동하고 효과가 있는 것은 아니고 일부는 역효과도 내고, 또는 심지어 효과가 있는 기술도 일관적으로 그 효과를 보이지 못한다는 사실도 존재한다는 점이다. 더구나, 위험-요소 패러다임이 발전적 예방의 범위를 확대하기 위한 도구로 완벽하지 않을 수도 있다는 것이다.

---

32) P. O. H. Wickstrom and Loeber, R., "Do disadvantaged neighborhoods cause well-adjusted children become adolescent delinquents," Criminology, 2000, 38: 1109-1142; Homel, op cit., pp. 84-85

제4장

2차적 범죄예방

2차적 범죄예방

2차적 범죄예방이 지향하는 것은 일탈의 잠재성이 높은 사람, 장소, 상황에 적극적으로, 능동적으로 초점을 맞춘다는 것이다. 이는 2차적 예방이 범죄행위를 지향하는 또는 범행할 성향을 보이는 사람과 상황에 개입하는 데 관심을 가진다는 것이다. 일단 범죄가 일어나고 나서야 벌어지는 개입은 어떤 것이거나 3차적 예방의 범주에 해당되지만, 2차적 예방은 높은 위험성에 대하여 그것이 범행으로 실현되기 전에 개입하여 위험성을 해소하거나 낮추어서 범죄를 예방하고자 한다는 점에서, 2차적 예방도 애초에 범행이 일어나기 전에 예방하는 것을 강조하기는 1차예방과 마찬가지라고 할 수 있다. 그러나 1차적 예방이 특정한 집단, 상황이 아니라 전체적인 사람과 환경 등을 표적으로 한다면, 2차적 예방은 위험성이 높은 집단이나 상황을 선택적으로 표적으로 한다는 차이가 있다. 바로 이 점에서 2차적 예방의 전제이기도 하고 선결과제요, 성공의 조건이고 문제의 시작이기도 한 것이다. 그렇다면 누가, 어떤 상황이 범행의 위험성이 높으며, 그 사람과 상황의 어떤 요소나 요인이 그토록 위험성을 높게 하는가를 정확하게 파악하고, 그에 적합한 상황과 사람을 정확하게 예측하여, 결국은 그 사람과 상황에서의 범죄활동을 정확하게 예측하는 것이 관건이 된다고 할 수 있다.

그런데 실제로 이 예측의 문제나 어려움은 또 다시 자세하게 설명하겠지만, 현실적으로 정확한 예측이란 매우 어렵거나 불가능에 가깝다고들 한다. 위험성이 없는데 위험성이 있다고, 아니면 반대로 위험성이 있는데 없다고 잘못 예측하는 것이 2차적 예방의 태생적 우려이다. 그럼에도 불구하고 2차예방에 있어서 성공의 전제조건이라고 할 수 있는 예측은 대체로 임상적(clinical) 예측과 통계적(actuarial) 방법으로 이루어진다. 그러나 어떤 방법이든 예측은 일반적으로 적절한 판단을 하지 못하고 오히려 거짓된, 허위의 예측(false prediction)을 초래하기 일쑤라고 한다. 그럼에도 정확한 예측은 반드시 필요한 요건이기에 아직도 정확한 예측을 위한 노력을 하고 있지만, 그 외에도 차후 범죄성에 강력하게 관련되는 요인들을 파악하려는 노력을 경주하는 것이다. 범죄자들이 공통적으로 보이는 특성이나 특징적인 요소를 찾아서 사람들이 범행하기 전에 그런 공통의 요인을 누가 많이 가졌나를 파악하여 개입의 표적으로 삼을 수 있다는 것이다. 세 번째는 범죄다발지역과 관련된 것으로 범죄가 빈번하게 발생하는 장소와 지역을 표적으로 예방노력을 벌이는 것으로 범행이 발생할 확률이 높은 상황이나 장소를 파악하여 미리 사전에 개입하여 범죄를 예방하자는 것이다. 그런데 이 경우는 앞에서 사람을 표적으로 했던 데서 장소, 시간, 상황으로 그 초점이 이동함을 알 수 있다. 여기서 예측과 개입의 초점이 사람에서 상황으로 이동한다는 것이 바로 상황적 범죄예방을 가능하게 하는 것이다. 물론 그렇다고 상황적 예방이 사람을 배제하는 것은 아니며, 상황적 예방기법에서는 특정한 문제, 장소, 시간, 사람을 표적으로 하고 있으며, 문제의 파악과 프로그램의 계획이 따라서 상황적 예방의 핵심 주춧돌이라고 할 수 있다.

1차적 범죄예방이 대체로 지역사회를 비롯한 어쩌면 거시적, 구조적 접근을 강조하는 데 비해 경찰의 역할이 그다지 많지 않다는 느낌을 준다. 물론 그렇다고 범죄예방에 있어서 경찰의 역할이 없는 것도, 중요하지 않은 것도 아니며, 특히 2차적 예방에서는 그 역할이 더 크고 중요해질 수 있다. 그러나 여기서도 경찰 홀로보다는 경찰과 지역사회가 동반자 관계(partnership)로서, 때로는 따로 때로는 함께 하는 것이 범죄예방효과가 극대화될 수 있다고 주장한다. 특히 경찰과 지역사회의 동반자 관계는 지역사회경찰활동(Community policing)의 핵심조건이자 전제이기도 하다. 지역사회경찰활동의 전제요, 핵심요소이기도 한 지역사회와의 동반자 관계와 상호작용을 통하여 경찰은 범죄의 근원이 되는 지역사회문제를 해결하는 문제－지향(problem－oriented), 문제－해결 경찰활동(problem－solving policing)을 비롯하여 최근의 추세이기도 한 상황적 범죄예방(situational crime prevention)에 있어서 일종의 '지역사회 관리자(community manager)'로서 그리고 동반자 관계에서 핵심주체로서 활동하게 된다.

이와 관련하여 약물과 알코올이 범죄에 미치는 영향이 대단히 크다고 알려지고 있는데, 알코올과 약물은 사실 범죄의 원인이기도 하지만 또 그 자체가 범죄인 경우도 있어서 알코올과 범죄, 약물과 범죄의 관련성이 자주 주장되고 있다. 실제로 범죄자의 상당수가 범행 전후에 약물이나 알코올의 영향하에 있었으며, 이를 입증하듯 미국 수용시설의 절대다수가 약물과 알코올 관련자라는 통계가 발표되곤 한다. 만약 알코올과 약물이 범죄의 원인이라면 범죄예방을 위해서라면 당연히 범죄에 미치는 알코올과 약물의 영향과 그 해결방인이 제시되어야 할 것이다.

그리고 범죄학의 발달, 생애과정 이론(Life course and developmental theory)에 따르면 심지어 정상적인 준법시민조차도 거의 모든 사람이 적어도 한 번 이상은 생애 중 비행과 일탈을 저지르지만, 그 절대다수는 준법시민으로 성장, 발달하는데, 그것은 바로 그들은 생애과정에 걸친 성장과 발달에 따라 정상적인 준법시민으로 정착하지만, 일부는 그렇게 성장, 발달하지 못하고 성인범죄자로 성장하게 된다는 것이다. 그래서 2차적인 범죄예방이라면 대체로 아직은 성인범죄자가 아니지만 그대로 두면 그럴 가능성, 위험성이 높은 청소년을 표적으로 하기 마련이고, 대부분의 청소년은 학교에 다니기 때문에 이들에 대한 개입의 가능한 원천은 바로 학교가 아닐 수 없다. 학교에서의 실패나 학업성적의 불량 또는 학교에서의 문제행동 등 비행과 범죄의 주요 원인의 하나로 확인되고 있어서 범죄활동을 지향하는 청소년들을 파악하고 개입할 수 있는 어쩌면 최적의 위치가 바로 학교라고 할 수 있다. 따라서 학교가 제공하는 일탈적 생활유형은 물론이고 2차적 예방노력에 있어서 학교의 역할을 논하지 않을 수 없다.

범죄예방의 효과가 논의될 때면 언제나 쟁점의 하나로 등장하는 것이 바로 범죄예방 프로그램은 과연 효과가 있는가 여부와 설령 통계적으로는 있다고 하더라도 과연 그것이 범죄예방 대책의 직접적인 영향인지 아니면 성장효과

(maturation effect)나 연령효과(aging-out effect)와 같은 다른 요인에 영향을 받은 것인지, 그것도 아니면 나타난 예방효과가 예방된 범죄 때문이 아니라 단순히 대체효과(Displacement effects)의 결과인지 논쟁하기 때문이다. 그리고 이와 관련된 또 다른 하나의 쟁점은 대체효과와 정반대의 개념이라고 할 수 있는 이익의 확산, 즉 예방 프로그램이 실행된 지역과 이웃한 지역에까지 예방효과가 확산(Diffusion effects)될 수도 있다는 주장이 그것이다.

제1절 재범예측과 범죄예방

2차적 범죄예방이 범행의 위험성, 범죄를 할 확률이나 가능성이 가장 높은 특정 집단, 지역, 시간, 상황 등을 표적으로 개입하여 범죄를 예방하려는 노력이다. 2차적 예방이 효과적, 효율적이기 위해서는 당연히 바로 그런 특정한 사람, 상황, 장소, 시간 등을 정확하게 파악하고 예측하는 데 달렸다고 할 것이다. 따라서 2차적 예방의 한 가지 어려움이기도 하며, 동시에 성공의 전제이기도 한 것이 바로 이 식별과 예측이다. 사회 전체나 전체 지역사회 또는 거주 지역 전체를 대상으로 일률적으로 개입하거나 전체 대중들에게 닿기 위한 프로그램을 설치하기보다는 2차적 예방은 범죄활동의 가능성이 높은 잠재적 범법자, 장소, 또는 상황을 파악하는 노력에 집중적으로 의존하는 것이다. 그러나 누가 범행을 할 것이고 누가 범행하지 않을 것인지, 언제, 어디서 범죄가 발생할 것인지, 누가 피해자가 될 것인지, 범법자의 표적이 되는 물품이나 대상은 무엇일까 등의 문제를 예측하기란 매우 어렵고 복잡한 일이다.

1. 미래 범행의 예측

무릇 예측이란 다수의 단계별 의사결정을 거치기 마련인데, 가장 먼저 결정되어야 할 것은 바로 무엇을 예측할 것인가가 정확하게 규정되어야 한다. 형사사법제도에 있어서 예측은 주로 재범(recidivism)의 예측이 가장 보편적 예측이라고 할 수 있다. 범죄자에 대한 형벌이든 교화개선이든 그 영향성 또는 효과의 평가를 위하여 전형적으로 후속 범행에 대한 다양한 척도를 활용하였다. 예를 들어, 보호관찰부 가석방(Parole)을 할 것인지 말 것인지를 결정하기 위한 보호관찰, 가석방 심사에서 가장 보편적으로 활용되는 자료가 가석방된 후에 후속 범행을 할 위험성이 얼마나 되는지를 주로 살폈던 것이다. 이를 위하여 재검거 (rearrest), 재선고(reconviction), 보호관찰 조건 위반 등이 재범의 보편적 척도로 사용되었다. 그런데 재범활동에 대한 이런 예측은 개인의 최초 일탈행동이라고 할 수 있는 2차적 예방의 중심적 관심을 다루지 않고 있다. 그러나 이런 예측은 특히 청소년에 대한 비행예측처럼 성인 범죄활동에 미래의 가담 잠재성을 전제로 하는 잠재적 위험(potential dangerousness)이라는 견지에서 소년사법에서는 특히 주요하게 고려되고 있다. 2차적 예방은 이런 잠재적 범법자가 그 잠재성을 결코 실현시키지 못하도록 할 수 있기를 희망하는 것이다. 무엇을 예측할 것인가가 정확하게 규정하는 것이 중요한 전제이다.

이렇게 무엇을 예측할 것인가가 정해지면, 그 다음은 예측을 위하여 이용할 적정한 변수를 선택해야 할 것이다. 이는 예측하고자 하는 대상을 설명, 예측할 수 있는 변수들마다 그 예측능력이 다 다르기 때문에 가장 예측력이 높은 변수를 파악, 식별해야만 하는 것이 중요하다. 바로 여기서 어떤 변수가 과연 가장 예측능력이 높은지 식별하는 것이 쉽지 않다는 것이다. 예측변수의 선택은 때로는 연구자, 예측자의 주관적 성향을 반영하는 경우가 많은데, 모든 관련 변수가 다 함께 활용되는 경우는 많지 않으며, 바로 이런 면에서 예측의 적용이나 응용을 제한하거나 그 효력을 무력화시키는 전략적, 선별적 선택(selective choice)의 문제가 등장하는 것이다.

설사 우리가 척도와 예측변수의 문제를 극복하더라도 또 다른 한 가지 문제가 남는다. 미래행위를 예측하기 위하여 고려되어야 할 것으로 예측에 있어서 정확성의 정도이다. 예측이 정확하지 못하다면 오히려 예측하지 않는 것이 더 나을 수 있기 때문이다. 과거와 현재의 사실이나 기록이나 검사나 조사로 미래행위를 예측하기란 애당초 불가능하거나 적어도 매우 어려운 일이다. 그럼에도 우리가 정확하게 예측한다면 이런 우려를 할 아무런 이유도 없지만 과거와 현재로 미래를 예측하는 것은 언제나 정확하기보다는 그렇지 못할 가능성이 더 높을 수 있기 때문에 심각한 우려를 표하지 않을 수 없는 것이다. 그래서 우리는 미래를 예측할 때 두 가지 오류(error)를 할 우려가 있다고 한다. 바로 허위긍정, 거짓양성, 긍정오류라고 하는 False Positive와 허위부정, 거짓음성, 부정오류라고 하는 False Negative이다.

먼저 긍정오류(False Positive)는 재범할 위험성이 높다고 예측하였지만 추적한 결과 재범을 하지 않은, 즉 재범위험이 없음에도 재범위험이 있다고 잘못된 긍정예측을 한 것이다. 반대로 부정오류(False Negative)는 추적결과 재범을 했음에도 재범위험이 없다고 부정적으로 잘못 예측한 경우이다. 그런데 이 두 오류는 미래 행위가 예측되는 개인과 사회에 전혀 다른 영향을 미친다. 먼저 긍정오류는 재범위험이 없음에도 있다고 예측하여 보호관찰로 가석방되지 못하면 불필요하게 수형생활을 지속하게 되어 개인에게 불이익이요, 사회는 불필요한 수형경비를 더 부담해야 한다. 반대로 부정오류는 위험이 있음에도 없다고 예측하여 보호관찰로 가석방시킴으로써 출소 후에 재범으로 우리 사회에 범죄의 위험과 그로 인한 비용을 부담시키게 된다. 실제 형사사법 현장에서는 아마도 행정책임 등의 이유로 절대적으로 가장 보수적 예측을 하기 마련이어서 긍정오류보다는 부정오류라는 전략적 선택을 할 가능성이 더 높다고 할 수 있을 것이다. 가석방 심사를 예로 들자면, 재범할 우려가 전혀 없는 완전한 대상자만 가석방시킴으로써 가석방의 취지에 반함은 물론이고 불필요한 경비만 추가하는 소위 '형사사법망의 확대(Net widening)' 또는 보여주기식 'Window dressing'에 지나지 않게 되는 부작용을 낳게 된다는 것이다.

1) 예측의 유형

(1) 임상적 예측(Clinical prediction)

임상적 예측은 보편적으로 인터뷰와 기록과 주제에 대한 직접적인 검증 후에 평가대상자에 대한 평가자의 평가를 기초로 예측하는 것이다. 당연히 평가자에 대한 교육훈련과 평가자의 기질과 성향이 종종 결정에 도달하는 데 있어서 중요한 변수와 요인들을 결정하며, 예측의 질을 좌우하곤 한다. 평가자는 평가대상자의 다양한 심리검사는 물론이고 사회학적, 인구학적, 심리학적 요소는 물론이고 가족과 개인적 배경 정보, 대상자와의 인터뷰 등 다양한 변수와 요소들을 활용한다. 어느 항목이 언제 이용되어야 하는지, 어느 것이 가장 중요한지,

하나 이상의 정보가 필요한지 등 정해진 확고한 규칙이 있을 수 없고, 따라서 개별 평가자가 전적인 재량을 가지고 있다. 이런 점에서 임상적 평가가 주관적이다, 가치중립적이지 못하다는 지적을 받기도 한다.

그래서일까, 폭력에 대한 임상적 예측들이 긍정오류와 부정오류 모두 잘못된 결정의 경향이 강하였다는 평가를 받고 있다. 예측되는 척도가 다양하고, 추적조사의 기간도 다양하며, 예측항목도 다양함에도 불구하고, 한결같이 긍정오류(false positive) 예측이 무려 절반 이상이나 되는 것으로 보고되곤 한다. 이 정도의 긍정오류는 추적기간이 긴 경우에는 특히 놀라울 정도라고 할 수 있는데, 그것은 추적기간이 길수록 긍정오류의 가능성은 낮아져야 하기 때문이다. 즉, 추적기간이 길어지면 재범할 기간도 그만큼 길어지고 재범의 가능성 또한 높아지기 때문에 오류의 가능성은 반대로 그만큼 낮아져야 하는 데도 불구하고 50%를 상회한다면 심각한 문제가 아닐 수 없는 것이다. 반대로 부정오류(False negative) 예측은 매우 낮은 경향이 있다고 하는데, 이는 형사사법예측에 있어서 후속 행정책임으로 인한 보수적 의사결정 경향에 기인한 것이라고 할 수 있다. 그럼에도 불구하고, 긍정오류와 부정오류의 수준은 지나치게 높아서 임상적 예측의 예측 효율성을 심각하게 훼손한다고 할 수 있다[1].

그렇다면 임상적 예측의 오류가 왜 그렇게 높은 것일까. 먼저, 어쩌면 예측하고자 하는 척도로서 후속범행이나 위험성의 결정이 지나치게 협의 또는 엄격하지 않은가 의심한다. 많은 경우, 추적 기간 동안 실제로 타인에 대한 신체적 손상을 요하거나 심지어 재구금 또는 재입소(reincarceration)를 요하고 있다. 그러나 다수의 경우 신체적 손상을 오래하는 정도의 범법이라도 실제로 그리 엄격하게 형사제재를 받는 경우가 많지 않다는 것이다. 결국 재범의 기준, 범위가 지나치게 협의이고 엄격해서 긍정오류의 가능성이 더 높아질 수 있다는 설명이다. 두 번째는 예측을 위하여 분석에 이용된 변수나 요인들이 실제로 예측하고자 하는 행위에 대한 예측력이 없거나 미약하기 때문일 수 있다는 것이다. 이런 주장은 임상예측을 하는 연구자나 전문가들에 따라 어떤 변수가 이용되어야 하는지 서로 동의하지 못하는 정도를 보면 이해가 될 것이다. 극단적으로는 두 사람의 임상전문가 평가자가 동시에 동의하는 경우가 절반 정도밖에 되지 않는다고 한

---

1) Lab(10th ed.), op cit., pp. 173-174

다. 끝으로, 임상적 예측의 정확성 문제와 관련된 또 하나의 문제는 평가자가 사용하는 정보의 정확성과 관련된 것이다. 평가자가 가장 많이 의존하는 인터뷰는 그 시간이 짧은 기간으로 제한되어 결과적으로 관찰도 최소한에 그치기 마련이다. 당연히 제한된 관찰에 기초한 예측이라면 불완전하거나 왜곡되거나 심지어 주관적 정보에 의존할 수밖에 없을 것이고, 그 결과적 예측도 또한 그러할 것이다2).

(2) 통계적 예측(Actuarial prediction)

통계적 예측이란 말 그대로 자료에서 알려진 모수(parameters)들에 기초하여 예측하는 것이다. 통계적 예측의 대표적인 사례라면 아마도 보험업계에서 보험요율을 정하는 것이라고 할 수 있는데, 이런 점에서 통계적 예측을 때로는 보험통계 예측이라고도 하는 것이다. 즉, 생명보험의 비용은 보험을 사고자 하는 고객이 속한 인구집단의 알려진 사망률을 기초로 하는 것이다. 이를 기초로 남여 간 보험요율이나 보험지급기간 등이 결정됨으로써 이 경우의 예측은 따라서 전적으로 알려진 통계적 사실에만 기초하는 것이다. 이보다 더 쉬운 예로 자동차 보험요율도 과거 사고 수준과 보험금수혜에 따라 결정되는 것이어서, 젊은 남성들이 사고에 더 많이 개입되고, 이는 곧 모든 젊은 남성들에게 더 높은 보험요율이 적용되는 것이다.

따라서 통계적 예측의 열쇠는 적절한 예측 항목을 파악, 식별하는 것이다. 형사사법제도에서의 통계적 예측에 전형적으로 많이 사용되는 요소로는 연령, 인종, 성별, 사회경제적 계층, 교육수준, 지능지수(IQ), 전과기록, 당해 사건, 가정배경, 그리고 심리검사결과 등이라고 한다. 앞의 임상적 예측과 마찬가지로 통계적 예측도 예측항목과 통계기법의 선택에 따라 매우 다양할 수 있게 된다. 그럼에도 불구하고, 예측에 따른 차별적 처우나 재량의 남용 등과 관련된 책임소재의 우려와 그로 인한 지나친 보수적 예측, 그리고 궁극적으로는 사법망의 확대와 그 결과적인 자원의 낭비에 기인하여 점점 상대적으로 더 주관적인 임상적 예측보다 더 객관적이고 따라서 책임소재로부터도 그만큼 자유로울 수 있는 통계적 예측이 실무적으로 더 선호되고 있다고 할 수 있다.

---

2) op cit., p. 174

통계적 예측이 가장 많이 활용되는 분야는 아마도 보호관찰 또는 가석방 심사위원회의 재범예측이 아닐까 한다. 미국의 보호관찰부 가석방 위원회(US Parole Commission)의 핵심요인점수(Salient Factor Score)를 보면 "보호관찰부 가석방 성공을 예측하기 위하여 전과기록이 없다, 시설 구금 경험이 없다, 첫 유죄확정이 18세 이상이었다, 범행이 자동차 절도는 포함되지 않는다, 보호관찰 조건 위반 경력이 없다, 약물의존이 없다, 최소한 고교졸업 이상의 학력을 가졌다, 구금 이전 2년 동안에 적어도 6개월 이상 직업을 가졌었다, 석방되면 가족이나 친지 등과 함께 생활할 수 있는 거주지가 있다" 등 9가지 항목을 이용하고 있는데, 각 항목당 1점씩을 부여하고 점수를 많이 받을수록 보호관찰부 가석방 심사를 통과하여 가석방될 가능성이 높아진다. 그러나 미국에서도 현재는 이 핵심요인 점수는 의문스러운 예측력의 문제로 더 이상 사용되지 않고 있다고 한다[3].

통계적 예측으로부터 몇 가지 중요한 사실을 관찰할 수 있는데, 먼저 오류의 수준이 임상적 예측보다 작은 것으로 알려지고 있으며, 둘째로는 미국 보호관찰부 가석방 위원회의 '핵심요인 점수'처럼 단순하게 항목별 점수를 가산하는 것에서부터 회귀분석, 상관분석에 이르기까지 예측방법이나 기법은 다양하지만 그렇다고 이들 상이한 예측방법의 이용이 예측결과를 크게 바꾸지는 못한다는 것이다. 비록 예측방법이나 기법에 따라 서로 다른 사람이 잘못 분류될지라도 상이한 각각의 방법과 기법마다 오류 수준은 거의 동일하다는 것이다. 끝으로 통계적 예측은 일관적으로 집단자료에 기초하여 개인행위를 예측하려고 시도한다는 것이다. 이는 바로 방법론에서의 '생태적 오류(ecological fallacy)'와 유사한 것으로 숲만 보고 나무를 평가하는 오류를 범할 수 있다는 것이다. 특정한 상황에 대한 고려도 없이 대규모 인구집단의 활동으로부터 그 속의 특정한 한 사람의 행위를 귀속시키는 것은 불가능하다는 것이다[4].

---

3) D. M. Gottfredson, Hoffman, P. B., Sigler, M. H., and Wilins, L. T., "Making paroling policy explicit," Crime and delinquency, 1975, 21: 34−44

4) Lab(10th ed.), op cit., p. 176

2. 위험요소(Risk factors)와 예측

누가 범행할 것인지를 식별하는 것, 즉 예를 들어 예측하는 것은 일탈행위에 관련된 위험요소를 식별하는 것에서부터 시작한다. 물론 반면에 누가 범행하지 않을까를 예측하기 위해서는 위험요소보다 오히려 보호요소(protective factors)가 더 크게 작용할 수 있지만 누군가가 앞으로 범행을 하고 안 하고를 예측하기 위해서는 위험요소와 보호요소 둘 다를 고려할 필요가 있다. 범행은 수학적 공식이나 계산으로 하자면, 범행하도록 끌고 미는 힘이 하지 못하도록 당기고 억누르는 힘보다 더 클 때라고 할 수 있으며, 여기서 범행하지 못하도록 하는 힘은 대체로 보호요소라고 할 수 있으며, 반대로 범행하도록 하는 힘은 위험요소라고 할 수 있을 것이다. 따라서 이런 식이라면 위험요소는 최대한 줄이고 반대로 보호요소는 극대화하는 것이 곧 범죄를 예방하는, 적어도 범행동기의 해소라는 측면에서의 범죄예방이라고 할 수 있을 것이다. 물론 여기서 주의할 것은 보호요소가 강하다고 결코 범행하지 않는다는 것도, 위험요소가 강하다고 반드시 불가피하게 범행을 한다는 것을 뜻하지는 않는다는 것이다. 오히려 위험요소란 앞으로 일탈할 수도 있을 사람을 가리키는 일종의 지표라는 것이다. 따라서 특정한 개인에 대한 예측을 하는 시도는 통상적으로 하지 않으며, 위험요소는 단지 그런 요소나 기질을 가진 사람에 대한 가능한 지원이나 증대된 관심을 가질 필요성을 신호하는 하나의 지표나 깃발이라는 것이다.

여기서도 예측의 성패는 당연히 예측력이 높은 적절한 위험요소를 식별해내는 것이다. 다행하게도 범죄학 또는 형사사법제도나 더 정확하게는 청소년 비행이나 소년사법에서는 비행소년이 되거나 후에 성인 범죄자가 될 위험성이 큰 청소년을 다루는 것이 그 초석이 되어 왔기에 전혀 새로운 생각은 아니다. 사실 소년법원의 탄생도 바로 이런 문제가 있는 위험한 청소년들을 다루기 위한 특별한 법정이 필요하다는 가정에서 시작되었다는 점에서도 알 수 있다. 그럼에도 불구하고 한 가지 불분명한 것은 소년의 행위 저변의 위험요소를 식별하고 그런 조건이나 상황을 바꾸기 위해서 해야 할 일에 대한 생각이라고 할 수 있다. 대부분의 범죄학이론들이 적절한 개입방법을 개발, 발전시키기 위하여 범죄적 활동을 예측할 수 있는 최고의 예측요인들을 식별하려는 사고에 기초하고 있다.

비록 특징적으로 위험요소로 지칭되지는 않았지만, 비행과 범죄에 관련된 것으로 밝혀진 변수들이 바로 위험요소라고 할 수 있을 것이다.

따라서 위험요소는 다양한 범주로 나뉠 수 있지만 대체로 또는 보편적으로 가족, 또래, 지역사회, 심리/인성, 학교 그리고 생물학적 위험요소로 나눌 수 있을 것이다. 가족요소로는 부모의 범죄성, 부모의 감시감독의 부실, 가혹한 훈육, 일관성 없는 훈육, 학대와 가학, 가족유대/관계, 결손가정, 가족규모, 사회경제적 지위, 가족갈등, 가족기능 등이 포함된다. 또래요인으로는 청소년 비행집단 가담 여부, 친구의 일탈/범죄성, 형제자매의 범죄성을 담고 있으며, 지역사회 위험요소에는 경제적 곤궁/빈곤, 무질서/비시민성(incivility), 총기/약물 가용성, 사회경제적 지위, 조직범죄(Gang)활동, 지역 범죄/폭력, 지역사회 해체 등이 포함된다. 학교 위험요소로는 정학/퇴학, 무단결석, 학교에 대한 태도, 학업실패, 학교 수준, 자퇴율 등이 있으며, 심리/인성 요소로는 과잉행동, 충동, 집중력 부재, 학습장애, 낮은 지능지수, 불안, 공격성 등이 있다. 생물학적 위험요소는 주로 태아의 합병증, 임신 전 합병증, 저체중아, 임신 중 약물복용, 영양실조, 신경전달물질 문제, 낮은 심장박동, 신경과학적 손상 등을 다루고 있다[5].

1) 가족요인

부모의 행동모형과 훈육관행은 물론이고 가정환경이 아동의 미래 비행과 범인성에 지대한 영향을 미칠 수 있다. 범죄자를 만들 위험성이 높은 가정은 반사회적이거나 범죄적이며, 부적절한 훈육을 실천하며, 물리적이거나 일관적이 못한 처벌을 하며, 자녀를 학대하거나 방기하고, 빈곤 속에 생활하는 부모로 특징지어진다. 일부에서는 가족영향을 부모가 자녀와의 상호작용과 자녀에 대한 감독에 거의 시간을 할애하지 않는 방기(neglect), 자녀감독에 일관성이 없거나 부적절한 훈육을 하고 상대방을 거절하는 갈등, 부모 스스로가 범죄에 가담하는 등 일탈, 그리고 가정불화와 이혼 및 그로 인한 한 부모 부재하에서 야기되는 가정 붕괴의 4가지 집락으로 구분하여 설명한다. 또 다른 전문가들은 반사회적이고 범죄적 부모, 대규모 가족, 부적절한 아동양육, 학대와 방기, 붕괴된 가정

---

5) Lab(10th ed.), op cit., p. 177, Table 9.3 Common Risk Factors Found in the Research에서 요약

이라는 다섯 가지 범주로 구분한다. 그중에서도 대체로 가족이 가장 강력한 비행예측 위험요소로 알려지고 있는데, 아동의 초기행동문제와 강력한 상관성을 가진 세 가지 특별한 부모요인으로 아동과의 높은 갈등 수준, 아동에 대한 감독의 부족, 낮은 수준의 아동과의 긍정적 참여를 꼽고 있다[6].

다양한 범주의 가족 상황과 요인들이 가족 구성원의 즉각적인 보살핌, 양육, 보호는 물론이고 차후의 행동에도 영향을 미친다는 사실에는 큰 이의가 없을 것이다. 대부분의 범죄학이론이나 청소년 비행론에서 기술하였듯이, 부모의 감시감독의 부실과 일관적이지 못하고 혹독한 훈육이 차후 일탈에 대한 핵심적인 조기 위험요소로 알려지고 있다. 오래전부터 실제 연구에서도 청소년 범행과 부모감시와 훈육의 형태 사이에는 강력한 관계가 있다고 밝혀져 왔으며, 일반적으로 폭력과 공격성은 혹독하고 일관적이지 못한 훈육을 하는 가정에서 더 팽배했다는 것이다. 뿐만 아니라 문헌에서 자주 인용되는 가족요인 중 하나는 부모의 범죄성과 자녀의 행동 간에도 관련성이 있다는 것인데, 부모의 구속이 남자 자녀의 차후 범행에 관련이 된다는 것이 여러 연구에서 확인되고 있다[7].

학대와 가학 등의 형태로 나타나는 폭력과 범행에의 노출도 청소년 범죄와 차후 성인 범죄로의 전이도 종종 지적되고 있다. 다수의 연쇄살인범과 같은 강력범죄자들이 어린 시절의 가정폭력과 아동학대의 피해를 겪은 것으로 알려지고 있는 것이다. 물리적 학대와 아동의 방치가 차후 범죄활동에의 참여를 예측하는데 유용하다는 것이다. 또 한 가족 간의 관계나 유대 또는 융화, 가족의 규모와 형태, 결손가정도 청소년 범죄와 차후 성인범죄를 예측하는 위험요소로 간주되고 있는데, 이들을 종합하면 결국 가족의 형태가 제대로 갖추어지지 않고,

---

6) R. Tremblay and Craig, W. M., "Developmental crime prevention," in Tonry, M. and Farrington, D. P.(eds.), Building a Sfaer Society, Crime and Justice, vol. 19, Chicago: University of Chicago Press, 1995, p. 158; Wasserman, op cit., 5; Schneider, op cit., p. 92

7) J. McCord, "Some child–bearing antecedents od criminal behavior in adult men," Journal of Personality and Social Psychology, 1979, 37: 1477–1486; D. M. Capaldi and Patterson, G. R., "Can violent offenders be distinguished from frequent offenders/ Prediction from childhood to adolescence," Journal of Research in Crime and delinquency, 1996, 33: 206–231; D. P. Farrington, "Early prediction of adolescent aggression and adult violence," Violence and Victims, 1989, 4: 79–100; L. E. Wells and Rankin, J. H., "Direct parental control and delinquency, Criminology, 1988, 26: 263–285

그 기능이 제대로 작동하지 않는다면 청소년의 현재와 미래 범죄행위에 대한 중요한 기여요인이라는 것이다[8].

2) 또래요인

젊은 범법자들은 비행이나 범죄활동에 가담하는 친구가 있는 경향이 있다. 또래가 비행과 범죄성에 미치는 영향은 개인적 위험요인이나 가족 위험요인에 비해 생애 후기에 나탄다고 한다. 또래영향과 관련하여 가장 심각한 범죄성 요인은 일탈적 또래와의 접촉과 또래로부터의 거절이라고 한다. 자신의 반사회적 기질과 성향, 이들 기질과 성향에서 초래되는 또래로부터의 거절의 부정적 결과, 결과적인 일탈적 또래 접촉이라는 세 가지 상호의존적 요소가 결합하여 10대 중 상습적인 범행의 원인으로 작용한다는 것이다. 그런데 또래 영향은 먼저 상대적으로 늦은 출발자(late starter), 즉 비행의 시작이 늦은 범죄자의 범행을 시작하게 할 수 있으며, 두 번째로 '조기 출발자(early starter)', 즉 최초 범행이나 비행이 빨랐던 범죄자들에게는 심각한, 강력 범행으로의 상승으로 이끌 수 있는 두 가지 방법으로 영향을 미친다고 한다[9].

아동이 성장해 가면서 '중요한 타자(significant others)', 즉 자신에게 가장 중요한, 그래서 가장 영향을 많이 주고받는 존재가 어린 시절의 부모에서 선생님을 거쳐 친구로 바뀌면서 그들의 행동에도 가장 큰 영향을 미치게 되어 청소년의 행동에 관련된 가장 중요한 요소의 하나가 바로 또래의 영향이 라고 일반적으로 간주되고 있다. 이런 논거의 저변에는 차별적 접촉이론, 청소년 부문화이론, 중화이론 등 다수의 범죄학적 이론에서도 뒷받침되고 있다. 특히 한국적 상황에서는 청소년들이 가장 많은 시간을 집이 아닌 학교에서 가족이 아닌 친구들과 보내고 있어서 청소년의 행동, 특히 비행에 미치는 또래의 영향은 더 강할 수 있다[10].

---

8) D. Gorman−Smith, Tolan, P. H., Zelli, A. and Huesmann, "The relation of family functioning to violence among inner−city minority youths," Journal of Family Psychiatry, 1996, 10: 115−129

9) G. A. Wasserman, Keenan, K., Tremblay, R. E., Cole, J. D., Herrenkohl, T. I., Loeber, R. and Petechuk, D., "Risk and protective factors in child delinquency," in Child Delinquency Bulletin Series, US Department of Justice, Office of Juvenile Justice and Delinquency Prevention, April 2003, pp. 6−7

3) 지역사회 영향

또 다른 영향요인의 하나는 청소년들이 자라고 거주하는 지역사회(commu-
nity)라고 할 수 있는데, 지역사회가 이처럼 그 안에 살고 있는 거주민, 특히 청
소년들의 행동에 영향을 미치는 것은 어제오늘의 이야기가 아니고 범죄학에서
도 아주 오래된 것이다. 범죄가 공간적으로 크게는 지역적으로 동일하게 균등하
게 분포되지 않으며, 그 결과 지역에 따라 범죄가 빈번한 범죄다발지역
(hot-spot)이 나타나고, 그 원인을 찾으면서 지역사회의 경제적 박탈, 무질서/비
시민성(incivility)과 같은 지역사회의 문제들을 개인의 일탈에 대한 기여요인으로
간주하기 시작한 것이다[11].

이웃 또는 지역사회가 점증적으로 범죄특성의 원인과 촉매재로써 관심의
초점이 되고 있다. 범인성의 근원과 범죄율 모두를 형성하고 영향을 미치는 무
언가가 분명히 있다는 것이다. 범죄가 지리적으로, 지역적으로 균등하게 분포되
지 않는 것이나 범죄다발지역이라는 개념만 보아도 전혀 근거 없는 추정만은 아
님이 분명하다. 이들 지역이 어쩌면 생태학적 조건으로 인하여 범죄행위의 온상
일 수도 있다는 것이다. 지역사회에 기초한 범죄원인론적 위험요소(criminogenic
risk factors)로는 빈곤의 집중, 좋지 못한 주거, 물리적 퇴락, 높은 인구 전출입,
약물의 존재, 실업자와 교육 수준이 낮은 젊은 남성의 집중, 강력한 사회제도와
사회적 융화 및 비공식 사회통제의 부재라고 한다. 이런 주장을 뒷받침하는 연
구가 바로 1930년대 미국 시카고대학 사회학 교수들이 주도한, 범죄와 비행은
이민과 그로 인한 심각한 인구이동 등으로 인한 사회 해체를 겪고 있는 도심에
가까울수록 심각해진다는 연구결과에 기초한 사회해체이론(social disorganization
theory)이 대변해 주고 있다[12].

이와 같은 관점에서 보면, 범죄는 지역사회 생활의 붕괴(breakdown of
community life)에서 초래되는 것으로 간주될 수 있으며, 이런 생각은 가난하고

---

10) D. S. Elliott, "Serious, violent offenders: Onset, developmental course, and termination,"
   Criminology, 1994, 32: 1-21
11) Lab(10th ed.), op cit., pp. 178-179
12) Schneider, op cit., p. 93

범죄다발지역사회와 거주 지역에 매우 적합한 아노미, 긴장, 차별적 접촉, 사회학습 이론들에서도 잘 반영되었다. 물리적으로 퇴락되고 사회적으로 해체된 지역사회에서 생활하는 어린이, 청소년들은 부모의 훈육과 감시가 부적절하거나 부재하거나 부족한 가정출신일 경향이 높고, 높은 충동성과 낮은 지능을 가지는 경향도 높다는 것이다. 다시 설명하자면, 불균형, 불평등한 발달, 사회해체, 긴장과 차별적 접촉이 가정, 학교, 종교, 경찰, 심지어 지역사회 자체가 너무 약하여 긍정적인 사회화에 영향을 미치지 못하고, 결과적으로 범죄와 비행을 양육하는 환경으로 이어지는 불리한 조건의 지역사회에 집중된다는 것이다[13].

4) 학교요인

청소년 범죄와 학교의 관계는 다양한 방식과 형태로 나타나고 있다. 범행 장소로서의 학교는 학교폭력으로, 범죄의 원인요소로서는 학업성적, 학교중퇴, 그리고 학업에 대한 열정과 학교, 학업, 그리고 교사에 대한 인식과 태도 등의 변인들이 청소년범죄의 원인으로 지적되고 있다. 특히, 교육 수준이 사회적 성공의 사다리를 올라가는 데 중요한 수단이요, 도구로 간주되는 사회일수록 학교에서의 실패는 곧 사회적 낙오로 이어지고, 이는 성공과 수단의 괴리에서 오는 긴장과 좌절로 인한 범죄와 비행에의 가담이라는 인과적 관계를 갖는다. 낮은 학업성적은 이뿐만 아니라 부모와의 갈등과 그로 인한 가출 등 유사한 처지의 또래집단과 교우관계를 갖게 되어, 차별적 접촉이라는 범죄학습을 거치게 된다는 것이다. 이처럼 학교와 범죄는 적어도 상당한 상관관계와 인과관계가 존재하는 것으로 보이지만, 한 가지 논란의 여지를 남기는 것은 바로 인과관계의 선후가 분명치 않다는 점이다. 즉, 지금까지는 대체로 학업성적이 나빠서 비행소년이 된다는 인과관계를 논하였지만, 어쩌면 비행소년이기 때문에 학교와 학업에 매진하지 못할 수도 있다는 것이다[14].

그러나 다른 한편에서는 지적, 인지적 능력이나 학생의 학업성취와 관련되

---

13) Farrington, D. P., "Childhood risk factors and risk-focused prevention," in M. Maguire, Morgan, R. and Reiner, r.(eds.), The Oxford Handbook of Criminology(4th ed.), Oxford: Oxford University Press, 2007, pp. 602-640

14) D. P. Farrington, "Early prediction of adolescent aggression and adult violence," Violence and Victims, 1989, 4: 79-100

기보다는 어린이와 청소년의 생애에 있어서 핵심적인 사회화 제도 또는 기관으로서의 학교와 관련짓고 있다. 실제로 비행을 사회 부적응의 증상으로 보고, 사회 부적응의 원인을 부적절한 사회화에서 찾는 관점에서 보면 학교가 아동의 사회화에 그처럼 중요한 역할을 하기 때문에 당연히 다른 한편으로는 반사회적 행위에도 기여할 수 있다는 것은 자연스러운 가정이다. 학교가 제대로 조직되고 운영되지 않으면 아동은 교육과 학업에 가치를 부여할 가능성이 낮아지고 반대로 그만큼 반사회적 행위의 기회와 비행을 조장하는 또래 영향을 경험할 위험성은 더 높아진다는 것이다. 더 구체적으로는, 학교와 관련된 세 가지 비행의 선도 조건 또는 전조로서 학교와 교실환경뿐만 아니라 개인 수준의 학교 관련 경험과 태도, 또래 영향, 그리고 개인적 가치, 태도, 신념이라고 주장한다[15].

5) 심리 및 인성요인

다수의 심리적 변수와 인성변수가 공격적 행동에 대한 위험요소로 간주되어 왔다. 일찍이 Piaget를 중심으로 한 학자들의 도덕성과 범죄의 관계, 즉 수형자들의 도덕 수준이 일반인의 평균적 도덕수준보다 낮았다는 사실에서 도덕 수준이 낮을수록 비행과 범죄에 관련될 확률이 더 높다고 주장하였으며, 과잉행동장애도 비행의 위험요소 중 하나로, 충동성도 높은 수준의 청소년 비행과 관련이 있으며, 학습장애, 낮은 지능지수 등이 일반적으로 청소년의 일탈에 대한 중요한 위험요소로 지적되어 왔다[16].

더불어, 제대로 발달하지 못한 인지적 기술, 학습장애도 위험요소로 지적되고 있는데, 이는 학업성취도가 낮을수록 학교에서 실패하고 결과적으로 사회적으로도 낙오자가 되어 비행과 범죄의 길로 들어설 유인요인으로 작용할 수 있다

---

15) Wasserman et al., op cit., 2003, p. 9; C. Ostroff, "The relationship between satisfaction, attitudes, and performance: An organizational level analysis," Journal of Applied Psychology, 1992, 77: 963－974; D. C. Gottfredson, Wilson, D. B., and skornan najaka, S., "School－based crime prevention," in Sherman, L. W., Farrington, D. P., Welsh, B. C. and MaccKenzie, D. I.(eds.), Evidence－Based Crime Prevention, New York: Routledge, 2002, pp. 56－164

16) R. Loeber, Green, S. M., Keenan, K., and Lahey, B. B., "Which boys will fare worse? Early predictors or onset of conduct disorder in a six－year longitudinal study," Journal of the American Academy of Child and Adolescent Psychiatry, 1995, 34: 499－509

는 것이다. 이와 관련된 것으로 아직도 논쟁이 끝나지 않았지만 낮은 지능도 학업성취도 및 학교실패와 관련되어 하나의 비행기여요소가 된다는 주장도 만만치 않다. 이와 무관하지 않은 것으로, 아동의 과잉행동장애나 집중력 결여(Attention Deficit, Hyperactivity Disorder: ADHD)도 비행의 위험요소로 지적되고 있으며, 일반긴장이론(general strain theory)과도 관련되지만 낮은 수준의 자기 – 통제(self – control)나 높은 수준의 충동성과 충동조절장애도 심각한 주제로 다루어지고 있으며, 이와 직결된 설명이자 새로운 위험요소로 문제해결능력의 부족이나 결여 그리고 사고능력과 기술의 부족도 지적되고 있으며, 끝으로 최근 가장 빈번히 들리는 범죄용어 중 하나인 사이코패스(psychopath)의 특성 중 하나로 지적되는 공감능력의 결여나 수준의 낮음도 빠뜨릴 수 없는 개인적 위험요소로서의 하나이다17).

6) 생물학적 위험요소

초기 범죄학에서부터 현대 범죄학에 이르기까지 꾸준하게 범죄의 원인을 유전을 비롯한 생물학적 원인에서 찾고자 하는 노력은 계속되고 있다. 범죄자가계 연구, 쌍생아와 입양아 연구, 골상학적 연구, 체형과 범죄와 같은 아주 고전적인 생물학적 범죄원인에서부터 현대는 심령과학, 사회생물학, 그리고 좀 더 멀리는 환경범죄학에서도 범죄의 근원을 생물학적 요인에서 찾고자 하였다. 물론 사회학적 연구에 비해 다소 초라하지만 그것은 아마도 현대 범죄학이 사회학적 접근이 지배해 온 까닭에서 가장 큰 이유를 찾을 수 있을 것 같다. 그럼에도 다양한 생물학적 위험요소가 범죄의 원인으로 고려되고 있다. 예를 들어 태아 및 분만기 합병증(prenatal and perinatal complications)이 가능한 생물학적으로 기초한 위험요소로 지적되고 있는데, 구체적으로 저체중 출산, 임신 합병증, 임신 중 약물복용, 영양실조 등이 이에 해당된다. 그리고 세로토닌과 같은 신경전달

---

17) Farringto et al., op cit., 2007, p. 611; R. Blackburn, The Psychology of Criminal Conduct, Wiley: Chichester, 1993, pp. 204 – 209; B. B. Lahey, McBurnett, K., and Loeber, R., "Are attention deficit/hyperactivity disorder and oppositional defiant disorder developmental precursors to conduct disorder?," in A. Sameroff, Lewis, M. and Miller, S. M.(eds.), Handbook of Developmental Psychopathology(2nd ed.), New York: Plenum Press, 2000, pp. 431 – 446

물질도 일탈행위에 관련될 수 있는 생물학적 위험요소로 알려지고 있고, 낮은 심장박동율도 비행과 관련이 있다고도 주장한다. 물론 이들 요소들이 비행과 범죄와 인과적 관련이 있다고 알려지고는 있으나 대부분은 그 영향이 미미하다는 지적을 받고 있다[18].

3. 장소와 시간의 예측

예측은 굳이 위험한 사람, 즉 범행의 우려와 확률이 높은 사람을 예측하는 것에만 국한될 필요가 없다. 2차적 범죄예방을 위한 예측이 어떤 사람이 비행소년이나 범죄자가 될지를 예측하는 데 국한되지 않기 때문이다. 2차적 예방을 위한 예측은 누가, 어떤 사람에 더하여 언제, 어디서, 어떤 범행과 피해자화(victimization)가 발생할까도 예측할 필요가 있기 때문이다. 오래전부터 범죄는 시간과 공간적으로 균등하게 분포되지 않는다는 점을 깨닫게 되었고, 이런 견지에서 범죄에 대한 시간적, 공간적 분석(temporal, spatial analysis)이 활발하게 이루어진 결과로 현재의 환경범죄학이나 CPTED나 상황적 범죄예방도 가능해 진 것이다. 더불어 이를 활용하여 경찰에서도 경찰자원을 지역과 시간에 따라 차등적으로 분배하여 소위 전략적 경찰활동(strategic policing)을 활용하여 위험한 사람뿐만 아니라 범죄다발지역과 시간을 중심으로 자원을 집중하게 된 것이다. 인공지능과 빅데이터로 대표되는 현재나 미래에는 더욱 더 활발하게 연구되고 현장에 활용될 것으로 기대된다.

1) 범죄다발지역(Hot-spot)

범죄활동에 취약한 시간과 장소를 파악하려는 경찰의 노력은 오래다. 상식적으로도 술집이나 클럽이 라운지나 식당보다 더 많은 폭력과 공격을 겪기 마련이고, 뿐만 아니라 폭행은 모두가 잠든 시간보다는 활동하는 시간, 그것도 유흥시간대에 더 많이 발생한다. 단순히 이 두 가지 아주 기초적인 요소만 알아도, 즉 언제, 어디서 어떤 범죄가 가장 많이 발생하는지만 알아도 경찰이 아까운 자

---

18) E. Kandel and Mednick, S. A., "Perinatal complications predict violent offending," Criminology, 1991, 29: 519−529; Lab(10th ed.), op cit., p. 180

원을 불필요한 시간과 장소에 까지 분배하지 않고 꼭 필요한 시간과 장소를 중심으로 집중할 수 있기 때문에 더 효과적이고 더 효율적이기 마련일 것이다. 당연히 경찰이 당면한 과제는 바로 이 시간과 공간별 집락(cluster)을 분석, 파악, 식별하여, 그 시간, 장소, 범죄유형, 사람 등에 가장 적절한 개입을 실행하는 데 그 정보를 활용하는 것이다. 그중에서도 아마도 가장 보편적인 것이 범죄다발지역일 것이다.

범죄다발지역, Hot-spot은 범죄의 발생이 빈번하여 최소한 1년 이상의 기간에 걸쳐 매우 예측 가능한 작은 장소라고 규정되고 있다[19]. 실제로 미국 미네소타에서 경찰도움을 요청하는 전화를 분석한 결과, 50%가 단 3곳의 지역에 집중된 것을 알게 되었으며, 모든 가정 폭동이나 난동 전화는 동일한 전체의 9% 지역에, 그리고 모든 폭행은 7%, 모든 강도는 11%, 모든 성범죄, 자동차 절도는 5% 지역에서 걸려온 것이었음을 알게 되었다. 유사한 분석으로 보스턴시에서도 10% 지역에서 전체 요청전화의 30%가 걸려 와 범죄의 유사한 공간적, 지리적 집중을 파악하였고, 더 최근에는 치명적 총기사고의 절반 이상이 타운의 약 5% 지역에 집중되었으며, 전체 범죄의 거의 50%가 5%의 구역에서 발생하였다는 것도 알게 되었다. 이런 사실적 통계들은 장기간 나타났으며, 이는 범죄가 공간적으로 모인다는 것을 보여주는 것이다[20].

범죄다발지역을 식별하려는 시도는 어떤 유형의 범죄와 어떤 지역이 부합하는지 가리키는데도 유용하다고 한다. 시카고에서 범죄지도화(crime mapping) 기법을 활용하여 분석한 결과, 범죄다발지역이 환승역과 주요 교차로에 에워싸여 있다는 것을 알게 되었다. 이들 장소는 잠재적 피해자들이 위치한 곳이고, 동시에 범법자들은 도주로를 선택할 수 있는 그런 곳이라고 할 수 있다. 필라델피

---

19) L. W. Sherman, "Hot spots of crime and criminal careers of place," in J. E. Eck and D. Weisburd(eds.), Crime and Place, Monsey, NY: Criminal Justice Press, 1995, p. 36

20) L. W. Shaerman, Carten, P. R. and Buerger, M. E., "Hot spots of predatory crime: Routine nactivities and rhe criminology of place," Criminology, 1989, 27: 27-56; A. A. Braga, Hureau, D. and Winship, C., "Losing faith? Police, balck churches, and the resurgence of youth violence in Bostyon," Ohio State Journal of Criminal law, 2008, 6: 141-172; D. Weisburd, Bushway, S., Lum, C., and Yang, S., "Trajectories of crime at places: A longitudinal study of street segments in the city of Seattle," Criminology, 2004, 42: 283-322

아에서의 자동차 절도를 분석한 결과는 범죄다발지역의 위치가 밤과 낮의 시간에 따라 변한다는 것을 알게 되었다. 예를 들어, 교육기관, 시설이나 관광명소는 낮 동안 자동차 절도의 다발지역일 수 있는 반면에 유흥가 주변은 밤 시간에 자동차 절도 다발지역으로 나타난 것이다. 분명한 것은 따라서 다발지역은 낮이나 밤이나 언제나 학교, 유흥가, 관광지 등 어느 곳이라도 될 수 있다는 것이다[21].

그런데 범죄다발지역을 규정할 때 고려해야 할 중요한 자격요건의 하나는 시간적 안정성, 즉 시간을 두고 안정적으로 범죄가 다발하는가의 여부라고 할 수 있다. 파악된 범죄의 집중이 일시적인 상황인지 아니면 범죄다발지역이 시간적 기간을 두고 지속되는 것인지 하는 것이다. 제한된 시간적 자료만을 가지고 파악된, 식별된 범죄다발지역에 의존하게 되면 범죄가 정상으로 돌아오면 사라질 이례적으로 집중된 범죄를 표적으로 하게 만들 것이라고 한다. 더구나 심지어 단기간에 걸친 범죄의 이동은 전통적 기법을 활용한 범죄다발지역의 파악과 식별의 가치를 제한하게 된다는 것이다. 이런 점을 고려하여 일부에서는 전망(예상) 지도화(prospective mapping)의 활용이나 최근 사건에 대한 지식을 기반으로 미래 범죄지역을 예측하는 지도의 창안을 제안한다[22].

특정한 지역이나 또는 시간에 범죄가 집중된다는 것을 안다는 것은 곧 이들 범죄가 집중되는 범죄다발지역을 표적으로 하는 것이 범죄예방의 효과적인 출발점이라는 것을 제시하는 것이다. 즉, 불필요한 시간과 장소에 불필요하게 자원을 낭비하지 않고 꼭 필요한 시간과 장소에 자원을 집중할 수 있게 해 주기 때문이다. 그렇다면 범죄다발지역을 정확하게 식별하고 파악하는 것이 중요한데

---

21) R. L. Block and Block, C. R., "Space, place, and crime : Hot spot areas and hot places of liquor—relatedcrime," in J. E. Eck and Weisburd, D.(eds.), Crime and Place, Monsey, NY: Criminal Justice Press, 1995; G. F. Rengert, "Auto theft in central Phi;adelphia," in R. Homel(ed.), Policing for prevention: Reducing Crime, Public Intoxication and Injury, Monsey, NY: Criminal Justice Press, 1997; Lab(10th ed.), op cit., p. 183에서 재인용

22) M. Townsley and Pease, K., "Hot spots and cold comfort: The importance of having a working thermometer," in N. Tille(ed.), Analysis for Crime Prevention, Monsey, NY: Criminal Justice Press, 2002; Lab(10th ed.), op cit., p. 183에서 재인용; S. D. Johnson, Lab, S. P., and Bowers, K. J., "Stable and fluid hot spots of crime: Differentiation and identification," Built Environment, 2008, 34: 32—45; S. D. Johnson and Bowers, K. J., "The burglary as a clue to the future: The beginning of prospective hot—spotting," The European Journal of Criminology, 2004, 1: 237—255

이를 위해서는 특정한 지역이나 위치나 장소를 범죄가 발생하기에 좋은 곳으로 만드는 요인, 요소는 무엇인지를 밝히기 위한 분석을 요하게 된다. 바로 여기서 범죄에 대한 시간적이고 공간적인 분석을 위주로 하는 다양한 범죄지도, 분석기법이 필요해지는 것이다.

2) 범죄다발시간(Hot-time)

범죄는 지역에 따라 불균등하게 분포될 뿐만 아니라 시간적 분포도 일정할 수가 없다. 당연히 범죄발생의 시간적 분포가 확인되면 경찰자원도 그에 따라 차등적으로 더 효율적으로 활용될 수 있고, 궁극적으로는 범죄예방에도 효율적이라고 할 수 있을 것이다. 범죄다발시간에 따라 시간대별로 경찰력이나 순찰을 차등적으로 다발시간에 집중하는 일종의 전략적 경찰활동이나 순찰이 가능해지는 것이다. 그럼에도 불구하고 위의 범죄다발지역에 초점을 맞춘 범죄의 공간적 분석(spatial analysis)은 상당한 관심과 진전이 있었음에 비추어 상대적으로 범죄유형의 시간적 분석(temporal analysis)은 다소 방기된 감이 없지 않다. 그럼에도 불구하고 여전히 이론적 관점에서도 이 하루의 시간(time of day)은 중요하다고 한다. 일상활동 이론(routine activity theory)이 대표적으로 범죄발생이 범법자, 표적, 그리고 보호라는 세 가지 요소의 시간과 공간의 융합의 결과라는 점이 범죄가 발생하기 위해서는 이 세 가지 요소가 시간과 공간적으로 통합될 때 발생할 확률이 가장 높다는 것을 알아야 한다는 것이다. 그래서 이 세 가지 요소의 하나를 수정하여 범죄가 일어나지 않도록 돌리는 적절한 예방적 대책을 설계할 수 있다는 것이다. 이런 시간적 분석은 물론 하루, 매월, 매주, 그리고 계절별로 등 다양한 단위로 분석될 수 있다[23].

3) 피해다발물품(Hot-products)

(1) 개념과 의의

범죄다발지역에 대한 흥미로운 대안의 하나로 등장한 것이 소위 말하는 '인기물품 또는 피해다발물품(Hot products)', 즉 가장 빈번하게 범죄의 표적과 대상

---

23) C. Brundson and Corcoran, J., "Using circular statistics to analyse time patterns in crime incidence," Computers, Environment and Urban Systems, 2006, 30(3): 300−319

이 되는 제품, 상품이라고 한다. 여기서 말하는 '피해다발물품'이란 절도범들의 관심과 매력을 끄는 그러한 물품, 제품이라고 할 수 있다. 절도범들이 주로 노리는 그래서 피해가 다발하는 그러한 물품이나 제품이나 상품을 안다는 것은 동시에 범죄다발지역의 존재와 분포도 설명해 줄 수 있다고도 한다. 여기서 말하는 '피해다발물품'은 '일상활동이론'에서 말하는 VIVA, 즉 가치(Value), 관성(Inertia), 가시성(Visibility), 접근성(Accessibility)의 개념에 부합된다고 할 수 있다. 다만 여기서 '가치'는 반드시 물품의 금전적 비용이라기보다는 잠재적 범법자에 의해서 결정되는 것이며, 현재는 가치가 있지만 미래에는 가치가 없을 수도 있는데 이는 범법자의 성장으로 더 이상 가치가 없어질 수도 있고, 사회에 품목이 포화상태가 되어 가치가 없어지거나, 맛이나 기회가 변해서, 또는 기타 여러 요인에 기인한 것이다. '관성'이라고 함은 물품이 가지는 무게와 이동성(portability)으로서 가볍고 그래서 이동하기 쉬운 반면에 가치가 있다면 최고의 표적이 될 것이다. 그런 표적상품이 만약에 잠재적 범법자의 눈에 잘 띄는 '가시성'도 높다면 금상 첨화일 것이고, 그러나 아무리 가치가 높고 가시적이고 가벼운 물품이라도 잠재적 범법자가 접근할 수 없다면 아무 소용이 없는 것이다. 결국, 어느 표적이 이들 범주를 충족시키는 정도에 따라 범행이 일어날 확률에 영향을 미치게 된다는 것이다[24].

일상활동이론에서는 VIVA에다 CRAVED, 즉 숨길 수 있는가(Concealable), 옮길 수 있는가(Removable), 구할 수 있는가(Available), 가치가 있는가(Valuable), 즐길 수 있는가(Enjoyable), 버릴 수 있는가(Disposable)라는 개념을 더하여 범죄 다발지역의 존재를 더 설명한다. 즉, 그들은 '피해다발물품(hot products)'의 영향에 대하여 알고 식별할 수 있으면 몇 가지 잠재적 범죄예방대책으로 이어질 수 있다는 것이다. 쉬운 예로 백화점의 고가상품에 대해서 전자 태그를 부착, 바코드, 위치송신기 등과 같은 물리적 설계 개념들이 이들 '피해다발물품'에 대한 유용한 예방 대책의 좋은 예라고 할 수 있다.[25]

---

24) M. Felson and Clarke, R. V., Opportunity Makes the Thief: Practical Theory for Crime Prevention, London: Home Office, 1998, p. 5

25) R. V. Clarke, Hot Products: Understanding, Anticipating, and reducing Demand for Stolen Goods, London: Home Office, 1999, pp. 22 - 26

(2) 범죄예방에의 적용

최근 크게는 환경설계에서 작게는 제품설계에 이르기까지 범죄에 대응하는 설계(Design Against Crime: DAC)라는 개념이 범죄예방의 하나로 등장하고 있다. 이는 바로 범죄피해를 쉽게 많이 당하는 소위 '피해다발물품(hot-products)'에 기초한 또는 활용한 범죄예방이라고 할 수 있다. 이러한 시도는 범죄발생 필요 충분조건으로서 '매력적인 표적(attractive target)'의 요소로써 가치가 있으면서 쉽게 움직일 수 있어서 절도에 매력적인 제품이기 때문이라는 가정에서 출발한다. DAC는 개별 제품을 범죄에 저항력이 있도록 만드는 것을 비롯한 다양한 '예방적 범위'의 역할을 할 수 있다고 한다. 이는 제품에 표식을 함으로써 장물로 처리하기 어렵게 하는 소위 'Operation ID' 등으로 인하여 사람들이 목표물의 특정한 제조사, 클래스, 모델의 제품을 훔치지 못하거나 않도록 하고, 또는 특정 제품에 대한 범죄가 위험, 노력, 보상이라는 측면에서 합리적이지 않기 때문에 범죄 자체를 전부 포기하도록 조장하는 것이다[26].

물론 범죄 저항력과 관련하여 좋은 설계이거나 나쁜 설계이거나 설계, 디자인이 범죄 위험성을 높이거나 낮추는 유일한 기여요소는 아니지만, 다른 사회적, 물리적 영향에 추가되거나 상호작용하는 관점이 강하여 대체로 소위 '설계 결정론(design determinism)'이라고는 할 수 없다. 앞에서도 언급했지만, 설계를 통한 범죄예방은 장소와 환경이라는 광의의 함의도 있으나 그 부분은 다른 별도의 장에서 다루어지고, 여기서는 주로 산업적으로 생산되고 대체로 이동이 용이한 물질적 제품을 중심으로 논의한다. 그렇다면 어떻게 제품설계가 범죄를 예방할 수 있을까.

일반적으로 범죄에 대항할 수 있는 제품을 담보하는 대체로 4가지 광의의 방식이 있다고 한다. 대부분의 경우, 그러한 보안은 범죄사건 전체적으로 다 차단하는 것이 아니라 범죄사건의 위험성을 다소간 줄이는 것이라고 할 수 있으며, 사건마다 이는 제품을 객관적으로 단단하게, 더 위험하게 또는 약탈할 보상이 더 적게 만들거나 범법자로 하여금 그렇게 인식하도록 함으로써 가능해질 수 있다고 한다. 구체적으로, 먼저 제품을 본질적으로 안전하게 설계하는 것으로 범법자

---

26) P. Ekblom, "Design against crime," pp. 203-244 in Tilley(ed.), op cit.

들에게 덜 독특하고, 덜 매력적이고, 덜 자극적이고 도발적이게, 범죄를 위한 자원(도구)으로서 악용하거나 공격에 더 저항적이게(resistant), 정당한 합법적 이용을 불러일으킬 가능성을 높게 하여 공격이나 악용하지 못하게, 또는 자신의 자산을 보호하는 범죄예방의 보조로서 더 유용하게 설계하라는 것이다. 두 번째는 보안제품에 대한 보조로서 자동차 절도 경보 등 절도 방지 보안, 그물 등으로 손상에 대한 보호 장치 설치, 신상 칩이나 복사방지 등 사기방지 등이 활용될 수 있다. 세 번째는 범법자의 자원을 제한하는 것으로, 제품이 표적일 때 특수 자물쇠 설치, 제품 위치나 장소 또는 제품의 취약성을 알기 어렵거나 모르게 하고, 제품 자체가 도구나 무기일 때는 한 번밖에 사용할 수 없도록 하여 악용으로부터 보호막을 치는 방법이다. 마지막으로, 네 번째는 다른 방법이 없거나 활용하기 어려울 때는 제품이 위치한 상황을 안전하게 보안하는 것이다[27].

4. 반복피해자화(Repeat victimization)

1) 개념과 정도

대부분의 사람들은 범죄피해를 전혀 경험하지 않지만, 불행하게도 일부 사람들은 범죄피해를 반복적으로 겪는 것으로 알려지고 있다. 마치 일부 소수의 중·누범자들이 다수의 중범죄를 범한다는 통계에 기초하여 이들을 선별하여 장기간 구금하여 그들의 범행능력을 무력화한다면 상당한 범죄를 예방할 수 있다고 주장하는 '선별적 무능력화(Selective incapacitation)'처럼 반복적으로 범죄피해를 당하는 사람들을 선별하여 이들이 더 이상 범죄피해를 당하지 않도록 한다면 그만큼 범죄피해를 방지해서 그만큼의 범죄도 예방될 수 있을 것이라는 설명이다.

반복피해자화(Repeat victimization)란 첫 번째 범죄피해자화 사건이 있고 난 후, 일정 기간 내에 적어도 두 번째로 범죄피해를 당하게 되는 사람이나 장소라고 할 수 있다. Farrell은 반복피해자화를 6가지 유형으로 나누고 있는데, 이들 유형은 앞에 기술한 범죄대체(crime replacement) 형태의 변형과 유사하다.

---

27) op cit., pp. 208-209

표-6 반복 피해자화의 유형28)

	범죄예방	형사사법제도
표적(Target)	동일한 표적에 대한 범죄	동일한 사람, 건물, 자동차 등
전술적(tactical) 사실상(virtual)	동일한 수법, 기술을 요하는 범죄 종종 동일한 유형 표적	동일한 자물쇠, 동일한 자동차, 특정 유형의 보안 웹사이트
시간적(Temporal)	연속범행(offending spree)	같은 날 밤 다른 재물에 대한 반 복적 절도
공간적(spatial) 근접(near)	근접성과 특성에 기인한 근접한 장소, 위치에서의 범죄	범죄다발지역
범죄유형	같은 표적에 대한 상이한 범법 자에 의한 피해자화	동일한 표적이 상이한 시간에 강도, 폭행, 절도를 당함
범법자	같은 표적이 다른 범법자에게 피해	다른 범법자에게 표적재물이 매 력적으로 보임 – 쉽거나 보상적 인 표적

사실 반복피해자화가 전혀 새로운 것도 그리 드문 일도 아니다. 반복피해자화 자료는 대부분 피해자조사(victim survey)를 통해서 나오는데, 알려진 바로는 1%도 안 되는 사람들이 모든 대인범죄의 52%와 모든 재산범죄의 25%의 피해자라고 한다. 그래서 이들 극소수의 반복피해자들을 '초 표적', 즉 'super-target'이라고 부르기도 한다. 보다 극단적으로는 대부분의 범죄는 동일한 피해자에 대한 반복 범죄라고까지 하는 이유이다. 아마도 이는 계획범죄자들이 범행을 결정하고 그 대상을 선택할 때 범행의 위험은 낮고 범행이 더 쉬운 반면에 범행결과 보상은 더 크고 검거확률은 더 낮은 표적을 대상으로 선택하는데, 이전에 성공했던 표적을 대상으로 또다시 선택하기 때문일 것이다. 이런 논리에서 본다면 범죄예방은 이들 반복피해자화를 해소함으로써도 상당한 효과를 거둘 수 있다고 말할 수 있을 것이고, 이런 견지에서 일부에서는 피해자 또는 생존자가 또 다시 반복해서 피해를 당하지 않도록 하기 위한 '피해자 지원을 통한 범죄예방(crime

---

28) G. Farrell, "Progress and prospects in the prevention of repeat victimization," pp. 143-170 in N. Tilley(ed.), Handbook of Crime Prevention and Community Safety, Portland, Oregon: Willan, 2005

prevention through victim support)'을 제안하기도 한다. 즉, 피해자나 생존자의 취약성(vulnerability)을 강화하고 동시에 그들의 회복탄력성(resilience)을 높이는 것이 한 가지 방법인 것이다29).

2) 원인의 이해

그렇다면 왜 소수의 사람들이 대부분의 범죄피해를 반복적으로 당하는지 반복피해자화에 대한 설명은 대체로 위험 이질성(risk heterogeneity)과 상태 의존성(state dependence)이라는 두 갈래로 나뉘어 이루어지고 있다. 먼저 한편에서는 '포석깔기 또는 국기게양(Flag explanation)'이라고도 하는 '위험 이질성'은 글자 그대로 사람마다 범죄위험성이 이질적이라는 것에서 그 이유를 찾는 것인데, 과거 범죄피해나 다른 요소가 더 이상의 피해자화에 대한 적절한 표적으로서 표적의 위치나 장소 또는 피해자를 식별, 파악, 확인해 준다는 것이다. 그렇게 하여 이어지는 결과적 피해자화는 표적의 분명하고 확실하게 눈에 띄는 취약성이나 기타 다른 특징들로 인하여 그 표적에 매력을 가진 다른 범법자들에 의하여 범해질 수 있는 것이다. 위험 이질성으로 인한 반복피해자화는 피해자화의 장소가 위험에 노출되고 취약하다는 의미로서 폭력이 빈발하는 유흥가 주변을 예로 들 수 있으며, 사람의 이질적 위험성은 위험성이 사람에 따라 다르다는 것으로 예를 들어 지적장애인에 대한 반복적 범행을 들 수 있을 것이다. 두 번째 '상태 의존성'은 '사건 의존성(event dependency)' 또는 '부양 설명(boost explanation)'이라고도 하는데, 이는 보통 동일한 범법자가 피해자나 장소에 대한 과거 경험을 토대로 또다시 범행을 하는 상황이라고 할 수 있다. 성공적인 과거의 경험이 동일한 표적에 대한 또 다른 시도로 이끈다는 것이다. 이는 범법자들 사이에서 공유되는 정보의 결과로 새로운 범법자가 일종의 후속범행(follow-up offense)을 하는 상황에서도 가능하다고 한다. 이 경우, 과거 경험에 기초한 표적에 대한 구체적인 정보가 이어지는 행동의 핵심이라고 할 수 있다. 물론 이 두 가지 설명이 가능하기 위해서는 이질적 위험성이나 사건 의존성 모두 합리적 선택이론이

---

29) N. Polvi, Looman, T., Humphries, C. and Pease, K., "Repeat break and enter victimization: Time copurse and crime prevention opportunity," Journal of Police Science and Administration, 1990, 17: 8-11

주창하는 잠재적 범법자들이 합리적이고, 일상활동이론이 주창하는 바대로 그들의 경험이 다른 표적과 다른 범행이라는 다른 행동과정과는 다르게 기대되는 위험, 노력, 보상에 대한 정보를 제공한다는 가정이 전제되어야 하는데, 실제 연구결과로 이런 가정이 입증되기도 하였다고 한다[30].

3) 반복 피해자화와 범죄예방

과거 범죄피해를 겪은 피해자나 생존자는 물론이고 범죄피해 발생 장소나 특정한 위치를 표적으로 삼는 다는 것은 범죄예방을 위한 훌륭한 정보가 되는 것은 당연한 일이다. 특히 반복 피해자화를 표적으로 하는 것은 범죄가 또다시 후속적으로 발생할 확률이 상대적으로 더 높은 사람과 지역을 표적으로 하여 그 영향을 미칠 가능성이 가장 높은 곳과 사람들에게 경찰의 인력과 자원을 활용할 수 있게 해 준다. 이는 또한 범죄다발지역과 피해다발물품(hot products)을 표적으로 한다는 것을 의미하기도 하며, 반복 피해자화에 초점을 맞춘다는 것은 또한 범죄발생 빈도가 높은 지역에서 범죄예방을 실행하는 것을 의미하여 따라서 특정한 표적은 물론이고 잠재적 주변 표적에 까지도 영향을 미칠 수 있다는 것이다. 과거 범행을 분석하는 것은 주거침입절도를 예로 든다면 침입방법, 범행시간, 표적재물 등에 관한 정보는 예방적 활동을 위한 기초가 되는 것이다. 이에 더하여 반복 피해자화에 대한 연구는 범법자의 의사결정 과정에 대하여도 통찰해 볼 수 있는 기회와 정보를 제공하기 때문에도 범죄예방에 유용하다는 것이다. 실제로 이런 주장이나 가정들이 연구결과로 입증되고 있다고 한다[31].

4) 쟁점과 정책적 함의

반복 피해자화에 대한 연구와 그 결과적 범죄예방에의 활용과 그 효과성이 연구결과로 입증되고 있지만 주의를 요하는 몇 가지 쟁점도 존재한다. 우선, 가

---

30) K. J. Bowers and Johnson, S. D., "Using publicity for preventive purpose," pp. 329 – 354 in Tilley(ed.), op cit. 2005; G. Farrell, Phillips, C., Pease, K., "Like taking candy: Why does repeat victimization occur?," British Journal of Criminology, 1995, 33: 384 – 399

31) J. H. Ratcliffe and McCullagh, M., "Burglary, victimization and social deprivation," Crime Prevention and Community Safety; An International Journal, 1999, 1: 37 – 46; Lab(10th ed.), op cit., p. 188

장 큰 쟁점은 물론 상당수의 반복 피해자화가 있는 것은 사실이지만, 그렇다고 모든 범죄행위가 다 동일한 장소나 개인에 대한 또 다른 범죄만은 아니라는 것으로, 이는 결국 정책적 함의의 한계 또는 일반화의 한계를 보여주는 것이라고 할 수 있다. 어떤 행동이 후속행위 전에 반복피해자화를 초래할 것인지 식별하는 것은 매우 어려운 일이다. 기존 연구의 대부분은 반복 피해자화의 정도에 대한 사후분석(after-the-fact analysis)이어서 과거 피해자를 표적으로 하는 예방활동은 상당한 불필요한 노력을 초래할 수도 있다는 것이다. 반면에 다수가 처음부터 결코 범죄피해자가 되지 않을 일반 대중을 목표로 하는 개입보다는 특정한 표적을 대상으로 하는 예방이 더 효과적이라는 주장도 만만치 않다. 두 번째 쟁점은 '사실상 반복(virtual repeat)'으로서 일종의 유사한 사람, 장소, 물품에 대한 추후 피해자화(follow-up victimization)이다. 이는 엄격하게 규정한다면 반복 피해자화가 아니며, 이런 이유에서 일부에서는 '근접 반복(near repeat)'이라고도 한다. 즉, 유사하여 반복 피해자화에 근접하지만 정확하게 반복 피해자화는 아니라는 뜻이다. 그 밖에 반복 피해자자화라고 하려면 몇 번의 피해자화를 요하는 것이며, 여기에다 미수도 반복 피해로 간주해야 하는지, 그리고 유사하지만 동일하지는 않은 범행도 반복 피해자화의 신호로 간주해야 하는지 등에 대한 분명하고 확실한 결론을 내리지 못하고 있는 실정이다[32].

제2절 학교와 범죄예방

1. 반사회적 행위의 기여요소로서의 학교

전통적으로 학교와 비행의 관계는 비행원인이나 비행예방을 포함한 비행에 관한 연구 전반에서 핵심요소로 다루어지고 있다. 학업에 대한 열정과 열망이 낮을수록, 학업성적과 성취도 및 성공경험이 낮을수록, 그리고 학교 무단결석이

---

32) D. Johnson and Bowers, K. J., "Domestic burglary repeats and space-time clusters: The dimensions of risk," European Journal of Criminology, 2002, 2: 67-92; Johnson and Bowers, "The burglary as a clue to the future: The beginning of prospective hot-spotting," European Journal of Criminology, 2004, 1: 237-255

나 비행교우 등이 비행의 요인이나 기여요소 또는 적어도 상관관계가 있는 것으로 주창되어 왔다. 그럼에도 불구하고 학교와 비행 사이의 관계를 이해하는 것이 늘 쉬운 것은 아니다. 대부분의 경우가 두 변수 사이의 상관성을 기술하는 데 그치지 결코 인과관계나 인과성을 검증하는 것은 아니며, 두 변수 사이의 관계마저도 대체로 간접적이기 때문이다. 비행교우가 비행의 원인이라고 하지만 오히려 비행소년이기 때문에 비슷한 상황의 친구들끼리 교우하게 되어 비행이 비행교우관계의 원인이 될 수도 있기 때문이다. 낮은 학업성적도 성취도가 비행의 원인이라고 하지만 비행으로 인하여 학업에 열중하지 못할 수도 있는 것이다. 더구나 학업성적 자체가 원인이라고도 하지만 어쩌면 낮은 학업성적이 다른 많은 사회적 기회를 제한하는 등의 이유로 비행에 가담하게 되는 간접적인 영향에 지나지 않을 수도 있는 것이다. 그래도 지금까지의 연구결과를 종합하자면, 일부 학생들, 예를 들어 학교에 실패한 학생 등 일부 학생들은 일부 받아들여질 수 없는 행위와 같은 대안적 행위를 통하여 자신의 지위와 인정을 얻고자 하며, 이들 학교에서의 일탈이나 탈선이나 문제행위가 그들을 더욱 소외시키고 학교의 주류로부터 배제되어 자신의 문제를 더욱 행동으로 표출하게 한다는 것이다.

학교는 가정과 함께 청소년 비행연구에 있어서 가장 많은 관심의 대상이 되어왔다. 흔히들 청소년 비행이 부적절한 사회화(Inappropriate socialization)로 인한 사회 부적응의 증상(symptom of social maladjustment)으로 보고 있다는 점에서 더욱 그렇다. 이는 가정이 1차 사회화기관(primary socialization agent)이고 학교가 2차 사회화기관이기 때문이다. 학교와 청소년 비행의 관계는 학업에 대한 열정이나 전념이 강하고 높을수록 비행의 위험이 낮으며, 학업성적이 좋을수록 비행에 가담할 가능성이 낮고, 학교에서의 문제행동이 비행으로 이어질 확률이 높다는 등의 관계로 주장되어 왔다. 물론 이러한 관계가 비록 상관관계가 결정적이라고 하기도 쉽지는 않지만 설사 의미 있는 관계가 있을지라도 단지 상관관계에 지나지 않으며 결코 인과관계를 입증하는 것은 아니라는 주장도 강하다. 일부에서는 학업성적이 나빠서 비행소년이 될 수도 있지만 오히려 비행소년이기 때문에 학업성적이 나빠질 수도 있다고 한다.

1) 이론적 관점

학교와 청소년 비행의 관계를 주창하는 이론적 배경은 매우 다양하다. 지능과 범죄를 필두로, 다수의 비행하위문화이론을 비롯한 긴장이론까지도 관련될 수 있다. 이들은 대체로 청소년들이 학교에서 차단된 성취(blocked attainment)와 아마도 그로 인한 실패감(feelings of failure)을 일탈행위의 하나의 근원으로 지적하고 있다. 학교를 비롯한 합법적인 노력이나 시도에서 성공의 기회가 없거나 제한된 학생들이 성공과 지지의 근원, 원천으로서 일탈적 방도에 호소하게 된다는 것이다. 긴장이론에서 합법적 목표와 수단이나 기회의 괴리에서 긴장을 갖게 되면 그중 일부가 불법적 기회나 수단에 호소해서라도 목표를 성취하고자 하여 범죄나 일탈을 하게 된다는 것과 같은 맥락이다. 아직은 성인세계로 진입하지 못한 청소년들에게는 학교가 가장 중요한 사회화기관이고 교우가 가장 중요한 타자(significant others)이며 학교에서 가장 많은 시간을 보내기에 학교가 성공과 실패를 가늠하는 무대가 된다. 학교에서 성공하지 못하거나 실패한 청소년은 교우나 교사로부터 나아가 사회로부터도 실패자로 낙인이 찍히고, 이들 성공이 결여된 청소년들은 비슷한 처지의 다른 학생들을 찾아 나서게 되고 어울리게 된다. 이들은 성공과 지위를 다시 얻기 위한 시도로서 일탈과 문제행동에 의탁할 수도 있다는 것이다[33].

학교와 비행을 연계시키는 실제 인과과정은 위에서도 언급한 것처럼 다양한 형태를 취한다. 사회유대이론에 의하면 학습능력의 약화나 감퇴는 좋지 않은 학업성취를 초래할 것이고, 학교에서의 실패는 학교와 학업을 싫어하게 하고, 사회적으로 승인된 친사회적 행위에 대한 관심의 결여와 결과적인 비행행위로의 진입을 조장하게 된다는 것이다. 학생으로서의 무능력은 보다 성공적인 학생과 학생활동으로부터 배제되는 결과를 초래하는 실패한 성공의 기대감과 열망으로 이어진다는 것이다. 이런 배제와 차단은 어쩔 수 없이 청소년의 자아상(self-image)과 가치에 대한 느낌을 낮추게 되고, 이는 다시 긍정적인 자아상을 건져내기 위한 수단으로서 다른 비슷한 처지의 주변부 청소년이나 일탈행위와

---

[33] 이들 이론적 배경에 대한 보다 구체적인 논의나 설명은 Cohen, Cloward and Ohlin, Merton, 그리고 Hirschi의 이론을 참고하기 바람.

의 접촉을 초래하게 된다는 것이다. 이들 일부 청소년의 일탈의 선택을 학교에서 경험된 부정적 환류(feedback)에 대하여 균형을 다시 잡기 위하여 작동하는 소위 자아방어(ego defense)라고 설명한다[34].

2) 교육적 요소와 비행

(1) 지능지수(IQ)와 비행

일탈행위의 병리에 있어서 지능의 역할은 수년 동안 논쟁의 대상이었지만, 다양한 연구가 낮은 지능지수(IQ)가 공식통계는 물론이고 심지어 자기보고식 설문조사 결과에서도 높은 수준의 비행과 긍정적으로 관계된다고 주장하였다. 그러나 이들 대부분 연구에서도 대답하지 않았거나 대답하지 못한 주요의문은 IQ가 직접적인 인과요인인지 아니면 단순히 다른 요인이 개입할 토대를 마련해 주는 것인지 여부이다. 일부에서는 IQ가 직접적인 인과요인이 아니며, 대신에 낮은 IQ가 그로 인한 결과로 비행행위의 습득을 용이하게 하는 다수의 다른 요인들로 이끈다고 주장한다. 이들이 주장하는 소위 매개요인 중에는 학교에서의 성취도, 학업성적, 학교에 대한 태도 등이 있다. 이들 요인들을 학교-비행 관계에 통제변수로 도입하면 비행-학교 관계가 사라지는 경향이 있는데, 이는 IQ의 영향은 오로지 IQ가 다른 학교 변수에 영향을 미칠 때만 나타난다고 할 수 있다[35].

(2) 학교생활과 관행

학교에서의 성취가 학교와 비행의 관계에서 핵심요소로 등장한다. 학교에서 성공하지 못하고 실패하게 되면 좌절, 학교와 제도로부터의 철회나 중단, 그리고 일탈행위에 대한 잠재성의 증대로 이어지게 된다는 것이다. 다양한 학교생활과 관행이 학교에서의 성공과 학교에 대한 애착과 유대에 반하여 작동하고, 이어서 비행으로 이어질 수 있다는 것이다. 이런 학교관행으로는 우열반 편성, 잘못되거나 부적절하거나 부족한 가르침과 평가방법 등이 있다.

---

34) M. Gold, "Scholastic experiences, self-esteem, and delinquent behavior; A theory of alternative school," Crime and delinquency, 1978, 24: 290-308

35) T. Hirschi and Hindelang, M., "Intelligence and delinquency: A revisionist review," American Sociological review, 1977, 42: 5712-587

열반이나 취업반에 편성된 학생들이 당연히 학업성적도 낮았고, 이에 더하여 학교활동에 참여율이 낮았으며 반대로 학교를 중퇴하고 비행을 하고 일탈행위를 저지를 확률은 더 높았다는 것이다. 이유는 아마도 낮은 학업성적이 동료 학생과 교사로부터 그들이 성공하지 못할 것이며, 주류교육제도에 속하지 않으며, 우수반이나 진학반 아이들만큼 중요하지 않다는 기대치를 갖게 하기 때문이라고 한다. 이와 관련하여 열반이나 취업반에는 종종 상대적으로 자질이 우수하지 않은 교사가 배당될 수도 있어서 학생들이 실패와 자기-존중감이 결여를 갖게 하고, 학교와 교육제도에 대하여 불만족하고 씁쓸한 태도를 갖게 한다는 것이다. 그리고 부적절한 평가방식도 어쩔 수 없이 실패감에 빠지게 한다. 특히 성적위주의 오늘날의 학교와 평가제도에서 평가가 좋지 않은 학생들에게는 학교에서의 학업과 학교활동과 생활에서 낙오자가 되게 하여, 결국에는 사회적으로도 낙오하기 쉬워진다는 것이다.

3) 학교에서의 비행예방

(1) 집단 따돌림, 괴롭힘과 비행예방

집단 따돌림이나 집단 괴롭힘(Bullying)의 예방은 청소년들에 의한 폭력을 공격하는 데 모범적인 프로그램의 하나로 파악되고 있다. 집단 따돌림 혹은 집단 괴롭힘 행위는 시간을 두고 반복되고, 의도적으로 피해자에게 손상을 가하려는 물리적, 언어적 공격 모두를 포함하고 있다. 실제 학교 현장에서도 전체 학생 중 최소한 15% 정도가 집단 따돌림이나 괴롭힘의 피해자이거나 가해자였다는 연구보고가 나오는 실정이다. 이런 점을 고려하여 노르웨이에서 개발된 한 모범적인 프로그램은 전체 학교를 목표로 하여, 교사, 학생, 학부모의 적극적, 능동적 참여를 강조하여, 이들 참여자 모두에게 집단 괴롭힘의 문제에 대한 인식을 증대시키고, 행동과 범법에 대한 대응을 규제하는 규율과 규정을 만들고, 집단 괴롭힘에 대한 논의를 교과과정으로 통합하는 방법에 대하여 관계자들을 훈련하며, 학부모와 교사의 만남, 그리고 가해자와 피해자의 만남도 요구하고 있다. 여기에 더하여 프로그램에서는 가해 학생의 가족과도 학교 밖에서의 문제를 다루기 위한 노력도 요구하고 있다. 이런 프로그램의 성과는 집단 괴롭힘, 교실에서의 혼란, 그리고 일반 비행의 감소가 있었다고 보고되고 있다. 이를 바탕으로

한 다른 실험에서는 프로그램의 효과를 더 높이기 위하여 집단 괴롭힘 행위가 뿌리 깊이 몸에 배기 전에 조기에 개입할 것을 제안하였다. 이들 연구와 실험을 종합하면, 반집단 괴롭힘 프로그램(Anti-bullying program)은 학생들의 최초 공격성과 이어지는 범행과 반사회적 행위 둘 다를 예방하는 수단으로서 바람직한 것이라고 할 수 있다. 특히, 학교에서의 실패가 이어지는 범죄와 반사회적 행위의 중요한 요인으로 작용하고, 집단 괴롭힘의 피해 학생이 종종 가해자로 전이되는 경우를 감안한다면 더욱 바람직한 개입이라고 할 수 있을 것이다[36].

(2) 대안학교(Alternative School)

위의 집단 괴롭힘 예방 프로그램이 대체로 전체 학교와 모든 학생들은 물론이고 학부모와 교사까지 모두를 대상으로 하는 반면에, 대안학교는 일부 특정한 학생들을 표적으로 하여, 이들 특정 학생들을 학교로부터 이동시키거나 학교 내에 독립된 학급을 편성하거나 프로그램을 마련하려는 것이다. 이들 프로그램은 학교에서의 실패나 문제로 인한 낙인 또는 소외와 낙오가 비행과 범죄의 요인으로 지적되고 있어서 이들 특정 학생들의 부정적 경험을 떨쳐버리게 하려는 시도이다. 전통적으로 대안학교는 전통학교에서의 실패를 떨치고 대안학교에서 성공을 경험할 수 있도록 해 주자는 것이다. 대안학교의 저변에 깔린 생각은 포근하고 수용적인 분위기에서 성공의 느낌을 증대시키는 긍정적 학습 분위기를 제공하자는 것이다. 그래서 대안학교는 개별 학생의 필요를 인식하고, 일대일 교습, 비구조화된 학점평가, 학생의 흥미에 맞추어진 교습, 학생과 교사의 밀접한 관계, 학습과정에의 학생 참여, 개별적 진전에 기초한 성취 등과 같은 개입을 통한 개별 학생의 필요의 충족이라는 과정을 포함하고 있다.

(3) 학교/교육 관점에서의 범죄예방의 미래

학교가 청소년의 성장과 발달에 있어서 핵심적 위치에 있음은 주지의 사실이다. 비행이 사회 부적응의 증상이고, 사회 부적응은 부적절한 사회화의 산물

---

36) D. Olweus, "Bullying at school: Basic facts and effects of a school-bsed intervention program," Journal of Child Psychology and Psychiatry and Allied Disciplines, 1994, 35: 1171-1190; D. Owleus, "Bullying or peer abuse at school: Facts and intervention," Current Directions in Psychological Science, 1995, 4: 196-200; Lab(10th ed.), op cit., pp. 305-306

이라고들 하는데, 학교가 2차 사회화기관으로서 그만큼 중요성을 가지는 것은 당연한 일이다. 특히 청소년기에 있어서 가장 중요한 사람(significant others)이 친구이고, 또 청소년들이 가장 많은 시간을 보내는 곳 또한 학교이기에 청소년들에게 있어서 학교가 차지하는 위치와 비중은 대단한 것이다. 당연히 학교는 청소년의 사회화에 대해 점점 더 많은 책임을 떠맡아야 한다. 그럼에도 불구하고 학교가 학교 안과 밖에서 벌어지는 청소년들의 비행에 적절히 대응하지 못한 것으로 평가되고 있다. 물론 이런 비판에 대해서 학교가 그러한 사회적 기대와 책임을 다할 수 있는 적절한 위치, 권한, 역할이 주어지지도 않았으며 충분한 자원도 제공되지 않았다고 반박한다. 특히 입시성적만 강조되는 경쟁적 학교에서 모든 학생들이 성공을 경험할 수 없으며, 학과 외 필요한 교육활동 또한 할 수 없는 현실에서 청소년 비행의 책임을 다하라는 것은 억지에 불과하다는 것이다. 이에 더하여 어쩌면 가장 위험한 청소년은 이미 학교를 떠난 학교 밖 청소년들이며, 이들은 학교교육의 대상조차도 되지 못하는 것이다. 결국, 학교에서의 범죄와 비행 예방을 위해서는 학교가 제 역할을 할 수 있는 지위와 권한과 자원이 전제되어야 하는 것이다.

제3절 특수범죄의 예방

1. 마약

약물사용이나 남용과 범죄와의 관계는 우리 사회의 지속적이고 일관된 관심사였다. 관심사뿐만 아니라 실제로는 심각한 사회문제의 하나가 되어 다수 국가에서 약물, 특히 마약과의 전쟁(War on drugs)을 벌이기까지 하고 있다. 마약 자체만으로도 심각한 사회문제가 되고 있지만 문제의 심각성은 거기에 그치지 않고 범죄문제로까지 이어진다는 사실이다. 실제로 미국의 경우 형사사법기관의 영향 하에 있는 범죄자들 중 50~60% 정도가 자신의 범행 전후 또는 중에 알코올과 약물의 영향하에 있었다는 것이다. 마약과 범죄가 이처럼 중대한 연결고리가 있다는 것은 소위 마약-범죄 연계(Drug-crime connection)라고 하여, 마약을 제조, 소지, 판매, 이용하는 등 마약 그 자체가 범죄라는 직접적 관계를 필두로, 공급차단으로 인한 수요와 공급의 불일치로 초래된 마약가격의 폭등으로 마약중독을 유지하기 위하여 필요한 약물구입비용 마련을 위한 범죄에의 가담, 마약거래 등으로 생기는 막대한 이익으로 인한 조직범죄의 개입과 그로 인한 범죄들, 마약에 취하여 충동이나 격정 또는 이들의 조절과 통제 장애, 즉 약물의 영향으로 인한 범죄의 가담이 그것이다.

이런 마약과 범죄의 관계를 중심으로 보면, 마약문제는 1차적 예방과 2차적 예방 모두에 연결되지만 약물범죄의 정의와 범주에 따라서는 1차예방보다 2차예방이 중심일 수도 있으며, 2차예방보다 1차예방이 더 강조되어야 하는 경우도 있을 수 있다. 그러나 아직은 마약과 관련한 범죄예방으로서는 2차예방의 범주에서 다루어지는 경향이 강하다. 이유는 대부분의 사람들에게 있어서 약물사용 그 자체는 별 문제도, 관심도 안 되기 때문이다. 그야말로 마약은 소위 '피해자 없는 범죄(Victimless crime)'로서 가해자가 동시에 피해자이기 때문이다. 그러나 위에서 잠깐 언급한 것처럼 사회적 관심은 약물사용과 관련된 쟁점과 문제로부터 초래된다. 약물사용의 직접적인 결과로 행해진 범죄는 사회적 관심과 우려의 한 가지 원인이고, 마약구매를 위한 비용을 마련하기 위한 범행이 형사정책적으로 더 문제가 될 수 있을 것이다.

실무적으로 다양한 분야에서 다양한 방식으로 약물사용이 재범의 예측을 비롯하여 우리 사회의 잠재적 문제를 예측하고 파악하는 하나의 수단으로 활용되고 있다. 그래서 약물사용에 관련되고 가담된 사람을 표적으로 함으로써 약물사용으로부터 초래, 야기되는 범죄를 비롯한 사회문제를 완화하는 데 도움이 될 것임은 분명하다. 다수의 프로그램처럼, 그러나 약물문제와 관련된 프로그램이 전부가 다 2차적 예방의 범주에 해당되는 것은 아니며, 현재 사용자들에 대한 개입노력은 오히려 3차예방에 해당된다고 할 수 있으며, 최초 약물사용을 예방할 목적의 다른 방법들은 1차적 예방으로 간주할 수 있다. 이러한 다양한 예방 범주에서도 약물을 다루는 실질적 관심은 아마도 관련된 범죄에 대한 것이어서 2차적 예방의 측면에서 가장 적절하게 다루어질 수 있다고 할 수 있을 것이다.

1) 마약-범죄의 관련성(Drug-Crime Connection)

약물복용과 범죄의 관련성은 다양하다. 관련 자료에 대한 단순한 검토만으로도 약물과 범죄 사이의 강력한 상관관계를 볼 수 있는데, 그것은 곧 범법자의 다수가 약물검사에서 양성반응을 보이고 있는 그러한 상황이 약물과 범죄 사이의 인과관계를 주장하는 강력한 기초를 제공하는 것이라고 할 수 있다. 물론 방법론상으로 그러나 이 단순한 상관관계가 두 변수 사이에 상관관계가 있다는 것이지 분명한 인과관계의 증거를 담보할 정도로 충분한 것은 아니다. 그럼에도 약물과 범죄 사이의 관련성은 형사사법의 중요 과제로 등장하고 있으며, 결과적으로 지금까지 다양한 형태의 관련성이 주창되고 있다.

먼저, 가능한 4가지 모형의 관계가 제시되고 있는데, 그 첫 번째가 약물복용이 범죄활동을 야기한다는 것이고, 두 번째가 범죄활동이 약물복용을 초래, 야기한다는 것이며, 세 번째가 약물복용과 범죄활동 서로가 서로를 야기한다는 것이며, 마지막 네 번째가 둘 사이의 관계가 약물복용과 범죄를 야기하는 다른 요소들의 영향을 받는 거짓된 관계라는 것이다. 첫 번째 약물복용이 범죄를 야기한다는 가설은 약물복용이 복용자의 다른 범행을 야기한다는 것을 보여주고자 하는 것이다. 이 가설은 범죄가 정신약리학적 반응, 경제적 필요 또는 약물거래에의 단순한 참여의 결과일 수 있다는 것이다. 정신약리학적 반응의 결과란 약물에 취한 결과로 범행하게 되는 경우이며, 경제적 필요는 약물의존이나 중독을 유지하기 위하여 값비싼 약물구입에 필요한 자금 마련을 위한 범행, 예를 들어 절도나 강도 등을 한다는 것이고, 약물거래에의 단순한 가담은 약물 소지, 제조, 재배, 판매 모두가 다 범죄이기 때문이다[37].

특히, 정신약리학적 영향으로 인한 범행은 약물은 그 복용자에게 신체적, 심리적으로 직접적인 영향을 미치는데, 그 영향이 복용자를 우리 사회가 받아들일 수 없는 방식으로 행동하도록 만든다는 것이다. 즉, 그 사람의 의도는 범죄를 범하는 것이 아닐 수도 있는데, 약물이 범행일 수도 아닐 수도 있는 행동을 결정하게 되어서라는 것이다. 그리고 경제적 필요성으로 인한 범죄와 약물의 관련성은 약물공급의 차단을 기반으로 하는 강력한 마약과의 전쟁으로 인한 수요와 공급의 불일치로 초래된 마약가격의 상승으로 약물중독을 지속하기 위한 약물구매에 필요한 자금 마련을 위하여 강도나 절도 등 재산범죄를 하게 된다는 설명이다. 또한 이와 관련된 것으로, 마약가격의 상승은 큰 경제적 이득을 가져다

---

37) Lab(10th ed.), op cit., p. 269

줄 수 있기 때문에 이를 노린 조직범죄가 가담하게 되는 제도적, 체계적 폭력을 야기할 수 있다는 것이다. 그러나 이와 같은 마약－범죄 관계모형들에 대해서 우선 정신약리학적 관련성은 증명하기 가장 어려운 가정이지만, 다수의 약물은 진정제와 같이 실제로 물리적 행동과 폭력성향을 줄이며, 특수한 선천적 기질이나 사회적/문화적 여건이나 상황과 상호작용에서만 일어난다고 비판받고 있다. 그리고 경제적 설명이나 제도적 설명모형은 마약－범죄 관계에 있어서 시간적 순서에 대한 특별한 관심을 요한다고 하는데, 이는 약물이 선행 원인이고 범죄가 후행 결과인지, 아니면 반대로 범죄가 선행변수이고 약물이 결과변수인지가 확실하지 않다는 것이다[38].

(1) 범죄원인으로서 약물사용

약물복용이 범죄를 야기한다는 주장을 지지하는 연구는 전형적으로 약물중독자나 약물복용 빈도나 비율이 높은 사람에 대한 연구에 의존한다. 헤로인 중독자들에 대한 연구에서 그들의 범죄율이 약물을 적극적으로 복용할 때 4배에서 6배 정도 더 높았다고 하며, 매일 헤로인이나 코카인을 복용하는 사람이 일주일에 한 번 복용하거나 또는 복용하지 않는 사람보다 월등하게 높은 비율로 재산범행을 저지르는 경향이 발견되었다고 한다. 약물복용, 특히 값비싼 약물이나 약물습관이 약물복용 패턴을 유지하기 위하여 '수익창출범죄(income generating crimes)'의 범행을 필요하게 한다는 것이다. 특히, 첫 약물복용을 시작할 때와 매일 복용할 때 범죄가 증가하였으나 매일 복용하던 마지막 시기에는 범죄가 감소하였다고 한다. 이런 연구결과를 토대로, 약물목용의 변화가 다른 비행활동 수준의 변화를 선행한다고 주장하는 것이다[39].

---

38) M. D. Anglin and Speckart, G., "Narcartics use and crime: A multisample, multimethod analysis," Criminology, 1988, 26: 197－233; J. J. Collins, Hubbard, R. L., Rachal, J. V., "Expensive drug use and illegal income: A test of explanatory hypotheses," Criminology, 1985, 23: 743－764; L. Harrison and Gfroerer, J., "The intertsection of drug use and criminal behavior: Results from the national household survey on drug abuse," Crime and delinquency, 1992, 38: 422－443; P. J. Goldstein, Brownstein, H. H. and Ryan, P. J., "Drug－related homicide in New York: 1984 and 1988," Crime and Delinquency, 1992, 38: 459－476

39) J.C. Ball, Schaffer, J. W., and Nurco, D. N., "The day－to－day criminality of heroin addicts in Baltimore: A study in the continuity of offense rates," Drug and Alcohol

(2) 약물사용원인으로서 범죄

두 번째 가정은 범죄에의 가담이 오히려 약물복용을 야기한다는 것이다. 수많은 연구에서 범죄행위에의 가담이 약물복용을 선행한다고 밝히고 있는데, 그 중에서도 약 2천 명에 이르는 고교졸업생들에 대한 종단자료를 이용한 한 연구는 일반비행이 대부분의 약물복용을 선행한다고 주장한다. 즉, 청소년들은 다른 일탈행위의 확장으로 약물복용에도 눈을 돌린다는 것이다. 미국 대표적인 청소년 Panel 자료인 전국 청소년 조사(National Youth Survey)에서도 청소년들의 행위의 일반적 진행이 사소한, 경미한 비행으로 시작하여 음주, 지표범행, 마리화나 흡연, 복합약물복용의 순서로 이어진다고 밝히고 있다. 조기의 음주를 제외하고는 불법 약물복용이 시간적으로 비행/범죄행위를 따른다는 것이다. 실제로 경미비행이 복합약물복용을 99%에서 100% 선행한다고 하며, 뉴욕의 교도소 수형자와 약물중독자, 그리고 도심 청소년 중요 비행 소년 조사에서도 비행이 약물복용을 적어도 50% 이상 선행하였다고 한다. 이들 연구를 토대로, 약물복용은 범죄를 따른다고 하여, 이런 연구결과에 대한 전형적인 설명은 약물복용이 어쩌면 단순히 또 다른 형태의 일탈행위이며, 비행/범죄에의 가담이 약물복용의 세계로 들어가는 데 필요한 자원과 접촉을 제공한다는 것이다. 결국, 범죄가 약물복용의 원인이라고 단언할 수는 없지만 적어도 범죄/비행이 약물복용을 선행하는 것으로 둘의 관계를 설명하고 있다[40].

(3) 쌍방향적 관계

위에서 살펴본 바와 같이 약물복용과 범죄의 관계는 그 선후관계에 있어서 정 반대의 주장이 제기되고 있음에 비추어, 실제 범죄와 약물복용의 관계는 쌍방적, 상호적이라고 주장할 수도 있다. 범죄에의 가담이 약물복용을 선행 할 수도, 반대로 약물복용이 범죄에의 가담을 선행할 수도 있다는 것이다. 더 쉽게 하자면, 약물복용이 범죄나 비행으로 이어지고 이끌거나, 범죄에의 가담이 약물복

Dependence, 1983, 12: 119－142; Collins et al., op cit.; Aglin and speckart, op cit.

40) D. H. Huizinga, Menard, S. and Elliott, D. S., "Delinquency and drug use; Temporal and developental patterns," Justice Quarterly, 1989, 6: 419－456; Anglin and Speckart, op cit.; Lab(10h ed.), op cit., p. 271

용으로 이어지거나 이끄는 쌍방적 관계로 보는 것이 타당하다는 설명이다. 결론적으로 범죄가담과 약물복용 어떤 것이 먼저냐에 상관없이 약물복용과 범죄는 서로 기여할 수 있는 것으로서, 범죄가 약물로 이끌고, 약물이 범죄로 이끌 수도 있다는 것이다[41].

(4) 거짓된 관계(spurious relationship)

약물복용과 범죄가담의 관계에 대해 현재 가장 폭넓은 지지를 받고 있는 주장은 아마도 약물복용과 비행의 관계가 거짓, 허위, 허상, 비논리적인(spurious) 것이라는 주장이다. 약물복용과 비행이 동시에 존재하고 유사한 형태로 다양하지만 어느 것도 다른 것의 궁극적인 원인은 아니라는 것이다. 간단하게 말해서 오히려 그 둘은 공통의 동일한 요인이나 또는 서로 다른 요인에 의하여 야기된다는 것이다. 실제 연구에서도 약물복용과 범죄 사이에 인과관계는 없으며, 오히려 이 두 행위는 다른 유사한 요인에 의하여 야기된다는 것이다. 청소년들에 대한 자기보고식 조사에서 약물복용과 비행의 공통된 원인이 있으며, 그중에서도 가장 중요한 것은 친구와 학교의 영향이라고 하였다[42].

2) 개입과 예방

어떤 형식이든 약물복용이 범죄활동에 관련이 있다는 것은 부인할 수 없는 사실이지만, 그렇다고 둘 사이의 인과관계는 확실하지 않은 것 또한 분명하다. 이처럼 인과적 순서를 확정적으로 파악, 확인할 수 없다는 것이 둘의 관계가 범죄예방에 아무런 소용이 없음을 뜻하는 것은 아니다. 둘 사이의 강력한 상관관계는 약물복용이 다른 범죄나 일탈행위의 예측인자로 사용될 수 있다는 것을 의미한다. 구체적인 예로, 알코올이 살인의 원인이 아니라 오히려 음주가 외부상황에 기인하여 살인의 기회와 위험을 증대시킬 수 있다는 것이다. 뿐만 아니라

---

41) Anglin and Speckart, op cit.; W. B. van Kammen and Loeber, R., "Are fluctuations in delinquent activities related to the onset and offset in juvenile illegal drug use and drug dealing," Journal of Drug issues, 1994, 24: 9-24

42) D. B. Kandel, Smich-Fagan, O, and Davies, M., "Risk factors for delinquency and illicit drug use from adolescence to young adulthood," Journal of Drug Issues, 1986, 16: 67-90; H. R. White, Pandina, R. J. and LaGrange, R. L., "Longitudinal predictors of serious substance use and delinquency," Criminology, 1987, 25: 715-740

앞에서도 언급한 것처럼 약물복용과 비행/범죄행위가 각자 서로에게 기여한다는 점에서 예방과 개입을 위한 통찰을 제공할 수 있다는 것이다. 즉, 약물복용을 공격함으로써 비행/범죄를 공격할 수 있다는 것으로, 약물복용자들을 표적으로한 개입이 곧 다른 범죄활동에 참여할 위험성이 높은 사람들을 다루는 것을 뜻하게 되는 것이다. 약물복용자들에게 개입하는 것은 결국 약물복용이 범죄활동에 기여하는 만큼 범죄도 줄일 수 있다는 것이다. 약물복용과 관련된 범죄를 줄이거나 제한하는 것을 목표로 하는 개입은 다양한 형태를 취할 수 있지만, 대부분의 접근이 법집행, 처우, 그리고 예방이라는 세 가지 일반적 분야에 해당된다고 할 수 있다.

  (1) 공급의 차단

  기존의 '마약과의 전쟁(War on drug)'은 약물복용에 대항하는 주요 무기로서 법집행기술을 이용하는 것이 주가 된다. 특히, 공급의 차단이라는 관점에서 마약의 제조, 재배, 판매, 거래와 그 사용을 철저하게 차단하려는 노력에 크게 의존하는 것이다. 법집행활동에 의존하게 되는 저변의 가정은 약물복용과 관련된 범죄가 공급의 차단(supply reduction) 또는 적어도 감축으로 제거되거나 제한될 수 있다고 가정하는 것이다. 길거리에서 마약을 제거하면 복용자들이 약물을 찾기가 어렵게 되고, 찾게 되어도 그 가격이 지나치게 높아서 다수의 잠재적 복용자가 그냥 포기할 것으로 간주하는 것이다. 이는 곧 약물에 대한 수요는 공급의 요인이라고 보아 그 공급을 차단하자는 접근법인 것이다.

  (2) 복용자의 처우

  가. 약물유지관리 프로그램(Maintenance program)
  약물유지관리 프로그램은 복용자가 약물복용을 갑작스럽게 한꺼번에 끊게 되면 있을 수 있는 금단증세(withdrawal syndrome)를 겪지 않고 정상상태를 유지할 수 있도록 하려는 보편적 개입이다. 결과적으로 중독자, 복용자가 약물에 대한 지속적인 욕구 없이 일상활동에 참여하고 보다 정상적으로 기능할 수 있게 된다는 것이다. 지금까지 가장 잘 알려진 유지관리 프로그램은 바로 methadone maintenance, 메타돈 유지관리지속 프로그램으로서, 헤로인/아편 중독자에게 메타돈을 제공하는 것이다. 헤로인/아편 대용으로써 시간이 흐름에 따라 이 유지관리지속 프로그램을 받게 되면 더 이상 다른 약물에 대한 high와 low를 겪지 않게 된다는 것이다. 이 프로그램의 일차적 주요 가정은 환자가 어떤 형태라도 약물복용이 없이는 기능할 수 없으며, 메타돈이 다른 것보다 더 강한 해를 끼치는 약물에 대해 수용 가능한 대체약물이라는 것이다[43].

이 메타돈 유지관리지속 프로그램의 효과에 대한 평가는 일반적으로 긍정적이라고 한다. 구체적으로 메타돈 환자들이 그렇지 않을 때보다 불법약물을 덜 복용하고, 범죄도 덜 범하며, 체포되는 경우도 적었다는 것이다. 반대로 메타돈 프로그램의 중단은 약물복용과 범죄활동이 프로그램 이전 수준으로 회귀하였다고 한다. 이와 같은 결과에서 메타돈 유지관리지속 프로그램이 약물 – 범죄 문제에 대한 실현 가능한 접근이라고 할 수 있다는 것이다. 그럼에도 불구하고, 일부에서는 헤로인, 코카인과 같은 강력한 마약에만 적용이 가능하고 훨씬 더 많은 수의 다른 약물복용자들은 경시한다는 비판도 있다. 더불어 대체로 이들 약물중독자들은 이미 비생산적이고 복지수급자들이어서 반드시 성공적으로 근로시장에 재진입하여 생산적 사회 구성원이 되지는 않는다고도 비판한다[44].

나. 요법처우공동체(Therapeutic community)

이 요법처우공동체란 동조적인 행위를 증진하는 인성을 변화시키고 사회관계를 발전시키는 데 도움이 될 수 있는 지지적이고 매우 구조화된 환경, 분위기를 제공하는 것을 강조한다. 이런 유형의 공동체는 대부분 거주 프로그램으로서 클라이언트들에게 일종의 대리가정(surrogate family)으로 작용하고 운용된다. 매일의 일상은 매우 구조적이고, 집중적인 집단 회합을 포함하며, 교육, 직업훈련, 또는 강제 고용 등을 포함하기도 한다. 이들 요법처우공동체에 대한 연구들은 대체로 약물복용과 범죄활동이 낮아진 것을 보이며, 실제로 통제집단보다 더 많은 프로그램 참가자가 약물복용과 범죄활동으로부터 자유로웠다고 한다[45].

---

43) Lab(10th ed.), op cit., pp. 275－276

44) Y. Hser, Anglin, M. D. and Chou, C., "Evaluation of drug abuse treatment: A repeated measure design assessing methadone maintenance," Evaluation Review, 1988, 12: 547－570; M. D. Anglin, Speckart, G. G., Booth, M. W., and Ryan, T. M., "Consequences and costs of shuttering," Additive Behavior, 1989, 14: 307－326

45) R. H. Coombs, "Back on the streets: Therapeutic communities' impact upon drug abusers," American Journal of Alcohol abuse," 1981, 8: 185－201

(3) 복용의 예방

거의 모든 범죄와 마찬가지로 약물도 예외는 아니어서 처음부터 약물에 손을 대지 않도록 예방하는 것이 최선이라고 할 수 있다. 이는 일종의 1차적 예방이라고 할 수 있는 것으로 대체로 청소년들을 표적으로 하는 경우가 많다. 이는 일단 중독되면 중독에서 벗어나기가 쉽지 않으며, 청소년들이 약물에 손을 대지 않도록 하는 것이 그 첫걸음이라고 판단되기 때문이다. 실제로 지금까지의 연구나 자료를 보아도, 대부분의 사람들이 약물을 경험하고 약물복용이라는 생활유형으로 들어가게 되는 시기가 청소년기였다. 예방모형은 약물과 복용결과에 대한 사실적 정보를 전파하고, 자기-존중감(self-respect)을 구축하며, 선택에 대한 책임을 지도록 하고, 친구들의 압력을 해결하는 방법을 학습시키는 등을 포함하여 다양한 범위의 쟁점과 접근법을 다루고 있다. 당연히 대부분의 예방 프로그램은 이들의 다양한 쟁점과 접근법들을 하나 이상으로 통합하는 경우가 많다고 한다[46].

가. 교육/정보/지식 전달 프로그램

약물과 복용결과에 대해서 청소년들에게 교육을 시키고, 정보를 제공하며, 지식을 습득케 하려는 프로그램이다. 이들 프로그램은 참가자에게 다양한 약물과 각각의 작용과 부작용, 그리고 복용함으로써 복용자에게 미치는 영향에 대해서 가르치는 것이다. 그들에게 제공되는 정보에는 약물문제의 심각성 등 정도와 붙잡히면 어떤 일이 어떻게 벌어지고 진행되는지에 대한 자료도 포함한다. 이런 프로그램의 기본적인 가정은 청소년들에게 약물과 결과에 대해 알게 하고 지식과 정보를 제공함으로써 약물복용에 대한 정보에 기반한 선택을 할 수 있도록 하자는 것이다. 만약 누구나 이들 사실적 자료로 무장한 채 약물에 대해서 정확하게 알고 있는 사람이라면 대부분은 약물을 회피하리라 가정하는 것이다. 그러나 불행하게도 이들 프로그램의 결과는 복합적이다. 일부에서는 참가자들의 약물에 대한 지식과 정보를 증대시켰다고 하며, 다른 일부 연구에서는 이들 교육 프로그램이 여성의 약물복용과 음주는 줄였지만 남성들에게는 영향을 미치지 않았다고 하거나, 또는 효과가 매우 단기적이어서 프로그램 종료 1년 후면 효과

---

46) Lab(10th ed.), op cit., pp. 279-280

가 없어졌다고도 하며, 더 극단적으로는 아예 효과가 없거나 오히려 약물교육이 청소년들로 하여금 자신에게 맞는 약물을 찾는 데 이용하게도 하고 청소년들의 약물에 대한 호기심을 끌어올려서 약물복용을 줄이는 것이 아니라 증가시켰다고 한다[47].

나. 약물유혹에 대한 저항기술의 훈련

지금까지의 마약과의 전쟁이 공급의 차단에 초점이 맞춰져 있었으나 그 결과는 실패에 가까운 데서 나온 반작용으로 이제는 수요의 차단으로 초점이 이동되고 있는데, 그런 노력의 하나가 바로 약물의 유혹에 저항하는 능력이나 기술을 키워 줌으로써 처음부터 약물에 빠지지 않도록 하자는 1차적 예방이다. 다양한 이런 유형의 훈련 중에서도 가장 잘 알려진 것이 'Just Say No to Drug'이나 'DARE(Drug Abuse Resistance Education)'이다. 많은 사람들은 이런 유형의 프로그램이 지나치게 단순하다고 하지만 사실은 문제적 상황과 쟁점들을 인지하고, 친구들의 압박과 압력을 다루고, 유혹에 적절히 대응하고, 자기-존중과 확신을 증대시키고, 언제 어떻게 분명한 태도를 취할 것인가의 구체적인 방법들을 포함하는 일련의 아이디어라고 할 수 있다. 이런 유형의 예방 프로그램은 약물이 상황과 친구압력의 기능이라는 함축적 가정에서 출발한다. 청소년들은 친구들의 압박을 인지하고 그런 압박에 직면해서도 적절한 판단과 결정을 할 수 있는 법을 학습할 필요가 있다는 것이다. 약물저항훈련의 효과에 대한 연구도 그 결과는 복합적이라고 한다[48].

3) 마약과 범죄예방

마약과 범죄의 관계는 복잡한 것이다. 실제로 마약복용이 범죄를 초래하거나 또는 범죄가 약물복용을 초래하는지와 더불어 그와 같은 관계의 정도도 분명

---

47) E. Schaps, Moskowitz, J. M., Malvin, J,. H, and Schaffer, G. A., "Evaluation of seven school based prevention programs: A final report of Napa project," International Journal of the Addictions, 1986, 21: 1081−1112; N. S. Tobler, "Meta−analysis of 143 adolescent drug prevention programs: Quantitative outcome results of program participants compared to a control or comparison groups," Journal of Drug Issues, 1986, 16: 537−567; H. Swadi and Zeitlin, H., "Drug education to school children: Does it really work?" British Journal of Addiction, 1987, 82: 741−746

48) Lab(10th ed.), op cit., pp. 281−282

하지 않다. 물론 약물과 범죄 사이에는 상당한 상관관계는 존재하지만 그 관계가 인과관계인지 그리고 인과관계라면 약물과 범죄 어느 것이 원인이고 결과인지 분명치 않다. 그럼에도 불구하고 양자 사이에 상관관계가 있다면 어느 하나를 줄이면 다른 하나에도 영향을 미칠 수 있다고 가정되며, 특히 2차적 예방의 관점에서는 약물복용이 재범 위험성에 대한 하나의 좋은 예측인자로 활용될 수 있다는 것은 상당한 의미가 있다. 물론 모든 약물 복용자가 다 다른 범행을 행하지는 않지만 알코올, 불법약물을 복용하거나 다량의 약물을 복용하는 사람이 범죄활동을 더 자주 더 많이 한다는 증거들이 있다고도 한다. 이런 측면에서 보면 적어도 약물복용이 재범위험으로 인한 개입을 더 필요로 하는 사람을 파악하고 확인할 수 있다는 것이다.

약물복용이 범죄의 원인이거나 아니면 범죄에 기여하는 요인인 만큼 약물예방과 처우 프로그램이 다른 범죄를 제한하거나 제거하는 데도 효과가 있을 수 있다는 것이다. 물론 엄격한 의미에서는 처우 프로그램은 이미 약물복용을 한 사람들을 대상으로 하기 때문에 사실 3차적 예방이지만 대부분이 학생들을 대상으로 하는 등을 고려할 때 1차적 예방과 3차적 예방으로 분류할 수도 있다는 것이다. 여기서는 또한 약물이 범죄를 초래하거나 범죄에 기여하는 데 있어서 역할을 논의하는 관계로 주제 자체가 어쩌면 2차적 예방의 범주에 속할지도 모를 일이다.

2. 사이버범죄의 예방

현대 사회를 가장 잘 표현하는 말이 아마도 정보사회일 것이다. 웹 기술이 점증적으로 우리의 일상생활 속으로 파고들고, 이와 함께 모바일 기술의 발전과 사회관계망의 대중성이 다양한 형태의 사이버범죄와 불법 인터넷 콘텐츠의 유포를 위한 최적의 환경을 제공하고 있다. 인터넷이 다양한 형태의 범죄에 대한 사용자의 노출을 증대시켜서 실제로 과거에는 존재하지도 않았던 또는 상상조차 할 수 없었던 전혀 새로운 형태의 범죄행위를 야기하였다. 가상공간은 '스팸'과 같은 악의적인 코드나 프로그램과 해킹 등과 같은 새로운 형태의 범죄는 물론이고, 사기, 아동 포르노, 지적재산권침해 등 전통적 범죄의 ICT 네트워크로의 이동을 포함하는 상이한 불법적인 활동의 가장 큰 근원이 되고 있다. 인터넷을 중심으로 하는 사이버 세상은 우리에게 편리함을 제공하지만 동시에 사이버 범죄자들도 이런 기회를 가능한 최대한으로 이용하여 우리에게 주어진 편리함 그 이상의 범죄피해 위험에 놓이게 된다. 경계와 시간이 무관한 가상환경을 이용하는 각종 사기와 기만이 판을 칠 수 있게 되었다. 특히 국제적 연결성의 증대는 온라인 사기, 온라인 아동 성 착취, 핵심 인프라 구조(infrastructure)와 정보 체계에 대한 공격 등 다양한 형태의 사이버범죄의 발달과 불가피하게 엮이게 만든다. 사이버범죄는 그 형태가 다양한 만큼 사이버범죄가 더욱 광범위하게 확산되고 범행을 더욱 용이하게 만드는 사이버범죄의 조력자들도 그만큼 다양하다고 한다49).

이들 조력자들 중 첫째는 인식된 익명성과 관련하여, 물리적 오프라인 세상에서는 범하지 않을 범죄를 사이버 세상에서는 범할 수 있게 된다는 점이다. 둘째는 예를 들어 온라인 사회관계망(social networks)의 출현을 비롯한 인터넷 인프라 구조와 플랫폼이 제공하는 상품(commodity)이 수백만의 잠재적 사기(fraud)와 피싱공격(phishing attacks)을 위한 공급을 쉽게 제공한다는 것이다. 이용자들은 자신의 이해나 이익과 위치에 따라 자신의 사회적 관계망 프로파일을 조직하는 경향이 있어서, 범죄자들로 하여금 이용자들의 행동 유형과 배경을 고려하여 피해자를 표적으로 할 수 있게 한다는 것이다. 셋째, 사이버범죄가 국제적임에도 불구하고, 국제적으로 매우 분열되고, 따라서 그만큼 국제적 공조가 필요함에도 입법과 사법절차와 과정의 상이함 등으로 국제적 공조가 제대로 이루어질 수 없다. 끝으로, 사이버범죄는 그 특성상 신체적 손상을 가하지 않아 눈에 잘 띄지 않는 등의 이유로 사이버범죄와 관련된 '낮은 위험성(low-risk)'이라는 잘못된 인식도 피해자의 피해 사실 인지와 피해 정도 인식, 그 결과 신고하지 않는 경향 등으로 인하여 수사를 통하여 밝혀지는 사이버범죄는 아직도 매우 낮은 편이고, 따라서 그만큼 사이버범죄에 대한 처벌의 범죄억제력도 낮아지기 마련

---

49) J. A. Bele, Dime M., Rozman, D. and A. S. Jemec, "Raising awareness of cybercrime - The use of education as a means of prevention and protection," International Association for the Development of the Information Society, Paper presented at the International Conference on Mobile Learning 2014, Feb 28-March 2, 2014, Madrid, Spain, Proceedings, pp. 281-284

이다50). 이런 연유로 사이버범죄에 대한 특별한 예방대책이 마련되어야 하고, 이를 위하여 전략, 봉사와 원조활동, 그리고 인식제고와 그리고 가장 중요한 경찰의 역할을 중심으로 다양한 의견이 제안되고 있다.

1) 전략적 평가와 분석

마치 범죄학이 범죄현상을 파악하고 현상의 원인을 분석하여 그에 대한 해결책을 내놓는 것이라면, 사이버범죄도 예외일 수 없다. 그렇다면 사이버범죄의 해결을 위한 그 첫걸음도 마찬가지로 현상과 원인의 파악일 것이다. 원래 예방이 얼마간 미래에 대한 예측을 바탕으로 그 대책이 마련되어야 하기 때문에, 사이버범죄예방을 위해서도 사이버범죄에 대한 전략적 예측을 통해서, 어떤 유형의 범죄자가 어떤 형태의 사이버범죄에 어떤 수법으로 얼마나 할 것이며 그 원인요소는 무엇인지 등을 제대로 예측해야 한다. 예측된 정보를 바탕으로 그에 상응한 정책이 결정되고, 정보와 추세의 분석을 통해서 상응한 전략과 실천을 전략적으로 계획하는 것이다. 마치 어떻게 보면 전통범죄에 대한 각종 공식통계와 피해자조사 및 그에 관련된 다양한 비공식 자료와 설문이 사이버범죄에 대해서도 이루어질 필요가 있는 것이다. 그러나 불행하게도 사이버범죄에 대한 낮은 신고율이 법집행 당국과 검찰 내의 낮은 우선순위와 소수의 국제적 조사와 수사를 초래하게 되는데, 만약에 문제가 제대로 신고되거나 수사된 사건이 통계에서 제대로 반영되지 못한다면 그 현상은 우선순위가 정해질 때 계속해서 방기되고 말 것이다51).

2) 지원활동과 국제적 공조

사이버범죄의 특성 중 가장 대표적인 것이 아마도 지리적 고려가 별로 의미가 없다는 점일 것이다. 사이버범죄는 국경을 초월하기 때문이다. 바로 이런 특성 때문에 높은 수준의 국제적 범죄활동을 부추겼을 것이다. 법집행 당국은

---

50) L. Buono, "Fighting cybercrime through prevention, outreach and awareness raising," Academy of European Law Forum, 2014, 15: 1–8; T. Tropina, "Cyber–policing: The role of the police in fighting cybercrime," European Police Science and Research Bulletin, Special Conference Issue No.2, 2009, pp. 287–294

51) ibid., p. 4

공·사 분야와 함께 범국제적인 총체적 접근을 필요로 하게 된 것이다. 마치 EU 에서 유럽 사이버범죄 센터(European Cybercrime Center)를 설치하고, 이 센터를 중심으로 민간 분야와 인터넷 산업과도 밀접하게 같이 역할을 하는 것이 그 좋은 예라고 할 수 있다. 오늘날 사이버범죄와의 투쟁은 잠재적 가해자를 파악 하는 데 도움을 줄 수 있는 증거를 궁극적으로 보존하고 있는 서비스 제공자 (service provider), 수많은 사진과 메시지가 교류되는 사회관계망, 사이버범죄를 더 어렵게 하는 제품을 생산하는 보안기술업체들과의 정기적인 대화를 확보하 지 않고서는 생각할 수도 없는 상황이 된 것이다. 이를 위해서는 인터넷 산업과 공공 분야 당국 사이의 신뢰와 확신의 구축이 사이버범죄와의 투쟁에서 가장 중 요하다는 것이다. 네트워크와 신뢰할 수 있는 데이터 교류 플랫폼 민간 분야와 연구 분야와 시민사회와 같은 기타 행위자들과 구축되어야 한다는 것이다[52].

3) 인식제고와 훈련

정보보안은 아주 광범위한 분야를 함축하고 있어서, 기술적 보안과 인터넷 과 같은 사회공학(social engineering)에 노출될 때의 천진난만함이나 순진함이든 아니면 그에 대한 일반적 지식의 부족이든 사용자 스스로에 의한 위협이라는 두 가지를 다 아우르는 것이다. 기술보안의 관점에서는, IT 전문가들이 방화벽이나 안티 바이러스 소프트웨어(anti virus software) 등을 개발, 설치하는 것이지만 기 술보안으로는 가장 약한 연결고리인 인간으로부터 정보체계를 보호할 수는 없 는 것이다. 여기서 바로 사용자에 대한 교육과 훈련이 필요해지는 것이다. 우리 의 현실세계에서의 일상생활이 온라인 체계와 맞물려서 돌아가기 때문에 이런 혁신들은 그러나 범죄자들이 기회를 더 많이 가질 수 있는 소위 사이버범죄 친 화적 환경을 만들게 된다. 물론 다른 일각에서는 온라인 환경을 범죄 친화적이 아니라 보다 더 안전하게 하려는 새로운 혁신, 예를 들어 블록체인(Blockchain) 과 같은 혁신적 보안기술도 개발되고 또 활용되고 있다. 그러나 불행하게도 가 장 최신의 보안기술이 사이버 보안 위험을 경감시킬 수 있는 유일한 대책이 될 수 없으며, 사실은 각종 기술을 활용하고 운용하는 사람이 가장 핵심적인 요소 로 다루어져야 한다[53].

---

52) Buono, op cit., p. 5

인구사회학적 요소, 피해자화 경험, 기회요소, 그리고 사회적 맥락요인이 사이버범죄의 두려움에 미치는 영향을 분석한 결과, 연령과 성별의 인구사회학적 요소, 표적의 매력성과 SNS상에서 공격하는 또래와 같은 기회요소, 그리고 유대 중심의 사회관계망과 같은 사회맥락적 요소가 사이버범죄에 대한 두려움에 영향을 미친 것으로 확인되기도 하였다. 이러한 결과는 가상공간과 사회적 환경에서의 인간의 상호작용이 어떻게 사이버범죄피해자화의 특성에 실질적이고 중대하게 영향을 미치는지를 잘 설명해 주고 있다. 물론 현실세계에서의 범죄 두려움에도 인간요소가 중요한 영향을 미친다는 것도 확인되고 있다.

기술을 활용하는 가장 좋은 방법에 대해서 인터넷 이용자들을 교육시킬 필요성이 더 이상 지체되어서는 안 된다고들 한다. 익명성의 뒤에 숨은 관계로 이용자의 위법과 불법이 그만큼 쉬워지고 이는 국제 간 범죄의 속성으로 치외 법권적 지위로 법집행의 어려움이 도사리고 있다는 점이 더하여 이용자들의 일탈을 용이하게 한다. 사이버범죄와의 싸움은 더 이상 법집행 당국 혼자에게만 주어진 특권이 아니다. 인터넷 사용자에 대한 적정하게 잘 구조화된 인식제고 프로그램이 먼저라는 것이다. 정부에서 사람들에게 온라인 범죄로부터 스스로를 보호할 수 있게 하는 데 도움이 되도록 홍보활동을 벌여야 한다. 단순한 보안 사전주의만으로도 사이버범죄를 상당 부분 줄일 수 있으므로, 지속적인 언론 캠페인, 텔레비전 광고와 ad hoc website 등이 바로 그런 목적을 위한 예라고 할 수 있다. 전통범죄의 예방에 있어서도 최근 주요 정책이 되고 있는 기회이론에 바탕을 둔 상황적 범죄예방과도 흡사한 것으로 사이버범죄자들로 하여금 접근을 어렵게 함으로써 자신의 피해자화(victimization)를 최소화하자는 것이다. 실제로 컴퓨터 안전에 대한 더 좋은 공공정보로도 다수의 사람들에게 자신의 데이터가 도둑질을 당하지 않도록 함은 물론이고, 사이버범죄의 직접적인 물리적 피해자가 되지 않도록 할 수 있다는 것이다. 더구나 사용자들에 대한 인식제고에 그치지 않고, 이를 더욱 심화시킬 수 있는 방법으로서 그리고 지속적으로 인식을 제고할 수 있도록 사용자에 대한 단계별 교육과 훈련이 필요하다고도 한다. 적

---

53) S. Back and LaPrade, J., "The future of cybercrime prevention strategies: Human factors and a holistic approach to cyber intelligence," International Journal of Cybersecurity Intelligence and Cybercrime, 2019, 2(2): 1−4

절한 사용법을 필두로 보안대책이나 요령, 그리고 이를 보완할 수 있는 기계적, 기술적 교육과 훈련이 가미된다면 그 효과는 더욱 커질 것이다[54].

특히 잠재적 피해자가 아동과 10대 청소년이라면 불법 인터넷 콘텐츠와 관련된 활동에 관해서 청소년 아동은 물론이고, 그들의 부모와 교육자들에게 문제에 대한 지식을 높이고 인식을 제고하기 위하여 교육과 훈련을 활용하는 전략적 예방이 더욱 강조되어야 한다. 그러한 교육훈련 프로그램은 대체로 불법 콘텐츠를 더 많이 적발하게 되고, 사이버 피해자에 대하여 더 많이 알고 사건 신고가 증가하는 데 기인하여 법집행기관에서 더 쉽게 더 빨리 일할 수 있으며, 향상된 정보체계 보안으로 사이버 사건이 줄어들게 되는 이익이 있다고 한다[55].

4) 경찰의 사이버범죄예방

지금까지는 사이버범죄에 대응하는 경찰의 역할이 비교적 부족했다고들 하는데, 이는 아마도 온라인 생활이나 삶의 국제적이고 무형이라는 특성과 사이버범죄와 경찰에 대한 문화적 구성으로 설명될 수 있다고 한다. 한편으로는 위험(danger)에 대한 경찰 직업문화에 내장된 인식과 '범죄-투쟁(crime-fighting)'과 '긴급대응(emergency response)'에 대한 관심과 우려가, 다수의 보편적 형태의 사이버범죄가 감지된 심각성의 증거와 범죄문제에 대한 주도권에도 불구하고 경찰의 전통적 역할에 깔끔하게 맞지 않음을 뜻한다는 것이다. 다른 한편으로는 낮은 수준의 사이버범죄 신고가 사이버범죄에 대응하는 제한적인 경찰 사명에 기여하였으며, 이는 보편적인 사이버범죄를 단지 일부 제한된 경우에만 경찰행동을 위한 문턱을 겨우 넘는 개인적인 문제로 대중들이 인식하기 때문인 것으로 그 이유가 설명되고 있다. 여기에 더하여 경찰은 충분한 교육훈련이라는 문제도 추가로 떠안게 되었으며, 더불어 민간 분야와 임금 수준을 맞출 수 없는 현실은 교육훈련과 전문성의 문제를 더욱 어렵게 만든다고 한다[56].

---

54) op cit., p. 7

55) J. A. Bele, Dime M., Rozman, D. and A. S. Jemec, "Raising awareness of cybercrime – The use of education as a means of prevention and protection," International Association for the Development of the Information Society, Paper presented at the International Conference on Mobile Learning 2014, Feb 28–March 2, 2014, Madrid, Spain, Proceedings pp. 281–284

그러나 현실은 사이버범죄는 그 특성상 우리 사회의 가장 빈번한 그러면서 동시에 가장 심각한 범죄의 하나로 자리하게 되었으며, 공공안전의 확보라는 사명을 가진 경찰이 더 이상 이 문제에 소원하거나 가볍게 여겨서는 안 되며, 더구나 경찰도 사이버범죄의 예방과 경찰활동에 분명히 상응한 역할을 찾아야 한다. 그러한 경찰의 예방적 노력으로는 대체로 하나는 잠재적 피해자, 피해자 그리고 지역사회에 초점을 맞추는 것이고, 다른 하나는 범법자에 초점을 맞추는 두 가지 방향으로 접근할 수 있다. 먼저, 피해자 측면에서의 역할은 각종 사이버범죄피해자나 잠재 피해자에 대한 관여를 포함하고 있다. 앞에서 제안한 인식제고와도 관련된 것이다. 사이버 인식제고 메시지와 그 소통이 효과적이기 위해서는 표적 모집단(target population)과 공명해야 한다는 것이다. 누가 어떤 메시지를 어떻게 소통하는가가 표적 군중이 어떻게 해석하고 조작화하는가를 결정하게 된다는 것이다. 두 번째 경찰의 예방적 역할은 사이버범죄를 범하거나 범할 위험이 높은 사람을 표적으로 하는 것이다. 종종 위험성이 아주 낮은 범법자를 매우 많이 포함하는 범죄행동에 대해서 보안회사로부터의 표적강화(target hardening)는 크게 도움이 되지 않는다고 한다.

사실 사이버범죄와의 투쟁에 임하는 경찰의 역할은 전통적 범죄의 경우와는 사뭇 다를 수밖에 없는데, 그것은 전통적 경찰역할이 사이버 공간에서는 더 이상 작동하지 않거나 범죄적 목적으로 하는 ICT의 오용에 대해서는 적용되지 않거나 적용될 수 없기 때문이다. 그렇다면 그 이유는 무엇일까. 경찰이 직면하는 몇 가지 문제와 도전을 알아보자. 먼저, 사용자의 폭증이 경찰에 도전이 되는 것이다. 우선, 범죄자들에게 기회를 주는 주요 약점의 하나가 사회공학기술의 응용으로 따르는 개인적 온라인 보안에 대한 이해의 부족이고, 둘째는 신분절도나 스팸, 피싱 같은 범죄가 많은 노력이나 돈을 투자하지 않고도 자동적으로 수행될 수 있지만 이에 대응하는 수사과정은 자동화하기란 매우 어렵기 때문이다. 이는 곧 사용자의 급증으로 경찰 수요가 양적으로 증대되고 동시에 기술발전과 자동화 등으로 인한 질적 어려움의 배가라는 도전에 직면하게 되는 것이다. 한편, 인터넷 자체가 마치 정보계통의 공개정보자원(open source intelligence)처럼

56) D. Wall, Cybercrime: The Transformation Crime in an Information Age, Cambridge: Polity Press, 2007, pp. 162－165

정보에 대한 공개접근(open access)을 기반으로 설계되어서 범행을 위한 정보와 기술을 온라인에서 쉽게 찾아 구할 수 있다는 것이다[57].

사이버 범죄는 범법자의 추적이 어렵다는 점이다. 익명성과 공간적 경계가 없다는 점이 자신의 신분을 숨기기 쉽게 하고 신분이 확인되어도 국경을 초월한 국제적 범죄로 자국의 법이 집행될 수 없는 치외 법권 지역으로 그 추적이 어렵거나 불가능하기 때문이다. 처음부터 인터넷은 수직적으로 지배되고 통제되도록 설계되지 않아서 통제기제가 없다는 점이다. 수평적 구조와 분권화된 네트워크의 구축이 인터넷상의 활동의 통제를 방해하고, 사이버 공간에서 행해지는 범죄의 수사를 방해한다. 이런 이유로 민간 분야의 공동규제(co-regulatory) 또는 자기규제(self-regulatory)적 접근과 인프라 구조의 소유자와 운영자는 물론이고 인터넷 서비스와 호스트 제공자와의 공조가 절대적으로 필요해지는 이유이다[58].

이와 같은 문제로, 사이버범죄와의 전쟁에서 경찰의 역할은 상당한 도전에 직면하게 된다. 사이버 공간에서의 범죄수사가 어려울 뿐만 아니라 사이버 공간에서의 일반적인 경찰활동조차도 방해를 받게 된다. 사이버범죄 자체 신고율이 매우 낮고 또 범죄 자체의 가시성이 매우 낮아서 경찰이 범죄를 인지하고 수사를 개시하기가 쉽지 않다. 결과적으로 경찰이 수사할 수 있는 사이버범죄는 실제에 비해 극히 작은 일부에 지나지 않는 것이다. 더불어, 살인과 같은 전통적 노상범죄에 비해 범죄의 결과도 비교적 천천히 밝혀지고 그 영향도 직접적인 신체적 손상 등이 아니기 때문에 공공에 미치는 영향도 그리 크지 않은 것처럼 인식되는 것도 경찰의 어려움 중 하나이다. 구체적으로, 살인이 한 사람의 피해자에게 모든 영향이 집중되어 더 크게 보이는 반면에 사이버범죄는 대부분 집합적으로는 엄청난 규모이지만 다수의 피해자에게 피해와 영향이 분산되어서 공공질서 위반과 그에 대한 수사개시를 정당화하기가 쉽지 않은 점도 경찰이 극복해야 할 도전이다[59].

위와 같은 문제와 도전에 직면한 경찰이 사이버 공간에 대한 보다 효과적,

---

57) T. Berg, "The changing face of cybercrime – New internet threats create challenges to law enforcement," Michigan Bar Journal, 200-7, pp. 18-22; Tropina, op cit., p. 288

58) Tropina, op cit., p. 288

59) ibid., p. 289

성공적인 경찰활동을 위해서는 수사를 위해 경찰활동의 개념에 대한 전통적 접근, 입법적이고 기술적인 새로운 도구의 적용과 응용, 전자증거를 다루는 능력과 기술의 개발, 산업계와의 협조 능력 등을 검토할 필요가 있다. 무엇보다도 중요한 핵심사항의 하나는 능력배양과 향상인데, 이는 범죄의 발견과 수사를 위한 새로운 기술의 소유만으로 그들을 활용하는 능력을 의미하지는 않기 때문이다. 그리고 사이버범죄의 국제적 상황과 특성은 국제적 공조와 협조를 요하며, 인터폴(Interpol)이나 유로폴(Europol)과 같은 국제적, 지역적 경찰조직의 더 강력한 역할을 위한 기회를 제공한다.

한편, 인터넷 등 사이버 공간에서의 활동과 노출이 가장 활발하고 빈번한 아동과 청소년이 그만큼 사이버 범죄 위험에의 노출도 심하며 피해자가 될 가능성도 높아지기 마련이어서 이들에 대한 온라인 안전을 강화하고, 이들에 대한 범죄 사건을 수사하기 위해서는 다수의 공─사 동반자 관계가 구축되어야 한다. 공─사 동반자 관계(public─private partnership)는 오늘날 미래 사이버 공간에 대한 경찰활동을 위한 가장 촉망되는 방법의 하나로 간주되고 있다. 민간 분야가 ICT 분야 발전의 주도적, 선도적 역할을 해 왔기 때문에 그리고 당연히 그러한 인프라 구조의 소유자요, 적어도 그러한 기술에 대한 직접적인 접근의 소유자로서 산업계가 사이버범죄와의 투쟁에 있어서도 선도적, 주도적 역할을 할 수 있고 또 해야만 한다. 비록 정부가 법률적 지시나 명령을 할 근거를 제정하고 경찰과 법집행기관을 통하여 집행할 권한이 있지만, 인프라 구조와 소통 네트워크의 다양한 관점에 대한 심층적 이해를 하고, 변화하고 융합된 ICT 환경에서의 전문성을 보유하며, 새로운 기술과 그 활용에의 적응력, 응용력이 더 커다는 것이다. 공공 분야와 민간 분야가 따라서 각자의 자원과 능력이 서로 보완하게 된다는 것이다. 공─사 분야의 공조와 협조는 경찰이나 민간산업 분야 어느 하나만으로는 사이버범죄에 효과적으로 싸울 수 없다는 것을 보여주는 것이다. 경찰이나 검찰이나 이 분야에 대한 지식이 충분치 못하여 복잡한 ICT 분야에 대한 업계의 전문성을 필요로 한다. 반면에 민간 분야는 ICT 시장 안에서 아무리 크고 강력한 힘이 있어도, 인터넷에 대한 전문성과 익숙함의 정도와 수준이 아무리 높아도, 스스로 사이버범죄를 수사하고 기소할 권한은 없기 때문에 정부의 전문성과 법의 제정과 집행 권한을 필요로 한다[60].

5) 정책감시(policy monitoring)를 통한 예방

정책감시란 "법과 기타 정책에 관한 정보의 체계적 수집, 분석, 그리고 전파"로 정의될 수 있으며, 그 목적은 정책입안기관이 어떤 정책을 어떻게 얼마나 잘 하는가를 학습하고자 하는 것이다. 정책감시의 핵심목적은 공동선에 이익이 될 수 있는 효과적인 정책의 실행을 용이하게 하려는 것이다. 자료를 website 등을 통해서 공개하여 정책입안자나 그 이용자들에게 정책과 그 결과를 더 쉽게 이해하고 보완할 수 있게 해 준다. 특히, 예산이 투입되고 자원의 한계가 심해지는 현실에서 정책의 비용—편익이나 효율성은 중요한 고려사항이 아닐 수 없으며, 더구나 국민의 안전이 담보되는 정책이라면 더더욱 가장 효율적이고 최소한 가장 효과적인 정책이 입안되고 실행되어야 할 필요가 있으며, 바로 여기에 정책감시(policy monitoring/surveillance)의 중요성이 있는 것이다. 그러나 감시의 자원도 무한하지는 않는 것이며, 또한 모든 정책이 다 체계적으로 서류로 입증될 필요는 없으며, 이 점을 고려하여 원래는 공중보건(public health) 분야에서 적용된 것이나 범죄예방 분야에도 적용될 수 있는 감시대상 정책 선정에 필요한 범주로 문제의 심각성이나 중요성, 광범위한 이해관계자의 집합적 이익을 반영하는가라는 현저성(salience), 평가나 증거의 존재, 국가적 우선순위로의 채택 여부, 그리고 감시비용을 들고 있다[61].

6) 사이버범죄의 상황적 범죄예방

오늘까지 사이버범죄예방은 주로 일상활동이론을 적용하여 검증해 왔지만, 그와는 대조적으로 사이버범죄예방의 효과성을 설명하기 위하여 상황적 범죄예방이론을 활용한 경우는 많지 않다고 한다. 그러나 상황적 범죄예방이론은 범죄

---

60) Tropina, op cit., pp. 291—292

61) J. Chriqui, O'Connor, J. and Chaloupka, F., "What gets measured, gets changed: Evaluating law and policy for maximum impact," The Journal of Law, medicine and Ethics, 2011, 39(1): 21—26; S. Burris, Hitchcock, L., Ibrahim, J., Penn, M. and Ramanathan, T., "Policy surveillance: A vital public health practice comes of age," Journal of Health Politics, Policy and Law, 2016, 41(6): 1061—1083; B. Dupont, "Enhancing the effectiveness of cybercrime prevention through policy monitoring," Journal of Crime and Justice, 2019, 42(5): 500—515

로부터 가해자가 기대하는 보상을 경감시킴으로써 사이버보안, 사이버예방의 효과성을 증진시키는 데 유용할 수 있다고 한다. 예를 들어, 상황적 범죄예방 이론이 사이버 스토킹에 대한 범행기회를 줄이기 위한 핵심적 틀을 제공할 수 있고, 또한 컴퓨터 사기 기회와 범죄예방 사이의 연계를 설명할 수도 있다는 것이다. 이처럼 상황적 범죄예방이 사이버범죄예방의 틀을 향상시키기 위하여 사이버 환경으로 확장될 수 있다고 하는데, 예를 들어 표적강화 장치를 한 자동차가 그렇지 않은 자동차에 비해 자동차 절도나 자동차 안의 물품을 도둑맞을 확률이 낮은 것처럼 가상세계에서도 firewall 시스템을 갖추어 표적을 강화한 이용자가 사이버-침해와 허가되지 않은 접속 등을 경험할 확률이 더 낮아질 수 있다는 것이다. 이처럼 상황적 범죄예방 기술이 현실세계, 물리적 세계에서의 범죄를 줄이는 데만 적용될 수 있는 것이 아니라 사이버범죄를 예방하는 데도 적용될 수 있음을 보여주는 것이다[62].

현실세계, 물리적 세상에서의 상황적 범죄예방은 현재 25개 기법으로 분류되고 있지만, 원래 상황적 예방 기법은 16가지 기술이었으며 아직도 주로 적용되고 있다. 25개 기술 중 나머지는 사이버범죄예방에의 적용에는 적절치 않은 것으로 알려진 반면에 16개 원래 기술이 아마도 사이버범죄와 사이버 공간에서의 범죄예방에 상응한 기술들이라고 할 수 있다는 것이다. 이를 요약하면 아래 <표-7>과 같다.

---

62) S. Back and LaPrade, J., "Cyber-situational crime prevention and the breadth of cybercrimes among higher education institutions," International Journal of Cybersecurity Intelligence and Cybercrime, 2020, 3(2): 25-47

표-7　사이버-상황적 범죄예방 기술63)

기회-축소전략	사이버-상황적 범죄예방 기술	사이버범죄예방 척도
노력 증대 (Increase efforts)	• 표적 강화(Target hardening) • 접근 통제(Access control) • 범법자 피하기 (Deflecting offenders) • 촉진제 통제 (controlling facilitators)	• 방화벽, 컴퓨터 패치 • 전자 서명, 비번 관리 • 접근통제명부 • 악의적 해커파악 등 Honeypot • 좀비 파악 등 Honeynet • 신원조회, 전과조회 • 계정 관리, 역할에 기초한 접근통제
위험 증대 (Increase risks)	• 출입검색 (Exit/entry screening)	• 침입감지 시스템, 침입예방시스템, anti-virus, anti-spyware content, email, spam, web content filtering bot monitoring, monitor activity, monitor for rogue devices • 직원 의무 교육훈련, IT 담당자 정규직화 • peer-to-peer technology-monitor bandwidth, shape bandwidth
보상 축소 (Reduce rewards)	• 표적 제거(Target removal) • 재물 식별 (Identifying property) • 유혹 축소 (Reducing temptation) • 이익 거부(Denying benefits)	• hard drive, back-up data encryption • 정보자산분류 • 민감한 정보공유 단계, • 물리적 분리 • 암호화
변명 제거 (Remove excuses)	• 규칙 설정(Rule setting) • 양심의 자극 (Stimulating conscience) • 탈억제 통제 (Controlling disinhibitions) • 준수 용이화 (Facilitating compliance)	• 사용자 동의 • 수용 가능한 이용규칙 • 웹사이트에 경고문, 윤리강령 • 위반자 경고, 정직, 해고, 네트워크 접근 제한 • 사이버보안 교육

---

63) Back and LaPrade, op cit., p. 31, able 2. Cyner－situational crime prevention techniques 편집

3. 화이트칼라 범죄

더 이상 화이트칼라 범죄의 중요성을 강조할 필요도 없을 정도로 이 비즈니스에 관련된 범죄는 엄청난 영향을 우리 사회와 사람들에게 미쳤다. 그럼에도 불구하고 이 엄청난 범죄는 범죄로 여겨지기도 쉽지 않았고, 그런 엄청난 범죄를 행하는 화이트칼라 범죄자도 범죄자로 자신이 한 범행에 비해 그리 심각하게 비난받거나 처벌되지도 않았던 것이 사실이다. 물론 여기에는 그럴만한 이유가 있지만, 우선은 화이트칼라 범죄자가 전통적 노상범죄자들과는 사뭇 다르고, 그들의 범행도 사실은 전통범죄보다 더 많은 사람에게, 더 오래도록, 더 큰 피해를 끼쳤음에도 그 피해가 전통범죄처럼 눈에 잘 보이지 않아 심각하게 여기지 않는 편견이 자리하고 있다. Sutherland는 일찍이 화이트칼라 범죄를 "존경받고 높은 지위에 있는 사람이 자신의 직업과정에서 범하는 범죄(a crime committed by a person of respectibility and high social status in the course of his occupation)"라고 규정하지만, 일부에서는 그의 정의에 동조하고, 반면 다른 일부에서는 그의 지위, 신분에 기초한 정의(status-based definition), 즉 Sutherland가 강조한 범인의 신분이나 지위보다는 범행의 수법이나 범행이 이루어지는 기제(mechanism)에 더 초점을 맞추어야 한다고 주장한다. 그러나 또 다른 일부에서는 두 관점을 하나로 통합할 수도 있다고 보아, 범죄자의 지위와 범행수법, 그리고 범죄기회를 동시에 고려할 수 있고, 고려되어야 한다는 것이다. 그래야만 이들 범죄가 어떻게 범해지고, 따라서 어떻게 예방할 것인가를 논하고 답할 수 있다는 것이다[64].

구체적으로, 위와 같은 접근은 몇 가지 가정이나 과제를 전제로 한다. 먼저, 모든 형태의 화이트칼라 범죄는 기회구조를 가진다고 하는데, 이는 범행이 수행되기 위해서는 일련의 조건이나 요소가 다 제자리에 있어야 한다는 것이다. 두 번째는 화이트칼라 범죄의 통제와 예방은 이들 범행이 행해지는 과정의 이해에 달렸다고 한다. 그런데 범행과정의 이해는 왜 범행이 행해지는지 그 이유나 동기의 이해와는 동일하지 않다고 한다. 왜(why)와 어떻게(how)라는 이 두 가지

---

64) M. L. Benson, Madenson, T. D. and Eck, J. E., "White-collar crime from an opportunity perspective," pp. 175-193 in S. S. Simpson and Weisburd, D.(eds.), The Criminology of White-Collar Crime, NY: Springer, 2009

의문은 화이트칼라 범죄의 확산이나 팽배를 통제하기 위한 기제로 연결될 수 있다는 점에서 정책적 함의를 가진다고 하는데, '왜'보다는 '어떻게'에 초점을 맞추는 것이 더 생산적일 수 있다는 것이다[65].

화이트칼라 범죄의 예방은 화이트칼라 범죄의 이론적 근거를 바탕으로 진행되어야 할 것이다. 지금까지 화이트칼라 범죄의 이론적 배경으로 주로 기회의 관점에서 일상활동이론, 범죄유형이론, 상황적 범죄예방이론이 주를 이루고 있다. 먼저, 기회이론의 관점에서 화이트칼라 범죄를 예방하기 위해서는 우리가 예방하고자 하는 범행과 관련된 특정한 기회구조를 파악하는 것이 먼저다. 이는 곧 범죄가 일어날 수 있게 하는 여건이나 상황의 특징을 파악, 확인해야 한다는 것이다. 이들 세 가지 이론은 당면한 환경에 의해서 어떻게 범죄기회가 형성되는가, 그리고 잠재적 범법자가 어떻게 그 환경을 발견하고 평가하는가를 다루고 있다. 물론 이들 이론은 원래 전통적 형태의 노상범죄를 이해하기 위한 것이었지만, 최근에는 이보다 비전형적인 문제, 예를 들어 테러리즘, 아동학대 또는 군중폭력 등에도 적용되기 시작했으며, 나아가 화이트칼라 범죄에도 적용될 수 있다는 것이다[66].

먼저, 일상활동의 관점을 화이트칼라 범죄예방에 적용하려면, 일상활동 이론의 주요요소인 가해자와 피해자의 "공통의 장소(common place)", 즉 범죄가 발생하려면 가해자와 피해자가 동일한 공통의 장소에 있어야만 한다는 것인데, 사실 다수 화이트칼라 범죄는 가해자와 피해자의 직접적인 물리적 접촉이 일어나야 하는 이 '공통의 장소'를 요하지 않는 경우가 많다. 이처럼 범법자가 종종 자신의 피해자로부터 물리적으로 멀리 떨어져 있어도 만약에 '공통의 장소'라는 개념이 가해자와 피해자 사이의 상호작용을 용이하게 해 주는 네트워크로 확대된다면 화이트칼라 범죄에도 적용될 수 있다는 것이다. 즉, 여기서 네트워크가 가해자가 피해자에게 접근할 수 있는 '공통의 장소'라는 것이다[67].

---

65) Benson et al., op cit., p. 176

66) R. Worthy and Smallbone, S., "Applying situational principles to sexual oddenses against children," pp. 7−36 in R. Worthy and S. Smallbone(eds.), Situational Prevention of Child Sexual Abuse, NY: Criminal Justice Press, 2006

67) J. E. Eck and Clarke, R. V., "Classifying common police problems A routine activity approach," pp. 7−39 in M. J. Smith and D. B. Cornish(eds.), Theory for Situational

일상활동 이론의 원리에 바탕을 둔 범죄유형이론은 한편으로는 범법자수색 이론(offender search theory)이라고도 하는 이론으로, 범법자들은 자신의 평범한 정상적인 정당한 활동에 가담하면서 범죄기회를 알게 된다고 설명한다. 즉, 범법자들은 익숙한 장소에서 표적을 찾는 경향이 있다는 것이다. 범죄유형이론은 표적 전반에 걸친 화이트칼라 범죄의 분포를 알아내고 설명하는 데 활용될 수 있다고 한다. 물론 비록 익숙한 거리를 걸음으로써 범행기회를 발견하지는 않지만 자신의 직업이나 고용으로부터 화이트칼라 범죄 기회를 알게 된다는 것이다. 화이트칼라 범죄의 기회구조는 범법자의 'node'와 'path'에 좌우되며, 화이트칼라 범죄의 'node'는 자신의 사업이나 조직이며, 'path'는 다른 사람들과 소통을 이루거나 사업을 위한 네트워크와 절차를 포함하는 것이다. 한편, 'edge'는 어쩌면 path가 겹치는 곳으로, 예를 들어 유흥가에 인접한 주거지역과 같이 특정한 활동을 위해 지정된 구역 사이의 경계구역·지역이라고 할 수 있으며, 범죄가 바로 이런 경계에서 자주 발생하는데, 그 이유는 서로 잘 모르는 사람들을 함께 불러 모아서 누가 이 구역에 속하고 속하지 않는지를 결정하기 어렵게 만들기 때문에 이방인과 그들의 행동이 이들 장소에서는 알려지지 않고 해결되지 않고 그냥 지나칠 가능성이 더 높아서 그렇다는 것이다[68].

일상활동 이론과 범죄유형이론이 어떻게 범법자들이 범죄기회에의 접근을 획득하는가를 설명하는 반면에, 상황적 범죄예방이론은 왜 일부 범죄기회가 다른 사람들보다 범법자에게 더 매력적인지를 기술하고 있다. 상황적 예방이론은 사람들은 자신에게 주어진 기회의 특별한 특성에 기초하여 범죄활동에의 가담 여부를 결정하며, 이러한 이론적 틀은 합리적 선택으로부터 차용하며, 그래서 범법자는 범행을 선택하고 그러한 범행활동에의 가담에 따른 비용과 이익을 고려한다고 주장한다. 그들에 따르면, 범죄는 범행이 용이하고, 발각위험이 낮고, 매력적인 보상을 제공하며, 당면한 환경에 의하여 권장되고, 정당화가 쉬울수록 발생할 확률도 그만큼 더 높아진다고 한다. 따라서 상황적 예방이론의 관점에서

Crime Prevention, Crime Prevention Studies, Vol. 16, Monsey, NY: Criminal Justice Press, 2003

68) K. Calavita and Pontell, H. N., "Head's, I win, tails, you lose: Deregulation, crime and crisis in the Savings and Loan Industry," Crime and Delinquency, 1990, 36: 309–341

화이트칼라 범죄를 예방하려면 선택의 다섯 가지 관점, 즉 범행을 어렵게 하고, 발각 가능성을 높이고, 보상이 매력적이지 않게 하며, 환경의 권장보다 억제를 강화하고, 범죄를 정당화하기 어렵게 만들라는 것이다[69].

언론과 정치권에서의 범죄에 관한 대중적 담론은 범죄대책으로서 죄가 있는 사람의 구금에 지나치게 사로잡혀 있다. 증거에 기초한 범죄학(Evidence-based Criminology)은 그러나 더 장기적인 구금, 즉 더 강력한 형벌이 그러나 범죄를 줄이는 가장 비용-편익적인 방법은 아니라는 것이다. 범죄학이 언론이나 정치권보다 한 수 나은 것은 그래도 교도소 증설보다 비용도 싸고 효과는 더 큰 아주 다양한 예방적 프로그램의 일부에나마 정책입안자들의 관심을 가지도록 한다는 점이다. 이런 지적은 화이트칼라 범죄에도 예외는 아니어서 대부분의 문헌들이 화이트칼라 범죄예방에 실패한 유일한 원인으로 충분히 강하게 처벌하지 못하거나 안 한 때문이라고 지적하고 있다[70].

이론적으로 형벌에 의한 범죄억제와 예방을 위해서는 확실하고 신속하고 엄격한 처벌이 전제되어야 하는데, 이런 전제조건의 전제라고도 할 수 있는 처벌의 확실성은 범죄의 발각과 범인의 검거라고 할 수 있다. 그러나 안타깝게도 화이트칼라 범죄는 그 특성상 전통적 범죄에 비해 훨씬 가시적이지 않아서 발각이 어렵고, 그 결과 검거도 어렵다는 것이다. 범죄가 밝혀지더라도 이들 화이트칼라 범죄자는 방어와 보호 능력이 월등하여 기소되고 유죄가 확정되어 자유형을 선고받는 경우는 전통범죄자에 비해 월등하게 낮다는 것이다[71].

여기서 한 가지 분명히 할 필요가 있는 것은 화이트칼라 범죄는 대체로 직

69) D. B. Cornish and Clarke, R. V., "Opportunities, precipitators, and criminal decisions: A reply to Worthy's critique of Situational Crime Prevention," Crime Prevention Studies, 2003, 16: 41-96

70) J. Braithwaite, "Diagnostics of white-collar crime prevention," Criminology and Public Policy, 2010, 9(3): 621-626

71) P. Gottschalk and Solli-Soether, H., "Prevention of white-collar crime by knowledge and learning in business organizations: An empirical study of chief financial officer management," International Journal of Management, Knowledge and Learning, 2012, 1(1): 45-54; P. Gottschalk, "Prevention of white-collar crime: The rise of accounting," Journal of Forensic and Investigative Accounting, 2011, 3(1): 23-48; N. Garoupa, "Optimal law enforcement and criminal organization," Journal of Economic Behavior and Organization, 2007, 63: 461-474

업적인 것과 기업 범죄로 분리할 수 있다는 점이다. 대체로 개인이나 소집단이 자신의 직무와 관련하여 직업적 범죄(occupational crime)를 범한다고 하는데, 이들의 이런 범죄를 일부에서는 엘리트 범죄(elite crime)라고도 종종 이름을 붙이고 있다. 이들 직업적 범죄는 범죄자의 지위가 높을수록 더 크고 더 심각한 경향이 있으며, 대체로 개인적 탐욕이 동기가 되고 있다고 한다. 반면에 기업도 기업의 재정적 성과를 향상시키려고 기업범죄(corporate crime)에 가담하는데, 이런 기업범죄는 기업의 임직원이 자신의 개인적 이익이 아니라 기업의 이익향상을 위해서 법률을 위반하는 경우라고 할 수 있다. 뿐만 아니라 특히 기업범죄는 기업이라는 법인에 대해서 자유형이 선고될 수 없으며, 개인에 대한 책임도 누가 어디까지 책임을 물어야 할지 분명하지도 않아서 화이트칼라 범죄, 특히 기업범죄에 대해서는 규제와 준수라는 두 가지 상반된 방법으로 예방하고자 하였다. 이 두 가지 방법은 하나는 효과적이고 효율적인 지침이나 감시와 그 결과에 대한 대응 등 예방을 위한 사후 대응, 반응적 전략(reactive strategy)이라고 할 수 있으며, 반대로 채용과 선발과 교육과 훈련 등을 통해서 임직원의 범죄를 예방하고자 하는 사전 예방적(proactive) 전략이 있다[72].

이런 측면에서 지금까지는 화이트칼라 범죄에 대한 대부분의 예방 정책이 전통적 범죄의 예방과는 사뭇 다르게 진행된 것도 사실이다. 우선 전통적 범죄는 전적으로 형법을 위반한 형사사법의 대상으로 형사처벌이 일차적 목표가 되었지만, 그와는 반대로 더 많은 피해자에게 더 오랫동안 더 큰 피해를 초래하는 특히 기업범죄(corporate crime) 같은 다수의 화이트칼라 범죄는 행정벌이나 민사적으로 다루어지고, 형사절차를 거치지 않는 경우가 대부분이었던 것이다. 반면에 화이트칼라 범죄를 규제와 준수, 즉 강력한 규제와 처벌이거나 자율적 준수에 대한 보상으로 예방하고자 하였다. 규제는 공권력에 의한 타율적 규제와 자율적 규제가 있으며, 화이트칼라나 기업범죄의 경우는 외부적 공식규제보다는

---

72) L. L. Hansen, "Corporate financial crime: Social diagnosis and treatment," Journal of Financial Crime, 2009, 16(1): 28–40; J. Heath, "Business ethics and moral motivation: A criminological perspective," Journal of Business Ethics, 2008, 83: 595–614; Z. Bookman, "Convergence and omissions in reporting corporate and white collar crime," DePaul Business and Commercial law Journal, 2008, 6: 348–392; Gottschalk, op cit., p. 36

오히려 자율규제의 비중이 더 높다고도 할 수 있다. 예를 들어, 변호사 징계를 대한변호사협회에 위임하고, 식품위생업 위반 여부를 감시하라고 요식업중앙회 등에 맡기는 것이 그것이다. 반면에 보상을 통한 예방은 세무신고와 세금납입을 모범적으로 하면 세무조사 등을 면제하거나 연기하고, 환경법규 등을 잘 준수하는 환경보호에 앞장서는 기업에 환경 관련 감시나 조사를 면제 또는 연기하는 등 당근으로 보상하는 것이 좋은 예가 될 수 있을 것이다.

제5장

3차적 범죄예방

3차적 범죄예방

3차적 범죄예방은 이미 범죄를 범한 사람이 재범을 하지 않도록 예방하자는 것이다. 특히, 출소자의 재범률 또는 재입소률(출소 후 다시 범행을 하여 자유형을 선고받고 교정시설에 수용되는 비율)이 상당한 수준인 상황에서 교정단계에서의 재범 방지를 통한 범죄예방은 매우 중요하고 상당한 가치가 있다고 할 수 있다. 교정 단계에서는 대체로 범죄자에게 형벌의 고통을 가함으로써 형벌의 고통이 주는 두려움과 무서움, 즉 위하작용에 호소하여 범죄를 다시는 하지 않도록 소위 겁을 주는 형벌을 통한 범죄억제가 가장 먼저일 것이다. 물론 범죄자를 교도소에 수용하여 교육과 훈련 등 개입과 처우를 통하여 재소자를 교화하고 개선시켜 사회로 복귀시키는 경우가 어쩌면 가장 바람직한 교정단계에서의 예방일 수 있다. 그러나 안타깝게도 대부분의 교정적 노력이 만족스럽지 못한 결과를 보이면서, 그렇다면 범죄자가 시설에 수용되어 있는 동안만이라도 재범을 하지 못하도록 그의 범죄능력을 무력화시키는 길밖에 선택의 여지가 없다는 소위 무능력화(incapacitation)라고 하는 다소 극단적인 정책도 상당한 관심을 받고 있으며, 그러한 시도의 가장 극단적인 사례가 미국을 중심으로 한 '3진 아웃(3 strikes—out)' 제도라고 할 수 있다. 여기에 더하여 최근 피해자 중심(victim—centered)의, 피해자 지향(victim—oriented)의 사법이 강조되면서 회복적 사법(restorative justice)에 의한 범죄예방, 즉 더 구체적으로는 피해자화의 예방(victimization prevention), 특히 반복 피해자화의 예방(repeat victimization prevention)에 의한 범죄예방이 강조되고 있으며, 범죄자는 사형이나 가석방 없는 종신형(life sentence without parole)을 제외하고는 언젠가는 사회로 되돌아오기 때문에 범죄자에 대한 사회적 배척이나 격리(exclusion)는 궁극적인 해답이 되지 못하므로 출소자에 대한 사회적 배척보다 포용(inclusion)이 바람직하며, 범죄를 유발, 조장하는 사회의 변화가 없이는 출소자의 재범예방이 어렵기에 사회의 변화와 출소자의 변화를 통한 사회와 출소자의 재통합(social reintegration)이 출소자의 사회복귀에는 반드시 필요하다는 점도 강조되고 있다.

물론 특별제지(Specific deterrence)와 무능력화(Incapacitation)가 이미 유죄가 확정된 교정단계의 범죄자가 더 이상의 범죄를 하지 못하도록 예방하려는 가장 기본적이고 보편적인 방법이다. 이 두 가지 방법 모두가 이미 우리 사회에 해악과 손상을 가하였고, 일탈적 활동의 성향과 기질을 보인 사람들에게 형벌적으로 개입함으로써 범죄를 예방하려는 것이다. 당연히 이 두 방법은 범법자에 대한 형벌, 처벌을 전제하여 이루어진다. 물론 무능력화와 특별제지를 기대하는 형벌은 시설수용이라는 형벌의 형태를 취하는 것이 일반적이지만, 그렇다고 이에 한정되지는 않으며, 대안적 형태의 형벌도 가능하다. 그러나 이 두 방법의 유사성에도 불구하고, 두 방법이 기대하는 효과와 그 과정은 전혀 다른 것이다.

특별제지 또는 특별억제가 개별 범법자와 그들의 미래 범죄행위를 목표로 하여, 이들 범법자에게 범죄활동에 가담함으로써 얻어지는 쾌락이나 이점을 상회하는 형벌을 부과함으로써 합리적 선택을 하는 범법자가 더 이상의 범죄를 선택하지 못하게 하자는 것이다. 반면에 무능력화는 범법자의 미래 범죄를 예방하자는 목표를 가지지만, 범법자를 교도소에 구금시킴으로써 구금된 기간 동안 사실상 더 이상의 범죄활동을 위한 물리적 가능성을 제한하여 범죄능력을 무력화시키는 범법자 개인에 대한 단순한 통제이다. 범법자가 시설에 구금되어 사회로부터 엄격하게 격리되고 철저히 통제되어서 사회에서 범죄를 범할 수 없게 하는 것으로 가장 보편적 형태의 무능력화는 구금(Incapacitation)이다. 여기서 무능력화는 특별제지와는 달리 범법자가 시설구금으로부터 석방되었을 때 더 이상 재범하지 않을 것이란 가정을 하지 않고 오로지 정해진 기간 동안 범법자를 구금함으로써 예방될 수 있는 범죄 건수만 고려되는 것이다.

제1절　특별억제와 무능력화

1. 형사제재(criminal sanction)의 특별억제 효과

형벌의 범죄억제효과에 대한 연구는 그리 많지도 않지만, 기존의 연구들도 엇갈린 결과를 내놓고 있어 그 효과에 대해서는 아직도 논쟁이 진행형이라고 할 수 있다. 더구나 그나마 있는 연구도 일반 억제나 제지에 관한 것으로서, 형벌이 일반국민에게 미치는 영향에 관심의 초점이 맞추어지며, 특정 범죄자에게 가해진 형벌이 그 사람의 장래 범행에 대해서도 억지, 억제, 제재력이 있는지 여부에 대한 연구는 희소한 것으로 알려지고 있다. 그러나 직감적으로 특별제지나 억제가 형사사법체제 개입의 논리적 산물임을 알 수 있다. 범법자를 사법에 회부하는 여러 목표 중에는 사법에 회부되는 그 특정 범법자에 의한 차후 추가적인 범행의 예방이 자리하고 있다. 형사제재는 범죄를 통하여 얻어지는 이익이나 쾌락을 능가 또는 적어도 상쇄시키려는 것이다. 즉, 형벌을 통하여 범법자에게 미래의 범행에서 이익이나 장점이 없다는 것을 알 수 있도록 하자는 것이다. 물론 이런 가정도 일반억제에서와 마찬가지로 범법자를 포함한 개인이 비용-편익 분석에 기초한 의사결정을 하는 합리적인 사람이라는 것을 전제로 한다. 여기서 사법제도가 부과하는 형벌의 형태는 다양하지만, 그중에서도 구금, 특히 자유형을 집행하기 위한 교도소 등 시설에의 수용이 사람들이 차후 범죄행동을 하지 않도록 억제, 제지하는 가장 큰 잠재력을 가지는 것으로 가정되고 있다. 물론 그렇다고 자유형 외의 벌금이나 보호관찰이나 기타 지역사회교정 등 중간제재(intermediate sanction)가 억제효과가 없다는 것은 아니다. 구금 외의 그런 다양한 형벌은 대체로 일부 또는 완전한 자유를 범법자에게 남기기 때문에 상대적으로 경미한 처벌로 인식되고 따라서 그만큼 형벌의 억제효과도 작아질 수 있다고 간주되는 것이다.

지금까지 구금, 시설수용 등 자유형 집행이 그로 인한 결과적인 범행에 미치는 영향이라는 특별제지 효과를 평가하기 위한 다양한 시도가 이루어졌지만, 그

중에서 가장 쉬운 형태요, 따라서 가장 보편적 형태이기도 한 평가는 시설에서 일정 기간을 보낸, 즉 일정기간의 수형생활을 한 범법자의 출소 후 재범률을 고려하는 것이었다. 물론 재범률 그 자체도 다양한 문제와 결함을 안고 있어서 재범률에 기초한 효과의 평가도 따라서 문제로부터 자유로울 수는 없다. 예를 들어, 재범률은 출소자의 범죄가 공식적으로 인지되고 공식통계에 잡힌 것만 재범으로 계산되고 인지되지 않은 '암수범죄(dark figures)'는 제외되어 정확한 범행 여부가 아닐 수 있으며, 재범여부를 판단하는 기간의 차이도 고려되지 않아서 출소 후 한 달이나 3년, 5년 후 범죄도 동일한 재범으로 간주되고, 좀도둑이나 살인 등 범죄유형의 차이도 두지 않는 등의 문제를 안고 있다. 이런 이유에서일 수도 있지만 지금까지의 재범률에 기초한 특별억제효과에 관한 연구결과는 결론적이지 못하다고 할 수 있다. 그럼에도 불구하고 상대적으로 대부분의 연구가 상당한 수준의 재범률을 보고하고 있어서 특별억제효과에 대한 일련의 의문을 갖게도 한다. 아마도 이런 부정적 평가는 다양한 원인이 있겠지만, 구금이나 수형생활이 범죄억제보다 더 큰 범죄학습 등 범죄를 야기하는 상황을 만들지도 모른다는 것이다. 구체적으로, 수형생활로 인한 범행 동기나 수법 등의 범죄학습이나 전과자라는 낙인의 부정적 영향, 그리고 사회적 격리로 인한 사회복귀의 어려움 등이 그것이다. 마지막으로 특별억제효과에 대한 평가를 어렵게 하는 또 하나의 요소는 바로 설사 재범률을 낮추는 결과가 나왔더라도 그것이 형벌의 억제효과인지 교화개선효과인지, 아니면 그냥 성장효과(maturation effects)나 나이 듦(aging effect) 효과인지를 구별, 구분하지 못한다는 것이다. 여기에 더하여 일부에서는 특별억제나 제지의 효과가 없다는 극단적 주장도 하는데, 음주운전에 대한 처벌이 아무리 엄중하여도 음주운전이 줄지 않았다는 사실을 그 예로 들고 있다.

2. 무능력화(Incapacitation)

무능력화란 글자 그대로 범죄자가 구금이라는 정해진 기간 동안만이라도 더 이상의 범행을 하지 못하도록 그의 범행능력을 원천적으로 무력화시키자는 것이다. 물론 특별억제를 중심으로 구금이 구금된 개인 범죄자가 미래에 더 이상의 일탈행동을 하지 못하게 억제할 수 없을지도 모르지만, 최소한 그가 구금되어 있는 동안만은 그가 사회로부터 철저하게 격리되기 때문에 사회에 대한 범죄를 범하지 못하게 된다. 더 쉽게 설명하자면, 무능력화란 개별 범죄자에 대한 구금이라는 통제를 제공함으로써 사회에 대한 해악적인 행위를 불가능하게 무력화시킨다는 것이다. 당연히 개별 범죄자가 구금되었다가 석방된 후 그의 행동에 대한 어떤 것도 함축하지 않는다. 이런 무능력화는 집합적 무능력화 (Collective incapacitation)와 선별적 무능력화(Selective incapacitation) 두 가지 형태를 취하는데, 집합적 무능력화는 동일한 범행을 한 모든 범죄자에게 각자의 위험성이나 잠재력은 고려하지 않고 형을 부과하는 것이다.

그러나 불행하게도 이처럼 동일한 범행을 한 모든 범죄자에게 동일한 형기, 동일한 형기의 자유형을 부과하여 시설에 구금하는 것은 다수의 현실적인 문제를 초래한다. 우선 자유형이 불필요하거나 재범의 위험이 전혀 없는 범죄자까지도 구금해야 하고 그것도 대부분 필요 이상으로 오래 구금하게 되어 수형경비의 과다는 물론이고 과밀수용(overcrowding)의 문제를 초래하고 결국은 교정과 교화개선의 효과와 사회복귀를 더 어렵게 만들어, 궁극적으로는 돈은 더 많이 들고 구금의 부작용과 부정적 영향으로 재범률은 더 높아질 수 있다는 것이다. 이런 문제와 비판의 대안으로 나온 것이 바로 선별적 무능력화로서, 이는 모든 범죄자가 아니라 재범위험성이 높은 일부만 선별하여 장기간 구금함으로써 위의 집합적 무능력화의 문제였던 과밀수용, 수용의 부정적 영향, 행형경비의 과다와 같은 문제는 해소하면서 동시에 무능력화 효과는 그대로 또는 증대시키자는 것이다. 실제로 연구에 따르면 일부 소수 중누범자들이 다수의 강력 또는 중범죄의 상당 부분을 저지른다는 통계를 기반으로 이들 소수 고위험군만을 선별하여 구금하면 상당한 강력, 중범죄를 예방할 수 있다는 것이다. 따라서 선별적 무능력화는 재범 고위험자를 정확하게 선별하는 것이 그 핵심이라고 할 수 있다. 동일한 범행을 한 모든 사람이 다 동일한 형을 선고받지 않으며, 사회에 더 큰 위협이라고 판단되는 사람은 더 장기간 구금, 수용될 수 있는 반면에, 위협이 적다고 판단되는 범죄자는 더 짧은 형량이나 아예 보호관찰 등 대안적 형벌에 처해지는 것이다. 이런 선별적 무능력화는 그래서 모든 범법자를 다 장기 구금하지 않고도 무능력화 효과는 극대화시키자는 것이다. 이런 선별적 무능력화의 가장 대표적인 예가 바로 "3진 아웃(Three-strikes out)"이라고 할 수 있다.

그렇다면 이 무능력화는 어떤 효과가 있을까. 무능력화 효과의 평가는 대체로 범죄활동에 관련한 몇 가지 가정에 기초하는데, 그중에서 가장 기본적인 가정은 개별 범죄자들은 기본적으로 매년 일정 비율의 범행을 저지른다는 것이다. 만약 이 가정이 옳다면, 개별 범죄자를 구금하면 그에게 추정되는 일정 비율의 범죄를 정해진 형기동안은 최소한 방지된다는 것이다. 물론 이런 가정의 효과는 다른 가정과 함께 검증되어야 한다. 문제는 이런 잠재적 효과를 추정하지만 그 이상으로 비판의 대상이 되는 가정 또한 존재한다. 가장 심각한 지적은 범죄자 대체(criminal displacement)로서 구금된 범죄자의 범행은 억제될 수 있지만 그를 대체하는 범죄자가 얼마든지 나타날 수 있기 때문에 범죄자만 바뀌지 범죄는 예방되지 않는다는 것이다. 마치 축구나 야구 경기에서 벤치에서 자신의 기회만 기다리는 후보선수들과 같아서, 주전이 다치거나 전술이 바뀌어 선수를 교체하는 것과 같이 구금된 범죄자를 대체할 잠재적 범죄자는 언제나 있다는 것인데, 조직범죄나 범죄집단에서 두목이나 누군가가 수용되면 그 자리는 즉시 대체되는 것이다. 이런 예는 결국 무능력화는 효과가 없다는 극단적 사례인 것이다.

이에 반해 선별적 무능력화는 수용경비의 과다, 과밀수용과 그 부수적 결과, 구금의 부정적 영향 등은 최소화하면서 무능력화의 효과는 극대화하자는 가정에서 출발하지만, 이를 위해서는 재범 위험성이 높은 범죄자의 정확한 선별을 전제로 한다. 재범위험성의 측정과 판단은 결국 재범 위험성 예측을 말하는 것인데, 이 예측은 범죄자의 과거와 현재의 기록과 사실을 바탕으로 미래 행위의 위험성을 예측하는 것으로서 어쩌면 불가능에 가까울 정도로 어렵다는 사실이다. 특히나 위험성이 없는 데 있다고 판단하여 죄에 상응한 처벌 이상의 형벌이 부과되어 형벌의 과다와 불필요한 구금과 경비의 낭비를 초래하고, 반면에 위험성이 있는데 없다고 예측하여 구금을 대신한다면 사회에 대한 위협을 초래하게 되는 오류를 범하는 것이다.

이런 문제나 비판에 대한 대안이라고도 할 수 있는 것이 있다면 아마도 전자감시(Electronic Monitoring)라고 할 수 있을 것이다. 지금까지는 무능력화는 구금을 전제로 하였지만 사실은 구금에의 호소 없이도 무능력화를 기대할 수 있는 것이 바로 이 '전자감시'이다. 전자감시를 조건으로 범죄자를 시설에 구금하지 않고 자신의 집에 구금시키되 전자장치로 구금상태를 감시한다는 것이다. 이런 대안적 무능력화가 도입된 데는 교정제도가 직면한 문제와 기술의 발전에 기인한 것이라고 할 수 있다. 과밀수용으로 인한 경비 급증과 인권침해, 그리고 교정문제가 증대하여 이의 해소를 위해서는 시설수용능력의 증대, 즉 시설의 증설이 필요하나 늘어날 조세부담과 혐오시설이라는 이유로 입지 선정도 어려워지는 반면에, 범죄자에 대한 더 강력한 처벌의 요구는 증대되고 있어서 문제는 더 심각해지는 추세이다. 이런 문제에 직면하여 나온 대안이 바로 전자감시로서 범죄자에 대한 감시와 동시에 사회에 대한 보호도 강화하면서 과밀수용을 해소하자는 것이다.

전자감시제도는 다수의 장점이 있는 것으로 평가되고 있다. 먼저, 교정시설의 과밀수용을 완화할 수 있고, 지역사회에서의 범죄자 감시능력을 향상시키고 단순한 보호관찰보다 범죄자를 더 잘 무능력화시킬 수 있다는 것이다. 또한 시설수용을 대신하고 심지어 지역사회에서도 보호관찰관을 대신하기 때문에 그 경비가 절감되며, 시설에 수용하기는 지나친 반면에 그냥 단순 보호관찰만으로는 사회에 대한 위협이 될 수 있는 일부 범죄자를 위한 일종의 중간제재 또는 중간 형벌(Intermediate sanction/sentence)이 될 수 있으며, 당연히 시설수용에 비해 상대적으로 범죄자에 대한 보다 인간적인 방법이라는 것이다. 끝으로 아마도 가장 중요한 이점이 될 수도 있는 것으로, 전자감시는 범법자로 하여금 지역사회에 머무르고, 가족관계와 교우관계를 유지하며, 가족을 지원할 수 있게 해 줌으로써 범법자의 사회재통합(reintegration)에도 도움이 된다는 것이다.

다양한 형태로 폭넓게 사용되고 있는 전자감시에 대해서도 학자들 사이에서는 적지 않은 문제와 쟁점이 제기되곤 한다. 그 첫 번째 쟁점은 이 기술을 활용하는 기관이 직면한 운영문제와 관련되는 것이다. 전자감시가 매일 24시간 운영되는 노동집약적 제도요, 체계라는 것이다. 현재 우리나라의 경우처럼 전자발찌와 관련된 문제로서 착용자의 재범이 발생할 때마다 그 대안으로 나오는 것이 바로 인력증원인 것처럼 이 노동집약적 운용이 인건비를 증대시킬 수밖에 없는데, 이에 제대로 대응하지 못하면 그 효과는 물론이고 다양한 문제를 초래할 수 있다는 것이다[1]. 두 번째는 전자감시가 기술의 잠재력으로 형사사법제도의 범

---

1) J. V. Vaughn, "A survey of juvenile electronic monitoring and home confinement program," Juvenile and Family Court Journal, 1989, 40: 1–36; C. M., Friel and Vaughn, J. B., "A consumers' guide to the electronic monitoring of probationers," Federal Probation, 1986, 50(3): 3–14

위를 확장하여 오히려 형사사법망을 확대(Net-widening)하게 된다고 비판한다. 사법개입의 범주와 규모를 줄이려는 목적을 가진 대부분의 혁신이 실제로는 더 많은 사람들을 일정 형태의 사회통제하에 두게 되는 형사사법망의 확대(Net widening)를 초래하게 되어 비용과 인력의 증대를 유발한다고 비판한다. 실제로 전자감시가 기존 시설공간을 제한하거나 제거하는 것이 아니기 때문에 사법제도의 감시하에 놓이게 되는 인원을 증대시킨다는 것이다. 즉, 전자발찌처럼 비시설수용이 적용되는 인원만큼 시설수용 인원이 줄어야 하는데, 시설수용인원은 그대로인 채 전자발찌 부착자만 증가되어 사법망이 더 확대되고 비용이 더 많아진다는 것이다. 물론 이런 비판과 우려에 대해서 일부에서는 망의 확대가 상당한 정도로는 발생하지 않는다고 반박하고 있다[2]. 세 번째는 잘못된 예측이나 감시로 시민들을 더 큰 위험에 빠지게 할 수 있다는 것이다. 그것은 전자감시가 결코 범법자가 지역사회에서 추가범죄를 범할 수 없거나 범하지 않을 것이라 보장할 수 없기 때문이다. 전자감시로는 물리적으로 범법자가 범행하지 못하도록 할 수가 없기 때문이다. 직장이나 학교 또는 집에 머무는 시간과 같이 일부 장소와 시간에는 전자감시를 하지 않거나 할 수 없거나 못하는 경우가 있으며, 위반을 적발하는 장비의 결함이나 작동오류도 사회를 위험에 놓이게 한다. 끝으로, 적지 않은 사람들이 전자감시를 George Orwell식 인구통제수단으로 인식한다는 것이다. 시민이 선을 넘을 때마다 시민의 행동을 바로잡기 위하여 항상 시민을 감시하는 정부가 일종의 Big Brother 인상을 취한다는 것이다[3].

제2절 교화개선(Rehabilitation)과 범죄예방

어쩌면 3차예방의 핵심이라고도 할 수 있는 것으로, 범법자를 교화하고 개선하여 준법시민으로 사회에 복귀시킴으로써 더 이상의 범죄를 하지 않도록 함

---

2) J. R. Lilly, "Issues neyond empirical EM reports," Criminology and Public Policy, 2006, 5: 93-102; M. G. Maxfield and Baumer, T. L., "Home detention 쟈고 electronic monitoring: Comparing pretrial and postconviction programs," Crime and Delinquency, 1990, 36: 521-536

3) Lab(10th ed.), op cit., p. 329

으로 범죄를 예방하자는 것이다. 즉, 범법자에 대한 교화개선으로 재범률을 낮추게 되면, 그만큼의 범죄가 예방될 수 있다는 것이다. 적어도 일부 중누범자가 사회의 다수 강력범죄를 범한다는 주장이나 일부 통계를 고려한다면 이러한 주장은 상당한 의미를 가지는 것이다. 물론 교화개선의 효과에 대한 논란은 아직도 진행 중이지만 그 효과를 무시할 수도 없는 것이 사실이다. 과거 Martinson의 "Nothing works", 즉 효과적인 교화개선은 아무것도 없다는 다소 극단적 주장 이래 많은 논란이 있었지만 현재 보편적 이해는 '일부 교화개선 노력은 특정한 범죄자에게 적정한 환경에서 제대로 운영된다면 효과가 있다'라고 하는 소위 "Something works"가 받아들여지고 있으며, 이에 더하여 이제는 'What works?'라고 하여 그렇다면 과연 어떤 처우나 교화개선이 효과적인가를 묻게 되었다. 이런 연유에서, 70년대 이후 형벌을 지향하는 거센 움직임에도 불구하고 교화개선은 교정 분야에서 강력한 관심으로 남아 있다. 이러한 관심의 배경에는 물론 범죄자를 시설에 수용하여 체계적이고 과학적인 개입과 처우를 제공하면 범죄자를 교화하고 개선시켜서 사회에 복귀시킬 수 있고, 당연히 그들의 재범이 방지되는 만큼의 예방효과가 있다는 가정에 기초하는 것이다.

1. 교화개선의 유효성(Nothing works vs. something works, then what works?)

교화개선 연구에 진정으로 관심을 가진 사람이라면 누구나 일부 개별적인 예외를 제외하고는 교화개선 노력이 지금까지는 재범률에 인정받을 수 있을 만큼의 효과가 없다는 것을 모를 수 없다는 Martinson의 주장으로 교정개입의 그 기초마저 흔들리게 되었다. 실제로 연구자들은 상담, 교육훈련, 의료처우, 심리요법, 보호관찰, 그리고 지역사회 프로그램을 포함하는 다양한 범주의 개입기법을 활용하였으며, 그 결과는 Martinson의 주장과 크게 다르지 않게 이들 다양한 유형의 프로그램이 재범률에 미치는 효과가 아주 미약하여 무시할 수 있을 정도라고 결론을 내리기도 하였다[4].

---

4) R. Martinson, "What works/ Questions and answers about prison reform," The Public Interest, 1974, 35: 22−54; R. Martinson, "New findings: New Views: A note of citation

그러나 일부에서는 오히려 Martinson의 극단적으로 부정적인 주장이 교화개선 노력에 대한 관심이 부활할 수 있는 씨앗을 보여주었다고 주장하였다. 물론 이때부터 교화개선 예찬론자들은 교화개선에 대한 맹목적인 믿음으로부터 재범률을 낮추는 데 효과적인 노력에는 어떤 것들이 있으며, 효과적인 개입의 핵심은 무엇인지를 파악하고 확인하는 데로 그들의 강조점을 이동시켰다. 그들은 메타 분석을 이용하여 교화개선이 재범률을 낮추는 데 상당한 효과가 있었음을 보고하기 시작하였는데, 이들 긍정적 효과는 오직 일정 유형의 교화개선 노력에서만 나타났던 것이다. 구체적으로 '적정한(appropriate)' 서비스는 재범률을 낮추었음을 의미하는 0.30 크기의 평균 효과가 있었던 반면에, '부적절한 (inappropriate)' 억제에 기초한 개입(대체로 형벌적 구금)은 오히려 대략 -0.06으로 오히려 재범률을 높인 것으로 보고되었다. 그리고 효과적 개입의 열쇠는 위험 (risk), 필요(needs), 그리고 감응성(responsivity)의 원리에 주의를 기울이는 프로그램의 실행이었다는 것이다. 여기서 위험성, 필요성, 감응성이란 다른 말로 수용자세가 된 범법자에게 그 사람의 위험성과 필요성에 적합한 개입을 하는, 어쩌면 개별처우 또는 맞춤 처우가 중요함을 시사하는 것이다[5].

1) 위험성, 필요성, 감응성

성공적, 효과적인 교화개선, 교정처우의 열쇠는 범법자의 위험성, 필요성, 감응성, 즉 각 범죄자가 얼마나 위험하며 그가 무엇을 필요로 하고 얼마나 수용자세가 되어 있는가가 성공의 열쇠라는 것이다. 실제로 이러한 원칙은 올바른 범법자를 파악하여 올바른 개입에 매치시켜서, 그 개입을 올바른 환경에서 적절하게 실행하는 것이라고 요약할 수 있다.

먼저 범법자의 위험성 원리는 위험성이 높은 범법자를 표적으로 해야 한다는 것을 강조한다. 이는 재범 위험성이 높은 범법자가 재범 위험이 낮은 범법자에 비하여 개입으로 개선될 여지가 더 크기 때문이다. 즉, 위험성이 높을수록 낮

---

　　regarding sentencing reform," Hofstra Law Review, 1979, 7: 243－258

5) D. A. Andrews, Zinger, I., Hoge, R. D., Bonta, J., Gendreau, P., and Cullen, F. T., "Does correctional treatment work? A clinically relevant and psychologically informed meta－analysis," Criminology, 1990, 28: 369－404

은 범법자에 비하여 변화의 여지가 더 크다는 것이다. 여기서 재범 위험성 요소는 가정, 또래, 반사회적 태도, 과거 범행, 그리고 약물남용을 포함하는 몇 가지 범주로 나누어진다. 가정요소는 부적절한 부모의 감시감독, 학대와 가학, 가혹하고 일관적이지 못한 훈육, 낮은 가족 간의 정, 그리고 부족한 가족 유대 등을 포함한다. 또래 위험요소는 전형적으로 친범죄적이고 반사회적인 교우, 가족, 그리고 접촉이며, 개인의 태도와 신념도 장래 범행에 관련된다고 하는데, 특히 반사회적 태도, 분노, 규율과 사회적 가치에 대한 부정적 감정 등이 그렇다고 한다. 장래 범행에 관련된 가장 큰 위험성은 그래도 과거 범행이라고 할 수 있는데, 알코올과 약물남용의 경력이 있는 사람이 반사회적 행위에 대한 위험성도 더 크다는 것이다[6].

교화개선 효과에 대한 부정적 평가는 다양한 원인이 있겠지만 그중에서도 어쩌면 가장 큰 문제는 처우의 획일성에 기인한다고 할 수 있을 것이다. 범법자의 범행의 동기나 원인이 다양하고 범죄자가 된 이유나 원인 또한 다양하며, 그래서 그들 각자의 이유와 필요에 맞는 처우가 필요함에도 불구하고 마치 만병통치의 판도라 상자처럼 교정처우는 대체로 획일적일 수밖에 없었기 때문에 그 효과가 없거나 낮을 수밖에 없다는 것이다. 그래서 성공적인 처우를 위해서는 필요성 원리가 중요해진 것인데, 이는 간단하게 말해서 특정한 처우가 개인의 필요를 다루게 하는 것이다. 이 필요성 원리는 위의 위험성 원리와도 밀접하게 관련된 것으로, 예를 들어 약물남용의 위험성이 있다면 약물남용 처우가 필요할 것이다. 적절하고 가장 효과적인 개입이나 처우가 어떤 것인지를 고려하고 파악할 때는 당연히 위험성과 필요성 평가가 같이 고려되어야 하며, 처우 필요성은 당연히 재범 행위와 관련되는 위험성 요소에 초점을 맞추어야 하는 것이다[7].

흔히 말을 물이 있는 곳까지 데리고 갈 수는 있지만 억지로 먹일 수는 없다고 한다. 교정처우도 범법자 스스로 받아들이지 않는 한 효과가 없다는 것이다. 교정처우의 효과가 부정적으로 평가되는 이유 중 어쩌면 가장 중요한 이유라면

---

6) P. Smith, Gendreau, P., and Swrtz, K., "Validating the principles of effective intervention: A systematic review or the contributions of meta−analysis in the field of corrections," Victims and Offenders, 2009, 4: 148−169

7) Lab(10th ed.), op cit., pp. 336−337

교정처우에의 참가가 자발적이지 않고 강제적이기 때문이라고 한다. 교정처우에의 참여 여부가 범법자에게 아무런 영향과 결과가 미치지 않는, 즉 참여 여부가 보상과 처벌에 아무런 영향을 미치지 않음에도 범법자 스스로 참여의 필요성을 인지, 자각하여 참여하지 않는 한 교정처우는 효과가 있을 수 없다는 것인데, 기존 교정처우 대부분이 자발적이기보다는 강제적 참여에 의한 것이기 때문이라는 것이다. 다시 말해, 이 감응성이란 개입이 어떻게 시작되고 어떻게 수행되는가에 관한 것으로, 즉 모든 범법자가 교정처우에 다르게 반응하기 마련인데 이를 고려한 처우라는 것이다. 감응성은 그런데 일반적인 것과 특별한 것으로 나누어지는데, 일반적 감응성은 인지－행동 개입, 사회학습기술, 행동변화에 초점을 맞추는 개입 등을 포함하는 친사회적 행위를 가르치는 것을 중심으로 한다. 특별 감응성은 개인과 그들이 처한 여건과 필요성의 차이를 인정하고 이들 차이에 맞는 개입을 제공하는 것으로, 기본적으로 범법자와 교화개선을 매치시키는 것을 의미한다. 이 감응성에 관련된 또 다른 관점은 처우에 대한 범법자의 충실함(fidelity)이다. 이는 처우가 얼마나 잘, 제대로 수행되었으며, 범법자가 그 처우에 얼마나 충실하였는가도 처우효과에 중요한 요인이라는 것이다. 한마디로, 충실함이란 처우가 범법자의 필요성에 진정으로 부응하는 것인가 묻는 것이다[8].

2. 효과적인 교화개선 프로그램 사례

1) 교화개선의 평가

교화개선에 있어서 성공에 대한 전통적 측도는 일탈행위의 제거였으며, 이는 통상 재범률을 낮추는 것을 의미하였다. 그러나 이 재범률이라는 것이 가장 엄격한 의미로 재수감, 재입소(Reincarceration)에서 가장 느슨한 의미로 봉사기관에의 위탁에 이르기까지 지나치게 다양하게 규정되어서 그 측정이 무척이나 어렵다는 것이다. 예를 들어, 재입소율로 규정한다면 일부 범죄자, 예를 들어 살인이나 치정 등의 경우는 재범이 거의 없으며 일부 범죄는 재입소가 희귀한 경우에

---

8) C. T. Lowenkamp, Latessa, E. J., and Smith, P., "Does correctional program quality really matter? The impact of adhering to the principles of effective intervention," Criminology and Public Policy 2006, 5: 575－594; Smith et al., 2009, op cit.

해당되어 재범률이 당연히 매우 낮을 것인 반면에, 재범률을 경찰과의 단순한 접촉으로 규정한다면 재범률은 상대적으로 높아지기 마련이다. 재범률을 측정하기 위한 기간도 6개월에서 수년에 이르기까지 다양하며, 재범에 해당되는 일탈행위도 살인에서 경미범죄까지 다양하지만 범죄의 경중을 전혀 고려하지 않아서 살인과 좀도둑이 동일하게 취급되는 등 재범률이 갖는 자체 문제가 많다.

이런 연유에서 교화개선 관련 문헌에 있어서 가장 보편적인 결과척도는 교육과 직업 성취, 자아존중의 변화, 태도변화, 심리적 적응, 지역사회 적응, 그리고 개입의 경비 등을 포함하여 일탈행위나 재범률을 잣대로 하지 않는 것들이 많다. 다수의 교화개선 효과와 효율성 주창자들은 프로그램 효과성의 증거로 이들 다양한 차원의 진전이나 향상을 지적한다. 불행하게도 이들 다수의 결과들은 문헌에서나 보이지만, 그 변화나 개선이 프로그램 중에나 나타나지 프로그램에서 해지되면 그리 오래지 않아 사라지고 만다. 그럼에도 불구하고, 이들 대안적 측도가 비록 1차적 측도는 아니라도 2차적 측도로 활용될 필요는 충분하다고 할 것이다.

교화개선의 성패나 효과성 또는 효율성의 논의는 교화개선의 결과산물이 과연 무엇인가부터 논란의 대상이며, 그럼에도 가장 보편적 척도가 재범률이며, 이 재범률에 기초한 평가도 그러나 혼란스럽기는 마찬가지이다. 가장 극단적으로 '아무 것도 효과가 없다(Nothing works)'에서 '일부는 효과적이다(Something works)'를 거쳐 형벌이나 교정의 목적은 교화개선이어야 한다는 가장 적극적인 주장에 이르기까지 다양하다. 이런 논란에는 여러 이유가 있겠지만 일부에서는 바로 평가와 분석의 단위 또는 수준이 다르기 때문이라고 주장한다. 부정적인 평가 대부분은 집합적 평가(aggregate evaluation)에 주로 의존하는데, 이 집합단위의 평가는 대규모 집단에 걸친 변화를 추구하여 대체로 행동에 있어서 계량적 변화를 찾는다. 반면에 교화개선 주창자, 옹호자들은 개별, 개인 단위의 평가를 선호한다. 이 개별, 개인단위 평가는 범행에 있어서 양적 변화보다는 질적 변화에 초점을 맞춘다. 예를 들어, 강도범이 절도를 다시 하면 그는 재범자요, 그의 행위는 여타 어떤 범죄와 마찬가지로 재범으로 계산되지만, 사실 절도와 강도는 큰 차이가 있다. 개인단위 평가는 바로 이런 질적 움직임을 눈여겨보는 것인데, 이런 변화는 집합단위 평가라면 나타나지 않고 그냥 실패로 치부되지만 개인단위 평가에서는 개선이라고 할 수 있는 것이다. 대부분의 지금까지 알려진 교화개선에 대한 성공적인 평가는 바로 이 개인, 개별단위 평가에 초점을 맞추고 있다.

2) 대표적인 효과적 교화개선 사례

(1) 인지-행동 개입(Cognitive-behavioral intervention)

교화개선 옹호자들은 일반적으로 범죄자에 대한 개입은 행동적인 것이어야 하며, 반사회적 행동으로 인도하는 인지과정을 다루어야 한다고 주장한다. 이는 개입으로 범죄자의 의사결정과정을 변화시키고자 하고, 도전에 대한 친사회적 대응을 파악하는 데 도움을 주며, 문제행위를 피하는 기술을 개발시키고자 하는 것이라고 한다. 이들 프로그램은 적정한 행위와 기술을 모범으로 삼는 구조화된 사회학습 접근을 활용한다.

(2) 회복적 사법(Restorative Justice)

범죄와 범죄자는 물론이고 피해자와 지역사회까지 아우르는 최근의 형사정책적 접근 중에서도 가장 최근의 가장 흥미로운 것이 있다면 단연 '회복적 사법'일 것이다. 법위반자와 억제, 보복/복수, 그리고 형벌의 목적으로 가해지는 제재에 초점을 맞추던 가해자 중심의 전통적인 응보적 사법(Retributive justice)과는 전혀 다르게, 회복적 사법은 피해자와 지역사회에 가해진 손상과 해악을 바로잡고자 하는 피해자 중심의 사법이다. 이와 동시에 이 회복적 사법에 참여함으로써 범법자도 이익을 얻을 수 있거나 고쳐질 수 있다는 가정도 저변에 깔려 있다. 이는 피해자와 가해자는 물론이고, 그들의 친인척과 가족, 형사사법제도 인사, 그리고 일반 지역사회 구성원들을 포함하여 관계된 다양한 이해 당사자들을 함께 모여 화해시킴으로써 가능해진다. 참가자들은 하나의 집단으로서 범죄나 반사회적 행위로 이끌었던 행동을 이해하고, 관련된 모든 사람들의 감정과 관심과 우려 등을 드러내게 하고, 모든 사람이 동의할 수 있는 해결책을 중재하거나 협상하고, 그 해결책을 실행하는 데 도움을 주고자 하는 것이다. 이런 회복적 사법은 여러 가지 형태를 취하는데, 피해자-가해자 중재(Victim-Offender Mediation), 가족집단회합(Family Group Conferencing), 주민 보상 위원회(Neighborhood Reparative Boards), 조정/양형 서클(Peacemaking/sentencing Circle) 등이 가장 대표적이라고 할 수 있다.

어떤 형태이든 회복적 사법은 일반적으로 피해자에게 가해진 손상과 해악을 바로잡거나 회복하고, 가해자를 교화개선하는 의도를 가진다. 범죄자로 하여금 자신의 범죄와 그로 인한 피해자의 피해와 고통을 시인하고 진심으로 사죄함으로써 인식과 태도의 변화를 초래하고, 응보적 형벌을 피할 수 있어 낙인과 범죄학습 등으로 인한 재범가능성을 해소할 수 있기 때문에 그들의 재범을 예방할 수 있다는 것이다.

(3) 전문법원(Specialized Courts)

지금까지 전문화된 전문법정이 없었던 것은 아니다. 가장 비근한 예로 가정법원과 소년법원을 들 수 있다. 이처럼 특수, 전문법원은 특정한 유형의 범죄와 범죄자에 대한 일종의 맞춤형 법원이라고 할 수 있다. 실제로 최근 들면서 범죄가 신종범죄를 중심으로 다양해지고 더욱 전문화되고 있으며, 그만큼 범죄자도 전문화되고 있어서 이들 범죄와 범죄자의 전문화에 걸 맞는 전문화된 법원의 필요성에 대두된 것이다. 이들 추세에 맞추어 현재 전문법원제도가 보편적 현상이 되고 있다. 이들 전문법원이 다양한 분야에서 시도될 수 있으나 현재는 약물법원(Drug Courts), 10대 또는 청소년 법원(Teen/Youth Courts), 그리고 정신건강법원(Mental health Courts)이 대표적이라고 할 수 있다.

가. 10대 법정(Teen Courts)

"10대 법정(Teen Courts)"은 때로는 청소년 법정(Youth Courts) 또는 '또래법정(Peer Courts)'으로도 불리는 특별법정으로서 10대 동년배 또래들로 구성된 배심원에 의하여 특정 유형의 범행을 한 10대 비행소년에게 형이 선고되는 소년법원제도 내의 문제-해결 법정(Problem-solving courts)이라고 할 수 있다. 이 특별 법정의 목적은 비행, 경미범죄, 또는 경비범죄로 기소되거나 기타 전환(diversion)의 자격이 있는 청소년에 대한 대안적 처분을 위한 것이다. 이들 일부 청소년범죄자에 대한 공식적 처리가 전과자의 낙인과 범죄학습 등의 부정적 결과를 초래하여 성인범죄자로 이끌게 된다는 지적에 따라 이들 청소년에 대한 대안적 처분의 필요성으로서 법원단계에서의 전환의 하나라고 할 수 있으며, 이와같은 전환을 통하여 낙인으로 인한 재범위험성을 낮출 수 있다는 점에서 범죄예방의 하나로 고려될 수 있는 것이다.

법정의 프로토콜, 사법절차와 과정, 그리고 다양한 법원의 책임 등에 대하여 교육, 훈련을 받은 10대 자원자들에 의하여 수행되는 프로그램으로서, 이들 10대 자원자들이 판사와 훈련받은 성인 자원봉사자들과 함께 진행하며, 피고는 10대 또래 배심으로부터 정해진 기간 안에 수행해야 하는 처분을 선고받고 완결하면 사건이 기각되는 것이다. 대부분의 10대 법정은 전통적인 성인법정과 유사하게 운영된다. 피고에 대한 처분은 피해자에 대한 배상(Restitution)을 하게 하거나, 건강, 안전, 존중, 또는 기타 범행과 관련된 사항에 관한 정보인식교육을 받게 하고, 그보다 더 보편적인 처분으로 범죄소년으로 하여금 반드시 배심으로 봉사하게 하는 등의 사회봉사명령(community service order)이나 약물범죄 등의 경우 교육명령도 있다.

10대 법정은 따라서 10대 청소년들에게 자신의 행동에 대한 책임을 지게하는 동시에 공식적인 사법절차는 피할 수 있는 기회라고 할 수 있다. 피고인들은 불법행위의 결과, 사법과정과 법률제도를 학습하고, 또래 친구들이 범죄에 대하여 어떻게 느끼며, 그들이 믿는바 공정하고 적정한 결과에 대하여도 학습하게 된다. 프로그램의 한 부분인 사회봉사의 일환으로서 다른 청소년 10대 법정에 참여케 함으로써 법정의 다른 입장도 경험하게 된다. 10대 법정에 참여함으로써, 범죄, 피해자, 법률, 법률제도에 대한 이해를 높이고, 분석과 언어능력과 기술의 함양에도 큰 도움이 되어 이 또한 장래 비행예방에 도움이 된다는 것이다. 이런 가정은 실제 재범률 조사결과 10대 법정 참여 비행청소년들의 재범률이 일반 전통적 법원이나 소년법원 참여자보다 재범률보다 낮았다고 한다.

10대 법정은 일종의 회복적 사법(Restorative Justice)을 실행하고, 받아들일 수 없는 행동을 한 청소년에게 자신의 행동에 대한 적절한 경고의 메시지를 보내는 동시에 청소년을 지역사회에 재통합시키려는 시도라고 할 수 있다. 회복적 사법의 기본원리가 지역사회 보호, 능력개발, 그리고 책임감이며, 이런 면에서 이 10대 법정은 소년비행의 근원을 해결하고자 하고, 재범률을 낮추고자 하는 것이다. 회복적 사법원리는 범법자로 하여금 피해자와 지역사회에 보상을 하도록 하며, 피해자와 지역사회 구성원이 소년사법과정에 참여할 수 있게 하여 의사결정에 가치 있는 의견을 제공할 수 있게 한다. 이처럼 피해자로 하여금 적극적, 능동적 역할을 하게 함으로써 피해자 영향이나 피해자 만족에 대한 질적인 평가도 가능하게 한다.

나. 약물법정(Drug Courts)

약물법정은 범법자를 구치소나 교도소에 수용하는 대신에 현실 세계의 지역사회에 두려는 의도이다. 비교적 상대적으로 경미한 범죄자를 그냥 사회에 둠으로써, 사회의 효과적, 생산적 구성원으로 계속 남을 수 있고, 직업을 유지하고 세금을 내며, 교도소나 구치소에서 보다 더 나은 처우나 치료를 받을 수 있게 한다는 것이다. 범법자가 성공적으로 약물법정을 완결하면, 대부분 그들의 약물범죄는 기록에서 삭제된다. 약물법정은 대부분 보호관찰과 함께 강제적 약물, 알코올 검사, 처우 프로그램, 상담, 일과 교육훈련 의무 등을 수행하게 된다. 지금까지 결과로는 약물과 알코올 남용과 중독이라는 문제를 해결함으로써 재범률을 많이 낮출 수 있었다는 점에서 약물법정이 매우 성공적이라는 평가를 받고 있다.

약물법정이 심각한 중독으로 어려움을 겪고 있는 많은 사람들을 사법제도로 밀어 넣지 않고 건강하고 장기적인 회복의 삶을 영위할 수 있게 해 준 가장 성공적인 개입 또는 대안이라는 평가를 받고 있다. 많은 연구결과들도 단순한 처벌만으로는 중독을 해결할 수 없으며, 실제로 약물범죄로 교도소에 수감되었다 출소한 사람의 3분의 2 이상이 약물 중독에 다시 빠졌다고 보고 있다. 약물법정은 참여자와 처우를 연계시켜서 성공하기에 충분히 오랫동안 처우를 받을 수 있도록 도움을 주고자 한다. 이름처럼 약물법정은 특별히 약물복용장애가 있는 사람들을 위한 법원으로서, 참가자에게 수용형 대신에 법원감독에 동의하고, 장기적인 약물처우를 받을 수 있는 기회를 제공하는 것이다. 이를 위하여 참여자로 하여금 회복을 지속하고, 책임을 지고, 생활유형의 변화를 지향하도록 요구하여, 법원의 권한과 감독하에 참가자의 진전상황을 모니터링하여 궁극적으로는 범죄를 줄이고 사람들의 삶에 실질적이고 긍정적인 변화에 영향을 미치고자 한다.

전통적인 형사법정에서는 약물혐의로 기소된 피고인이라면 장기 구금의 형을 선고받기 일쑤이지만, 약물법정에서는 중독이 충동조절과 행동에 영향을 미치는 뇌의 만성적 질병으로 인식하여 약물법정의 1차적 목표는 처벌이 아니라 질병에 대한 처우, 치료가 우선이라고 인식하는 것이다. 처우에 동기를 부여하기 위하여, 법정은 진전에 대해서는 보상을, 요구조건을 충족시키지 못하는 실패에 대해서는 제재를 가하고 있다. 약물법정은 약물복용 장애로 어려움을 겪고 있는 위험성은 높고 처우 필요성도 높은 사람들에 대한 전통적 형사사법 절차의 대안을 제공하는 증거에 기초한 특별 법원이라고 할 수 있다. 이 협동적 법원모형은 팀에 기초하고, 사건진행에 비교적 덜 적대적이며, 구금대신에 약물남용처우 서비스와 집중감시를 받고 이에 대하여 밀접한 사법적 감시와 모니터링을 받게 되는 그러한 접근으로서 다음과 같은 목표를 지향한다. 약물남용 범법자의 약물남용과 재범율을 낮추고, 약물남용이나 그들의 사법제도 가담에 기여한 저변의 다른 문제들을 해소함으로써 성공적인 교화개선의 가능성을 증대시키는 것이다. 구체적으로, 약물법정은 상대적으로 협력적 법정 환경 속에서, 판사가 모두가 참가자의 회복을 위한 진전을 모니터링하고 지원하고자 하는 한 가지 마음으로 함께 일하는 법원직원, 검사, 보호관찰관, 약물남용 전문가, 처우전문가로 구성되는 일련의 팀을 이끈다.

다. 정신건강 법정(Mental Health Courts)

정신건강 법정은 정신질환을 가진 피고인에게 특정한 서비스와 처우를 제공하는 일종의 협력 재판소(Collaborative court)라고 할 수 있다. 이 특별 법정은 문제-해결모형(problem-solving model)을 강조하고, 피고인을 다양한 교화개선 서비스와 지원 네트워크에 연계시켜 줌으로써 전통적 법원제도에 대한 하나의 대안을 제시하는 것이다. 비록 각 법정마다 구체적인 참여조건이나 자격 등은 다르지만, 대부분은 참여자의 성공적인 사회복귀를 지원하고 재범률을 낮추며, 동시에 공공의 안전은 높이고, 결과적으로 개인의 삶의 질을 향상시키자는 것이 핵심 목표이다. 정신건강 법정은 통상적으로 교도소에 수용될 범법자를 장기적으로 지역사회에 기초한 처우에 연계시키는데, 이 특별 법정은 정신건강 평가, 개별처우 계획, 그리고 범법자의 정신건강 필요와 지역사회의 공공안전 우려 모두를 아우르기 위한 지속적인 사법 모니터링에 의존하게 된다. 이 정신건강 법정은 그래서 약물 법정과 같은 다른 특별 법정처럼 범죄행위에 기여하는 저변의 문제를 해결하려는 것이다.

위의 공통적 목표 외에도 일부에서는 교도소나 구치소 등 교정시설의 과밀수용을 완화할 수 있다는 또 다른 목표도 있다고 주장한다. 그 밖에, 정신질환을 가진 범죄자들이 형사사법의 문을 회전문처럼 들락거리게 하는데 이는 그들의 범행의 근원이었을 수도 있는 정신질환의 치유가 아니라 처벌만 하기 때문이며, 그 대안으로서 이들을 지역사회에 기초한 정신건강 치료와 처우 서비스를 받게 함으로써 과밀수용도 완화하고 재범률도 낮출 수 있다는 것이다. 당연히 이는 또한 정신질환을 가진 범법자들의 수용기간도 줄이게 되어 수용경비와 사법비용을 절감할 수도 있다고도 한다. 또한 하나의 전문법정으로서 정신질환을 가진 범법자를 파악하고 평가하고 모니터하는 능력을 향상시킨다는 것이다. 마지막으로 하나의 협력법원으로서, 법원과 형사사법제도와 정신건강 사이의 공조와 협동과 협조를 증진시킬 수 있다는 것이다.

정신건강 법정의 잠재적 참여자는 통상적으로 구치소에서나 재판 전 조사관 등의 법원 직원에 의해서 형사사법과정 초기에 가려지는데, 대부분의 법원이 받아들일 수 있는 혐의, 범죄전력, 진단 등에 관한 범주를 정하고 있다. 초기 스크린 과정에서 그 범주를 충족하는 것으로 진단된 피고인이 참여에 동의하면 처우계획과 기타 지역사회 감시감독 조건이 주어지고, 통상 6개월 정도의 기간 동안 이 조건을 완전하게 수행하면 사건이 통째로 지워지거나 형이 단축되지만 완결하지 못하면 보통 검찰의 기소로 이어지는 원래의 형사사건으로 되돌려진다. 다른 특별 법정과 같이, 이 정신건강 법정의 판사도 전통적 형사법정의 판사보다 역할이 훨씬 더 크다고 한다. 판사의 역할이 크지만, 정신건강 법정은 하나의 협력 법원의 성격이어서 변호사, 검사, 사건 담당자, 처우전문가, 보호관찰관과 같은 지역사회 감시감독자 등을 아우르는 팀으로 작동한다.

대체적으로 이 정신건강 법정에 대해서 긍정적인 평가가 많은데, 대부분 참여하는 기간 동안은 물론이고 끝난 이후에도 참가자의 교화개선과 범죄행위에 긍정적인 영향을 미친 것으로 보고되고 있다. 특히, 참가자들이 처우 서비스를 받는 확률이 훨씬 더 높았으며, 다시 체포되는 경우는 매우 더 낮았고, 비참가자에 비해 수용시설에서의 수용일수도 더 적었다는 것이다. 더 적극적인 평가로는, 참가자의 재범률이 비참가자에 비해 두 배 이상 낮았다고 하며, 약물남용과 관련된 범법자의 경우에는 범죄활동과 약물복용도 많이 줄었다고도 한다. 물론 이러한 긍정적 평가에도 불구하고, 비판이 없는 것은 아니다. 첫 번째는 정신질환을 가진 사람의 형사사법제도에의 개입과 가담을 완화하는 것이 아니라 오히려 심화시킨다고 비판한다. 특히 경미범죄자가 정신건강 법정이 아니었다면 그냥 단기 구치나 보호관찰로 끝날 수도 있는 데 비해 정신건강 법정에 회부됨으로써 더 오래 더 깊이 관련된다는 것이다. 이런 이유로 이들 비판가들은 정신건강 법정이 경미범죄자가 아닌 중대 범죄자로 기소된 범법자를 대상으로 할 것을 제안한다. 두 번째는 정신건강 법정이 사람들에게 무죄가 추정됨에도 처우를 강제한다는 것이다. 또한 지역사회의 정신건강이나 보건 자원의 부족과 그로 인한 서비스의 부족이 해소되지 않는 한 정신건강 법정은 그 영향이 아주 미미할 수밖에 없고, 더구나 부족한 자원으로 지역사회 정신건강 서비스는 이들 범죄자들에게 제한되는 상황이 초래될 수도 있다는 것이다.

3. 범죄예방으로서의 교화개선 평가

지금까지 살펴본 다양한 교화개선 프로그램과 그 결과, 그리고 그에 대한 평가는 사실 범죄예방 도구로서의 교화개선의 효과에 대한 희망과 우려를 동시에 불러일으킨다. Martinson을 시작으로 교화개선의 효과에 대한 논쟁은 지금도 진행 중이지만, 대체로 '아무것도 효과적이지 않다'보다는 '특정 프로그램이 특정한 범죄자에게 적정한 환경과 여건에서 제대로만 실행된다면 효과적일 수 있다'는 소위 'Something works'가 보편적이라고 할 수 있을 것이다. 실제로 인지－행동 요법(Cognitive－behavioral therapy)과 같이 특히 지역사회에서 집중적인 프로그램에 범죄자에게 맞는 맞춤형 처우를 실행한다면 효과가 있다는 것이다.

제6장

상황적 범죄예방

제6장

상황적 범죄예방

제1절 상황적 범죄예방의 가정과 발전배경

'범죄정책(crime policy)'은 복잡하지만 통상적으로 범죄건수의 감축을 목표로 범죄와 범죄성(criminality)에 대한 통제와 피해자의 필요에 더 많은 관심을 집중하는 등 범행의 부정적/해악적 결과에 대한 통제라는 두 가지 원칙적 목표를 아우르는 것이다. 이를 위하여 한편으로는 소위 말하는 범죄의 근원을 제거하고 범죄적 성향이나 기질의 출현을 예방하기 위하여 사회적, 경제적, 문화적 조건들을 향상시켜야 한다. 만약에 이들 범죄적 또는 동기적 기질이나 성향이 이미 형성되고 출현되었다면, 즉 범행이 발생하였다면, 범죄성을 가능하다면 사회로 재통합될 수 있을 정도로 비범죄적 지향성, 친사회적 태도와 문화적으로 받아들일 수 있는 행동유형으로 전환시키는 두 가지 기본적 목표를 성취하고자 한다. 더구나 범죄의 예방은 주로 위협, 무능력화, 재사회화 등 형벌제도에 의해서, 경찰의 통상적 기능에 의해서, 그리고 사회적 예방에 의해서 세 가지 방법으로 실천되었다. 그러나 다른 한편에서는 소위 post-modern 범죄정책은 사회공학(social engineering)을 대체하는 상황적 공학(situational engineering)과 사회적 통합(social integration)을 대체하는 제도적 통합(systemic integration)의 상승을 목격하게 된다.

상황적 예방과 같은 범죄정책은 일반적으로 범죄라는 프로젝트에 동반되는 위험을 증대시키고, 범죄자의 의도를 실현하는 데 필요한 노력을 증대시키며, 반대로 주어진 또는 특정한 상황과 여건에서 범행으로 얻어지는 보상이나 장점을 축소시키며, 규범위반에 대한 합리화(rationalization)나 중화(neutralization)를 어렵게 만듦으로써 표적이 되는 범죄행위를 도덕적으로 법률적으로 정당화할 수 없는 것으로 기술하고자 하는 목표를 성취하려는 것이다. 이러한 상황적 예방은 개인의 행동은 상황에 따라 변할 수 있으며, 따라서 상황적으로 조건지어질 수 있다는 가정을 전제로 한다. 따라서 개인과 다양한 상황적 변수의 교차가 잠재적 범죄자의 상대적으로 안정적 인성구조보다 훨씬 더 큰 범죄원인론적 중요성을 갖는다고 가정되는 것이다. 상황적 예방은 범죄행위의 동기가 어디서 파생되었는지에 대한 물음은 꼼꼼하게 다루지 않는다. 그 이유는 범법자의 범행이 가능하게 된 상황적 요소에 관심을 두기 때문이다. 상황적 예방은 "기회가 도둑을 만든다(Opportunity makes thief)"는 속담의 정교화라고도 할 수 있다. 잠재적 표적의 보호와 안전의 재강화(reinforcement) 등으로 범죄유발적(criminogenic, crime-precipitated) 기회와 그에 수반되는 유혹을 제거하거나 최소한으로 줄이고자 하는 것이 근본적 목표이다[1].

상황적 예방은 합리적 선택과 그 한계를 수용한 '제한된 합리성(limited rationality)'을 바탕으로 다음과 같은 가설을 전제로 한다. 첫째, 범법자들은 일반적으로 이기적이고 기회주의적인 사람이어서, 이익이나 이점을 극대화하려고 하며, 둘째로 범법자들은 자신의 범행을 권장(incentives)하거나 억제(disincentives)하는 외부 자극에 매우 민감한데, 이런 점에서 그들은 상황적 사람(situational person)으로 기술된다. 셋째, 앞으로의 행위조건을 결정할 때, 범죄자가 될 사람들은 대안적/가능한 행동의 이익과 비용의 균형을 맞춘다. 넷째, 범법자들은 비록 그들이 시간적 압박, 인지능력과 상응한 정보의 가용성 등으로 보통 제약을 받지만 기본적으로 합리적으로 결정하는 것으로 추정되며, 다섯째는 범죄행위는

---

[1] M. Felson and Clarke, R. V., "The ethics of situational crime prevention:," pp. 197-218 in Newman, G., Clarke, R. V. and Shoham, S. G.(eds.), Rational Choice and Situational Crime Prevention, Aldershot: Ashgate, 1997, pp. 197-202

합리적, 목적적, 표적 – 지향 행위라고 가정한다. 따라서 범죄적 기질이나 성향의 사회적, 심리적, 생물학적 요소들을 다루는 실증주의 범죄학과는 달리, 상황적 예방의 저변의 이론인 합리적 선택이론은 특히 범죄의 사전계획과 같은 선택적 요소가 많은 주거침입절도와 같은 특정한 유형의 범죄와 피해자의 행동을 포함한 표적과 표적 주변의 특성 등 범죄 프로젝트의 성공적인 실행을 용이하게 하거나 가능하게 하는 구체적인 상황에 더 많은 관심을 둔다[2].

상황적 범죄예방은 범죄가 일부 사람을 범죄행위를 할 수 있는 상황과 장소로 돌리는 일종의 '거르는 과정(filtering process)'의 산물로 본다. 그래서 상황적 범죄예방은 범죄행위의 즉각적인 예방과 감축을 목표로 하는 복잡한 개입의 구축에 대한 지침으로 이 '거르기'를 이용하는 범죄예방계획과정이라는 것이다. 그렇게 함으로써 다수의 잠재적 범법자가 결국 범행을 하지 못하게 하기 때문에 처음부터 형사사법제도에 그들이 들어가지 못하게 지키는(gate – keeping) 효과가 있으며, 범법자가 형기만료로 석방되는 지역사회 여건을 재범의 유혹과 기회를 줄이는 방식으로 바꿈으로써 재범이라는 악순환을 끊는 효과도 기대하는 것이다. 이와 더불어 상황적 범죄예방은 이러한 목적을 수행, 성취하면서도 동시에 더 장기적인 발전적 범죄예방 프로그램과 병행하고 보완할 수 있다는 것이다[3].

1. 가정(assumptions)

상황적 범죄예방(Situational Crime Prevention)은 범죄행위를 범하는 사람, 즉 범죄자보다는 오히려 범죄가 발생하는 당면한 즉각적인 환경적 상황과 여건에 더 초점을 맞춘다는 점에서 범죄에 대한 전통적 형사사법제도 접근과는 구별된다. 또한 사전적, 예방적 철학이라는 점에서도 형사사법제도와 구별되지만, 사회

---

2) D. B. Cornish and Clarke, R. V., "Crime as a rational choice," pp. 291 – 296 in Cote, S.(ed.), Criminological Theories, Thousand Oaks: Sage, 2002; K. D. Opp, "Limited Rationality and crime," pp. 47 – 64 in Newmand et al.(eds.), op cit., 1997; N. Tilley, "Realism, situational rationality and crime prevention" pp. 95 – 114 in Newman et al(eds.), op cit., 1997

3) P. L. Brantingham, Brantingham, P. J. and Taylor, W., "Situational crime prevention as a key component in embedded crime prevention," Canadian Journal of Criminology and Criminal Justice, April 2005, pp. 271 – 292

문제 해결적인 접근과 달리 범죄행위의 근원을 다루려하지 않는다. 그 대신, 잠재적 범법자에게 범죄행동이 덜 매력적이고 그래서 범행할 확률을 낮추고자 하는 것을 목표로 하고 있다. 또한 절대다수의 범죄가 특정한 시간과 장소에서 발생하고 있다는 사실에 기초하여, 그 특정한 시간과 장소에서 범죄행위가 발생할 수 있는 기회를 줄이거나 제거하는 데 초점을 맞추는 것이다. 이와 같은 범죄예방을 위한 기회-감소(opportunity-reduction) 접근법은 일반적으로 두 가지 상호 보완적 형태를 취한다. 첫 번째, 범죄기회는 당면한 환경의 안전과 보안을 향상시키기 위하여 그 물리적 환경의 설계, 관리, 조작을 통하여 줄일 수 있다는 것으로, 금고나 자물쇠 설치 등 이른바 "표적강화(Target hardening)"가 그 대표적인 사례라고 할 수 있다. 또 다른 사례는 잘 알려진 "환경설계를 통한 범죄예방(Crime Prevention through Environmental Design: CPTED)"으로서, 범죄기회를 줄이기 위하여 공원이나 건물 등 건조 환경(built environment)에 대한 특정한 설계와 이용을 권장하는 것이다. 두 번째는 범죄기회가 특정한 지역에서 범죄를 억제하도록 사람들에게 영향을 미치고 조직하는 즉각적인 당면 인간환경(Immediate human environment)을 통해서도 줄일 수 있다는 것으로, 이러한 사람에 기초한 상황적 범죄예방에는 시민순찰이나 이웃감시 등으로 대표되는 환경의 정당한 이용자들에 의한 감시가 그 핵심이라고 할 수 있다[4].

보편적으로, 상황적 범죄예방은 범죄와 관련하여 다음과 같은 세 가지 가설을 가정하고 있다. 먼저, 대부분의 범죄행동은 동기가 부여된 범법자(motivated offender)와 잠재적 피해자가 특정한 시간과 공간에서의 집합, 즉 범행의 동기가 부여된 잠재적 범법자와 잠재적 피해자인 표적이 같은 시간과 공간에 함께 있어야 할 것을 요구한다. 두 번째는, 대다수 범죄, 특히 재산범죄는 기회주의적(opportunistic)이라고 하는데, 그것은 잠재적 범법자가 특정한 물리적, 인간적 환경 안에서 스스로 이용할 수 있다고 인식하는 특정한 기회를 활용한다는 것이다. 그리고 세 번째는, 범죄행위는 즉각적 또는 장기적 욕구를 충족시키려고 의도된다는 점에서 목적이 분명하며, 범법자가 특정한 범죄행동의 장단점을 계산한다는 점에서 합리적 의사결정(rational decision-making)으로도 특징지어지기

---

4) R. V. Clarke, "Introduction", in Clarke, R. V.(ed.), Albany, NY: Harrow and Heston, 1997, pp. 2-43; Schneider, op cit., p. 41

도 한다[5]).

이들 각각의 가설은 상황적 범죄예방의 저변에 깔린 가장 중요한 이론적이고 경험적인 가정의 하나인 인간행위는 자신의 당면한 즉각적인 물리적 환경에 영향을 받을 수 있다는 것에 관심을 갖게 한다. Felson과 Clarke는 특정한 여건, 상황(setting)이 사고나 의향을 범죄행동으로 변형시킴으로써 불법행위가 발생할 수 있는 기회를 만들 수 있다고 주장한다. 범죄환경, 여건이라는 이론은 범행이 쉽거나 솔깃하게 구미가 당기는 범행기회가 사람들을 범죄행동을 하도록 유인한다는 단 하나의 원리에 기초한다는 것이다. 이러한 이론적 신조를 대부분의 범죄이론이 동기이론(motivation theory)인 데 비해 '범죄의 기회이론(Opportunity theories of crime)'이라고 표현한다[6]).

2. 발전배경

지금까지 알아본 대부분의 1차적 범죄예방이 전체 지역사회나 동네의 전면적인 변화를 시도하는 것이었다면, 상황적 범죄예방은 특정한 장소, 시간, 문제, 또는 사람을 목표로 하는 것이라고 할 수 있다. 상황적 범죄예방이란 원래 범죄가 발생할 수 있는 상황을 만들지 않는 것에 초점을 맞추기 때문이다. 상황적 접근은 프로그램의 실행 이전에 상당한 정도의 문제파악 및 식별과 계획을 요한다. 특히 반복 피해자화(repeat victimization)에 초점을 맞추어 장소, 개인, 그리고 피해를 당할 위험이 높은 또는 있는 것을 파악, 식별해 내는 것이 상황적 범죄예방의 상당 부분에 있어서 그 핵심이라고 할 수 있다. 이런 측면에서 앞에서 기술한 예측이 중요한 요소가 되기도 한다.

상황적 범죄예방의 뿌리는 70년대 영국 내무성의 범죄예방 노력으로 거슬러 올라간다. 그것은 가각 다른 범죄문제를 보다 성공적으로 다룰 수 있는 개입방법을 찾아내려고 각각의 범죄, 장소, 그리고 상황에 특정한 요인을 줄이는 것

---

5) Schnieider, op cit., p. 42

6) M. Felson and Clarke, R. V., Opportunity Makes the Thief: Practical Theory for Crime Prevention, Police Research Series Paper 9, Vol. 98, Home Office, London, 1998, pp. 1−2

을 목표로 하는 다양한 프로젝트를 시도하였다고 한다. 그런데 그들의 이런 시도는 범죄가 종종 범법자가 평가하는 위험, 노력, 그리고 보상을 반영하고 있다는 인식에서 나왔다는 것이다. 이런 인식은 범법자들도 사고하는 존재로 합리적 선택을 하며 범행의 결정과 그 실행과 관련된 선택을 한다는 것인데, 구체적으로 범법자는 위험과 노력은 적지만 그 보상은 큰 선택을 한다는 가정에 기초하고 있다. 즉, 범법자는 자신에게 가장 이익이 큰 기회를 선택하고 그런 평가에 맞게 행동한다는 것이다[7].

영국 내무성 연구의 핵심인물이었던 Clarke는 상황적 범죄예방을 "다양한 범주의 범법자들이 인식하는 위험은 증대시키고, 범죄기회는 감소시키기 위하여 체계적이고 영구적인 가능한 방법으로 당면한 환경을 조작, 관리, 설계하는 것을 포함한 매우 특정한 유형의 범죄를 겨냥하는 대책들로 구성된 것"으로 특징지을 수 있다고 하였다[8]. 그의 이 개념정의는 다양한 이론과 이론적 관점에서 보이는 범법자와 범행에 관한 몇 가지 가정을 내포하고 있다. 그의 개념정의의 핵심 부분은 바로 범법자의 인식에 위험은 증대시키되 기회는 축소시키라는 것이다. 이는 곧 상황적 범죄예방은 잠재적 범법자에게 범행이 매력적이지 않거나 최소한 덜 매력적인 것으로 만드는 환경의 변화가 가능하다는 가정에 기초하는 것이다. 즉, 당면한 환경을 바꿈으로써, 잠재적 범법자로 하여금 범행이 결코 매력적이지 않게 인식하도록 함으로써 범행을 선택하지 않게 하고, 그래서 범죄를 예방할 수 있다는 것이다. 이는 또한 범법자는 단순히 그냥 또는 충동으로 행동하지 않으며 그들이 행동할 것인가 말 것인가 완전히 통제할 수 있다는 것을 가정하고 있다. 당연히 상황적 범죄예방에서는 범법자가 선택한다는 분명한 신념이 있으며, 이는 합리적 선택이론으로 뒷받침되고 있다. 더 쉽게 설명하자면, 범법자가 주어진 상황에서 위험을 인식하기 때문에 범죄가 억제될 수 있다는, 즉 범법자로 하여금 위험을 인식하게 함으로써 범행을 억제시킬 수 있다는 것이다. 범법자가 위험을 인식하게 하는 것이 바로 당면한 환경을 바꾸고 그래서 범죄가

---

7) Lab(10th ed.), op cit., p. 193

8) R. V. Clarke, "Situational crime prevention: Its theoretical basis and practical scope," in M. Tony and Morris, N.(eds.), Crime and Justice, Vol. 4, Chicago: University of Chicago press, 1983, p. 225

발생할 수 있는 상황을 만들지 말자는 것이다. 결과적으로 범법자는 범행의 위험이 가장 작은 시간, 장소, 그리고 잠재적 피해자를 찾아서 행동한다는 것이다9).

제2절 이론적 배경

예방효과를 기대하는 것은 전적으로 범법자의 선택과 이동성을 전제로 한다. 우선, 범법자들이 전적으로 무작위로 범행하지 않는다고 가정하는데, 다시 말하자면 범법자들이 아무런 이유도 없이 단순히 길을 걷다가 그냥 사람들을 공격하고, 강도를 하고, 주거침입절도를 하거나 다른 범행을 하는 것은 아니라는 것이다. 물론 대부분의 범죄가 그렇다는 것이지 모든 범죄가 다 그렇지는 않다는 점이 소위 '묻지마 범죄'를 통해서 그리고 계획된 다수의 재산범죄나 보복이나 원한과 같은 분명한 동기에서 행해지는 범죄의 피해자가 절대로 바뀔 수 없는 범죄에는 이런 가정이 작동하지 않는다. 그러나 범죄가 무작위라면 그래서 범법자들이 완전히 무작위로 범행한다면, 즉 어느 한순간에 아무런 생각도 없이 범죄를 범한다면 길거리의 모든 사람과 모든 것은 범죄로 만연하게 되고 우리가 할 수 있는 어떤 것도 범죄에 영향을 미칠 수 없게 되는 것이다. 그러나 다행스럽게도 우리가 살고 있는 어느 장소와 시간은 범죄로부터 자유롭고, 범죄를 예방하기 위하여 많은 것을 할 수 있음을 알고 있다. 이는 적어도 어느 정도까지는 범법자들이 무엇을, 언제, 어디서, 어떻게 할 것인지 결정하고 선택한다는 것을 의미한다. 따라서 범죄예방의 핵심은 바로 이 결정과 선택에 작용하는 요소들을 이해하는 것이다.

Felson과 Clarke는 합리적 선택, 일상활동, 그리고 상황적 범죄예방을 연계시켜 기회가 모든 범죄행위의 주춧돌임을 강조한다. 어떠한 범행의 동기라도 기회가 주어지지 않으면 실현될 수 없기 때문이라고 한다. 물론 그렇다고 이 기회 혼자만으로는 범행에 충분한 것은 아니지만, 범행을 위해서 반드시 필요한 것임은 틀림이 없다. 이는 개인의 행동은 그 사람과 상황이나 환경 또는 여건의 상

---

9) Lab(10th ed.), op cit., p. 193

호작용의 산물이기 때문이라는 것이다. 이들은 아래 <표-8>에서처럼, 어떻게 기회가 범죄행위의 모양과 틀을 형성하는지를 구체화하려는 10가지 기회원리를 요약한 바 있다. 그런데 이들 10가지 원리 중 다수는 시간, 공간, 그리고 상황에 따른 기회의 변화와 다양성을 다루고 있으며, 따라서 기회를 줄임으로써 범죄대체도 별로 일어나지 않고 범죄를 줄일 수 있는 것이라고 주장한다. 바로 이 10가지 원리의 저변에는 일상활동, 합리적 선택, 그리고 범죄유형이론이 자리하고 있다[10].

표-8 기회와 범죄의 10가지 원리

---

1. 범죄를 유발하는 데 기회가 역할을 한다.
2. 범죄기회는 매우 특정적이다.
3. 범죄기회는 시간과 공간적으로 집중된다.
4. 범죄기회는 매일매일의 이동에 좌우된다.
5. 하나의 범죄가 또 다른 범죄기회를 낳는다.
6. 어떤 제품은 더 유혹적인 범죄기회를 제공한다.
7. 사회적, 기술적 변화가 새로운 범죄기회를 낳는다.
8. 범죄를 위한 기회는 줄여질 수 있다.
9. 기회를 줄이는 것이 보편적으로 범죄를 대체하지는 않는다.
10. 집중된 기회 감축은 범죄의 폭넓은 감소를 초래할 수 있다.

---

1. 일상활동(Routine Activity)이론

70년대 말, Cohen과 Felson이 개념화한 이론으로서, 물론 범죄에 대한 비교적 직설적인 설명이자, 이론의 가장 중요한 기여나 유용성은 범죄예방에의 적용이라고 할 것이다. 이론의 핵심은 잠재적 피해자가 존재하고, 동기가 부여되

---

10) M. Felson and Clarke, R. V., Opportunity Makes the Thief: Practical Theory for Crime Prevention, London, Home Office, 1998, p. 1

었거나 범행 가능성이 있는 범법자도 존재하며, 그렇지만 능력 있는 보호가 없을 때라고 하는 세 가지 요소가 시간과 공간적으로 충족될 때 범죄가 발생할 가능성이 더 높다는 것이다. 이를 더 쉽게 설명하면, 동기가 부여된 잠재적 범법자가 자신의 범행을 저지할 무엇도, 누구도 존재하지 않은 채 적절한 표적을 마주쳤을 때가 범죄가 발생할 확률이 더 높다는 것이다. 이를 더 강조하여 일부에서는 소위 이 세 가지 요소를 범행의 필요충분조건이라고 하며, 따라서 이 세 가지 요소, 조건 중 하나라도 충족되지 않으면 범죄는 일어날 수 없다고 한다. 이 이론은 매우 특정한 여건이지만 잠재적 범법자가 범죄에 가담할 것인가 말 것인가를 선택하는 의사결정과정에 개입, 가담해야 하기 때문에 합리적 선택이론과 연계되는 것이라고 할 수 있다. 구체적으로, 이 이론에 따르면 개별 범법자의 범행 성향이나 경향(propensity)은 유지되지만(아마도 동일하게), 달라지는 것은 범죄행위를 수행하는 데 대한 위험성이라는 것이다. 결국, 특정 여건에서의 특정 범행에 따르는 위험성에 따라 범행 여부를 합리적으로 선택한다는 것이다. 바로 이런 점에서, 이 이론의 핵심요소는 범죄를 위한 기회, 즉 범죄를 행할 수 있는 기회, 범행기회를 조작함으로써 범죄가 통제될 수 있다는 생각인 것이다. 당연히 감시기능이 증대, 강화되면 범행의 기회는 그만큼 줄어들기 마련인데, 감시기능은 직접적일 수도 있고 간접적일 수도 있다고 한다[11].

잠재적 가해자와 잠재적 피해자 모두의 정상적인 보통의 이동과 활동이 범죄의 발생에 역할을 한다는 것이다. 범죄가 실제로 발생하기 위해서는 반드시 존재해야만 하는 세 가지 범주가 있다고 하는데, 바로 적정한 표적이 있어야만 하고(a suitable target), 동기가 부여된 범법자가 있어야만 하며(a motivated offender), 그리고 표적에 대한 보호는 없어야만 한다(an absence of guardians)는 것이다. 그런데 일상활동이론은 대부분의 범죄가 기회 때문이라고 믿어서 기회의 중요성을 강조한다. 그렇다고 범법자가 기회를 찾아 나서지 않는다는 것을 뜻하는 것은 아니라고 부연 설명한다. 잠재적 범법자가 기회를 스스로 만들거나 찾을 수도 있지만, 그것보다는 범죄의 실제 선택과 범행은 위의 세 가지 조건의 상호적 발생으로 결정되는 것을 함축한다는 것이다[12].

---

11) L. E. Cohen and Felson, M., "Social change and crime rate trends: A Routine activity approach," American Sociological Review, 1979, 44: 588−605; MacKey, op cit., p. 6

특히 산업화 등으로 가볍고 크기는 작지만 그래서 이동이 쉬운 값비싼 제품은 양산되지만, 여권신장 등으로 주간 빈집이 많아지고 그 결과 적절한 보호를 받지 못하는 보호의 부재가 증대되어 잠재적 범법자에게는 더 좋은 기회가 더 많아질 수 있다는 것이다. 이런 변화를 잘 반영한 것이 일상활동이론의 기반이 되었는데, 그래서 인지 물론 대인범죄의 확률도 일상활동의 변화에 따라 증대될 수 있지만 일상활동이론 가설의 대부분은 재산범죄에 초점을 맞추고 있다. 집 밖에서 보낸 시간의 정도가 재산범죄 수준과 밀접하게 관련된다는 것을 알게 되었던 것이다. 더 구체적으로는, 절도가 집 밖에서의 활동, 주의와 보호가 취해진 정도, 피해자가 참여하는 외부활동의 형태에 영향을 받는다는 것이다. 이들 재산범죄와 관련된 동일한 요소가 개인 사이의 물리적 대면의 가능성도 높일 수 있어서 강도나 성폭력과 같은 대인적 약탈범죄도 일상활동에 의하여 영향을 받을 수도 있다고 한다13).

위의 합리적 선택이론에서 범법자는 자신의 범행에 대한 구체적인 대본을 만들어 그것을 자신의 결정의 기초로 삼는다고 하였는데, 이런 대본을 짜고 결정의 기초로 삼은 정보는 그 근원이 다양하지만 그중 하나가 자신의 매일매일의 일상이라고 한다. 원래 피해자학(victimology)에서 더 빈번하게 이용되곤 하지만 범죄 원인론의 일환으로도 때로는 활용되고 있다. 피해자학에서는 피해를 당하는 사람과 당하지 않는 사람의 차이가 각자의 범죄위험성에의 노출의 차이에서 오고 이 차이는 또 각자의 일상활동의 차이 때문이라는 것이다. 가해자 지향의 범죄학 측면에서는 같은 시간과 공간에서 잠재적 가해자와 잠재적 피해자의 존재를 전제로 하는데, 가해자와 피해자의 일상활동이 동기가 부여된 범법자와 보호가 없는 적절한 표적의 융합을 초래하게 되어 범죄발생이 가능해진다는 것이다. 이런 면에서 잠재적 피해자가 자신이 범죄피해자가 되기 쉬운 보호되지 않는 적절한 표적이 되지 않도록 자신의 일상활동을 바꾸면 피해를 당하지 않게 되어 종국적으로 범죄를 예방할 수 있다는 것이다. 즉, 잠재적 가해자와 잠재적

12) L. E. Cohen and Fealson, M., "Social change and crime rate trends: A routine activities approach," American Sociological Review, 1979, 44: 588−608
13) Cohen and Felson, 1979, op cit.; E. E. Mustaine and Tewksbry, R., "Predicting risk of larceny theft victimization: A routine activity analysis using refined lifestyle measures," Criminology, 1998, 36: 829−858

피해자의 일상활동으로 그 둘의 시간적, 공간적 융합(convergence)이 범죄가 일어날 수 있는 기회를 제공한다는 것이다. 이런 가설에 대한 입증으로 일상활동 이론을 주창한 Clarke와 Felson은 60년대 주거침입절도 증가의 설명으로서 여성해방 등으로 인하여 주간에 빈집이 많아지고 반면에 집 안에는 부피나 크기나 무게가 작아져서 이동은 용이하지만 값비싼 전자제품 등 물품이 늘어났기 때문이라고 설명하였던 것이다. 또한 사회 전반에 걸친 교통의 발달은 사람들의 이동을 자유롭게 하고 더 빈번하게 하여 표적과 범법자들을 함께 불러 모으는 역할을 하였다. 그 결과, 범행의 선택과 기회 둘 다가 한층 더 높아졌기 때문이라는 것이다[14].

위에서 잠시 언급한 것처럼, 일상활동이론은 동기와 기회를 하나로 통합, 융합하는 면이 있어서 당연히 가해자와 피해자 모두를 다루는 반면에 일상활동 이론과 유사한 생활유형이론이나 관점은 범죄행위에 대한 기여요인으로서 피해자의 활동에 특별히 초점을 맞추는 것이다. 즉, 피해자의 생활유형이 그 사람의 범죄위험에의 노출을 결정하고 그 노출 정도에 따라 피해 가능성이나 확률이 달라진다는 것이다. 개인의 생활유형(Lifestyle)과 행위적 선택이 그 사람의 피해자화 여부를 결정하게 된다는 것이다. 예를 들어 폭행사고가 빈번한 유흥주점에 자주 드나든다면 폭행사건에 연루될 위험도 높아지기 마련일하는 것이다. 마찬가지로 도심 편의점에서 심야 근무를 하거나 새벽시간대에 퇴근하는 감시성이 작동하지 않는 뒷골목 다세대 주택에서 혼자 사는 여성 등도 강도 등의 피해자가 될 가능성을 높인다는 것이다. 이처럼 개인의 생활유형이 피해자 또는 반복 피해자가 되는 잠재성에 영향을 미친다는 것이다[15].

따라서 이 생활유형 사고를 피해자화 위험과 기회제공이라는 두 가지 모두를 고려할 수 있도록 확장할 수 있는 것이다. 즉, 개인의 생활유형이 범행기회를 제공하는 잠재성뿐만 아니라 피해자가 되는 잠재성도 결정한다는 것이다. 감시되지 않고 이동이 빈번한 직업처럼 거의 구조화되지 않은 생활유형이 표적 식별이 용이하고 보호는 되지 않는 그런 상황에 처하게 할 수도 있다는 것이다. 결

---

14) L. E. Cohen and Felson, M., "Social change and crime rate trends: A Routine activity approach," American Sociological Review, 1979, 44: 588-608

15) Lab(10th ed.), op cit., pp. 195-196

과적으로, 잠재적 범법자 개인은 범행을 하거나 하지 않는 두 가지 중 하나를 선택하게 된다는 것이다.

2. 합리적 선택(Rational Choice)이론

법이란 범죄를 억제하기 위한 것이며, 양형지침은 범죄를 처벌하기 위한 것이라고 규정하고 있는 우리의 형사사법제도는 합리적 선택이론이라는 원리에 기초하고 있는 것이다. 합리적 선택은 인간의 모든 결정은 계산된 자기－이익(self－interest)에 기초하는 것임을 주장하는데, 이러한 개념에 Bentham은 공리주의(utilitarianism)라는 용어를 사용하여, 인간은 파생되는 행복의 양(amount)에 따라 행동을 판단하며, 자신을 위하여 최대 행복을 낳는 방향, 방식으로 행동할 것이라고 설명하였다. 이와 함께, 다른 한편으로는 합리적 선택이론가들은 우리 개인은 자유의지(free will)를 가지며, 범죄적이거나 비범죄적인 행위에 가담하는 것을 선택할 수 있다고 믿는다. 바로 이런 견지에서 합리적 선택이론은 억제이론 또는 범죄가담의 비용이 기대 이익을 능가할 때 개인은 범행하지 않는 것을 선택할 것, 즉 처벌의 위협이 범죄를 억제한다는 믿음으로 이어지는 것이다. 이의 극대화를 위하여 사회는 신속하고 확실하며 엄중한 처벌을 함으로써 개인들이 범행에 가담하지 않을 것을 선택하도록 할 필요가 있다는 것이다. 이 주창자들은 당연히 이와 같은 억제가 특정한 범죄행위와 관련된 범행발각 가능성을 높이고 형벌을 높이는 것이 범죄문제에 대한 아주 직선적인 해결책을 제공한다고 주장한다[16].

억제이론은 비교적 보편적이고 상식적인 호소력을 가지는데, 이는 대부분의 사람들은 자기 스스로도 고통스럽고 불유쾌한 경험을 피하고 싶어 하여 처벌이라는 불유쾌하고 고통스러운 처벌을 경험하고 싶어 하지 않는다는 것을 알기 때문이다. 물론 이 억제이론의 초점은 바로 개인 수준에 놓여 있는데, 특히 자신이 범행을 하게 되면 체포되어 형사제재라는 형벌을 받을 가능성이나 확률에 대

---

16) T. C. Pratt, Cullen, F. T., Bilevins, K. R., Daigle, L. E., and Medensen, T. D., "The empirical status of deterrence theory: A Meta－analysis," in F. T. Cullen, J. P. Wright and K. R. Blevins(eds.), Taking Stock: The Status of Criminological Theory, 2006, New Brunswick, NJ: Transaction Publishers, pp. 367－395

한 개인의 인식에 달렸다는 것이다. 바로 이 점이 한편으로는 억제이론의 한계 요 단점이기도 하다. 대부분의 개인은 정확한 확실성과 엄중성을 제대로 인식하지 못하기 때문이다. 즉, 사람들이 자신의 행위가 범죄인지, 범죄라면 검거될 확률이 얼마나 되는지, 그리고 처벌은 어느 정도 받게 되는지 잘 알지 못하기 때문에 사실상 합리적 계산과 선택이 불가능하다는 것이고, 또 다수의 범죄자들은 자신의 검거 가능성을 전혀 고려하지 않기에 처벌의 위협으로 범죄를 억제한다는 것은 불가능해진다. 그리고 억제이론은 법률제도나 사법제도의 공식적인 반응에 의존하는 것인데, 이런 공식적인 반응이 아닌 재재, 수치심, 비공식적 사회통제 등이 가져다주는 이익을 우리 사회가 얻을 수 없다는 것이다. 그러나 실제로는 이들 비공식적 통제나 억제가 공식적 통제나 억제보다 더 효과적이라는 주장도 만만치 않다[17].

상황적 범죄예방의 출발점은 범법자들은 자신의 범죄행위가 자기에게 이점이 되게 하고자 한다는 것이다. 이는 곧 복수의 대안 중에서 의사결정을 내포하는데, 이 의사선택이 시간, 능력, 그리고 상응한 정보의 가용성이라는 제약 안에서 합리적이라는 것이다. 상황적 범죄예방의 기본적 가정이 잠재적 범법자의 상황에 대한 인식, 즉 위험의 인식에 따라 범행기회를 선택한다는 것이다. 즉, 상황적 범죄예방의 주춧돌은 범법자는 기회에 반응하여 범행을 선택한다는 것이다. 범죄이론에서 합리적 선택이론(Rational choice theory)이 당연히 상황적 범죄예방의 핵심적 배경이론임에 틀림이 없다. 합리적 선택이론은 따라서 범법자가 자신의 필요, 체포와 처벌의 위험, 행위에 대한 동료의 지지 정도, 잠재적 보상, 그리고 요구되는 노력 등을 포함하는 일련의 투입에 기초하여 범행할 것인가 말 것인가를 선택, 결정한다고 가정하는 것이다. 물론 그렇다고 모든 범죄자, 모든 범행이 다 기회가 될 때만 범행한다는 것을 뜻하는 것이 아니라 오히려 잠재적 범법자는 범행과 관련된 위험, 노력, 그리고 보상과 가능한 선택에 기초하여 계산된 결정을 한다는 것을 의미한다[18].

대표적인 도구적 범죄(institutional crime)라고 할 수 있는 주거침입절도(burg-

---

17) op cit.
18) K. Heyward, "Situational crime prevention and its discontents: Rational choice thory versus the 'culture of now'," Social Policy and Administration, 2007, 41(3): 232-250

lar)의 경우처럼 절도범은 다른 필요와 욕구를 성취하기 위하여 범행한다는 것이다. 즉, 주거침입절도의 경우, 대체로 금전적 필요 때문이라고 할 것이다. 더 구체적으로는 약물구입을 위한 현금 마련, 동료의 기대치를 충족시키려고, 또는 더 장기적인 금전과 지위나 신분에 대한 욕구와 같은 당면한 즉각적인 필요일 수 있다. 이런 욕구를 충족시키기 위한 시도로서 범법자는 광범위한 표적과 방법을 고려할 것이다. 주거침입절도범의 결정에 영향을 미치는 물리적, 사회적 요소 중에는 범행을 은폐할 수 있는 정도, 조명의 밝기, 자물쇠의 여부, 가격이 나가는 재물의 증거, 다른 곳으로부터의 감시 여부, 다른 사람의 존재 여부 등이 있다. 그러나 이런 의사결정과 선택의 제한적 특성에 대한 암묵적 인식도 존재한다. 합리적 선택 자체가 원래부터 합리성의 한계로 인하여 제한된 합리성에 지나지 않는다는 비판에서 자유로울 수 없는 것처럼 당연히 범법자들의 선택은 더더욱 그 합리성이 제한적이며, 더구나 자신의 개인적 필요와 욕구가 강한 나머지 애당초 합리적 선택이 의미가 없다고도 할 수 있을 것이다. 그럼에도 불구하고 상황적 예방이 이런 범법자의 선택이 중요한 것은 비단 그들의 선택이 합리성에 전적으로 기초하지 않을지는 모르지만 자신의 다양한 과거 경험, 활동, 그리고 투입을 통하여 만들어진다고 할 수 있다19).

일상활동에 내포한 묵시적 가정은 범법자들이 언제, 어디서 범행할 것인지 합리적 선택을 한다는 것이다. 그래서 범죄예방활동이 영향을 미치기 위해서는 범법자들이 욕구나 필요, 위험, 보상, 그리고 다른 요소들에 대한 자신의 인식에 기초하여 어느 정도의 합리적 의사결정을 해야만 되는 것이다. 이런 주장의 저변에는 우리 인간은 자유의지를 소유한 존재라는 직관, 지각에 바탕하고 있다고 믿기 때문이다. 인간본성에 대한 이런 주장을 자유의사(Free Will)라고 한다. 그러나 불행하게도 모든 인간이 언제 어디서나 자유의지대로 모든 것을 다 할 수 있지 않다는 것이 또한 사실이다. 사람들은 할 수 있는 선택이 시간, 장소 또는 상황에 따라 제한되고 제약을 받는다는 것도 인식하게 되었다. 이를 사람들은 유연결정론(Soft determinism)이라고 한다. 다시 말해, 사람들이 선택을 하지만 오로지 가용한 기회의 범위 내에서만 할 수 있다는 것이다. 예를 들어 직업의

---

19) C. Nee and Taylor, M., "Residential burglary in the Republic of Ireland: A situational perspective," Howard Journal of Criminal Justice, 1988, 27: 105-116

선택도 자신의 능력, 학력, 자격, 사회 전반의 경기, 기업의 채용 계획이나 전략 등이 고려된 자신에게 주어진 기회 안에서 가능한 것이다. 그러나 모든 사람이 삶을 살아가면서 선택을 한다는 사실이 범죄자도 유사한 선택을 한다는 믿음으로 이끄는 것이다.

지금까지 아주 많은 연구가 범법자들도 합리적 선택을 한다는 증거를 제시하고 있다. 실제 영국에서 주거침입강도와 절도범들을 대상으로 조사한 연구에 의하면, 범법자들은 빈집, 다른 가구들과 떨어져 있는 집, 후문이 있는 집, 주변에 감시가 없는 집, 비상벨이나 CCTV가 없는 집 등을 선호했다고 한다. 뿐만 아니라, 범법자들은 관리가 잘 된 집이나 귀중품 등이 창문으로 보이는 집과 같이 부유하게 보이는 집을 우선적으로 선택했다고도 한다. 그리고 시간적으로도 거주자들이 집을 비운 오전 중반이나 오후 이른 시간을 택했다고 한다. 중요한 것은, 범법자들이 전형적으로 적절한 표적을 식별하기 위하여 확실한 일련의 기회의 단서들에 의존한다고 하는데, 예를 들어 더운 여름에 에어컨이 돌아가지 않거나 자동차가 주차되어 있지 않거나 배달물품이 쌓여 있는 등이 기회의 단서에 해당하는 것이다[20].

연구에 따라서는 범행의 즉흥성과 계획성이 섞여있기도 하다. 다수의 강도는 범행을 하려는 실제 결정 이전에 마음속으로 잠재적 표적을 가지고 있으며, 적절한 표적을 결정하는 데 다양한 단서(cue)를 활용한다는 것이다. 한편, 강도들이 갑작스럽고 지식이 없는 것처럼 보이지만 실제로는 과거 경험과 일반적 지식에 기초한 합리적 선택을 한다는 것이다. 그들은 감시성, 사용 여부, 접근성에 기초한 합리적 선택을 한다는 것이다[21].

3. 범죄유형(Crime Pattern)이론

범죄유형이론은 왜 사람들이 특정한 지역에서 범행을 하는가를 설명하는

---

20) C. Nee and Taylor, M., "Residential burglary in the Republic of Ireland: A situational perspective," Howard Journal of Criminal Justice, 1988, 27: 105－116; M. Taylor and Nee, C., "The role of cues in simulated residential burglary," British Journal of Criminology, 1988, 28: 396－407

21) Lab(10th ed.), op cit., p. 228

하나의 방법이다. 범죄는 무작위적(random)이지 않으며, 오히려 계획되거나 아니면 기회주의적이다. 범죄는 피해자와 가해자의 활동 공간(activity space)이 교차할 때 일어나는데, 사람의 활동공간은 가정, 일터, 학교, 쇼핑, 여가 등 일상생활의 장소로 구성되는 것이다. 이들 개인적 장소나 위치(location)를 교점, 연결점, 결절지(node)라고도 하며, 사람들이 이 연결점에서 연결점으로 취하는 과정(course)이나 노선(route)을 개인적 경로(personal path)라고 하며, 이 개인적 경로가 다양한 연결점 nodes와 연결되어 하나의 둘레(perimeter)를 만드는데 이 둘레가 바로 개인의 인지 공간(awareness space)이라고 한다. 범죄자는 매일 범행기회를 우연히 마주치고 발견한다. 이들 기회는 개인적 경로를 활용하여 개인적 연결점을 오감에 따라 일어나는 것이다.

범죄행위는 범죄가 발생하는 시간과 장소, 즉 범죄가 언제 그리고 어디서 발생하는지라는 측면에서 이해될 수 있는 유형이 있다고 주장한다. 범죄를 보다 폭넓게 이해하려면 개인이나 집단의 범죄성향과 언제 그리고 어디서 범죄가 일어나는지 그 둘 다에 대한 설명을 요한다고 한다. 범죄유형이론은 다양한 상이한 성향에 따라 범죄가 시간과 공간적으로 다양하게 분포되는 범죄사건 분포의 다양성에 대한 설명을 제공한다는 것이다. 즉, 왜 시간과 공간에 따라 범죄분포가 달라지는지 그 이유를 설명할 수 있다는 것이다.

범죄자들은 매일매일의 그들의 삶을 조직화함에 있어서, 간헐적 범죄자와 지속적 범죄자 모두가 대부분의 시간을 우리 모두와 같이 동일한 합법적인, 정당한 매일의 활동을 하는 데 소비한다고 한다. 그들의 범행의 시공간적 위치나 장소도 따라서 이들 매일의 일상활동과 특정한 범죄자의 활동에 따라 형성된다는 것이다. 범죄자들은 자신의 활동공간과 인지 공간을 발전시키는데, 이들 공간의 구성과 역동성은 시간과 공간적으로 이동유형을 연결하고 제한, 제약하는 인간생활공간(human settlement)의 구조에 따라 결정된다고 한다. 이 구조는 사람들이 살고, 일하고, 학교에 가고, 그리고 자신의 사회적 시간, 유흥과 쇼핑 시간을 보내는 사회경제적이고 문화적인 환경과 인공적인 환경을 포함하는 것이다.

범죄유형이론은 일반적으로 범죄 유발 장소와 범죄유인장소와 보다 집합적 범죄다발지역(hot spot)과 범죄가 거의 발생하지 않는 지역(cold-spot)은 물론이고 반복적으로 범행이 일어나는 지역의 형성을 이해하기 위하여 인구의 일상적

이동과 연계하여 인공과 사회 환경의 주요구성요소들을 활용하는 것이다. 이런 정보들이 개인이나 집단 범법자와 피해자나 표적에 따라 정해지는 소위 '범죄로의 여행(journey to crime)'을 기술해 주는 범죄의 기하학 또는 범죄의 기하학적 구조로 변환되는 것이다. 이 범죄유형이론은 따라서 범죄 표적 찾기의 과정에 대해서 설명하고, 범죄감소를 위한 전략을 제안하며, 특정한 시간과 공간에서의 표적이나 표적 위치의 적절성의 변경에 따른 범행의 시공간상의 잠재적 대체를 설명해 준다.

상황적 범죄예방의 한 지류로서 범죄유형이론은 범법자의 환경을 바꿈으로서 범죄를 예방하는 데 초점을 맞추는 것이다. 바로 이런 관점이 사회적 범죄예방으로부터 '반－사회적(anti－social)'이라고 비판을 받는데, 그것은 범행하기 쉬운 사람들에게 거의 아무런 역할을 못하기 때문이라는 것이다. 사회적 범죄예방은 교화개선과 같은 상이한 형태의 지역사회 참여로 개인을 변화시키고자 하는 데 반하여, 범죄유형이론은 통계적으로 다수가 집단적으로 행해짐에도 불구하고 집단보다는 개인에 초점을 맞추고 있어서 이에 대해 비판을 받는다. 그럼에도 불구하고 범죄유형이론이 범죄예방에 활용될 수 있는 한 가지 방법은 용의자가 살고 있는 또는 살았을 수 있는 곳을 찾는 것이다. 만약에 용의자가 특정한 표적을 반복적으로 지속적으로 타격한다면 법집행기관에서는 이 이론을 이용하여 용의자가 어디에 살고 있으며 다음 표적은 어디일 잠재성이 있다고 파악할 수 있을 것이다.

범죄와 범죄행위는 발생한 장소와 시간의 측면에서 바라볼 때 식별되고 이해될 수 있는 유형에 일치한다는 것이다. 범죄유형이 이해될 수 있는 것은 특정한 범죄사건, 장소, 상황, 활동배경, 개연성이 있는 범죄 형판, 방아쇠 사건, 개인의 범행 의지와 준비에 영향을 미치는 일반적 요소 등을 고려할 때 나타나는 유사성 때문이라고 한다. 유형을 이해하는 데 두 가지 핵심은 환경적 배경과 범법자의 사회적/범죄적 형판의 이해라고 할 수 있다. 환경적 배경은 사람이 활동하는 사회적, 경제적, 문화적, 물리적 조건이라고 할 수 있는데, 이들 조건은 끊임없이 변하지만 그들로부터 유형을 식별하는 것이 가능하다고 한다. 사회적 판형이나 범죄의 판형은 사람들이 개인에게 어떤 특정한 행위가 주어졌을 때 특정한 시간과 장소에서 일어날 수 있는 것에 대한 기대를 요약하는 틀을 가지고 있다는 생각이다. 핵심적으로 말하자면, 이 틀이 범법자에게 특정한 시간, 장소, 상황에서 일어날 것을 말해 준다는 것이다. 사람들이 환경에 대해서 어떻게 학습하고 어떻게 이러한 틀을 구조화하는가를 이해하는 것이 범죄발생을 이해하는 데 매우 중요한 노력이라는 것이다[22].

　　범죄에 대한 포괄적 이해를 위해서는 개인과 집단의 범죄성향의 근원, 원천과 범죄사건이 발생하는 시간과 장소에 대한 설명을 요한다. 범죄유형이론은 일련의 주어진 상이한 성향의 전제하에서 범죄사건의 시간과 공간적 분포의 다양성에 대한 설명을 제공한다. 매일의 일상생활을 조직함에 있어서, 간헐적, 지속적 범죄자 둘 다 대부분의 시간을 다른 모든 보통의 평범한 사람처럼 동일환 합법적 일상활동에 가담하는 데 소비하게 된다. 범죄사건의 시공간적 위치는 이들 매일의 일상생활, 활동과 특정한 범죄적 활동에 따라 형성된다는 것이다. 간헐적, 지속적 범죄자 모두 활동 공간(activity space)과 인지 공간(awareness space)을 발전시키는데, 이들 공간의 형성과 역동성은 시공간적으로 이동 형태를 제한하고 연결하는 정착지, 거주지의 구조에 영향을 받는다고 한다. 이들 구조에는 사람들이 살고, 시장가고, 학교와 직장을 가고, 사회적, 오락적, 그리고 쇼핑을 하는 시간을 소비하는 물리적 환경과 사회경제적, 문화적 환경을 포함한다. 범죄유형이론은 일반적으로 범죄유발요인과 범죄유인요인뿐만 아니라 범법자 개인과 집단의 반복적 범행지역의 구성과 보다 집합적 범죄다발지역과 범죄가 거의 일어나지 않는 지역을 이해하기 위하여 물리적, 사회적 환경의 주요 구성요소 - 즉, 활동구역, 반경(Nodes), 이 Node와 Node 사이의 경로, 이웃과 이웃의 경계, 그리고 사회경제적 배경 - 등을 활용한다. 이들 정보가 범법자와 피해자나 표적의 개인과 집단의 범죄에로의 여정(journey to crime)을 설명해 주는 범죄의 지리(geometry of crime)로 옮겨지는 것이다. 이 범죄유형이론은 그래서 범죄표적 탐색 과정을 설명하고, 범죄감소 전략을 제안해 주며, 특정한 시간과 공간에서 표적이나 표적위치의 적정성의 변화에 따른 범죄사건의 시공간적 잠재적 대체를 설명해 준다.

　　범죄유형이론은 그래서 왜 사람들이 특정한 지역에서 범행하는가를 설명하는 하나의 방법이다. 범죄는 무작위가 아니며, 계획되거나 혹은 기회주의적이다.

---

22) op cit., pp. 229-231

범죄유형이론에 따르면, 범죄는 피해자 또는 표적의 활동공간이 범법자의 활동공간과 교차할 때 일어난다. 사람의 활동공간은 학교, 직장, 집, 오락, 쇼핑 등 매일의 생활을 하는 위치(locations)로 구성된다. 이 개인적 위치, 장소가 'Nodes'라고 불리는 구역 또는 반경이며, 이 반경과 반경 사이를 오가는 코스나 루트를 Path, 경로라고 하며, 이 개인적 경로가 다양한 구역, 반경과 연결되어 주변경계(perimeter)를 만들고, 이 주변경계가 곧 개인의 인지 공간이다. 결국, 범죄는 범법자와 피해자 또는 표적 두 사람의 활동공간이 경로(path)를 가로지를 때만 일어난다는 것인데, 간단히 말하자면 범죄는 어느 지역이 범죄기회를 제공하고 그것이 범법자의 인지 공간 안에 존재할 때만 일어난다는 것이다. 그래서 쇼핑몰과 같은 장소에서 범죄가 다발할 수 있다는 것인데, 이는 쇼핑몰을 방문하는 범법자와 피해자의 수가 많고 따라서 그곳에 다양한 표적이 많기 때문이라는 것이다. 따라서 범죄유형이론은 분석가들에게 행동의 유형을 탐색하기 위한 조직된 방법을 제공하는 것이다.

　　범죄유형이론은 상황적 범죄예방의 한 가지 지류로서 범법자의 환경을 바꿈으로써 범죄를 예방하는 데 초점을 맞추고 있다. 바로 이런 점이 사회적 범죄예방의 입장에서는 범행에 취약한, 범죄성향의 개인들을 거의 도우지 않기 때문에 '반사회적'이라는 비판을 받는다. 사회적 범죄예방은 교화개선 프로그램과 같은 상이한 유형의 지역사회 참여를 통해서 개인을 변화시키려고 한다. 범죄유형이론은 주로 개인에게 초점을 맞추고 집단은 경시하는 면이 있으며, 통계적으로 상당한 양의 범죄가 집단적으로 행해지고 있음에 비추어 범죄유형이론은 종종 집단 대신 개인에 지나치게 초점을 맞춘다는 비판도 받는다. 그러나 범죄유형이론이 범죄예방에 도움이 되도록 이용될 수 있는 하나의 방법은 용의자가 살고 있거나 살고 있을 수 있는 곳을 찾아내는 것이다. 만약에 용의자가 지속적, 일관적으로 특정한 표적을 가격한다면 경찰은 그가 사는 곳과 그의 잠재적 다음 행보를 딱 찍어 내기 위하여 이 이론을 이용할 수 있을 것이다. 어떻게 보면 범죄유형이론이 지리적 프로파일링의 이론적 기초를 공고히 해 준다고도 할 수 있다.[23]

---

23) P. Brantingham and Brantingham, P., Crime Pattern Theory, https://oxfordre.com/criminology/view10.1093/acrefore/9780190264079.001.0001/acrefore−9780190264079−e−8, 2021, 3, 15 검색

4. 범법자/표적 탐색(Offender/Target Search)이론

범죄학의 관점에서 보면, 범죄는 두 가지 방향으로 볼 수 있는데, 첫째는 개인의 범행 성향, 즉 다른 말로 범죄성(criminality)으로 알려진 것을 이해하는 데 초점을 맞추는 것이고, 둘째는 법, 범법자, 표적, 그리고 상황의 융합인 범죄사건에 초점을 맞추고, 이 융합(convergence)이 핵심이며, 사실 이 융합이 범죄사건을 창출한다고 가정하는 것이다. 이런 관점에서는 범법자들이 어떻게 범죄표적을 찾는지를 이해하는 것이 중요하다는 점을 강조한다. 범죄행동을 위한 표적을 찾는 과정을 이름하여 '표적탐색(target search)'이라고 한다. 이 표적탐색이론은 범죄유형이론의 기본가정을 고려한 것으로, 근접성 사건(proximity events), 기회주의적 사건(opportunistic events), 정보에 의한 표적 탐색(intelligence-led target search), 그리고 목적이 있는 표적 탐색(purposive target search)이라는 서로 상이한 유형의 표적탐색을 포함하는 4가지 형태의 범죄사건을 다루고 있다[24]. 구체적으로 범법자들은 더 가깝고, 기회가 더 많거나 좋고, 정보가 더 많고 좋으며, 범행 목적에 부합되는 표적을 찾고 선택한다는 것이다. 범법자가 표적을 찾는다는 점에서 일부에서는 찾는 주체에 초점을 맞추어 '범법자탐색이론(offender search theory)'이라고 하며, 범법자가 표적을 찾는 대상에 초점을 맞추어 '표적탐색이론(theory of target search)'이라고도 한다.

일부 범죄학자들은 범법자의 기회주의적 행위가 환경이 제공하는 신호에 의해서 유발(provoked)된다고 믿는데, 이와 같은 이론은 환경범죄학자들이 주창하고 지지하는 이론이다. 그들의 주장은 물리적 환경이 곧 주어진 상황이나 여건에서 개인의 적절한 행동에 대한 일종의 신호나 단서를 제공한다는 것으로, 바로 이런 점에서 하나의 '해제신호(releaser cue)'로 알려지고 있는데, 이는 그와 같은 해제신호가 없었다면 금지된 행위의 해제(release)를 자극, 충동, 고무, 활성화하기 때문이다. 예를 들어, 말끔한 도로에 어느 날·갑자기 빈 종이상자가 놓이고 빈 음료수 캔이 두어 개 담겨 있다면 마치 그곳이 쓰레기통인양 전에는 금지

---

24) P. J. Brantingham, "The theory of target search," in The Oxford Handbook of Criminological Theory, edited by F. T. Cullens and P. Wilcox, http://www.oxfordhandbooks.com/view/10.1093/oxfordhb/9780199747238.031.0028

되었던 투기행위를 해도 되는 것 같은 해제신호로 작용하게 되는 것이다. 어떤 특정한 사회적, 물리적 환경이 어떤 범죄나 반사회적 행위가 특정한 상황에서는 용인될 수도 있다는 신호를 개인에게 소통시킴으로써 그러한 반사회적, 범죄적 행위가 가능한 경우를 정하는 신호를 제공한다는 것이다. 특히, 만약 사람들이 범죄로 인한 체포의 위험성이 매우 낮은 것으로 인식되는 그런 기회에 노출되면 일탈행위가 권장, 장려될 수도 있다는 것이다. 이런 상황을 가장 잘 보여주는 검증이 바로 Zimbardo의 실험이다. 뉴욕의 거리에 자동차 한 대를 내팽개쳐 두고 관찰한 결과 자동차 금속 차체만 남기고 거의 모든 부품들이 다 없어지는 것이 관찰되었는데, 놀랍게도 자동차 파손에 가담한 사람들 일부는 범죄자나 비행청소년들이 아니라 지극히 정상적인 보통의 사람들이었다는 것이다. 이를 두고, 기회 그 자체가 범행의 동기를 제공했다는 것이다[25].

기회가 범행의 동기를 제공할 수도 있다는 위의 주장을 다시 한번 더 주장한 것이 그 유명한 "깨진 창(Broken Windows)"이론이다. Wilson과 Kelling은 기물파손을 설명하고자 한 연구에서 어느 건물의 창문이 깨진 채로 수리되지 않고 내버려 두면 나머지 창문들도 깨질 가능성이 훨씬 더 높아진다고 주장한 것이다. 그들의 주장은 곧 만약에 아무도 그 깨진 창 하나조차 수리하지 않고 내버려 둔다면 이는 그 건물을 관리하고 방어할 사람이 없거나 아무도 관심조차 없다는 신호로 받아들여지는 일종의 '해제신호나 단서(releaser cue)'가 되어 기물파손이나 절도의 기회를 증대시킨다는 것이다. 이를 좀 더 확대하면, 가벼운 무질서 행위라도 엄격하게 다루지 않으면 잠재적 범법자들에게 자신의 위반행위가 용인되거나 알지 못하고 지나가거나 심지어 처벌되지 않는다는 인식을 주게 되어 보다 심각한 범죄로까지 이어지게 된다는 것이다.[26]

제3절 상황적 범죄예방의 정의와 기술

상황적 범죄예방은 처음 감시(surveillance), 표적강화(Target hardening), 그

---

25) Schneider, op cit., p. 44

26) J. Wilson and Kelling, G., "Broken Windows," Atlantic Monthly, March 31, 1982, pp. 29-38

리고 환경관리(Environmental management)라는 세 가지 상황적 유형에서 시작하였다. 감시에는 앞서 기술된 자연적 감시, 공식적 감시, 그리고 직원에 의한 감시의 개념이 포함되어 있으며, 표적강화는 자물쇠 보충, 깨지지 않는 유리, 금고, 기타 보안장치와 장비들이 포함되며, 환경관리는 범죄기회를 줄이기 위한 환경의 개선이라고 할 수 있다. 그러나 상황적 범죄예방이 수적으로 성장함에 따라 이런 세 가지 유형의 상황은 지나치게 단순하고 제한적이라는 목소리가 많아지자, 원래 세 가지 유형만을 제안하였던 Clarke는 "범행 노력의 증대(increasing the effort)", "범행 위험의 증대(Increasing the risk)", 그리고 "보상의 축소(Reducing the reward)"라는 매우 일반적 지향성을 반영하는 상황적 기술의 분류를 확대하였다. 그는 이 세 가지 지향성과 4가지 하위유형의 예방접근법을 결합하여 12가지의 상황적 범죄예방기술을 제시하였다.

표-9 1992년 Clarke의 상황적 범죄예방 기술[27]

범행노력의 증대	범위험의 증대	범행보상의 축소
1. 표적강화 (Target hardening)	5. 출입 심사 (Entry/Exit Screening)	9. 표적 제거 (Target removal)
2. 접근통제 (Access control)	6. 공식적 감시 (Formal surveillance)	10. 귀중품 표식 (Identifying property)
3. 범죄자 방향전환 (deflecting offender)	7. 직원의 감시 (Surveillance by employees)	11. 유인의 제거 (Removing inducements)
4. 시설통제 (Controlling facilities)	8. 자연적 감시 (Natural surveillance)	12. 규칙제정 (Rule setting)

먼저, '범행의 노력을 증대시켜라(Increasing the effort)'는 범죄를 수행하는데 많은 노력이 요구되도록 하라는 것으로, 여기에는 '표적 강화(target hardening)'라는 자물쇠 추가, 방범창 설치, 금고 비치 등으로 범죄자가 표적물에 접근하는 것을 더 어렵게 하는 것이고, '범법자들에게 다른 대안을 마련해 주어 다른 방향으로 돌리게 하라(Deflecting the offender)'는 '낙서'를 방지하기 위하여 청소

---

27) R. V. Clarke, Situational Crime Prevention: Successful Case Studies, Albany, NY: Harrow and Heston, 1993, Lab(10th ed.), op cit., p. 197, Table 10.2 재인용

년들이 그래피티를 할 수 있는 대안적 공간을 제공하는 등 바람직하지 않은 행위에 대한 대안을 제공하라는 것이며, '범행을 용이하게 하는 것을 통제하라(Controling the facilitators)'는 것은 총기나 알코올과 같이 범행을 수월하게 하거나 촉진할 수 있는 상황이나 물품들을 제한하거나 제거하는 것이다. '위험을 증대(Increasing the risk)'시키는 방법은 공식, 비공식 감시 노력에 주로 초점을 맞추는 것으로, '입/출입 심사(Entry/Exit screening)'는 잠재적 범법자를 발각해 낼 수 있게 해 주는 감시형태로서 공항에서 탑승객을 심사하는 것이나 절도예방을 위하여 전자감응기(Electronic sensor)를 설치하는 것 등이 대표적인 사례이다. 공식적 감시는 경찰 등의 순찰을 강화하는 것, 직원에 의한 감시는 자체 감시기능을 강화하는 것이며, 자연적 감시는 순환의 원활화 등으로 가려진 곳이 없게 설계하는 등이 여기에 해당된다. 마지막으로 '보상을 줄여라(Reducing the reward)'는 범행의 결과 얻어지는 이익을 최소화하여 범행이 결코 보상적이지 않도록 하라는 것으로 이는 합리적 선택에 호소하는 방식이며, 그중에서 '표적 제거(Target removal)'는 계산대에 현금을 많이 두지 않고 치워서 강도나 절도로 얻을 수 있는 결과가 제한적이거나 작게 하여 범법자가 범행을 선택하지 않도록 하는 것이다. 이와 비슷하게 '유인의 제거(Removing the inducements)'는 값비싼 장신구를 하지 않는 등 범법자에게 매력적인 표적이 되지 않게 하는 것이고, '표적의 표식(Identifying property)'은 귀중품에 표식을 하여 장물처리를 어렵게 만들어서 표적이 매력적이지 않게 하는 것이며, '규칙 설정(Rule setting)'은 미리 규율을 정하여 공지하고 행동 모두가 녹화되고 있음을 공지한다는 것이다[28].

Clarke의 12가지 상황적 예방 기술에 대한 일부의 비판과 그에 대한 보완으로 Clarke는 16가지 확대된 목록을 제안하였다. 그의 확장은 두 가지 핵심쟁점을 아우르는 것으로, 첫 번째 쟁점은 원래 카테고리 중 몇 가지는 각각의 내적 일관성을 높이기 위하여 나누어질 수 있다는 것으로 예를 들어 '범행을 용이하게 하는 상황이나 물건의 통제(Controling facilitators)'는 총기와 같은 범행을 용이하게 하는 '도구를 통제하는 것(controling facilitators)'과 '억제제 통제(Controling inhibitors)'는 약물과 알코올과 같이 범행의 억제력을 약화시키는 범행에 대한 사회적, 심리적 장애물, 방해물을 줄임으로써 범법자의 범행동기를 억제하고자 하는 것으로 나눌

---

28) Lab(10th ed.), op cit., pp. 197-198

수 있다는 것이다. 두 번째 쟁점은 원래의 12가지 안은 범행의 사회적, 심리적 맥락이나 전후사정에 초점을 맞춘 기법이나 기술을 포함시키지 못했다는 점이다. 이에 대한 보완적 확장으로서 죄책, 수치심, 그리고 창피를 다루는 내용을 추가했던 것이다. 결국, 이 확장된 16가지 유형화는 상황적 예방을 물리적 변화에 대해 집중적으로 강조하는 것으로부터 심리적, 사회적 요소에 더 많이 의존하도록 하였다. 구체적으로, 원래의 12가지 유형에다 범법자의 인식(perception)을 반영할 수 있도록 이름을 붙여서 예를 들어 '노력의 증대'는 '인식된 노력의 증대(Increasing Perceived effort)'로, '위험의 증대(Increasing the risk)'는 '인식된 위험의 증대(Increasing Perceived risk)'로, 그리고 '보상의 축소(reducing the rewards)'는 '예상된 보상의 축소(Reducing Anticipated rewards)'로 명명함으로써, 이 새로운 유형화가 노력, 위험, 보상의 실제 변화와 변경된 인식 둘 다를 인정하였던 것이다. 이는 결국 상황적 기법이 물리적 영향은 크지 않지만 중요한 심리적 영향을 미칠 수 있다는 것이다[29].

이런 확장 유형에 대해서도 일부에서는 아직도 완전한 것은 아니라고 주장하며, 그중에서도 특히 '죄책이나 수치심의 유도(Inducing guilt or shame)' 분야가 완전치 못하다는 것이다. 이들은 죄책과 수치는 동일한 것이 아니며, 따라서 두 개념은 분리되어야 한다는 것이다. 또한 상황적 예방 Matrix가 범행을 금지하거나 통제하는 요소는 지나치게 강조하는 반면에 범죄를 유도하거나 촉발하는 요소는 무시한다고도 주장한다. 그래서 4가지 범주의 촉발, 즉 촉발(prompts), 압력(pressures), 허용 가능성(permissibility), 그리고 유발(provocation) 요인을 추가한다. 여기서 촉발은 문이 열렸거나 범행기회를 지원하는 상황이나 사건을 말하며, 압박은 비행친구와 같이 마치 중화이론에서 '더 높은 충성심에의 호소'와 같이 범행으로 이끄는 보다 직접적인 자극이며, 허용 가능성은 모든 사람이 다 법을 어긴다는 신념과 같이 범죄행위를 받아들일 수 있는 것으로 치부하는 상황이나 믿음이며, 유발은 사람을 불편하게, 좌절하게, 성가시게 하는 등 무언가 행동을 취하도록 만드는 요소들이라고 한다. 이렇게 유형을 확장하는 시도는, 특히

---

29) R. V. Clarke and Homel, R., "A revised classification of situational crime prevention techniques," in Lab, S. P.(ed.), Crime Prevention as a Crossroads, Cincinnati: Anderson Publishing Co, 1997, Lab(10th ed.), op cit., p. 198에서 재인용

상황적 예방의 저변에 깔린 기본적 가정이 언제나 범행의지가 있는 사람은 있다고 동기가 부여된 범법자의 존재를 전제로 하는 데 반하여 여기에 4가지를 더한 확장된 유형은 그와는 반대로 범법자가 항상 동기가 부여된 것은 아니며, 범죄활동을 위해 필요한 동기를 제공하는 요소들이 있다고 가정하는 것이다. 이 점을 고려하여 다시 범행하도록 개인에게 동기를 부여하는 단서나 요소를 포함하는 새로운 상황적 유형이 시도되기도 하였다[30]. 원래의 일반적 상황적 예방에 죄책이나 수치심 요소와 촉발요소를 결합하여 새롭게 25가지로 확장된 상황적 예방 유형이 탄생하였다(<표-10> 참조).

표-10 25가지 상황적 예방 기법[31]

범행에 필요한 노력의 증대	범행의 위험 증대	보상의 축소	촉발의 축소	변명의 제거
1. 표적 강화	6. 보호강화	11. 표적 은폐	16. 스트레스/ 좌절 제거	21. 규칙설정
2. 시설의 접근 통제	7. 자연적 감시 보강	12. 표적제거	17. 분쟁회피	22. 안내문설치
3. 출입심사	8. 익명성축소	13. 귀중품 표식	18. 유혹/자극 축소	23. 양심에 호소
4. 범법자 우회	9. 관리인활용	14. 암시장교란	19. 동료압박 중화	24. 동조지원
5. 도구/무기 통제	10. 공식적 감시 강화	15. 범죄수익 거부	20. 모방억제	25. 약물통제

제4절 상황적 예방의 우려와 쟁점들

가장 흥미로운 우려는 상황적 예방이 모든 것이 한눈에 보이는 파놉티콘

---

30) R. Wortley, "A classification of techniques for controling situational precipitators of crime," Security Journal, 2001, 14: 63−82

31) R. V. Clarke and Eck, J. E., Crime Analysis for Problem Solving in 60 Small steps, Washington, DC: Office of Community Oriented Policing Service, 2005, Lab(10th ed.), op cit., pp. 200−201, Table 10.4 재인용

(panopticon)적이고 요새화된 사회로 유도한다는 경고이다. 또한 상황적 예방은 예방적 제품과 서비스를 구입할 수 있는 상대적으로 부유한 사람들에게만 주로 편리한 것이고, 범죄대체를 고려한다면 동기가 부여된 잠재적 범법자는 어디서든 누군가에게는 범행을 할 것이고, 부유층을 표적으로 하기 힘들어진다면 당연히 그렇지 못한 사람을 표적으로 표적을 대체할 것이며, 이는 곧 안전과 안전서비스의 '빈익빈 부익부'를 초해할 수 있다고 경고도 한다. 그리고 상황적 예방은 일시적, 순간적 예방이거나 기껏해야 범행의 연기나 대체이지 진정한 예방이 아니라고 비판한다. 즉, 범죄의 근본원인, '진정한 원인'이 제거되지 않는 한 기껏해야 범죄대체에 지나지 않는다는 것이고, 앞에서 지적한 것처럼 이미 범죄피해에 취약한 사람을 더욱 취약하게 만든다는 것이다.

비판가들은 상황적 예방이 범죄의 원인이라기보다는 범죄의 증상(symptoms)을 다룰 뿐이며, 이는 당면문제에 대한 완전한 해결이라기보다는 단기적, 일시적 해결에 지나지 않는다고 주장한다. 즉, 문제가 해결된 것이 아니라 문제의 실행이 지연되거나 연기되거나 대체되었을 뿐이라 그 한계가 있다는 주장이다. 또한 상황적 범죄예방은 부족한 교육 수준, 실업, 차별과 같은 보다 기초적이고 기본적인 사회, 문화적 문제들을 고려하지 않거나 못한다고도 주장한다. 물론 이런 비판적 주장에 대해 상황적 예방을 주장하는 측에서는 비록 이런 사실에도 불구하고 상황적 범죄예방은 사회에 분명한 이익을 제공하며, 범죄의 다른 요인들을 해결하기 위한 동시대적 공동의 노력을 배제하지 않는다고 맞받아치고 있다. 이와 함께 이론적으로도 상황적 범죄예방이 비이론적(atheoretical)이라는 주장도 제기된다. 이런 비판에 대해서는 그러한 주장이 상당한 예방활동을 겨냥하고 길을 인도하는 일상활동이론(Routine activity theory)이나 유형이론(Pattern theory)과 같은 풍요롭고 현재도 발전하고 있는 이론적 주장들을 주목하지 않고 있다고 대응한다[32].

비판가들은 또한 일부 상황적 범죄예방 기술이나 기법이 지나치게 사생활을 침입하는 경향이 있고, 모든 사람의 활동을 감시하는 "Big Brother"에 가깝

---

32) R. V. Clarke, "Seven misconceptions of situational crime prevention," pp. 39−70 in N. Tilley(ed.), Handbook of Crime Prevention and Community Safety, Portland, OR: Willan, 2005

다고도 주장한다. 실제로, CCTV, 전자 태그, 그 외 전자감시대책들의 활용은 사람들에 대한 감시를 훨씬 증대시켜서 사생활과 인권의 침해에 대한 우려가 가장 큰 문제나 비판으로 등장하고 있다. 그러나 이런 주장에 대해서도 사생활과 인권침해 우려로 인한 손실보다는 공공안전이라는 공익적 가치가 더 크다고 반박하며, 실제로 대다수 시민들이 이런 기술과 기계의 광범위한 사용에 대해서 폭넓게 받아들이고 있다는 것이다. 또한 상황적 범죄예방이 효과가 없으며 단지 약간의 대체효과에 지나지 않는다는 비판에 대해서도 실제로 상황적 예방이 범죄를 성공적으로 줄였으며, 심지어 이에 더하여 이익의 확산(diffusion of benefits) 효과도 있었다고 주장한다. 또 다른 비판은 상황적 범죄예방이 안 그래도 이미 소외된 집단에 반하여 작동하게 되며, 지역사회와 시민 사이에 장벽을 만들게 된다고도 비판한다. 물론 이런 주장에 대해서도 상황적 예방론자들은 상황적 예방으로 빈곤층과 부유층 둘 다 모두를 보호하는 데 활용될 수 있으며, 협조적, 공조적 노력으로 시민들을 함께 모을 수도 있다고 반박한다[33].

상황적 예방에 대하여 한 가지 더 추가될 수 있는 비판이 있다면 아마도 피해자학적 관점이 충분히 고려되지 않았다는 점일 것이다. 먼저, 상황적 범죄예방은 잠재적 범법자에 초점을 맞추기 때문에 그들의 범행을 어렵게 하거나 위험하게 하는 등으로 그들의 범죄활동을 줄이는 것을 표적으로 하여 그에 대한 평가에서도 범죄에 대한 두려움은 고려되지 않고 있다는 것이다. 범죄 두려움의 원인이 무릇 직접적인 피해경험에만 있는 것도 아니고 범죄의 실상대로 반영되는 것도 아니며 심리적 요인이 상당 부분 작용하고 있어서 상황적 예방이 실행되면 시민들의 두려움에도 적지 않은 영향을 미칠 수도 있다는 것이다[34].

이와 같은 비판에 대해서 대부분은 상황적 범죄예방에 대한 잘못된 인식이라는 관점을 Clarke는 다음 <표-11>과 같이 요약하고 있다[35]. 이와 더불어,

---

33) R. V. Clarke, "Seven misconceptions of situational crime prevention," pp. 39-70 in N. Tilley(ed.), Handbook of Crime Prevention and Community Safety, Portland, OR: Willan, 2005.

34) Lab(10th ed.), op cit., p. 204

35) R. V. Clarke, "Seven misconceptions of situational crime prevention," pp. 39-70 in N. Tilley(ed.), Handbook of Crime Prevention and Community Safety, Portland, OR: Willan, 2005

상황적 범죄예방을 주창하는 사람들은 환경의 조정과 수정을 통한 범죄기회와 유혹의 차단이나 감축으로 범죄발생을 처음부터 발생하지 않게 한다는 점에서 비용-편익을 분석한 결과 어쩌면 가장 효율적인 예방정책이라는 긍정적 평가도 적지 않다[36].

표-11 7 가지 상황적 범죄예방에 대한 잘못된 인식

비판	반박
1. 단순하고 비이론적임	일상활동, 범죄유형, 합리적 선택의 3가지 범죄기회이론에 기초, 그리고 사회심리학에 의존
2. 효과를 못보이고, 범죄를 대체시키며 악화시킴	수많은 연구에서 보편적으로 대체는 거의 없이 범죄를 줄일 수 있음을 확인
3. 범죄의 근원으로부터 관심을 전환시킴	범죄의 즉각적 감소 성취로 사회에 이익
4. 범죄에 대한 보수적, 관리적 접근	할 수 있는 것 이상을 약속하지 않으며, 제시된 해결책들이 경제적이고 사회적으로 수용 가능
5. 이기적이고 배타적 사회를 조장	가난한 사람에게도 부자들만큼 보호 제공
6. Big Brother를 조장하고 개인자유를 제약	민주적 과정이 이런 위험에서 사회보호, 이런 대책들이 범죄로부터 자신을 보호한다면 시민들은 불편함과 자유의 작은 침해 용인
7. 피해자를 비난함	피해자에게 범죄위험과 회피방법에 대한 정보를 제공하여 피해자 강화

상황적 예방이 단순하고 비이론적이라는 비판은 상황적 예방이 범죄의 근원(root cause)이 유전, 인성과 성장배경 또는 사회, 문화, 경제, 인종적 불평등에서 초래되는 박탈(deprivation)에 숨겨져 있다는 연구결과들을 무시한다는 것이

---

36) B. C. Welsh and Farrington, D. P., "Value for money: A review of the costs and benefits of situational crime prevention," The British Journal of Criminology, 1999, 39(3): 345-368

다. 이들 박탈로 인하여 사람들이 범죄행위의 일차적, 우선적 동력인 비행 또는 범죄적 기질과 성향을 발전시킨다고 가정하는데, 상황과 기회요소들은 언제, 어디서 범죄가 발생하는가를 결정하는 데는 도움이 되지만 범죄가 일어날지 아닐지 여부에는 아무런 역할을 하지 못한다는 것이다. 유일한 효과적인 범죄예방이 있다면 그것은 사회적, 정치적, 심리적 개입으로 이 범죄의 근원들을 다루고 처리하는 것이라고 한다. 이를 위해서는 다양한 형태의 박탈과 범죄기질이나 성향의 발달 사이의 복잡한 관계에 대한 이론적 이해를 요한다는 것이다. 이런 점에서 상황적 예방의 핵심인 범죄와 기회 사이의 직접적인 연계는 인간행위의 결정인자를 지나치게 단순화한다는 것이다[37].

물론 이처럼 범죄의 근본적인 해결로서 예방을 위해서는 범죄의 근원이 해결되어야 하고 그만큼 중요하다는 것은 누구나 동의하지만, 당면한 상황과 기회요소도 그에 못지않게 중요한 역할을 한다고 반론을 제기하기도 한다. 사실, 범죄는 동기와 기회의 상호작용의 결과, 또는 더 자세하게 말하자면 범죄는 범죄적 성향, 상황적 유혹과 기회의 상호작용의 산물이며, 여기서 범법자의 의사결정은 다른 두 요소가 영향을 미치는 매체, 도구라는 것이다. 기질적 요소가 범법자로 하여금 법률위반에 더 준비되게 하지만, 범죄기회, 즉 유혹의 인식도 범죄자가 범행하도록 동기화한다는 것이다. 사실이라면 기회는 범죄의 시간과 장소에 결정적인 역할을 할뿐만 아니라 범행을 유발하고 끌어내는 데 있어서 필수적인 역할을 한다는 것이다. 이런 측면에서 보면, 상황적 예방 옹호자들이 생각하는 것보다 오히려 기회요소가 범죄에 있어서 더 강력한 인과적 역할을 한다는 것이다[38].

상황적 예방이 단순하다는 비판의 근거 중 하나가 어쩌면 상황적 예방의 중요요소인 예방기술, 기법의 분류에서 변명(excuse)과 촉발(provocation)의 역할이 제대로 고려되지 않았었다는 지적이다. 이 분류는 처음 범죄의 위험과 노력의 증대, 보상의 축소를 포함하는 합리적 선택으로부터 도출된 세 가지 주요범주 하에 집단으로 나누어 분류하였으나, 이들 중 일부는 일상활동으로부터 '범법

---

37) R. V. Clarke, "Seven misconceptions of situational crime prevention," pp. 39－70 in Tilley(ed.), op cit., pp. 40－41

38) ibid., pp. 42－45

자로 하여금 방향을 돌리도록 하는(deflecting offenders)' 것과 중화이론으로부터 변명과 핑계를 차용하였다고 한다. 이런 범주에 속하는 기법들이 사실은 음주운전이나 세금포탈 등 많은 사람들이 범하는 일상생활 속 범행을 예방하는 데 가장 효과적이라는 것이다. 이와 같은 확장은 사실 상황적 예방이 기회축소에만 배타적으로 초점을 맞추었지 사람들을 범행하도록 압력을 가하고, 촉발하고, 용납하고, 유도할 수 있는 상황적 촉진제 요소를 경시하였다는 비판에서 나온 보완이라고 한다[39].

두 번째 비판은 어쩌면 가장 현실적인, 실무적인 차원의 쟁점인 예방효과의 유무, 즉 대체에 지나지 않는다는 비판과 반대로 심지어 확산효과까지도 기대할 수 있다는 옹호의 논쟁이다. 여기에 더하여 가장 빈번하고 강하게 비판되었던 것으로 상황적 예방이 범죄의 근원을 해결하는 것이 아니라 단지 시간과 장소 또는 대상과 수법을 대체하거나 변경하는 데 지나지 않아서, 예방이 아니라는 지적과 함께 상황적 예방이 범죄의 근원으로부터 관심을 전환시키고 있다는 비판이 제기되지만, 이 부분도 위에 비판과 비판에 대한 반론에서 이미 설명하였기에 여기서는 논외로 한다. 그러나 이와 관련하여 상황적 예방이 범죄에 대하여 지나치게 보수적이고 관리적으로 접근한다고 지적한다. 이런 점에서 일부는 '행정 범죄학(administrative criminology)'이라고 비난하는데, 이유는 왜 사람들이 범행을 선택하는지에 대한 사회적 인식이 부족하고, 그래서 재물과 부자와 권력자들의 이익의 보호에 지나친 관심을 집중하는 반면에 소수약자와 여성 등에 대한 범죄를 경시하기 때문이라는 것이다[40].

기득권 보호와 범죄대체와도 관련된 것으로, 상황적 예방은 어쩔 수 없이 이기적이고 배타적인 사회를 조장한다는 지적을 받기도 한다. 사람들은 범죄 두려움에 스스로를 성곽 안에 가두어서, 사람들을 소외 격리시켜서 공동체, 지역 사회를 파괴시킨다는 것이다. 그 결과는 부유층이 취하는 자기－보호와 방어 행동으로 그들에 대한 범죄가 빈곤층에게로 대체되어 빈곤층이 고통을 받게 되고, 범죄 두려움으로 증폭된 소위 '부유한 성문 사회(affluent gated community)'의 증대를 초래하고 이는 곧 우리 사회의 부자와 빈자 사이의 대립과 간극을 심화시

---

39) op cit., p. 48
40) ibid., p. 56

키며, 걸인, 소수인종, 청소년 갱 등 소위 우리 사회의 '바람직하지 않거나 악질적인 분자(undesirables)'로 낙인이 붙여진 사람들을 상가, 유흥가, 공원 등이나 성문사회의 경우 거주지로부터의 철저한 배척과 배제(exclusion)을 초래한다는 것이다[41].

아마도 위의 지적이나 비판보다 더 중요하고 심각한 것이 어쩌면 상황적 예방은 감시사회, 즉 Big Brother의 사회를 조장하고, 개인적 자유를 제한하게 된다고 비판한다. 상황적 예방의 핵심 요소의 하나가 바로 감시의 강화이고, 이는 우리를 자연적 감시는 물론이고 CCTV라는 인공적 감시하에 생활하게 함으로 사람의 눈이거나 기계의 눈으로 언제, 어디서나 Big Brother의 감시를 받는 삶을 살게 되어 사생활도 침해되고 그만큼 개인의 자유도 제한될 수 있다는 것이다. 그리고 상황적 예방이 받는 가장 뼈아픈 비판이라고 할 수 있는 지적으로 상황적 예방이 가해자가 아니라 오히려 피해자를 비난한다는 점이다. 범죄의 책임에 대해서 가해자가 비난받아야(victim blame) 한다, 피해자도 책임이 있다, 또는 가해자도 피해자도 아니라 우리 사회의 제도가 책임(system blame)을 져야 한다는 다양한 주장이 있고 세 주장이 다 일면 옳은 부분도 있지만, 특히 상황적 예방은 범죄를 방지하기 위해서 동기가 있는 범법자를 어찌할 수 없다고 상정하고 잠재적 피해자들이 주의하고 조심해야 하며 그렇지 못해서 피해를 당한다고 피해자를 비난하는 시각이 강하다는 것이다. 물론 일부의 경우 피해자의 역할과 책임도 있으며 당연히 피해자라고 다 같은 피해자가 아니라 모든 피해자가 다 무고한 피해자를 비난해서는 안 된다는 것이다[42].

제5절   범죄대체와 효과의 확산

범죄예방과 관련하여 가장 활발하게 논쟁이 진행되고 있는 쟁점은 아마도 범죄예방의 효과와 그와 관련된 첨예한 대립으로서, 범죄가 실제로 예방된 것이 아니라 단순히 대체(displacement)되었을 뿐이며, 그 결과 전체 범죄에는 아무런

---

41) op cit., pp. 58-59
42) ibid., pp. 61-63

변화가 없으며 따라서 효과는 단순한 풍선효과(balloon effect)에 불과하다는 주장과, 이와는 정반대로 범죄가 실제로 예방될 뿐만 아니라 나아가 예방활동의 대상이 아닌 주변까지도 예방효과의 이익이 확산(diffusion of effect)된다고 주장하는 것이다.

범죄예방의 영향이나 결과를 평가하는 것은 주로 표적범죄, 범죄 두려움, 그리고 시민들의 행동 수준의 변화에 초점을 맞춘다. 즉, 주거침입절도 방지 프로그램이라면 주거침입절도와 같이 표적으로 삼은 범죄, 사람들의 주거침입절도에 대한 공포, 그리고 그에 따라 사람들은 어떻게 행동하였는지 등의 변화를 측정하여 효과를 평가하는 것이다. 당연히 범죄예방활동이나 범죄예방 프로그램이나 프로젝트에 대한 희망과 기대는 예방활동의 결과로 범죄와 두려움이 줄어드는 것이다. 대부분 그 효과가 있다는 연구결과나 평가가 나오고는 있지만 그렇다고 보편적이거나 절대적인 것은 아니다. 물론 때로는 예방활동이 원래 의도 이상으로 영향을 미칠 수도 있다. 특히, 상황적 범죄예방은 범죄의 동기나 원인을 근본적으로 해결하기보다는 그 동기가 실제 범행으로 실현되는 기회를 제거하거나 차단하거나 제한함으로써 아마도 정해진 지역, 표적, 범죄유형, 시간 등에 대한 범죄발생을 방지하자는 것이다. 따라서 동기가 강한 잠재적 범죄자라면 언제, 어디서, 누구에게, 어떤 범죄라도 어떻게, 그리고 언제라도 할 수 있다는 가능성을 남기고 있어서 범죄대체의 개연성을 높이게 된다. 이와는 반대로 특정 지역이나 특정 범죄를 대상으로 예방활동을 벌인 결과 이웃한 지역과 다른 유형의 범죄에까지 예방효과를 가져다준다는 범죄예방효과의 이익이 확산도 가능하다는 것이다.

1. 범죄대체(Crime displacement)

범죄대체는 개인이나 사회의 범죄활동에 기인한 범죄의 변화를 표현하는 것이다. 범죄대체에 대한 최초, 그리고 대부분의 논의는 한 장소에서 다른 장소로의 범죄의 이동, 흔히 '범죄의 넘침, 엎질러짐(crime spillover)'이라고 하는 데 초점이 맞춰졌는데, 이는 대부분의 범죄예방이 전체 범죄에서 어느 정도를 제거하는 대신에 범죄를 다른 주변 지역이나 장소로 옮겨 가게 했을 따름이라는 것이다. 과거 종암경찰서의 특정 지역에 대한 매매춘 특별단속이 그 지역 대부분의 유흥업소가 인근지역으로 옮겨 가게 하였으며, 동대문경찰서의 장안평 지역 특별단속은 강 건너 강남으로 유흥업소의 대거 이전을 목격하게 하였던 것처럼 한 지역에서의 경찰단속이 그 지역에서의 범죄는 줄일 수 있었으나 이웃한 다른 주변 지역의 범죄 증가를 불러온다는 것이다. 그러나 더 문제는 이처럼 범죄대체가 지역이나 장소의 이동과 대체로 끝나는 것이 아니라 여러 가지 형태로 나타난다는 것이다.

1) 대체의 유형

Reppetto는 지역적(territorial), 시간적(Temporal), 전술적(Tectical), 표적(Target), 그리고 기능적(Functional) 대체라는 6가지 유형의 대체를 제시하였다. 지역적 또는 공간적(Spatial) 대체는 가장 보편적이고 그래서 가장 많이 다루어지고 있는 형태의 대체로서, 어느 한 지역에서 다른 지역으로 범죄가 이동하는 것을 뜻한다. 시간적 대체는 동일한 지역이지만 범행이 다른 시간대로 이동하는 것으로, 예를 들어 심야시간대에서 새벽 시간대로 범행시간대가 바뀌는 범행시간의 대체이다. 전술적 대체는 주거침입절도를 하려고 열린 문을 열고 들어가던 방법에서 문단속이 강화되자 창을 깨고 침입하는 것처럼 동일한 범죄를 범하는 데 다른 수단을 이용한다는 것으로 범행수법의 대체이다. 표적의 대체는 동일한 지역에서의 다른 피해자를 선택하는 것으로, 미국의 가게주인들의 무기사용이 급증하자 강도들이 가게 대신에 노인들을 대상으로 노상강도를 범하는 것이다. 기능적 대체는 범법자가 좀도둑에서 절도로, 절도에서 강도로 옮기는 것처럼 새로운 형태의 범죄로 갈아타는 것이다. 이 모든 형태의 대체는 결국 범법자의 범죄행동의 변화를 뜻하는 것으로, 범죄자가 다른 장소에서 다른 표적을 대상으로 다른 시간에 다른 수법으로 범행을 하거나 아예 다른 유형의 범죄로 갈아탄다는 것이다. 결국 이는 범죄가 예방되었다기보다는 여러 가지 변화를 초래한 것이라고 할 수 있다. 여기에 한 가지 유형의 대체가 더해지기도 하는데 바로 범죄자의 대체(perpetrator displacement)이다. 이는 한 명의 범죄자가 구금되거나 성장이나 개선 등 여러 가지 이유로 더 이상 범행을 하지 않거나 못하게 되었지만 그 자리를 다른 새로운 범죄자가 메꾸어서 대체한다는 것이다. 운동경기에서 주전선수가 부상을 당하면 언제라도 후보선수가 그 자리를 대체하는 것과 마찬가지라는 것이다. 결론적으로, 범죄대체를 우려하는 사람들은 다수의 범죄예방기법들, 특히 상황적 범죄예방은 결국 이들 유형의 범죄대체 중 어느 하나의 논리적 원인이라는 것이다(<표-12> 참조)[43].

표-12 대체의 형태[44]

공간적 (Territorial)	한 위치나 장소에서 전형적으로 다른 인접한 지역으로 범죄가 이동하는 것으로, 이웃 감시가 시작되자 주거침입절도가 이웃 동네로 옮겨 감
시간적 (Temporal)	낮에서 저녁으로 바뀌는 등 범행 시간대의 이동으로, 시민순찰대가 활동하자 심야시간에서 새벽 시간대로 이동
전술적 (Tactical)	범행에 이용된 수단, 범행수법의 변화로, 이중 자물쇠 등 표적강화로 출입문 대신 창문을 깨고 침입하는 등
표적 (Target)	동일한 지역 내 다른 피해자 선택하는 것으로, 이웃감시에 참여하지 않는 주민의 주택으로 표적 바꿈
기능적 (Functional)	범법자가 한 가지 유형의 범죄를 중단하고 다른 유형 범죄로 이동, 표적강화로 주거침입절도 어려워지자 노상강도 선택
범법자 (Perpetrator)	어느 범법자가 범행을 중단하자 다른 사람이 기회로 보고 범행

2) 범죄대체의 가정

(1) 범죄의 비탄력성(Crime Inelasticity)

범죄대체 주장의 가장 근본적인 가정은 범죄는 탄력적이지 않다는 것인데, 여기서 범죄가 탄력적이지 않다는 것은 범법자는 정해진 기간에 걸쳐 일정 수의 범행을 범하게 되어 있다고 가정하는 것이다. 당연히 만약에 범죄가 비탄력적이라서 정해진 기간에 정해진 수의 범행을 하게 되어 있다면 어떠한 범죄예방으로

---

43) T. A. Reppetto, "Crime prevention and the displacement phenomenon," Crime and Delinquency, 1976, 22: 166–177

44) Lab(10th ed.), op cit., p. 220, Table 1.1 Forms of Displacement 재구성

도 범죄가 제거되지 않는다는 것을 의미한다. 그렇다면 정해진 기간 정해진 지역이나 위치나 장소에서의 범죄 수준의 변화는 실제로 예방된 것이 아니라 앞에서 제시한 여러 형태의 대체 중 하나로 인하여 이동하거나 바뀌거나 변화했을 따름이라는 것이다. 범법자는 범행하도록 동기가 부여되어 있으며, 그 동기를 실현할 범행의 기회를 찾게 된다는 것이다. 당연히 범죄대체의 한 가지 핵심은 바로 활용 가능한 기회이며, 그런데 이 기회는 제한적이기 때문에 범죄대체의 가능성에도 영향을 미친다는 것이다[45].

(2) 잠재적 범죄자의 이동성

범죄대체가 가능하기 위해서는 잠재적 범죄자들이 범행을 위하여 얼마간 옮겨 다니거나 이동할 수 있다고 전제되어야 한다. 잠재적 범죄자가 전혀 유동성이 없다면 그 특정한 지역에서의 범죄예방으로 범죄가 대체되기보다는 예방이 지속되는 동안만이라도 범죄가 예방될 수 있기 때문이다. 물론 여기서 말하는 기동성, 이동성은 시간, 공간, 전술, 그리고 다른 대체 차원에서도 다 있을 수 있다고 한다. 물론 여기서도 모든 잠재적 범법자들이 동일한 수준의 이동성이나 기동성을 가지는 것은 아니다. 기동성이 좋지 않은 청소년들은 그래서 공간적 대체가 제한되어 대체로 학교폭력 등에 집중되어 시간적 대체도 제한하게 된다는 것이다. 그렇다고 이 기동성이 전적으로 잠재적 범법자의 특성으로만 결정되는 것은 아니며 주변의 여건, 상황, 환경 특징에 따라 제한되기도 한다는 것이다. 비록 기동성이 주로 공간적 대체에 관련되지만 공간적 대체로 제한되는 것은 아니라고 한다. 다른 시간, 장소, 범행으로 범행을 옮기는 범법자의 능력은 그러나 잠재적 범법자에게 주어지는 조건으로 제한될 수 있다고 한다. 예를 들어, 높은 산이나 큰 강으로 공간적 이동이 불가능하거나 매우 어려운 여건이라면 다른 대체 공간이 제한되기 마련이고, 이런 경우 공간적 대체란 현실적으로 어려워진다[46].

(3) 범법자의 합리적 선택

범죄자도 자유의지의 소유자요, 그래서 합리적 계산과 선택을 할 수 있는

---

45) Reppetto, op cit.

46) ibid.; Lab(10th ed.), op cit., pp. 221－222

사고하는 존재(Reasoning being)라는 것이 전제되어야 한다. 이런 관점에서 합리적 선택이론이 범죄연구의 중심적 초점이 되었고, 이를 기반으로 상황적 범죄예방이 가정될 수 있었던 것이다. 합리적 선택이론은 잠재적 범법자가 물리적, 사회적 환경 속 다양한 요소에 기초하여 선택, 그것도 가장 합리적 선택을 한다고 가정하는 것이다. 범법자는 범죄를 행할 것인가를 결정함에 있어서 범행으로 얻어지는 보상, 범행에 드는 노력, 동료의 지원과 지지, 범행의 위험성 등을 고려한 결과로 범행과 관련된 합리적 선택을 한다는 것이다. 따라서 대체주장도 범죄자가 사정에 정통하고 자유의지에 따른 선택을 할 수 있다고 보는 것이다. 범법자도 자신의 상황과 선택에 내재되는 이익과 비용을 평가할 수 있고, 그 결과에 기초하여 결정을 한다는 것이다. 여기서 중요한 것은 대체가 일어나기 위해서는 정통한 선택과 결정을 하는 능력이 요구된다는 점이다. 그렇지 않고 범죄자가 합리적 선택의 능력이 없다면 범죄예방에 기인하는 대체를 무효화시키게 되는 것이다. 그런데 바로 이 가정은 위에서 기술한 범죄의 비탄력성 가정과 상반되기도 한다. 범행의 필요성과 어디서 어떤 범행을 할 것인가 선택하는 능력은 그러나 서로 배타적인 것이 아니다. 더구나 합리적 선택이란 완전한 정보와 완전한 조건과 대안은 물론이고 결정자의 합리적 사고와 선택 능력이 전제되어야 온전히 합리적 선택이 가능하다고 할 수 있지만, 현실적으로는 거의 불가능한 가정에 불과하여 대부분은 제한된 정보와 대안으로 하는 제한적인 합리적 선택에 지나지 않기 일쑤다. 결국 범법자는 범행 외에 다른 대안이 없다면 가능한 선택지를 중심으로 범죄행위를 구상하게 된다는 것이다[47].

3) 범죄대체는 양성(benign)인가 악의(malign)인가

대체에 대한 대부분의 논의의 논지는 분명히 범죄가 여러 가지 대체 차원 중 하나에 따라 이동했을 따름이라는 생각에 대하여 당황하거나 실망하는 것이다. 그러나 대체가 긍정적일 수도 있다고 하는데, 즉 대체를 양성과 악의라는 두 가지 유형으로 나누는 것이다. 여기서 악의적 대체(malign displacement)는 바람직하지 않은 결과로 이어지는 것으로, 예를 들어 주거침입절도를 줄이려는 노력이 오히려 범죄를 강도나 폭력, 심지어 강간 등 가정파괴범죄로 비화시키기 때

---

47) Lab(10th ed.), op cit., p. 223

문이다. 또 다른 예의 악의적 대체로는 줄어든 범죄의 보상을 만회하기 위하여 범죄자가 범행의 횟수를 늘려야 하는 경우가 발생하게 된다는 것이다. 마지막 악의적 대체는 대응할 준비가 되어 있지 않은 지역으로 범죄를 이동시키는 가능성이다. 준비나 방어되지 않는 공간과 지역으로 범죄가 이동하게 되어 더 큰 피해를 초래할 수도 있다는 것이다. 그런데, 이런 경우 안전의 빈익빈 부익부 현상, 즉 범죄취약 지역이 더욱더 범죄에 취약해지거나 더 많은 범죄가 집중되는 결과로 이어질 수도 있다는 비판도 제기된다. 반면에, 양성, 즉 긍정적 대체는 대체로부터의 변화가 사회에 이익이 될 수 있다는 것인데, 예를 들어 범법자가 활용하는 신종 범죄나 신종 수법이 덜 심각하고 잠재적 피해자에게 덜 위험할 수도 있다는 것이다. 강도가 절도가 되고 흉기에 의한 폭력이 단순 폭행이 되고, 절도가 좀도둑이 되는 경우가 생기는 것이다. 대체는 또한 실제 범죄를 상쇄하는 범죄의 두려움을 줄여줄 수 있다고도 한다[48].

한편, 대체로 인하여 범죄가 사회에 공평하다고 간주되도록 분산될 수도 있다는 주장도 나온다. 실제로 범죄는 모든 사회계층에, 모든 지역에 공평하게 또는 평등, 균등하게 분포되고 퍼지는 것은 아니다. 우리 사회가 의식 또는 무의식적으로 특정 지역이나 동네를 소위 '범죄의 퓨즈(Crime fuses)'로 만든다는 것이다. 마치 전기 퓨즈가 문제가 나머지 모든 전기 계통으로 확산되기 전에 터져버림으로써 위험부담을 떠맡고 문제의 신호를 보내는 것처럼 범죄 퓨즈도 범죄가 그 지역에서 폭발하기까지 사회의 나머지 지역에 신경을 쓰게 하지 않고 작동하게 하는 지역이다. 그래서 대체는 범죄가 이 '퓨즈' 위치로 이동되면 적어도 다른 지역에는 양성적, 긍정적이 되겠지만 '퓨즈' 지역에 사는 사람들에게는 악의적 대체가 되는, 그래서 다시 범죄안전의 '빈익빈 부익부', 즉 위험한 곳은 더 위험해지고 안전한 곳은 더 안전해지는 불평등과 불균형을 심화시킬 수 있는 것이다. 따라서 진정한 의미의 양성적, 긍정적 대체는 공동체나 지역사회 전체에 걸쳐 균등하고 평등한 범죄피해자화(victimization)를 제공하는 것이어야 한다. 결

---

48) T. Gabor, "Crime displacement and situational prevention: Toward the development of some principles," Canadian Journal of criminology, 1990, 3: 41-73; R. Barr and Pease K., "Crime placement, displacement, and deflections," in Tonry, M. and N. Morris(eds.), Crime and Justice, Vol.12, Chicago, IL: University of Chicago Press, 1990, Lab(10th ed.), op cit., pp. 223-224에서 재인용

국 대체에 대한 문제는 사회의 범죄와 피해자화를 재분배하는 것이라고 한다[49].

2. 이익의 확산(Diffusion of benefits)

범죄대체와 대비되는 범죄예방 프로그램의 가능한 또 다른 효과는 이익의 확산효과라고 한다. 이익의 확산은 프로그램의 효과가 직접적으로 표적으로 하는 지역, 통제대상인 사람, 예방 프로그램의 초점인 범죄, 또는 프로그램이 시행된 시기를 넘어 그 이로운 영향이 확산되는 것으로 규정한다. 예방 프로그램이 그냥 범죄를 이동시키는 것이 아니라 이익의 확산은 예방 프로그램이 표적으로 하지 않은 지역과 사람에게까지 이익이 된다고 가정하는 것이다. 이런 이익의 확산효과는 'halo effect', 'free bonus effect', 'free riding effect'와 같은 다양한 이름으로 논의되기도 한다[50].

그렇다면 범죄예방 프로그램의 이익이 다른 지역, 사람, 시간, 그리고 범죄로까지 확산되는 이유는 뭘까. 학자들은 억제(deterrence)와 방지나 낙심(discourage-ment)이라고 설명한다. 억제는 다양한 방식과 형태로 영향을 미친다. 대부분의 범죄예방 노력은 그 기간이 짧은 편인 데 반하여 범죄에 미치는 영향은 종종 프로그램 기간을 초과하는 경우가 많다고 한다. 이와 유사한 것으로, 특정한 위치나 물품을 표적으로 하는 것도 때로는 다른 표적들도 보호하는 결과를 초래할 수도 있다고 한다. 어떤 경우이든 체포될 확률은 높아지고 잠재적 범법자는 체포될 위험으로 억제된다는 가정을 전제로 한다. 방지나 낙심이란 범죄로부터의 보상을 줄이고 범행에 요구되는 노력은 증대시킴으로써 작동하게 된다고 한다. 즉, 범행할 마음이나 범죄자의 마음을 실망시키게 하여 범행을 하지 않거나 적어도 미루게 한다는 것이다[51].

---

49) R. Barr and Pease K., "Crime placement, displacement, and deflections," in Tonry, M. and N. Morris(eds.), Crime and Justice, Vol.12, Chicago, IL: University of Chicago Press, 1990, Lab(10th ed.), op cit., p. 224에서 재인용

50) R. V. Clarke and Weisburd, D., "Diffusion of crime control benefits: Observations on the reverse of replacement," in Clarke, R. V.(ed.), Crime Prevention Studies, vol.2, Monsey, NY: Criminal Justice Press, 1994, p. 169; M. J. Scherdin, "The halo effect: Psychological deterrence of electronic security system," Informations Technology and Libraries (September), 1986: 232–235

3. 대체와 이익확산의 경험적 증거

1) 범죄대체 효과

범죄대체 효과를 평가하기 위해서는 몇 가지 고려사항이 있다. 그 첫 번째가 범죄대체는 그 형태가 다양하며, 이 다양한 모든 형태의 대체가 시험되어야 한다는 것이다. 불행하게도 대부분의 연구가 지리적, 영역적 대체(territorial displacement), 즉 범죄발생 장소의 지리적 이동, 대체만 검증하고 다른 형태의 대체는 고려되지 않는다는 사실이다. 두 번째 고려사항은 예방 프로그램의 표적이 되는 범죄는 범행할 공산이 큰 범법자는 누구이고, 언제 범행이 일어날 것이며, 범행의 수법은 어떠하며, 어디서 발생하며, 범행의 목적 또는 왜 발생했는지 등과 같은 모든 의문에 자세하게 대답할 수 있어야 한다는 것이다. 이런 의문들에 대한 정확한 대답이 잠재적 대체와 범죄예방대책의 선택에 대해서 핵심적이기 때문이다[52].

대체를 평가하기 위한 시도를 하려면 잠재적 범법자, 범행유형, 위치, 피해자, 그리고 기존 범죄에 관련된 기타 요소들을 명쾌하게 고려할 필요가 있다. 범죄사건과 그 행위자에 대한 깊이 있는 지식이 범죄예방 기획자와 평가자로 하여금 대체에 대한 잠재성을 모형으로 삼아 적절한 개입과 평가 방법을 세울 수 있게 해 준다는 것이다. 고려중인 유형의 대체를 고려하지 않고 범죄에 대한 전체적인 대체를 기대할 이유는 거의 없다고 한다. 동시에 대체가 없다고 가정하는 것 또한 순진하기는 마찬가지라고 한다. 대체는 모든 평가에서 가능한 기여요소의 하나로 고려되어야 한다는 것이다[53].

2) 이익확산의 증거

범죄예방효과의 대체를 상쇄하는 것으로 이익의 확산을 들고 있다. 이익의

---

51) Lab(10th ed.), op cit., p. 225
52) N. Hamilton-Smith, "Anticipated consequences: Developing a strategy for the targeted measurement of displacement and diffusion of benefits," in Tilley, N.(ed.), Evaluation for Crime Prevention, Monsey, NY: Criminal Justice Press, 2002, Lab(10th ed.), op cit., p. 233에서 재인용
53) Lab(10 th ed.), op cit., p. 233

확산은 글자 그대로 특정한 범죄예방 프로그램에서 직접적으로 표적으로 삼지 않았던 사람, 품목, 지역은 물론이고 시간, 수법, 범죄 등 거의 모든 면에서 범죄예방 개입의 이익을 누리는 것을 뜻한다. 특정 지역 주민이나 가구의 절반이 이웃감시 프로그램에 가입하여 활동하고, 귀중품에 표식을 하며, 감시활동에 참여하고, 그 결과 지역 모든 주민이 범죄와 두려움의 감소를 경험한다면, 그것은 아마도 참여자의 범죄예방이 비참여자에게도 영향을 준 것이라고 할 수 있을 것이며, 이것이 이름하여 이익의 확산이라고 할 수 있을 것이다.

그러나 대체와 마찬가지로 이익의 확산을 측정하는 것이란 매우 어려운 일이다. 지금까지 이익의 확산 효과를 측정하기 위한 전형적인 접근방법은 범죄예방 프로그램의 표적 지역에 인접한 지역에서 범죄와 범죄 두려움의 변화가 있었는지 검토하는 것이다. 표적의 인접지역에서 범죄와 두려움의 감소는 바로 이 확산효과에 기인할 수 있다는 것이다. 물론 마치 예전 뉴욕에서의 'Broken windows'나 이에 기반한 'Zero tolerance'의 범죄감소효과에 대하여 이와는 전혀 무관한 미국 대부분의 도시에서도 범죄가 대체로 감소하였던 것처럼 여기서 인접지역의 감소도 바로 그러한 사회의 일반적 범죄감소의 결과일 수도 있다고 경계하기도 한다. 이 경우라면 범죄예방 정책의 확산효과보다는 개입으로 인한 영향이나 효과가 없음을 보여준다는 것이다. 결국, 효과 여부, 즉 변화가 있었는지, 그리고 그 변화가 확산에 기인한 것인지 결정하려면 거리나 다른 상황으로 인하여 이익의 확산이 기대되지 않는 추가적인 비교지역이나 표적을 요한다. 즉, 확산효과가 기대될 수도 있는 인접지역에서는 범죄가 감소된 반면에 기대되지 않은 비교지역에서는 감소되지 않았다면 이익의 확산을 이야기할 수 있는 반면에 두 지역 다 변화가 없거나 두 지역 모두 변화가 유사하다면 인접지역의 확산효과를 특별히 거론하기란 쉽지 않은 것이라고 할 수 있을 것이다54).

이익확산효과를 확인하는 것과 관련된 또 하나의 문제는 이익의 확산과 대체가 동시에 발생하는 경우에 나타날 수 있는 것으로, 만약 확산과 대체가 동시에 일어나면 그 결과는 대체와 확산이 상쇄되어 인접지역에서의 범죄와 두려움

---

54) K. J. Bowers and Johnson, S. D., "Measuring the geographical displacement and diffusion of benefit effects of crime prevention activity," Journal of Quantitative Criminology, 2003, 19: 275-301

의 분명한 변화가 나타나지 않은 것으로 보이게 된다는 것이다. 이 경우, 범죄예방 프로그램이 표적지역의 범죄와 두려움을 줄이는 데 성공적이고, 동시에 그 감소의 일부가 통상 다른 지역에서의 범죄와 두려움의 증가를 의미하는 범행을 다른 지역으로 대체시킨 결과라고 할 수 있지만 동시에 동일한 정도의 확산효과가 범죄와 두려움의 증가를 상쇄시켜서 범죄와 두려움의 변화가 없는 것처럼 보이게 한다는 것이다[55].

그럼에도 불구하고 연구자들은 방법론적 고민을 더하여 확산효과를 측정하려고 노력하였다. 지역의 약물문제를 다루려는 프로그램의 영향을 평가한 결과 인접지역에서 표적지역보다는 낮지만 주변지역에서도 이익이 확산되었음을 확인하였고, 이웃감시(Neighborhood Watch)도 동일지역에서 참여하지 않는 표적에 까지 확산되는 것으로 보였다고 하며, 가로등 조도를 높이는 프로그램에서도 야간은 물론이고 심지어 주간에도 범행이 줄어들어 시간적 확산(temporal diffusion)을 확인할 수 있었으며, 상황적 범죄예방에서도 확산을 찾을 수 있었고, 메타분석에서도 42%에서 확산효과를 확인할 수 있었다고 한다[56].

4. 평가

불행하게도 범죄예방효과에 대한 평가는 일반적으로 이익의 확산이나 대체효과의 가능성 어느 것도 제대로 고려하지 않거나 못하고 있다. 이는 당연히 예방효과의 평가 자체뿐만 아니라 여기에 더하여 대체와 확산까지 고려한 평가 그 자체가 너무나 어렵다는 사실 때문이다. 그나마 대체효과를 평가하는 경우에도 대부분은 여러 가지 대체 중 하나에 불과한 지역별 이동, 즉 지리적 대체나 확산(Territorial displacement/Territorial diffusion)만을 다루는 극히 제한된 관점이라는 것이다. 잠재적 범죄자의 존재를 가정한다면 당연히 특정 지역에 초점을 맞

---

55) Lab(10th ed.), op cit., p. 239

56) L. Green, "Cleaning up drug hot spots in Oakland, California: The displacement and diffusion effect," Justice Quarterly, 1995, 12: 737－754; T. D. Miethe, "Citizen－based crime control activity and victimization risks: An examination of displacement and free－rider effects," Criminology, 1991, 29: 419－440; R. T. Guerette and Bowers, S. D., "Assessing the extent of crime displacement and diffusion of benefits: A Review of situational crime prevention evaluation," Criminology, 2009, 47: 1331－1368

춘 예방활동, 예를 들어 이웃감시 같은 예방은 장소의 이동이 충분히 이해가 가며, 마찬가지로 특정한 품목이나 문제에 초점을 맞춘 예방은 단순히 장소만 이동하는 것이 아니라 다른 방식이나 물품으로 표적이 이동하게 만든다는 것이다. 물론 이와는 반대로 특정한 물품이나 문제에 초점을 맞춘 예방이 유사한 물품과 문제의 예방으로 확산될 소지도 있다.

1) 범죄로의 여정(Journey to Crime)

어떤 범죄자이든 가정폭력이나 직장폭력과 같은 일부 범죄를 제외하고는 특히 계획된 재산범죄는 범죄자가 범행을 위해서 범행 장소나 표적이 있는 곳까지 간다는 사실이 바로 '범죄로의 여정(Journey to crime)'이라고 한다. 물론 이동거리는 범죄유형, 지역의 물리적 특성, 그리고 범법자의 인구사회학적 특성에 따라 다양하다. 이런 범행을 위한 이동거리는 두 가지 방식으로 측정될 수 있는데, 그 첫 번째는 유클리드의 기하학적 거리(Euclidean distance)로서 출발점에서 종점까지의 직선거리를 측정하는 것이다. 이 측정방법과 관련된 문제는 건물, 강, 고속도로 등과 같은 물리적 특징이 직선적인 이동을 불가능하게 만든다는 사실을 경시한다는 점이다. 이런 점을 감안한 두 번째 측정방식은 사람들이 일반적으로 이동시간과 거리 둘 다를 줄일 수 있는 도로를 선택하여 따른다는 점을 감안하여 측정하게 되는데, 이런 방식의 거리 측정을 Manhattan 거리(Manhattan Distance)라고 불린다[57].

한편, 당연히 거리의 측정방식이 중요하지만, 우리가 고려해야 할 한 가지 더 중요한 사실은 일종의 '거리감쇠(distance decay)'가 있다는 것이다. 여기서 거리 감쇠란 범법자의 집으로부터의 거리가 멀어질수록 범행은 줄어든다는 것을 의미하는 말이다. 그것은 사람들이 자신의 집 주변 지역에 대한 인지지도가 가장 크고 강하기 때문이며, 그래서 범법자들이 더 많은 범행을 하는 곳은 바로 이 활동공간이라는 것이다. 결국 인지지도 안의 활동공간이 범죄로의 짧은 이동, 여정인 것이다. 이런 거리 감쇠는 부분적으로는 범법자의 출발점과 종착점 사이에 존재하는 기회의 존재에 기인한다는 것이다. 여기에 더하여, 범법자의 현재 거주지와 직전 거주지 주변에서의 범죄를 살펴본 결과, 현 거주지에서의

---

57) Lab(10th ed.), op cit., p. 233

범죄가 전 거주지에서의 범죄보다 22.5배나 더 많아서, 이는 전 거주지 주변에서의 범행이 시간이 흐름에 따라 감소한다는 것을 보여주었고, 이는 곧 범죄는 그 사람의 인지 공간(awareness space)에서 일어날 공산이 크다는 것을 보여준다58).

거리감쇠(distance decay)가 이동거리라는 측면에서 매우 중요한 요소인 반면, 기회, 잠재적 보상, 그리고 이동능력이 긴 이동거리에 있어 역할을 한다. 사전에 계획될 확률이 매우 큰 재산범죄는 평균적으로 이동거리가 더 길며, 범행으로부터의 보상의 기대와 규모도 더 긴 이동거리를 초래한다는 것이다. 다시 말해, 많은 재산범죄가 다른 범죄에 비해 평균 이동거리가 더 길며, 재산 범죄 중에서도 범행함으로써 얻어지는 보상의 기대와 규모가 클수록 이동거리도 길어질 수 있다는 것이다. 그리고 교통과 도로 접근이 보다 쉬운 경우에 이동거리 또한 길어진다고 한다. 반면에 대인범죄는 대체로 즉흥적이고 가족이나 친구 사이에서 일어나는 경향이 있기 때문에 긴 여행거리를 완화시킨다고 한다. 그런데 재산범죄와 관련된 긴 이동거리는 특히 지역사회 범죄예방의 논의에서 매우 중요한데 그것은 이들 프로그램이 대체로 재산범죄를 표적으로 하기 때문이다. 그리고 범법자의 연령도 범행을 위한 이동거리와 관련이 있는데, 청소년과 노인보다 청장년층이 이동을 더 멀리 하는 경향이 있는데, 이는 그들의 기동성이 더 높기 때문이다. 반면에 청소년이나 노인들은 범행결정의 기초가 되는 인지지도가 제한되기 때문에 이동거리 또한 짧아질 수 있다는 것이다. 이처럼 범법자의 기동성이 존재함을 전제로, 지리적, 영역적 대체는 예방 노력의 가능한 결과라고 가정하는 것이 합리적이라 할 수 있을 것이다59).

---

58) H. Elfers, Reynold, D., Averdijk, M., Bernasco, W., and Block, R., "Modeling crime flow between neighborhood in terms of distance and of intervening opportunities," Crime Prevention and Community Safety, 2008, 10: 85−96; W. Bernasco, "A sentimental journey to crime: Effects of residential history on crime location choice," Criminology, 2010, 48: 389−416

59) C. Morselli and Royer, M. N., "Criminal mobility and criminal achievement," Journal of Research in Crime and Delinquency, 2008, 45: 4−21; B. Snook, "Individual differences in distance travelled by serial burglars," Journal of Investigative Psychology and Offender profiling," 2004, 1: 53−66; S. Van Daele and Vander Beken, T., "Outbound offending: The journey to crime and crime spree," Journal of Environmental Psychiatry, 2011, 31: 70−78; G. Bicheler, Prosco, C. A., and Schwartz, J. A., "Take the car keys

2) 지리적/공간적 대체(Territorial/spatial displacement)[60]

가장 보편적 대체로서 그 효과에 대한 연구결과는 양면적이다. 일부에서는 공간적 대체가 분명히 밝혀지기도 했지만 동시에 다른 연구에서는 공간적 대체가 전혀 또는 거의 보고되지 않는다. 연구에 따른 이러한 결과의 차이는 결과나 효과의 분석에서 대체지역을 서로 다르게 규정하고 이용했기 때문이라고 한다. 소위 인접지역을 어느 정도 규모로 정하고 거리는 얼마나 길게 또는 짧게 정할 것이며, 또한 건물이나 강이나 산과 같은 이동에 장애가 될 수 있는 지리적 특성, 그리고 직선거리로 정할 것인지 아니면 통행거리로 정할 것인지 등에 따라 달라진다는 것이다. 실제로 대체가 일어나는 지역의 선정이 핵심이고, 바로 가까이 인접한 지역이 대부분의 연구에서 분석의 대상이 되지만, 그렇다고 가장 가까이 이웃한 지역이 반드시 영역/공간적 대체를 평가하기 위한 가장 좋은 선택이라고 가정하는 것은 바람직하지 않다고 한다. 특히 그 영역 안에는 소위 '완충지대(buffer zone)'가 있을 수 있기 때문이다. 따라서 때로는 인접지역에서는 대체가 발견되지 않아도 오히려 더 먼 지역에서 대체가 일어날 수도 있다는 것이다.

3) 시간적 대체(Temporal displacement)

범죄의 시간적 대체, 즉 범행의 시간적 이동이 가능하다는 보고가 보편적이다. 가로등과 같은 도로의 조명이 당해 지역에서는 범죄가 줄어든 반면에 동일 지역 내에서 주간 시간대의 범죄가 그만큼 증가했다고 하는데, 이는 범행이 단순히 밤에서 낮으로 옮겨 갔을 가능성을 보여준다는 것이다. 또한 도심지역에서의 감시기능의 강화도 시간적 대체를 보여주었으나, 자동차 절도의 경우에는 그러한 대체를 확인하지 못하였다고 한다[61].

---

away: metropolitan structure and the long road to delinquency," Journal of Criminal Justice, 2012, 40: 83-93; C. Vandeviver, Van Daele, S., and Vander Beken, T., "What makes long crime trips worth undertaking? Balancing costs and benefits in burglars' journey to crime," British Journal of Criminology, 2015, 55: 399-420

60) Lab(10th ed.), op cit., pp. 234-235

61) R. B. P. Hesseling, "Theft from cars: Reduced or displaced?" European Journal on

4) 전술적 대체(Tactical displacement)

범죄예방으로 범법자들의 범행을 더 어렵게도 만들 수 있다. 이를 흔히들 '표적 강화(Target hardening)'라고도 할 수 있고 '접근통제(access control)'라고도 할 수 있을 것이다. 그러나 범행의 동기가 확실한 범법자라면 비단 더 고생하고 노력하고 힘들어도 어떻게든 범행할 것이라 가정할 수 있다. 이런 가정은 동일한 표적에 대한 동일한 범죄를 새로운 범행수법을 활용하여 행한다는 것이 분명해졌다. 쉬운 예로 과거 열린 출입문으로 주거침입 절도를 했으나 예방노력으로 더 이상 출입문이 열려 있지 않자 창문을 부시고 침입하는 것이다. 실제 주거침입 절도범과의 인터뷰를 통해서 그들은 범행의 장애물에 직면하게 되면 새로운 수법을 강구하고 이용할 의향을 밝혔다는 것이다. 요즘 빈번하게 발생하고 있는 각종 피싱수법을 보아도 그 수법이 끊임없이 진화하고 있음을 알 수 있는 것처럼 범행수법이라는 전술적 대체는 분명한 것으로 보인다[62].

5) 표적대체(Target displacement)

범죄자가 자신의 범행표적을 선택하고, 그 선택에서 매력적인 표적을 선택하기 마련이라면 당연히 잠재적 표적의 사전주의나 보호나 방어노력은 잠재적 범죄자로 하여금 보다 매력적인, 즉 보다 용이하게 범행할 수 있는 다른 표적을 선택하게 만들 것이다. 실제로 절도나 강도 피해 물품을 쉽게 장물로 처분하지 못하게 하려는 'Operation Identification', 즉 귀중품에 표식을 하는 프로그램에 참여자로부터 참여하지 않은 표적으로 범행이 옮겨 갔다는 것이다. 뿐만 아니라 잠재적 범법자들은 주거지역에서 상업지역으로 범행지역도 옮겼다는 것이다. 또한 범법자들이 이처럼 쉽게 표식을 할 수 없는 물품을 표적으로 하였다고도 한다. 위 전술적 대체에서도 언급한 것처럼 '표적강화'가 동일지역의 표적이 강화되지 않은 곳으로 범죄를 대체했다고도 한다. 또한 반복 피해자화 예방을 위한 노

Criminal Policy and Research, 1995, 3: 79－92; R. B. P. Hesseling, "Functional surveillance in the Netherlands: Exemplary Project," Security Journal, 1995, 6: 21－25

62) D. Weisburd, L. A. Wyckoff, J. Ready, J. E. Eck, J. C. Hinkle, and F. Gajewski, "Does crime just move around the corner? A controlled study of spatial displacement and diffusion of crime control benefits," Criminology, 2006, 44: 549－592

력은 범법자로 하여금 보다 '새로운' 피해자로의 이동을 초래하였다는 것이다[63].

6) 기능적 대체(Functional displacement)

기능적 대체는 한편으로 범죄유형의 대체라고도 할 수 있는 것으로 특정 유형의 범죄를 표적으로 하는 전략적, 전술적 범죄예방이 강화되면 범행동기가 있는 잠재적 범법자는 강력하게 통제되거나 감시되거나 예방활동의 대상이 되고 있는 범죄가 아닌 다른 유형의 범죄를 선택하는 것이다. 이런 유형의 대체는 범법자가 범하는 범행의 변화로 나타나는 대체이다. 이 대체효과에 대한 조사방법은 통상 범죄예방활동 전후의 상이한 개별적 범죄율을 비교하는 것이다. 공공 주택단지에서 재물보안(property security)을 위한 범죄예방 프로그램을 실행한 결과, 원래 표적으로 했던 주거침입 절도와 도둑 등 재산범죄는 감소하였으나 폭력과 강도는 증가하였다고 한다. 유사한 경우로, 신용카드 범죄가 어려워지자 사이버사기나 절도와 같은 새로운 유형의 범죄로 발전하는 예도 경험하고 있다[64].

7) 범죄자 대체(Criminal displacement)

특정 집단이나 개인 범죄자를 표적으로 하는 범죄예방 활동은 표적이 된 집단과 개인 범죄자의 범행을 억제하고, 경찰활동이 그들을 초점으로 하는 전략적, 전술적 경찰활동이 실행되면 표적이 된 집단이나 개인 범죄자들의 범행이 억제될 수 있지만, 그 범죄자들의 빈 자리를 새로운 집단이나 개인 범죄자가 대체한다는 것이다. 마치 운동경기에서 작전상으로나 부상 때문이거나 벤치에서 기회만 기다리던 후보선수들이 그 주전선수를 대체하는 것처럼, 쉬운 예로 과거 범죄와의 전쟁에서 조직범죄 소탕작전이 강력하게 실시되고 그 결과 범죄조직의 수장을 포함한 다수가 검거되자 그 자리가 과거 부하들이나 행동대원들은 물

---

63) T. Gabor, "The crime displacement hypothesis: An empirical examination," Crime and Delinquency, 1981, 27: 390−404; P. Allat, "Residential security: Containment and displacement of burglary," Howard Journal, 1984, 23: 99−116; T. D. Miethe, "Citizen−based crime control activity and victimization risks: An examination of displacement and free−rider effect," Criminology, 1991, 29: 419−440

64) Allat, op cit.; E. Finch, "Strategies od adaptation and diversification: The impact of chip and PIN technology on the activities of fraudsters," Security Journal, 2011, 24: 251−268

론이고 새로운 사람들이 새로운 조직을 형성하였던 것이다. 이런 유형의 대체가 예방이나 억제의 가장 민감한 비판이 되고 있다고도 할 수 있다. 즉, 범죄자가 없어져도 누군가가 그를 대체하기 때문에 범죄가 예방된 것이 아니라 단지 선수만 바뀌었을 뿐이라는 것이다.

8) 대체를 어떻게 볼 것인가

지금까지 살펴본 바로는 대체는 다양한 형식과 형태로 나타난다고 할 수 있다. 그러나 동시에 대체가 범죄예방정책의 불가피한 결과는 아니라는 것 또한 사실이라는 점도 기억할 필요가 있다. 실제로 설사 대체가 일어나는 경우에도 100%는 아니며, 따라서 대체는 범죄예방 논의에 대한 실행 가능한 관심사라고 할 수 있다. 거의 모든 연구가 대체효과가 있다고 보고하거나 없다고 보고하거나 각각의 대체유형은 제한적이며, 이는 아마도 대부분의 평가가 대체를 고려하지 못거나 않았기 때문이라는 것이다. 실제로 연구의 거의 절반가량은 대체효과, 특히 영역과 표적 형태의 대체가 있다는 증거를 보이고 있으며, 동시에 100% 대체를 전혀 찾지 못하였다는 사실은 범죄예방에 있어서 대체가 주요한 핵심 관심사나 문제는 아님을 보여준다는 것이다. 그러나 이러한 주장에 대해서, 비록 100%는 아니라 해도 대체에 대한 어떤 증거라도 다루어져야 할 관심사여야 한다고 주장한다[65].

결론적으로, 대체가 모든 프로그램에서 발생하지는 않지만, 실제로 거의 모든 형태의 대체가 보편적으로 일어나고 있으며, 그렇다고 대체가 예방활동의 긍정적인 영향까지 무효화시키는 것은 아니라는 점을 보여준다고 할 수 있을 것이다. 그러나 분명한 것은 대체의 수준은 전형적으로 범죄예방대책으로 인한 전체 범죄감소의 작은 부분이라는 점을 상기할 필요가 있다. 대체의 발견이 예방 프로그램의 영향을 보여주지만 예방적 개입으로 인한 것이라고 할 수 있는 긍정적 결과까지 무효화시키는 것은 아님도 명심할 필요가 있다는 것이다. 실제로 대체효과의 발견은 예방 프로그램이 범법자들의 행동을 변경시킬 수 있다는 것을 보여준다는 것이다. 범법자들은 정당한, 합법적인 이용자의 행동에 대응, 반응하여

---

65) J. E. Eck, "The threat of crime displacement," Criminal Justice Abstracts, 1993, 25: 527 – 546; Lab(10th ed.), op cit., p. 238

다양한 표적과 관련된 자신의 범죄행위를 제한한다는 것이다. 여기서 범죄예방의 대체효과가 실제로 존재하는지 여부를 보다 더 분명하게 확실히 할 수 있는 유일한 방법은 범법자들에게 직접 범죄예방 대책이나 프로그램이나 활동이 그들의 행위를 변경시켰는지 물어보고 확인하는 길밖에 없다[66].

5. 상황적 예방의 평가

일부에서는 상황적 범죄예방을 다수의 이론과 연구가 상황적 범죄예방을 지지한다는 점에서 '과학(science)'이라고도 하고, 연구에도 불구하고 실무자들은 아직도 프로젝트를 실행하기 위해서는 자신의 경험과 판단에 대부분 의존해야 한다는 점에서 '예술(art)'이라고도 한다는 것이다. 실제로 상황적 범죄예방은 이제 기회감축과 거의 동의어로 간주될 정도로 대중적인 것이 되었지만 아직도 적지 않은 비판의 소리도 나오고 있다. 비판의 소리는 대체로 이론적인 면과 효과성 또는 효율성과 관련된 것이다.

1) 상황적 예방의 이론적 비판

(1) 상황적 예방은 단순하고 비이론적이다

이 비판은 상황적 예방이 유전, 양육, 인성 또는 사회, 문화, 인종, 경제적 불균형에서 초래되는 박탈이 범죄의 '근원(root causes)'이라는 절대 다수의 범죄학 연구결과들을 무시하거나 경시한다는 비판이다. 비록 상황적 요인과 기회요인이 언제 그리고 어디서 범죄가 발생할 것인가를 결정하는 데는 도움이 될 수 있을지라도, 범죄가 발생할 것인지에 있어서는 아무런 역할을 못한다는 것이다. 범죄를 예방하는 유일한 효과적인 방법은 심리적, 사회적, 정치적 개입으로 근원을 해결하는 것이며, 따라서 기회와 범죄 사이에 직접적인 연계가 있다고 제안하는 것은 인간행동의 결정요인들을 지나치게 단순화한다는 것이다. 그러나 상황적 예방 주창자들은 상황적 예방이 초기의 단순한 범죄 선택모형에서 발전된 합리적 선택이론으로 확장되고, 일상활동 이론과 범죄유형이론으로 보완되

---

66) Lab(10th ed.), op cit., pp. 238 - 239

어, 상황적 범죄예방에 강력한 이론적 기초를 제공하고 있다. 물론, 이들 이론이 범죄에 있어서 상황적 요인에 대하여 중요한 역할을 하고, 그런 점에서 기회이론이라고도 불리지만, 동시에 이들 이론은 범인성, 범죄성의 발전이 아니라 범죄의 발생을 설명하려고 한다는 점에서 대다수 다른 범죄학 이론과는 다르기 때문에 범죄원인론이 아니라 그냥 범죄이론(crime theory)라고도 불린다[67].

범죄학자라면 그 누구도 범죄의 근원의 중요성을 부정하지 않지만, 상황적 예방의 옹호자들은 즉각적인 상황과 기회요인이 범죄에 있어서 마찬가지로 동등하게 중요한 인과적 역할을 한다고 믿고 있다. 사실, 범죄란 범죄적 성향과 상황적 유혹과 기회의 상호작용의 산물이며, 범법자의 의사결정은 이들 두 가지 요인이 자신의 영향력을 알게 해 주는 매체이다. 기질적 요인이 범법자로 하여금 법률을 위반하도록 더 준비시키지만, 범죄기회 또는 유혹의 인식도 범법자로 하여금 범행하도록 동기를 제공한다. 이런 면에서 기회는 범죄의 시간과 장소에 있어서 결정적인 역할을 할 뿐만 아니라 범죄행위를 유발하고 끌어내는 데 중요한 역할도 한다. 구체적으로, 범죄적 경향이 있는 사람이 더 많은 범죄기회를 마주치면 더 많은 수의 범행을 할 것이며, 그러한 기회를 자주 마주하는 것은 그러한 사람들을 심지어 더 많은 기회를 구하도록 이끌게 되고, 기존의 범죄적 성향이 없는 사람은 범죄 기회와 유혹이 확대, 확산되면 범죄행위로 이끌릴 수 있으며, 더 특별하게는 일반적으로 법을 준수하는 사람도 범죄에 대한 쉬운 기회를 규칙적으로 마주하게 되면 특정한 유형의 범죄를 범하게 될 수 있다는 것이다. 이런 관점에서 보면 범죄에 있어서 기회는 상황적 예방론자들이 처음 생각했던 것보다 더 강한 인과적 역할이 있다는 것이다. 물론 이런 주장에 대한 경험적 증거는 충분하지 않지만, 기회가 범죄의 원인이라고 믿는 몇 가지 바탕은 있다고 한다[68].

먼저, 다수의 평가연구에서 상황적 개입이 특정한 유형의 범죄를 상당한 수준으로 감소시켰다고 보고하고 있으며, 두 번째로 범법자들이 종종 범행기회가 자신들을 특정한 범죄를 하도록 이끌었노라고 주장하여 특정한 기회를 마주치

---

67) R. V. Clarke, "Seven misconseptions of situational crime prevention," in Tilley, N.(ed.), Handbook of Crime Prevention and Community Safety, pp. 39-70, pp. 40-412

68) Clarke, op cit., p. 42

는 것이 그러한 기회를 마주치지 않았다면 범행하지 않았을 범죄를 범하도록 하였다는 추정적 증거라고 할 수 있다. 세 번째로 상황적 요인과 특정 유형의 범죄 발생 사이에 기대보다 더 강력한 관계가 있다는 연구결과이며, 네 번째는 범죄가 특정한 주소지(hotspots), 특정한 피해자(repeat victims), 특정한 제품(hot products), 그리고 특정한 유형의 시설이나 장소에 놀라울 정도로 집중되고 있다는 점도 기회의 인과적 역할을 보여준다는 것이다. 다섯 번째는 예기치 않게도 기회의 인과적 역할에 대한 가장 강력한 증거는 자살과 살인에서 찾을 수 있다고 하는데, 자살의 경우 영국에서 가스 제조 과정에서 독성을 제거한 결과 자살률이 상당히 줄었다고 하며, 살인의 경우에는 총기소지의 여부에 따라 살인률이 현저하게 다르다는 점에서 기회의 인과적 역할을 엿볼 수 있다는 것이다[69].

(2) 상황적 예방은 효과가 없으며, 단지 범죄를 대체하고 상황을 더 악화시킨다

범죄대체와 그 결과로서의 악화(escalation)는 상황적 예방에 대한 가장 일관되고 지속적인 비판이지만, 사실 이는 지나친 부분이 없지 않다. 물론 대체효과도 때와 장소, 그리고 범죄유형에 따라 있을 수 있지만, 모든 시간과 장소에서의 범죄가 다 그렇지는 않기 때문이다. 사실, 범죄가 상황적 예방으로 인하여 더 악화된다는 것, 즉 범법자가 상황적 예방으로 인하여 그보다 더 큰 범죄를 하게 된다는 것은 어떤 경우라도 범법자에게는 더 많은 준비와 더 큰 위험을 감내해야 하는 비용이나 대가나 희생이 더 큰 것이다. 만약, 상황적 예방이 범죄대체의 불가피성과 악화의 위험성을 높여서 결국 기회가 범죄 정도를 증대시킨다면 그리고 범죄가 다양한 상황적 촉진제로부터 초래된다면 이들 기회와 유혹을 줄이는 것이 범죄의 실질적 감소를 가져다줄 것이라고 믿지 않을 수 없는 것이다. 이에 더하여, 상황적 예방은 이익의 확산이라는 또 다른 긍정적 결과를 가져다준다는 것이다. 잠재적 범법자들이 때로는 새로운 예방대책이 도입될 것이라고는 알고 있지만 구체적인 장소나 시기나 방법은 잘 모르기 때문에 실제보다 더 광범위하게 펼쳐지고, 더 큰 범행 노력이 요구되고 범행의 위험성도 더 증대되리라 믿게 될 수 있는 것이다. 실제로 이익의 확산효과는 CCTV를 비롯한 상황적 예방에서 규칙적으로 확인되고 있기도 하다[70].

---

69) Clarke, op cit., pp. 43-45

(3) 상황적 예방은 범죄의 근원으로부터 관심을 전환시킨다?

범죄학은 다양한 학문적 접근을 요하는 다학제적 종합 과학이어서 범죄의 원인에 대한 이해도 그만큼 다양하지만 범죄대책은 예방이 최선이며 예방의 유일한 효과적 형태는 다양한 범죄의 근본적 원인(root causes)을 해소, 해결하는 것이라는 데는 대부분이 공감하고 있다. 다수 범죄학자들은 당연히 상황적 범죄예방은 범죄증상에 대한 신속하고 인위적인 해결이나 수정으로 범죄의 근원으로 인식되는 문제나 약점이나 단점들을 제거하려는 노력으로부터 관심과 때로는 자원을 전환시킨다고 주장한다. 당연히 범죄의 근본원인의 해소나 해결이 아닌 단순한 범죄증상에 대한 인위적인 해결이나 수정은 완전한 해결이 아니라고 비판하는 것이다. 물론 이러한 비판에 대한 타협적 대응은 상황적 예방과 근원을 해소하는 것 사이에 어떠한 갈등도 부정한다. 즉, 범죄의 인과적 고리에서 서로 다른 위치와 장소에 초점을 맞출 따름이라는 것이다. 근원적 해결과 상황적 예방은 서로 다른 기관의 서로 다른 인과적 위치에서의 책임이고, 서로 방해하지 않고 아주 독립적으로 추구될 수 있다는 것이다. 심지어 상황적 예방이 범죄의 즉각적인 감소를 가져달 줄 수 있고, 이는 곧 단지 장기적 관점에서나 결과가 나타날 수 있는 근원의 해결을 위한 시간을 벌어줄 수 있다고도 주장한다.

그러나 범죄의 원인과 범죄예방을 위한 효과적인 행동이 반드시 대칭적일 필요는 없다고 한다. 범죄가 발생하기 위해서는 기질과 기회가 함께 작동되어야 하지만, 예방이 반드시 원인과 기회 둘 다를 동등하게 다루어야만 하는 것은 아니라는 것이다. 사실, 예방적 노력이 범죄적 기질보다 범죄기회에 초점을 맞추는 데는 몇 가지 이유가 있다. 첫째는 지금까지 더 많은 연구가 이루어졌음에도 불구하고 우리는 범죄적 기질이나 성향을 줄이는 것보다 범죄기회와 촉발을 줄이는 방법에 대해서 더 많이 더 잘 알고 있기 때문이다. 둘째, 상황적 변화나 개선이 먼, 원거리의 원인인 근원보다 더 가까운, 즉각적인 원인인 기회를 지향하기 때문에 효과적일 가능성이 더 높다는 것이다. 셋째, 상황적 변화는 즉각적인 영향을 보여주는 것으로 기대되기 때문에 상황적 변화의 결과를 보여주기가 더 쉬운 반면에, 기질이나 성향의 변화의 이익은 특히 청소년의 경우는 더욱 먼 훗

---

70) Clarke, op cit., pp. 50−53

날에나 나타나는 것으로 기대되기 때문이다. 이런 견지에서, 상황적 예방론자들은 사회제도의 향상을 통한 범죄감소라는 범죄학의 중심적 사명으로부터 관심을 뺏거나 돌린다기보다는 상황적 예방이 불가능할 것 같은 탐구로부터 범죄학을 구조하는 데 도움이 될 수 있다고 주장한다71).

(4) 상황적 예방은 범죄에 대한 보수적, 관리적 접근이다

상황적 예방이 범죄의 근원으로부터 관심을 멀어지게 한다는 비판과 함께 동시에 문제의 해결보다는 관리, 그리고 법질서 세력을 압도하지 못하도록 하고자 한다는 점에서 보수적이고 관리적이라고 비판한다. 상황적 예방이 문제해결을 위한 범죄선택에 있어서 사회적 인식의 결여에 대해서 혹평을 받으며, 권력자들의 재산과 이익을 보호하는 데만 지나친 관심을 보이는 반면에 여성과 소수계층에 대한 범죄는 등한시한다고 비난을 받는다. 물론 초기 상황적 예방이 기물파손이나 절도와 같은 재산범죄에 주로 적용되었으나, 사실 이들 범죄가 대다수 사람들, 특히 가장 빈곤한 지역에 거주하는 사람의 삶에 직접적으로 영향을 미친다는 점을 고려한다면 가진 사람들만을 위한 예방은 아니라고 할 수 있다. 더구나 상황적 예방이 점차적으로 다양한 형태의 강도, 폭력, 사기는 물론이고 내부자 절도, 좀도둑, 음주운전, 과속과 같은 일상생활 범죄까지로 확대되고 있으며, 심지어는 인터넷범죄와 신분절도와 도용의 범죄로 까지 확대되고 있다72).

(5) 상황적 예방은 이기적이고 배타적인 사회를 조장한다

상황적 예방이 처음 도입되었을 때만 해도 범죄로 공포에 떠는 시민들이 스스로 자신의 집에 가두고, 이웃마저 피하고, 직장에 갈 때나 부득이한 일이 있을 때만 나타나는 일종의 요새사회(fortress society)의 징조쯤으로 받아들여지기도 하였다. 당연히 상황적 예방이 확대, 강화될수록 사람들은 점점 더 소외되고, 지역사회 공동체 사회는 파괴될 것이라고 주장되었던 것이다. 그러나 다행스럽게도 이러한 비판과는 전혀 다르게, 상황적 예방은 지역사회 공동체 유대를 강

---

71) R. Clarke, "Seven misconceptions of situational crime prevention," p. 3970 in N. Tilley(ed.), Handbook of Crime Prevention and Community Safety, Portland, OR: Willan Publishing, 2009, p. 56

72) ibid., p. 57

화하고, 사람들로 하여금 자신의 가정을 에워싼 이웃에 대한 감시를 유지할 수 있게 함으로써 사회통제를 재강화하는 목적을 가졌던 것이다. 바로 이런 측면이 70년대 초 공공주택단지를 위하여 제안했던 "방어 공간(defensible space)" 설계의 목적이었다. 또한 범죄율이 낮아지기 시작하면서 '요새 사회'에 대한 두려움도 희미해졌지만, 아직도 상황적 예방이 자기들을 범죄로부터 보호하려는 부자와 힘 있는 사람들의 이기적 관심만을 조장한다고 부자들이 취한 자기-보호적 행동의 결과로 가난한 사람들이 고통을 받을 것이며, 범죄 두려움으로 부추겨진 부유한 사람들의 '외부인 출입제한 공동체(Gated community)'의 증가는 우리 사회의 부자와 가난한 사람의 대립으로 이어질 것이며, 청소년 갱이나 걸인이나 소수계층과 인종 등의 소위 '악질분자(undesirables)'로 낙인이 된 사람들을 공원, 상가, 유흥가 등으로부터의 배제를 초래할 것이라는 세 가지 구체적 형태로 비판을 한다[73].

먼저 부자들만을 위한 상황적 예방으로 안전의 '빈익빈 부익부'로 가난한 사람들의 고통이 배가될 것이라는 비판에 대해서, 부자들이 경보기, CCTV, 경비원 등 자기보호를 위한 상황적 예방장치들을 구매함에 따라 점점 공공 법집행에 대한 지지와 지원을 철회할 것이라고 주장되지만, 아직까지는 뚜렷한 증거가 나타나지는 않고 있다. 아직도 부자들이라고 해도 공공법집행에 자신의 안전을 전적으로 의존하며, 자기들의 이익을 창출하고 소비하는 재화와 용역의 생산도 사회적 질서가 기본적 요건이기에 부자들도 질서 있는 안전한 사회를 바라기 때문에 법집행에 대한 공적 자원의 축소를 지지하지는 않는다는 것이다. 그리고 두 번째로, 부자들의 자기보호로 범죄가 가난한 사람들을 대상으로 대체될 것이라는 비판에 대해서도 많은 연구에서 검증했듯이 범죄대체 주장 자체가 과장된 것이며, 사실 범죄가 부자들에게서 가난한 사람들에게로 대체된다는 분명한 증거가 있는 것도 아니라고 설명한다[74].

'외부인 출입제한 공동체(Gated Community)'는 범행기회를 엿보려고 이웃을 배회하는 범법자가 들어오지 못하게 하려는 희망에서 벽이나 담장, 출입문이나 경비원으로 출입을 통제하는 것이다. 그러나 이런 목적의 '외부인 출입통제 공동

---

73) Clarke, op cit., p. 58
74) ibid., p. 59

체'가 이동의 자유와 대중의 도로접근을 제한한다고 비판되고, 그러한 공동체는 오직 부자들에게만 가능한 것으로 가정되어 배타적, 배제적이라고 비판받는다. 그러나 대부분의 '외부인 출입금지 공동체'는 교통이나 어지럽힘과 같은 현대생활의 반문화적 행위들을 피하고자 함은 물론이고, 범죄로부터 보호받기를 바라는 중산층을 겨냥한 것들이라고 한다. 사실, '외부인 출입금지 공동체'는 비판가들이 묘사하는 것보다 더 복잡하며, 오로지 부자들만을 위한 것도 아니며, 단지 경비가 있는 출입구를 가진 담이 쌓인 주거지역에 불과하다는 것이다. 이것이 상황적 예방에서 권장하는 것이라면 그 효과가 가장 큰 빈곤지역일 것이며, 출입금지라지만 금지라기보다는 출입에 약간의 불편을 더하는 데 지나지 않는다고 한다. 그래서 지역 공동체사회를 약화시키기보다는 강화하며, 따라서 비공식적 통제를 방해하기보다는 향상시킨다고 주장한다. 시설에 대한 출입통제와 범법자 전향 두 가지는 배제(exclusion)를 조장한다는 비판을 듣지만, 사실은 이들은 이런 위험을 피하도록 아주 밀접하게 표적화된 방식으로만 활용되고 있다는 것이다. 출입통제는 구체적으로 특정된 시설에서 자격이 없는 사람의 출입을 통제하기 위한 것으로만 국한된 것이지 상가나 공원 등 공공장소에서 '악질분자'들을 배제하기 위한 것이 아니라는 것이다. 공공장소로부터 '악질분자'들을 배제할 목적이라면 공경찰이나 민간경비에 의환 '질서유지' 경찰활동이 더 바람직하다는 것이다[75].

(6) 상황적 범죄예방은 Big Brother 감시사회를 조장하고 개인자유를 제약한다

'요새 사회(Fortress society)'가 상황적 예방을 처음부터 힘들게 하였던 것처럼, Big Brother의 공포와 사생활 침해적인 감시감독의 위협도 마찬가지로 비판의 대상이었는데, 사실 근래 CCTV와 같은 기술의 발전으로 더욱 신뢰성이 커진 위협이 되고 있다. 실제로 우리는 매일의 일상생활에서 하루 수십 번 이상 CCTV에 노출되고 있으며, 자동차 블랙박스와 과속단속 카메라는 우리가 언제, 어디에 있었는지 모든 정보를 당국에 제공하고 있다. 비판가들의 시선으로 보면, 이들 기술이 오로지 억압적 형태의 범죄통제 의지만 있는 정부의 손아귀에 너무 크고 많은 권력과 권한을 넣어주는 꼴이다. 당연히 사생활 침해와 감시에

---

75) op cit., p. 60

대한 불안이 있을 수밖에 없다는 것이다. 그러나 CCTV 등은 사생활의 보장이나 보호가 강조되는 사적인 공간이 아니라 이미 개방된 공공장소에만 설치된다는 점에서 지나친 우려라고 반박한다[76].

(7) 상황적 예방은 피해자를 비난한다

어쩌면 시민들은 정부가 국민의 신체와 재산을 보호하리라 기대하는 것은 당연한 것처럼 보이지만, 안타깝게도 정부는 점증적으로 더 다양한 지역사회 파트너들의 참여와 상당한 도움이 없다면 공공안전을 제공할 수 없다는 사실을 인식하게 된다는 것이다. 여기에는 아주 보통의 시민들도 포함되어서 범죄에 대항하는 기본적인 사전주의조치를 취하라는 의무를 부과 받게 되었다. 물론 강간에 대하여 짧은 치마와 다른 성적으로 촉발적인 행동을 비난하는 것을 용납하거나 변명의 여지가 전혀 없지만, 시민들에게 자신을 위험에 놓이게 하는 행위에 대한 정보를 제공하는 곳은 분명히 있을 수 있으며, 많은 사람들이 그러한 충고를 환영한다는 것이다. 분명히 위험한 지역과 시간이 있고, 그 시간과 장소를 피할수록 범죄로부터 더 안전해질 수 있고, 범죄피해를 당하지 않을 수도 있다는 것이다. 이런 관점을 일부 학자들은 "범죄예방"이 아니라 "피해자화 예방(Victimization prevention)"이라고 구별하기도 한다.

일반적으로 사람들이 스스로 알려진 위험을 취하기로 결정, 선택한다면, 그 결과에 대해 적어도 일부라도 책임을 져야 한다는 것이다. 추가 비용이라고 노골적으로 위험을 무시한다면 책임이 비난으로 바뀔 수 있다는 것이다. 좀도둑 방지 노력은 전혀 하지 않고 모든 것을 경찰이 확고하게 하리라고만 기대한다면 어쩌면 그들에 대한 비난과 책임이 상인들과 상가를 변하게 하는 유일한 방법일 수도 있다. 이와 같은 범죄예방의 도구로서의 비난은 비단 이들 기업과 상인뿐만 아니라 범죄적 물품을 생산하는 사람들에 대해서도 정당하게 이용될 수 있다고 한다. 예를 들어서 미국의 일부 도시에서 엄청난 형사사법경비와 의료경비를 부담케 하는 총기제조사들의 무책임한 총기 과잉생산에 대하여 소송을 제기하는 것이 좋은 사례가 될 수 있다[77].

---

76) Clarke, op cit., pp. 60−61
77) ibid., pp. 62−63

2) 현실적 한계

상황적 범죄예방(Situational Crime Prevention: SPC)은 표출적(expressive)이라고 간주되는 범죄는 예방할 수 없다고 한다. 실제로 충동과 격정의 상황적 범죄는 대부분이 표출적 범죄이며, 이런 유형의 범죄는 상황적 예방으로 예방하기 어렵다는 지적이다. 상황적 예방으로 예방하기 좋은 유형의 범죄라면 표출적 범죄와 반대되는 선택이론가들의 일종의 상투적 수단인 도구적 범죄(Institutional crimes) 또는 물욕 또는 재산범죄(acquisitive crime)의 설명에만 적용될 수 있다는 것이다. 대체로 표출적 범죄는 그야말로 범죄 자체가 목적이며 범죄가 다른 목적을 위한 수단이요, 도구가 아니기 때문에 분노, 적대, 또는 흥분 등과 같은 감정적 요소를 많이 내포하고 있는 범죄이기 때문이다[78].

그런데 상황적 예방의 이론적 배경이요 토대 중 하나인 합리적 선택의 관점이 범행할 것인가 말 것인가 의사결정의 감정적이거나 또는 다른 무어라 말하기 어려운 무형의 관점들을 설명하지 못한다는 것이다. 이런 견해는 모든 행위자가 다 경제적으로 이기적(self-interested)이지는 않다는 말로 잘 표현되고 있다. 바로 이 점에서 왜 상황적 예방으로 표출적 범죄를 예방할 수 없는지를 설명해주고 있다. 즉, 선택이론은 의사결정의 다른 어떤 관점이 아니라 오로지 금전적, 재정적 보상의 개념만 포함한다는 것이다. 상황적 예방은 주거침입절도나 강도를 예방할 수는 있을지 모르지만 차량절도와 폭주와 같은 비공리적 청소년 비행은 아무런 금전적 보상을 내포하지 않기 때문에 상황적 예방으로 예방되기 어렵다는 것이다. 그래서 선택이론은 대부분의 범죄자들이 이 합리성이 결여되거나 부족하거나 잘못되었으며, 설사 합리적이라 하여도 충동성과 같은 쟁점들을 담아낼 수 없다는 것이다. 그러나 안타깝게도 최근 들면서 표출적 범죄가 증가하고 있어서 상황적 예방은 그 적합성, 적절성, 타당성이 더욱 줄어들게 되었다고 한다[79].

---

78) G. Farrell, "Situational crime prevention and its discontents: Rational choice and harm reduction versus 'Cultural Criminology'" Social Policy and Administration, 2010, 14(1): 40-66, p. 41

79) ibid.

제7장

지역사회 범죄예방

지역사회 범죄예방

지역사회범죄예방에서는 두 가지 광의의 접근법을 주로 거론하고 있다. 첫째는 기회축소/상황적 접근(opportunity reduction/situational approach)으로서, 범법자보다는 즉시적인, 당면한 문제에 더 초점을 맞추는 실용적 접근법이다. 이러한 접근방식은 물리적, 사회적 환경을 바꿈으로서 범행과 관련된 위험이 커지도록 하자는 것이다. 두 번째 접근법은 사회적/발전적 접근(social/developmental approach)으로서, 인간발달과 사회심리에 기반을 두고, 개인과 가정의 변화에 초점을 맞추는 것이다. 이 접근법에 의하면, 반사회적 행위는 가정과 지역사회 안에서 학습된 것이며, 따라서 특히 가정과 학교에서 교육과 사회적 개발과 발전을 통하여 반사회적 행위를 줄이고 예방하려 하며, 잠재적 범법자를 주류 사회생활 속으로의 통합을 조장하는 것이다[1].

그러나 적지 않은 범죄학자들은 문제에 초점을 맞추는 상황적 접근과 가족과 개인에 초점을 맞추는 사회적/발전적 접근이 효과적인 장기적 예방으로는 충분치 않다는 것이다. 이들은 그래서 예방은 범죄를 양육, 배양하는 광범위한 정치적, 사회적, 경제적, 문화적 요소들에 대한 관심도 요구된다고 강조하는 것이다. 이들 광의의 접근은 범죄와 폭력을 깊은 사회적 문제의 증상으로 보고, 따라

---

1) M. Lane and Henry, K., "Beyond symptoms: Crime prevention and community development," Australian Journal of Social Issues, 2004, 39(2): 201-213

서 범죄예방은 사회 자체에 초점이 맞춰져야 한다고 말한다. 이들이 특별히 강조하는 것이 영향력 상실(dis-empowerment), 불평등(inequality), 빈곤(poverty), 그리고 사회적 배제(social exclusion)와 같은 부정적 영향에 초점이 맞춰져야 한다는 것이다. 이들 부정적 영향들은 일찍부터 범죄 위험요소로 지적되어 왔으며, 범죄예방을 위해서는 이들 문제가 제거, 해소, 감소되어야 한다는 것이다[2].

지역사회에 기초한 범죄예방이 확산되고 있는 데는 몇 가지 이유가 있다. 먼저 범죄예방에 있어서 시민참여와 가담이 상당한 지지를 받고 있으며, 이웃, 마을(neighborhood)에서의 더 강력한 사회적 융화와 사회적 조직이 더 강력한 비공식적 사회통제를 가져다주고, 궁극적으로는 범죄활동에 영향을 미친다는 인식이 점증하고 있다. 실제로 범죄와 범죄 두려움의 증대가 비공식 사회통제과정의 붕괴에 기인한다고도 설명되곤 한다. 이런 주장과 현실에 대한 기본이론은 이웃, 마을에서의 사회관계망의 상호의존과 확산이 지역문제에 대한 더 큰 관심, 이방인을 인식하는 능력의 증대, 수호자 행동 가능성의 증대 등을 가져다준다는 것이다. 실제로 주민 간의 면식(acquaintanceship)과 조직 활동 수준이 높은 지역사회일수록 범죄율이 낮았다는 연구결과들이 이런 이론적 주장을 뒷받침한다[3].

지역사회 범죄예방(community crime prevention: CCP)은 지역사회 방어모형(community defense model)과 지역사회발전모형(community development model)이라는 두 가지 구별되는 접근에 초점을 맞추는 것이다. 비록 개념적으로는 구별되지만 실무적으로는 서로 보완적인 것으로 상황적 범죄예방과 발전적 접근을 부분적으로 결합한 특징을 가지는 "지역사회에 기초한 범죄예방(community-based crime prevention)"이라고 할 수 있다[4]. 사실, 전통적으로 '지역사회(community)'라

---

2) ibid., pp. 204-205

3) D. Rosenbaum, "The theory and research behind neighborhood watch, Is it a sound fear and crime reduction strategy?" Crime and delinquency, 1987, 33(1): 103-134; P. G. Donnelly and Kimble, C. E., "Community organizing, environmental change and neighborhood crime," Crime and delinquency, 1997, 43(4): 493-511; R. J. Sampson and Groves, W. B., "Community structure and crime: Testing social disorganization theory," The American Journal of Sociology, 1989, 94(4): 774-80

4) B. C. Welsh and Hoshi, A., "Communities and crime prevention," pp. 165-197 in Sherman et al.(eds.), 2002, op cit., p. 165

는 용어는 '거주 지역(residential neighborhood)이라는 공간적 용어로 규정되어 왔지만, 강건한 개인적 유대와 높은 수준의 사회적 상호작용과 융합으로 특징되는 사회조직의 유기체, 편제로서 '공동체'라고 하는 사회학적 용어로도 규정될 수 있다. 그래서 지역사회 범죄예방의 저변에 깔린 범죄의 지배적인 생태학적 이론은 사회적으로 융합적인(socially cohesive) 거주 지역, 이웃, 동네의 상실이나 손상이 범죄와 무질서에 기여했다는 것이다. 특히, 가정과 학교에 이은 3차 사회화 기관으로서 지역사회(community) 그 자체가 범죄예방 제도요 도구이며, 따라서 지역사회라는 제도가 차지하는 범죄예방에서의 역할은 매우 중요하다는 것이다. 지역사회가 범죄예방의 중심적 제도인 이유는 학교나 사법기관 등 거의 모든 제도와 기관이 지역사회 생활의 결과로 직면하는 임무를 수행하기 때문이다. 즉, 이들 다른 모든 기관의 성패가 바로 지역사회의 상황, 환경, 여건에 크게 영향을 받기 때문이다. 심각한 폭력을 예방할 수 있는 능력은 우리들의 지역사회 생활, 삶을 얼마나 잘 재편할 수 있는가 그 능력에 크게 좌우된다는 것이다[5].

물리적 환경의 변화를 통한 범죄예방의 대표 격이라 할 수 있는 CPTED가 실패했다면, 적어도 물리적 환경의 변화가 항상 범죄와 범죄 두려움에 영향을 미치지는 않는다면, 그리고 그에 걸맞게 다수의 비판도 받고 있는 이유로서 전문가들은 물리적 설계의 변화만으로는 범죄에 중요한 영향을 미치지 못하기 때문이라고들 지적하였고, 그 대안으로서 제2세대, 나아가 제3세대 CPTED의 필요성이 대두되었던 것이다. 다수의 연구에서도 물리적 설계와 사회적 융화의 증대와 지역 활용도의 증대와 같은 매개요소(intervening factors) 사이의 연계를 지지하는 증거들이 거의 확인되지 않았는데, 이는 아마도 이들 요인들에 관심을 거의 두지 않았기 때문일 것으로 이해되었다. 그러나 이런 매개요소들을 포함시킨 연구에서도 물리적 설계와 사회융화, 지지, 그리고 기타 매개변인들 사이의 연계를 지지하는 결과는 제대로 나타나지 않았다는 것이다. 물리적 특성이 범죄에 미치는 영향에 관한 갈등적 증거들은 연구에서 고려되지 않은 사회적 융화, 지역사회 분위기, 감시, 그리고 기타 매개변수들에 대한 수준과 정도의 차이와

5) L. W. Sherman, "Communities and crime prevention," pp. 1−51 in Sherman, L. W., Gottfredson, D. C., MacKenzie, D. L., Eck, J., Reuter, P. and Bushway, S. D.(eds.), Preventing Crime: What Works, What Doesn't, What's Promising, A Report to the United States Congress, National Institute of Justice, Washington, DC, 1977, p. 1

갈등에 기인하는 것이라고 할 수 있다는 것이다.

이런 결과들을 반영하여, 제2세대 CPTED는 사회적 융화, 시민참여, 그리고 주민행동을 직접적으로 구축하여 적극적이고 능동적인 후견(guardianship)을 구축하고 범죄와 범죄 두려움의 수준에 영향을 미치려고 하는 것이다. 그래서 제2세대 CPTED의 가장 알려진 표현이 바로 이웃 범죄예방(neighborhood crime prevention)이라고 할 수 있는 것이다. 이웃 범죄예방은 다양한 형태와 방식을 취할 수 있는데, 이들 모두가 범죄예방은 다수의 접근방식에 의존할 수 있고, 물리적 설계와 같이 한 가지 기본 아이디어에만 맡겨서는 안 된다는 사실을 보여주고 있다. 결국 장기적 문제에 영향을 받기 전에 이들 매개 요소들의 변화가 일어나야 한다는 것이다. 실제로 귀중품에 대한 표식과 같은 개입은 가장 일반적인 접근과 전략의 중간 단계쯤으로 간주되고, 사실 이런 일반적 전략의 가장 중요한 것은 바로 시민참여이며, 시민활동과 관심은 물리적 설계와 같은 다른 요소들을 선행한다는 것이다[6].

제1절 ┃ 지역사회 범죄예방의 범죄원인론적 배경

지역사회, 공동체의 엄연한 상실이 개인주의가 공동체의식이나 공동체주의를 추월하였고, 시민사회를 하나로 함께 엮었던 유대는 느슨해졌다고 주장하는 사회비평가들의 반복되는 불평이 된 지 오래다. 현대사회는 사회 무질서와 갈등, 이질적인 윤리적, 도덕적 가치, 극단적인 사회적 불평등, 지역사회 사이나 지역사회 내에서의 상호작용의 수준 저하, 그리고 낮은 수준의 지리적 애착 등을 포함하는 사회적 융합 상실의 특징들을 보이고 있다. 급속한 산업화와 도시성장으로 도시인구는 급속도로 팽창하여 그 규모는 커지고, 밀도는 높아지고, 이질성도 심화되면서 동네, 이웃 주민들은 서로에게 사회적으로 덜 몰두하게 되고, 그 결과 지역사회로 덜 통합되고, 애착을 덜 갖게 되는 것이다. 결과적으로, 현대사회에서는 사회적 유대는 약화되고, 공동의 유대도 드물게 되고, 지역 공동체사회도 망각된 것으로 특징지어진다[7].

---

6) Lab(10th ed.), op cit., pp. 89-91

이와 같은 사회변동을 고려하면, 지역사회 범죄예방, CCP(Community Crime Prevention)의 지배적인 배경이론으로 생태학적 이론이 될 수 있을 것인데, 이 생태학적 범죄이론은 바로 사회적으로 융합적인 지역사회나 공동체사회의 상실이 현대사회 특히 서구사회의 범죄와 무질서에 기여했다는 것이다. 서구와 비교하여 상대적으로 범죄 발생율이 낮은 일본이 공동체 사회와 범죄의 관계를 보여준다고도 한다. 대중사회의 규모와 복잡성이 도시지역 주민들에게서 공동체적 유대나 연대를 앗아가 버렸다. 동료 시민들과의 강력하고 오래 지속되는 유대를 함축하는 공동체 의식, 공동체주의는 약화되는 반면에 개인주의 이념이 점점 강화되었다. 범죄는 바로 이런 지역사회, 공동체사회 생활의 붕괴로부터 초래된다는 것이 보편적 견해인 것이다. 공동체 사회의 붕괴는 또한 지역의 비공식적 사회통제를 약화시킴으로써도 범죄에 기여한다. 비공식적 통제와 범죄의 통제와 예방은 공동체 시민에 매우 의존적이거나, 아니면 최소한 공동체주의의 감성을 상기시키는 시민의 내적 잠재력에 의존한다. 개인의 권리와 자유가 집합적 사회의 권리와 자유를 대신, 대체하는 개인주의의 강력한 이념이 개인적 자기성취, 자기만족, 그리고 극단적인 내부지향적 관점이라는 점증적인 문화와 결합하게 된다는 것이다[8].

이러한 사회적 변화와 관련된 범죄와 그 예방으로서의 지역사회 범죄예방을 이론적으로 검증하고 뒷받침해 준 이론은 바로 미국 시카고대학교 사회학과 교수들을 중심으로 비행행위와 직접적인 사회적, 물리적 환경과의 관계를 검증한 '사회해체이론(social disorganization theory)'이라고 할 수 있다. 이들은 시카고의 비행과 일탈행위를 설명하고자하는 시도에서 지역의 사회적 조건과 이웃의 특성이 젊은이들에게 미치는 영향을 연구하였는데, 비행소년의 거주지를 분석한 결과 집세가 싸고 물리적으로 쇠퇴한 특징을 가진 도심지역에 집중되고 있음을 확인하게 된다. "전이지대(Zones of transition)"로 이름 붙여진 이들 비행과 일탈

---

7) R. Forrest and Kearns, A., "Social cohesion, social capital and the neighborhood," Urban Studies, 2001, 38(12): 2125−2143; B. Leighton, "The community concept in criminology: Toward a social network approach," Journal of Research in Crime and Delinquence, 1988, 25(4): 351−374

8) P. Lichterman, "Beyond the seesaw model: Public commitment in a culture of self− fulfillment," Sociological Theory, 1995, 13(3): 275−300

이 집중된 도심지역에는 거주민들의 급속한 전입과 전출도 확인할 수 있었는데, 바로 이 점이 결과적으로 사회적 융화, 비공식 사회통제, 그리고 아동과 청소년의 긍정적 사회화를 약화시키는 '사회해체(social disorganization)'라는 만성적인 문제로 이어졌다는 것이다. 지역의 비공식적 사회통제의 약화와 사회병리의 결과, 아동과 청소년들이 헛되이 사회화되고, 어느 정도 아무런 벌을 받지 않고 행동할 수 있게 되어 비행을 일으키게 된다는 것이다9).

이러한 생태학적 원인에 기초하여 범죄를 예방한다면 당연히 범죄의 원인으로 파악되었던 "해체된 사회(disorganized society)"를 복원하는 것에서 시작되어야 한다. 사회해체이론을 주장한 시카고학파에서는 따라서 "도시 마을모형(Urban village model)"을 시도하였는데, 사회개발을 위한 이 지역사회에 기초한 접근은 지역주민 대표자들과 지도자, 비즈니스계 지도자 등 유지들을 비롯한 지역사회 자원을 동원하여 도심지역을 재조직화(reorganization)하려고 하였던 것이다. 이러한 그들의 시도는 어쩌면 최초의 체계적이고 과학학적인 범죄예방 프로젝트라고도 할 수 있을 "Chicago Area Project"로 검증하였던 것이다.

지역사회 범죄예방의 배경이론이 될 수 있는 두 번째 이론은 미국의 대도시를 관찰하여 현대 도시사회와 범죄의 인과적 관계를 끌어냈던 Jane Jacobs로 거슬러 올라간다. 그녀는 현대 도시사회가 고층건물, 협소한 보도, 그리고 자동차를 권장하는 반면에 보행자가 공적 공간을 이용하고 관찰하기는 어렵게 만든 대로로 인하여 주민들이 사회적으로 상호작용하고, 동네와 마을에 대한 애착감을 느끼기 어렵게 만들었다고 주장한다. 이런 모든 것들이 지역의 비공식적 사회통제의 붕괴를 불러왔고, 결국에는 이 비공식적 사회통제의 붕괴가 범죄와 무질서 문제에 기여했다고 가정한 것이다. 이런 그녀의 주장을 더욱 확장한 것이 바로 Oscar Newman의 "방어 공간 또는 더 정확하게는 방어할 수 있는 공간(defensible space)"으로 이어진다.

위 두 가지 "장소와 범죄(place and crime)"를 토대로 하는 또 다른 한 가지 배경이론으로 '깨어진 창(broken windows)'이론을 빼놓을 수 없다. 하버드대학교의 Kelling과 Wilson은 사회통제를 작동시키는 지역사회의 능력을 약화시키고 그래서 결국에는 범죄를 부르는 지역사회의 쇠퇴에도 기여하는 일련의 가정된

---

9) Schneider, op cit., p. 141

사건을 명료하게 기술하였는데, 그 시작이 바로 '깨어진 창'이었던 것이다. 만약 깨어진 창문 하나 수리하지 않고 내버려 둔다면 나머지 창문들도 곧 깨어질 것이라는 가정에서, 그들은 깨어진 창을 하나의 은유로 활용한 것인데, 만약에 무질서와 일탈행위가 경찰이나 지역사회에 의해서 규제나 제재되지 않고 다루어지지 않는다면 사회적 무질서의 인식과 수반되는 비공식 사회통제기제의 붕괴로 이어질 수 있다는 것이다. 도시 부패와 쇠락의 순환은 사회적 무질서와 무례함이 쌓여서 시작된다는 것이다. 제재되지 않고 규제되지 않는 무질서 행동이 시민들에게 이 지역이 불안전하다는 신호를 보내고, 이 신호를 본 시민들은 신중하고 조심스럽게 이들 지역을 멀리하게 되어 결국에는 비공식 사회통제가 허물어지게 되며, 급기야 이 지역이 더 무질서하고 더 심각한 범죄의 쇄도에 취약성을 증대시킨다는 것이다. 이 이론을 기반으로 무질서와 무례함을 표적으로 하는 경찰의 "무관용 경찰활동(Zero-tolerance policing)"이 이루어진다[10].

제2절 지역 범죄예방 접근의 유형

1. 지역사회방어모형 프로그램

범죄예방의 지역사회방어모형(community defense model)은 지역의 비공식적 사회통제를 행사하여 자기들의 지역 환경을 규제하는 지역 주민들의 집합적 노력이라는 특징을 가지고 있다. 지역사회방어모형의 저변에 깔린 이론은 지역 주민들이 자기들 거주지, 이웃, 동네에 대한 보다 경계하고 독점적인 관심을 가짐으로써 범행기회를 줄이려는 노력에 있어서 집합적으로 행동할 수 있도록 조직될 수 있다는 것이다. 간단히 말하자면, 지역사회방어모형은 거주지, 이웃, 동네에서 범죄와 반사회적 사건의 대부분의 사례를 예방하기 위해서 가장 분명한 것으로 보이는 것이 있다면 그것은 바로 관심을 가지고 보살피고 경계하는 시민이라는 가정이다. 범죄와 싸우기 위한 집합적 노력의 이익과 과정에 대하여 교육된다면 관심을 가진 시민들, 거주자들은 지역의 집합적 범죄예방 약속이나 사

---

10) G. I. Kelling and Coles, C., Broken Windows: Restoring Orders and Reducing Crime in Our Communities, New York: The Free Press, 1995, p. 20; Schneider, op cit., p. 142

업에 참여하거나 최소한 자기들의 일상생활 중에서 의심스러운 사람과 활동을 살펴보고 신고할 것이라고 가정한다[11].

1) 지역사회에 기초한 접근

민간인 시민들이 자유사회에서 질서를 유지하는 데 있어서 주요 역할을 하며, 따라서 사회의 안전과 보안을 담보하기 위하여 더 많은 책임을 수용하도록 권장되어야 한다는 가정에 입각한 범죄예방 접근이다. 지역사회범죄예방의 저변의 원칙은 주민들이 자신의 거주지에서 범죄기회가 처음부터 생기지 않도록 하거나 적어도 범죄기회를 줄이는 것을 목표로 사전적, 예방적 개입에 참여해야 한다는 것이다. UN에서도 더 안전한 지역사회를 위해서는 지역사회가 효과적인 범죄예방의 활동의 중심이 되어야 하고, 장-단기 수요와 요구를 파악하고 대응할 필요가 있으며, 범죄예방을 위한 노력은 범죄와 씨름하기 위해서는 광범위한 분야로부터의 사람들을 함께 묶어야 하고, 범죄를 예방하기 위한 전략은 전체 지역사회로부터 지원과 지지를 받아야 한다고 주장하였다[12].

범죄통제에 있어서 지역사회 역할의 함의는 매우 의미심장한 것으로, 우선 지역사회범죄예방(CCP)의 철학은 사전적, 예방적 노력에 대한 책임이 국가로부터 시민에게로의 부분적 전이를 지지한다는 것이다. 범죄통제가 국가의 배타적 영역이라는 현대적 인식에도 불구하고, 범죄예방의 탄생과 부활은 사실상 지역사회의 참여와 협조가 없이는 불가능하다는 것을 인지한 결과라는 것이다. 이에 1967년 미국의 대통령 범죄위원회(Presidential Crime Commission)도 범죄예방에 있어서 능동적이고 참여하는 시민의 필요성을 강조하였던 것이다. 따라서 지역사회 범죄예방을 규정하는 데 지역사회가 중심적 역할을 해야 하고, 조직된 주민 집단이 지역 범죄에 대응하는 최선의 도구일 수 있다는 것이다. 이런 관점에서, 범죄의 통제와 예방은 암묵적 분업을 통하여 시민과 국가 사이에 공유되어야 한다는 것이다. 이를 반영하듯, 확인된 비행청소년에 대한 통제, 일차적 처

---

11) P. J. Lavrakas, "Citizen self-help and neighborhood crime prevention policy," pp. 87-115 in Curtis, L. A.(ed.), American Violence and Public Policy, New Haven: Yale University Press, 1985, p. 88

12) Department of Justice, Canada's Youth Criminal Justice Act: A New Law- A New Approach, Ottawa, Ontario, 2003, p. 1

벌, 교화개선의 책임은 물론 법원에 있지만, 예방의 책임은 지역사회로 되돌려져 왔다는 것이다[13].

사회적으로 융합적인 주거지, 이웃, 동네의 상실이 범죄의 근원이라고 보는 사회생태학적 이론에 기초한 지역사회범죄예방의 저변의 가정은 범죄를 통제하고 예방하기 위한 노력의 효율성은 지역단위에서의 공동체적 유대의 존재 여부에 달렸다는 것이다. 이러한 지역화된(localized) 공동체적 유대는 종종 "공동체의식(a sense of community)" 또는 사회적 융화, 융합으로 알려지기도 한다. 지역공동체 또는 지역사회가 범죄와 성공적으로 싸우기 위해서는 지역 주민 간 그리고 지역의 각종 제도와 주민 사이의 강력한 접촉 네트워크가 구축되어야 한다는 것이다. 이를 위해서는 구체적으로 두려움을 줄이고 개입을 권장하는 데 도움이 되도록 지역사회가 지역 주민들을 서로 서로, 그리고 주거지, 이웃, 동네를 잘 알 수 있도록 서로 익숙하게 할 수 있는 프로그램을 개발해야 한다는 것이다. 사회적 상호작용, 통합, 그리고 융합을 증대시키는 것이 더 안전한 지역사회에 직접적으로 기여한다는 것이다. 사회적 상호작용, 융합, 통합을 통하여 지역사회가 상호 간 익숙해지면 적어도 이론상으로는 지역사회에서 누가 수상한 사람인지 이방인이 누구인지 알아차리고 발견해 낼 수 있다는 것이다. 결론적으로, 지역사회범죄예방 이론은 범죄의 문제나 원인과 그 해결 둘 다 지역사회의 사회학적 개념에 의하여 강하게 영향을 받는다는 믿음을 전제로 하는 것이다[14].

2) 비공식적 사회통제와 사회적 융화(social cohesion)

위에서 언급한 범죄통제와 예방의 책임이 부분적으로나마 국가로부터 지역공동체사회로 이전된다는 것, 즉 범죄예방 책임의 이동이 가지는 하나의 함의는 시민들이 집합적으로 행동함으로써 행사될 때 지역적으로 범죄를 예방하는 것으로 일컬어지는 비공식적 사회통제의 중요성이 증대되었으며, 따라서 비공식적 사회통제가 중심이라는 것이다. 지역사회 방어모형은 범죄나 무질서 행동이 일어날 수 있는 기회를 예방하는 것을 포함하여 지역사회 스스로 비공식적으로 규제할

---

13) US Department of Justice, Guidelines Mannual: Guide to Discretionary Grant Programs, Washingto, DC: Government Printing Office, 1977, pps. 1. 3

14) Schneider, op cit., p. 143

수 있는 지역의 사회적 환경을 수정하거나 재강화하는 데 관심을 갖는다. 비공식적 사회통제는 대체로 두 가지 방식으로 발전되는데, 첫 번째는 인구 전출입율이 낮은 지역, 지역의 접촉과 상호작용이 잘 되는 지역, 그리고 사회적 융화가 강한 지역사회에서는 그 안에서 자연스럽게 발전될 수 있으나, 두 번째로 사회적 융화, 상호작용 등이 존재하지 않고 전출입율이 높은 그런 지역사회에서는 지역사회개발과 범죄예방 프로그램의 실행을 통하여 유도될 수 있다는 것이다[15].

이론적으로는, 비공식적 사회통제의 인식이 강한 지역사회는 기존의 또는 관습적 규범에 반하는 행위를 용인하지 않을 것이며, 바람직하지 않은 행위에 대한 반응으로서 지역의 비공식적 사회통제의 집행은 단순히 눈살을 찌푸리거나 비웃는 등의 자연스럽고 미묘한 것에서, 경고나 말이나 물리적 개입 등 지역사회 구성원의 직접적인 대치, 그리고 이웃감시나 시민순찰과 같은 지역 집단의 구조화된 활동을 포함한다[16]. 일찍이 시카고학파의 사회해체이론은 범죄의 도심지역 집중의 원인이 주민의 전출입이 빈번하여 사회가 붕괴되고 그로 인하여 비공식적 사회통제가 약화되었기 때문이라고 지적하였으며, 얼마 지나지 않아서 Jane Jacobs는 공중의 평화가 경찰에 의하여 일차적으로 지켜지는 것이 아니며, 오히려 시민들 사이의 얼기설기 얽힌 거의 무의식적인 자발적 통제와 기준에 의해서 일차적으로 유지된다고 설파하였으며, 그 이후에도 Skogan은 지역의 안정은 이웃, 동네가 사회체계로서 자신을 지속적으로 재생산할 수 있는 능력에 달렸다고도 주장한다[17].

여기서 중요한 것은 비공식적 사회통제와 결국에는 성공적 범죄예방을 위해서는 사회적 융화(social cohesion)가 중요한 전제라는 것이다. 비공식적 사회통제의 핵심요소라고 할 수 있는 자신들의 환경에 대한 주민들의 주인의식과 독점적 관심, 증대된 경계, 의심스러운 상황이나 무질서 행위에 개입할 의지 등은 집합적 단위에서의 사회적 융화의 강력한 의식과 결합하여 개별 주민들의 거주

---

15) ibid., p. 146

16) D. P. Rosenbaum, "Community crime prevention: A review and synthesis of the literature," Justice Quarterly, 1988, 5: 323−395

17) J. Jacobs, Death and Life of Great American Cities, New York: Random House, 1961, pp. 31−32; W. G. Skogan, Disorder and decline: Crime and Spiral of Decay in American neighborhoods, New York: Free Press, 1990, p. 12

지, 이웃, 동네에 대한 애착과 전념을 통해서 주조된다는 것이다. 다수의 연구를 통해서, 사회적 융화와 비공식적 사회통제 사이의, 그리고 낮은 수준의 범죄율 사이에 인과관계가 있으며, 실제로 범죄와 관련 문제들이 주민들이 자신의 동네에서 일어나고 있는 일에 대해서 더 큰 관심과 책임을 가지고 강력한 애착을 가지는 지역에서 더 낮았음을 확인하였다[18].

여기서 또 한 가지 지역사회범죄예방, 특히 비공식적 사회통제와 관련된 중요한 토대나 기반이 있다면 바로 "집합적 효율성 또는 집합효율성(collective efficacy)"이다. 집합효율성은 사회융화와 비공식 사회통제를 결합하는 개념으로서 공동선을 위한 개입의지와 상호 신뢰의 연계[19] 또는 바람직한 원칙에 따라 구성원을 규제하는 집단의 능력과 공동가치의 실현[20]으로 규정되고 있다.

3) 집합적 행동(Collective Action)

범죄예방은 대체로 다양한 관점에서 그 유형을 구분하고 분류하지만, 그중에서도 표적강화, 호신술 수강, 특정 시간과 장소 회피 등 회피전략(avoidance strategy)과 같은 개인주의적인 것과 이웃감시(neighborhood watch)나 시민순찰(citizen patrol)과 같은 집합적인 것으로도 구분한다. 이와 비슷한 것으로, 일부에서는 사적 성격(private-minded)과 공적 성격(public-minded)으로 구분하는 경우도 있다. 사적 또는 개인주의적 전략은 우선적으로 개인과 자신의 집이나 자신을 피해자화로부터 스스로 보호하려는 노력에 제한되는 반면에, 집단적 또는 공적 성격의 전략은 이웃을 살핀다거나 공공장소를 관찰하는 등과 같이 전체 지역사회를 보호하는 데 도움이 되는 계획이나 프로그램이라고 할 수 있다. 둘 다 중요한 요소이지만, 지나치게 개인주의적, 사적 성격의 전략에만 배타적으로 의존하는 것에 대하여 부정적인 견해를 보이기도 하는데, 이는 지역사회범죄예방

---

18) U. Gatti and Tremblay, E., "Civic community as a factor of containment of violent crime: A criminological study of Italian regions and provinces," Polis, 2000, 14(2): 279-299

19) R. J. Sampson, Raudenbush, S. W. and Earls, F., "Neighborhood and violent crime: A multilevel study of collective efficacy," Science, 1997, 277: 919-924, p. 919

20) A. Crawford, "Questioning appeals to community within crime prevention and control," European Journal of Criminal Policy and Research, 1999, 7: 509-530, p. 518

의 기초라고 할 수 있는 사회융화, 비공식 사회통제, 집합적 행동을 경시할 수 있기 때문이라는 것이다. 실제로 주민들이 지나치게 자기보호를 위한다는 명목으로 스스로를 자신만의 공간에 가둔다면 지역사회범죄예방에 핵심적인 상호신뢰와 이웃함(neighborliness)의 유대를 약화시킬 수도 있다는 것이다. 사람들이 지역사회나 공동체가 아니라 개인적으로, 개별적으로 자신을 보호하기 시작하면 범죄에 대한 전투는 사실상 지고 만다는 것이다. 이런 모든 경고들은 개인들이 개별적으로 스스로만으로는 성취할 수 없는 범죄예방활동을 함께 착수하는 집합적 대응이 지역사회에 기초한 범죄예방의 핵심요소임을 보여주는 것이다. 혼자서 할 수 없는 것도 함께하면 할 수 있다는 것이다[21].

2. 구체적 프로그램

1) 이웃감시(Neighborhood/Block Watch)

지역사회방어모형을 대변하는 범죄예방 접근법이 있다면 그것은 아마도 지역주민들로 하여금 서로의 집과 거주지 주변의 공공장소를 지켜보고, 수상한 사람과 행동을 경찰에 신고하는 데 있어서 보다 더 경계심을 갖는 데 더욱 전념하도록 하는 이웃감시가 아닐까 한다. 다양한 명칭으로 불리고 있지만 공통적인 것은 주민들이 매일매일의 일상으로서 자신의 주변에 대하여 비공식적인 감시를 수행하도록 조직되어 교육, 훈련받는 것이다. 이웃감시 프로그램에 참여하고 훈련받음으로써 주민들이 수상한 사람과 행동에 보다 더 경계하고 더 잘 대응하리라 가정하는 것이다. 물론 이러한 감시기능 외에도, 이웃감시는 주민들의 사회적 융화에도 기여하여 범죄예방에 도움이 될 수도 있다[22].

이웃감시는 그 지역에 속하는 사람과 속하지 않는 사람을 인식하는 능력과 주민 서로에 대한 지식을 증대, 향상시키는 수단으로써 직접적으로 주민과 이웃을 하나로 화합시키려는 것이다. 이웃감시집단의 핵심활동은 동네의 공통적 문

---

21) Schneider, op cit., p. 148; O. Newman, Defensible Space: People and Design in the Violent City, New York: MacMillan, 1972, p. 3; I. Barker and Linden, R., Community Crime Prevention, Ministry of Solicitor General Canada, Ottawa, Ontario, Canada, 1986, p. 15

22) Lab, op cit., 2004, p. 63; Schneider, op cit., p. 153

제, 지역사회 공동체 느낌을 증대시키기 위한 행동, 그리고 공동문제를 다루기 위한 개입의 증진 등에 대한 논의라고 할 수 있다. 당연히 이상적으로는 이웃감시는 문제가 발생하기 전에 파악하거나 최소한 발생할 때 파악하려는 것이어서 설계상 사전 예방적이라고 할 수 있다. 이를 위해서는 시민과 법집행 간의 상호작용, 범죄와 범죄예방 노력과 활동에 대한 교육, 그리고 다양한 예방적 접근의 실행을 요한다. 가장 효과적인 형태의 이웃감시는 당연히 지역사회에서 가능한 비공식적 사회통제, 그리고 가능하다면 공식적 사회통제까지도 제공할 수 있어야 한다. 생태학적 범죄학의 핵심이론인 사회해체이론(social disorganization theory)의 주장처럼 대부분의 이웃이 사회적으로 해체되었고, 결과적으로 지역주민과 방문객들에 대한 어떤 통제도 행사할 수 없게 되었다. 이를 토대로 어쩌면 가장 잘 알려진 지역사회 범죄예방의 하나라고 할 수 있는 Chicago Area Project가 시도되었고, 그 핵심은 해체된 지역사회로 인한 사회통제력의 회복을 위한 노력으로서 다양한 원천으로부터의 다양한 자원을 끌어들일 필요가 있다고 주장했던 것이다. 예를 들어, 교회, 학교, 기업과 기업인, 가정, 대인관계 네트워크 등이 바로 그런 자원의 원천이었다. 이런 점에서 이웃감시는 이웃에서의 하나의 사회통제의 화신이었던 것이다[23].

　　그런데 이웃감시가 사회통제에 기여할 수 있는 한 가지 방법은 바로 감시 (surveillance)의 적극적인 활용을 통해서다. 성공적인 감시를 위해서는 지역의 합법적인, 정당한 이용자와 불법적인, 부당한 이용자를 구분, 구별할 수 있어야 하는데, 만약에 그런 인식능력이 없다면 주민들이 상황에 맞지 않거나 부적절한 사람이나 일을 파악할 수 없게 만들어서 아무런 통제를 할 수 없게 된다. 지역사회 경찰활동의 핵심이기도 하지만 이웃조직(neighborhood organization)은 경찰의 눈과 귀가 될 수 있는데, 사실 경찰이 모든 지역에 동시에 있을 수는 없기 때문에 법집행의 감시기능을 도우는 것은 정상적인 일반시민들의 책무이기도 하다. 실제로 이웃감시의 감시목표는 다양한 활동을 도입함으로써 상당히 향상된다는 것이 이런 프로그램이 시행된 지역에 대한 설문조사 결과에서 확인되었는데, 집단 중 가장 보편적인 활동이 귀중품에 표식을 함으로 도난품 등이 장물로 처리되기 어렵게 하여 도난을 예방하자는 소위 'Operation Identification'이었

---

23) Lab(10th ed.), op cit., p. 91

고, 이어서 안전조사(security survey), 범죄 상담 상설 전화(crime hotline) 등이었다고 한다. 그 밖에도 Escort service, Whistle Stop, 피해자지원 등도 활발하게 적용된 활동이라고 한다[24].

이웃감시에 대한 현재까지의 평가는 엇갈린다. 이웃감시가 시행된 지역에서 경찰에 신고가 된 범죄 건수와 피해자조사 결과 모두에서 효과적이라는 긍정적 평가가 나왔다고 하는데, 즉 이웃감시가 시행된 실험지역의 범죄는 감소한 반면, 이웃감시가 시행되지 않은 통제지역의 범죄는 오히려 증가하였다는 것이다. 대다수 연구결과도 공식 범죄통계도 이웃감시 프로그램이 범죄에 긍정적인 영향을 미쳤음을 보여주었다는 결론을 내놓고 있다. 이러한 긍정적 장밋빛 결과에도 불구하고, 이웃감시가 원래 목적이나 목표의 대부분을 충족시키지 못했다는 연구결과에 기인한 비판도 없지 않다. 예를 들어, 대부분의 이웃감시 지역에서 피해자화율에 아무런 변화를 일으키지 못하였다는 것이다. 또한 이웃감시가 지역사회를 동원하고, 감시를 향상시키고, 의심스러운 사람과 활동을 경찰에 신고하는 등의 과정 – 지향의 목적(process – oriented objectives)은 물론이고 범죄율과 피해자화율(victimization rate)을 낮춘다는 궁극적인 목표도 실현하지 못하였다는 것이다. 더 안전하다고 느끼거나, 피해자화 위험의 낮아짐, 이웃감시 결과 안전에 대한 사전주의조치, 경찰에의 보고 증대 등 연구에서 측정된 결과변수 어떤 것도 찾아내기 어려웠다는 것이다[25].

이러한 부정적 평가결과나 비판에는 나름의 이유와 원인도 나오고 있다. 먼저 직접 참여 시민들의 표현대로라면 프로그램의 약 3분의 2 정도는 적극적, 능동적이지 못하기 때문이라고 하나 실제 능동적, 적극적으로 이루어지고 있는 프로그램의 실패는 설명할 수 없다. 이에 대한 분명한 설명은 어렵지만 아마도 한 달에 한두 번 정도 만나는 게 전부인 지역사회 자원봉사 집단의 시민활동에 피해자화율, 두려움, 범죄는 낮추고 안전감은 높인다는 기대 자체가 지나치게 비현실적이기 때문이라고 설명한다. 이와 관련하여, 지역사회 범죄에 영향을 미칠 수

---

24) op cit., p. 92

25) ibid., p. 68; Schneider, op cit., p. 152; K. McKeown and Brosnan, M., Police and Community: An Evaluation of Neighborhood Watch and Community Alert in Ireland, A Report Prepared for the Garda Stochana, Dublin: Kieran McCown Limited, 1998, p. 106

있을 정도의 충분한 구성원을 동원하고 유지하는 것 자체가 문제가 되고 있다는 것이다. 사실, 이런 이웃감시가 더 필요하다고 여겨질 수 있는 소위 해체된 지역사회일수록 더욱 지역사회와 주민들을 충분히 동원하고 참여시키기가 어렵고 그만큼 효과를 내기도 어려워진다는 것이다. 더구나 이웃감시의 기본이라고 할 수 있는 '관망과 보고'라는 다소 수동적인 역할과 기능만으로는 범죄문제에 충분한 영향을 미치기 어렵다는 지적도 나오고 있다. 결국, 이웃감시가 성공하기 위해서는 해체된 지역사회에서 주민들을 충분히 참여시키고 적극적이고 능동적으로 활동할 수 있도록 하며, 동시에 경찰과의 공조가 전제되어야 할 것이다.

2) 시민순찰(Citizen patrol)

시민순찰은 이웃감시의 핵심요소인데, 그것은 시민들의 자발적인 순찰을 통하여 감시기능을 높일 수 있기 때문일 것이다. 글자 그대로 시민순찰은 지역 내 이방인, 낯선 사람을 알아내고, 진행 중인 범죄를 발견해 낼 확률과 기회를 높이기 위해서 노상에 더 많은 감시의 눈을 두자는 것이다. 사실 현재 강조되고 있는 CPTED에서 가장 핵심이 CCTV인데, 이것도 사람의 눈을 대신하거나 보완한 기계의 눈으로 거리의 감시기능을 극대화하려는 의도라는 것에서도 감시기능의 중요성을 알 수 있다. 시민순찰대원은 대체로 도보로 순찰을 하지만 때로는 차량순찰도 하고, 자원봉사자가 대부분이지만 경우에 따라서는 약간의 수당이 지급되기도 한다. 시민순찰이 중요한 이유는 이런 이유 외에도 우리에게 세 가지 기여하는 바가 있는데, 그 하나는 자원의 한계에 대한 대안으로서 자원봉사활동을 경찰자원의 부족을 보완할 수 있으며, 시민의 경찰 참여 기회가 되고, 이를 통하여 궁극적으로는 경찰과 시민의 동반자 관계(partnership)를 구축할 수 있는 계기가 될 수 있다는 것이다. 시민순찰의 가장 잘 알려진 대표적인 사례는 미국 뉴욕시 지하철에서 일어났던 Bernhard Goetz의 총기난사 사건으로 불붙은 과잉대응과 자기방어 논란을 일으켰던 사건을 계기로 더욱 유명해진 '수호천사(Guardian Angels)'라고 할 수 있다[26].

---

26) Lab(10th ed.), op cit., p. 93

3. 과제와 평가

1) 후견보호(Guardianship)의 구축

이웃 범죄예방(Neighborhood crime prevention)의 핵심요소는 다름 아닌 동네, 이웃에 철저한 Guardianship을 구축하는 것이라고 한다. 동네에 대한 일차적인 수호자는 물론 지역의 거주자와 정당한 이용자라고 할 수 있다. 물리적 설계가 범죄를 중단시키기 위하여 시민행동(guardianship)을 불러일으키리라 기대되었지만, 실제로 CPTED만으로는 이런 기대가 불가능하다는 비판과 실패의 경험이 제2세대 CPTED에서처럼 시민행동과 이웃에서의 범죄예방을 불러일으키기 위한 명시적인 노력으로 이어졌던 것이다. 사실 Guardianship의 중요성은 상황적 범죄예방의 핵심이론인 Cohen과 Felson의 '일상활동이론(Routine Activity Theory)'에서 가장 효과적으로 보여주고 있다. 일상활동이론은 범죄가 발생하기 위해서는 세 가지 필요충분조건이 반드시 충족되어야 한다는 주장을 담고 있다. 먼저 동기가 부여된 범법자(Motivated Offender)가 있어야 하고, 이들이 자신의 범행동기를 범죄행위로 실현할 만한 매력적인 적절한 표적(Attractive, suitable Target)이 있어야 하며, 그 표적을 대상으로 범행할 수 있도록 표적에 대한 수호자 또는 보호나 방어가 없어야(Absence of guardian) 한다는 것이다. 여기서 마지막 세 번째 조건이 바로 Guardianship과 직결되는 것이다. 이 세 가지 조건은 필요충분이면서 동시에 시간과 공간적으로 통합되어야, 즉 동기가 부여된 범법자와 감시가 안 되는 적절한 표적이 같은 시간과 장소에 함께 있어야 범행의 기회가 향상되어 범죄가 발생할 수 있다는 것이다[27]. 그러나 일상활동이론은 범죄원인론이 아니라 범행기회이론으로서, 일상활동의 형태에 따라 범행 기회가 줄기도 높아지기도 한다는 것이다. 따라서 범행기회를 차단하거나 줄임으로써 범죄의 발생을 방지할 수 있다는 것인데, 여기서 범행기회는 감시와 직결되기 때문에 이런 Guardianship을 구축하여 시민의 눈을 통한 감시기능을 극대화하자는 것이다[28].

---

27) L. E. Cohen and Felson, M., "Social change and crime rate trends: A routine activity approach," American Sociological Review, 1979, 44: 588−608

28) Lab(10th ed.), op cit., p. 94

동네, 이웃 범죄예방의 대표 격인 이웃감시(Neighborhood Watch)는 일상활동의 guardianship 요소를 일차적으로 강조한다. Guardianship은 다양한 형태를 취할 수 있는데, Eck는 일상활동이론의 요소에 해당하는 표적에 대한 수호자(guardian), 범법자의 처리인(handler of offender), 그리고 장소의 관리자(manager)라는 삼각축을 제안한다. 여기서 제시된 표적 수호자, 범법자 처리인, 그리고 장소 관리자가 범행에 반드시 필요한 요소 중 적어도 한 가지 요소를 제한함으로써 범행기회를 줄일 수 있다는 것이다. 수호자는 보통 건물이나 대지의 소유자, 가족이나 친지, 경찰이나 보안요원, 또는 표적에 대한 보호나 감시를 제공하는 사람이라고 할 수 있다. Guardianship은 가능한 하나의 수호자(guardian) 이상을 요한다고 한다. Guardianship은 범죄를 해결하기 위한 물리적 실재(physical presence)나 잠재적 범법자에게 더 강한 위험신호를 보내는 상징적 존재(symbolic presence)일 수 있다[29].

2) 시민참여와 가설의 문제

이웃감시나 이웃 범죄예방에 대한 평가가 모든 지역이나 이웃에 일반화되어서는 안 된다고 한다. 이유는 당연히 지역마다 이웃마다 상이한 특성과 문제가 있기 때문일 것이다. 더구나 지역사회 범죄예방 노력에 참여하는 사람은 어떤 사람이며, 이들 참여자가 전체 주민들을 대표할 수 있는가, 그리고 범죄예방 방법이 모든 사람들에게 동일하게 또는 유사하게 영향을 미치는지 등 중요한 의문이 제기되는 것이다. 그렇다면 어떤 사람들이 지역사회 범죄예방에 참여하는가. 연구결과들을 살펴보면 대체로 중상류층, 교육 수준이 높은 사람, 주택소유자, 남성이 주류를 이룬다고 하는데, 이들 인구사회학적 특성을 가진 사람들이 암시하는 것은 아마도 인구사회학적으로 동일인구집단이고 안정적인 이웃이고, 따라서 이웃에서 이해관계를 가지고 자신의 투자자산을 보호하기 위하여 행동을 취할 의향이 있음을 보여주는 것이라고 한다. 물론 그렇다고 이런 연구결과가 지역사회 범죄예방이 다른 인구집단에게는 나타날 수도 나타나지도 않음을

29) J. E. Eck, "Preventing crime by controlling drug dealing on private rental property," Security Journal, 1998, 11: 37-43; M. E. Hollis-Peel, Reynald, D. M., van Bavel, M., Elffers, H. and Welsh, B. C., "Guardianship for crime prevention: A critical review of the literature," Crime, Law, and Social Change, 2011, 56; 53-70

뜻하지는 않는다.

그럼에도 지역사회 범죄예방 집단에의 참여는 곧 다른 집단에의 참여 수준과 정도와도 관련이 된다고 하는데, 범죄예방 활동에 참여하는 사람은 비참여자에 비해 지역사회에 대한 책임감이 더 높은 경향이 있어서 이들에게는 때로는 범죄예방이 다른 집단 활동의 2차적 확장이 되기도 한다는 것이다. 아무튼 집단참여와 범죄/범죄두려움의 관계에 대한 연구결과는 그럼에도 그렇게 분명하지는 않다고 한다.

평가결과가 분명하지 않은 또 다른 하나의 이유는 범죄예방을 조직화하는데 있어서 가정(assumption)의 문제라고 한다. Rosenbaum은 문제가 되는 이웃감시 프로그램의 저변의 가정 다섯 가지를 제시하였다. 첫 번째 가정은 이웃감시가 시민들에게 범죄예방활동에 참여할 수 있는 기회를 제공하기 위하여 대규모로 쉽게 실행될 수 있다고 가정하였다. 그러나 대다수 시민은 그러한 기회를 거의 갖지 못하고 살아가고 있으며, 심지어 그러한 기회가 주어지더라도 다수의 사람들은 참가하지 못하게 된다는 것이다. 두 번째 가정은 그러한 기회가 주어지면 대다수 시민은 그러한 프로그램에 매력을 느끼고 사회학적, 인구학적, 그리고 지역 특성에 관계없이 가담하게 된다는 것이다. 그러나 알려진 바로는 그러한 프로그램에의 참여는 인구학적, 지역, 그리고 범죄예방 요소에 따라 엄청나게 다양한 차이를 보인다는 것이다. 예를 들어 범죄다발지역에서는 그러한 프로그램을 조직하기가 매우 어려우며, 그러한 지역의 주민들은 범죄에 대하여 더 두려워하고 타인과 합류하기를 두려워한다는 것이다. 당연히 주민들은 자신의 집을 성으로 쌓고 집을 나가는 것을 두려워하게 된다는 것이다[30].

세 번째는 이웃감시 모임에 주민들이 함께 하게 되면, 이런 상호작용과 논의가 문제의 정의에 대한 동의에 이르고, 범죄 두려움을 줄이고, 집단 융화를 증대시키며, 모임 후에 집단적, 개인적 범죄예방 활동에의 참여를 증대시키는 등을 포함하는 즉각적인 효과를 낼 것으로 가정하지만, 지금까지의 연구에 따르면 그와 같은 효과는 지속될 수 없다는 것이다. 네 번째는 경찰과 자원봉사자 등 이웃감시 프로그램을 조직하는 사람들은 프로그램이 시작되면 활동은 지속될

---

30) D. P. Rosenbaum, "The theory and research behind neighborhood watch: Is it sound fear and crime reduction strategy?," Crime and Delinquency, 1987, 33: 103−134

것이라는 믿음을 가지고 노력을 투자한다고 가정하지만, 사실 대부분의 프로그램이 범죄예방 활동을 유지하는 것이 주요 과제가 되고 있다고 한다. 다수의 프로그램이 기존 범죄문제 때문에 시작은 되지만 범죄문제가 다소 주춤해지면 대부분은 허우적거리게 된다고 한다. 끝으로, 이러한 전략으로 시행된 집합적 시민행동은 시작만 되면 범죄와 무질서를 줄이고 따라서 범죄 두려움을 줄이고 지역 발전을 위한 발판을 마련하게 된다고 가정하지만, 그리 많은 연구결과로 지지를 받는 것은 아니라고 한다. 이처럼 이웃감시에 대한 기본적인 가정에 대한 만족스러운 기대에 미치지 못하는 것은 범죄와 범죄두려움에 대한 잠재적 영향에 심각한 의문을 갖게 한다는 것이다[31].

3) 지역사회개발을 통한 범죄예방

흔히들 범죄와 그 예방을 어렵게 하는 여러 문제 중에서도 가장 큰 도전은 지역사회의 빈곤과 관련된 문제라고들 한다. 빈곤이 중요한 범죄원인의 하나로 지목된 지 오래이고, 단지 빈곤 그 자체뿐만 아니라 빈곤과 관련된 지역사회의 물리적 퇴락 등으로 범죄와 지역사회 안전과 보안에 관련된 위협이 이들 지역에 집중되는 것으로 알려지고 있다. 공식범죄통계나 피해자조사 모두가 범죄란 지역적, 공간적으로 균등하게 분포되지 않으며, 실제로 범죄율이 일반적으로 가난한 도심 지역에서 가장 높다는 것을 보여주고 있다[32]. 실제 연구에서도, 모든 다른 요인들을 감안하더라도, 거주지, 이웃, 동네 주민들의 사회-경제적 불리함이나 어려움이 그 지역의 폭력범죄와 재산범죄율과 가장 강력한 관계가 있는 것으로 분석되기도 하였다. 이처럼 범죄가 이들 가난한 도심 지역에 집중되는 것은 실업, 빈곤, 전출입이 빈번한 인구이동, 유약한 사회제도, 가족과 가정의 붕괴, 사회융화와 비공식적 사회통제의 결여, 아동과 청소년들에게 지나칠 정도로 많은 부정적 역할모형, 무기의 난립, 폭력과 약물의 범람 등 범죄와 범죄원인이 되는 조건들을 동시에 조장하는 다수의 부정적 요소에 기인한다는 것이다. 이런 연구결과는 곧 30~40년대 시카고학파의 연구결과를 그대로 반영하고 있

---

31) Rosenbaum, op cit.; Lab(10th ed.), op cit., p. 113
32) L. W. Sherman, "Thinking about crime prevention," pp. 1-31 in Sherman et al.(eds), op cit., p. 9

으며, 따라서 그때와 마찬가지로 범죄를 예방하기 위해서는 이런 지역사회가 다시 개발되고 다시 조직화되어야 한다는 것이다[33].

그러나 문제는 도시의 가장 빈곤한 지역에서의 범죄와 범죄성을 초래하고 기여하는 이들 조건들을 개선하거나 제거하는 것이지만, 현실은 이들 지역이 지역사회 안전을 위한 개입과 프로그램이 가장 필요함에도 동시에 이들 지역이 또한 그러한 프로그램을 실행하고 유지하기가 가장 어려운 지역이기도 하다는 것이 하나의 아이러니가 아닐 수 없다. 그럼에도 불구하고, 이들 불우한 지역에 거주하는 사람들에 의한 그들을 위한 지역사회 재건과 강화를 촉진하는 접근의 하나가 바로 지역사회 개발을 통한 범죄예방이라는 것이다. 지역사회개발 전략은 주민, 주택, 노동시장, 학교, 여가시설, 기업, 그리고 자연적, 인위적 환경을 표적으로 함으로써 지역 주민들의 인간적, 신체적 자산을 강화시켜 준다는 것이다. 위에서도 언급된 바와 같이 시카고학파의 개척적인 연구와 그에 기초한 Chicago Area Project에서 많은 것을 원용하고 있는 지역사회개발을 통한 범죄예방은 대체로, 공유된 문제를 해결함으로써 전반적으로 지역사회 구성원들의 삶의 질을 향상시키고, 빈곤, 인종차별, 성차별 등으로 인한 사회적 불평등을 줄이고, 지역사회의 조직화와 개발의 과정과 결과물의 일부로서 민주적 가치를 행사하고 보전하며, 개인적인 자기-개발과 자기-효율성을 높이며, 사회적 융화를 강화하는 다섯 가지 목표를 성취하고자 하는 것이다[34].

위와 같은 목적을 성취하기 위하여 지역사회에 힘을 실어주는 것은 능력배양(capacity building), 협동(collaboration), 그리고 지역사회 행동(community action)이라는 세 가지 원리를 수반한다. 지역사회 주민과 집단의 능력을 배양하고 향상시키는 것은 개인, 집단, 그리고 지역 조직이나 단체의 지식, 기술, 재능, 그리고 네트워크를 파악하는 것이며, 두 번째 원리인 협조나 협동은 개인과 집단의 자산, 기술, 그리고 자원을 동원함으로써 긍정적 변화에 영향을 미치고 문제를 해결하는 데 있어서 주민과 지역 조직이 협동할 수 있는 기회가 만들어져야 한다는 것이며, 세 번째 원리는 지역의 정책과 의사 결정에 참여하지 않고

---

33) Schneider, op cit., pp. 161-162

34) H. J. Rubin and Rubin, I. S., Community Organizing and Development, New York: MacMillan, 1992, p. 10

주변인이 된 사람들을 개발하고 그들에게 힘을 전이시켜 주는 변화전략으로써의 사회적 행동이나 옹호의 활용이다. 결국, 지역사회 강화의 필연적 목표는 전통적으로 지역사회의 문제를 해결하는 데 있어서 중요한 역할을 해 온 외부의 제도나 행동가에 대한 이들 빈곤 지역의 의존도를 낮추거나 줄이자는 것이다[35].

범죄예방 전략으로서 지역사회개발은 아마도 가장 확실한 사회문제 – 해결적 접근(social problem – solving approach)이라고 할 수 있을 것이다. 특히, 경제개발을 강조함으로써 범인성의 근원 중 하나로 간주되어 온 빈곤을 해소하는 데 도움이 될 것이며, 또한 주민들을 조직하고, 사회적으로 융화된 이웃을 만들고, 불리한 집단이나 이웃과 동네에 힘을 실어주는 것을 강조함으로써도 범죄행위의 원인을 해결하는 데 기여할 수도 있다는 것이다. 이처럼 지역사회 조직과 사회적 융화의 함양은 동시에 지역사회 방어모형에 핵심적인 비공식적 사회통제의 기초를 놓을 수도 있다고 한다. 지역사회 개발의 중심인 이웃과 동네의 물리적 개발과 미화는 하나의 중요한 CPTED전략이기도 하다. 범죄해소를 위한 지역사회 능력배양의 핵심요소는 관계구축(relationship building), 제도적, 구조적, 그리고 경제적 자산의 개발, 시민의 참여와 집합적 행동, 그리고 지속 가능하고 제도화된 변화라고 할 수 있다. 관계구축은 주거 불안과 같은 범죄에 기여하는 일부 사회적 조건을 중재하고 시민행동에 영향을 미치는 비공식적인 사회적 네트워크를 창출하는 것이다. 제도적, 구조적, 경제적 자산의 개발은 동네의 외관, 비공식 사회통제, 범죄에 대한 환경적 억제에의 관심, 가족을 위한 경제지원과 노동력의 향상에 대한 책임과 같은 부정적인 지역사회 조건들을 오랜 시간에 걸쳐 해결하는 것이다[36].

(1) 지역사회의 사회 또는 사회-경제적 개발

지역사회개발을 통한 범죄예방은 언제나 주거지역, 이웃, 동네와 그 주민들을 범죄와 피해자화의 위험에 노출시킬 뿐만 아니라 범죄와 비행행위의 전제조건을 조장하는 사회적, 경제적 요소들을 해결하고자 한다. 대부분 지역사회개발

---

35) R. Ersing, "Community empowerment," pp. 261 – 264 in K. Christensen, K. and D. Levinson(eds.), Encyclopedia of Community, Vol. 1, Boston: Sage, 2003,

36) J. Acosta and Chasvis, D., "Build the capacity of the communities to adddress crime," Criminology and Public Policy, 2007, 6(4): 651 – 662

을 통한 범죄예방의 범주에 속하는 사회문제-해결적 접근은 빈곤, 범인성, 무질서, 다양한 범위의 반사회적이고 역기능적 행위의 상호 관련된 원인의 해소나 완화를 그 목표로 한다. 물론 여기서 예방 프로그램의 표적은 전체 지역이 될 수도 있고 개별 거주자가 될 수도 있다. 지역사회개발의 맥락 안에서, 범죄에 대한 사회문제-해결적 접근은 어려운 환경의 지역사회, 이웃, 동네에 대한 더 많은 공적, 사적 투자를 옹호하는 동시에, Daycare, 취학 전 프로그램, 위험소년들에 대한 교육에서 지역 기업의 설립과 지원에서 청소년과 성인의 취업에 이르는 범죄를 야기하는 위험요소를 해결하는 일련의 종합적인 프로그램과 서비스를 강조한다[37].

그러나 빈곤 지역의 나이 어리고 교육수준이 낮은 모자가정과 같이 가장 취약한 가정을 표적으로 하는 프로그램과 자원을 특별히 강조하는데, 이는 빈곤의 완화, 좋은 부모되기 교육, 안정된 가정, 주거개선 등과 같이 보다 긍정적이고 양육적인 사회 환경을 촉진함으로써 간접적으로 이익을 제공하고, 위험에 놓인 아동과 청소년에게 멘토링, 사회기술 등을 제공함으로써 직접적인 이익을 제공한다. 지역사회개발은 언제나 지역사회의 경제적 발전이 강조되는데, 이는 가난한 주거지역, 이웃, 동네와 그 주민들에게 더 큰 경제적 번영을 가져다주고자 하는 것이다. 이처럼 빈곤과 범죄가 집중된 이들 지역을 구제하려는 것은 지역의 경제적 기회를 확장하고 노동시장을 활성화하려는 것이다[38].

지역사회범죄예방으로서 사회, 경제개발 접근은 사회-경제적 지위와 집합적 효율성, 지역문제에 대한 이해와 인식, 주택소유와 같은 재정적 이해는 물론이고 지역의 사회적 통합, 전념과 융화 등 지역사회범죄예방과 더 안전한 이웃을 위한 일부 중요한 전제조건 사이의 긍정적 상관관계를 전제로 하고 있다. 사회-경제적 수준이 높은 지역사회일수록 지역사회 안전 프로그램을 도입하고 유지할 가능성이 더 높은 동시에 사회-경제적 지위가 높은 사람일수록 그러한 시도와 프로그램에 참여할 확률도 더 높다는 것이다. 마찬가지로 중요한 것은 사회-경제적 지위가 높은 사람과 지역사회일수록 피해자화율(victimization rate)도 그만큼 더 낮고, 범죄를 야기하는 위험요소를 발효하는 사회적 조건을 가질

---

37) Schneider, op cit., p. 163
38) ibid., p. 165

확률도 그만큼 더 낮아진다는 것이다[39].

(2) 공동체 구축(community building)

이웃, 동네, 거주지의 공동체 의식(a sense of community)을 개발, 발전시키는 것에 초점을 맞추는 것으로, 이웃이라고 하는 공간적 집단화(spatial grouping of neighborhood)를 개인적 유대와 네트워크, 높은 수준의 사회적 상호작용, 공통의 가치, 규범, 그리고 목표를 지속함으로써 결합되는 거주민들의 사회적으로 융합적인 네트워크로 바꾸려는 것이다. 이와 같은 관점에서, '공동체 구축'은 집합적 목적을 촉진하는 공통의 가치를 구축하거나 사회적 연계를 조직하고 강화하기 위한 다양한 의도적인 노력으로 규정하여, 글자대로라면 '공동체 구축'은 더 안전한 이웃, 더 건강한 아동과 가정, 더 잘 보전된 문화적 전통, 더 이윤이 남을 수 있는 기업 등 일련의 몇 가지 바람직한 결과, 산물을 성취하는 방법으로서 더 많은 공동체를 구축하는 것을 의미한다[40].

공동체 구축은 범죄예방, 특히 지역사회범죄예방의 전제 또는 적어도 핵심이라고 하는데, 그것은 강력한 지역 사회 융화와 집합적 효율성을 가진 이웃, 주거단지일수록 지역사회 문제에 성공적으로 동원할 확률이 더 높기 때문이다. 충분한 사회적 융화나 비슷한 용어로 '사회적 자산(social capital)'이 없다면, 개발전략과 역동적인 지역사회 공동체 조직이 구축되고 유지될 수 있는 기초를 잃게 된다는 것이다. 범죄예방을 위한 지역사회개발 접근은 지역의 집합적 문제 해결과 건강하고, 스스로 규제하고, 포괄적이며, 정치적으로 효과적인 지역사회 공동체라는 더 광의의 목표를 위한 기초로서 거주단지, 이웃, 동네의 사회적 자산과 융화의 촉진과 유지의 중요성을 충분히 인지하고 있다. 범죄예방을 목적으로 한

---

39) S. E. Merry, "Defensible space undefended: Social factors in crime control through environmental design," Urban Affairs Quarterly, 1981, 16(4): 397－422; S. H. Haeberle, "Neighborhood identity and citizen participation," Administration and Security, 1987, 19: 178－196; Schneider, op cit., p. 164

40) J. Crank, "Watchman and community: Myth and institutionalization in policing," Law and Society review, 1994, 28(2): 325－351; B. Leighton, "The community concept in criminology: Toward a social network approach," Journal of Research in crime and Delinquency, 1988, 25(4): 351－374; Briggs, Xavier de Souza, "Community building," pp. 246－250 in Christensen, K. and Levinson, D.(eds.), Encyclopedia of Community: from the Village to the Virtual World, Vol. 1, Thousand Oaks, CA: Sage, 2003, p. 246

다면, 공동체 구축이라는 목표는 주거단지, 이웃, 동네를 강력한 비공식적 사회통제가 완비된 건강하고, 제대로 기능하는 공동체로 바꾸는 것이다. 공동체 구축은 높은 수준의 지역의 사회적 상호작용을 높이 평가하는 집단, 활동, 그리고 제도를 중심으로 이루어진다. 특히 대면적 대화와 긍정적인 대인 간 의사소통이라는 사회적 상호작용은 사회적 융화를 촉진하는 기본적 공동체 구축 전술로 간주되고 있다[41].

(3) 물리적 개발과 미화(beautification)

매력적이고, 깨끗하고, 잘 유지되는 주거단지, 마을은 범죄와 무질서에 저항하기 위한 역할이 있다고 한다. 물론 '깨어진 창(broken windows)'이나 그에 기초한 '무관용 경찰활동(zero-tolerance policing)'과 같은 이론과 노력들이 지역의 물리적 쇠퇴와 범죄와의 관계를 토대로 하는 것이지만, 물리적 퇴락과 쇠퇴가 범죄와 무질서의 기여자요 동시에 결과로서, 주민, 외부인, 특히 잠재적 범죄자에게 아무도 관심을 갖지 않고 개의치 않는다는 신호, 메시지를 보낸다는 것이다. 또한 물리적 퇴락은 마을의 자긍심이나 전념과 같은 지역사회범죄예방의 많은 핵심적 전제조건들을 약화시키기도 한다. 따라서 정원이나 꽃을 가꾸는 등 미화 프로젝트나 건물, 도로, 공원이나 공공장소의 보수와 유지관리, 버려진 건물 철거와 지역사회 정원 등으로의 대체, 버려진 차량이나 쓰레기 치우기 등을 포함한 물리적 지역사회 개발 과제나 프로젝트가 사람들이 마을을 보살피고 신경을 쓰고 있다는 메시지를 보내는 것이다. 더불어 이렇게 개선된 깨끗하고 매력적이며 잘 유지, 관리되는 마을에는 주민은 물론이고 외부인들의 방문과 활용이 증대되어 마을에 대한 눈과 귀로서 자연스러운 감시기회도 증대시키게 된다[42]. 실제, 서울의 염리동, 즉 소금길이 바로 이러한 마을의 미화작용을 중심으로 하는 CPTED의 좋은 사례였다고 할 수 있다.

4) 지역사회범죄예방을 위한 동반자 관계(partnership) 활용

지역사회 동반자는 임무수행을 위하여 다양한 역할을 한다. 알려진 바로는

---

41) Schneider, op cit., p. 167
42) ibid., pp. 168-169

대체로 '범죄투사(crime fighter)', '자원 중개자(resource broker)', '지역사회 동원자(community mobilizer)', '권한 부여자(empowerer)', 그리고 '중재자(intermediary)'라는 상호 배타적이지 않은 다섯 가지의 역할을 수행한다고 한다. 먼저, '범죄투사'로서의 지역사회 동반자는 법집행을 위한 정보를 수집하기 위하여 범죄활동의 신호에 대해 '눈과 귀를 열어 두어야' 할 필요가 있다는 것이다. 물론 '범죄투쟁'의 일선에 서는 데 대한 한 가지 문제는 그러한 '문지기(doing doors)' 역할을 할 때 있을 수 있는 위험(danger)이다. 눈에 보이지 않는 그것도 비무장으로 시야 밖의 표적을 등진다는 것은 무섭고 위험하지 않을 수 없다. 그럼에도 불구하고 동반자들은 자신이 얻을 수 있는 최선의 정보는 주민들과의 개인적인 관계로부터라는 것을 잘 알고 있으며, 또한 범죄투사보다는 자원정보를 나누어주는 척하거나 가정방문이나 최 일선에 설 때는 짝이나 작은 집단으로 동행하는 등 역할전환과 같은 다양한 자기 – 보호 행동도 개발한다는 것이다[43].

　　두 번째 역할인 '자원 중개자'는 자원, 기관 접촉 전화번호, 그리고 경찰과 기타 관련 기관의 전화번호에 대한 정보를 주민들이 활용할 수 있게 해 준다. 보호관찰 성공조건의 하나로 일찍이 보호관찰관의 역할을 ABC, 즉 옹호(advocacy), 중개(brokerage), 그리고 지역사회(community)라고 강조했던 것처럼 범죄예방을 위한 지역사회 동반자도 자원중개라는 역할은 매우 중요한 것이다. 간단하게 말해서, 주민들을 자원에 연결시켜 주는 것이다. 실제로 지역사회 동반자들이 만족도가 가장 컸던 역할이 바로 이 자원 중개자 역할이었다고 한다. 세 번째 '권한 부여자' 역할은 주민들로 하여금 자신의 지역사회에 대한 소유권, 즉 주인의식을 갖고 범죄 관련 문제 해결에 도움을 주도록 권장하는 것이다. 이 역할은 주민들에게 도움을 주는 것은 물론이고 주민들로 하여금 스스로 행하도록 힘을 실어 주는 것이다. 이 역할을 통해, 지역사회 주민들에게 필요한 조직화 기술을 장착하게 함은 물론이고 자신감, 자기 확신감도 구축하게 한다. 다음 '지역사회 동원자'는 지역사회에 이해가 있는 기업과 주민들을 설득하고 범죄예방과 지역사회 정화에 참여하도록 동기를 불어넣는 것이다. 동반자 역할 중에서 이 '지역사회 자원을 동원하는 것'이 가장 어려운 역할이라고 하는데, 그것은 주민들이 위험한 일에

---

43) M. A. Farkas and Jones, R. S., "community partners: 'Doing doors' as a community crime prevention," Criminal Justice Studies, 2007, 20(3): 295 – 312

가담하는 데 머뭇거리고 저항하는 경향이 있기 때문이다. 마지막으로 '중재자' 역할은 주민과 경찰 사이의 중간자 역할로서, 이 역할의 중요한 부분은 지역 주민들과의 개인적 관계를 발전시킴으로써 지역주민들의 신뢰를 얻을 수 있게 해 준다는 것이다. 어쩌면 이 역할은 경찰과 학교와 학생 사이를 오가는 가교역할을 하는 '학교경찰(school police)'이나 그런 그의 역할을 칭하는 '연락 경찰관(liaison Officer)'을 연상시키기도 한다.44)

5) 지역사회개발범죄예방의 평가

장기적으로 효과적인 범죄예방을 위해서 지역사회개발 접근이 필요하다는 주장에도 불구하고 지역사회범죄예방에 있어서 지역사회개발 접근이 기대보다 빈번하게 활용되지 않는 것도 현실이라고 하는데, 그 이유는 무엇일까. 우선, 일부에서는 사회정의(social justice) 담론과 개입이 경제적 관리주의와 합리주의의 시대에서는 시대에 뒤떨어진다는 것이라고 주장한다. 기회축소와 억제를 통한 범죄의 관리는 기존의 이념적 기후에서는 사회개혁보다는 더 대중적이다는 것이다. 범죄예방에 대한 사회적 접근을 더 강조하기 위해서는 지배적인 담론의 변동이 요구된다는 것이다. 다음으로, 범죄와 관련된 기존의 부정적 조건들을 해소하는 수단으로서 지역사회개발의 효과와 광범위한 범주의 범죄예방전략을 실행/조정하는 수단에 대한 이론화와 기록의 한계를 지적한다. 그리고 그 결과에 대한 평가와 계량화가 어렵다는 것도 지적되고 있다. 원인과 결과를 쉽게 파악하기 어렵고, 지역사회개발은 대체로 장기적 특성을 가지고 있으며, 다양한 사람과 다양한 수단이 동원되며, 장기적 효과측정에 대한 자원도 한계가 있어서 그렇다는 것이다. 이에 반하여 정치인이나 언론에서는 범죄라는 '뜨거운 쟁점'에 대해서 쉽고 빠르고 눈에 잘 보이는 결과와 접근이나 수단을 선호하기 마련이다. 그러나 장기적이고 광범위한 목표를 가진 지역사회개발은 쉽고 빠르고 가시적인 성과의 요구를 만족시킬 수 없다. 모든 정책에서 비껴갈 수 없는 것이 효율성이나 비용 – 편익의 문제인데, 지역사회개발은 안타깝게도 비용 – 편익이 불확실하다는 것이다. 예를 들어, 단기적인 상황적 예방과 장기적인 지역사회개발을 비교할 수 없다. 끝으로, 지역사회개발에 대한 한계이다. 비록 지역사회개발

---

44) op cit., pp. 336 – 342

이 지역사회범죄예방을 향상시키는 수단으로 보지만 그렇다고 그것이 만병통치약은 아니기 때문이다[45].

지금까지 기술되고 소개된 지역사회에 기초한 범죄예방 전략, 전술, 프로그램들이 서로 배타적으로 따로따로 실행되면 안 된다는 것이 일반적 견해이다. 이유는 대부분이 서로 보완적이기 때문에 당연히 최고의 범죄예방 결과를 위해서는 동시에 추구되어야 한다는 것이다. 물론 이런 통합적, 종합적, 포괄적 접근은 비단 지역사회에 기초한 범죄예방 접근법들만의 통합이 아니라 다른 광범위한 접근법 등, 예를 들어 사회개발 범죄예방(CPSD), 상황적 범죄예방, CPTED, 지역사회 방어와 개발, 법집행, 그리고 문제 – 지향 경찰활동 등 가정, 학교, 노동시장, 장소 등 다양한 제도에 의하여 지역 공동체 사회의 강화와 동원을 중심으로 하는 다기관 동반자 관계를 통하여 실행되어야 그 결과가 최상이 될 수 있다는 것이다. 이는 범죄가 다양한 원인과 동기와 문제에 기인하기 때문이기도 하다. 이에 더하여, 이 포괄적, 종합적, 통합적 지역사회에 기초한 범죄예방 접근은 또한 문제 – 지향적이어야 한다는 점도 중요한데, 이는 당연히 사전적, 예방적이기 위해서는 문제 – 지향적, 문제 – 해결적 이어야 하기 때문이다[46]. 다양한 전략과 전술과 프로그램에도 불구하고, 불행하게도 지역사회 범죄예방은 대체로 부정적인 평가가 많아서 이론적 인식이 설정한 기대치에 미치지 못하거나 혹은 적어도 만족스럽지 못한 결과라는 평가가 많다. 대다수 지역사회 범죄예방이 범죄나 범죄 두려움에 오로지 미미하거나 아니면 전혀 또는 거의 영향을 미치지 못한 것으로 연구결과 밝혀지고 있기 때문이다. 뿐만 아니라, CCP, 지역사회 범죄예방 프로그램이 그 목적에 도달하는 데 필요한 집합적 행동, 사회적 상호작용, 영역성 등 사회적이거나 행위적 전제조건들을 꾀하지 못했다는 지적도 받는다[47]. 결론적으로 지역사회 범죄예방이 지역사회 범죄율을 줄이고, 집합적 행동을 권장하고, 지역사회 융화를 구축하는 데 효과적이라는 확고한 증거는 거의 없다고 할 수 있으며, 그러한 부정적 결과에 대한 비난의 화살은 이론의 실

---

45) Lane and henry, op cit., pp. 207 – 209

46) Schneider, op cit., p. 169

47) Rosenbaum, op cit., 1988; T. Hope, "Community crime prevention," pp. 21 – 89 in Tonry, M. and Farrington, D. P.(eds.), Building a Safer Society: Strategic Approach to Crime Prevention, Chicago, Il: University of Chicago Press, 1995

패, 프로그램 집행의 결함, 그리고 믿을 만한 연구결과의 결여로 향하고 있다. 지역사회 범죄예방의 저변의 이론 중 하나인 사회통제이론(social control theory) 이나 기회감축모형(opportunity reduction model)에 따르면 지역사회 조직화가 범죄, 범죄 두려움, 그리고 사회적 통합이라고 하는 바람직한 변화를 양산하기 위해 필요한 것으로 가정되는 사회적 행위를 활성화시키지 못했다는 것이다. 구체적으로, 사회적 상호작용, 감시, 낯선 사람 인식, 범죄신고, 주택보호행위, 통제의식, 효율성과 책임감, 마을에 대한 만족과 경찰에 대한 태도 등에 변화가 거의 없었다는 것이다[48].

더 큰 문제로, 지역사회 범죄예방이 어쩌면 절대적인 전제조건이기도 한 주민의 참여를 끌어내고 유지하지 못하였으며, 이런 주민들의 참여 부족이 실패의 큰 원인이라는 것이다. 더구나 소득 수준이 낮고, 인구구성이 이질적이며, 전출입이 빈번하고 범죄가 다발하는 도심지역과 같이 지역사회 범죄예방이 가장 필요한, 이를 위해서 지역사회가 조직되어야 할 필요성이 가장 큰 그런 마을, 주거단지, 지역사회일수록 지역사회 범죄예방을 위해서 꼭 필요한 지역사회의 조직화에 가장 저항적이라는 것이다. 더 극단적으로는 지역사회 범죄예방을 위해서는 최소한 지역사회라는 공동체 사회가 전제되어야 하지만 지역사회 자체가 해체되었다면 과연 지역사회 범죄예방은 가능한 것인가를 묻고 있다[49].

지역사회 범죄예방에 대한 만족스럽지 못한 결과에 대한 평가가 일부에서는 프로그램 집행상의 실패에 기인하기 때문에 이론적 실패를 지적해서는 안 된다고 하지만 다른 한편에서는 부정적 결과에 대한 일관된 평가는 그 이론적 기초를 의심하지 않을 수 없다고 주장한다. 그중에서도 지역의 범죄예방 프로그램이 위에서 지적한 것처럼 주민들의 광범위한 동원을 이끌어 내지 못한다는 점이다. 지역사회 범죄예방을 대표하는 것 중 하나인 이웃감시(Neighborhood Watch) 프로그램은 기회가 주어진다면 대다수 주민들이 자신의 사회적, 인구사회학적 지위나 마을의 특성에 관계없이 참여할 것이라는 가정을 전제로 하지만 실제 대다수 범죄다발지역의 주민들은 참여하지 않는다는 것이다. 이와 함께, 지역사회

---

48) Roenbaum, op ciy, 1988, p. 362

49) P. J. Lavrakas and Herx, L., "Citizen participation in neighborhood crime prevention," Criminology, 1982, 20: 479−498

범죄예방의 핵심적인 배경이론인 비공식적 사회통제도 범죄와 크게 관련되지 않는다고 주장되고 있다. 오히려 공공장소에서의 비공식적 사회통제는 주민들이 오랜 거주 기간을 통해서 사회적, 가족, 그리고 인종적 유대를 가진 안정된 이웃, 동네, 마을, 지역사회에서만 성공적일 수 있는데, 불행하게도 이런 형태의 사회적 융화가 재산범죄, 대인범죄에 가장 취약한 지역과 마을에는 존재하지 않는다는 것이다[50][51].

실제로 안정되고, 중상류층 지역사회는 효과적인 범죄예방 과제들을 집행하고 유지하는 데 보다 더 성공적이었지만, 이들 지역사회에서 지배적인 범죄예방의 지역사회 방어모형은 자기 지역사회보다 수준이 낮거나 못하고 외부 집단과 개인에 대해서 개입하고 그들을 순찰하는 것을 포함하는 사회갈등에 기반을 두고 있는데, 바로 이 점이 비판의 대상이 되기도 한다. 이웃감시와 같은 기회－감축(opportunity－reduction) 프로그램이 촉진하고자 하는 영역성(territoriality)은 종종 계층에 기초하고 인종적 함축으로 덧 씌워지는 외부인에 대하여 외계인 취급하고 차별하는 외부인 혐오증으로 변모할 수도 있다는 것이다. 더불어, 기회－감축 범죄예방은 어쩔 수 없이 사유재산의 신성함과 사유재산권이 있는 사람이 없는 사람에 대한 감시와 순찰의 책임을 강조하는데, 바로 이 부분이 오히려 '외부인 출입 제한 주택단지(Gated community)'와 같이 사회를 분화시키고, 치안 서비스의 '빈익빈 부익부'라는 안전 서비스의 차별화를 불러온다는 것이다[52].

50) S. W. Greenberg, Rohe, W. M., and Williams, J. R., "Neighborhood design and crime: A test of two perspectives," Journal of American Planning Association, 1984, 50: 48－61

51) P. F. Parnaby, "Crime prevention through environmental design: Discourses of risk, social control, and a neo－liberal context," Canadian Journal of Criminology and Criminal Justice, January 2006, pp. 1－28

52) R. I. Boostrom and Henderson, J. H., "Community action and crime prevention: Some unresolved issues," Crime and Social Justice, 1983, 19: 24－30

제8장

환경설계를 통한 범죄예방
(Crime Prevention Through Environmental Design)

환경설계를 통한 범죄예방

(Crime Prevention Through Environmental Design)

---

1. 개관

　　일찍이 Oscar Newman의 주도로 물리적 변화로 방어할 수 있거나 방어될 수 있는 공간으로 바꿀 수 있다는 '방어 공간(Defensible Space)' 개념은 물리적 변화로 범죄자들의 범행을 더 어렵게 만들 수 있을 뿐만 아니라 범행 시 발각되고 체포될 위험성도 더 높일 수 있고, 또한 거주민들로 하여금 범행을 더 어렵게 하는 방식으로 자신의 행동을 바꾸도록 권장할 수도 있다고 믿게 되었으며, 그런 노력의 결과 중 가장 핵심이 바로 이 환경설계를 통한 범죄예방, 즉 CPTED라고 할 수 있을 것이다. CPTED는 결국 위험관리에 관한 것이며, 그 성공적인 응용을 위해서는 효과적으로 범죄 관련 위험–요소를 파악하는 전문가의 능력이 요구되지만, 궁극적으로는 CPTED가 근본적으로 '소비자', 동반자, 지역사회의 책임 있는 구성원, 그리고 행동하는 능동적인 시민으로서 개인들을 통한 환경에 대한 지배와 관리에 관한 것이라고 한다.

　　범죄에 영향을 미치기 위하여 특정 지역이나 장소의 물리적 설계를 바꾸려는 노력을 일반적으로 CPTED라고 하는데, 이러한 접근법에는 영역성

(Territoriality), 감시성(Surveillance), 표적견고화(Target hardening), 지역의 정당한 이용자 인식(recognition of legitimate users of an area)을 조장, 향상시키는 건축설계를 함축하고 있다. 실제로 연구에 따르면, 물리적 설계의 변화가 범죄에 미치는 영향은 접근통제(access control), 감시(surveillance), 활동지원(activity support), 그리고 동기 재강화(motivation reinforcement)라는 4가지 중간목표를 통하여 작동하는 간접적 영향이라는 주장도 제기되었다. 물론 이들이 그냥 중간목표인지 아니면 CPTED의 부분인지는 논란의 여지가 있을 수 있지만 물리적 변화 또는 더 구체적으로는 CPTED와 범죄 사이의 인과관계의 일면을 볼 수 있다고 할 것이다[1].

Newman의 '방어 공간'은 사실은 '방어할 수 있는 또는 방어될 수 있는 공간'이 더 정확한 의미라고 할 수 있는데, 이는 스스로를 방어하는 사회구조, 조직을 물리적으로 표현함으로써 범죄를 방지하자는 것이다. 이와 같은 주장은 지역의 물리적 특성이 잠재적 범법자는 물론이고 거주자의 행동 둘 다에 영향을 미칠 수 있다는 사고에 근거한 것인데, 예를 들어 거주자들에게는 지역의 설계와 외관이 주민 상호 간 배려심을 더 향상시키고, 서로 간 접촉을 더 원활하게 하며, 지역의 향상과 이용을 더 촉진시키며, 범죄의 통제와 제거에 관심과 이해를 높이게 되는 반면에 잠재적 범죄자들에게는 지역의 외관 등이 주민들이 주변을 배려하고 활용하는지, 지역에서 일어나는 일에 관심을 갖는지, 범행이 일어나면 개입할 것인지 등을 암시한다는 것이다. 다음의 <표-13>에서처럼, Newman은 영역성(Territoriality), 자연적 감시(Natural surveillance), 인상(Image), 환경(Milieu)이라는 4가지 요소를 제시하고, 이 4가지 요소에 CPTED 지지자들이 접근통제(Access control), 표적강화(Target hardening), 활동지원(Activity support) 등 몇 가지 요소를 더하였다[2].

---

1) J. Kushmuk and Wittemore S. L., A Reevaluation of the Crime Prevention through Environmental Design Program in Portland, Oregon, Washington, DC: National Institute of Justice, 1981, Lab(10th ed.), op cit, p. 60에서 재인용

2) P. M. Cozens, Saville, G. and Hillier, D., "Crime prevention through environmental design(CPTED): A review and modern bibliography," Property Management, 2005, 23: 328-356

표-13 CPTED의 요소

Newman의 방어 공간 요소	
영역성 (Territoriality)	무언가 잘못된 것 같을 때 사람들로 하여금 신속하게 행동을 취하도록 하는 지역에 대한 소유의식(sense of ownership)
자연적 감시 (natural surveillance)	CCTV 등 특별한 도구의 도움이 없이도 외부이든 내부이든 활동을 관찰할 수 있는 능력
인상 (Image)	격리되지 않고 배려되고 있으며, 주민들이 즉각 행동을 취할 것처럼 보이는 외관을 가지는 주거지역
환경 (Milieu)	범죄율이 낮은 특징을 가진 지역에 집, 건물 또는 공동체 배치
기타요소	
접근통제 (Access control)	합법적 이용자에게만 출입을 제한할 의도로 건물이나 지역을 오가는 사람을 규제하는 것
활동지원 (Activity support)	공동체에서의 주민과 기타 합법적인 이용자의 상호작용을 증진하고 도움을 주는 기능
표적강화 (Target hardening)	범죄자가 범행 시 노력을 증대시키도록 하는 행동

1) 영역성

영역성이란 지역에 대한 소유를 주장하려는 정당한 이용자의 욕구와 능력이라고 할 수 있는 것으로서, 이 주장은 거주자 사이의 일반적인 공동체적 분위기, 지역의 정당한 이용자와 이방인의 인식, 그리고 실제 또는 인식된 경계의 설치에 근거하고 있다. 여기서 주민/소유주/정당한 이용자(비범법자)는 물론이고 잠재적 범법자가 영역의 '소유권(ownership)'을 인식하고 누가 소유권자인지 앎으로써 어떤 행동을 할 것인가 의사결정을 한다는 것이 가장 중요하다. 영역성은 상징적(symbolic)인 것과 실제적(real)인 것 두 가지로 구분되는 형태를 취한다고 하는데, 상징적 영역성은 소유자가 누군지를 알 수 있게 신호를 보여주는 신호, 조경 또는 기타 물품 등과 같은 것들이며, 실질적, 실제적 영역성은 지역이나 자산이 버려지지 않고 소유된 것임을 알려주는 물리적 장애물인 벽, 담, 대문, 또는 기타 물품으로 만들어지는 것이다[3].

2) 감시(Surveillance)

글자 그대로 감시는 범법자가 관찰, 목격될 기회나 확률을 높이는 모든 행위라고 할 수 있지만, Newman은 특히 CCTV 등 특별히 다른 어떤 도구의 도움을 받지 않고도 창문이나 출입문의 위치를 잘 설정함으로 거주자와 정당한 이용자들이 자기 주변에서 일어나는 일들을 보고 관찰하고 목격할 수 있게 해 주는 자연적인 감시(Natural surveillance)를 강조하였다. 한편으로는 비공식적 감시(informal surveillance)라고도 할 수 있는 이 자연적 감시 외에도, 공식적 또는 조직적 감시(Formal, Organized Surveillance)라고 불리는 경비원 등 감시기능 전담 인력의 고용이나 시민들의 시민순찰(citizen patrol), 그리고 기계장비나 도구를 활용하여 감시하는 기계적 감시(mechanical Surveillance)도 활용될 수 있다. 당연히 이러한 감시기능이 증대, 강화되면 범죄의 기회에 직접적인 영향을 미치기 마련인데, 일어나는 일을 관찰할 수 있는 사람의 수가 많아지는 만큼 범행을 하고도 관측되지 않은 채 도주하는 확률은 낮아지기 때문이다. 이런 가정은 잠재적인 범죄자들도 주민들이 보는 눈앞에서 범행을 하지 않을 것이며, 범행을 하면 목격한 주민들이 경찰에 신고하거나 필요한 조치를 취할 것이라는 것이다[4].

3) 인상과 환경

이는 어느 지역이나 공동체 지역사회나 그 속의 건물이나 자산이 지역 거주자들이나 그 지역에 속하는 사람들에 의해서 얼마나 잘 보살펴지고 있는지를 보여주는 외관이라고 할 수 있다. 이러한 외관의 인상이나 환경은 잠재적 범법자들에게 무슨 일이 일어나면 즉시 필요한 행동이나 조치를 취할 그 지역을 관찰하는 관심 있는 사람들이 있다는 것을 전한다는 것이다. 당연히 주민들이 소유의식이 강하고(영역성) 그것을 다른 사람들에게 보여준다면 범법자들이 범행을

---

3) Cozens et al., op cit.; Lab(10th ed.), op cit., p. 62
4) ibid.

할 확률은 낮아질 것이다. 여기서 환경은 주변지역이 제대로 잘 보살펴지고 유지, 관리되며, 범죄율이 낮은 지역이라면 예방효과는 향상될 것이라는 주장으로 개념을 더욱 확장시킨다[5].

4) 접근통제와 표적강화

접근통제와 표적강화는 범행을 더 어렵게 만들자는 것이다. 범행을 더 어렵게 만들면 범죄자가 범행 중 손상을 당할 수도 있고, 범행의 시간을 늘려서 적발될 위험을 높이며, 그로 인하여 잠재적 범죄자가 범행을 선택하지 않도록 억제하거나 범행 장소나 표적 등을 대체하도록 함으로써 범죄를 예방한다는 것이다. 접근통제는 지역이나 출입구조물에 정당한 업무나 영업을 가진 사람에게만 출입을 허용하려는 것으로 그 핵심은 접근을 통제함으로써 범행을 바라는 사람에게 지역과 건축물에의 통기성, 투과성, 또는 더 쉬운 말로 통행을 제한하여 잠재적 범죄자가 잠재적 피해자가 될 수 있는 거주자들과 같은 시간, 같은 공간에 같이 있을 수 없게 하여 범죄를 예방하자는 것이다. 이와 밀접하게 관련된 표적강화는 잠재적 범죄표적인 주민들을 피해자화(victimize)하기 더 어렵게 만들자는 것이다. 자물쇠 증설, 담장설치, 비상벨, 금고 등을 설치하는 등 범행 시 시간과 노력을 더 요하도록 함으로써 범행의 위험과 검거 위험을 높여서 범행을 억제, 방지하자는 것이다[6].

5) 활동지원과 동기 재강화

단순한 물리적 환경의 개선만으로는 한계가 있다는 지적에서 알 수 있듯이 물리적 환경은 사회적 환경과 같이 개선되어야 한다. 여기서 활동지지와 동기 재강화라는 개념은 지역사회 공동체의 분위기 조성과 관련된다고 할 수 있는데, 이 두 개념은 대체로 동일한 것으로 지역사회 공동체와 지역의 준법 활용을 권장하는 것을 내포하고 있다. 이 두 개념은 모두 거주자들 사이의 사회적 융화를 향상시키고, 범죄와 기타 문제들을 제거하는 데 작용하는 공동체적 분위기를 조성하는 것을 다루는 것으로, 각종 거리행사와 지역사회 행사와 같은 활동을 통

---

5) Cozens et al., op cit.; Lab(10th ed.), p. 63
6) Lab(10th ed.), op cit., p. 3

하여 간접적으로 발생할 수도 있고, 반범죄 활동과 기타 사회/공동체 지역사회 쟁점에 대하여 주민들을 직접적으로 참여시킴으로써 이루어질 수도 있다. 두 개념이 강조하는 합법적 이용자 사이의 상호작용이 접근통제, 표적강화, 감시를 포함하는 지역사회 변화의 핵심이라고 할 수 있다. 합법적 이용자들은 범죄에 영향을 미치기 위해서 주민 서로가 서로는 물론이고 소속되지 않은 사람이 누구인지를 알아야 할 필요가 있는 것이다[7].

6) CPTED 요소의 충돌

CPTED의 핵심 요소들이 때로는 충돌할 수 있다고 지적되고 있는데, 그 중에서도 가장 먼저 지적되고 있는 점이 바로 영역성, 접근통제, 그리고 감시라는 핵심 요소들이 서로가 서로를 상쇄시킬 잠재성이 있다는 것이다. 예를 들어서 담장을 세우거나 높이면 접근통제나 표적강화는 강화될지 모르나 사람들의 소통을 차단하고 시야를 가려서 자연적 감시기능은 오히려 약화될 수 있으며, 유사한 결과로 소위 '울타리나 담으로 외부인 출입을 제한하는 거주지(Gated community)'는 지역과 주민들 주위에 성곽을 쌓아 세상과 주민 상호 간 상호작용을 어렵게 하여 공동체 조성이나 융화를 가로막게 되어 주민들의 지역사회활동 지지와 지원을 방해하는 것이다.

CPTED에 대한 중요한 문제의 하나는 핵심개념들이 제대로 규정되지 못하였다는 사실인데, 예를 들어 영역성은 너무나 폭넓고 다양하게 정의되어 그 적용과 평가를 어렵게 하고, 감시는 경찰이나 보안요원을 활용하는 적극적, 능동적 방안에서 인구의 순환을 권장하고 향상시키려는 수동적 방안에 이르기까지 다양하여 이 또한 적용과 평가가 어렵기만 한 것이다. 이런 부분을 고려해서인지 일부에서는 영역성이 핵심개념/기제로 간주되는 그러한 CPTED를 제안한다. 여기서는 영역성을 제외한 다른 모든 CPTED요소들은 영역성(territoriality)을 향상시키기 위한 "준비작업(preparatory task)"이며 동시에 영역성이 주민들에 의하여 행사될 때 '작전업무 또는 운용작업(operational task)'이라는 것이다[8].

---

7) Cozen et al., op cit.; Lab(10th ed.), op cit., p. 64

8) P. Ekblom, "Deconstructing CPTED... and reconstructing it for practice, knowledge management, and research," European Journal of Criminal Policy and Research, 2011,

2. 물리적 설계의 영향

물리적 설계가 범죄에 미치는 영향을 평가하기 위해서는 그 영향이 직접적일 수도 간접적일 수도 있음을 고려하는 것이 중요하다고 한다. 일부에서는 범죄예방의 분석에서 나타나는 효과는 대체로 세 가지 형태라고 하는데, 첫 번째 유형의 효과는 조명, 자물쇠, 담장과 같은 물리적 설계 특징의 직접적인 영향을 측정하는 것이고, 두 번째 유형의 효과는 물리적 설계가 다양한 매개요소들에 미치는 영향을 고려하는 것으로서, 소속/영역감, 범죄투쟁에 대한 지역사회 주민들의 노력, 향상된 지역사회 공동체 분위기 등이 가능한 매개요소의 예라고 할 수 있다. 세 번째는 범죄에 대한 매개요소의 직접적인 효과와 이 매개요소들을 통하여 물리적 설계가 범죄에 미치는 간접적 영향을 다루는 것이라고 한다[9].

1) 개별요소의 효과

(1) 조명

감시성이 물리적 설계를 통한 범죄예방의 핵심요소 중 하나임은 주지의 사실이며, 그 감시성(surveillability)을 증대시키기 위한 노력의 하나가 바로 가로등을 증설하고 그 조도를 높여 거리를 더 밝게 함으로써 사람들의 순환을 더 활발하게 하고 감시를 더 잘 할 수 있게 하여 범죄를 예방하자는 것이다. 이처럼 조명은 다양한 기제로 범죄에 영향을 미칠 수 있는데, 예를 들어 밝은 조명은 사람들의 외부활동을 더 활성화시키고, 사람들의 감시의 눈이 많아진 만큼 감시도 그만큼 더 강화될 수 있으며, 또한 현재 진행 중인 범죄를 발각하거나 범법자를 파악, 확인할 수 있는 역량을 높인다는 것이다. 실제로 잠재적 범법자들은 조명이 밝은 곳보다 밝지 않거나 어두운 곳을 선호하며, 잠재적 피해자들도 자기주변을 더 잘 볼 수 있고 어두운 곳을 피하도록 유도하기 때문에 범죄를 억제하게 된다는 것이다. 이뿐만 아니라 조명은 사람들의 범죄에 대한 공포와 두려움에도

17: 7-28; D. Johnson, Gibson, V. and McCabe, M., "Designing in crime prevention, designing out ambiguity; Practice issues with the CPTED knowledge framework available to professionals in the field and its potentially ambiguous nature," Crime Prevention and Community Safety, 2014, 16: 147-168

9) Lab(10rh ed.), op cit., pp. 68-69

영향을 미친다고 한다. 물론 지금까지 대부분의 연구에서 조명의 증설과 조도의 높임이 범죄를 예방하는 데 영향을 미친다고 하지만, 그렇다고 항상 범죄를 감소시키지는 않는다고 하여도 사람들로 하여금 더 잘 볼 수 있게 한다는 것만으로도 사람들을 더 안전하게 느끼게 한다는 것이다. 두려움과 공포가 대체로 불확실성에 기인한 바 크다는 점을 고려한다면 더욱 설득력 있다고 할 수 있을 것이다10).

(2) 감시성(Surveillability)

물리적 설계가 그 지역의 조망 또는 전망, 은신처, 그리고 도주에 영향을 미친다고 한다. 여기서 조망 또는 전망(prospect)은 개인이 그 지역을 보는 능력을 말하는 것인데, 더 나은 조망이나 전망을 제공하는 위치일수록 시선을 제약하거나 제한하는 위치보다 두려움과 피해자화(victimization)를 적게 발생시키거나 불러일으킨다고 한다. 은신처는 범법자가 잠재적 피해자로부터 숨을 수 있는 은폐의 존재 여부라고 할 수 있는데, 은신처의 존재는 잠재적 범법자에게 숨을 장소와 보호 두 가지를 제공한다. 그리고 도주 또는 도피는 범법자와 피해자 양자가 범행 전후에 지역을 도망가거나 벗어날 수 있는 능력을 말한다. 본질적으로, 감시성에 영향을 미치는 물리적 설계의 특징은 범죄에 대한 두려움과 범죄피해자화 모두를 바꿀 수 있다는 것이다. 실제 연구에서도, 범죄피해자화는 차단된 전망이나 조망과 더 나은 은신처를 동반하였다고 하는데, 증대된 은신(은신처, refuge), 차단된 전망과 조망(prospect), 그리고 제한된 도주(escape)는 더 큰 범죄에 대한 두려움을 유발하였다고 한다11).

(3) CCTV

CPTED의 중요 요소 중 하나는 감시성이며, 감시성을 가장 높일 수 있는 최선의 묘안이라면 아마도 사람들의 순환을 활발하게 하여 사람의 눈, 특히 감시의 눈이 미치지 않는 시간과 장소가 없도록 하는 것이다. 그러나 이는 우리가

---

10) Lab(10th ed.), op cit., p. 70

11) B. S. Fisher and Nassar, J. L., "Fear of crime in relation to three exterior sites features : Prospect, refuge, and escape," Environment and Behavior, 1992, 24: 35－65; J. L. Nassar and Fisher, B. S., "'Hot spots' of fear and crime: A multi－method investigation," Journal of Environmental Psychology, 1993, 13: 187－206

희망하는 이상이지 현실세계에서는 불가능하다. 이런 점을 보완하기 위한 대안으로 등장한 것이 바로 기계의 눈, 즉 CCTV라고 할 수 있다. 이런 시도가 그렇다고 전혀 새로운 것은 아니다. 일찍이 조지 오웰이 경고했거나 아니면 적어도 예견했던 Big Brother가 바로 오늘날의 CCTV가 아닐까 한다. 즉, 큰 형(CCTV)이 어린 동생(시민)을 언제 어디서나 지켜보고 있는 것이다.

그렇다면 과연 이런 노력들이 의도했던 바와 같은 범죄예방이나 범죄 두려움을 줄이는 효과가 검증되었을까. 영국에서 있었던 한 실험연구, 실험지역과 통제지역에서의 CCTV 설치 전과 후의 비교연구 결과 실험지역, 즉 CCTV가 설치된 지역에서는 강도와 범죄두려움의 수준이 감소된 것을 경험하였지만 기물파손, 절도, 기타 범죄는 일부 지역에서만 감소되었다고 한다. 여기에 더하여 불행하게도 CCTV 설치 지역으로부터 이웃이나 주변 지역으로 범죄대체(displacement of crime)의 증거도 나왔다고 한다. 또 다른 유사한 연구에서도 기록된 약물범죄와 자동차 범죄가 일부 증가하였지만 전체적인 기록된 범죄는 줄었다고 한다. 이런 일부 범죄의 증가는 아마도 CCTV 활용으로 인한 범인발각의 증대에 기인한 것일 수도 있다. 이보다 구체적인 연구결과로, 8개 연구대상 지역에서 4개 지역에서만 전체적으로 13% 정도의 범죄감소가 있었고, 특히 강력범죄보다는 무질서 범죄에 더 큰 영향을 미친 것으로 밝혀졌으며, 이 또한 범죄대체와 이익의 확산효과 모두에 대한 일부 증거를 보여준다고 할 수 있는 것이다.12)

일부에서는 CCTV가 주로 좀도둑이나 상가절도 등을 막기 위한 대책으로 상가지역에서 처음 시도되었으며, 그러나 CCTV의 범죄억제나 예방효과는 주차장에서 가장 컸다고 한다. 실제로 상가와 주차장을 대상으로 한 CCTV 효과성 연구에서 CCTV가 설치되어 감시되던 모든 주차장에서 자동차 절도, 자동차로부터 금품 절도, 자동차 파손 등 모두가 감소되었다는 결과를 내놓았다. 피해자 조사(victim survey) 자료를 토대로 분석한 결과, 자동차 절도는 80%, 자동차로부터 금품을 훔치는 행위는 59%나 줄었으며, 의류가게에서도 CCTV 설치 이후 상당한 수준의 범죄감소를 경험하였으나, 안타깝게도 그 효과는 오래가지 못하고

---

12) J. H. Ratcliffe, Taniguchi, T., and Talor, R. B., "The crime reduction effects of public CCTV cameras: A Multi-method spatial approach," Justice Quarterly, 2009, 26: 746-770; Lab(10th ed.), op cit., pp. 71-72

시간이 흐름면서 사라졌다고 한다[13].

　그렇다고 모든 연구에서 다 긍정적인 결과가 나오지는 않았는데, Farrington
은 경찰과 피해조사 자료를 이용하여 분석한 결과 CCTV 설치지역에서 범죄가
상당 수준 줄었다는 결과를 찾지 못하였으며, 일부에서는 고정되지 않고 이동형
CCTV만 긍정적인 효과를 찾을 수 있었다고 하여 CCTV를 이동식으로 하여 재배
치될 수 있어야 효과가 있음을 제시하였는데, 이는 위에 언급한 바와 같이 효과
가 시간이 흐르면서 사라졌다는 부분과 관련된다고 할 수 있다, 이와 유사한 사
례로 고속도로상에 설치된 고정식 속도위반 적발 카메라는 대부분의 운전자가
내비게이션 등 기계의 도움으로 잘 피하고 있고, 이의 한 대안으로 이동식 카메
라를 이용하고 있는 것이다. 또 다른 연구에서도 한 지역에서는 범죄나 두려움의
변화가 발견되지 않았으며 다른 한 지역에서는 오히려 범죄가 증가하였다고 한
다. 그리고 CCTV가 설치된 바로 주변지역에서는 범죄감소가 보고되기도 하였으
나 그 영향은 장소와 위치에 따라 다양하였다고 한다. 이런 연구결과는 아마도
CCTV가 설치되어야 할 장소나 위치의 선정이 매우 중요하며, 장기적인 효과를
기대하기 위해서는 고정식이 아니라 이동식이 더 바람직하다는 점을 보여주고
있다[14].

　이런 관점을 고려하여, 44개 CCTV 평가연구를 메타 분석한 결과, 주로 도
심지역, 공공주택지역, 대중교통, 그리고 주차장의 4개 범주로 나눌 수 있는 지
역이었는데, 도심지역과 공공주택단지에서는 그 효과가 아주 적어서 크게 유의
미하지 않은 정도의 범죄감소가 있었고, 대중교통에서는 이보다는 더 큰 효과가
있었지만 그래도 통계적으로는 아직 유의미하지 않은 수준이었던 반면에 주차
장에서만 상당한 범죄감소가 있었다고 한다[15].

---

13) A. A. Reid and Andersen, M. A., "The impact of closed−circuit television in a car park
　　on the fear of crime: Evidence from a victimization survey," Crime Prevention and
　　Community Safety, 2012, 14: 293−316; R. Hayes and Downs, D. M., "Controlling retail
　　theft with CCTV domes, CCTV public view monitors, and protective containers: A
　　randomized controlled trial," Security Journal, 2011, 24: 237−250
14) S. Waples and Gill, M., "The effectiveness of redeployable CCTV," Crime Prevention
　　and Community Safety, 2006, 1(1): 1−16; Lab(10th ed.), op cit., p. 72
15) Lab(10th ed.), op cit., p. 73

3. 방어 공간에 대한 도전

지금까지의 경험과 연구결과들을 종합하면, 물리적 설계가 범죄와 범죄 두려움에 영향을 미치는 것으로 보이지만, 아직은 언제 어디서 그 효과가 있고 또 극대화되는지 분명하지 않은 것처럼 적절한 설계가 반드시 바라는 결과를 내놓을 것을 보장하는 것은 아니다. Merry는 건물 층수가 낮고, 정원이 분리되었으며, 출입구 이용 가구 수가 적고, 통로가 폭이 넓으며, 건물 앞에는 개방된 공간이 있고, 건물 뒤에는 담장이 있으며, 거주자들은 대부분 표적강화(target hardening)를 하는 등 방어될 수 있는 공간으로 잘 설계된 것으로 보이는 하나의 공공주택단지에 대한 18개월에 걸친 참여관찰 결과, 물리적 설계라는 특징으로 범죄나 주민들의 안전감에 아무런 영향도 미치지 못한다는 것을 발견하였다고 한다. 겉으로는 단지의 방어 가능성(defensibility)이 있는 것처럼 보임에도 불구하고, 물리적 설계에 대한 의문을 제기하였는데, 아마도 물리적 설계가 주민들 사이의 상호작용을 증대시키지 못하였고, 주민들이 의심스러운 행동에 대해서 거의 개입하지 않았기 때문이라고 해석하였다. 구체적으로 주민들이 이방인, 외부인을 구별할 수 없었고, 개입을 꺼렸던 것은 장차 있을 수 있는 보복을 두려워했기 때문이며, 친지나 친인척으로 확인되지 않은 사람에 대하여 신경을 쓰지 않는 태도를 보였다는 것이다. 이런 문제와 한계는 바로 주민들의 지역사회 공동체 정체성과 사회적 융화와 융합이 부족했기 때문이라고 설명하였다. 방어 공간이 범죄의 확실한 감소를 가져다주지 못하는 일반적인 실패는 물리적 환경이 영역감, 소속감과 지역사회 공동체 관심과 행동에 대한 인식이나 느낌이 제대로 자리하지 못하였기 때문이라는 것이다. 결국, 훌륭한 방어 공간 설계가 공간이 안전하게 보이도록 하지도, 주민들이 효과적으로 방어하는 영역의 부분이 되게 하는 것도 보장하지 못한다는 것이다. 어느 지역이 방어할 수 있는 방어 공간(defensible space)은 될 수 있을지 모르지만 그렇다고 방어되거나 방어된 공간(defensed space)은 아닐 수 있다는 것이다16). 여기서 물리적 환경설계의 대표 격인 CPTED가 보완이 필요하다는 주장이 제기되었고, 이에 2세대, 3세대 CPTED로 발전되어 온 것이다.

---

16) S. E. Merry, "Defensible space undefended: Social factors in crime control through environmental design," Urban Affairs, 1981, 16: 397－422; Lab(10th ed.), op cit., p. 81

4. CPTED의 진화

CPTED는 60년대 초반의 도시계획을 기반으로 하는 도시연구를 시작으로 70년대 초반 본격적으로 방어 공간과 이를 확장한 CPTED가 정식으로 등장하여 현재에 이르도록 진화를 거듭하였다고 하는데, 이를 그림으로 요약하면 아래 <그림-2>와 같다.

그림-2 CPTED의 연대기적 진화[17]

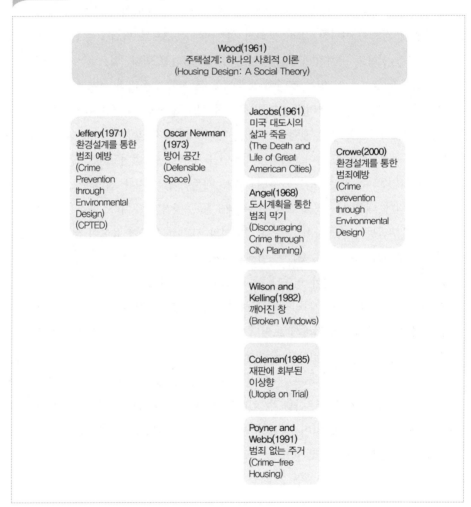

1) CPTED와 CPSD(Crime Prevention through Social Development)

주택소유자나 거주자는 홍수나 지진과 같은 자연재난에서부터 재산범죄와 폭력범죄와 같은 인간이 만든 불안전에 이르기까지 다양한 형태의 불안에 노출되고 또 약하다고 할 수 있다. 근본적으로 도시범죄와 그 두려움이 폭력의 문화 안에 자리하고 있는 것이다. 국제적으로도 도시범죄율은 놀라울 정도로 높아지고 있고, 그런 범죄에 대하여 대다수 시민들이 두려움과 공포를 느끼고 있다는 것이다. 당연히 범죄를 예방하고 결과적으로 두려움도 느끼지 않을 수 있기 위하여 과학적, 실용적, 현재적 접근방법들이 연구되고 이론화되기 마련이다. 이러한 접근방법이나 노력 중에서 여기서 설명하고자 하는 범죄예방은 주로 다른 사람의 권리침해, 위협, 위험을 만들어 내는 다양한 범죄기회를 제거하거나 줄이고, 범법자들이 범행하지 못하도록 하는 것을 목표로 하는 계획된 활동이다[18].

지난 수 세기 동안 경찰, 법원, 교도소라는 우리의 형벌제도가 지역의 범죄를 제거하지 못하는 무력함으로 인하여 이에 대한 믿을 만한 대안으로 사회, 환경적 접근이 제안되고 시도되었다. 그러나 이 두 가지 접근의 우월성이라는 견지에서 상당한 대비와 논란이 있어 왔으나, 여기서는 둘의 평가와 결과적인 우월성 논의보다는 각각의 장단점을 비교하고자 한다. 이미 두 접근법에 대해서는 앞에서 충분하게 기술되었기에 여기서는 각론적 정의나 발전배경이나 과정에 대한 자세한 논의는 생략하고 각각의 장단점을 비교하고, 둘이 합쳐졌을 때의 강점을 살펴보고자 한다(<표-14> 참조).

---

17) Olajide et al., op cit., p. 62, Figure 1: Chronological Evolution of CPTED

18) S. E. Olajide, Lizam, M., and Adewole, A., "Toward a crime-free housing: CPTED versus CPSD," Journal of Environment anf Earth Science, 2015, 5: 53-63

표-14 범죄예방과 형사사법제도 비교[19]

CPTED	**장점**	• 폭넓게 검증되고 입증됨 • 단기간에 영향력 감지 • 높은 수준의 연구 정부 지원 • 단순, 직접적 기제 • 완벽히 실행되면 경찰 등 사법문제 정부예산 절감
	단점	• 대부분 점죄대체 초래, 단기로만 범죄감소 • 사회융화 부재 • 방어 공간, 자연적 감시, 상징적 장벽 등 용어가 과학적으로 증명된 것처럼 확신적 사용 • 개발자에게 거대 자금지출 요구 • 새로 계획되는 지역에만 적용 가능 • 변화에 대한 저항 • 개별화된 보안이 더 자경주의(vigilantism)로 만듦 • 영향력 과장, 설계결정주의자 철학에 빠질 위험 • 골목, 경로 등의 도입이 다른 범죄의 노선이 될 수 있고, 사회학자들 범죄는 사회학에 뿌리가 있지 건축이나 도시계획 아니라 믿음
CPSD	**장점**	• 범죄근원 다룰 수 있음 • 종단연구에 의한 범죄연계 다수요인이 사회발전에 의해 영향 • UN이 지역사회 통합 위한 믿을 만한 범죄예방 접근이라 높은 점수 • 비교적 싼 실행비용 • 지역사회통합 향상 • 적용범위 넓음: 이미 개발된, 계획된 지역 모두 적용 가능
	단점	• 단기정책과 실행에는 좋지 않음 • 신뢰, 통합, 통일 같은 지속 가능성에 필요한 구조가 쉽게 오지 않음 • 결과창출이 가능하게 하는 대중교육에 필요한 시간 상당히 김 • 탄력성이 지나치게 사회정책 안에서 확산 또는 지배적이 됨 • 교차적, 다학제적 동반자 관계 수립 쉽지 않음 • 빈곤, 실업 등 위험요소 측정 어려움 • 지역사회별 상이, 특이한 사회-문화요소
CPSED	**합병의 이익**	• 범죄예방에 있어서 공사 모두의 역할 내세움 • 각각의 장점 흡수, 약점 패기 • 이 방향 연구 부재 지식 간극 교량역

물리적 환경이 범죄의 빈도와 두려움을 완화시키고 따라서 삶의 질을 향상시키는 행위적 영향력(behavioral impacts)을 양산하도록 활용될 수 있다는 것이 CPTED 주창자들의 주장이다. 더 구체적으로 1세대 CPTED에 대해서, 물리적 환경이 표적에 대한 장애나 장벽을 세워 범죄의 기회를 방해함으로써 범행을 점검할 수 있는데, 예를 들어 범법자는 관찰되고 예방되고 검거되는 가능성, 확률을 높일 수 있도록 주민들의 행동을 변화시키고, 편리한 도주로와 은닉 장소를 줄임으로써 범법자의 행위를 억제하고 주민들 간의 사회적 통제, 사회적 협동, 그리고 사회적 통일, 감시기능 향상을 통하여 범죄를 줄이는 데 시민들이 구조화되고 활용될 수 있도록 하는 것이다. 그러나 일부에서는 '방어 공간(defensible space)', '자연적 감시(natural surveillance)', '상징적 장애물(symbolic barrier)' 등 CPTED의 핵심적 용어들이 일반적인 말로 표현된 것임에도 마치 과학적 방법으로 검증된 것처럼 치부되고 있다고 비판한다. 또한 설계를 통하여 범죄를 내쫓자는 소위 'designing out crime' 전략은 그 타당성, 적절성을 과장하며 사람들이 자신의 행동이 자신의 환경에 의하여 전적으로 조건화되는 로봇으로 간주되는 설계 결정주의(design determinism) 관점에 빠지게 한다는 것이다[20].

1세대 CPTED에 대한 일부 비판은 사회적 융화(social cohesion), 연결성(connectivity), 지역사회 문화와 임계능력(threshold capacity)이라는 4가지 새로운 접근을 추가하는 2세대 CPTED의 발전을 가져오게 하였다. 특히, Brantingham과 Brantingham의 범죄유형이론(crime pattern theory)에서 거주지, 이웃, 동네, 마을에서 작동하는 핵심적 역동성을 확인한 바, 바로 어떤 특정한 지점(node)과 이 지점과 지점을 연결하는 통로로서 경로(path), 그리고 두 지역이 맞닿는 곳(edge)이라는 개념을 도입하여 설명하는 것이다[21]. 그러나 이 CPTED는 정부의 지대한 관심은 받았지만 설계이론에 별 관심이 없는 범죄학자들로부터는 대체

19) P. W. Greenwood, Changing Lives : Delinquency Prevention as Crime-Control Policy, Chicago: University of Chicago Press, 2006, p. 15

20) H. Shaftoe and Read, T., "Planning out crime: The application of science or an act of faith?" Tilley(ed.), 2005, op cit., p. 248

21) G. Saville and G. Cleveland, "Second-generation CPTED: The rise and fall of opportunity theory," 21st Century Security and CPTED, pp. 79-90; ; Olajide et al., op cit., p. 56

로 경시되곤 하였다. CPTED의 토대가 된 Newman의 "방어 공간"은 당대의 대다수 범죄학자들로부터는 크게 환영받지 못하였는데, 이는 범죄학 자체가 일종의 사회학의 한 분파요, 그래서 사회적 요소들이 범죄원인을 설명하는데 가장 중요하다고 여겼기 때문이다[22].

물리적, 환경적 결정주의의 생래적 한계 외에도, 특히 '합리적 범법자'에 대한 경험적, 실증적 한계와 지나친 활용으로 인한 '요새화(fortressification)'를 우려하고, 청소년이나 소수집단 등을 표적화하거나 소외시키는 목적으로 변질될 수도 있으며, 더 중요한 것은 이에 대한 적절한 교육이 되어 있지 않다고 비판한다. 더구나 CPTED에 대한 과잉기대, 즉 모든 지역에서 모든 범죄에 대한 만병통치약(panacea)이라는 기대는 비현실적이고 CPTED의 목적 밖이라는 것이다. 그 밖에도, 사회융화의 부재, 대부분의 기존 건축물이나 물리적 환경은 CPTED를 염두에 두고 계획되지 않았으며, 그런 환경의 변경에는 상당한 비용이 수반되고, 범죄대체효과가 전반적인 효과를 약화시키며, 변화에 대한 저항이 만만치 않으며, 환경설계자들의 CPTED에 대한 적정 지식이 부족하고, Gated community처럼 차별적 개념이 될 수 있다는 지적도 만만치 않다[23].

물론 CPSD, 사회개발을 통한 범죄예방이 전혀 새로운 개념이라고는 할 수 없지만 그럼에도 불구하고 CPTED에 비해 상대적으로 비용이 적게 들고, 지역사회 통합을 증진하고 범죄의 근본 원인을 해결하는 능력이 있으며, 따라서 그만큼 믿을 만하고 현실적인 것으로 알려지고 있는 것 또한 사실이다. 심지어 UN에서도 CPSD가 안전과 개발 분야에서 지역사회를 통합시키는 경향이 있다고 해서 CPSD를 제일의 범죄예방 접근법으로 지지하고 추천하기도 했다는 것이다. 이런 결정에는 대체로 4가지 요인이 작용했다고 하는데, 범죄감소가 범죄 두려움과 범죄피해자 수를 감소시키며, 경찰, 법원, 교정 등 형사사법기관이 범죄를 통제하고자 하지만 그들의 전통적 방법을 이용한 범죄감소는 한계가 있으며, 기회감소가 범죄대체를 초래할 수 있고 단기적으로는 범죄를 감소시킬 수 있지만 장기적으

22) T. Teppetto, "Crime prevention through environmental policy – A critique," American behavioral Scientist, 1976, 20: 275−288

23) C. Castel and Peek−Asa, C., "Effectiveness of crime prevention through environmental design(CPTED) in reducing robberies," American Journal of Preventive Medicine, 2000, 18(4S): 99−115

로는 범죄를 감소시키지는 못하며, 종단연구로 범죄와 연계된 것으로 밝혀진 다수의 요소들이 사회개발과 발전으로 활용될 수 있다는 것이다[24].

물론 위와 같은 장점도 있지만 CPSD 범죄예방 개념이 아직도 다방면에서 결함이 있다는 것이다. 예를 들어, CPSD가 지나치게 탄력적이어서 너무 광범위하게 산만하거나 너무 하나에 지배되기 쉽다는 것이다. 즉, 어쩌면 전부 아니면 전무가 될 수 있다는 것이다. 사회정책에 속하는 모든 것들이 다 사회발전일 수 있거나 어느 하나에만 지배될 수 있다는 우려이다. 바로 이 점이 CPSD의 배경이론을 더 명확하게, 즉 영향의 범위를 규정하고, 범죄예방과 사회정책과 프로그램 사이의 관계, 한계, 그리고 연결을 밝혀야 할 필요가 있다는 것이다. 또한 다른 한편에서는 CPSD가 이미 하향국면인데 이는 성과 측정이 어렵고 장기간이 필요하고, CPSD의 지속가능성과 관련된 다양한 요소가 있는데 이들 요소가 지역사회가 함께하고 조직하고 쟁점에 대응하는 방식이나 방법과 관련된 것이지만 신뢰, 통합, 통일과 같이 필요한 구조가 지속되기란 매우 어렵다는 것이다. 더불어 의미 있고 기대되는 결과를 도출하기 위해서는 CPSD의 효율성에 대한 시민교육이 필요한 과정이지만 오랜 시간이 요한다고도 한다. 또한 각각의 지역이 상이하여 각각의 지역에 맞춤형 프로그램을 요하기 때문에 사회개입이론 (social intervention theory)으로는 범죄예방으로서 비효율적이라는 것이다. 결과적으로 그 비용이 과다할 수 있다는 것이다. 끝으로, 빈곤이나 노숙자 등 대부분의 위험요소가 그 측정이 매우 어렵다고도 한다[25].

지금까지 CPTED가 물리적 환경과 사회적 환경의 단단하고 지속적 변화를 가져오는 데 성공적인 것처럼 보이고, 결과는 지역의 접근통제와 감시의 향상에 가장 성공적인 것으로 나타난다. 그럼에도 불구하고, 상대적으로 덜 성공적인 부분은 사회적 환경의 가능한 변화, 즉 높은 수준의 사회적 융화를 권장하고 만들어내지 못한다는 것이다. 물론 CPSD는 아직도 비교적 생소한 연구 분야이고 그 원리를 실천하고 결과를 도출하기 위해서는 더 많은 시간을 요할 수도 있다. 범죄와 피해자화에 관련된 복잡다단한 위험요소를 파악, 확인하는 효과적인 방

24) Alajide et al., op cit., p. 57

25) A. Crawford, Crime Prevention and Community Safety: Politics, Policies, and Practices, London: Longman, 1999, pp. 121–122

법을 찾는 어려움이 도사리고 있다. 그럼에도 불구하고, CPTED가 부족한 사회환경, 특히 사회융화와 통합을 결합시킬 필요가 제기되고, 바로 여기서 CPSD가 그 보완적 역할을 할 수도 있다고 제안되는 것이다.

이런 가정을 토대로, 일부에서는 CPTED와 CPSD를 결합, 통합한 "사회적, 환경적 개발을 통한 범죄예방, 즉 Crime Prevention through Social and Environ-mental Development(CPSED)를 제안하고 있다. CPSED는 그래서 CPTED와 CPSD의 개념적 결혼이라고 할 수 있으며, 당연히 두 개념은 모두 연구자와 산업화된 국가들로부터 범죄예방 도구로서 성공적으로 입증되었다고 할 수 있다. 또한 두 개념의 통합은 공공(CPSD)과 민간(CPTED) 분야 둘 다의 기여를 함축하고 있어서 공공과 민간의 동반자 관계(Public and Private Partnership: PPP)의 개념과도 일치하는 것이다. 따라서 끈질기게, 집요하게 추구하고 실천한다면 주거지역, 지역사회 내에서의 장·단기적 범죄예방을 가져올 수 있다고 기대하는 것이다. 특히. CPTED와 CPSD의 개념적 결합은 각각의 단점은 약화시키는 반면에 장점은 더 강화시킬 수 있다고도 한다. CPTED에 내포된 전략들이 지역사회가 통합준비와 의지가 없이는 성취가 불가능하고, 따라서 환경을 살기 안전한 장소로 만드는 것은 지역 내 전체 주민들의 책임이 된다는 것이다[26].

2) CPTED와 공중보건(Public Health)

산업화와 도시화는 우리에게 문명의 이기와 그로 인한 편리함도 주었지만 그에 못지않게 많은 공중보건과 well-being에 대한 다양한 위협도 초래하였다. 무계획하고 자유방임적 도시 확장은 도시를 흥분과 활력이 넘치는 곳으로 만들었지만 동시에 인구과밀, 오염, 빈곤, 질병, 아노미(Anomie)라는 무규범 사회, 그리고 범죄를 초래하였던 것이다. 그 결과, 오늘날 범죄는 지금도 공중보건 문제로 남아있고, 안전과 안보가 도시 빈곤층의 최우선이 되고 있다. 당연히 지역사회의 상당 부분이 도시에 살거나 도시를 방문할 때 자신의 개인적 안전에 대하여 불안해 한다는 것이 대부분의 범죄 두려움 조사결과로 입증되고 있다. 범죄와 범죄 두려움은 안타깝게도 모든 사람들에게 공간적으로나 시간적으로나 균등하게 분포되지 않아서 범죄와 범죄 두려움이 시간적으로, 공간적으로 집중되

---

26) Alajide et al., op cit., p. 58

는 소위 '범죄다발시간과 공간(hot spots)'의 개념에 대한 관심이 급증하였다[27].

그런데 범죄와 공중보건의 쟁점들은 유사한 근원에 기인하고 따라서 결과도 사회－경제적 조건의 향상이나 사회자본의 증대 등 유사한 접근을 통하여 개선될 수 있다는 것이다. 범죄와 공중보건에 대한 건조 환경(built environment)이 미치는 영향이 건조 환경의 설계와 수정이 효과적인 계획 도구로 활용될 수 있음을 보여준다. 공중보건에 대한 관심이 높았던 시기, 결핵에 걸린 사람이나 범죄행위에 가담한 사람들은 사회에 대한 위협으로 분류되었고, 두 가지 문제를 동시에 맞서기 위하여 정부에서도 CPTED의 초기 사례들을 활용하였다. 사실, 일찍이는 30년대 소년법원이 생기면서부터 실증주의 범죄학을 토대로 범죄가 사회적 질병이고 따라서 범죄자는 처벌이 아니라 치료의 대상이라고 보던 소위 교정에 있어서 '의료모형(Medical Model)'과 나아가 '치유공동체(therapeutic community)'가 성행하기도 했던 것이 이제 다시 범죄를 공중보건적 접근이 필요함을 일깨워 주고 있다[28]. 더구나 대부분의 범죄학 연구에서 범죄는 시민들의 삶의 질에서 상당한 불균형을 보이는 사회에서 가장 널리 퍼져 있으며, 이들 사회 내에서 범죄와 범죄 두려움이 특정한 시간과 공간에 집중된다는 것을 지속적이고 일관되게 보여줌으로써 범죄에 대한 공중보건과의 관계 또는 범죄에 대한 공중보건 접근의 필요성을 보여준다고도 할 수 있다.

그렇다면 여기서 공중보건과 범죄와의 관계를 보다 자세히 살펴보자. 범죄학과 공중보건은 전통적으로 개인의 특성과 행위에 초점을 맞추었다. 그러나 현재는 부상예방과 범죄예방 분야 둘 다 행위자 이상으로 사건 자체의 특성에 대한 조사의 중요성을 인정하고 있다. 이유는 범죄의 상당 부분이 환경조건이나 환경여건과 상황이 만드는 기회에 의존하기 때문이라는 것이다. 높은 수준의 범

---

27) P. J. Brantingham and Brantingham, P. L., "Environmental criminology: From theory to urban planning practices," Studies on Crime and Crime Prevention, 1998, 7(1): 31－60; P. J. Brantingham, Brantingham, P. L. and Molumby, T., "Perceptions of crime in a dreadful enclosure," Ohio Journal of Science, 1977, 77(6): 256－261; A. Vrij and Winkel, W., "Cgaracteristics of the built environment and fear of crime: A research note on interventions in unsafe locations," Deviant Behavior, 1991, 12: 203－215

28) I. Kawachi, Kennedy, B. and Wilkinson, R, "Crime: Social disorganization and relative deprivation," Social Science Medicine, 1999, 48: 719－731; A. Del Carmen and Robinson, M. B., "Crime prevention through environmental design and consumption control in the United States," The Howard Journal, 2000, 39: 267－289

죄는 지하철역이나 버스 승강장과 같은 곳, 술집 등 유흥시설, 주차장이나 상가 지역 등 사람이 밀집된 지역과 관련이 있다는 것이다. 마찬가지로 환경은 공중 보건 조건과 여건에도 영향을 미칠 수 있다는 것이다. 당연히 실제 연구에서도 도심의 물리적 퇴락이 HIV, 결핵, 폭력과 다양한 건강 불균형에 기여하는 것으로 확인되었으며, 이런 문제들의 기회를 줄이고 건강에 영향을 미치는 데 있어서 물리적 환경의 중요성도 강조되고 있다[29].

공중보건의 초점은 대중들이 여가와 심리적 well-being을 위하여 공적 공간을 더 많이 더 잘 활용하도록 권장하고, 영양가 있는 음식을 기르거나 쉽게 접근할 수 있는 인프라 구조를 갖추며, 안전하고 범죄 두려움이 없이 활동을 즐길 수 있는 환경 특징들을 망라하는 것이다. 안전한 공적 공간과 걸어 다닐 수 있는 지역사회 공동체의 제공이 CPTED라는 영역과 분야에서 연구되고 논의되어 온 것이다. 여기서 공적 공간의 연구는 주로 물리적, 사회적 수단을 통한 공간의 활성화와 2세대 CPTED에서의 활동생성전략과 같은 인프라 구조의 지원, 결과적으로 안전 관점을 증대시키기 위한 노력이다. 예를 들어, 도로변의 쉴 수 있는 의자나 벤치 같은 시설이나 포장마차 등이 그 자체만으로도 만약에 그 지역이 높은 수준의 범죄 두려움을 경험하거나, 주민들이 지역사회 공동체로부터 연결되지 않거나 또는 환경이 시각적으로 끌리지 않는다면 대중들이 잘 이용하지 않을 것이다. 다수의 연구에서, 사회적 불이익이나 약점이나 불리함이 지역 생활의 한 부분인 지역의 주민의 건강과 범죄 사이의 긍정적인 상관관계가 발견되었다. 또한, 유혹적이고 포괄적인 지역사회로 녹색공간을 잘 유지, 관리되는 지역사회일수록 범죄 우려와 두려움이 낮은 반면에 일반적인 well-being은 높아지는 것으로 밝혀지고 있다. 이런 연구결과들은 공중보건과 자연환경이 사람

---

29) J. Mair and Mair, M., "CPTED and public health: A natural partnership," The Journal of International Crime Prevention through Environmental design Association, 2003, 2(1): 21-33; P. Cozens, "Public health and the potential benefits of crime prevention through environmental design," New South Wakes Public Health Bulletin, 18(11-12): 232-237; R. Wallace, "Urban desertification, public health and public order: 'Planned shrinkage,' violent death, substance abuse and AIDS in Bronx," Social Science Medicine, 1990, 31: 801-813; R. Wallace, Wallace D. and Andres, H., "AIDS, tuberculosis, violent crime and low birth weight in eight US metropolitan areas: Public policy, stochastic resonance, and the regional diffusion of inner-city markers," Environmental Planning Annals, 1997, 29: 525-555

들의 주변 환경과 그들의 장소와 사람에의 연결에 대한 태도에 강력한 영향을 미친다는 것을 제안하는 것이다. 바로 이런 관점에서 공중보건이 범죄문제와도 직, 간접적으로 상당한 관련이 있다는 것이다[30].

촘촘하고, 밀집되고, 대중교통에 가까워서 걸어 다닐 수 있을 정도의 환경의 조장과 촉진은 자동차-의존, 혼잡과 오염 등과 같은 도시의 무질서한 확장과 관련된 문제를 줄이고자 하는 것이다. 이런 아이디어는 걷기 등 능동적 생활을 조장, 촉진하고, 급증하는 비만 수준 등 대중건강과 보건 문제도 해결하고자 한다. 실제로 CPTED는 사람들이 걸어 다니고 사회적 활동을 권장하려는 이니셔티브를 지원하고 지지하기 위하여 설계단계에서 범죄기회를 줄임으로써 공중보건에 잠재적 이익을 가져다준다. 지역사회의 건강을 향상시키기 위한 시도에서 고려되어야 할 요소의 하나가 CPTED의 핵심 요소인 건축물의 물리적 퇴락의 수준이나 정도라고 한다[31].

범죄는 사회적 환경의 질을 비추는 거울이고 지역사회 well-being의 지표이며, 물리적 조건은 단순히 사회적 구조만의 결과가 아니라 오히려 사회구조와 역동적 관계에서 나타난다는 것이다. 실제로, 감시기회의 존재가 감시가 이루어지고 있다는 것을 반드시 보장하는 것은 아니며, 도시 공간이 주민들에 의하여 '방어되지 않을 수도' 있다는 것이다. 그 결과 2세대(Second Generation) CPTED로 최근 진화하였는데, 이는 주민들로 하여금 긍정적인 사회활동과 다양성을 불러일으켜서 공간에 대한 주인의식을 가지고 자연적 감시의 장점을 이용하도록 권장하자는 것이다. 이 개념은 지역의 능력과 지역사회 문화, 융화, 그리고 연결성을 조장, 촉진한다는 것이다. CPTED는 또한 범죄에 대한 취약성을 줄이기 위하여 물품에도 적용될 수도 있는데, 창문을 깨는 폭력적 사고를 방지하기 위하여 강화유리를 활용하는 것이 좋은 예라고 할 수 있으며, 이는 당연히 공중보건

30) B. Grinde and Patil, G. G., "Biophilia: Does visual contact with nature impact on health and well-being?," International Journal of Environmental research and Public Health, 009, 6: 2332-2343; M. Mihinjac and Saville, G., "Third-generation crime prevention through environmental design(CPTED)," Social Sciences, 2019, 8, 182, www.mdpi.com/journal.socsci

31) D. A. Cohen, Mason, K., Bedimo, A., Scribner R., Basolo V., and Farley, T. A., "Neighborhood physical conditions and health," American Journal of Public Health, 2003, 93: 467-471

에도 분명한 잠재적 이익이 된다는 것이다[32].

결론적으로, CPTED가 만병통치약, Panacea가 아니며, 그럼에도 불구하고 비록 CPTED가 우리의 도시가 범죄와 범죄 두려움으로부터 안전하다는 것을 보장하지는 않을지라도, 사회적, 경제적 이니셔티브에 대한 지지적인 물리적 환경을 만드는 데 도움을 줄 수 있다고 할 수 있다. CPTED는 형사사법제도와 가해자와 피해자 둘 다에 초점을 맞춘 접근을 포함하는 광범위한 범주의 범죄예방 전략의 한 부분으로서 가장 바람직하다는 것이다. 즉, CPTED가 전부이거나 주가 아니라 전체의 한 부분, 보완제로서 더 바람직하다는 것이다. 전문가들은 도시계획이라는 보다 더 광의로 CPTED를 고려하고, 마찬가지로 공중보건이라는 더 포괄적인 분야 안에서 장소에 기초한 범죄예방(place-based crime prevention)을 고려할 것을 요구하는 주장이 제기되는 것이다. 이러한 주장은 구체적으로, 공중보건이 폭력예방에 가치 있는 기여를 할 수 있으며, 형사사법제도만의 경우보다 더 광범위한 영역을 감당할 수 있음이 연구로 관찰되기도 하였다[33].

3) 제3세대 CPTED

(1) 제2세대 CPTED의 발전

CPTED의 창시자라고 할 수 있는 C. Ray Jeffery는 물리적 환경이 범죄기회에 영향을 미칠 수 있으며, 결과적으로 범죄예방도 도시 공간의 설계에서 찾을 수 있다는 생각을 펼친 사람의 하나다. 그렇지만 Newman의 '방어 공간(defensible space)'이론과는 달리 Jeffery는 범죄와 범죄예방이 전적으로 물리적 환경에만 기초한다고는 생각하지 않았다. 그는 한층 더 넓은 화폭을 이용하여

---

32) S. Merry, "Defensible space un defended: Social factors in crime prevention through environmental design," Urban Affairs Quarterly, 1981, 16(4): 397－442; G. Saville and Cleveland, G., "An introduction to 2nd generation CPTED: Part 1," CPTED Perspectives, 2003, 6(2): 4－8; G. Saville and Cleveland, G., "An introduction to 2nd generation CPTED: part 2," CPTED Perspectives, 2003, 6(2): 4－8; P. Ekblom, "Gearing up against crime: A dynamic framework to help designers keep up with the adaptive criminal in a changing wored," International Journal of Risk, Security and Crime Prevention, 1997, 2(4): 249－265

33) C. Du Plessis, "The links between crime prevention and sustainable development," Open House International, 2002, 1(1): 25－34; Cozens, op cit., p. 237

'환경(environment)'을 규정하고자 하였으며, 다수의 이전에 서로 연계되지 않았던 이론적 접근들을 범죄예방의 행동과학으로 통합시키자고 제안했던 것이다. 그는 심리적 조건화, 인지심리, 유전, 생물—사회학습 등과 같이 일부 범죄의 동기를 설명하는 데 도움이 되는 유기과학(organic science)을, 범죄의 물리적 기회를 설명하는 데 도움이 되는 건축학, 공학, 도시계획 등 자연과학을 함축하는 것이었다. 그는 Newman의 방어 공간 원리를 이용한 물리적 환경에만 초점을 맞추는 CPTED, 즉 1세대 CPTED(first generation CPTED)는 사회심리, 사회생태, 또는 인지과학이나 건강과학 등 범죄의 내적 동기 어느 것도 고려하지 않았다는 사실을 우려하였다. 그의 CPTED 원안이 1세대 CPTED에서는 전혀 실현되지 않았던 것이다[34].

　'2세대 CPTED라고 불리는 새로운 형태의 CPTED는 사회생태, 근린계획(neighborhood planning), 집합효율성 등을 재도입함으로써 CPTED이론의 불균형을 어느 정도 바로 잡기 시작하였다. 1세대 CPTED가 건축과 도시설계를 통하여 해당 지역의 영역통제와 그러한 설계로 보호의 취약성을 해소한다는 관점에 초점을 맞추어서 범죄기회를 차단하는 데 국한되었으나, 2세대 CPTED는 근린지역의 조건과 근린지역 내 사회관계로 범죄예방전략을 확대하였다. 일차적 주요 목표가 물리적 환경을 수정하여 범죄기회를 줄이려 했던 1세대 CPTED와는 달리, 2세대 CPTED는 사회생태와 근린지역의 건강을 범죄의 원인이요, 따라서 동시에 그 예방의 원천으로 고려하였던 것이다[35]. 일부에서는 1세대 CPTED가 비교적 짧은 기간 안에 환경을 변화시키고자 했다면, 2세대 CPTED는 더 장기적으로 사회융화와 공동체 의식을 구축하려 했다는 것이다. 바로 이 점이 2세

34) M. Mihinjac and Saville, G., "Third—generation crime prevention through nvironmental design(CPTED)," Social Sciences, 2019, 8, p. 183

35) P. Cozens and Love, T., "A review and current status of crime prevention through environmental design(CPTED)," Journal of Planning Literature, 2015, 30: 393−412; D. M. Reynald, "Translating CPTED into crime preventive action: A critical examination of CPTED as a tool for active guardianship," European Journal on Criminal Policy and Research, 2011, 17: 69−81; A. C. Uittenbogaard, "Assessing guardianship opportinities at underground stations," Security Journal, 2014, 27: 147−163; G. Saville and Cleveland, G., "Second−generation CPTED: Rise and fall of opportunity theory," pp. 91−106 in Atlas, R. I.(ed.), 21st Century Security and CPTED: Designing for Critical Infrastructure Protection and Crime Prevention(2nd ed.), Boca Raton: CRC Press, 2013

대 CPTED의 관점이며, 표적 강화에 대해 점점 더 초점을 맞추는 반면에 동기 재강화는 경시하는 1세대와 상당한 차이를 보이는 것이다.

(2) 제3세대 CPTED의 출현

90년대를 거치면서, 2세대 CPTED에 대한 반성이 일기 시작하여 일부 학자들이 CPTED를 계획(planning)의 안에서 공중보건(public health)과 지속 가능성(sustainability)과 통합시키기 위한 보다 폭넓은 고려가 필요하다고 주장하면서, 이들이 유사하고 상호 연관된 근원을 가졌다고 설명하였다. CPTED이론의 구체적인 개선안을 주장하지는 않았지만, 범죄위험과 범죄영향평가를 다른 환경평가와 통합시킴으로써 이들 겹치는 중첩되는 주제들의 통합을 주창하였던 것이다. CPTED를 근린재생(neighborhood regeneration)에 대한 참여적(participatory)이고 지역사회-주도적 접근으로 재구성하려고 시도하였다. 비록 특정한 이론적 틀은 결여되었어도 지역 공동체사회 주도의 사회혁신과 지속 가능성에 기초한 3세대 CPTED의 가능성을 언급하였던 것이다. '지속 가능한' 것이 무엇인지 구체적으로 규정되지는 않았지만, 최초의 이론적 수정 시도는 기본적으로 안전(safety)은 공공과 민간, 그리고 지역 공동체 사이의 포용적이고 협동적인 문제-해결 과정의 부산물이라는 생각에 이르는 것이다[36].

3세대 CPTED는 범죄에 대한 단순한 우려와 걱정 그 이상의 안전한 것으로 도시의 개념을 발전시키기 위하여 일종의 인공두뇌학적으로(cybernetically) 강화되고 향상된 녹색설계(green design)전략에 기초한 지속가능하고 녹색의 도시를 상상하였던 것이다. 1세대의 초점이 성곽화 된(fortifuied) 도시라는 사고방식으로 표출되었고, 2세대가 모든 사회-경제적 계층과 인종 모두를 위한 제대로 잘 유지, 관리되는 도시와 사회-경제적으로 균형이 잡힌 지역사회 공동체에 초점을 맞춘 반면에 3세대 CPTED는 한편에서는 디지털을 수단으로 다른 한편으로는

---

36) P. Cozens, Think Crime! Using Evidence, Theory and Crime Prevention through Environmental design(CPTED) for Planning Safer Cities(2nd ed.), Quinns Rocks: Praxis Education, 2016, p. 134; A. Thorpe and Gamman, L., "Walking with park: Exploring the 'Reframing' and integration of CPTED principles in neighborhood regeneration in Seoul, South Korea," Crime Prevention and Community Safety, 2013, 15: 207-222

녹색기술을 통하여 도시공간을 재구성하는 것에 초점이 맞추어졌다. 그러면서도 동시에 1세대로부터는 통제와 감시의 원리를, 그리고 2세대에서는 효과적인 물리적 설계와 사회-문화적 다양성을 포함, 통합시켰던 것이다37). 그런데, 이와 같은 정의에서는 특별히 범죄예방과 관련된 것은 아무 것도 없으며, 오히려 CPTED에 녹색기술과 환경적 지속가능성을 도입하려는 시도가 보인다.

흥미로운 것은 3세대 CPTED가 Abraham Maslow의 인간욕구 단계의 개념도 원용한다는 사실이다. 그는 가장 낮은 수준의 생리적 욕구, 안전의 욕구, 사랑, 자기존중, 자아실현이라는 더 높은 수준의 심리적 욕구로 나누었는데, 30년이 지나고 그는 이타심(altruism)을 추가하기도 하였다. Maslow의 단계별 욕구에 대한 비판이 없지 않지만 그의 욕구단계라는 체계가 근린지역에 살고 일하는 사람들이 처음에는 보안과 안전과 같은 낮은 단계의 욕구에서 연계성, 목표실현 만족, 자기보다 더 큰 무언가에 기여할 수 있는 능력 등 더 높은 단계의 욕구를 추구하게 된다는 가정과 CPTED가 궤를 같이할 수 있다는 것이다. 1세대가 안전이라는 Maslow의 1단계 욕구를, 2세대가 중간 수준의 심리적 욕구로 그려지는 사회적 소속감과 집합효율성과 같은 맥락이라고 할 수 있다. 3세대는 자아-실현과 초월성(transcendence)이라는 더 높은 수준의 욕구로 확대된다. 그러나 잊지 말아야 할 것은 더 높은 단계의 욕구충족을 위해서는 기본적, 기초적 욕구의 충족이 필요하며, 바로 이런 이유에서 1, 2세대 CPTED 모두가 다 3세대 CPTED의 핵심요소라는 사실이다. 마찬가지로 1, 2세대 CPTED는 거주민들에게 주거와 융화만으로는 살 만한, 살 수 있는 근린의 완전한 잠재성을 실현하고 지속할 수 있는 기회를 가져다주지 않는다는 사실이다. 종합하자면, 이론적으로는 3세대 CPTED가 첫째는 근린이웃에서의 삶의 질은 그 근린이웃 안에서의 범죄와 범죄 두려움으로부터의 안전에 의해서 직접적으로 영향을 받으며, 둘째는 살아갈 만함(liveability), 일련의 건강, 환경, 인지적 문제는 물론이고 범죄로부터의 안전으로 구성되는바 삶의 질에 대한 지속 가능한 향상은 물리적 환경에 대한 몇 가지 수정에만 기초하기보다는 종합적인, 총체적 범주의 전략을 효과적으로 결합함으로써 가능해진다는 분명한 가설을 제시한다38).

---

37) Mihinjac and Saville, op cit., p. 184
38) ibid., p. 187

제9장

사회개발을 통한 범죄예방
(Crime Prevention Through Social Development: CPSD)

사회개발을 통한 범죄예방
(Crime Prevention Through Social Development: CPSD)

제1절 개관

　　사회개발을 통한 범죄예방은 범죄적 성향이나 기질이 처음부터 발달하지 못하도록 예방하는 등 범죄와 비행행위의 근원(root causes)을 다루려는 이론과 전략이라고 할 수 있다. 다수의 상습적 범법자(chronic offenders)들이 일부 형태의 불리한 배경 출신이라는 사실이 연구결과로 밝혀지고 있다. CPSD는 범죄성, 범인성(criminality)의 근원은 종종 빈곤, 역할모형의 부재, 부모의 방기나 학대, 부적절한 학업 등 사회 환경적 위험요인(social environmental risk factors)과 행위적, 심리적, 인지적 문제와 같은 개인적 위험요인의 결합이라는 전제에서 작동하는 것이다. 따라서 CPSD는 환경적이고 개인적인 '범죄적' 위험요인들을 상쇄하거나 제거하거나 줄이기 위하여 표적화된(targeted), 문제-해결적(problem-solving) 전략에 의존하는 것이다. 이런 견지에서 CPSD는 치료적 교육, 사회적 능력 훈련, 치료(therapy) 등을 통한 아동의 행위적, 감정적, 인지적 또는 심리적 위험요인이나 보다 긍정적이고 효과적인 양육의 증진을 통한 아동의 유해한 사회 환경이라는 표적의 하나를 지향하는 것이다. 다시 말하자면, CPSD를 통한 보호적 요소(protective factors)가 사회 환경의 변화로 아동에게 간접적으로 이익이 되거나 아동과 함께 작용하여 아동에게 서비스를 제공함으로써 직접적으로 이익이 되게 하는 것이다. 이런 개념적 차이에도 불구하고, 위험에 놓인 아동과 청소년을 위한 이상적인 사회문제-해결 전략은 각 아동의 독특한 문제와 전략에 맞도록 충분히 개인화, 개별화되는 동시에, 환경적 요인과 개인적 요인 둘 다를 다루는 것이라고 할 수 있다[1].

CPSD(Crime Prevention through Social Development), 즉 사회개발을 통한 범죄예방 프로그램은 아동과 청소년을 미래 범죄와 비행의 위험에 처하게 할 수 있는 개인적, 사회 환경적 요소들의 영향을 받는다는 점을 인지하는 한 발전범죄학(Developmental Criminology)의 연구와 이론에 기초하고 있다고 할 수 있을 것이다. 따라서 CPSD에 대한 과학적으로 진전된 접근이라면 어린이들에게 개인적 위험요소와 사회 환경적 요소는 어떤 것들인지 확인하고 분석하고, 그리고는 이 분석된 증거에 기반하여 이들 위험요소들을 해소하기 위한 맞춤형, 개별적 개입이 개발되어야 할 것이다. 이런 점에서 CPSD는 범죄예방이란 반드시 개입이 문제의 범위와 특성에 적합한 것이어야만 한다는 점에서 범죄예방의 문제-지향적 접근이라고 할 수 있다. 발전범죄학을 원용한다는 점에서 당연히 대부분의 CPSD 프로그램은 불리한 조건과 환경에서 생활하는 아동과 청소년을 표적으로 하는데, 이는 범죄원인론적 위험요소들이 가난하고, 사회적으로 해체된 지역사회에 지나치게 집중된다는 사실을 반영한 것이다. 구체적으로 CPSD는 위험이 있는 가정과 아동, 심지어 성인, 그리고 지역사회 전체를 아우르는 등 다양한 범위의 대상을 표적으로 한다. 다수의 CPSD 프로그램은 어린이와 청소년의 삶에 가장 중요한 사회화 기관이요, 제도인 가정, 학교, 또는 지역사회에 기초한 조직을 통하여 제공되고 전달되고 있다[2].

제2절 이론적 배경

처음부터 범죄의 근본적인 원인이 한 가지가 아니라 다양하고 복잡하기 때문에, 범죄행위의 근원을 종합적이고 적절하게 다 설명할 수 있는 하나의 병리

---

1) Schneider, op cit., p. 77
2) ibid., p. 95

적 이론은 있을 수 없다. 이들 이론을 연결하는 보편적 주제는 전적으로 아동, 청소년의 즉각적인 사회 환경에 뿌리를 두고 있다는 것이다. 다시 말하자면, 범죄성, 범인성은 유전적으로 병리적 개인의 산물이 아니라, 그 대신 위험에 놓인 아동과 청소년에 대해서 병리적인 것은 아동의 즉각적인 사회 환경이라고 말하는 것이 더 적절하다는 것이다. CPSD에 대한 이들 병리적 이론의 함의는 분명하다. 바로 미래 범죄행위의 시작 자체를 예방, 방지하기 위하여 고쳐져야 할 것은 역기능적 사회 환경이라는 것이다. 즉, 이들 환경에 노출된 아동, 청소년들이 친사회적 가치를 가진 환경에서 파생되는 회복탄력성(resilience) 개발에 도움을 줄 수 있는 충분한 수준의 '보호요소(protective factors)'가 제공되어야 한다는 것이다.

1. 아노미, 긴장이론

아노미(Anomie)의 개념을 처음 소개한 Emile Durkheim은 아노미란 사회규범이 혼돈되고, 불분명하고, 또는 사람들에게서 거절당하는 상태라고 보고, 범죄와 일탈은 아노미의 산물로서, 보편적으로 공유된 규범의 결여가 사회의 일탈행위로 이끈다고 설명한다. 미국의 Robert Merton은 광범위한 사회 환경에서 일탈의 원인을 찾으려는 Durkheim의 전통을 계승하는 소위 긴장이론(Strain theory)이라는 범죄이론을 제시하였는데, 그의 이론은 사회의 목표와 그 목표를 성취하기 위한 수단의 갈등과 모순을 통하여 사회가 일부 사람들에게 일탈적, 범죄적 방법으로 행동하도록 압력을 행사한다는 것을 주장한다. 긴장은 물질적 부와 같이 사람들이 자신이 성취하리라 기대되는 목표와 그 목표를 실제로 성취하기 위해 그들에게 주어지는 기회 사이의 갈등과 모순을 경험할 때 초래될 수 있다는 것이다. 이들 일부가 사회가 권장하는 목표를 성취하는 것이 차단될 때의 이 긴장을 경험하면 관습적 규범을 거역하고, 범죄로 눈을 돌린다는 것이다. 특히 자본주의사회에서 누구나 물질적 성공이란 제도적으로 수용되는 합법적 목표를 가지지만 그것을 성취하는 데 필요한 기회와 수단은 공평하지 않고 일부에게 제한되거나 차단되고, 기회와 수단이 제한되고 차단된 사람들이 긴장을 갖게 되면서 이들 긴장을 느낀 사람 중 일부가 일탈적, 범죄적 수단과 기회에라도 호소하여 자신의 목표를 이루고자 한다는 것인데, 이것이 바로 범죄라는 것이다. 다른 말로 하자면, 범죄성, 범인성이 적어도 부분적으로는 합법적인 기회를 함축적으로 약속받은 사회의 일부 구성원들에게 주어지는 기회의 부재나 결여에서 초래된다는 것이다. 교육과 훈련 등의 사회적 발전을 통하여 이들에게 기회와 수단을 증대시켜 준다면 그만큼 범죄가 예방될 수 있다는 것이다[3]. 이런 이론적 배경에서 60년대 미국의 범죄대책으로서의 '범죄와의 전쟁(War on crime)'이 아닌 '빈곤과의 전쟁(War on poverty)'을 들 수 있고, 현재도 교정의 주요 프로그램이 교육과 훈련을 통하여 재소자에게 합법적 기회와 수단을 길러주면 재범하지 않을 것이란 전제에 기초하는 것이다. 뿐만 아니라 Johnson대통령 시절 청소년 범죄를 해결하기 위하여 청소년을 위한 사회동원도 이에 해당하는 것이라고 할 수 있다.

CPSD의 전략은 소수인종, 가난한 가람, 이민자 등에 의한 긴장으로 인하여 일탈이나 범죄적 행위에 굴복할 위험이 높은 사람들을 지향하고 있다. 이러한 프로그램의 목표 중 하나는 이들 위험성이 높은 아동, 청소년, 성인에게 우리 사회에서 성공하고 번성하는 데 필요한 또는 가용한 기회를 잘 이용하고, 긴장의 느낌으로부터 초래되는 일탈행위를 피하며, 자기 삶에 있어서 성공의 부재나 결여에 대하여 자신의 행동보다는 기회, 운, 다른 사람 등 외부세력과 요소를 비난하는 데서 초래되는 일탈행위를 피하는 데 필요한 행위적, 교육적, 감정적, 직업적, 사회적 기술을 제공함으로써 사회의 긴장에 대한 사전적 조건을 완화하려는 것이다.

2. 차별적 접촉이론(Differential Association Theory)

차별적 접촉이론은 범죄행위가 위의 긴장이론처럼 단순하게 차단된 열망에 대한 반발이나 좌절에 대한 본능적 반응이 아니라고 본다. 사람들은 자신의 사회화(socialization)가 지배적인 규범에 대한 존중(respect)을 강조하면 동조하는 경향이지만 반대로 자신의 사회화가 이들 규범에 경멸을 강조하면 범죄적일 경향이 있다는 것이다. 대부분의 사회적 행위는 학습되는데, 이는 일탈적, 범죄적

---

3) Schneider, op cit., pp. 79－80

행위에 대해서도 예외가 아니라는 것이 이 이론의 저변의 가정이다. 범죄 지향성은 오로지 좌절된 기회에만 기초하는 것이 아니며, 범죄에 눈을 돌리는 성향은 '좌절된' 개인이 일탈적, 범죄적 행위가 일차적으로 다른 사람들과의 접촉 특히 범죄나 일탈적 활동에 개입한 가족, 또래, 역할모형과 같은 친밀한 개인적 집단의 사람들과의 접촉을 통해서 관찰되고, 학습되고, 모방되는 환경에 살 때 더욱 강화된다는 것이다. 사람이 지배적인 문화적 규범과 법률을 경멸하는 사람에에워싸일수록 그들과 유사한 발자국을 따를 가능성은 그만큼 더 높아진다는 것이다. 간단하게 말하자면, 법을 존중하고 준수하는 사람들과는 상대적으로 격리, 소외되었기 때문에 범죄나 일탈행위는 이미 법률위반과 다른 일탈행위에 전념하는 사람과의 지속된 사회적 접촉과 상호작용을 통하여 학습된다는 것이다[4].

차별적 접촉이론은 연구를 통해서 상습범죄자들이 잘못된 역할모형에 노출되고 그들로부터 학습하고 그들을 모방하는 부정적인 어린 시절의 배경을 가지고 있다는 것을 너무나 잘 알기 때문에 범죄학에서 매우 강력한 이론이지 않을 수 없다. 마치 '아이는 어른의 거울'이라거나 '원숭이는 본 대로 한다'는 등의 경구처럼 비행과 범죄도 보고 배운다는 것이다. 부모가 학대적인 아이들은 그들 스스로도 폭력적이고 학대적일 위험이 더 높다는 것이다. 빈곤지역에 사는 젊은이들은 잘 나가는 마약판매상이 되고 싶어 하는데 그것은 그들이 그 구역에서 가장 부자요, 가장 성공한 사람으로 보이기 때문이다. 폭력적, 일탈적 범법자들과 어울려 다니는 10대 청소년은 또래집단의 압력과 학습을 통하여 그들 스스로도 범법자가 될 위험성이 더 높다고 한다. 물론 과거에는 이런 친밀한 1차 집단과의 직접적인 접촉을 통하여 범죄를 학습한다고 하였지만, 현재는 언론과 미디어도 청소년들에게 범죄와 폭력을 가르친다고 한다. 언론학자들은 언론의 폭력성에 많이 노출될수록 학습과 모방을 통하여 스스로 폭력적이 될 확률이 더 높아진다고 주장한다. 종합하자면, 어떤 경우이든 공통적인 것은 일탈과 범죄행위는 학습되며, 특히 부정적, 빈곤하고 열악하며, 역기능적 사회 환경에서 자라서 부적절한 역할모형에 노출되는 청소년들에 의해서 학습된다는 것이다[5].

---

4) R. Volk and Schmalleger, F., Canadian Criminology Today, Toronto: Pearson Prentice Hall, 2005, p. 383

5) Schneider, op cit., p. 81

이런 차별적 접촉이론을 배경으로 한 CPSD 전략의 대세는 이들 위험성이 높은 아동과 청소년들에게 긍정적인 사회 환경을 육성해 주는 것이다. 기본적으로 부모훈련이나 가족처우 프로그램 등을 통하여 사랑이 넘치고 안정적인 가족생활을 권장하는 것을 수반하는데, 그 대안으로 부정적 가정이나 지역사회 환경을 상쇄하기 위하여 스포츠 리그, 여름 캠프, 대리가정 등 긍정적 사회 환경을 위기의 아동 청소년들에게 제공하기도 한다. 아동 청소년들을 긍정적인 성인 역할모형에 노출시키는 BBS(Big Brothers, Big Sisters)와 같은 멘토링 프로그램도 아동 청소년의 부정적 가족생활과 지역사회환경을 상쇄하기 위한 것이다. 일부 CPSD는 청소년들로 하여금 문제해결과 사회적 기술을 향상시켜 줌으로써 자신의 삶에 있어서 부정적 사회 환경을 이겨내는데 도움이 되도록 그들의 "회복탄력성(resilience)"을 향상, 강화하고자 한다.

3. 사회학습이론

사회학습이론은 기본적으로 인간의 행위는 학습되며, 범죄행위 또한 예외는 아니라는 가정을 전제로 한다. 특히 인간행위는 그 사람의 사회적 환경으로부터 학습되며, 일탈은 종종 그 환경 속에서 다른 사람들의 행위를 관찰함으로써 학습된다는 것이다. 일찍이 Bandura는 아동들의 공격적 행위를 설명하고자 기존의 사회학습이론을 차용하여, 공격성과 폭력은 어떤 사람에게도 본능적인 것이 아니라, 가족, 언론, 그리고 개인의 사회적 환경으로부터 영향을 받고 또 학습된다고 주장하였다. 특히, 그는 공격성은 아이들이 공격성을 보이고 폭력적으로 행동하는 성인들의 행위에 따라 자신의 행위를 모형화(modeling)함으로써 폭력을 사용하고 공격적으로 행동하도록 훈련되는 소위 '간접적 학습(vicarious learning)'이라고 불리기도 하는 "행위모형화(Behavior modeling)"로 불리는 과정을 통하여 학습된다고 믿었다. 부모가 아이들에게는 가장 근친관계이고 가장 영향력이 있는 사람이기 때문에 그들이 공격성과 폭력을 보이는 것이 그러한 행위를 모형화하는 가장 분명한 원천으로 간주되고 있다. 그래서 아이들은 자신의 삶에서 어떤 사건이나 사람을 다룰 때 자신의 부모가 사용하는 동일한 공격적 전술을 사용하기 쉽다는 것이다. 어린 시절 학대를 당했거나 부모 사이의 배우자 폭력을 목격한 아이일수록 자신도 나중에 그와 같은 행위를 되풀이할 위험이 더 크다는 것이다. 이는 아이들이 행동을 통제하거나 다른 갈등이나 문제를 해결하는 수단으로서 공격과 폭력을 학습하였기 때문이라는 것이다. 즉, 그것이 하나의 자연적 반응이거나 극복기제가 되는데, 만약에 아이들이 목격한 폭력이 문제를 해결하는 것처럼 보이면 쉽게 외부의 영향을 받는 아이의 눈에는 그러한 행위의 효율성을 긍정적으로 재강화(reinforcement)되는 것이다. 요약하자면, 학습, 행위모형화, 그리고 긍정적 재강화가 특히 가족 역동성의 견지에서는 폭력적 행동과 공격성을 형성하고 유지하는 데 도움이 되는 것으로 믿는 것이다. 따라서 공격성이 아동의 생애 초기에 진단되면 조기에 개입할 수 있게 되어 장래 폭력행위의 위험성을 낮출 수 있다는 것이다[6].

공격성과 폭력행위를 표적으로 하는 대부분의 사회발전을 통한 범죄예방(CPSD) 프로그램들은 그러한 행위나 전제조건들이 임상적 평가로 아동기에 진단될 수 있고, 표적화된 개입으로 처우되거나 예방될 수 있다고 주장한다. 이들 프로그램에는 분노관리와 갈등 – 해결기술, 긍정적 문제 – 해결기술, 공감능력, 충동통제와 조절, 반사회적 폭력적 행위의 결과를 사전에 미리 인식하고 예견하는 능력 등을 고취시키는 것이 대표적으로 포함되어 있다. 실제로 일부 인지행동요법은 공격성과 폭력성향을 줄이는 데 성공적인 것으로 증명되었으며, 어린이와 청소년을 폭력적 환경으로부터 보다 안정적인 가정으로 옮기는 프로그램은 암묵적으로 사회학습과 차별적 접촉이론에 기초하고 있다. 또한 위험에 놓인 어린이들을 긍정적 역할모형과 선도자에게 노출시키는 BBS와 같은 사사(mentorship) 프로그램들도 지역사회에서의 어떠한 폭력적 부정적 역할모형과 행위의 영향을 상쇄시키고자 하는 것이다[7].

4. 사회통제/사회유대이론

사회통제이론은 대다수 사회학적 범죄원인론과는 그 결을 전혀 달리하고

---

6) Bandura, A., Social Learning Theory, NY: General Learning Press, 1977, p. vii; Schneider, op cit., pp. 82 – 83

7) Schneider, op cit., p. 83

있다. 대부분의 이론들이 절대 다수의 사람은 범행하지 않는데 왜 일부 사람들은 범행을 하는지 설명하고자 하는 반면에, 사회통제이론은 이와는 정반대로 우리 모든 인간은 다 범행할 수 있음에도 범행하지 않는 이유가 무엇인지, 즉 왜 사람들이 범행하지 않는지를 알고자 했던 것이다. 이들에 의하면, 절대 다수의 사람이 범행할 수 있음에도 하지 않는 것은 바로 우리 대부분은 사회로부터 강력한 통제를 받기 때문에 일탈하지 못하거나 않기 때문에 범행하지 못하거나 않는 반면에, 일부 사람은 사회적 통제가 약화되었기 때문에 그만큼 쉽게 일탈할 수 있다는 것이다. 그런데 이 사회적 통제를 설명하는 이론은 다양하지만 그 대표라고 할 수 있는 이론이 바로 Hirschi의 사회유대이론(Social Bond Theory)이라고 할 수 있다.

사회유대이론에 의하면, 범죄는 특별한 동기가 필요하지 않으며, 오히려 왜 사람들이 범행하지 않는가에 답할 필요가 있는데, 이 물음에 대한 대답이 곧 사회통제에 있다는 것이다. 구체적으로, 사회유대를 통하여 우리 사회가 사람들로 하여금 자신의 이기적인 동기를 포기하고 특정한 규율과 규범에 동조할 것을 권장한다는 것이다. 그러나 이 사회유대가 없다면, 사람들은 어쩌면 범죄행위로까지 이어질 수도 있는 자신의 이익을 추구하는 위험성이 더 높아진다는 것이다. 생애 초기에 내재화(internalized)되는 자기-통제(self-control)가 개인이 범죄에 저항할 능력이나 무능력을 결정한다는 것이다. 물론 범죄행위가 단기 만족을 가져다주지만, 그렇다고 법을 준수하는 사람들은 그러한 범죄행위의 유혹에 넘어가지 않는데 그것은 그러한 반사회적 유혹에 저항하게 하는 내재화된 자아-통제 때문이라는 것이다. 그런데 이들 자아-통제가 낮은 사람은 생애 초기 효과적인 사회화(socialization)를 받지 못했을 가능성이 높은 결함이 있는 사회화로부터 야기된다고 한다.

그런데 사회유대는 애착(attachment), 전념(commitment), 참여(involvement), 그리고 신념(belief)이라는 4가지 사회통제변수로 설명되고 있다. 이들 각 변수가 아이들이 자람에 따라 그들에게 특정한 가치관을 고취시킴으로써 긍정적 사회화를 권장한다는 것이다. 애착은 부모나 가족, 친구와 같은 중요한 사람과 지역사회나 학교와 같은 중요한 기관이나 제도를 얼마나 중요하게 간주하고 유대를 가지는 가이며, 이들 중요한 타자와 기관에의 애착이 강할수록 일탈의 가능성이 낮아진다는 것이다. 전념은 전통적 관습, 사회, 규범 등의 가치에 동조하여, 스스로를 관습적 사회에 의하여 그리고 관습적 사회 내에서 가치가 있는 것으로 보는 정도이며, 삶, 재산, 그리고 명성에 투자하는 사람일수록 자신의 사회적 지위를 훼손할 수도 있는 범죄행동에 가담할 확률은 그만큼 낮아지는 반면에, 그러한 관습적 가치에 대한 전념이 결여된 사람은 비행이나 범죄행위에 가담할 확률도 그만큼 더 높아진다는 것이다. 참여는 가정, 학교, 지역사회, 직장 등 사회의 핵심 제도나 기관에 가담하여 보내는 시간의 정도라고 할 수 있는데, 친사회적 방식으로 그러한 관습적 제도에 참여할수록 사회의 윤리, 도덕, 규율, 그리고 강령 등에 연계되고 더 많이 더 강하게 전념하여 비행이나 범죄행동에 가담할 시간을 거의 남기지 않는다는 것이다. 끝으로, 사회의 가치와 규범에 대한 신념으로서, 만약 그러한 가치와 규범에 대한 신념이 결여된다면 그만큼 반사회적, 범죄적 행동에 가담할 확률은 그만큼 더 높아진다는 것이다. 만약 사회의 지배적인 규범과 법률이 불공정하거나 부정의하다고 믿는다면 사회유대도 약화된다는 것이다. 사회유대이론은 아동의 생애에서 이들 4가지 유대가 지배적일수록 비행이나 범죄행위에 가담할 확률은 그만큼 더 낮아진다는 것이다[8].

5. 발달범죄학(Developmental Criminology)

영국의 범죄학자 Farrington은 범행이 아동기에 시작하여 성인기로 지속되는 경향이 있는 반사회적 행위의 더 큰 증상의 한 부분이라고 주장하였는데, 실제 연구에서도 상습적인 범법자들은 그들의 훈육과 그 결과인 인지적, 행동적, 심리적 기질을 포함하는 여러 관점에서 비범법자들과는 상당히 다르다는 것을 보여주고 있다. 그 결과, 미래 범죄행위는 아동이나 청소년이 다양한 "위험요소(risk factors)"로부터 고통을 받는 정도를 파악, 확인함으로써 예측될 수 있다고 가정하는 것이다. 발달범죄학의 관점에서, 위험요소는 범행의 시작, 빈도, 지속 또는 기간의 발생을 증대시키는 '선행요인(prior factors)'으로 규정된다. 실제 두 곳에서의 종단적 연구에서 충동성, 과잉행동, 주의력 문제, 공격성, 낮은 교육적

---

8) T. Hirschi, Causes of Delinquency, Berkeley, CA: University of California Press, 1969 요약; Schneider, op cit., p. 85에서 요약, 재인용

성취도, 부적절한 부모 감시, 부모갈등, 반사회적 부모, 빈곤, 어린 어머니, 역기능적 가정 등을 포함한 비행의 다양한 사회 환경적, 개인적 예측요인을 제시하였다. 그 뿐만 아니라, 다른 연구에서도 소수의 집단이 다수의 범행을 저지르는 것으로 확인되었는데, 상대적 빈곤, 부적절한 주거, 일관되지 못하거나 불충분한 부모 또는 보호자의 보호, 제한된 인지적, 사회적 능력, 학교로부터의 배제, 가정폭력, 고용기회의 부족과 경제적 배제, 폭력문화 등의 조건에 노출된 청소년일수록 그렇지 않은 청소년에 비해 비행행위를 할 확률이 더 높다고 결론을 지었다9).

그런데 누군가가 상습적인 범법자가 될 가능성은 종종 몇 가지의 위험요인이 존재하는지와 상관없이 증대된다는 것이다. 마찬가지로 중요한 것으로, 미래 범죄성, 범인성을 초래하는 위험요인은 매우 개별화된 것이어서, 비록 일부 위험요인이 많은 비행소년들에게 보편적, 공통적일지라도 위험요인의 유형과 결합은 아동에 따라 다양하다는 것이다. 또한 위험요인은 개인의 연령과 발달 수준에 따라 변화하고 다양할 수 있어서, 아동의 생애 초기에는 출산합병증, 과잉행동 등 개인적 요인과 부적절한 양육, 부모의 범인성, 약물남용 등 가정요인이 가장 해로운 것이지만, 아동의 성장과 함께 학교, 지역사회, 또래, 언론 등과 같은 사회 환경과 관련된 새로운 요인들이 더 큰 역할을 하게 된다. 일반적으로 비행과 범죄행위의 저변에 깔린 위험요인은 사회 환경적 요인과 개인적 요인으로 구분되는데, 사회 환경적 요인은 개인이나 집단을 에워싼 유해한 사회 환경으로 생산되는 위험요소로서, 그중에서도 가정요인이 가장 영향이 큰 것으로 간주된다. 개인적 요인은 개인의 사회 환경의 영향을 받을 수도 받지 않을 수도 있는 인지/학업적, 행위적, 심리적, 정신건강적, 생체적 요인이라고 할 수 있다10).

---

9) D. P. Farrington, "Childhood risk factors and risk−focused prevention," Maguire, M., Morgan, R. and Reiner, R.(eds.), The Oxford Handbook of Criminology(4th ed.), Oxford: Oxford University Press, 2007, pp. 602−640, pp. 603−604
10) Schneider, op cit., p. 88

사회적 개발을 통한 범죄예방은 대체로 아동과 청소년들이 그들을 미래 비행과 범행의 위험에 놓이게 하는 개인적, 사회 환경적 요소들의 영향을 받거나 지배를 받는다는 것을 인식한다는 점에서 발달범죄학의 이론과 연구를 가정으로 하고 있다고 할 수 있을 것이다. 당연히 CPSD에 대한 과학적으로 발전된 접근이라면 먼저 아동, 청소년들의 사회 환경적, 개인적 위험요소들을 분석, 파악한 다음 그 증거에 기초하여 이들 위험요소를 개선하거나 제거하기 위한 개별화된 개입이 개발되어야 할 것이다. 따라서 이런 면에서 사회개발을 통한 범죄예방은 어쩌면 '문제-지향' 또는 '문제-해결'적 접근이라고 할 수 있으며, 이는 예방을 위한 개입이 문제의 범주와 특성에 꼭 맞는 것이어야 한다는 점 때문이다. 아마도 이런 이유로 대부분의 CPSD가 불합리한 환경에서 생활하는 아동과 청소년들을 표적으로 하고 있으며, 바로 이것이 범죄원인적 위험요소는 가난하고 사회적으로 불리하고 불합리한 이웃이나 동네에 불균형적으로 집중된다는 분명한 인식이기도 하다. 그래서 다양한 범주의 CPSD 프로그램이 가정방문, 집중 취학전 교육, 멘토링과 튜터링, 사회기술개발 등 아동과 그 가족, 성인들을 위한 직업훈련, 그리고 사회복지기관, 동네 미화, 경제개발, 공동체 구축 등 지역사회 전반을 표적으로 한다[11].

CPSD는 특히 위험한 아동과 청소년들의 범죄성, 범인성의 근원을 해소하고자 하는 개입으로서, 한편에서는 "사회-문제-해결을 통한 범죄예방(Crime Prevention through Social-Problem-Solving)" 또는 범죄 원인의 근원을 해소하려 한다는 점에서 "범인성 예방(Criminality Prevention)"으로도 불리기도 한다. CPSD가 아동과 청소년을 장차 비행과 범행의 위험에 놓이게 할 수 있는 위험요소들을 표적으로 하여 궁극적으로 범죄적 기질성향이 처음부터 애당초 발달, 발전하지 못하도록 방지하려는 것이라는 점에서 모든 범죄예방 전략 중에서 가장 사전적, 예방적이라고 할 수 있다. 또한, CPSD는 이들 위험에 놓인 아동과 청소년을 표적으로 하기 때문에, 이들 아동과 청소년을 장차 비행과 범행 또는 기타 일탈적, 반사회적 행위의 위험에 놓이게 하는 요소들을 상쇄하거나 제거하거나 최소화하는 전략,

---

11) op cit., p. 95

행동, 그리고 제공 또는 공급이라고 할 수 있다. 이러한 사실은 이미 연구를 통해서 다수의 상습범죄자들이 아동, 청소년 시절 이들 위험요소들을 경험한 것으로 밝혀지고 있다는 점에서 확인되고 있다. 범죄에 대한 사회문제 해결적 접근으로서, CPSD는 범죄를 야기할 수 있는 '위험요소'를 '보호요소(protective factors)'로 대체함으로써 위험요소를 제거하여 개인이나 전체 지역사회로 하여금 이들 위험요소에 더 잘 대처, 대응할 수 있도록 만드는 데 도움이 될 수 있는 긍정적인 영향이나 개입이라고 정의될 수 있는 것이다. 이런 점에서, 사회개발을 통한 범죄예방이 지향하는 바와 같은 '위험에 초점을 맞춘 예방(risk-focused prevention)'의 기본적 사상은 범행의 핵심 위험요소를 파악하여 바로 그 위험요소에 대응하도록 설계된 예방방법을 시행하는 아주 단순하고 간단한 것이라고 한다[12].

　　CPSD는 두 가지 상호 보완적인 표적 중 하나를 지향할 수 있는데, 첫 번째는 부적절한 부모의 자녀양육기술, 빈곤, 갱이나 기타 부정적 역할모형 등 아동의 유해한 사회 환경, 그중에서도 특히 가장 중요한 가정과 지역사회를 표적으로 하는 것이다. 두 번째는 튜터링이나 멘토링, 특수한 사회기술 함양, 운동이나 여가활동 참여 등 위험에 처한 아동, 청소년 자신을 직접 표적으로 한다. 이렇게 사회개발을 통하여 전달되는 보호요소들이 아동에게 직접적으로나 또는 간접적으로 도움을 준다는 것이다. 그런데 여기서 위험과 위기에 처한 아동과 청소년을 직접 지향하고 표적으로 하는 사회개발적 개입은 한편에서는 "회복탄력성(Resilience)"의 개념으로도 이해한다. 그것은 이들 위험한 아동에게 사회개발을 통하여 전달되는 보호요소가 궁극적으로는 결국 이들 위험에 처한 청소년들이 그 위험과 유혹에 굴복하거나 넘어가지 않고 저항하고 극복하는 힘을 강화하자는 것이다. 이렇게 회복 탄력성이 증강된 청소년은 그만큼 자신의 삶에서 부정적인 사회 환경적 세력에 맞서서 범죄 유발적 기질이나 성향은 제거하는 반면에 아동기, 청소년기는 물론이고 성인기까지 이어지는 친사회적 발달은 조장하는 데 도움이 된다는 것이다[13].

　　문헌에 따르면, 아동의 삶 속에서의 몇 가지 긍정적인 영향과 제도가 청년기

---

12) D. P. Farrington, "Childhood risk factors and risk-focused prevention," pp. 602-640 in Maguire et al., op cit., 2007, p. 606; Schneider, op cit., p. 96

13) Farrington, op cit., p. 604

와 성인기에까지 지속될 수 있는 아동기의 고위험요소를 완화시킬 수 있다고 한다. 특히 빈곤 속에서 자란 아동과 약물남용이나 폭력 등 일탈행위에 가담할 위험이 있는 아동이 보살펴주는 성인이나 효과적인 학교생활 등 긍정적인 요소가 자신의 삶에 있을 때 이들 부정적 행위들에 대하여 굴하지 않고 탄력적이고 회복력을 갖게 된다는 것이다. 이런 점에서 회복탄력성은 자신의 삶에서 심각한 스트레스와 역경에 노출되더라도 학교실패, 약물남용, 비행 등에 굴복하지 않는 자질이라고 할 수 있는 것이다. 따라서 개인, 가정, 학교, 그리고 지역사회에 보호요소의 존재가 아동과 청소년에게 있어서 회복탄력성의 발달을 조장함으로써 위험요소로 인한 부정적 결과를 변경하거나 뒤바꿀 수 있다는 것이다. 그러한 중요한 역할로 청소년, 특히 위험에 처한 청소년의 비행과 범행을 예방해 줄 수 있는 회복탄력성에 기여하는 것으로 간주되는 핵심 보호요소를 요약하면 아래 <표-15>와 같다[14].

표-15 회복탄력성 함양에 기여하는 핵심 보호요소[15]

가족자산	긍정적 성인역할모형 가족 내 긍정적 의사소통 청소년 삶에 부모 참여 학교와 가정 내 분명한 규율과 결과 가족과의 시간
학교자산	학교와의 유대관계 지지적 학교환경 방과후 활동 참여 학교에의 효과적 참여
지역사회자산	지역사회와 유대관계 긍정적, 분명한 지역사회 규범, 가치 효과적 예방 정책 무기, 총기 부재
개인자산	긍정적 또래 집단 문제해결기술 의사소통기술 긍정적 갈등해결기술 긍정적 자아감 자기행동에 책임 타인에 대한 동정과 민감성

---

14) E. Rink and Tricker, R., "Resilience-based research and adolescence health behaviors," The Prevention Researcher, 2003, 10(1): 1, pp. 3-4

회복탄력성은 사람, 학교, 지역사회로의 통합 등 보편적으로 받아들여지는 긍정적인 사회적 관행을 통하여 육성되거나 아니면 회복탄력성을 촉진하는 '보호요소'를 제공하도록 특별히 개발된 서비스나 프로그램을 통해서도 촉진될 수도 있다고 한다. CPSD 개입은 두 번째 경우로서 특별한 서비스나 프로그램을 통하여 회복탄력성을 촉진하는 것이라고 할 수 있으며, 그런 면에서 특정한 표적화된 전략과 특히 빈곤 속에 생활하는 아동과 같은 개인, 소수인종이나 노숙청소년 같은 집단, 그리고 특히 저소득, 범죄다발지역과 같은 지역사회를 표적으로 하는 프로그램으로 이루어진다. 따라서 CPSD의 일차적 초점은 위험한 아동과 청소년인데, 그것은 범죄원인 이론과 연구가 10대나 성인기 비행이나 범죄행위의 기초가 종종 10~13세 때 쌓이게 되며, 마찬가지로 회복탄력성 또한 그 시기에 가장 잘 촉진될 수 있다고 강조하기 때문이다16).

CPSD는 범인성 예방에 대한 위험에 초점을 맞춘, 사회문제-해결형 접근이기 때문에 아동과 청소년을 장차 비행이나 범행할 높은 위험에 처하게 하는 위험요소들을 파악, 분석, 이해하여, 회복탄력성, 긍정적 발달, 친사회적 태도와 행위를 권장하는 문재-지향 개입(보호요소)을 통하여 이들 위험요소를 완화하거나 약화시키는 것을 필요로 하는 과학적 방법을 전제로 해야만 한다. 그런데, 위험요소는 다양하며, 범인성은 단 한 가지 요소에서만 초래된다기보다는 다수요소가 복합적으로 작용한 결과로 고려되고 있어서, CPSD는 청소년의 장차 범행위험성을 높게 하는 광범위한 범주의 상호교차하는 요소들을 다스리고자 하는 종합적이고 다층적인 전략이어야 한다. 그리고 위험에 기초한 문제-지향의 접근은 그 개입이 매우 개별화되어야 한다는 것이다. 비행소년의 비행의 원인, 동기, 여건 등 그 원인이 다양하고 사람마다 다르기 때문에 획일적인 프로그램이 아니라 사람마다 맞춤형, 개별화된 개입이 필요하다는 것이다. 또한 개별화된 개입도 그 효과가 있으려면 위험요소가 가능한 조기에 파악되고 개입하여 그로 인한 바람직하지 않은 영향과 범행과 비행 발달의 잠재적 기여를 상쇄할 수 있

---

15) Schneider, op cit., p. 97, Table 3.1 Important Protective Factors Essential to Promoting Resilience

16) ibid., p. 98

어야 한다. 사회개발 범죄예방은 개별화된 조기개입이 가장 바람직하다고 할 수 있는 것이다[17].

---

17) D. P. Farrington, "Childhood risk factors and risk—focused prevention," pp. 602—640 in Maguire et al.(eds.), op cit.; G. A. Wasserman and Miller, L. S., "The prevention of serious and violent juvenile offending," pp. 197—247 in Loeber, R. and Farrington, D. P.(eds.), Serious and Violent Juvenile Offenders: Risk factors and Successful Interventions, Thousand Oaks: Sage, 1998; Schneider, op cit., p. 98

제10장

피해자와 범죄예방

제10장

피해자와 범죄예방

제1절　피해자, 형사사법제도, 그리고 범죄예방

　　1985년 UN이 제공한 광의의 정의에 따르면, 피해자(victim)는 형법을 위반한 행동이나 불이행으로 개인적으로 또는 집합적으로 신체적 또는 정신적 위해, 감정적 고통, 경제적 손실, 기본적 권리의 심각한 장애 등을 포함한 위해(harm)로 고통을 받은 사람을 의미한다고 규정한다. 이 규정에 따르면, 개인이 가해자의 신원확인, 체포, 기소, 유죄확정과 상관없이 그리고 가해자와 피해자의 가족관계와도 상관없이 피해자로 간주될 수 있는 것이다. 또한 피해자라는 용어는 적절한 경우 직접적인 피해자의 직계가족이나 피부양자, 그리고 피해예방이나 피해자를 돕기 위한 개입에서 해를 당한 사람도 포함한다. 이와 같은 정의는 1차 피해자와 2차 피해자의 개념을 일러준다. 1차 피해자는 범죄행위와 그 결과를 직접 경험한 사람인데, 최근에는 피해자 대신에 '생존자(survivor)'라는 용어가 자주 쓰이며, 이는 피해자의 구조적 무력함에 대한 저항을 공략하고 숨은 목소리에 힘을 실어주기 위함 때문이라고 한다. 2차 피해자는 직접적으로 부상을 당하거나 해를 입지는 않았지만 부담을 안게 된 사람으로서, 가족, 배우자 등이 여기에 해당될 수 있다.

　　오늘날 우리와 같은 대립적, 적대적 형사사법제도(adversarial criminal justice

system)는 피의자 권리에 지나칠 정도로 초점을 맞추는 반면에 피해자는 제대로 처우하지도 않고 방기하는 그야말로 '잊혀진 존재(forgotten being)'가 된다는 비판을 점점 더 많이 받고 있다. 다행스럽게도 여성해방주의를 중심으로 피해자에 대한 관심, 지원, 보호, 권리, 역할의 중요성이 강조되고, 그 결과 피해자 참여와 역할을 중심으로 하는 권리의 확대와 피해자에 대한 지원과 보호도 확장되고 있는 추세이다. 이러한 변화는 비록 점진적이지만 종국적으로는 기존의 형사사법제도(criminal justice system)가 아니라 Victim Justice System, 즉 피해자사법제도로의 전환이 필요하다고 하겠다. 이런 피해자 중심(Victim-centered) 또는 피해자 지향(Victim-oriented)의 사법제도와 함께 범죄예방에 있어서도 상당한 변화의 추세를 볼 수 있다. 과거 전통적으로 범죄를 예방하기 위하여 가해자 중심에서 범죄자의 범행동기를 해소함으로써 범죄를 예방하고자 하였지만, 그 효과는 만족스럽지 못했다. 범죄의 동기는 너무나 복잡하고 다양하며, 개인과 상황과 범죄유형에 따라서도 전혀 다른 동기가 작용할 수 있다. 그리고 빈곤이나 사회구조적 요인과 같이 범죄동기 중 대부분은 현실적으로 사법제도가 해결할 수 없는 것이기도 하다. 이런 면에서 피해자학을 중심으로 한편에서는 동기억제가 힘들다면 범행동기가 실현되지 않도록 범행기회의 차단이 필요하다는 지적을 한다. 범죄가 일어날 수 있는 상황을 만들지 말자는 것이고, 이는 대부분이 잠재적 피해자의 사전주의를 중심으로 하는 범죄기회 차단과 억제이다. 바로 상황적 범죄예방을 중심으로 하는 것들로 따라서 이제는 범죄예방(crime prevention))이 아니라 피해자화 예방 또는 피해예방(victimization prevention)이어야 한다는 것이다.

이와 같은 변화와 가장 관련이 깊은 이론은 바로 일상활동 이론(Routine activity theory)이라고 할 수 있다. 이 이론은 범죄가 발생하기 위해서는 반드시 충족되어야 하는 세 가지 필요충분조건(necessary-sufficient condition)을 고려한 것으로, 동기가 부여된 범법자, 잠재적 표적, 그리고 보호의 부재가 바로 그 세 가지 범죄발생의 필요충분조건이다. 이 이론은 범죄율의 변화를 일상활동의 변화와 연계시키는데, 일상활동의 변화를 통하여 위의 세 가지 필요충분조건 중 어느 하나만이라도 충족되지 못하게 한다면 범죄는 예방될 수 있다는 것이다. 일상활동 구조의 변화는 동기가 부여된 범법자가 시간과 공간적으로 적절한 보호가 결여된 잠재적 피해자와 시간과 공간적으로 만나게 되는 확률을 증대시킬 수도 있고, 반면에 줄일 수도 있다는 것이다. 범죄예방을 위해서는 일상활동의 변화를 통하여 잠재적 범법자와 잠재적 피해자가 시간과 공간적으로 함께 만나지 않게 하면 된다는 것이다. 물론 이런 가정에 대해서 여성해방론자들은 가정폭력을 예로 들면서 일상활동의 변화가 어렵고 따라서 범법자의 동기가 바뀌어야 한다고 비판한다.

제2절 반복 피해자화의 예방(Prevention of repeat victimization)

소수의 범법자들이 경찰에 신고가 된 모든 범행의 대부분에 대한 책임이 있으며, 더구나 소수의 피해자가 범죄의 다수를 경험한다는 것을 수많은 연구들이 보여주고 있다. 범죄사건은 지리적 지역에 따라 공평하게 분포되지 않는다는 것도 이미 알려진 사실이어서, 일부 거주지역이 다른 거주 지역에 비해 더 많은 폭력범죄를 경험한다. 당연히 이런 역동성을 이해하는 것이 범죄예방과 법집행 전략을 형성하는데 가치 있는 것임은 분명하다. 호주 범죄학연구소에 따르면, 모든 재산범죄의 절반 이상이 모든 가구의 4분의 1이 조금 넘는 가구에서 발생하였고, 3번 이상 피해를 당한 가구가 전체 사건의 25%에 달하였으며, 대인범죄의 3분의 2 정도는 피해자의 41%가 경험한 것이었다고 한다. 결과적으로, 범죄예방책으로서 만약 무작위로 선택된 피해를 당하지 않은 1,000가구를 표적으로 하고자 하면 평균적으로 83건의 침입절도를 예방할 수 있으나, 만약 피해경험이 있는 1,000가구를 선택한다면 286건의 침입절도를 예방할 수 있다는 것이다[1].

대부분의 사람은 평생 한 번도 범죄의 피해자가 되지 않는 데 비해 일부는 반복적으로 피해를 당하는 것으로 알려지고 있다. 마치 가해자 중심 범죄학(Offender-centered criminology)에서 극소수의 누범자가 상당 부분의 강력범죄를 저지른다는 사실에서 선별적 무능력화(Selective incapacitation)라는 정책이 도입되었듯이 피해자 중심 범죄학(Victim-centered criminology)이나 피해자학(Victimology)에서 보면 이들 일부 반복피해자들이 재피해(re-victimization)를 당

---

[1] Australian Institute of Criminology, No.128, Revictimization: Reflecting the Heat on Hot Victims, Trends & Issues in Crime and Criminal Justice, September 1999, p. 1

하지 않게 하는 것만으로도 상당한 피해예방, 따라서 결국에는 범죄예방의 효과가 있을 것으로 기대하는 것이다. 이런 기대를 사실적 자료로 들여다보자. 비록 범죄유형과 장소에 따라 차이는 있지만 평균적으로 거의 절반에 가까운 개인과 가족에 대한 범죄가 같은 해 이미 피해를 당한 표적에 대한 반복적 범행이며, 동일한 표적에 대한 이들 반복피해자화는 때로는 빠르게 발생하고, 동일한 범법자가 자신의 표적이 더 이상의 범행에도 적절한 표적이라는 것을 알게 된 후 동일한 표적에 대해서 반복 피해자화를 범하며, 반복 피해자화의 위험은 범죄유형과 여건에 따라 다양하지만 가정폭력, 성폭력, 노인과 아동 학대, 인종공격, 집단 괴롭힘, 폭력과 협박과 같은 대인 범죄의 비율이 높다고 하며, 재산 범죄 중에서는 강도나 절도 등 기업에 대한 범죄의 반복 피해자화율이 아주 높다고 한다. 일반적으로 주거지역에서 자주 발생하는 '노상범죄(street crimes)' 중에서는 평균적으로 재산범죄보다는 대인범죄의 반복피해자화율이 더 높으며, 주택이 침입절도를 당하면, 주변의 다른 가구들도 높아진 위험을 겪게 되는데, 물론 그 위험은 범죄 장소로부터 거리와 시간이 멀어질수록 낮아진다. 반복피해자화율(repeat victimization rate)은 범죄다발지역일수록 더 높으며, 이 반복 피해자화가 특정 지역이 범죄다발지역이 되는데 불균형적으로 크게 기여한다는 것이다. 이러한 사실들은 모두가 범죄예방자원을 언제, 어디서, 어떻게 할당할 것인가 결정하는 데 크게 기여한다는 것이다2).

1. 반복 피해자화의 개념과 유형

반복 피해자화의 가장 협의의 정의는 동일한 표적에 대한 범죄의 재발생이라고 할 수 있으며, 광의의 정의는 상이한 차원에 걸친 반복적 피해자화라고 할 수 있다. 공간적 반복은 지도 위에 다발점(hot dots)과 다발지점 또는 지역(hot spots)을 만드는 것이고, 표적 특성의 반복 또는 사실상의 반복은 빈번하게 절도를 당하는 다발 품목(hot products)과 위험한 시설인 장소를 포함한다. 대부분의 범죄집단이나 분류는 동일한 범법자에 의한 시간적으로 초점을 맞춘 연속(spree)

---

2) G. Farrell, "Progress and prospects in the prevention of repeat victimization," in Tilley(ed.), op cit., pp. 143−170, pp. 143−144

범죄와 동일한 범죄자 동일한 표적의 연쇄 범죄(series)를 포함한 반복의 형태라고 할 수 있다. 대체로 12가지 유형으로 나뉠 수 있으며, 동일한 범죄자와 동일한 수법은 통상 동일한 범죄유형을 의미하는 등 대부분 중첩되지만 유형화가 반복 피해자화와 관련된 일련의 개념과 이론을 보여준다(<표-16> 참조).

표-16 유형의 반복 피해자화3)

	표적	범법자	장소/위치
공간적	동일한 주거지, 비즈니스, 차량	동일한 장소의 동일한 범법자	• 근접 반복 (near repeat)(이웃 등) • 위험한 시설, 다발지점 (hot spot)
시간적	동일한 표적에 대한 신속한 반복 (quick repeat)	동일범에 의한 신속한 반복(quick repeat) - 연속범(spree) 가능성	반드시 동일범에 의한 신속한 반복일 필요 없음
범죄유형	동일 표적에 대한 동일 유형 범죄	동일범, 동일 유형범죄 - 연쇄범죄(series)	마약거래 등 동일 장소의 동일 유형범죄
전술적	사실상 반복(virtual) - 동일 특성 표적에 대한 동일수법 -hot products 만듦	동일범, 동일 수법	동일 장소에 의해 용이해진 동일 수법 (백색벽위의 낙서)

반복피해자화는 통상적으로 다양한 형태의 반복적으로 피해를 당한 표적을 지칭하는데 이용되고 있는데, 여기서 용어를 피해자, 즉 사람에게만 제한하는 것은 반복적으로 피해를 당하는 것은 비단 사람뿐만 아니라 재산도, 건물도, 심지어 동식물과 기업도 범죄의 표적이 되고 또 일부는 반복적으로 피해를 당할 수 있기 때문에 적절하지 못하다고 한다. 반복 피해자화의 개념은 발전을 거듭하여, 현재는 심지어 '사실상의 반복 피해자화(virtual repeat victimization)' 또는 범법자가 이미 유사하거나 동일한 표적을 대상으로 범행을 했기 때문에 그 표적

3) Sage Publications, Encyclopedia of Victimology and Crime Prevention: Theories of Repeat Victimization for Policy and Practice, http://dx/doi.org/10.4135/9781412979993.n259, 2021, 7, 26 검색

이 선택된 사례를 지칭하는 '사실상의 반복(virtual repeat)'까지 제안되고 있다. 예를 들어 빈번하게 피해를 당하는 특정한 모형과 제조사의 자동차나, 주거침입절도를 당한 주택과 유사한 구조나 설계가 된 가까운 이웃집도 이 '사실상의 반복'에 취약한 것이 아주 좋은 예라고 할 수 있다. 이러한 '사실상의 반복'이 우리들에게 범죄예방에 관한 생각을 위한 유용한 방향을 제공해 준다. 예를 들어, 사실상의 반복 피해자화가 쉽게 침입할 수 있는 등 표적의 설계에 기인하여 발생한 것인지, 어두운 지역 등 주택의 위치 때문인지, 아니면 랩톱(Laptop) 등 재판매의 가치는 높으나 추적 가능성은 낮은 표적 물품 때문인지 여부 등이 예방적 대응을 위한 전술의 선택에 영향을 미칠 수 있다는 것이다[4].

'근접 반복(near-repeat)' 등의 용어는 피해를 당한 표적에 가까이 위치한 표적의 피해자화를 가리킨다. 예를 들어, 주거침입절도가 발생한 주택 근처의 가까이 있는 주택이 같은 유형의 범죄를 경험할 가능성이 증대된다고 하는데, 위에서도 언급했던 것처럼 초기 첫 표적으로부터 거리가 멀어질수록 낮아진다는 것이다. 일부에서는 이를 두고 주거침입절도는 마치 '전염성이 있는(infectious)' 것 같아서 질병처럼 지역 전체로 퍼질 수 있다는 것이다. 이를 두고 학자들은 대부분의 범법자들이 손쉬운 선택(easy picking)을 선호하는데, 그것은 그들이 자신이 위험성, 노력과 보상의 정도 등에 대한 지식을 더 많이 알고 있는 익숙한 표적을 선호하기 때문이라고 설명한다[5].

위의 Johnson과 Bowers는 지역에 기초한 예방적 개입(area-based preventive intervention) '예상 범죄다발지역화(Prospective hot-spotting)'라는 개념을 제시하였다. 그들에 의하면, 주거침입절도의 위험성은 전염성이 있어서, 주거침입절도를 당한 주택으로부터 400미터 이내의 주택이나 건물 등은 최초 범행 발생 후 최대 2개월 동안 피해자화 위험성이 심각하게 상승된다는 것이다. 따라서 그들은 이 '예상 범죄다발지역화'가 전통적 범죄다발지역화에 비하여 미래 범죄의 예측가능성을 높일 수 있다고 제안한다. 앞의 '사실상 반복'의 결정적 특성은 앞서 발생한 범죄수법

---

4) op cit., p. 145

5) M. Townsley, Homel, R. and Chaseling, J., "Infectious burglaries: A test of near repeat hypothesis," British Journal of Criminology, 2003, 43: 615-633; S. D. Johnson and Bowers, K. J., "The burglary as a clue to the future: The beginnings of prospective hot-spotting," The European Journal of Criminology, 2004, 1: 237-255

의 복제, 반복이라고 할 수 있는데, 이를 더 구체적으로는 '전술적 반복(tactical repeat)'이라고 하지만, 사실 '근접 반복(near-repeat)'의 일차적 주요 특성은 이전 범행에 대한 공간적 근접성이며, 비록 근처의 주택들이 배치나 경비나 보상 등이 유사하여 전술적 반복의 요소도 통합하지만, '공간적 반복(spatial repeat)'이라고 한다[6]. 이렇게 '반복 피해자화'와 관련된 용어와 그 개념은 비교적 다양한 편인데, 이를 요약하면 아래 <표-17>과 같다.

표-17 반복 피해자화의 형태[7]

반복 형태	특성	예
표적 (target)	동일한 표적에 대한 범죄	같은 사람, 건물, 주택, 자동차에 대한 범죄
전술적(사실상) (Tactical)(virtual)	• 동일한 기술이나 수법 요하는(quick repeat) 범죄 • 종종 동일한 유형의 표적	• 상이한 건물의 특정 형태 자물쇠선택 • 동일 모형의 자동차 절도, 같은 배치의 건물 침입절도
시간적 (Temporal)	• 무차별적 범행(offending spree) • 시간적 근접성이 결정적 특성	• 같은 날 밤 다른 건물에 대한 다수 침입절도 • 자동차 절도 그리고 강도 그리고 도주
공간적(근접) (Spatial)(near)	근접성과 특성에 기인한 가까운 위치에서의 범죄	범죄다발지역 : hot-spot
범죄유형 (crime type)	동일한 표적에 대한 상이한 유형의 범죄피해자화	같은 사람이 서로 다른 시간에 강도, 절도, 폭행을 당함
범법자(Offender)	같은 표적이 다른 범법자로부터 당하는 피해자화	건물이나 자산이 다른 여러 범법자들에게 쉬운 표적이거나 보상이 커서 매력적

---

6) Farrell, op cit., p. 146
7) ibid., p. 147, Table 6.3 Typology of repeat victimization 인용

2. 반복피해자화 예방의 이유

반복 피해자화의 특성으로, 개인의 과거 범죄피해자화는 종종 동일한 범법자의 소행인 경우가 많지만 피해자의 이어지는 결과적 피해자화의 좋은 예측인자라고 한다. 즉, 과거 피해경험이 장래 피해 가능성, 확률의 지표가 된다는 것이다. 그리고 과거 피해자화 경험이 많으면 많을수록 그만큼 그 피해자가 자신의 미래범죄를 경험할 확률도 더 높아진다는 것이다. 또한 반복피해가 일어나면 이전 피해자화 직후가 될 확률이 높으며, 재피해자화는 범죄가 가장 많이 발생하는 지역에 가장 높다고 한다. 이들 재피해자화 현상의 특성이 우리에게 언제 그리고 어디서 다음 범죄가 일어날지 믿을 만한 조기 경고를 제공한다고 할 수 있다. 위와 같은 지식과 정보로 무장한다면 경찰은 범죄예방의 잠재력을 극대화할 수 있으며, 우리가 최근의 피해에 초점을 맞추면 범죄예방이 피해자 지원의 하나로도 간주될 수 있는 것이다[8].

실제로 피해자화 자료 또는 피해자 통계를 보면, 반복 피해자화의 예방이 왜 중요한지 잘 알 수 있게 된다. 물론 흥미롭게도 반복 피해자화의 중요성은 어쩌면 현실적 선택의 결과였는지 모른다. 경찰이 위험에 처한 모든 가구를 다 보호하기에는 너무나 자원이 부족하였기 때문에 가장 위험한 가정을 파악해야만 했던 것이다. 순식간에 분명해진 것은 미래 침입절도의 가장 좋은 예측인자는 과거 침입절도라는 사실이었다. 범죄예방을 최근에 피해를 당한 피해자에게 초점을 맞추게 되면, 범죄예방이 피해자 지원과 통합된 것으로 간주될 수 있는데, 이는 범죄예방 없는 피해자 지원은 가장 즉각적인 도움이 필요한 사람들을 배제하게 되는데 그것은 피해자에게 범죄 재발 가능성이 없음을 재확인해 주는 것이 범죄예방의 전통이기 때문이다. 반복 피해자화는 예방활동에 대한 자연스러운 속도를 정하는데, 범행을 추적하는 것은 갈팡질팡과 반대되는 일종의 조금씩 꾸준한 범죄예방으로서 지속적인 노력을 함축하는 것이다. 반복 피해자화는 범죄율이 가장 높은 지역에서 가장 높다고 하는데, 이를 다른 말로 바꾸면 그 지역 범죄율이 높은 것은 반복 피해자화율이 그만큼 높기 때문이라는 것이며, 따라서 예방노력을 피해자와 그 주변으로 배치하는 것이 가장 필요한 지역

---

8) Australian Institute of Criminology, op cit., p. 2

을 겨냥할 수 있게 한다. 반복 피해자화 예방에 집중하는 것은 범법자 발각의 중요성을 분명하게 보여주고 예방에 있어서 범법자 발각이 중요한 요소로 만든다. 만약 동일한 범법자가 되돌아오고 이번에도 발각되면 이는 피해자에게 아주 특별한 도움이 되며 범법자에게도 아주 특별한 메시지가 되는 것이다. 그리고 가장 중요한 것으로, 반복에 대한 사고는 변화된 인식을 함축하는데, 경찰관이 범죄피해자를 방문하는 것이 현재 범죄를 다룰 뿐만 아니라 다음에 일어날 수 있는 사건을 지향하는 것이다[9].

우리가 범죄예방을 위해서는 반복 피해자화를 예방하지 않으면 안 되는, 적어도 반복 피해자화 예방이 필요한 이유는 경제, 철학, 정치, 그리고 정책이라는 다양한 관점에서 찾을 수 있다고 한다. 먼저, 반복 피해자화의 예방은 그 자체가 하나의 범죄예방활동이며, 따라서 일찍이 영국의 Robert Peel경이 근대 경찰활동의 원리를 제시하면서도 규정한 경찰사명의 가장 기본을 추구하는 것이다. 또한 반복 피해자화를 표적으로 삼는 것은 시간과 공간의 관점에서 범죄문제에 대한 부족한 경찰자원의 효율적인 배분이기도 하며, 심지어 살인조차도 어쩌면 살인미수의 반복일 수도 있어서 표적이 있는 거의 모든 범죄에 상응한 접근법이고, 경찰 관리의 측면에서도 업무성과 평가지표로 활용될 수도 있다는 것이다. 자원의 효율적 활용과도 연관되지만 반복 피해자화 예방은 자연스럽게 범죄다발지역과 가장 많이 피해를 당하는 표적에 자원을 배분할 수 있게 하며, 피해를 당한 표적 근처에서 발생하는 '근접 반복(nearby repeat)', 유사한 특성을 가진 표적에 대한 피해자화인 '사실상 반복(virtual repeat)'에 대한 예방에도 자원배분에도 영향을 미치게 된다. 이와 관련하여 경찰자원이란 한정적인 것이어서 모든 범죄가 다 한꺼번에 동시에 일어나지 않는다는 점에서 경찰자원이 피해자화가 일상적으로 일어나는 데 배분될 수 있다고도 한다. 또한 반복 피해자화 예방은 범죄대체를 초래할 가능성도 낮은 반면에 오히려 가장 매력적이고 취약한 표적에 대한 상황의 변화로 범법자들이 불확실하고 그래서 억제될 수 있기 때문에 일반 범죄예방보다 이익의 확산 효과는 더 커질 수 있다고 한다. 더구나 반복 피해자화 예방은 경찰로 하여금 피해자 지원을 위한 무언가를 할 수 있도록 해주기 때문에, 경찰로 하여금 비교적 상대적으로 경시되어 온 그러나 경찰 서비

---

9) Australian Institute of Criminology, op cit., p. 4

스의 중요한 소비자의 한 당사자인 피해자 지향이 되게 해 줄 수 있다. 이와 같은 피해자 지향의 경찰활동은 피해자로부터의 긍정적인 환류를 받을 수 있게 되어 경찰의 바람직한 지역사회 관계를 증진시키게 된다. 끝으로, 반복 피해자화 예방은 심각하고 다발적인 범법자의 발각에 기여하고, 심지어 조직범죄의 발각과 예방의 가능성도 높여준다는 것이다10).

3. 반복 피해자화와 그 예방의 이론적 배경

현재 반복 피해자화에 대한 가장 중요한 이론은 범죄예방실천관행의 효과성과 효율성을 향상시킬 수 있다는 것이다. 80년대, 공공주택에서의 주거침입절도 예방을 위한 프로젝트에서 주거침입절도가 빈번하다는 것이 관측되었고, 이를 토대로 반복피해를 예방한다면 제한된 자원을 위험성이 높은 표적에 활용함으로써 범죄예방을 위한 효율적인 전략을 증명할 수 있을 것이라는 것을 이론화하였던 것이다. 시범 프로젝트에서 일련의 대책들의 부분으로서 반복 주거침입절도가 예방되었고, 전반적인 주거침입절도가 상당히 줄어듦과 동시에 대부분 제거되었다는 것이다. 반복 피해자화는 모든 범죄에 가능하지만 대인범죄가 더 반복적이라는 것도 알게 되었다. 반복은 신속하게 재발하였지만 위험은 시간을 두고 쇠진한다는 것을 알게 되고, 이를 기화로 예방자원은 신속하게 사용되어야 한다는 것도 알게 되었다. 더 최근에는 근접 반복(near repeat)의 가능성이 더 높다는 것도 밝혀졌는데, 그것은 최근에 절도를 당한 주택의 이웃이 더 큰 위험에 놓이기 때문이며, 근접 반복의 이유는 주택의 배치나 구조 나 용품 등이 유사한 알려진 지역이기 때문이다. 근접 반복은 동일하거나 유사한 특성을 가진 표적이 그 이유로 인하여 피해를 당한다는 사실상 반복(virtual repeat)의 공간적으로 규정된 개념이라고 할 수 있다. 동일유형의 자동차가 유사한 위치에서 피해를 입고, 동일한 유형의 소비자 용품이 매력적이기 때문에 도둑을 맞는 등 반복 피해자화를 인기품목, 다발품목과 물품 설계의 이론과 연계시킨다.

위와 같이 지금까지 알려진 바, 일부 반복 피해자화는 우연으로 일어날 수도 있지만 지금까지 우리가 관찰한 바와 비교하면 그 수가 미미하다고 할 수 있

---

10) Farrell, op cit., pp. 152－153 Box 6.5에서 재편집

다. 이처럼 반복 피해자화가 단순히 우연 때문만은 아니라는 것을 설명하는 데
는 두 가지 주요 이론을 들 수 있다. 먼저 첫 번째는 깃발이론(Flag theory)이라
고 하여 일종의 깃발 또는 상징이론이라고도 할 수 있는 것으로, 반복 피해자화
는 특히 매력적이거나 취약한 표적에 대해서 아주 빈번하게 발생하며, 이는 위
험성의 불균형성(unevenness)이라고 하는 위험 이질성(risk heterogeneity) 이론
또는 피해자화가 일부 표적을 위험한 것으로 깃발을 올리거나 상징화한다는 깃
발이론(flag theory)라고 한다. 두 번째는 부양이론(Boost theory)이라고 할 수 있
는 것으로, 피해자화가 더 큰 반복 피해자화의 가능성으로 이끈다는 것이다. 즉,
피해자화가 반복 피해자화를 부추기거나 부양시킨다는 것이다. 이런 점에서 이
이론은 사건의존성(event dependence)이론 또는 상태의존성(state dependence)이
론이라고도 하는데, 이는 한 가지 사건이나 상태의 가능성, 확률은 그전의 사건
이나 상태에 달렸기 때문이라고 한다[11].

이 두 이론들은 서로 밀접하게 관련되었다고 하는데, 그것은 범죄가 발생하
기 위해서는 하나의 표적이 자신이 매력적이거나 취약한 것으로 스스로 기를 올
리고 표시를 해야 되며 바로 이 점이 다른 가능성, 확률을 부추기거나 부양하거
나 높이기 때문이라는 것이다. 이들 두 이론은 일상활동 이론과 합리적 선택이
론으로 뒷받침되고 있다. 범죄학의 합리적 선택에서도 매력적이거나 취약한 표
적의 선택을 논하고 있듯이, 보다 매력적이거나 더 취약한 표적에 대하여 범행
하는 것은 너무나 합리적이라고 보기 때문이다. 또한 범행이 쉽고, 위험은 적고,
보상은 큰 표적에 대한 피해자화를 반복하는 것도 지극히 합리적이라는 것이다.
일상활동이론은 함축적이라고 할 수 있는데, 반복 피해자화는 범법자 의사결정
이 표적 역할의 특성에 의하여 영향을 받고 따라서 표적 역할 이론이라고 할 수
있으며, 뿐만 아니라 범죄가 일어나는 환경의 특성도 영향을 미치고 그래서 환
경이론이라고도 할 수 있기 때문이다[12].

범법자들과의 인터뷰를 통해서 범법자들이 왜 그리고 어떻게 반복 피해자
화가 일어나는지를 통찰할 수 있게 해 준다. 어느 침입절도범은 인터뷰에서 자
신은 반복적으로 같은 가게를 침입절도를 할 것이라면서 그 이유는 그 가게를

---

11) Sage publications, op cit.
12) Sage publications, op cit.

절도하는 것이 쉽고 자신의 절도를 중단시키기 위해서 가게에서 아무런 별다른 조치를 취하지 않았기 때문이라고 설명하였다고 한다. 이런 설명을 우리는 부양 이론의 예라고 할 수 있지만, 물론 왜 반복 피해자화가 항상 일어나지 않는지에 관한 설명도 통찰할 수 있다고 한다. 물론 다수의 침입절도가 동일한 주거나 가게에 대한 범죄를 반복하지만 일부는 그렇지 않다는 것이다. 그에 대한 한 가지 제안이 있다면, 그들이 위험이 커졌기 때문이라고 생각했기 때문이라는 것이다. 피해주민이 자신의 피해사실을 이웃에 전하고 주의와 조심할 것을 당부하여 항상 누군가가 지키고 있게 하기 때문이라는 예를 들어 설명한다. 그리고 또 다른 이유로, 일부 절도범은 주민들이 자신을 알아볼까 봐 두려워서 결코 다시 가지 않는다고도 한다[13].

4. 반복 피해자화 예방의 평가

대표적인 반복 피해자화 예방은 반복적인 주거침입절도를 예방하기 위한 것이지만, 반복피해자화 예방은 다양하며, 그 형태 또한 그만큼이나 다양하다고 할 수 있다. 일부는 피해를 당한 건물과 그 주변에 초점을 맞춘 소규모 이웃 감시와 경찰의 집중순찰 등 피해자 대부분을 접촉하고, 광범위한 보안강화와 다른 예방대책을 실행할 수 있었다. 반면에 다른 일부 프로그램은 피해자들에게 취해야 할 대책에 대한 충고와 권고만을 제공하는 데 그쳐서 실제로 예방대책을 실행하여 피해자를 실제로 직접 돕지는 않는 것이다(<표-18> 참조).

---

13) G. Farrell and Pease, K., "Repeat victimization," in R. Henderson and L. Henderson(eds.), Environmental Criminology and Crime Analysis, Cullompton, UK: Willan, 2008, pp. 117–135, p. 126

표-18 **반복 주거침입절도 예방의 평가[14]**

예방내용	효과	대체효과 여부
집중적 보안강화, 이웃감시, 범법자 채무상담	실행결과 반복 침입절도 전무 6개월에 60%, 3년에 75% 침입절도 감소	대체 미발견
표적경화 보안대책 (자물쇠, 이웃감시)	반복 절도 미측정 비교지역에 비해 24.3% 감소	대체 미측정
표적강화 보안 대책	비교지역 대비 40% 감소 반복소요시간 증대 54% 사건 감소	대체 미측정
위험성에 따른 단계적 대응 다수 전술 도입	제안된 금, 은 대응으로 반복 주거침입절도 감소 비교지역 대비 30% 사건 감소	대체 미발견
보안, 보호, 범법자 기초 대책의 결합 패키지	감소효과 없음	대체 미측정
피해자와 주민에 advice card 제공 보안조사, 건물등록, 경찰순찰	반복 피해 감소 없음	대체 미측정
수사 향상, 피해자에게 보안검사와 안내 책자	비교지역 대비 12% 사건 감소	대체 미측정
3단 대응 – 1회 피해자에게 보안 충고와 자료제공, 2회 피해자에게 보다 집중적 자료, 다발지역은 보안 평가와 건물 표식	반복 피해자 16% 감소 반복 사건 15% 감소 침입절도 증가	대체 가능성
보안감사, 비공식 지원과 유관기관 위탁, 재물 표식, 이웃연계	통제지역 대비 반복 피해 감소	대체 미발견

---

14) op cit., pp. 155－156, (Table 6.2) The assessment of the prevention of repeat victimization 재편집

이런 평가결과들은 하나의 대책보다는 복수의 예방대책이 결합된 패키지 형태가 더 효과적이라는 합리적 증거를 보인다는 것이다. 종합적으로 학자들이 반복 피해자화를 예방하는 데 효과적인 것과 효과적이지 못한 것들을 제시하고 있는데 이를 요약하자면 아래 <표-19>와 같다.

표-19 효과적/ 비효과적 반복 피해자화 예방 요소[15)]

효과적인 요소	1. 강력한 예방기제 – 특정한 예방전술은 범죄의 특성이 장소에 따라 다양하기 때문에 표적과 상황에 맞추어져야 한다. 2. 복수의 전술 – 기존에 나와 있는 증거는 복수의 전술이 함께 실행되면 시너지 효과를 낼 수 있다고 한다. 3. 강력한 실행 – 일부 예방노력이 실패한 이유가 예방적 기제가 도입되지 않았기 때문이라고 한다. 4. 반복 피해자화율이 높은 상황에 초점 – 반복율이 가장 높은 지역, 시간, 범죄는 분명히 예방적 노력의 적절한 초점이 된다는 것이다.
비효과적 요소	1. 부적절하거나 약한 예방 전술 2. 부족한 시행 3. 상황을 고려하지 않은 전술의 복제 4. 반복 피해자화율이 낮으면 전반적인 영향도 적음

제3절 상황적 피해예방

1. 잠재적 피해자의 행동수정을 통한 범죄기회의 축소

지금까지는 상황적 범죄예방이란 대체로 물리적 환경의 설계, 관리, 이용을 통하여 잠재적 범법자에게 범행의 기회를 주지 않음으로써 범죄를 예방하거나 억제하자는 것이었다. 이 기회-축소 전략(opportunity-reduction strategies)이 잠재적 피해자인 대중들이 범죄기회를 줄이거나 예방하도록 영향을 미치고 조직하는 노력이나 활동도 포함될 수 있다는 것이다. 구체적으로, 사람들이 상황적으로 범죄를 예방할 수 있는 5가지 역할이 있다고 한다. 사람들이 수상한 사람

---

15) Farrell, op cit., p. 157, Box 6.6, 6.7을 재편집

이나 행동을 잘 살펴보고 경찰에 신고하며, 지역을 적극적, 능동적으로 순찰하고 수상한 사람을 마주치면 떠나거나 행동을 바꾸도록 요구하며, 주민 스스로 자신의 행위를 바꾸어 범죄의 피해자가 되지 않도록 하고, 경찰증원을 요구하고, 정부에 서비스와 자원을 요구하며, 시설을 방치하는 건물주에게 소송을 제기하는 등 다른 사람들이 행동하도록 압력을 가하며, 주민들을 대신하여 행동하도록 경찰에 권한을 주는 등의 노력을 할 수 있다는 것이다[16].

지금까지의 전통적 기회-축소 전략과는 사뭇 다르지만 보완적인 기회-축소 기능으로서 상황적 범죄예방은 바로 시민들, 잠재적 피해자들의 교육과 동원을 통하여 가능하다는 것이다. 주로 사적, 공적 공간에 대한 감시를 통하여 수행되는 것으로 지역 주민들로 하여금 더 강하고 높은 수준의 '영역성(territoriality)'과 경계(vigilance)심을 갖도록 하는 것이 사람에 기초한 상황적 범죄예방(people-based situational crime prevention)의 핵심이라고 할 수 있다. 동네 주변을 산책하면서도 수상한 사람이나 행동을 살펴보는 것도 가장 간단한 인간미를 강조하는 비공식적 감시에 기초한 상황적 범죄예방의 한 가지 예라고 할 수 있다. 물론 가장 공식적, 능동적, 조직적 인간 중심의 상황적 범죄예방은 지역주민들이 서로의 집과 공동의 공간을 관찰하고 수상한 사람과 행동을 경찰과 서로에게 신고하는데 보다 더 경계심을 갖도록 전념하는 '이웃감시(Neighborhood Watch)'가 있다. 이 '이웃감시'의 기회-축소 접근의 핵심이 감시(surveillance)인 만큼 거주지 주변의 수상한 사람과 활동을 잘 살펴보고 경찰에 신고함으로써 경찰의 '귀와 눈'으로 활동할 것을 권장하는 것이다[17].

시민의 직접적인 참여를 수반하는, 그래서 피해자 지향의 상황적 범죄예방이라고 할 수 있는 상황적 범죄예방의 또 다른 예는 시민순찰(Citizen patrol)로서, 이는 지역사회 구성원들이 걸어서, 자전거로 또는 자동차로 의도적으로 자신들의 이웃을 돌면서 수상한, 의심스러운 사람과 행동을 눈여겨 살피고, 건물이나 부지 등을 점검하며, 자동차 문이 잠기지 않았다거나 창문이 열려 있는 경

---

16) J. E. Eck and Rosenbaum, D. P., "The new police order: Effectiveness, equity, and efficiency in community policing," in D. P. Rosenbaum(ed.), The Challenge of Community Policing: Testing the Promises, Thousand Oaks, CA: Sage, 1994, pp. 3-23, pp. 14-15

17) Schneider, op cit., p. 66

우 소유자에게 알리고, 수상하고 의심스러운 활동은 경찰에 신고하는 순찰이다. 시민순찰은 경찰과 주민 또는 시민단체 등 누가 주도적으로 시작하고, 도보냐 차량이냐 자전거냐, 약간의 훈련을 받는 비교적 조직화되고 공식적인 것이냐 반대의 비공식적이냐 등에 따라 그 형태와 역할은 다양할 수 있다. 시민순찰에 대한 평가는 대체로 긍정적인 것으로 시민의 범죄 두려움과 범죄발생률이 낮아졌다고 한다. 그러나 순찰 시민이 부상 등 위험에 처해질 수 있는 상황과 사람을 직면할 수도 있다는 위험성을 경고하기도 한다[18].

2. 범죄예방의 새로운 패러다임으로서 도시 회복탄력성(Urban Resilience)

회복탄력성이 범죄예방에 있어서 역할을 한다는 생각은 바로 회복탄력성이 위험과 위협을 최소화하고, 손상사건을 줄이고 간접적으로는 예방하는 데 일정의 역할을 한다는 것이다. 지금까지의 논의에서 회복탄력성이 주로 개인을 중심으로 하는 개인적, 가족적, 학교와 지역사회라는 환경적 요소를 중심으로 논의되었으나, 범죄와 관련된 회복탄력성은 상황적 범죄예방, 특히 CPTED가 각광을 받으면서 도시계획이라는 측면에서도 회복탄력성을 향상시킬 수 있다는 믿음이 생긴 것이다. 여기서 도시 회복탄력성(urban resilience)은 예기치 않은 사건을 극복하는 데 충분히 유연하고 융통성이 있는 저항적 구조(resistant structure)의 창조를 의미한다는 것이다. 이와 궤를 같이하여, 도시 회복탄력성은 도시계획을 통한 범죄예방 분야에서 주로 논의되고 실천되어 왔다고 한다. 이 도시 회복탄력성은 위험사회(risk society)에서의 범죄예방의 확대로 이해될 수 있다는 것이다[19].

지금까지의 연구를 종합하면, 회복탄력성은 시민과 정부의 행동 사이의 접점에서 실현되고, 지역사회와 정부권력의 내부적으로 그리고 둘 사이의 협조관

---

18) E. J. Latessa and Allen, H. F., "Using citizens to prevent crime: An Example of deterrence and community involvement," Journal of Police Science and Administration, 1980, 8(1): 69－74

19) T. Lukas, "Urban resilience: A new paradigm of crime prevention through urban planning?" SIAK－Journal－ Journal for Police Science and Practice, International Ed. Vol. 5, pp. 16－25, http://dx.doi.org/10.7396/IE_2015_B

계를 통해서 강화된다는 것이다. 당연히 시민과 정부 간 협조의 네트워크를 통해서 이루어지는 보안, 안전 활동은 협조적 자율성의 관계에서 지역사회를 지향하고 지역사회에 의하여 모니터링될 때 가장 정당하고, 책임 있고, 오래간다는 것이다. 도시 폭력을 대하는 대부분의 국가 입장의 역할은 국가가, 정부가 폭력 감소를 위한 전략을 이끌어야 하고 또 이끌고 있다는 가정에서 시작한다. 그러나 가장 바람직한 접근방법은 일종의 다원적, 단계별 접근으로서, 정부가 범죄집단에 대한 일치된 힘을 부과하고, 이어서 지역 골동체가 협력자, 동맹으로서 참여시키는 일련의 단계가 따르는 것이라고 한다. 그러나 불행하게도 폭력에 대한 국가의 지도적 역할은 오히려 시민의 불신을 초래할 수 있다는 것이며, 따라서 이미 진행되고 있는 보안 적용에 지역사회 공동체의 자율행동을 구축함으로써 장기적으로 오래갈 수 있는 회복탄력성을 강화하는 데 크게 기여할 수 있는 방식으로 정부와 시민의 협조적 관계를 정당화하는 데 도움이 된다는 것이다.

범죄예방이 범죄행위를 다루는 데 있어서 점점 전통적인 억압적 전략으로부터 위험관리 형태로 그 초점을 이동시키고 있으며, 이러한 추세는 과학기술의 발달과 도시화, 산업화 등으로 인한 위험사회의 도래로 더욱 빠르게 이동하고 있다. 그래서 예방적 노력은 점점 범죄자와 그들의 동기보다는 의도하지 않은 부수적 효과로서 범죄기회를 만드는 잠재적 피해자의 일상활동과 위험하다고 판단된 상황에 더 초점을 맞추고 있다. 이에 따라 보안정책도 위험의 계산과 그에 따른 상황적 예방의 개발을 중심으로 진화하고 있다. 도시계획을 통한 범죄예방은 이런 추세에 힘입어 특히 경찰업무에 있어서 그중요성을 확보하게 되었다. 도시계획을 통한 범죄예방에의 접근이 바로 도시 회복탄력성(urban resilience)의 개발, 발전을 위한 출발점이라고 할 수 있다.

1) 도시계획을 통한 범죄예방(Crime prevention through urban planning)

도시계획을 통한 범죄예방의 개념은 상황적 범죄예방이라는 집합적 개념의 우산 아래에 들어 있다고 할 수 있을 것이다. 범죄예방을 위한 상황적 접근은 범행기회를 체계적으로 줄이는 데 그 목표를 두고 있으며, 그러한 목표의 저변에 깔린 아이디어는 범죄적 수단과 표적에의 접근을 줄이고, 범죄가 성공하지 못할 것이라고 범죄자에 대한 위험을 증대시키자는 것이다. 이러한 상황적 예방은 매우 특정한 유형의 범죄를 겨냥하고, 가능한 체계적이고 영구적인 방식으로 직접적인 환경의 관리, 설계, 활용하는 것을 포함하여, 범죄를 보다 어렵고 위험하게 하거나 광범위한 범법자들의 판단에 보상은 적고 핑계도 어렵게 하여 범행기회를 줄이는 전략으로 구성되는 것이다[20]. 물론 이러한 개념화의 이면에는 개인적 비용−편익의 계산과 범죄행동을 가능하게 하거나 적어도 조장하는 상황적 여건을 범죄의 원인으로 파악하는 것을 범죄의 개념으로 간주하는 것이다. 이와 더불어, 일상활동 이론에 따르면, 동기가 부여된 잠재적 범법자, 범죄의 기회, 그리고 표적에 대한 적절한 감시와 보호의 부재라는 세 가지 공간적, 시간적 필요충분조건이 충족되어야 범죄가 이러날 수 있다고 하며, 합리적 선택이론은 '사고하는 범죄자(reasoning criminal)', 즉 범죄자도 합리적 사고능력이 있으며 그래서 합리적 선택을 할 수 있고, 범행 여부를 결정하기 전에 결정의 기초로 범죄행동의 이익과 비용을 저울질한다고 주장한다.

　바로 여기서 도시개발이라는 관점에서 표적화된 설계와 건설의 실행으로 지역의 범죄기회구조에 영향을 미칠 수 있고, 그 결과 범죄 관련 두려움도 줄이고 범죄적 일탈이나 비범죄적 일탈도 줄일 수 있다고 가정한다. 일찍이 Newman의 '방어 공간(defensible pace)'에서 범죄기회와 범죄의 관계가 논의되었지만, 이와 같은 접근은 '책임을 조장(fostering responsibility)'함으로써 사회통제를 증대시키는 것을 중심으로 진화한 것이다. 비공식적 사회통제의 일환으로 주민에 의한 자연적 감시(natural surveillance)가 공간이 적절하게 이용되어 방어할 수 있고 방어된 공간임을 상징적으로 표시하는 도시설계와 건축으로 촉진될 수 있다는 것이다[21]. '방어 공간'을 시작으로, CPTED, Secured By Design, Design out Crime 등의 '표적 강화(target hardening)'의 원리를 기초로 표적의 취약성을 줄이자는 제안들을 내놓고 있다. 예를 들어, 범죄기회를 줄이는 가장 좋은 방법은 장벽이나 금고 등 장애물을 설치하여 표적에의 접근을 못하게 하는 것이다. 지역의 계획과 설계가 바로 그러한 역할을 할 수 있다는 것이며, 이를

---

20) R. V. Clarke, "Introduction," pp. 2−43 in Clarke, R. V.(ed.), Situational Crime Prevention, Successful Case Studies, New York: Guildland, 1997, p. 4

21) O. Newman, Defensible Space; Crime Prevention through Urban design, New York: Pease, 1972, p. 4

가장 잘 반영한 예가 바로 '외부인 출입금지 지역사회(Gated Community)'라고 할 수 있을 것이다22).

2) 도시 회복탄력성

지금까지는 도시계획을 통한 범죄예방에 있어서 지속 가능성(sustainability)이 중요시 되었지만, 최근에는 이 지속 가능성의 이념이 점증적으로 회복탄력성의 아이디어로 대체되고 있다는 것이다. 이러한 변화는 아마도 도시성장의 한계로, 지구의 불가피한 혹사로 어쩔 수 없이 지속 가능성에서 회복탄력성으로 변할 수밖에 없다는 것이다. 회복탄력성이란 다양한 분야에서 다양한 의미로 사용되고 있지만, 심리학적으로는 어려운 생활여건이나 사건에 직면했을 때 긍정적 적응과 발전의 현상으로 정의된다. 이런 면에서, 회복탄력성이 때로는 위험이나 재난 연구에서 취약성(vulnerability)의 반대로 다루어지기도 한다. Ulrich Beck의 경고처럼 현대사회가 매우 연계되고, 복잡하고, 발전된 사회에서 절대적인 안전(absolute security)은 불가능하다는 깨달음을 바탕으로, 가능한 위험에 대항한 안전장치보다는 모든 주의에도 불구하고 일어나는 재난의 경우 일반적 저항력(general resistance)을 창출하는 데 더 초점을 맞추게 되는 것이다23).

안전이라는 측면에서, 도시 회복탄력성은 도시에서의 삶의 혼란이 앞으로 어떻게 예방될 수 있으며, 장애가 도시인들에게 주는 영향을 줄이고 극복할 수 있는 방법에 대한 대답을 준다는 것이다. 회복탄력적인 도시는 과거경험을 바탕으로 즉각적인 혼돈, 혼란이나 영구적인 기형이나 파열이 없이 심각한 충격을 이기고 견딜 수 있다는 것이다. 자연적이거나 기술적인 해악을 사전에 예측하고, 변하게 하고, 극복할 수 있도록 설계함으로써 회복탄력적일 수 있다는 것이다. 물론 위험성과 위험에 대한 지역사회의 취약성이 완전히 예측될 수는 없다. 따라서 도시개발의 여러 단계에서 건설과 사회적 요인을 통합하는 도시 회복탄력성에 대한 전체론적인 개념이 요구된다. 이와 같은 가정에서 제2세대, 3세대 CPTED가 주장되기도 한다. 건설과 기술에 기초한 물리적 환경과 같은 붙박이 회복탄력성(built-in resilience)과는 반대로 일 집단의 사람들이 안전감과 안정감

---

22) Burton et l., op cit., p. 19

23) ibid., p. 20

을 제공하는 것과 같은 공유된 목표를 중심으로 함께하는 그러한 지역사회에서의 집합효율성의 존재를 '도시 저항(urban resistance)'의 근원으로 파악한다. 이 집합효율성의 개념에 기초하여, 지역의 주민들이 이웃주민들 사이에 공유된 규범과 상호 신뢰가 있고, 공동의 선을 위하여 함께 노력하는 그러한 지역, 이웃, 동네를 회복탄력적(resilient)이라고 한다는 것이다. 이런 가정에 따르면, 도시 회복탄력성은 저항과 융통성, 적응성이 사회적 융화와 통제와 개입에 대한 지역의 기대의 결과인 일종의 '상향식(bottom-up)'과정이다. 주민들의 회복탄력성은 역경에 긍정적으로 대응하거나 역경으로부터 회복되는 집단이나 지역 공동체와 같은 사회적 실체의 능력이라고 기술할 수 있을 것이다. 이와 같은 관점에서 회복탄력성은 재난 이상의 상황에도 작용되는 일상의 도시생활의 조건인 것이다. 회복탄력적인 사회는 따라서 '자조적 능력과 기술(self-help ability and skills)'을 요하는 것이다[24].

3) 도시계획을 통한 범죄예방으로서 도시 회복탄력성

회복탄력성에 기초한 도시 안전 전략은 특정한 사건발생을 예측하기보다는 오히려 예기치 않은 것을 기대하는 것이다. 도시 회복탄력성의 형성은 지역사회가 정확하게 예측될 수 없고, 장래 사건의 통제가능성이 의문시되는 조건에 점점 더 적응할 필요가 있음을 함축하고 있다. 사회적 위협을 통제할 수 있다는 데 대한 낙관은 안전문제는 극복될 수 없으며, 대신 강도와 정도를 최소화할 수밖에 없음을 이해하는 것으로 대체되는 것이다. 지금까지 경찰의 '예측적 경찰활동(predictive policing)'과 같은 혁신적 방법으로 범죄발생에 대한 타당한 예측을 위하여 노력해 왔으나, 사실 범죄위험성에 대한 예측적 계산은 위험성이 계산될 수 있고, 위험한 상황이 믿을 만한 자료에 기초한 객관적 범주를 활용하여 파악, 확인될 수 있다는 것을 가정하고 있다. 불행하게도 오늘날 같은 위험사회에서는 새로운 위험은 손상이 계획이나 인간의 실패의 결과가 아니라 피할 수 없다는 사실을 특징으로 하는 것이다. 이는 결국 모든 것이 결과를 대비, 준비하는 것으로 함축되는 것이다. 그러한 변화는 기술적이거나 생태학적 위험뿐만 아니라 범죄행위에도 적용되는 것이다. 도시 회복탄력성은 확실하게 위험사회에서의 범죄

---

24) Burton et al., op cit., p. 21

예방의 확장, 확대로 이해될 수 있다는 것이다. 만약에 범행이 예견되어야 한다면 사회와 시민은 범죄의 정상성, 정규성(normality)에 대비, 준비할 필요가 있다. 이러한 관점에서의 회복탄력성은 안전대책의 증대를 제도화, 도구화하는 것을 의미하지는 않지만 오히려 사회적 융화를 강화하는 것을 뜻한다.

실제로 최근 취약성과 회복탄력성에 대한 관심과 실제가 높아지는 것은 다양한 위험과 안전 문제를 다루는 분야에서의 '생각의 이동'으로 설명되고 있다. 도시 회복탄력성 개발전략을 보면, 이런 발전은 도시 범죄예방 원리에 상당히 기초하고 있다고 할 수 있다. 'design out terrorism'이라고 불리는데, 테러리즘 대책들은 마치 'design out crime'과 같이 '방어 공간'에서 이미 적용된 것과 같은 상황적 개념으로 거슬러 올라간다. 물리적 장벽이 폭발을 견디기에 충분할 정도로 강력한 물질을 사용하고 표적에 대한 접근을 차단함으로써 공격의 위험으로부터 보호할 수 있도록 설계되는 것이다. 회복탄력성의 논리는 아마도 'big brother state'와는 상반되게 모든 사람이 심지어 오늘날의 위험으로 가득한 세상에서도 두려움 없이 자유롭게 살 수 있게 해 주는 일련의 주관적이고 체계적인 상황을 만드는 것을 목표로 한다. 그래서 도시 회복탄력성은 효과적인 사회통제를 통하여 공동의 가치를 구축하고 그것들을 지킬 수 있는 사회의 능력으로 이해될 수 있다25).

도시의 회복탄력성을 만들어 내기 위한 효과적인 한 가지 방법은 폭력의 가해자에게는 초점을 적게 맞추는 대신에 오히려 폭력이 난무하는 공간에 더 초점을 맞추는 것, 구체적으로 회복탄력성을 키우기 위한 그 출발점으로 변모하고 있는 공간으로 관심을 돌리라는 것이다. 지금까지 영역적 통제(territorial control)가 폭력에 대한 핵심인 만큼 공간을 재정비하는 것이 폭력행위자의 무력에 대항할 수 있는 첫걸음일 수 있다고 한다. 바로 여기가 도시와 공간계획이 필요한 지점이고, 이 분야 전문가들도 폭력의 특성이 종종 도시 형태(urban form)의 특성과 관련되고, 따라서 그 도시의 형태를 바꿈으로써 폭력을 바꾸거나 심지어 줄일 수 있다는 데 동의하는 것이다. 그런데 훌륭한 도시계획은 그냥 설계만이 아니라 참여(participation)에 관한 것이라고 하는데, 이는 회복탄력성을 구축하기 위해서 도시정책 입안자들은 지역의 비공식적 지도자이든 아니면 경찰 자체든

---

25) op cit., p. 23

폭력행위자와 협상하고 그들로부터 자율성을 가질 수 있도록 주민들의 능력을 키워 주는 새로운 참여전략을 고안해야만 한다는 것을 의미한다.

제11장

회복적 사법(Restorative Justice)과 범죄예방

회복적 사법(Restorative Justice)과 범죄예방

제1절 범죄예방대책으로서의 회복적 사법의 필요성

전통적으로 그리고 일반적으로 범죄예방이라고 하면 우리는 가해자 중심(offender−centered), 가해자 지향(offender−oriented)의 정책을 생각하기 마련이다. 범죄의 동기를 해소하면 범죄는 발생하지 않을 것이라는 기대에서다. 물론 여기에다 범죄의 동기를 완전히 해결하기란 불가능에 가까우며, 더구나 대부분의 동기 관련 문제의 해결은 형사정책이 아니라 사회정책에 가깝다는 점에서 동기의 억제라는 공식적 사회통제가 강조되기도 하였다. 그럼에도 불구하고 범죄는 통제되고 예방되지 않았고, 가해자 중심의 전통적 형사사법에 대한 대안으로서 피해자 중심(victim−centered), 피해자 지향적(victim−oriented) 형사사법의 필요성이 강조되고 있다. 이와 궤를 같이하여 범죄발생 필요충분조건 중 잠재적 피해자의 역할이 가능한 범행기회의 차단이라는 측면에서의 범죄예방이 강조되고 있다. 그런데 여기서 한 가지 더 최근의 진전이 있는데, 바로 회복적 사법이다. 회복적 사법의 가치는 사법정의는 피해의 원상회복이어야 한다는 것이다. 그런데, 회복적 사법과 범죄예방은 얼핏 어울리지 않는 관계로 보일 수 있다. 회복적 사법이 어떻게 범죄예방의 정책적 대안이 될 수 있을까 둘의 관계를 살펴볼 필요가 있다.

회복적 사법은 장기적인 연구개발의 결과가 회복적 사법으로도 범죄를 줄일 수 있다는 것을 보여주지 않는 한 응보적 사법(Retributive Justice)에 대한 주요 대안이 결코 될 수 없다고도 한다. 그럼에도 불구하고 회복적 사법을 범죄예방의 주요 대안으로 거론하는 것은 피해자의 지원과 강화를 통하여 반복 피해(repeat victimization)를 당하지 않도록 하고, 반대로 범죄자에게는 재기의 기회를 제공함으로써 재범하지 않도록 함으로써 범죄를 예방할 수 있다고 믿기 때문이다. 그러나 이런 기대에도 일부에서는 범죄예방은 그 목적이 직접적으로 추구되어야 하는 것이지 회복적 대화의 결과로 불가피하게 따르는 것이 아니라고 여전히 회복적 사법의 범죄예방 효과에 의문을 제기하고 있다. 위에서 밝힌 것처럼 가장 최선의 범죄예방은 회복적 사법과 연계시키는 것이어야 한다는 주장도 만만치 않다. 이들은 회복적 사법에 연계되지 않은 범죄예방은 실패할 수밖에 없다고 이야기한다. 그렇다면 왜 기존의 범죄예방은 실패하는 것일까. 전통적으로 범죄예방은 경찰-주도, 또는 지역사회-주도, 그것도 아니면 아마도 가장 보편적인 것으로 그 둘의 적당한 혼합이었지만, 어떻게 시작되고 누가 주도하였건 범죄예방은 동기가 부족하거나, 자원이 부족하거나, 복합적 숙의가 불충분하거나, 그리고 추적이 부족하여 실패하게 된다는 것이다[1].

먼저 동기의 부족은 대부분의 범죄예방 프로그램은 시민들과 동떨어진 채 작동되고 있어서 이는 곧 시민의 참여의지나 동기가 약하기 때문에 실패한다는 것이다. 자원의 부족은 범죄예방의 효과가 가시적이거나 단기간에 나타날 수 있는 것이 아니라는 점에서 충분한 자원의 확보가 쉽지 않고 당연히 범죄예방이 제대로 운용되기가 어렵다는 것이다. 복합성의 불충분이란 범죄의 원인이 다양하고 복잡한데 그 해결을 위해서도 그만큼 또는 그 이상으로 다양한 숙의와 접근이 필요함에도 그렇지 못하여 범죄의 완전한 해결을 어렵게 한다는 것이다. 결국 통합적 접근이 되지 못하기 때문이라는 것이다. 끝으로 추적(Follow-up)의 부족은 수술환자의 경우에도 예후를 살피는 것이 중요한 것처럼 범죄예방 프로그램도 예외가 아니어서 프로그램 종료 뒤에도 적절한 추적이 필요함에도 그렇지 못하다는 것이다[2].

---

1) J. Braithwaite, Linking crime prevention to restorative justice, https://www.iirp.edu/news/linking-crime-prevention-to-restorative-justice, 2021, 6, 24 검색

그렇다면 회복적 사법은 범죄를 예방하는 데 효과적일까. 분명한 것은 회복적 사법은 하나의 3차적 범죄예방 대책이다. 다시 말하자면, 회복적 사법은 1차예방의 목적처럼 처음부터 범행을 예방하는, 처음부터 범행하지 않도록 하는 것이 아니라 재범행(re-offending)을 예방하는 것을 목표로 한다. 이런 점에서 회복적 사법이 범죄예방 효과가 있으려면 재범율을 낮추어야 한다. 지금까지 연구결과는 비록 대다수 연구가 법원에 기초한 사건, 즉 전통적 형사사법절차를 거친 사건과 비교하여 재범행의 감소를 확인하였지만, 이들 연구가 연구 설계와 기타 방법론상의 문제로 인하여 아직은 복합적이다. 그러나 최근 호주에서 이들 방법론상의 문제들을 대부분 해결하고 실시한 평가연구에서 비교집단에 비해 회복적 사법이 인종, 성별, 전과, 연령에 상관없이 상이한 여러 범죄유형에 걸쳐서 재범율이 15~20% 낮아진 것으로 확인되었다[3].

제2절 회복적 사법

범죄예방과 마찬가지로, 회복적 사법 또한 광의로 해석되는 경향이 강하다. 그중 비교적 잘 정의된 개념은 특정한 범행에 관련된 당사자들이 범행의 사후 후유증과 미래에 대한 함의를 다루는 과정인데, 이러한 개념규정은 관계 당사자를 포함시킨다. 개념, 참여적이고 심의과정의 중요성, 당사자 간의 상호 이해증진과 화해라는 화합의 개념에 함축된 회복적 결과산물의 강조라고 하는 세가지 핵심요소를 인정하고 있다. 이보다 더 구체적으로는, 만남(encounter), 배상(reparation), 통합(reintegration), 그리고 참여(participation)라는 4가지 핵심요소로 구분하기도 하는데, 이 중 만남과 참여 두 요소는 과정에 관련되고, 반면에 배상과 통합은 결과에 관련된 것이다. 이 두 관점의 어디를 강조하는가에 따라 회복적 사법이 구분되기도 하는데, 일부에서는 과정에 관계없이 회복적 결과만으로도 회복적 사법으로 충분하다고 주장하는 반면에 다른 한편에서는 결과물은 과

---

2) op cit.

3) Restorative Justice as a Crime Prevention Measure, Australian Institute of Criminology, 24 February 2004, no. 20, www.aic.gov.au/publications/crm

정에 의존적이고 종속적인 것이어서 과정이 모든 것이라고 주장한다. 물론 자유형을 포함하여 어떤 결과라도 핵심 당사자들이 적절하다고 간주하고 동의한다면 회복적(restorative)이 될 수 있다고도 한다. 또 다른 한편에서는 과정을 좀 덜 강조하고 대신에 결과의 회복적 특성을 더 강조하고 싶어 한다[4].

범죄예방과 회복적 사법은 둘 다 미래 – 지향적(future – oriented)이라고 할 수 있는데, 그것은 둘 다 지금까지 전통적 형사사법의 지배적인 관심사였던 규범적으로 과거를 다시 질서정연하게 하는 것보다는 오히려 미래의 변화에 영향을 미치는 데 더 관심을 가지기 때문이다. 범죄예방의 일차적, 우선적 초점은 당연히 그 본성이나 특성상 그리고 회복적 사법은 그 회복적 결과와 산물로 단순하게 개인에게 과거 행동에 대한 책임을 묻기보다는 오히려 그 개별행위를 겨냥하고, 조정하고, 영향을 미침으로써 미래를 지배, 관리하는 데 초점을 맞추고 있다. 따라서 범죄예방과 회복적 사법은 둘 다 미래에 대한 의식적 인지, 미래행위를 현재에 규제하려는 노력을 미리 예상, 추정하는 것이다. 물론, 범죄예방이야 당연히 배타적으로 미래 – 지향적이지만, 회복적 사법은 과거행동에 대한 개인적 책임도 물음으로써 배상과 통합과 미래 목표도 함께 추구하는 편이다. 회복적 사법은 따라서 두 가지 형태의 책임을 작동시키는데, 하나는 가해자에게 무엇을 했는지를 물어 과거행위에 대한 책임을 묻는 일종의 수동적이고, 일반적으로 회고적인 것으로 이러한 과거에 대한 책임은 회복적 사법과정에서 피해자에게 특히 중요한 것이다. 두 번째 책임은 당연히 보다 능동적이고 일반적으로 미래 – 지향적으로서 가해자로 하여금 자신의 행동에 대하여 책임을 지도록 하는 어떻게 할 것인가를 묻는 것이다. 이와는 대조적으로, 범죄예방은 범죄로 규정된 행동의 해악적 결과를 줄이고 범죄를 미연에 방지하려는 의도의 방법으로 미래행위에 영향을 미치고 변경하도록 현재 행동하려는 것으로 이는 곧 위의 회복적 사법에서 물었던 어떻게 할 것인가에 해당되는 부분이다.

---

4) T. F. Marshall, "The revolution of restorative justice in Great Britain," European Journal on Criminal Policy and Research, 1996, 4(4): 21 – 43; A. Morris, "Critiquing the critics," British Journal of Criminology, 2002, 42(3): 596 – 615; L. Walgrave, Restorative Justice, Self – interest, and Responsible Citizenship, Oregon: Willan, 2008, p. 21

범죄예방의 유형 <표-2>에서처럼, 범죄유형을 1, 2, 3차예방과 피해자-지향, 가해자-지향, 그리고 장소(상황)-지향이라는 2차원적으로 분류하면 예방적 개입의 표적을 더욱 정교하게 규정할 수 있게 한다. 여기서 한 가지 분명히 할 필요가 있는 것은 회복적 사법이 대체로 범행에 대한 대응(response)으로서의 반응(reaction) 또는 범죄발생 후의 정의실현을 위한 하나의 선택지(option)로 이해되고 있다[5]. 이렇게 회복적 사법을 정의하면, 회복적 사법은 어쩔 수 없이 1차와 2차예방은 배제되는 것으로 보인다. 그럼에도 불구하고, 회복적 사법이 기여할 수 있는 범죄예방은 다양하게 존재한다는 것이다. 구체적으로, 범법자-지향 예방은 재범을 줄이는 것이고, 피해자-지향 예방은 피해자에게 가해진 해악(harm), 피해자의 미래 가능한 범행과 미래 피해자화(victimization)를 줄이는 것이며, 장소-지향의 하나로서 지역사회-지향(community-oriented) 예방은 문제-해결을 통해서나 참여적 과정에 다양한 관계 당사자들을 가담시킴으로써 지역사회나 주거지역(이웃, 동네)의 범죄를 줄이는 것이며, 또 다른 하나의 장소-지향 예방으로서 일반 사회-지향(general society-oriented) 예방은 법률규범과 권위에 대한 동조와 준수의 문화를 조장하는 것이며, 여기에 하나를 더하여 선취적 노력을 통한 예방이라고 하여 범죄와 관련되지 않은 문제를 관리하는 것이다.

1. 가해자-지향(Offender-oriented) 예방

1) 책임과 개인적 의무(Accountability and Personal Responsibility)

가해자로 하여금 자신의 범죄행위의 결과를 직시하고 그 책임을 지게 함으로써, 범죄로 야기된 인간의 손상과 고통이 범법자에게 보다 사실적이고 두드러지게 된다. 피해자로부터 직접 고통과 손상에 대한 설명과 증언을 듣는 것이 범법자들의 범행에 대한 정당화 또는 중화(neutralization)의 기술을 약화시킨다. 회복적 사법에서 피해자와 마주 앉아 그의 고통과 피해를 직접 들음으로써 공식

---

5) Walgrave, op cit.

사법절차에서 오히려 중화기술을 권장하는 것에 비하면 가해자들이 피해자를 부정하고 손상과 해악을 부정하며 책임을 부정하기가 훨씬 더 어려워지는 것이다. 여기서 공감능력 또는 동정심이 가해진 해악을 이해하고 결국에는 나아가 그 해악을 보상하고 회복하려는 순수한 의지와 회한이 매우 중요하다고 한다6). 분명한 것은 공식적 사법절차를 대신하기 때문에 낙인이나 구금으로 인한 부작용과 그로 인한 재범 가능성과 위험성이 회복적 사법으로 해소될 수 있으며, 그만큼 재범방지의 효과를 기대할 수 있다는 것이다.

2) 사회유대와 애착(Social bonds and attachment)

회복적 사법의 가장 보편적 형태의 하나인 가족집단회합(Family Group Conferencing)의 경우 가족, 직장, 교육, 지역사회를 통하여 상호 의존성, 사회적 유대 그리고 애착이 강력한 비공식적 유대관계를 조성, 발전시키게 됨으로써 이와 같은 회복적 과정이 가해자가 범죄로부터 멀어지고 대신에 보다 친사회적 활동으로 방향을 선회할 수 있도록 도움을 준다는 것이다. Hirschi의 사회유대이론이 주장하듯 애착(attachment), 전념(commitment), 참여(involvement), 신념(belief)이라는 통제적 가치가 작동하게 된다는 것인데, 회복적 사법이 그러한 비공식적 사회통제의 잠재적 능력을 키워서 신뢰의 사회관계와 망을 통합시킨다는 것이다. 또한 회복적 사법은 폭넓은 당사자들을 참여시키고, 다양하고 광범위한 사회망과 사회유대를 통하여 작동되기 때문에 문제적 행위의 원인을 해소하는 데 있어서 다른 사람들의 지지와 도움과 지원을 높임으로써 행위의 변화를 용이하게 할 수도 있다고 한다. 여기에 참석하는 사람들은 대체로 가해자나 피해자에게 있어서 '중요한 타자(significant others)', 즉 가족, 또래, 선생님 등으로서 전념과 애착 등을 향상시키고 유지시킬 수 있게 해서 재범을 통제할 수 있으리라 기대하는 것이다.

3) 재통합적 수치심(Reintegrative shaming)

회복적 사법에 함축된 '중요한 타자(significant others)'와 '보살핌의 공동체

---

6) N. Harris, Braithwaite, J. and Walgrave, L., "Emotional dynamics in restorative conferences," Theoretical Criminology, 2004, 8(2): 191－210

(community of care)'로부터 표출된 반감이나 못마땅함과 수치심이라는 비공식적 제재가 바로 '재통합적 수치심'의 기회를 창출한다는 것이다. 그와 같은 비공식적 채널의 수치심이 원격 법률제재라는 불확실한 위협보다 동조성을 조장하고 질서를 잡아 줄 확률이 더 높다는 것이다. 예를 들어, 약물범죄로 유죄가 확정된 유명인들로 하여금 자유형보다 오히려 수강명령이나 사회봉사명령과 같은 명예형이 그들에게 가해지는 수치심으로 인해 그들을 사회에 재통합시키는 데 더 효과적이라고 하는 것과 같다. 사실 대부분의 사람들이 대부분의 경우 법률을 준수하는 것은 공식적 처벌의 위협 때문이 아니라 그러한 행위는 '생각할 수도 없는(unthinkable)' 수치스러운 것이기 때문에, 혹은 중요한 타자들로부터의 반감이나 못마땅해 함으로 인해 억제된다는 것이다. 여기에 비공식성과 비낙인화에 대한 강조로 가해자로 하여금 자신이 가한 해악에 대하여 사죄하고 보상하는 반면에 동시에 법을 준수하는 지역사회 공동체에 다시 함께할 수 있는 기회를 줌으로써, 자신과 다른 사람들에게 보다 긍정적인 역할과 이미지를 재설정할 수 있게 함으로써 사회로의 재통합을 더 용이하게 하고, 결과적으로 재범 가능성을 낮추게 된다는 것이다. 이러한 재통합적 수치심이 작동하는 기제는 두 가지라고 하는데, 먼저 사람들은 중요한 타자로부터의 사회적 승인을 잃고 싶지 않기 때문에 자신과 자신의 행동을 억제한다는 것이고, 두 번째는 수치심과 후회 둘 다 범행과 관련된 외적 수치심이 없어도[7] 내적으로 범죄행위를 억제하는 양심을 구축하기 때문이라는 것이다. 수치심은 사회적 못마땅함이나 거부와 양심의 가책이라는 두 가지 상이한 형태의 응징자(punisher)를 소환하는 것이다.

4) 절차적 정의(Procedural Justice)와 자기-효율성(Self-Efficacy)

대체로 공정한 절차를 함축하고, 사람을 존중과 존엄으로 대하며, 비공식적 의사결정과정에 참여시키는 정당한 사회적 조정이나 배치나 정리는 규범의 준수에 대한 전념을 불러일으킨다는 것이다. 공정하게, 존중과 존엄으로 대우받고 처리되고, 그리고 권위가 적정한 방식으로 행사되는 절차적 정의의 경험은 사람들로 하여금 자발적으로 규범을 준수하게 만든다고 한다. 회복적 사법은 당사자

---

7) J. Braithwaite, "Restorative justice: Assessing optimistic and pessimistic accounts," Crime and Justice: A Review of Research, 1999, 25: 1 – 127

중심의 초점과 참여의 강조로 절차적 정의가 풍부한 환경으로 여겨질 수 있다는 것이다8).

한편, 자기-효율성이란 회복적 사법에서 당사자들의 목소리와 주체의식의 강조는 당사자에게 장애에 직면했을 때, 더 큰 동기와 시간이 흘러도 준수를 지속할 수 있는 더 큰 기회를 포함하여 어떤 행동을 취하고 그 행동을 지속하는 능력에 대한 자신과 확신을 조장하는 것이라고 한다. 사실 개인적 주체의식은 가장 기본적인, 근본적인 인간 욕구요, 필요이다. 사람들은 일반적으로 자기 자신의 삶을 통제하고, 자기 주변의 세상에 대하여 주체의식을 행사할 수 있기를 원한다. 사람을 의지를 가진 주체로 그리고 자신의 미래에 대한 숙의에의 참여가 그러한 준수와 동기에 큰 이익이 된다는 것이다.

2. 피해자-지향(Victim-oriented) 예방

회복적 사법 그 자체가 피해자는 일종의 '이중의 패자(double loser)'로서 처음에는 가해자로부터, 그리고 두 번째는 인생에서 가장 중요한 의례적 접촉인 사법절차와 과정에 '잊혀진 존재(forgotten Being)'로 완전한 참여와 권리가 부정, 거부됨으로써 더욱 심하게 손상되는 전통적 사법절차에서의 피해자의 처우에 대한 관심과 밀접한 관련이 있다. 물론 당연히 회복적 사법 그 자체가 피해의 원상회복을 궁극적 목표로 한다는 점에서도 다시 한번 더 확인되고 있다. 회복적 사법에서는 이와는 반대로 피해자를 핵심 당사자요, 주체로서 부활시키고 그들의 필요, 요구, 이해와 이익, 권리에 주의를 기울임으로써 피해자의 장래 해악과 더 이상의 피해자화의 예방과 관련되는 일련의 잠재적 이익이 된다는 것이다9).

회복적 사법은 크게 세 가지 방향에서 피해자-지향 예방에 기여할 수 있다고 하는데, 그 첫 번째는 회복적 사법이 피해자화(victimization)의 결과로 야기

---

8) T. R. Tyler, "Enhancing police legitimacy," The Annals, 2004, 359: 84-99; J. Sunshine and Tyler, T. R., "The role of procedural justice and legitimacy in shaping public support for policing," Law and Society Review, 2003, 37: 513-548

9) N. Christie, "Conflicts as property," British Journal of Criminology, 1977, 17(1): 1-15

되는 피해자에 대한 해악을 줄일 수 있다는 것이다. 자신의 감정을 표현할 수 있는 기회를 제공하여 '자기-효율성'에 대한 긍정적 함의를 갖게 함으로써 피해자에게 힘을 실어주기(empowerment) 때문이라는 것이다. 피해자에게 힘을 실어줌으로써 전통적 사법제도하에서는 경시되었던 피해자화와 그 해악적 결과를 줄일 수 있는 가능성의 문을 열어준다는 것이다. 이런 견지에서 회복적 사법의 피해자-지향 예방은 다른 말로는 반복 피해자화(repeat victimization)의 예방과도 그 궤를 같이한다고도 할 수 있을 것이다.

두 번째 작동기제(operational mechanism)는 위에서 언급된 것처럼 회복적 사법은 피해자화 경험으로부터의 학습과 미래 범죄에 대한 피해자의 취약성을 줄일 수 있는 방법을 고려하는 데 초점을 맞추어 미래 피해자화를 줄이려고 한다는 것이다. 가해자와 대면하여 왜 자신이 피해자가 되었는지, 그리고 재발 가능성은 없는지 등 관심과 우려와 의문점을 직접 가해자에게서 들을 수 있기 때문이다. 이런 면에서 일부에서는 '피해자 지원과 범죄예방은 동전의 양면'이라고 한다. 범죄예방의 진실성이나 필요성에 관하여 피해자를 설득하기 가장 좋은 시간은 범죄피해자가 된 직후라고 한다. 흔히 주거침입절도를 겪고 난 직후에 보안장비나 기구를 설치하는 것과 유사하다. 이와 같은 '피해자 지원과 범죄예방'의 연계는 당연히 '반복 피해자화(repeat victimization)' 현상으로도 입증되고 있다. 흔히 미래 피해자화의 가장 좋은 예측변수는 과거 피해자화라고 하는데, 이런 점에서 회복적 사법을 통한 피해자 지원의 부분으로서 범죄예방은 반복 피해자화 예방을 통한 범죄예방에 기여한다는 것이다.

세 번째는 청소년 범죄에 있어서 가해자와 피해자의 중첩(offender-victim overlap) 또는 가해자-피해자 전이(offender-victim transition)라고도 하는 것처럼, 가해자와 피해자가 종종 유사한 사회-경제적 배경 출신이고, 다수의 인구사회학적 속성들을 공유할 뿐만 아니라, 다수의 가해자 자신들도 피해자였음은 물론이고 범행과 피해자화 사이의 인과적 연계도 있을 수 있다는 것이다. 따라서 우리가 피해자를 대하고 처우하는 방식이 범죄예방에 대한 중요한 함의를 가지고 있다는 것이다. 이에 따라, 정당성에 대한 절차적 정의의 경험의 중요성과 규범 준수의 이익을 가정하면, 가해자뿐 아니라 피해자와 심지어 가족과 같은 다른 관련자들까지도 함의가 있는 것으로 간주되고 있다. 존경과 공정한 처우는 당연히 피해자의 지위를 확인해 주어 그 사람의 가치, 집단 구성원으로서 사회적 위치와 가치에 관한 메시지를 소통시킨다는 것이다. 따라서 피해자에게 존경과 존엄으로 대하고 그들의 필요와 견해에 주의를 기울임으로서 피해자에 의한 가능한 미래 범행을 줄일 수 있는 함의가 있다는 것이다[10].

3. 지역사회-지향(Community-oriented) 예방

흔히들 피해자-지향 예방과 지역사회-지향 예방이 어떤 관련이 있는지 궁금해 하기도 하지만, 적어도 피해자라는 개념 자체가 매우 확장적이어서 직접적인 피해자 외에도 간접 피해자가 있고, 지역사회도 어떤 면에서는 2차 피해자로서 일종의 간접 피해자이면서 동시에 직접적인 피해자이기도 하다는 점에서 지역사회-지향과 피해자-지향 예방이 연결될 수 있다는 것이다. 그러나 다른 일부에서는 지역사회 가담과 피해자 참여 사이의 긴장관계를 지적하기도 한다. 어떻게 보면 지역사회의 가담은 상당한 반면에 피해자 참여는 제한적이라고 할 수 있다. 지역사회 대표자의 가담이 직접적인 피해자 투입(input)을 옆으로 밀쳐낸다는 것이다. 물론 이들 지역사회 대표자들은 간접적인 피해자로서 자신의 역할을 통하여 피해자의 관점을 충분히 반영할 수 있다고 느낄 것이다[11].

회복적 사법의 이론적 배경으로서 소개한 사회유대이론(social bond theory)이나 사회통제이론(social control theory)에서처럼 애착, 사회유대, 대인 관계가 지역사회 내에서 개인의 가치와 신념을 구체화, 실현시키는 방식이 되고, 사회관계망이나 또래 집단이 범죄예방의 함의를 갖는 규범과 가치를 조장하는 데 매우 영향력이 있어서 행동의 변화가 단순히 개인적 동기를 통해서보다는 사회규범의 단계에서 다루어지는 것이 더 좋을 수 있다는 것이다. 회복적 사법에 참여하는 지역사회 대표자들은 종종 전문가 단계나 수준보다는 오히려 인간적 또는

---

10) D. J. Smith and Ecob, R., "Ann investigation into causal links between victimization and offending in adolescents," British Journal of Sociology, 2007, 58(4): 633−659

11) Christie, op cit., 1977, p. 3; J. Shapland, Atkinson, A., Atkinson. H., Chapman, B., Dignan, J., Howes, M., Johnstone, J., Robinson, G. and Sorsby, A., Restorative justice: The views from victims and offenders, Ministry of Justice Research Mini Series 3/07, London: Ministry of Justice, 2007, p. 5

관계적 수준이나 단계에서 피해자, 가해자, 지역사회의 복지에 대한 관심에 있어서 자신들의 진정성을 더 강조한다. 또한, 지역사회 참여는 공식, 비공식 통제제도와 체계의 더 큰 시너지를 권장하고 관계를 더 강하게 하는 데 도움도 준다. 지역사회 참여는 회복적 사법이 상호 의존하고 상호 이해하는 비공식적 관계를 통하여 작동할 수 있게도 해 준다. 사법기관의 성공은 물론이고 그 존재조차도 지역사회와 격리되어서는 불가능하다는 점을 고려한다면 더욱더 중요해지지 않을 수 없다[12].

4. 사회-지향(Society-oriented) 예방

일반적으로 가장 전통적이고 보편적인 범죄통제와 그 결과의 예방으로서 범죄억제 효과에 대한 논의는 아직도 진행 중이지만 대체로 제한적인 지지만 받고 있다고 할 수 있다. 더구나 제한적이나마 효과가 있다고 해도 억제는 사람들을 법을 준수하도록 하는 데는 매우 많은 비용, 예를 들어 교도소 수용경비 등 형사사법 경비에 비하여 그 효과는 상대적으로 매우 미미하다는 것이다. 특히, 억제효과를 기대하기 위해서는 처벌의 확실성과 엄중성을 비롯한 신속성까지 담보되어야 하는데, 이를 위해서는 엄청난 자원이 요구되고 있으며, 그나마 대부분의 범죄자가 처벌되지 않아서 처벌의 엄중성보다는 처벌의 불확실성이 억제효과의 기본적, 도구적 가치를 약화시킨다. 따라서 체포되고 기소되어 유죄가 확정된 극히 일부 소수 범죄자들을 엄중하게 처벌하는 데 초점을 맞춘 전략은 특별히 효과적이라고는 할 수 없을 것이다. 특히, 최근의 정신질환 범죄자, 증오와 표적 범죄, 소위 '묻지마 범죄'를 비롯한 확신범죄가 증가하는 추세를 감안한다면 더더욱 비용-편익적이지 않다는 것이다.

물론 이 부분에 대해서 회복적 사법도 다양한 형태와 방식으로 더 많은 부분을 담당하지 않는다면 예외일 수 없다. 그럼에도 불구하고 비공식적 사법이나 지역사회 사법이 하나의 발전 추세가 되고 있음에 비추어 점점 더 회복적 사법

---

12) A. Crawford and Newborn, T., "Recent development in restorative justice for young people in England and Wales : Community participation and representation," British Journal of Criminology, 2002, 42(3): 476-495

의 비중은 높아질 것으로 기대되고 있어서 처벌의 확실성 문제는 점점 개선되리라 기대되며, 공식절차를 대신하기 때문에 사법경비 문제로부터는 어느 정도 자유로울 수 있어서 적어도 비용－편익 면에서는 긍정적이라고 할 수 있다. 더구나 전통적 억제 중심의 사법이 매우 비용이 높을 뿐만 아니라 더 큰 문제는 낙인이나 범죄학습 등 수용에 따른 각종 부정적 역효과와 역기능이라고 할 수 있는데 회복적 사법은 이런 부분에서는 자유로운 편이다.

5. 선취적 2차(Secondary prevention through pre－emption) 예방

특히 2차예방의 개념을 보면, 회복적 사법이 특정한 '고 위험' 집단이나 '고 위험 지역사회', 그리고 소위 '범죄 전(pre－crime)' 상황과 관련하여 활용될 수 있다는 것이다. 최근 논쟁이 되고 있는 '우범소년'처럼 아직은 법률을 위반하거나 범죄나 비행을 행하지 않았으나 그냥 둔다면 범죄나 비행을 할 우려가 크기 때문에 소년보호라는 소년보호제도의 근본사상인 국친사상에 기초하여 국가가 보호자를 대신하여 보호한다는 것과도 유사한 것이다. 특히 발전, 발달범죄학이나 생애과정 범죄학의 입장에서 보면 이들의 문제행동이 아직은 범죄나 비행으로 규정되지는 않았지만 차후 보다 심각한 범죄 행위에 대한 어떤 하나의 전조로 해석될 수 있는 것이다. 이처럼 비－범죄적 활동에 대한 공식적 규제나 대응은 그러한 문제적 행동이 범죄적 형태로 상승되는 것을 예방하는 데 근본적이요, 핵심적이라는 것이다. 여기서 예방은 문제가 악화되고 범죄가 되기 전에 싹을 자르는 소위 '선취'적인 것이 되는 것이다[13].

이와 같은 관점은 발전적 범죄예방이나 위험 기반(risk－focused) 범죄예방 또는 '깨어진 창(Broken windows)'이론이나 이에 기초한 '무관용 경찰활동(zero－tolerance policing)'에서도 찾을 수 있다. '무관용 경찰활동'만 보더라도 경미한 무질서 위반까지도 그냥 내버려 두면 후에 더 큰, 더 심각한 범죄로 비화될 수 있다고 일체 관용하지 않겠다는 것으로 지역사회나 거주지역에서의 조기개입을 의미하는 것이다. 회복적 사법, 특히 가족 집단 회합(family group

---

13) A. Crawford, "Governing through anti－social behavior: Regulatory challenges to Criminal Justice," British Journal of Criminology, 2009, 49(6): 810－831

conferencing)과 중재(mediation) 형태의 회복적 사법은 위와 같은 '범죄 전(pre-crime)' 사건에 대응하는 데 있어서 잠재적 역할이 있다는 것이다[14].

---

14) D. P. Farrington, "Childhood risk factors and Risk-focused prevention," pp. 602-640 in M. Mauire, R. Morgan and R. Reiner(eds.), The Oxford Handbook of Criminology, Oxford: Oxford University Press, 2007; R. Sampson and Raudenbush, S., "Systematic social observations of public spaces: A new look at disorder in urban neighborhood," American Journal of Sociology, 1999, 105(3): 603-651

제12장

범죄예방으로서의
피해자 지원(Victim Support)

범죄예방으로서의 피해자 지원(Victim Support)

　범죄피해자 운동 그 자체나 피해자에 대한 논의는 사실 범법자에게 제공되는 보살핌, 지원, 그리고 교화개선의 필요성을 강조하는 범죄와 형벌에 대한 지배적인 관점에 대항하는 반응으로서 형성되기 시작하였다. 범법자에 대한 것 모두가 사실 특별한 관심과 지원을 받을 자격도 더 크고 많고 받아야만 함에도 불구하고 현실은 방치되고 잊혀진 존재가 되어 온 범죄피해자를 희생으로 가능했던 것이다[1].

　더구나, 절대 다수의 사람이 가해자가 되기보다는 피해자가 될 잠재성이 훨씬 더 높다는 상식도 피해자에 대한 관심과 지원이 더 필요함을 잘 보여준다. 이처럼 우리는 누구나 언제, 어디서나 범죄피해자가 될 수 있다는 것이다. 그러나 누구나 피해자가 될 수 있지만 동시에 누구나 피해자가 될 확률이 균등하고 일정한 것은 아니며, 범죄피해에 더 취약한 개인이나 집단이 있다는 것이다. 이런 담론은 아마도 범죄에 대한 취약성과 회복탄력성의 두 개념으로 설명될 수도 있을 것이다. 누구는 범죄에 더 취약한 반면에 누구는 범죄에 대한 회복탄력성

---

1) C. H. Lofstrand, "Understanding victim support as crime prevention work: The construction of young victims and villains in the dominant crime victim discourse in Sweden," Journal of Scandinavian Studies in Criminology and Crime Prevention, 2009, 10: 120−143

이 더 강할 수 있는 것이다[2]).

이와 궤를 같이할 수 있는 담론으로, 흔히 말하는 '가해자-피해자 중첩 (overlap between offender-victim)'을 거론하지 않을 수 없다. 위에서 일부 개인이나 집단이 특히 범죄에 취약하고 그래서 범죄 위험성이 높은 것처럼 일부 개인이나 집단이 피해에 특히 취약할 수도 있는 것이다. 그런데, 연구자들에 따르면 어린 시절 가정폭력이나 아동학대 또는 학교폭력 등의 피해를 경험한 청소년일수록 스스로 청소년 범죄자 또는 성인이 되어서 연쇄살인 등의 범죄자가 되는 경우가 많다고 한다. 만약 이처럼 어린 시절 범죄피해를 경험한 피해자일수록 스스로 청소년 시절이나 그 이후에까지 가해자가 될 위험성이 더 높다면 이들 피해자들이 '고 위험'군이 될 수 있고, 그만큼 이들에 의한 범죄가 범죄통계에 추가될 것이다. 이런 맥락을 거꾸로 본다면, 범죄피해자들을 제대로 잘 지원하고 보호하여 그들에게 범죄에 대한 저항과 회복탄력성을 강화시켜 준다면 그만큼 그들에 의한 범죄는 예방될 수 있다는 역설적이지만 사실적 논리가 성립되는 것이다.

사실, 범죄통제와 예방 분야에서는 두 가지 서로 상반된 정책과 실천이 팽배해 왔다. 하나는 소위 "자신의 범죄학(Criminology of the self)"의 개념으로서, 악당을 '우리와 똑같은(just like us)', '평범한(normal)' 누군가로 특징을 지우기 위한 논의에 이용되었는데, 이와 같은 사고에서는 범죄는 정상화되고, 예방적이고 교화개선적인 대책들이 처음부터 요구된다. 이와는 반대로, '타인의 범죄학 (Criminology of others)'은 악당들을 우리와는 반대 또는 다른 사람으로 묘사하는 경향이 있다. 이들에게 있어서, 범죄자는 부도덕하게 여겨지고, 우리들의 동정을 받을 자격이 없는 폭력적이고 위협적인 것으로 묘사되며, 그에 맞게 처벌적 대책을 범죄예방과 통제의 일차적 수단으로 보는 것이다. 이런 논의와 비슷하게, 피해자도 어쩌면 '이상적 피해자(ideal victim)'가 있는 반면에 그와 반대되는 '악당 피해자(villain victim)'로 나눌 수 있는데, 여기서 '이상적 피해자'들이 더 이상 가해자들의 이상적 표적이 되지 않도록 한다면 그만큼의 피해를 예방

---

2) C. H. Lofstrand, "Understanding victims support as crime prevention work: The construction of young victims and villains in the dominant crime victim discourse in Sweden," Journal of Scandinavian Studies in Criminology and Crime Prevention, 2009, 10: 120-143

할 수 있다는 논리가 성립될 수 있을 것이다[3].

이와 관련하여, 일반적으로 모든 사람이 잠재적 피해자로 간주하지만, 이는 다른 한편으로는 그러나 모든 사람이 잠재적 피해자는 될 수 있지만 그 모든 사람이 피해자가 되는 가능성은 다 같지 않고, 일부가 그 위험이 더 높은 소위 '고위험 군(high at risk)'으로서 범죄, 범죄피해에 더 취약할 수 있다고 주장하는 것이다. 그런데, 이런 취약계층으로 청소년들이 대표적인 것으로 지적되고 있는데, 이들 청소년들은 성인에 비해 자신의 피해경험을 이야기 하는 것을 더 꺼려하며, 피해 이후 무엇을 어떻게 해야 하는지 절차와 과정도 잘 알지 못하고, 이는 이들 청소년 피해자가 반복적 피해자가 되도록 만들기 쉽다는 것이다. 이런 관점에서 적어도 청소년 피해자에 대한 지원은 최소한 반복 피해를 줄일 수 있게 할 것이며, 그만큼 범죄도 예방될 수 있다는 가정이 가능해진다.

이러한 가정의 저변에는 다음과 같은 주장이 자리하고 있다. 다수의 피해자들이 후에 스스로 가해자, 악당이 된다는 가정이다. 위에서도 잠시 언급된 것처럼, 피해자와 범법자의 범주와 분류를 보면 상당 부분 이들이 중첩(overlap)된다는 것을 알 수 있고, 바로 이 점에서 범죄예방으로서의 피해자 지원의 핵심 개념을 찾을 수 있다는 것이다. 이런 가정의 배경에는 피해자에 대한 경찰, 사회복지, 사법제도 등 국가의 공적 개입은 그리 긍정적이지 못하였으며, 그러한 인식의 결과는 사회와 사회제도에 대한 신뢰의 상실이었으며, 이는 나아가 결국에는 이들 피해자로 하여금 종종 자신의 마음과 판단으로는 아직도 해결되지 않은 처음의 범죄행위에 대한 보복적 행동을 하도록 만들어 결국 이들 스스로를 악당이 되게 만든다는 것이다. 이런 논리에서 피해자 지원이 그와 같은 미래 범죄사건의 기회를 줄이게 된다는 것이다. 당연히, 피해자화(victimization)는 증오와 보복의 감정과 바람을 유발하고, 따라서 그러한 감정을 방출할 수 있다면 중요한 범죄예방 작업이라고 기술될 수 있다는 것이다[4].

---

3) D. Garland, "The limits of the strategies of crime control in contemporary society," The British Journal of Criminology, 1996, 36(4): 445–471, p. 461; D. Garland, The Culture of Control, Crime and Social Order in Contemporary Society, Chicago: The University of Chicago Press, 2001, p. 137; Lofstrand, op cit., p. 122

4) Lofstrand, op cit., pp. 128–129

제13장

과학기술과 범죄예방

과학기술과 범죄예방

특정 유형 범죄의 증가는 종종 기회의 변화로 인한 것으로 간주되기도 한다. 최근 온라인 활동의 증가는 사이버 공간이 가능하게 한 인터넷으로 더 용이하게 된(cyber-enabled) 사이버 사기나 랜섬웨어 공격과 같이 오로지 인터넷 때문에 가능한 사이버 의존(cyber-dependent) 범죄에 대한 엄청난 기회로 이어졌다는 것이다. 이처럼 기술적 혁신이 새로운 유형의 범죄를 양산하고, 기존 범죄의 기회를 새롭게 증폭시킬 수 있다는 것이다. 그러나 다른 한편으로는 기술혁신과 발전이 범죄예방에 대한 새로운 접근과 기존접근의 향상을 가능하게 하는 원동력이 될 수도 있다는 것이다. 예를 들어, 드론이 테러의 수단이 되기도 하지만 테러의 감시기능으로도 작동될 수 있는 것이다. 실제로 지금까지의 추세를 보아 ICT(Information, Communication Technology)의 활용이 범죄문제를 이해하고 그에 대응하는 데 주도적인 역할을 지속할 것으로 간주되고 있다. 그러나 안타깝게도 산업 분야에 비해, 경찰활동에 있어서 이들 기술발전의 활용이 비교적 제한적이었다고 할 수 있다[1].

---

1) D. O. Anderez, Kanjo, E., Anwar, A., Johnson, S.,and Lucy, D., "The rise of technology in crime prevention: Opportunities, challenges and practitioners' perspectives," https://arxiv. org/abs/2102.04204

지난 수십 년 동안 범죄예방이론은 잠재적 피해자의 행동과 가능한 범법자의 동기를 이해하는 데 초점을 맞추었다. 범죄행위를 예측하기 위하여 사용되어 온 가장 잘 알려진 이론이 있다면 아마도, ① 피해자화 관점(victimization perspective)으로서, 범죄를 양산하는 환경과 피해자와 가해자의 상호작용을 고려하는 것과 ② 잠재적 범법자의 도덕적 가치에 비공식적으로 영향을 미치는 데 있어서 가족과 지역사회의 역할에 초점을 맞추는 대안적 견해인 사회통제 관점(Social control perspectives)이라고 할 수 있을 것이다. 당연히 이 두 가지 관점의 이론들이 예방을 둘러싼 범죄학 연구의 향상에 지대한 기여를 하였지만, 최근의 엄청난 ICT 이용의 증대와 그러한 과학기술이 범죄에 미치는 영향에 대해서는 제대로 설명하지 못한다[2].

지난 20~30년 동안에 걸쳐 정보를 받고 찾고 이용하기 위하여 점점 더 컴퓨터와 인터넷으로 연결된 도구를 사용하게 되었다. 더 나아가 이제는 그러한 기술이 사람들에게 단순히 정보만을 제공하는 데 그치지 않고, 다른 사람들과 소통하고 상호작용할 수 있는 기회도 제공한다. 더 나아가 이를 증명이라도 하듯, 사회적 언론(소셜 미디어), 즉 Social media의 활용은 엄청난 정도로 확장되었다. 물리적으로 가까이 있지 않은 사람들과도 연결됨으로써, 기술이 이제는 사람들이 자신의 사회관계망을 확대하는 데도 도움을 주고 있다. 이런 현상은 바로 사람들이 노출되는 정보의 유형과 그들이 누구와 소통하는지에 영향을 미칠 수 있게 되어 결국 사람들의 도덕과 가치에도 영향을 미치게 되는 것이다. 이처럼 기술이 사회의 소통과 정보의 관행을 바꾸었지만, 범죄예방이론은 바로 이런 변화, 즉 과학기술의 이용이 범죄행위나 피해자화에 어떻게 영향을 미치는지 설명할 수 있을 만큼 진화되지 못하였다. 이렇게 널리 퍼진 기술 활용의 영향을 고려하지 않고는, 전통적 범죄예방이론들은 대면적 상호작용이 사회행위에 대한 유일한 영향이라는 사람들의 소통방식에 관한 가정의 한계로 인하여 제한

---

2) S. Lewis and Lewis, D. A., "Digitalizing crime prevention theories: How technology affects victims and offender behavior," International Journal of Criminology and Sociological Theory, 2011, 4(2): 756−769

적일 수밖에 없다는 것이다[3]).

　대부분의 범죄예방이론이 지역 주민들 사이의 정보전달을 중심으로 집결되지만, 그들은 기술이 접근 가능한 정보의 유형을 어떻게 바꾸었는지 전혀 고려하지 않는다. 더구나 피해자화 관점에서는 정보접근이 피해자와 범법자 둘 다의 인식을 어떻게 바꾸었는지 고려하지 않는 반면에, 사회통제관점에서는 기술이 어떻게 소통관행의 변화를 통한 관계의 변화에 영향을 미쳤는지 고려하지 않고 있다. 생각해 보라, 트위터나 카카오 같은 소셜 미디어가 사람들의 소통에 얼마나 영향을 미쳤는지, 사람들은 더 이상 과거 전화나 대면을 통해서 소통하던 방식에 매달리지 않고 하루에도 수십 번의 소셜 미디어를 주고받지 않는가. 당연히 범죄예방이론이 기술이 우리가 정보를 주고받고 소통하는 방식을 바꾼다는 것을 앎으로써 더 예측적일 수 있게 될 것이고, 따라서 이런 변화가 피해자와 범법자 행위에 영향을 미친다고 주장하는 것이다[4]).

1. 과학기술과 관련된 범죄예방이론의 역사적 발전

　사람들은 종종 최초의 체계적 범죄예방이라고 할 수 있는 것으로 1930년대 미국 시카고시의 "Chicago Area Project"를 들고 있다. 이 프로젝트의 이론적 틀은 우리 모두가 잘 알고 있다시피 시카고대학교 사회학과를 중심으로 주창되었던 사회해체이론(Social Disorganization theory)이라고 할 수 있다. 이처럼 20세기 전반에 걸쳐서 생태학적 접근(ecological approach)이 범죄연구에 주로 활용되었던 것이다. 사회해체이론은 범죄와 비행을 이해하는 방법으로서 지역 공동체 사회의 역동성에 초점을 맞추었다. 그들에게 있어서 사회해체는 주민들의 공통된 보편적 가치를 실현하고 공통적으로 경험하는 문제를 해결하는 지역사회의 무능력이었다. 주민들의 이동성과 이질성이 지역사회 내의 사회해체의 원인으로 주창되었다[5]).

---

3) op cit.

4) ibid.

5) R.L. Mazerolle, Wickes, R., and McBroom, J., "Community variations in violence: The role of social ties and collective efficacy in comparative context," Journal of Research in crime and delinquency, 2010, 47(1): 3−30

60년대에 들면서, 사회해체이론은 경험적이고 개념적인 결함으로 인하여 그 명성을 잃게 된다. 범죄원인을 찾기 위하여 지역사회 주민들의 동조성과 대인관계를 검증하는 등 광범위한 사회구조를 탐구하는 것으로 그 자리를 대체해 갔던 것이다. 그 결과, 개인 간의 상호작용, 특히 잠재적 피해자와 범법자 사이의 상호작용을 검증함으로써 범죄를 연구하기 시작한 것이다. 당연히 그와 같은 범죄예방기술은 범법자의 동기와 피해자의 행위는 물론이고 환경을 수정하려고 했던 것이다. 이런 접근을 사람들은 '피해자화(victimization)' 관점이라고 하였으며, 이는 주로 피해자의 행동을 수정하는 것으로 범죄를 예방하는 데 초점을 맞추었기 때문이다[6].

80년대 중반이 되면서, 범죄, 장소(place), 그리고 이웃(neighborhood)의 역동성에 대한 새로운 관심과 흥미가 나타난다. 그러나 이는 원래의 사회해체이론과는 사뭇 다르다. 경제적 지위나 신분, 주민의 이동성, 이질성, 사회유대를 범죄의 주요 예측요소로 보는 대신에, 공식적, 비공식적 사회구조를 이해하는 데 초점을 맞추기 시작했던 것이다. 이들은 전통적인 사회해체이론이 너무 오래된 것이고 현재의 지역사회에는 적용될 수 없다고 주장하며, 그 대신 '집합효율성(collective efficacy)'이라는 개념으로 설명하고자 하였는데, 이 집합효율성이 바로 사회통제 관점이라는 것이다[7].

2. 피해자화와 사회통제

피해자화(victimization) 관점은 잠재적 피해자, 범법자, 그리고 환경 사이에서 일어나는 사건으로 범죄를 이해하는 데 초점을 맞춘다. 이러한 관점은 잠재적 피

---

6) J. Bursik, "Social disorganization and theories of crime and delinquency: peoblems and prospects," Criminology, 1988, 26(4): 519 – 552; R. J. Sampson, "Trascending tradition: New directions in community research, Chicago style," Criminology, 2002, 40(2): 213 – 230

7) P. O. Wikstrom and Sampson, R. J., "Social mechanisms of community influences on crime and pathways in criminality," pp. 118 – 148 in B. B. Lahey, Moffitt, T. E., and Caspi A.(eds.), The Causes of Conduct Disorder and Serious Juvenile Delinquency, New York: Guilford Press, 2003; C. R. Browning and Cagney, K. A., "Neighborhood structural disadvantage, collective efficacy, and self – rated physical health in an urban setting, Journal of Health and Social behavior, 2002, 43(4): 383 – 399

해자와 범법자를 시간과 공간이라는 환경에서 역할을 하는 행위자로 간주함으로써 피해자화에 대한 기회를 최소화하는 예방기술을 개발하는 데 활용되어 왔다. 범죄가 발생하는 동안 잠재적 피해자와 가해자가 가담하는 행위가 범죄가 범해지고 아니고를 결정한다는 것이다. 피해자는 혼자보다 둘이 있을 때 피해를 당할 위험이 낮아지고, 반면에 가해자의 입장에서는 어두운 골목길이 밝은 대로보다 붙잡힐 가능성이 낮은 것이다. 당연히 범죄는 사회통제 관점에서처럼 행동(act)으로 보는 대신에 오히려 피해자화 관점에서의 사건(event)으로 간주되는 것이다. 이에 따라 피해자화 관점에서는 잠재적 피해자에게는 어두운 골목길을 혼자 걷지 말도록 권장하는 등의 행동을 수정하고, 가해자에게는 위험성 인식을 높임으로써 직업의 알선 등 동기를 해소하자는 것이다. 여기서 시간과 공간이 범죄행위가 일어날지 여부를 결정하고, 또 물리적 근접성이나 사회적 지위나 신분 등과 같이 잠재적 피해자와 범법자의 관계를 이해하는 데도 중요한 역할을 한다는 것이다. 따라서 피해자화 관점에서는 환경과 잠재적 피해자와 범법자 사이의 관계가 범죄를 예방하고 범죄예방 전략을 짜는 데 이용되는 것이다[8].

반면에 사회통제 관점에서는 사건(event)으로 범죄에 초점을 맞추지 않지만, 그 대신에 아동과 부모의 관계와 같이 범행을 권장할 수도 말리거나 좌절시킬 수도 있는 잠재적 범법자의 사회관계를 이해하는 데 초점을 맞춘다. 익히 알고 있듯이 사회통제이론은 사회적 상호작용이 사회적 규범의 비공식적 집행을 통하여 범죄행동에 영향을 미친다고 주장한다. 지역사회의 도덕과 가치는 사회규범으로 형성되고, 범죄행위를 결정하는 데 주요 역할을 한다는 것이다. 청소년이 부모, 학교, 또래에 애착을 갖고 전통적 관습에 전념하고 그러한 활동에 가담하고 믿음을 가질수록 일탈할 가능성은 그만큼 낮아지는 반면에, 그러한 전념, 애착, 참여, 신념이 없다면 그만큼 일탈하기 더 쉬워진다는 것이다. 사회통제 관점은 청소년을 둘러싸고 있는 부모의 훈육과 지시 등 공식적 사회규범과 지역사회에 낙서가 없는 등 비공식적 사회규범을 이해하는 데 초점을 맞추어서, 이들 규범이 그 청소년의 행위를 결정한다고 주장하는 것이다. 범죄예방과 관련

---

8) D. A. Lewis and Salem, G., "Community crime prevention: An analysis of a developing strategy," Crime and Delinquency, 1981, 27(3): 405−421; Lewis and Lewis, op cit., p. 758

하여 사회통제관점은 '집합효율성(collective efficacy)'이라는 개념을 활용하는데, 여기서 집합효율성이란 공동선을 위하여 개입할 의지로 결합된 이웃주민들 사이의 사회적 융합(social cohesion)으로 규정된다. 이 집합효율성이 높을수록 범죄율은 낮아진다고 가정하는 것이다. 이 집합효율성은 전통적으로 주민들이 자신의 동네에서 범죄가 발생할 것이라고 믿는지, 그리고 그런 비상상황에 이웃이 자신을 도와주리라 믿는지 여부를 이해하는 데 초점을 맞추는 것이다. 그런데 여기서 문제는 만약 집합효율성이 중요한 범죄예방대책이라면, 기술의 활용은 쓸모가 거의 없으며 심지어 때로는 오히려 역기능적으로 작용할 우려도 커진다는 것이다. 최근 과학기술의 발전이 가져다 준 사회관계의 변화가 이를 잘 보여주고 있다[9].

3. 기술이 인간의 사회행위에 미치는 영향

범죄와 관련하여 기술의 활용이 급증함에 따라 학자들은 기술발전과 그 활용이 인간관계에 미치는 영향은 물론이고, 그것이 범죄에는 어떤 영향을 어떻게 미칠 것인가 관심을 갖기 시작하였다. 그들의 관심은 우선 인간의 사회관계 형성과 그것이 자아 정체성에 미치는 영향, 그리고 이 기술적 사회관계로 인한 온라인 상호작용을 통한 오프라인 행위의 변화와 수정 등 미치는 영향에 관심을 가진 것이다. 이런 관심의 초점은 대체로 사람들은 외적 사회 세력을 관찰하고 그렇지 않으면 하지 않을 일을 다른 사람의 행동을 모방함으로 무언가를 하게 된다는 Bandura의 사회학습이론과 관련된 것이다. 온라인 상호작용의 비중이 점점 커지면서 이 온라인 상호작용이 특히 청소년들의 오프라인 행동에 영향을 미치는 것으로 보인다. 만약 이것이 사실이라면 그리고 청소년 상호작용의 주요 방식이라면, 이 기술의 영향까지 설명할 수 있도록 범죄예방이론도 수정될 필요

---

9) R. J. Sampson, Raudenbush, S. W., and Earls, F., "Neighborhood and violent crime: A Multilevel study of collective efficacy," Science, 1997, 277(5328): 918−924; J. D. Morenoff, Sampson, R. J., and Raudenbush, S. W., "Neighborhood inequality, collective efficacy, and a spatial dynamics of urban violence: Criminology," 2001, 39(3): 517−558; R. J. Sampson, and Groves, W. B., "Community structure and crime: Testing social disorganization theory," The American Journal of Sociology, 1989, 94(4): 774−802; Lewis and Lews, op cit., p. 759

가 있는 것이다. 지금까지는 따라서 비디오게임의 영향을 연구하기 위한 간헐적 시도를 제외하고는 사회적 행위를 이해하기 위하여 기술의 활용에 초점을 맞추었으나 기술이 범죄자나 피해자의 행위와 행동에 어떤 영향을 어떻게 미쳤는지에 대해서는 많은 연구가 아직은 이루어지지 않았다고 한다. 종합하자면, 범죄예방이론은 대부분 집합효율성과 같은 태도를 측정하고 대안을 강구함으로써 범죄를 예측하고 예방하려고 하였으나, 피해자와 가해자 행동을 구축하고 형성하는데 있어서 기술의 역할은 명쾌하게 인식하지 못하는 편이라고 할 수 있다. 사회관계망 서비스를 중심으로 하는 정보파악과 수집 및 소통방식의 변화는 사실 우리의 상호작용의 대상과 방식을 송두리째 바꾸고 있다. 이러한 상호작용의 변화가 우리의 일상적 사회행위, 특히 우리가 우리의 관계에서 지식을 습득하고 영향을 미치는 방식에 지대한 영향을 미치게 된 것이다. 그럼에도 전통적 범죄예방은 기술의 이용이 우리가 정보와 지식을 습득하고 사회관계를 구축, 유지하는 방식은 전혀 고려하지 않기 때문에 이를 반영할 수 있는 방향으로의 변화와 개선이 필요해지는 것이다. 기술이 정보추구의 관행을 바꾸고, 소통의 틀을 바꾸었으며, 그러한 변화가 범죄자와 피해자 행위에도 영향을 미치지 않을 수 없기 때문이다[10].

제2절 범죄예방이론과 기술

최근 디지털 기술의 변혁은 특히 우리가 정보를 검색하고 취득하고 다른 사람들과 소통하는 방식을 비롯하여 사회에서의 전통적 행위와 행동에 엄청난 변화를 가져다주었다. 이런 변화의 영향은 특히 디지털기술에의 노출이 더 많고 그 의존도가 훨씬 더 높은 청소년들에게 더 큰 영향을 미치고 있다. 이러한 변화가 사람들이 일상적 활동이나 행동을 변화시켰음에도 불구하고 범죄예방이론

---

10) N. B. Ellison, Steinfield, C., and Lampe, C., "The benefits of Facebook: Friends; Social Capital and College students' use of online social network sites," Journal of Comuter-Mediated Communications, 2007, 12(4): 1143-1168: S. Yardi, "Social learning and technical capital on the social web," Crossroads, 2009, 16(2): 9-11: Lewis and Lewis, op cit., pp. 759-760

은 아직 이러한 변화가 잠재적 피해자와 범법자 행동의 변화를 충분히 담아내지 못하고 있다. 디지털 사회에서 정보를 검색하고 취득하는 일상적 관행의 변화가 우리 주변에 관해서 오가는 정보를 변화시키고, 나아가 범죄발생 여부에 결정적 역할을 하는 잠재적 피해자, 범법자, 그리고 환경의 관계마저 변화시킨 것이다. 기술이 우리의 소통의 틀을 바꾸고, 그것은 다시 우리의 사회규범과 관계에 영향을 미친다.

피해자화 관점에 기초한 범죄예방기술은 잠재적 피해자와 범법자가 위험성을 평가하기 위하여 인지적으로 처리하고 활용하는 정보의 유형을 이해하고 바꾸고자 하는 것이다. 기술의 발전은 특히 정보통신기술(ICT)의 발전은 정보의 바다를 만들어서 언제 어디서나 누구에게나 정보가 넘쳐나며, 더구나 엄청난 정보에 누구나 쉽게 접근할 수 있는 정보접근성도 나날이 높아지고 있다. 그럼에도 불구하고 기존의 범죄예방이론들은 이런 변화를 반영하지 못하는 실정이다. 전통적 피해자화 관점은 그래서 기술에 기인한 정보검색과 추구와 취득의 변화가 범죄행동에서의 행위자들 사이의 관계를 어떻게 변화시켰는지 고려할 수 있도록 확장되어야 한다는 것이다. 예를 들어, 여성이 집을 구할 때도 모바일 검색으로 그 지역에 성범죄자 정보공개에 등록된 성범죄자가 살고 있는지, 안전지도 등 범죄 지도를 검색하여 지역의 범죄율을 비교하거나, CCTV 설치 정도를 검색하거나, 범죄예보나 예측 자료를 검색하는 등의 사전 주의조치를 취할 수 있으며, 반면에 범법자도 경찰의 특별단속 여부나 특별단속지역을 미리 검색하는 등 범행 여부와 지역 및 수법 등을 바꾸거나 새롭게 계획할 수 있게도 되는 것이다. 그러나 전통적 범죄예방이론으로서 피해자화 관점은 이런 정보검색과 취득 및 이용이라는 기술의 이용이 범법자, 피해자, 환경의 관계에 미치는 영향까지는 고려하지 못한다는 것이다[11].

특히 사회통제나 사회학습 등의 이론에서는 범죄의 학습이나 모방을 용이하게도 어렵게도 할 수 있는 사회관계를 중시하고, 사회적 상호작용을 통한 가치관의 전파와 행위의 규제에 초점을 맞추고 있다. 특히 사회통제이론은 전형적으로 성인들이 대면적 상호작용을 통하여 기준을 정하고 집행함으로써 청소년의 도덕과 행동을 형성시킨다고 주장한다. 그러나 청소년의 행동은 단순히 가족

---

11) Lewis and Lewis, op cit., pp. 760−763

에만 의존하는 것이 아니며, 지역사회에는 사회통제의 원천이 많이 있다는 것이다. 그런데 여기서 대면적 상호작용이 아니라 인터넷이 바로 그러한 역할을 대신하고 있다면 무슨 일이 어떻게 벌어질까. 온라인 상호작용은 우리의 소통의 틀을 엄청나게 바꾸었고 따라서 특히 청소년의 가치체계는 아직도 발달하는 중이어서 이들 청소년들의 사회적 행동에 더 큰 영향을 미치는 것이다. 기술, 특히 정보통신기술이 다양한 사람들과의 소통을 가능케 하며, 심지어 공간과 시간을 초월하고 지역사회의 신념과 가치를 공유하지 않는 사람들과도 언제 어디서나 쉽게 상호작용할 수 있고, 그래서 그들과 사회관계를 맺을 수 있으며 결국 사회학습과 모방도 가능해지게 하며, 범죄행위도 학습과 모방의 대상이 될 수 있는 것이다. 이런 정보통신기술이 사람들, 특히 청소년들로 하여금 내재화될 수 있고 그래서 오프라인 상황에서 행동될 수 있는 더 다양한 규범에 노출시키기 때문이다. 그러나 전통적 사회통제이론은 물리적으로 같은 공간에 있는 관계에 초점을 맞추어서 발전 중인 온라인 관계의 결과로 온라인 환경에 가담하면서 느낄 수 있는 압력은 고려하지 못하고 있는 것이다[12].

따라서 소통의 틀의 변화가 관계에 어떤 영향을 미치는지 설명할 수 있도록 사회통제 관점도 확대되어야 한다. 전통이론은 사회규범과 신념이 전형적으로 특히 부모와 자녀 사이의 대면적 상호작용이나 소통을 통하여 전이될 수 있다고 하였으나, 청소년이 기술에 소비하는 시간이 증대됨으로써 청소년의 가치체계에 더 많은 영향을 미치게 된다. 사람들이 점점 더 자신의 지역사회에 사는 사람이나 살지 않는 사람과 온라인으로 소통하는 시간과 에너지를 더 많이 소비함에 따라 범죄예방이론도 이 온라인 소통이 우리의 가치체계에 어떤 영향을 어떻게 미치는지 설명할 수 있어야 한다는 것이다. 아직도 물론 대면 상호작용이 지역사회 내에서의 관계형성의 방식이지만 소통의 틀의 변화에 기인한 관계가 피해자와 범법자 행위에 영향을 미친다. 사회통제 관점이 특히 사회적 언론이라는 기술이 관계에 미치는 엄청난 영향을 인식하고 인정하고 받아들인다면 범죄를 예측하는 데 훨씬 더 정확할 수 있고 그만큼 예방 가능성도 높아질 것이라고 기대하는 것이다. 특히, 청소년들의 비행을 사회 부적응의 증상으로 보고, 이 사회 부적응은 부적절한 사회화의 결과로 이해하는 측면에서 본다면, 소통의 틀의

---

12) Lewis and Lewis, op cit., pp. 763-766

변화로 인한 관계의 변화는 당연히 청소년의 사회화에도 지대한 영향을 미칠 것이기 때문에 범죄예방으로서의 사회통제 관점은 확장되어야 하는 것이다.

제3절 기술 기반 범죄예방(Technology-driven crime prevention)[13]

1. 카메라에 기초한 기술

최근 몇 년 동안 CCTV가 범죄예방의 첨병으로 등장하고 있어서, 우리는 하루에도 몇십 번씩 알게 모르게 사회 구석구석에 설치된 CCTV에 찍히고 있어, 심지어 오웰의 경고처럼 Big Brother로부터 언제 어디서나 지나칠 정도로 감시받는 감시사회를 살고 있다. 이 CCTV가 공식적으로는 범죄 신고나 피의자 신원 파악, 경찰관에게 기소과정의 지원, 형사법정에서의 지원증거 등의 수단으로 도입되었으나, 기계 학습(Machine learning)과 컴퓨터 버전의 점증적 발전은 범죄예방 기제의 새로운 기회를 제공하고 있다.

CCTV는 전형적으로 몇 가지 기제로 범죄를 줄이고자 의도되고 있는데, 그 첫 번째는 일종의 억제효과를 노리는 것으로 범법자들이 카메라에 범행이 찍혀서 자신의 신원이 파악되는 것을 두려워하게 하여 그의 범죄동기를 억제하자는 것이다. 두 번째는 특히 실시간으로 모니터되는 경우 경찰로 하여금 진행 중인 범죄를 확인하고, 일어나려고 하는 범죄를 파악하고 개입할 수 있는 기회를 제공하는 것이다. 그럼에도 불구하고 이 두 가지 의도가 작동하지 않거나 실패하면, 발생한 범죄에 대하여 누가 가담했으며 무슨 일이 일어났는지 등 증거를 기록하게 되어, 이것이 형사기소에 활용될 수 있다. 첫 번째 의도는 전적으로 CCTV가 효과적이라는 범법자의 인식에 좌우되어서 그렇지 않다면 아무런 위험의 인식이 있을 수 없고 따라서 억제효과 또한 있을 수 없다. 두 번째는 모니터링하는 경찰관 등 담당자가 수상한 활동을 파악하는 능력에 좌우된다. 세 번째는 카메라가 진행 중인 사건을 제대로 잡아내는지 여부에 달렸다. 따라서 CCTV

---

13) D. O. Anderez, Kanjo, E., Anwar, A., Johnson, S. and Lucy, D., "The rise of technology in crime prevention: Opportunities, challenges and practitioners' perspectives," http:www.arxiv.org/pdf/2102.04204.pdf 재편집 인용

와 관련된 인간의 실수가 없을 수 없으며, 그로 인한 의문이 제기될 수도 있으나 위에서 말한 컴퓨터 버전과 기계 학습의 발달이 CCTV의 효과성을 더 높일 수 있는 기회를 제공하고 있다[14].

2. 전자감시와 GPS에 기초한 기술

RFID(Radio Frequency Identification) 기술이 처음 사법제도에 도입된 것은 범법자, 특히 재판을 기다리는 피의자를 특정한 장소, 주로 자신의 거주지나 집에 구금하기 위한 목적으로서의 전자감시 가택구금(House arrest with electronic surveillance)이었다. 물론 그 의도는 과밀수용과 구금의 부정적 영향을 해소하는 동시에 도주와 증거인멸의 우려는 불식시키며 재판기일도 엄수할 수 있는 미결구금의 대안이었지만, 현재는 성범죄자를 비롯한 일부 범죄자의 재범방지를 위하여, 그리고 심지어는 가정폭력이나 스토킹과 같은 일부 범죄피해자의 보호를 위한 용도로까지 확대되었다. 성범죄자의 전자발찌 부착으로 그의 위치를 감시하고자 하며, 피해자에게 수신기를 제공함으로써 폭력 가해자의 접근으로부터 경고신호를 받을 수 있게 하는 것이다. 여기서 그치지 않고 2세대 EM(전자감시) 기술은 GPS의 활용까지 발전하였는데, 범죄예방도구로서 이 GPS 기술의 활용은 정확하게 접근금지 구역을 정하고 위반 시 즉시 경고를 제공할 수 있게 되었다. 전반적으로, EM이 일부 범죄, 특히 성범죄자의 재범을 방지하는 데 효과적이라는 평가가 나오기도 한다[15].

---

14) E. L. Piza, Welsh, B. C., Farrington, D. P., and Thomas, A. L., "CCTV surveillance for crime prevention: A 40-year systematic review with meta-analysis," Criminology and Public Policy, 2019, 18(1): 135-159

15) M. A. Finn and Muirhead-Steves, S., "The effectiveness of electronic monitoring with violent male perolees," Justice Quarterly, 2002, 19(2): 293-313; E. Erez and Ibarra, O. R., "Making your home a shelter: Electronic monitoring and victim re-entry in domestic violence cases," British Journal of Criminology, 2006, 47(1): 100-120; E. Grommon, Rydberg, J., and Carter, J. G., "Does 헨 supervision of intimate partner violence defendants reducc pretrial misconduct? Evidence from a quasi-experimental study," Journal of Experimental Criminology, 2017, 13(4): 483-504; H. Downing, "The mergence of global positioning satellite(헨) systems in correctional applications," Corrections Today, 2006, 68(6): 42; J. Belur, Thompson, A., Thompson, L., Manning, M., Sidebottom, A. and Bowers, K., "A systematic review of the effectiveness of the

3. Bluetooth/WIFI 기술

이들 기술은 우리 생활 깊숙이 파고들었지만, 우리가 상상하는 그 이상 우리의 삶에 뿌리 깊게 자리잡고 있다. 이들 기술은 개인의 사회적 환경이나 상황이나 여건을 측정하거나 또는 측정한 장소의 보행자 흐름을 측정하는 데 활용되고 있는데, 그러한 감시기능이 유아나 어린이의 유괴나 납치 사건을 예방하고 수사하는 데 활용될 수 있다는 것이다. 실제로 어린이의 유괴나 납치는 어린이가 혼자 있을 때 발생하는 경향이 있는데, 어린이가 혼자 있다는 것이 발견되면 즉시 그들의 활동을 모니터링하게 한다는 것이다[16].

4. 감성 컴퓨팅(Affective-Computing)

최근 과학자들이 신체적 건강과 감정적 상태가 중요한 상관관계가 있다는 것을 인식하기 시작하였다. 감성 컴퓨팅(Affective computing) 또는 감정지능(Emotional Intelligence)은 인간감정의 인식, 처리 그리고 해석을 위한 개발과 연구라고 할 수 있는데, 이러한 기능과 역할은 대체로 스트레스 수준과 관련된 다양한 생체적 신호가 측정되고, 처리되고 해석되는 Smart Textile이나 Wearable devices를 활용하여 수행되고 있다. 아직은 걸음마 단계여서 아직은 범죄예방 분야에서 크게 활용되고 있지는 않지만, 높은 수준의 스트레스가 범죄와 무관하지 않다는 연구결과를 놓고 보면 이들 기술로 인간의 스트레스 수준을 사전에 예측할 수 있다면 스트레스 수준을 낮추거나 해소함으로써 궁극적으로 범죄도 예방할 수 있다고 기대하는 것이다[17].

---

electronic monitoring of offenders," Journal of Criminal Justice, 2020, 68: 101686

16) Alderez, op. cit., p. 5

17) D. E. Stewart and Vigod, S. N.,"Mental health aspects of intimate partner violence," Psychiatric Clinics, 2017, 40(2): 321–334

5. 정보기술

아마도 지금까지는 정보기술이 범죄예방 분야에서 가장 빈번하게 광범위하게 활용되어 온 기술일 것이다. 예를 들어, 범죄지도(Crime Mapping)를 활용한 범죄다발지역 경찰활동이라고 하는 Hot-spot policing이 그 대표적인 정보기술의 이용이라고 할 수 있다. 범죄지도는 알다시피 지도 위에 범죄의 공간적 분석을 행하는 과정으로서, 범죄유형을 분석하고 시각화하는 것이다. 이렇게 시각적으로 분석된 정보를 이용하여 인적자원과 기술자원의 효율적 활용을 극대화하는 것이다. 또 다른 정보기술 기반의 범죄예방으로서 위험성 평가(risk assessment)를 들 수 있는데, 이는 교정의 통제하에 있는 범법자의 재범 위험성을 평가하는 데 이용되는 것이다. 연구에 따르면 대다수의 강력범죄가 보호관찰부 가석방 범죄자들의 처음 몇 달 동안의 보호관찰 기간에 행해진다는 것이다. 만약 이들 위험성 평가가 예측방법을 이용하여 이들 재범 위험성이 높은 집단을 파악할 수 있다면 그에 맞는 적절한 감시와 감독이 집중되거나 자원이 집중되게 하여 그들의 재범을 예방할 수 있다는 것이다. 정보기술 기반의 범죄예측은 현재 테러 예측과 사이버 범죄 예측은 물론이고 그 예방과 대응에도 적극적으로 활용되고 있다[18].

6. 모바일 앱(Mobile Apps)

범죄예방수단으로서 모바일 앱의 개발은 우리 사회의 안전을 향상시키고 조장할 것으로 기대되고 있다. 이미 발생한 범죄의 보고나 범죄의 예방에 도움이 되는 것으로 다양한 유형의 모바일 앱의 적용이 제기되어 왔다. 범죄예방을 위한 모바일 앱의 활용은 대체로 경찰을 위한 것과 대중을 위한 것 두 가지 범주로 나뉘어 발전, 이용되고 있다. 그중에서도 모바일 앱이 시민 비상상황(emergency situation)에서 가까운 친인척이나 경찰기관과의 소통을 용이하게 하

---

18) Johnson, S. D., "A brief history of the nalysis of crime concentration," European Journal of Applied Mathematics, 2010, 21(4-5): 349-370; S. Williams and Coupe, T., "Frequency vs. length of hot-spots patrols: A rnadomized controlled trial," Cambridge Journal of Evidence-Based Policing, 2017, 1(1): 5-21

는데 활용되었다. 이용자로 하여금 정해진 범위에서 지정된 복수의 사람들과 경찰기관에 비상상황의 위치와 긴급 메시지를 전송할 수 있게 하는 것이다. 그 밖에 비상상황의 신고 외에도, 다양한 방식으로 범죄예방에 기여할 수 있는 모바일 앱이 있으나 앞으로도 모바일 이용이 급증함에 따라 이를 이용한 범죄예방도 더 다양하고 더 활발하게 활용될 것으로 기대되고 있다[19].

표-20 기술 기반 범죄예방[20]

기술	CCTV 기반	Bluetooth/WIFI 기반	GPS 기반	정보기술 기반
용도	• 증거확보 • 방치물품 발견 • 강도예방 • 물리적 폭력 예방 • 범법자 억제	• 사회맥락분석/ 사람무리의 탐지 • 스토커 탐지 • 주거침입/ 자동차 강도예방	• 가정 밖 학대자 추적	• 소셜 미디어의 이상성 탐지 • hot-spot 파악 • 범죄예측

제4절 기술과 상황적 범죄예방

범죄와 기술발전은 어떤 관계가 있을까. 기술이 범죄의 기회를 증대시킬 수도 있고 줄여줄 수도 있다는 것이 정답이다. Ulich Beck이 '위험사회(Risk Society)'에서 새로운 과학기술의 등장으로 새로운 위험에 노출되고 있다고 경고했듯이, 기술발전은 새로운 위험을 초래하고 있다. 이는 곧 새로운 기술이 새로운 범죄를 만들고, 기존 전통범죄에 대해서는 새로운 기회를 제공한다는 것이다. 당연히 범죄기회가 많으면 그만큼 더 많은 기회가 실제로 사용될 것이고, 이는 더 많은 범죄를 뜻하는 것이다. 반면에, 기술의 발전은 범죄에 대한 새로운 해결책 또는 그 수단이 되기도 하는데, CCTV나 지문과 유전자 감시가 그 좋은 예이다. 이런 면에서 과학기술은 새로운 범죄나 전통범죄의 새로운 원인이나 적

---

19) Anderez et al., op cit.

20) ibid., p. 9, Table 1: A list of technology-driven solutions for the prevention od criminal actions 재편집, 인용

어도 기회가 되기도 하지만 동시에 새로운 해결책이 되기도 한다는 것이다. 재미나는 것은 기술 생산자나 개발자들은 대체로 범죄기회를 의도치 않게 만들어 내지만 때로는 범죄기회를 의도적으로 차단하거나 줄이려고 한다. 이와는 반대로 기술 생산자들은 때로는 의도치 않게 범죄기회의 공급을 줄이기도 하지만, 아주 가끔은 범죄기회를 의도적으로 만들기도 한다. 이런 관점에서 범죄와 범죄통제를 바라보는 것을 소위 '공급측면 범죄학(supply-side criminology)'이라고 하며, 이들에게는 기회의 축소가 범죄통제의 열쇠라고 할 수 있다[21].

표-21 기술이 범죄기회의 공급에 미치는 의도적, 비의도적 영향

	기회창출	기회감축
의도적	속도제한 탐지기 RFID jammers, 전화 해킹도구, 컴퓨터 바이러스, worms	보안기술 CCTV, RFID tag, DNA 프로파일링, 공항 스캐너, 경보기, 금고
비의도적	휴대전화, 랩톱 컴퓨터, 온라인 뱅킹, 공중화장실, 온라인 쇼핑, 신용카드, 수면제, 자동화무기	이중 유리창, 가로등, 온라인 쇼핑, 중앙집중 냉방, 공중화장실

위의 <표-21>에서 알 수 있듯이, 일부 기술은 이미 오래된 것들이지만 여전히 범죄기회를 증대시켜서 범법자에게 유용한 것들이 있는 반면에, 과학기술의 발전에 힘입은 완전히 새로운 기술도 범법자에게 유용한 것들이 있음을 알 수 있다. 이들 범법자에게 유용한 기술도 처음부터 개발자들이 의도한 것이 아니지만, 고가의 최신 전자제품처럼 부피와 무게는 작지만 가격은 비싸서 도둑들에게 매력적인 표적이 될 만한 물품을 생산해서, 그리고 범죄행위를 용이하게 해 주는 도구와 수법을 제공하기 때문에 유용하게 악용되는 것이다. 이런 관점을 Clarke 는 소위 "CARVED"라고 표현하였는데, 이는 숨길 수 있고(Concealable), 옮기기 쉽고(Removable), 접근하기 쉽고(Accessible), 가격이 나가고(Valuable), 재미나고

---

21) G. Farrell and Tilley, N., "Technology ofr crime and crime prevention: A Supply side analysis," pp. 277-288 in Leclerc, B. and Savona, E. U.(eds.), Crime Prevention in 21st Century, Switzerland: Springer, 2017, p. 278

(Enjoyable), 그리고 버릴 수 있는(Disposable) 것이라고 한다. 그런데 과학기술이 바로 이런 물품, 제품들을 만들어 낸다는 것인데, 휴대전화가 그 첫째요, 자동차가 두 번째, 그리고 인터넷이 세 번째 예라고 한다[22].

물론, 일부 기술의 개발과 발전은 의도된 용도의 부산물로서 범죄기회의 제공을 감축시킬 수도 있다. 예를 들어 기후환경을 이유로 추위가 강한 지역에서 주택의 창이 단열을 위하여 모두가 이중창으로 설치되는데, 이로 인하여 주거침입의 기회가 상당히 줄어들었다는 것이며, 무더위는 중앙냉방시스템의 발달로 창문이 많지 않고 창문을 열지 않아야 하기 때문에 주거침입을 어렵게 하여 범죄기회를 줄인다고도 한다. 마지막으로, 특별히 범죄기회를 줄일 목적으로 의도적으로 기술이 개발될 수도 있다고 한다. 가장 좋은 예가 바로 보안산업(security industry)의 보안 장비와 장치와 도구의 개발이다. 흥미로운 것은 앞의 <표-21>에서 볼 수 있듯이 동일한 기술이 범죄기회의 공급을 늘릴 수도 있고 줄일 수도 있다는 점이다. 공중화장실은 노상방뇨를 줄이기도 하지만 동시에 마약거래와 성범죄의 기회를 공급하기도 한다. 마찬가지로 인터넷 쇼핑도 외출도 가게를 들를 필요도 없기 때문에 범죄 위험과 기회에 노출되지 않게 하지만 동시에 인터넷 사기의 기회도 제공하게 된다[23].

여기서 문제는 범죄기회를 공급하려는 의도의 기술개발과 예방적 기술을 살짝 비켜 피함으로써 기회를 늘리려는 기술개발 사이의 "군비 또는 무장 경쟁(Arms race)"이 벌어진다는 것이다. 신용카드의 역사를 보면 잘 알 수 있는데, 카드가 처음에는 현금거래를 줄이고 현금소지도 크게 줄여서 절도범의 가장 매력적인 표적인 현금절도나 강도 등의 기회가 사라지거나 줄었지만, 곧장 다양한 유형의 기술이 개발되어 신용카드가 각종 사기범죄의 표적이 되고 그만큼 범죄기회의 공급을 늘렸다는 것이다. 기회의 공급을 줄이려는 기술개발과 기회공급을 늘리려는 기술개발 사이의 군비경쟁은 앞으로도 지속될 것으로 예측되고 있다[24].

---

22) R. V. Clarke, "Opportunity makes thief. Really? And so what?," Crime Science, 2012, 1(3): 1-9

23) Farrell and Tilley, op cit., pp. 379-380

24) S. Whitehead and Farrell, G., "Policing and corporate social responsibility: Anticipating mobile phone "smart wallet" crime," Policing: A Journal of Policy and Practice, 2008,

바로 이런 공급측면 범죄학의 관점에서 범죄기회의 공급을 차단하거나 제한함으로써 범죄를 예방할 수 있다는 것인데, 여기서 상황적 범죄예방과 접점이 생길 수 있다는 것이다. 상황적 범죄예방이 애당초 기회를 줄이는 대책이 주를 이루기 때문이다. 그런데 범죄기회를 줄이는 도구나 기술이나 방안들 중에는 대부분이 기술개발과 밀접한 관련이 있다는 것이다. 그래서 초기부터 과학기술은 상황적 범죄예방에 있어서 분명히 중요한 요소였다. 과학기술로 범법자를 둘러싼 당면환경이 범죄를 위험이 더하거나 덜하게 만들고, 더 어렵거나 덜 어렵게도 만들며, 보상을 더 크게 또는 더 적게도 만들고, 변명하기 더 쉽게도 더 어렵게도 하며, 더 도발적이거나 덜 도발적이게도 만드는 데 일조할 수 있다는 것이다. 더구나 그러한 노력들이 비교적 영구적으로 그것도 큰 비용을 들이지 않고 비용-편익적으로 할 수 있다는 것이다[25].

제5절 기술혁신과 경찰의 범죄예방활동

1. 범죄예방에 있어서 경찰의 기술 활용의 중요성

최근의 기술발전은 사람들의 생활방식은 물론이고 직업 활동의 일상마저도 바꾸고 있다. 기술은 이제 개인의 삶에서 하나의 자연스러운 부분이요, 요소이며 사회제도의 고유한 본질 그 자체가 되었다. 하루라도 기술의 도움 없이, 기술과 기계가 없이는 아무 것도 할 수 없는 처지가 되고 말았다. 이러한 변화에는 범죄자라고 예외는 아니다. 그들의 행동과 일상적 습관도 이 기술발전과 그 궤를 같이하는 것이다. 범죄자들도 범행 시 첨단 기술 도구를 활용하기 시작한 것이다. 이는 누구라도 기술, 특히 정보통신 기술의 중요성을 깨닫고 그에 대한 충분한 지식을 가진다면 과거 그 어느 때보다 상황을 훨씬 더 자신에게 유리하게

2(2): 210-217

25) D. B. Cornish and Clarke, R. V., "Opportunities, precipitators and criminal decisions: A replyb to Wortley's critique fo situational crime prevention," Crime Preventions Studies, 2003, 16: 41-96; R. Wortley, "A classification of techniques for controlling situational precipitators of crime," Security Journal, 2001, 14: 63-82

이용할 수 있게 된 것이다. 그렇다면 법집행기관에서는 기술을 이용하는 범죄자들과의 싸움에 이기기 위해서는 무엇을 어떻게 해야 할까. 물론 이미 경찰은 경찰업무 전반은 물론이고 특히 범죄예방에 있어서 정보통신기술을 중심으로 한 다양한 기술을 활용해 오고 있다. 문제는 범죄자들이 경찰보다 언제나 앞선다는 것이다. 이들의 첨단수법을 경찰이 언제나 뒤에서 따라가기 마련이기 때문이다. 여기에 더하여 경찰의 효과적인 기술 활용의 부족과 경찰조직과 집단의 직장에서의 기술 적용에 대한 저항도 기술범죄자에 맞서는 경찰 앞에 놓인 극복해야 할 과제이기도 하다[26].

물론 경찰은 범죄수사와 기소 과정에서 다양한 기술을 활용하고 있으나, 이는 전적으로 또는 적어도 대체로 사후 대응적(reactive) 경찰활동에 그치는 경우가 많다는 것이다. 범죄와의 전쟁에서 가장 바람직한 것은 범죄발생 이후가 아니라 발생하기 전에 미리 예방하는 것이라는 점에서 성공적인 범죄와의 싸움은 사전적(proactive), 예방적(preventive) 전략과 전술이 제공되어야 한다는 것이다. 이런 이유로, 기술지원 범죄예방 프로그램과 전략이 대단히 중요하다는 것이다. 기술, 더 정확하게 말해서 기술혁신은 개별 시민과 관심 있는 집단, 그리고 공식 경찰조직 모두에 의해서 범죄예방과 범죄통제 전략의 개혁으로 이끄는 원동력이었다. 이들 기술을 법집행 활동에 적용하는 것은 한편으로는 범죄에 대응하는 경찰의 혁신을 가져왔으며, 다른 한편으로는 문제를 예측하고 원인을 확인하여 범죄예방능력을 향상시킬 수 있는 전략적 계획을 수립할 수 있게 해 주었다. 특히나 오늘날과 같은 기술시대와 기술사회에서는 경찰도 공공의 안전이라는 사명을 다하기 위해서는 스스로 기술적으로 진화할 필요가 있다. 물론 기술이 긍정적인 기여와 함께 법률적인 도전도 불러오기도 하지만 그것은 대부분이 범죄통제와 시민의 사적 이익 사이의 균형에 관련된 것이다[27].

이러한 기술의 향상은 경찰의 업무향상에도 지대한 영향을 미친다. 기술을

---

26) T. Faith and Bekir, C., "Police use of technology to fight against crime," European Scientific Journal, 2015, 11(10): 286－296; R. W. Aderley and Musgrove, P., "Police crime recording and investigation systems － A user's view," Policing : An International Journal of Police Strategies and Management, 23001, 24(1): 100－114

27) T. A. Ayinde and Agwu, E., "Technological innovation and crime prevention: Implications for effective performance of Nigerian Police," The Internatyional Journal of Science and Technoledge, 2016, 4(4): 58－66

활용하여 경찰은 특히 재범위험성이 높거나 반복 범죄자 등 범법자를 파악하고 확인하는 능력을 높임으로써 범죄통제력을 향상시킬 수 있다. 즉, 범죄에 불균형적으로 더 빈번하게, 더 크게, 더 많이 기여하는 장소와 조건을 파악하기 쉽게 하며, 범죄의 조기 발견과 신속대응, 증거수집 능력의 향상, 경찰력 배치와 전략의 향상, 조직 효율성의 증대, 경찰과 시민의 소통증진, 처벌의 확실성 인식 고취, 새로운 고급 기술 범죄 대처능력의 향상 등을 기대할 수 있는 것이다[28].

지금까지 경찰의 법집행이나 특히 범죄예방활동에 광범위하게 활용되고 있는 기술들은 대체로 CCTV, 순찰차량 카메라 등 감시와 보안 기술, DNA 검사와 기타 과학수사 장비와 도구, 범죄분석, 그리고 지리정보 시스템(GIS)으로 대별할 수 있다. 그러나 이들 경찰개혁의 추진력, 원동력으로서의 기술혁신은 대체로 일반적으로 연성기술(soft technology)이라고 하는 정보기반기술(information-based technology)과 경성기술(hard technology)이라고 하는 물질기반기술(material-based technology)이라는 두 가지 일반적 형태의 기술혁신이었다[29].

먼저 감시 기술은 개인의 이동을 추적하고, 특정한 장소나 위치에 대해서 효율적인 보호를 제공하는 것으로 대체로 범죄예방에 미치는 영향으로 그 이용이 정당화되고 있는데, 주로 감시의 범죄억제 효과에 기인한 것으로 간주된다. 물론 범죄대체라는 비판도 있지만 그렇더라도 감시기기의 존재는 경찰의 대응능력을 향상시키고 용의자의 확인이나 증인과 증거의 확보 등 범죄수사와 기소를 위한 증거를 제공한다는 점에서도 충분히 가치가 있다고 항변한다. DNA 또한 범인 검거에 기여하여 처벌의 확실성 제고를 통한 범죄억제 효과를 발할 수 있다. 범죄분석은 어쩌면 경찰의 범죄예방활동에 가장 깊숙이 그리고 가장 필요

---

28) C. S. Koper, Lum, C. and Willis, J. J., "Optimizaing the use of technology in policing: Results and implications, from a multi-site study of the social, organizational, and behavioral aspects of implementing police technologies," Policing : A Journal of Policy and Practice, 2014, 8(2): 212-221

29) J. Chan, "The technology game: How information technology is transforming police practice," Journal of Criminal Justice, 2001, 1: 139-159; C. Harris, "Police and soft technology: How information technology contribute to police decision making," pp. 153-183 in Byrne, J. and Rebovich, D.(eds.), The New Technology of Crime, Law and Social Control, Monsery, NY: Criminal Justice Press, 2007; J. Byrne and Marx, G., "Technological innovation in crime prevention and policing: A review of the research on implementation and impact," Journal of Police Studies, 2011, 20: 17-40

한 기술일지도 모른다. 범죄분석은 범죄사건, 범법자, 그리고 표적에 관한 자료의 수집과 분석으로서 정확한 분석은 경찰로 하여금 경찰력을 가장 효율적으로 운용할 수 있게 해 준다. 가장 위험한 시간과 장소, 그리고 사람을 중심으로 인력을 활용할 수 있게 해 준다는 것이다. 여기서 중요한 것은 수집된 자료의 질이라고 하는데, 바람직한 자료는 그 시의성(timeliness), 상응성(relevance), 그리고 신뢰성(reliability)이라고 한다. 시의적절하고 사건과 상황에 상응하며 믿을 만한 자료가 수집되고 목적에 맞게 분석되어 현장에 제대로 활용되어야 한다는 전제다. 그렇지 않다면 오히려 잘못된 예측과 자원의 낭비 등 역기능만 초래할 것이다. 이와 관련된 것으로, 지리정보는 지리적 프로파일링(geographic profiling) 등 범죄 지도를 비롯한 범죄정보의 활용에 기여하는 것으로 알려지고 있다[30].

2. 범죄예방의 신기술 – 연성기술과 경성기술

경성(hard)기술혁신이란 범죄를 범하거나 범죄를 예방하거나 통제하는 데 이용되는 새로운 물질, 장비, 도구라고 할 수 있는데, 점점 더 이 경성기술이 유비쿼터스 CCTV, 학교나 공항의 금속탐지기, 공항의 수화물 탐지, 은행의 방탄유리 창구, 직장과 가정에의 각종 보안시설과 장치와 장비는 물론이고 비상호출 손목시계나 전자총 등 개인 호신장치와 장비와 도구 등 범죄를 예방하는 데 이용되고 있다. 이에 그치지 않고 경성기술이 최근 우리 경찰에서 시험하고 있는 화력이 약한 총기 등 새로운 무기, 새로운 경찰관 보호 장비나 새로운 기술이 장착된 순찰차 등 경찰에서도 다양하게 활용되고 있다. 연성기술은 위험성 평가나 위협평가도구의 개발 등 범죄를 예방하거나 경찰차량의 영상촬영과 재생 기술이나 예측적 경찰활동 기술 등 경찰 업무수행을 향상시키기 위한 정보의 전략적 활용이라고 할 수 있다. 이러한 연성기술혁신으로는 새로운 소프트웨어 프로그램, 분류제도, 범죄분석기술, 정보공유/시스템 통합 기술 등이 해당된다[31].

---

30) Ayinde and Agwu, op cit., pp. 59−61
31) Bytne and Marx, op cit., p. 19

표-22 경성 및 연성기술의 범죄예방과 경찰에의 적용32)

	경성기술 (Hard Technology)	연성기술 (Soft Technology)
범죄예방	• CCTV • 도로 조명 • 전자총 등 시민보호 장구 • 금속 탐지 • 음주운전 방지를 위한 시동 연동장치	• 위협 평가도구 • 위험성 평가도구 • 집단 괴롭힘 프로토콜(Bullying ID protocol) • 성범죄자 신상 등록·공개 • 잠재적 범법자 프로파일링 • CCTV와 연동된 안면인식 소프트웨어
경찰	• 향상된 경찰관 보호장구 • 개선/신형 무기 • 덜 치명적 무기 • 경찰차량 전산화 • 무인 순찰차량 통제 • 생체인식/지문 활용 신원 확인 • 모바일 데이터 센터 • 순찰차량 비디오 장착	• 범죄다발지역 등 범죄지도 • COMPSTAD 등 범죄분석 • 전과기록관리체계 개선 • 사법기관·민간 분야와 정보공유 • 표적 인물의 통신 모니터링 신기술 • 앰버 경고(Amber alert) • 잠재적 폭력범법자 감시목록 작성 • 총격위치 분석도구

3. 범죄예방의 신기술

일반적으로 범죄예방이란 말은 범죄예방 프로그램이나 전략 등의 활동 (activity)과 낮아진 지역사회 범죄 수준이나 낮아진 개인에 의한 범행/재범행의 수준 등 산물 또는 결과(outcome) 둘 다를 의미하는 것으로 쓰여 왔다. 따라서 범죄예방을 이해하기 위해서는 범죄예방의 의도(intention)라고 할 수 있는 활동 (activity)은 물론이고 당연히 그 의도적 활동과 전략의 결과(consequences)도 연구를 요한다. 당연히 범죄사건이나 관련된 범법자의 수라는 전통적 범주를 넘어 그 이상의 고려가 요구되는데, 예방된 범죄피해나 해악의 정도, 해를 당한 피해

---

32) J. Byrne and Revovich, D., "Introduction: The new technology of crime, law and control," pp. 1–21 in Byrne, J. and Revovich, D.(eds.), The New Technology of Crime, Law and Control, Monsey, NY: Criminal Justice Press, 2007, Byrne and Marx, op cit., p. 20, Tabe 1. The application of Hard and Soft Technology to Crime Prevention and Police에서 재인용

자나 반복적으로 해를 당한 피해자의 수도 고려되어야 할 것이다. 여기서 좀 더 확대하면 학교 중퇴나 범죄 집단에의 가입 등 범죄 위험 요소나 요인의 감소와 같은 더 새로운 요소도 고려될 수 있을 것이다. 여기에 하나를 더한다면 간접피해라고도 할 수 있는 범죄의 두려움까지도 포함될 수 있을 것이다. 현재 범죄예방은 형사사법 기반과 비형사사법기반 주도 둘 다에 적용될 수 있는 보편적으로 두루뭉술하게 적용되고 있지만, 여기서는 특정한 장소에서 범죄를 예방하거나 성범죄자 등 표적 범법자 집단에 의한 재범방지를 위해 활용하는 전략에 초점을 맞춘다[33].

위의 <표-22>에서 자세히 나열한 것처럼, 이미 경성기술은 경찰활동 전반은 물론이고 특히 경찰의 범죄예방활동에 광범위하게 적용, 활용되고 있음을 알 수 있다. Welsh와 Farrington은 10여 년 전, 기술적 향상이 우리가 범죄에 대하여 생각하는 방식과 범죄를 예방하기 위한 우리의 노력에 엄청난 영향을 미쳤는데, 그중에서도 범죄를 예방하기 위한 경성기술(hard technology)이 상이한 환경이나 여건에서 다양하게 적용, 응용되어 왔다고 설명하면서 표적 단절, 표적 평가절하, 표적 이동, 범법자 무능력화(incapacitation)와 배제 등 다양한 형태의 "사회공학 전략(social engineering strategies)", 상황적 범죄예방과 환경설계를 통한 범죄예방까지로 확대될 수 있다고 주장하였다[34].

한편, 연성기술도 이에 뒤질세라 범죄예방 분야에서 자신의 영역을 더 넓혀가고 있다. 그중에서도 비교적 최근의 발전된 기술로는 가장 최신 세대의 범법자 위험분류 도구, 위험평가 프로토콜의 출현, 집단괴롭힘(bullying) 식별도구, 신분절도 예방을 위해 개발된 소프트웨어 프로그램, 정신질환자나 성폭력범죄자 등 위험 인구집단의 이동과 위치 파악과 감시 도구, 정해진 기간 내에 살인의 피해자나 가해자가 될 확률이 높은 사람의 식별, 파악을 위해 개발된 새로운 평가도구 등이 포함될 수 있다[35].

---

33) Byrne and Marx, op cit., p. 20

34) B. C. WElsh and Farrington, D. P., "Crime prevention and hard technology: The case of CCTV and improved street lighting," in Byrne, J. and Rebovich, D.(eds.), op cit., pp. 81–102, p. 81; G. Marx, "Engineering of social control: Intended and unintended consequences," pp. 347–371 in Byrne and Rebovich(eds.), op cit.

35) Byrne and Marx, op cit., pp. 22–23

최근 사회관계망 서비스(Social Network Service: SNS)의 확산도 범죄와 관련하여 상당한 영향을 미치고 있다. 특히, 사회적 언론(social media)은 지진, 쓰나미, 폭동 등과 같은 위기상황에서 중요한 열쇠라고 한다. 실제로 얼마 전 미국 보스턴 마라톤 테러사건도 SNS가 그 해결의 결정적인 역할을 하였고, 심지어 10년 전에 사망한 신원미상자의 신원을 파악하는 데도 사망자가 착용하고 있었던 보석과 얼굴 구조가 게시되고 받은 제보로 가능했었다고 하며, 캐나다 밴쿠버에서도 주요한 프로 아이스하키 결승전에 패한 연고팀에 분노한 시민들의 폭동이 발생했을 했을 때도 일련의 시민들이 스스로 활동조직을 만들고 경찰과 공조하여 큰 성과를 거둘 수 있었다고 한다. Amber Alert가 발동될 때도 이 소셜미디어가 상당한 역할을 하고 있다. 이 사회적 언론이 시간과 공간을 초월하여 수천, 수만, 수억의 감시의 눈이 되고, 제보자로 활동하게 되어 경찰이 어떤 사건에서라도 증거에 접근하고 수집할 수 있게 해 주는 가장 쉽고 저렴한 방법이 되고 있는 것이다[36].

일부에서는 오늘날을 가히 인공지능(AI)과 빅데이터(Big Data)의 시대라고 한다. 그만큼 인공지능과 빅데이터의 활용과 의존도가 높아졌다는 것이며, 이는 경찰이라고 예외일 수 없을 것이다. 이미 금융기관에서도 자금세탁과 싸우기 위하여 인공지능을 활용하고 있으며, 법집행기관에서도 사건을 더 빨리 해결하고자 인공지능을 통합하고 있다. 이러한 추세는 앞으로도 계속되어 법집행기관에서도 보다 보편적으로 인공지능이 적용되는 것을 목격하게 될 것으로 믿고 있다. 사실 이미 일부 경찰을 비롯한 법집행기관에서는 사건을 보다 신속하게 처리하고, 범죄자를 더 빨리 확실하게 구금시키고, 반대로 무고한 사람은 신속하고 정확하게 종결하기 위한 수단으로 인공지능이 광범위하게 활용되고 있다.

현재 법집행기관이 직면하고 있는 가장 큰 도전의 하나는 각 사건과 관련된 데이터의 양이 지나치게 많아서 오히려 수사업무를 더디게 만들고 있다는 것이다. 당연히 수사관은 각 사건마다 상응하고 그래서 재판에서 받아들여질 수 있는 잠재적 증거만을 찾아내기 위하여 이들 디지털 자산을 분석할 수 있는 능력을 필요로 하게 된다. 이는 엄청난 정보의 양으로 인한 정보저장의 문제뿐만 아니라 이들 정보가 지나치게 다양한 정보원으로부터 수집되기 때문에 문제가

---

36) Faith and Bekir, op cit., p. 293

되는 것이다. 바로 이런 문제에서 인공지능과 기계 학습 도구가 법정에서 받아들여질 수 있는 영상, 센서, 심지어 생체인식(biometrics)까지도 자동적으로 분석하고 해석해 주리라 기대하는 것이다. 이런 신속하고 정확한 정보의 분석은 특히 신속한 대응을 요하는 아동 유괴나 납치 사건 등에 더욱 유용할 것이라고 기대되는 것이다.

그러나 시민들은 인공지능 기반의 도구나 기술 들이 사생활 침해나 인종적 편견을 초래할 소지가 있다고 우려하는 부정적 인식을 가질 수 있다는 것이 더이상 비밀이 아니다. 물론 이러한 우려는 당연한 것이지만, 법집행기관에서는 더 안전한 사회를 만들고자 범죄문제를 해결하는 데 꼭 필요한 선별된 정보만을 이용하지 사람들의 인권이나 사생활 침해를 위하여 인공지능 기술을 이용하지는 않는다는 점을 이해하는 것이 중요하다. 당연히 그럼에도 문제도 오해도 있을 수 있기 때문에 인공지능이나 기계 학습 기반 해결책을 이용하는 경찰기관에서는 윤리정책을 준수하고 편견과 부정적 인식을 해소하려고 노력하는 것이다. 이처럼 사후 대응적 차원의 정보에 국한된 인공지능의 인권과 윤리 문제도 민감하지만, 한 걸음 더 나아가서, 영화 "Minority Report"에서처럼, 인공지능이 경찰의 예측적 경찰활동에 이용될 때 더욱 민감해질 수 있다. 인공지능과 기계 학습 도구들이 범죄다발지역을 정하고, 이들 지역에 더 많은 경찰력을 우선적으로 집중 배치하여 집중감시하게 되는 경우이다. 물론 이들 결정은 당연히 완전하게 데이터 기반이며 어떠한 편견도 아무런 역할을 하지 못한다. 사실, 이런 기술로 누가 특정한 범죄의 피해자가 될 가능성이 높은지 예측할 수 있고 이에 따라 경찰이 그들을 보호하기 위하여 행동할 수도 있다[37].

4. 범죄예방에 있어서 기술혁신과 관련된 쟁점

사실, 범죄학 연구에서 상대적으로 과소 연구 분야 중 하나가 평가연구이며, 그중에서도 범죄예방분야에 대한 평가이고 또 그중에서도 기술혁신과 범죄

---

37) "How will law enforcement use AI for crime prevention in 2021?," Analytics Insight, December 18, 2020, pp. 1−4, https://www.analyticsinsight.net/how−will−law−enforcement −use−ai−for−crime−prevention−in−2021, 2020. 12. 22 검색

예방 효과에 대한 평가연구일 것이다. 당연히 기술혁신이 범죄예방에 미친 영향이나 기술혁신의 범죄예방효과에 대한 증거가 충분치 않음에도 불구하고 다양한 혁신적 기술이 범죄예방에 적용되고 있다는 점이 하나의 쟁점이라면 쟁점일 수 있다. 이처럼 제한적인 경험적 기초에도 불구하고 왜 그토록 폭넓은 시도와 변화가 일어나는 것일까. 심지어 미국을 비롯한 다수 국가에서 객관적으로 범죄가 더 악화되는 것과도 무관한 혁신의 요구요, 압력인 것이다. 물론 이런 혁신의 압력은 효과성 측도 몇 가지가 쇠퇴하고 있다는 점도 지적할 수 있다. 예를 들어, 신종범죄의 출현과 증대, 고도기술범죄의 출현, 경찰의 범죄 해결율 저하, 양형지침 등 통계 기반의 계층편향 해결을 위한 법원의 개혁 등이 일종의 개혁에 대한 압력으로 작용할 수도 있다는 것이다. 불행하게도 그러나 이런 개혁 노력이 오히려 계층 간 불일치, 불균형을 더 악화시켰다는 지적을 받고 있는 것이다[38].

그럼에도 불구하고 거의 대부분의 국가와 사회가 이 기술혁신에 매료되는 이유는 무엇일까. 일부에서는 소위 '기술－오류(Techno－fallacies)'라고 하는 마치 연구방법론에서 말하는 '생태학적 오류(ecological fallacy)', 즉 나무만 보고 숲 전체를 판단하거나 숲만 보고 모든 나무 전체에 적용하는 오류로서, 그 좋은 예로 전자감시기술을 들고 있다. 하나의 참신함의 오류(fallacy of novelty)라고도 할 수 있는 이 기술－오류(techno－fallacies)는 새로운 수단이 불가피하게 낡은 것보다 더 좋다는 가정을 불러일으킨다는 것이다. 그러한 호소는 그런데 새로운 것이 더 효과적일 것임을 제시하는 자료보다는 참신함(novelty)에 기인한다는 것이다. 더구나 한 가지 뛰어난 것이 없을 때는 소위 선봉의 오류(vanguard－fallacy), 즉 선도적인 사람이 하는 것이라면 따라야 한다는 가정이 작동하게 된다는 것이다. 혹시 범죄예방과 관련된 과학기술의 혁신도 이와 무관하지 않을 수 있지 않을까. 이와 관련된 것으로, '확실히 효과적으로 보인다 또는 효과적인 것 같다' 등 표면 신뢰성 또는 직관적 호소의 오류(fallacy of intuitive appeal or surface plausibility)를 지적한다. 그런데 이런 오류를 더욱 부추기는 것이 있는데, 다음

---

38) F. Taxman, Byrne, J. and Pattavina, A., "Racial disparity and the legitimacy of the criminal justice system: Exploring consequences for deterrence," Journal of Health Care for the Poor and Underserved, 2005, 16: 57－77

아닌 민간기업과 민간 분야의 로비와 영업이 바로 그것인데, 형사사법 분야의 민영화 확산으로 이런 추세는 더욱 거세지고 있다[39].

기술혁신은 또한 범죄와 사회통제에 대한 의도되거나 의도되지 않은 결과를 초래하게 되는데, 그중 가장 비판적 쟁점은 바로 과연 우리는 경찰관이나 교도관 등 형사사법 종사자들을 CCTV, 고속도로의 무인 카메라, 전자감시 등 다양한 형태의 소위 사물 기술(thing technology)로 대체할 것인가이다. 과속이나 신호위반자를 발각하는 카메라가 있고 공공장소를 감시하는 CCTV가 깔려 있는데도 왜 우리는 경찰관이 도로와 거리를 순찰할 필요가 있는가. 더구나 무인 자율운행 자동차가 도로를 누비는데도 우리는 교통경찰이 필요한가. 로봇이 교도소를 철통 같이 지키는데도 교도관이 예전처럼 많이 필요한가. 우리가 필수적인 형사사법 임무 수행을 사람보다 기술에 더 의존할 때 무엇을 얻고 잃게 되는가. 이런 상황을 두고 '새로운 기계에는 정신이 없다(no soul in the new machine)'라고 명답을 내놓았다[40]. 그럼에도 불구하고, 기술혁신이 확대, 도입, 활용될 때 경찰의 모습을 군의 경우에서 미리 보고 배울 수 있을 것이다. 기술혁신과 맞물려 군은 군 인력 의존도를 낮추고, 그 대신 소규모, 고도의 훈련을 받고 기술이 풍부한 신속 타격대 형태의 군부대 조직으로 변모하고 있는 것처럼 경찰에도 그대로 적용될 수 있을 것이다. 경찰도 이제는 인력치안에서 기술치안으로 전환할 것을 요구받고 있는 것이다.

이와 관련하여, 기술혁신과 개발, 그리고 그 활용을 위하여 막대한 연구개발비를 투입하고 장비와 시설비 등 예산의 부담을 안으면서도 과연 그만큼의 결과도 창출되는지 의문을 던진다. 구체적으로 비용－편익이라는 측면에서 가치가 있다고, 즉 효율적이라는 경험적 증거도 충분하지 않으면서 앞의 제반 오류에만 눈과 귀가 쏠린 결과는 아닌지, 이처럼 기계와 기술에 의존한 일종의 감시사회가 될수록 범죄의 근원적 해결을 중심으로 하는 범죄예방은 오히려 더 멀어지고 교정도 교화개선이 아닌 형벌기관으로 전락하게 될지 모른다는 우려도 있다. 이에 일부에서는 기술에만 의존하지 말고 범죄의 근원을 해결하려는 노력에 더 투

---

39) R. Corbett and Marx, G., "Critique: No soul in the new machine: Techno－fallacies in the Electronic Monitoring Movement," Justice Quarterly, 1991, 8(3): 359－414

40) ibid.; Byrne and Marx, op cit., p. 30

자하는 것이 바람직하다고 호소한다. 지금까지 그 효과가 검증된 교육, 직업훈련, 주거환경개선, 빈곤철퇴, 도보순찰의 증대, 고위험 지역사회에서의 문제－해결 지향의 경찰활동 등이 더 필요하지 않은지 묻고 있다. 우리의 역사는 말한다. "폭력은 실패한다(Brute forces fail)[41]."

41) Byrne and Marx, op cit., p. 31

제14장

증거 기반의 범죄예방
(Evidence-Based Crime Prevention)

증거 기반의 범죄예방(Evidence-Based Crime Prevention)

제1절 개관

　범죄예방은 합리적이어야 하고, 가능한 최선의 증거에 기초해야 한다. 대부분의 실패한 정책이 이론적 근거와 토대가 없거나 부족하고, 아니면 과학적 증거를 기초로 하지 않았기 때문이라고 한다. 예를 들어, 한때 미국에서 다양하게 시행되었던 "Scared Straight", 즉 똑바르게 살도록 혼내주고 겁을 준다는 것인데, 결론적으로는 비행청소년들의 재범을 억제하는 데 실패한 것으로 간주되고 있다. 청소년 약물중독 예방을 위한 DARE(Drug Abuse Resistance Education), 즉 약물남용 저항 교육도 청소년들의 약물남용을 억제하지 못하였다는 평가는 마찬가지이다. 그래서 새로운 범죄예방 프로그램을 선택하여 실행할 때나 효과가 없는 것들을 끝내거나 기존 프로그램을 확대하고자 할 때 정치적인 성향, 예산의 우선순위 등이 고려되는 반면에 어떤 것이 가장 효과적인지 그 증거는 거의 고려사항도 되지 못하는 경우가 허다하다. 바로 이런 이유에서 증거에 기초한 예방은 범죄를 예방하기 위하여 설계된 프로그램의 실천을 결정하는 데 있어서 기존의 가장 좋은 증거가 고려되도록 함으로써 이런 장애를 극복하려는 시도이다. 증거에 기초한 접근은 당연히 엄격한 과학적 평가의 결과가 정책결정자나 실무자들의 정책결정과 실행을 위한 개입(intervention)에 관한 의사결정에 합리적으로 통합될 것을 요구한다. 물론, 가장 효과적인 예방에 대한 과학적 증거를 정책결정자나 실무자들에게 제공하는 것과 그들이 그것을 실무에 활용하는 것은 전혀 다른 일이다[1].

불행하게도 범죄예방은 과거나 현재나 사실보다는 다소간 명분에 이끌린 경향이 크다. 효과적인 공공정책이나 관행은 과학적인 증거에 기초하는 것이 마땅함에도, 범죄학이나 형사정책에서 통상적으로 적용되는 관행은 아니다. 결과적으로, 범죄예방정책은 범죄를 예방하는 데 있어서 그 잠재력이 알려지지 않은 프로그램들을 긁어모은 형국이다. 결국, 범죄예방 프로그램들은 효과가 있을 수도 없을 수도 있으며, 또한 더 나빠져서 해악적이거나 프로그램에 원인이 있는 결과를 낳을 수도 있다는 것이다[2]. 이와 관련된 증거에 기초한 경찰활동을 예로 들어, 의료행위와 같이 대부분의 경찰행위가 아직도 지역의 관습, 의견, 이론과 주관적 인상과 감명에 따라 형성되고 있으나, 증거에 기초한 경찰활동은 그러한 의사결정 원칙들에는 이의를 제기하고, 경찰 목적 성취에 있어서 지속적인 질적 향상을 위한 체계적인 환류(feedback)를 창출한다는 것이다. 그러한 시도는 비단 경찰에만 국한되지 않고 모든 형사사법기관과 제도에 확대 적용될 수 있다는 것이다. 물론 이런 증거에 기초한 접근법은 당연히 엄격한 평가 결과가 전제되어야 함은 물론이다[3].

오늘날과 같은 증거에 기초한 사회에서는 범죄예방도 당연히 범죄와 범행을 예방하는 데 효과성을 증명해 보인 정책과 프로그램을 기초로 해야 한다. 이는 곧 효과가 없는 것, 특히 해가 되거나 프로그램이 오히려 원인이 되는 부정적 결과를 초래하는 프로그램은 중단하는 것이다. 물론 이를 위해서 가장 바람

---

1) B. C. Welsh and Farrington, D. P., "Evidence−based crime prevention: Conclusions and Directions for a safer society," Canadian Journal of Criminology and Criminal Justice, April 2005, pp. 43−60; B. C. Welsh and Farrington, D. P., "Evidence−based crime prevention," pp. 1−17 in Welsh and Farrington(eds.), Preventing Crime: What Works for Children, Offenders, Victims, and Places, London: Springer, 2006; A. Petrosino, "How can we respond effectively to juvenile crime?" Pediatrics, 2000, 105: 635−637

2) C. A. Visher and Weisburd, D., "Identifying what works: Recent trends in crime prevention strategies," Crime, Law and Social Change, 1998, 28: 223−242, p. 238

3) Petrosino, op cit., p. 635

직하게는 개입(intervention)이나 프로그램의 영향이나 결과나 효과에 대한 실험 (experiment)과 준실험(Quasi-experiment) 평가 설계를 활용하는 양질의 연구가 전제되어야 한다. 지금까지 체계적 분석(systematic review)이 범죄예방 대책의 효과성을 평가하는 가장 종합적인 방법이며, 증거에 기초한 사회에서 정책개발에 있어서 도움의 원천이기도 하다. 증거에 기초한 예방은 당연히 범죄를 가장 잘 예방하는 것이 어떤 것인지 알아야 할 이유 중 하나가 가장 효과적인 것을 찾아 실천하는 것이지만 동시에 또한 효과가 전혀 또한 거의 없는 것이나 오히려 해가 더 큰 것은 없는지 또는 널리 알려져 있고 유명하지만 효과가 없으며 오히려 해를 초래하는 것임에도 효과가 있는 것처럼 우리가 잘못 알고 있는 것들을 가려내는 것도 중요하다. 물론 지금까지는 체계적, 과학적 분석을 통해서 검증한 결과 긍정적인 프로그램은 많지 않았지만 그럼에도 불구하고 그것이 중요한 것은 입증된 효과성의 증거를 보여준 다른 프로그램으로 눈을 돌릴 수 있게 해 주기 때문이다[4].

제2절　효과적 예방의 사례

1. 아동에 대한 프로그램

　3살 이하 어린이를 가진 가정에 대한 조기 부모훈련에 대한 무작위 통제 실험을 한 7개 연구의 체계적 분석에서, 비행이나 무단결석 등 아동의 분열적 행동을 결과척도로 한 평가 결과, 예방효과가 4개는 효과가 없었고, 2개는 이익이 되는 효과가 있었으며, 하나는 일부 해악적 영향에만 긍정적 영향을 미친 것으로 나타났다. 아동의 사회적 기술이나 사회적 능력을 향상시키기 위한 훈련이 비행을 포함한 반사회적 행위에 미친 영향에 대한 체계적 분석에서도 거의 절반에서 긍정적 결과가 보이지만, 시계열적 분석에서는 혼합적 결과를 보여주는데,

---

4) B. C. Welsh and Farrington, D. P., "Toward an evidence-based approach to preventing crime," ANNALS, November 2001, 576: 158-173; B. C. Welsh and Farrington, D. P., "Conclusions and directions from evidence-based crime prevention," pp. 227-237 in Welsh and Farringto(eds.), op cit., 2006

훈련 직후에 효과가 가장 작았으나 추적 기간 동안에 비행에 대한 영향이 가장 컸다고 한다. 가장 효과적인 사회적 기술 훈련 프로그램은 인지－행동적 접근으로서 13살 이상, 이미 일부 행동문제를 보이는 고위험 집단에게 실행된 것이었다. 이를 토대로, 아동에 대한 사회적 기술 훈련이 범죄예방에 있어서 매우 장래가 밝은 접근이라고 강조한다5).

2. 가해자에 대한 프로그램

범법자에 대한 개입의 효과분석에서도 혼합적인 결과가 나왔다고 한다. 인지－행동요법(Cognitive－Behavioral Therapy: CBT)의 경우, 메타분석의 대상이었던 13개 연구에서 하나를 제외한 12개의 연구가 재범감소라는 긍정적인 효과가 있었으며, 그것도 통계적으로 유의미한 정도의 크기였다고 한다. 추가적인 분석을 통해, 고위험 범법자를 표적으로 잘 훈련되고 감독하는 프로그램 제공자에 의해서 실행될 때 그 효과가 가장 컸다고 한다. 결국, 처우 효과는 제공된 CBT의 질에 좌우한다고 하였다. 한편, 주로 청소년 범죄자에게서 시도되었던 '병영캠프(Bott Camp)'에 대한 메타분석에서는 재범율의 측면에서 실험집단과 통제집단에 거의 차이가 없었다고 한다. 그러나 연구에 따라 효과가 지나치게 차이가 많아서, 혹시 어떤 병영캠프가 효과적인지 추가 분석을 시도하였고, 상담 부분을 가미하고, 육체적 훈련 대신에 치료적 프로그램에 일차적 초점을 맞춘 프로그램이 가장 큰 긍정적 효과를 보였다고 한다. 이 또한 주로 청소년 범죄자들에게 주로 행해졌던 것으로, 소위 '똑바로 살지 않으면 이런 교도소로 보내진다고 겁을 주는' 식의 교도소 체험 프로그램과 같은 'Scared Straight'는 분석된 모든 연구에서 전혀 효과가 없는 것으로 보고되었다. 메타 분석결과, 이런 프로그램을 거친 청소년이 참가하지 않은 청소년보다 범죄활동에 개입할 확률이 더 높았다는 것이다6).

---

5) Welsh and Farrington, op cit., pp. 228－229; Welsh and Farringron, op xit., 2001, pp. 166－1667
6) Welsh and Farrington, op cit., 2006., pp. 229－230; Welsh and Farrington, 2001, op cit., p. 167

3. 피해자에 대한 프로그램

피해자 지원이나 보호, 또는 회복 탄력성 증대를 통한 반복 피해자화의 예방이라는 관점에서 피해자에 대한 개입의 범죄예방 효과도 분석되고 있다. 먼저, 학대하는 남자에 대한 상담과 교육과 같은 법원이 강제하는 폭력배우자 개입 프로그램이 가정폭력을 줄이는 데 효과가 있었는지 경험적 증거에 따르면, 공식통계와 피해자 보고를 활용하여 동일한 피해자에 대하여 폭력을 반복하였는지 여부의 영향을 측정한 결과는 결과척도의 출처에 따라 달랐다고 한다. 공식통계로 본 결과는 긍정적이었으나 피해자 보고에서는 영향이 없었다는 것이다. 그리고 피해자학적 관점에서 가장 최근의 추세라고 할 수 있는 회복적 사법(restorative justice)의 범법자 재범율(recidivism)과 피해자 만족에 대한 영향도 분석되고 있다. 반복 범행을 척도로 활용하면, 평균 효과 크기가 회복적 사법에 호의적인 것으로 나타났으며, 피해자 입장에서도 자신의 회복적 사법 참여에 대하여 강력하게 회의적인 것으로 나타났다고 한다. 또한, 가해자와의 대면적 회합에의 참여가 피해자가 자신의 가해자에게 보복범죄를 가하지 않도록 예방하는 효과적인 방법도 된다는 것이다. 반복 피해자화 연구에서 가장 빈번하게 연구대상이 되는 주거침입절도와 강도의 경우, 보안강화 등 강력한 예방적 기제를 포함하는 것이 반복피해를 예방하는 가장 효과적인 대안으로 평가되었다[7].

4. 범죄 장소에 대한 프로그램

범죄활동의 위험성이 높은 범죄다발지역에 대한 예방적 개입으로서 대표적인 "hot spot policing"은 통상적으로 문제-지향 경찰활동(problem-oriented policing)과 같은 다양한 경찰전술이 활용되고 있는데, 이들 프로그램에 대한 효과분석 결과는 표적화된(targeted) 경찰활동은 범죄다발지역에서 범죄와 무질서를 예방할 수 있으며, 그렇다고 우려되던 공간적 범죄대체(spatial displacement)도 거의 없으며, 오히려 이익의 확산(diffusion of benefits)효과도 가져왔다는 것

---

7) Welsh and Farrington, 2006, op cit., pp. 231-232; Welsh and Farrington, 2001, op cit., p. 167

이다. 장소에 기초한 범죄예방으로서 CPTED의 가장 보편적인 프로그램인 CCTV와 가로등 조명의 범죄예방효과도 분석되었는데, CCTV는 크지는 않지만 의미 있는 효과가 있었던 것으로 밝혀졌으며, 특히 주차장에서의 자동차 절도 예방에 가장 효과적이고, 가로등 개선과 함께 적용될 때 더 효과적인 것으로 나타났다. CCTV의 영역적 대체(territorial displacement)와 이익의 확산효과에 대해서는 혼합적인 결과가 나왔다고 한다. 결국, CCTV는 주차장에서의 자동차 절도와 같은 특정한 범죄에 초점을 맞추어 도로 조도 개선과 같은 다른 개입과 함께 시행될 때 가장 효과적이라고 할 수 있다는 것이다. 또한 가로등 조도를 높임으로써도 범죄를 상당히 감소시킬 수 있었다는 분석도 나오고 있다. 이 또한 도시 중심에서, 재산범죄를 표적으로 할 때 가장 효과적인 것으로 밝혀지기도 하였다. 이런 분석결과는 조명등이 지역사회 자긍심과 비공식적 사회통제를 증대시키는 데 있어서 역할에 초점을 맞추는 것이 감시와 억제의 증대보다 더 바람직함을 보여준다는 것이다[8].

---

8) Welsh and Farrrington, 2006, op cit., pp. 232－233; Welsh and Farrington, 2001, op cit., p. 167

제15장

범죄예방으로서의 회복탄력성(Resilience)

범죄예방으로서의 회복탄력성(Resilience)

회복탄력성이 개성이나 특성 또는 개인적 자질인지, 과정인지 결과인지에 대한 논란이 있어 왔다. 그 결과, 회복탄력성을 정의하기란 도전에 가깝고, 지금도 그래서 다양한 정의가 존재하고 있다. 그럼에도 불구하고, 보편적으로 이론가들은 누군가가 회복탄력성을 보이는지 결정하기 위해서는 고위험 상황이나 위협과 같은 역경(adversity)과 성공적인 적응/능력이라는 두 가지 요소가 고려되어야 한다는 데는 동의하는 편이다. 역경은 부정적인 삶의 상황에 따라 평가되는 반면에 적응성은 연령별 발달 임무의 성공적인 수행이라고 규정되고 있다. 회복탄력성은 종종 '고무공(rubber ball)'의 이미지로 표현되고, '반등(bouncing back)'으로 표현되고 있다. 그러나 대체로 회복탄력성은 이보다 훨씬 더 광범위하게 심지어 생태학적으로 초점이 맞추어진 개념으로도 규정되고 있다. 심각한 역경에 노출된 상황에서, 심리적이거나 환경적이거나 아니면 양쪽 다의 회복탄력성은 개인이 well-being의 느낌을 경험하기 위한 기회를 포함하는 건강-지속 자원을 찾는 능력과 이들 자원을 제공하고 문화적으로 의미 있는 방식으로 경험할 수 있는 가족, 지역사회, 문화의 조건이라는 것이다1).

---

1) N. R. Ahern, A□가, P. and Byers, J., "Resilience and coping strategies in adolescents," Paediatric Nursing, 2008, 20: 32–36; S. S. Luthar, Cicchetti, D. and Becker, B., "The construct of resilience: A critical evaluation andf guidelines for future work," Child

취약성은 대체로 두 가지 차원에서 개념화되는데, 첫째는 물리적 취약성으로서 어느 도시나 지역이 재난 등으로부터 물리적 손상을 당할 위험이 있을 때라고 하며, 둘째는 사회적 취약성으로 적응성(adaptability)과 회복탄력성 두 가지 관점으로 이루어진다고 한다. 손상을 초래하는 사건, 사고에 제대로 적응하지 못하면 취약한 것이고, 회복탄력성은 그 충격을 다루고 회복하는 능력이라고 한다. 따라서 회복탄력적이지 못한 지역사회는 심지어 더 취약하다고 할 수 있는데, 이는 사회적, 물리적 영향이 증대되기 때문이다. 이 적응성과 회복탄력성 둘 다 경제, 빈곤, 그리고 정치적 의지와 같은 사회적 요소에 의해서 영향을 받는다고 한다. 요약하자면, 위험에 노출되는 데 대한 사회의 민감성, 피해의 심각성, 그리고 적응성과 회복탄력성이 취약성을 결정한다는 것이다. 그리고 이 취약성과 범죄피해 가능성 또는 위험성과 직결되고 따라서 예방을 위해서는 취약성은 낮추고 반대로 회복탄력성은 높여야 하는 것이다[2].

특히 범인성과 관련해서는 취약성이 종종 소규모여서, 개인, 가족단위, 지역사회, 기업(사이버 범죄성) 또는 재물이 범죄성의 표적이 될 수 있다는 것이다. 개인, 집단, 또는 조직이나 단체가 통상 범죄성을 초래하는데, 바로 이런 이유에서 범법자와 피해자 자신의 취약성을 바라보는 것이 매우 중요하다는 것이다. 그렇다면, 범죄예방에 있어서 취약성을 줄이고 회복탄력성을 높이는 것은 두 가지 요소로 된 과업, 즉 한편으로는 개인에 대한 위험과 손상이 다루어지고 예방

Development, 2000, 71: 543−562; Schilling, T. A., "An examination of resilience procee in context: The case of Tasha," Urban Review, 2008, 40: 296−316; A. S. Masten, "Ordinary magic: Resilience process in development," American Psychology, 2001, 56: 227−238; B. W. Smith, Dalen, J., Wiggins, K., Tooley, E., Christopher, P. and Bernard, J., "The brief resilience scale: Assessing the ability to bounce back," International Journal of Behavioral medicine, 2008, 15: 194−200; M. T. Ungar, "Resilience across culture," British Journal of Social Work, 2008, 38: 218−235; C. Ferguson, Harms, C., Pooley, J. A., Cohen, L. and Tomlinson, S., "Crime prevention: The role of individual resilience within the family," Psychiatry, Psychology and Law, 2013, 20(3): 423−430

2) E. Champagne, maxwell E., Koskela, E. and Rheault, G., Collaborative Resilience in Critical Infrastructure and Crime Prevention: A Discussion Paper, Centre on Governance, School of Political Science, Faculty of Social Science, University of Ottawa, 2014, p. 2

되어야 할 필요가 있으며, 다른 한편으로는 범죄성을 줄이기 위하여 범죄를 예방하고 줄이기 위해서 범죄자 자신에게 범죄적 성향이나 부정적 결과를 초래하는 사회문제를 해결하는 것이 중요하다고 한다[3].

회복탄력성은 외부적 충격으로부터 생존하고, 반응하고, 학습하는 지역사회나 조직의 능력으로 일컬어진다. 이 개념 정의에는 위기에 직면하여 도로와 교량 등 물리적 사회기반시설(infrastructure)의 강도(strength)라고 할 수 있는 물리적 회복탄력성과 위기대응에 있어서 개인, 집단, 조직의 강점(strength)이라고 할 수 있는 사회적 회복탄력성이 내포되어 있다. 회복탄력성은 개인이 자신의 well-being을 지속, 유지하는 심리적, 사회적, 문화적, 그리고 신체적 자원을 찾아가는 능력이고, 그러한 자원들이 문화적으로 의미 있는 방법으로 제공되도록 개인적이고 집합적으로 협상하는 능력이라는 것이다. 이러한 회복탄력성과 관련하여, 일부에서는 결국 우리가 예기치 않은 외부적 충격에 어떻게 대응할 수 있는 체계나 체제를 갖출 수 있는가 답하는 것이고 이는 곧 준비성(preparedness)이라는 것이다[4].

제2절　위험요소, 보호요소, 그리고 회복탄력성 요소

범죄예방 분야에 있어서 특별한 관심사 중 하나가 젊은이들이 범죄의 피해자로서 그리고 가해자로서 모두 상당한 부분을 차지한다는 사실이다. 이들 젊은이들에게 있어서 범죄의 가해자가 되고 피해자가 되는 것이 종종 흐릿해지기 일쑤다. 그들은 때로는 피해자이기도, 때로는 가해자이기도 하기 때문이다. 흔히들 이를 가해자-피해자 중첩(overlap) 또는 피해자-가해자 전이(transmission)라고 말하기도 한다. 그런데, 범행할 것인지 또는 삼갈 것인지 젊은이들의 결정은 광범위한 복잡하고 상호 교차하는 사회적, 개인적, 환경적 요소에 기인하고 있으며, 따라서 청소년 범죄의 예방은 바로 이 다중성을 해결할 수 있는 방법을 찾을 필요가 있다는 것이다. 청소년 범죄를 예방하기 위해서는 당연히 그 원인과

---

3) op cit., p. 4
4) ibid., p. 6

이들 원인에 대한 회복탄력성 또는 저항이나 보호요소를 확인하고 해결할 필요가 있다는 것이다[5].

범죄와 그 예방에 있어서 보호요소와 위험요소는 위험요소가 범죄나 비행을 야기하거나 촉진할 수 있는 데 기여하는 요소라고 할 수 있는 반면에 보호요소는 그러한 위험에 대응하거나 위험성으로부터 보호하거나 위험성에 저항하는 능력을 배양하는 것이라 할 수 있다. 회복탄력성은 도전적이거나 위협적인 상황에도 불구하고 성공적인 적응의 과정, 능력, 또는 결과라고 할 수 있으며, 따라서 회복탄력성 요소(resilience factors)는 비행이나 범죄와 같은 특정한 행위에 가담할 잠재성을 줄이는 그러한 요소들이라고 할 수 있다. 이는 곧 회복탄력성 요소가 비행과 범죄 가담의 시작과 위험요소에의 노출에 대항하는 하나의 완충제라고 할 수 있을 것이다[6].

보호요소는 반사회적 행위에 가담할 위험성이 높은 것으로 고려되는 청소년들이 가지고 있는 위험요소에 대응할 수 있는 특성, 특징들이라고 간주된다. 회복탄력성은 도전적이거나 위협적인 상황에도 불구하고 성공적인 적응의 과정, 능력 또는 그 결과로 규정될 수 있어서, 회복탄력성 요소는 따라서 특정한 행위, 여기서는 범죄에 가담할 잠재성을 약화시키는 그러한 요소들이고, 당연히 이들 요소가 위험요소에의 노출과 비행과 범죄행위의 시작에 대항하는 하나의 완충인 것이다[7].

범죄예방으로서 회복탄력성의 논의의 시작은 아마도 범죄에 빠질 수 있게 하는 기질이나 성향을 가진 젊은이들을 파악, 확인하는 데 가장 영향력이 있는 것으로 확인된 위험요소를 파악하는 데서부터 시작된다. 위험요소는 개인, 지역사회, 가족, 학교 특성에 따라 다양하며, 마찬가지로 회복탄력성 요소도 다차원

---

5) Ferguson et al., op cit., p. 425

6) E. Bowen, El Komy M. and Steer, C., Characteristics associated with resiliency in children at high-risk of involvement in anti-social and other problem behavior, Findings 283, Home Office, 2008, http://www.homeoffice.gov.uk/rds/pubintro1.html; A. S. Masten, "Ordinary magic: Resilience process in development," American Psychologist, 2001, 56(3): 227-238

7) L. Leoschut and Burton, P., "Building resilience to crime and violence in young South Africans," Research Bulletin No. 4, September 2009, Centre for Justice and Crime Prevention, South Africa

적이고 상황 특정적이라고 할 수 있다. 즉, 위험요소도 회복탄력성 요소도 개인, 학교, 가정, 지역사회 특성에 따라 다양하고 그 선택은 따라서 구체적이고 특정적이어야 한다는 것이다[8].

제3절 중요 회복탄력성 요소

회복탄력성은 고대 라틴어에서 비롯된 일면 복잡한 용어라고 하지만, 그냥 쉽게 정의하자면 손상의 정도 등 위험성에의 민감성과 위험에의 노출 정도라고 할 수 있는 취약성(vulnerability)의 반대개념이라고 할 수 있을 것이다. 그런데 취약성은 인간과 인위적 제도, 자연적 환경 사이의 갈등에서 초래되고, 제도나 체제가 현상이나 변화를 다루거나 흡수할 수 없을 때 나타난다고 한다. 사회학의 틀에서는 지역사회의 취약성은 연령, 인종, 언어, 사회경제적 지위와 특별한 요구가 필요한 사람, 물리적이거나 정신적 장애로 고통을 받는 사람과 같은 사회, 인구학적 특성들에 의하여 결정된다는 것이다. 비록 취약성을 초래하는 요인과 지역사회를 회복탄력성이 있게 만드는 요소, 즉 어떤 것들이 취약성이나 회복탄력성의 요인인지에 대해서는 대체로 합의하고 있으나, 이들 요소를 어떻게 측정할 것인가에 대해서는 아직도 논쟁을 하고 있다[9].

물론 당연히 회복탄력성의 개인적 요인이 어쩌면 가장 중요하겠지만, 그 개인도 사실은 자신이 처해진 환경, 예를 들어 지역사회와 더 크게는 도시 상황과 여건의 영향을 받지 않을 수 없을 것이다. 회복탄력성과 관련된 이러한 도시환경이나 여건을 우리는 도시 회복탄력성(urban resilience)이라고 한다. 도시지역의 사회, 경제, 문화적 특성과 구조가 도시를 범죄에 민감하게 만들지만, 적절한 억제제(deterrent)는 도시를 범죄에 덜 취약하게 만들 수도 있다고 한다. 다시 말해, 지역이나 개인의 조건과 질이 범행을 어렵게 만들거나 적어도 체포와 처벌의 위

---

8) L. Leoschut and Burton, P., "Building resilience to crime and violence in young South Africans," Research Bulletin, No. 4, September 2009, p. 1

9) S. A. Rajaei, Kalantari, M. and Fallah, V. A., "Evaluation of urban resilience to crime: A case study of theft crimes in Varamin," Journal of Geography and Spatial Justice, 2018, 1(2): 69-84

험성을 증대시킬 수(회복탄력성)도 반대로 약화시킬(취약성) 수도 있다는 것이다. 지금까지의 연구에서 범죄의 원인이 개인과 사회 등 광범위하게 다양한 것으로 확인되고 있고, 따라서 범죄에의 취약성이나 회복탄력성도 그에 상응하게 다양하다고 할 수 있을 것이다. 아래 <표-23>은 지금까지 제안된 각종 회복탄력성 요소들을 분류하고 요약한 것이다.

표-23 분야별 특정 회복탄력성 요소[10]

분야	특정 회복탄력성 요소
개인적 요소	• 일탈에 대한 용납하지 않는 태도 • 높은 지능(IQ) • 목적의식 • 긍정적 미래에 대한 개인적 믿음 • 독립적 행동능력 • 자기 환경에 대한 통제감 • 타인에 대한 배려와 공감능력 • 문제-해결 기술 • 자기 효율성 • 일련의 지속적 가치와 지략적 능력
가족/가정 요소	• 부모와 기타 성인가족과의 온정적, 지지적 관계 • 행동에 대한 분명한 경계 • 가정규율 위반에 대한 합리적 훈육방법 • 부모감시 • 학교의 중요성을 강조하는 가족 구성원 • 애착을 주는 부모와 가족 융화
학교요소	• 학업에 대한 전념 • 교사의 긍정적 영향
지역사회 요소	• 강력한 지역사회 기반시설 • 청소년들이 선택할 수 있는 활동에 참여할 수 있는 기회 창안 • 의사결정권과 책임공유
가정 외 관계 요소	• 관습적 행위에 가담하는 또래와의 상호작용

---

10) P. Burton, L. Leoschut and A. Bonora, Walking the Tightrope: Youth Resilience to Crime in South Africa, Cntre for Justice and Crime Prevention, Monograph series No. 7, Cape

1. 교육

교육이 위험요소로도 반대로 보호요소로도 특히 청소년 범죄와 크게 관련되는 것으로 다수의 연구로 확인되고 있다. 실제 남아공 연구에서는 대학입학자들이 비진학자들에 비해 비행에 가담할 확률이 거의 6배나 낮았다고 한다. 구체적인 학력 수준뿐만 아니라 학업에 대한 태도도 중요한 회복탄력성 요소로 확인되었는데, 개인적으로 학업이 중요하다고 간주하고, 학교에서 좋은 성적을 획득하고 싶어 하며, 대학에 진학하고 싶어 하는 태도가 비행가담의 중요한 예측인자였다고도 한다. 좋은 성적을 얻기 위하여 열심히 공부하는 등 학업에 대한 관심을 보인 학생들이 그렇지 않은 학생들에 비해 비행에 가담할 확률이 31배나 낮았다고 한다.

2. 비폭력적 가정환경, 피해자화 그리고 폭력의 수용태도

일반적으로 부모나 형제자매의 범인성이 비행에 미치는 영향은 잘 알려진 사실이다. 부모와 형제자매가 범죄경력이나 기록을 가진 경우 자녀나 형제자매도 범죄자가 될 확률이 훨씬 더 높다는 것이다. 물론 그 이유에 대해서는 설명이 다양하지만 검증된 가정으로 여겨지고 있다. 결국, 가정의 폭력성이 청소년에게 중요한 하나의 위험요소가 될 수 있다는 것이고, 반대로 가정의 폭력성이나 범인성이 없다면 청소년에게 범죄와 비행에 저항할 수 있는 하나의 회복탄력성 요소로 작용할 수 있다는 것이다. 실제로 가족 간의 분쟁이 폭력이 없이 해결되는 가정에서 자란 청소년이 폭력적 가정에서 자란 청소년보다 범죄행위를 삼갈 확률이 6.8배나 더 높았다고 한다. 물리적으로 훈육되지 않는 청소년이 보호자가 자녀의 잘못에 대한 처벌로서 물리력을 행사하는 가정의 청소년보다 범행하지 않을 확률이 2배나 높았으며, 또한 가정폭력에의 노출과 또 다른 하나의 위험요소인 범죄피해자화의 관계도 확인되고 있는데, 이는 아마도 가정폭력 피해자가 가해자가 될 확률이 높다는 피해자－가해자 전이와 폭력에의 노출이 폭력의 수용 정도와 수준을 높여서 폭력에 둔감해지기 때문에 폭력에 쉽게 가담하

Town, September 2009, p. xv

게 된다는 것이다.

3. 범죄적 역할모형에의 노출과 비행적 교우관계

청소년 범죄에 있어서 중요한 주제의 하나가 사회화(socialization)이다. 그것은 비행이 사회 부적응의 증상으로 보고, 사회 부적응은 부적절한 사회화에 기인된 것으로 이해되는데, 사회화에 있어서 부모, 선생님, 동료와 같은 중요한 타자(significant others)의 영향이 크다는 것이다. 특히 청소년들에게 있어서 친구는 가장 중요한 다른 사람(the most significant others)이며, Sutherland의 지적처럼 잘못된 친구와의 접촉과 교류로 범죄를 학습한 결과가 비행인 것처럼 비행교우와의 접촉이나 범죄적 역할모형과의 접촉이 범죄학습에 큰 영향을 미치게 된다. 반대로, 이런 범죄적 역할모형에 노출되지 않는다면 그만큼 범죄자가 될 확률도 낮아질 수 있다는 것이다. 이런 인과관계는 비단 친구뿐만 아니라 폭력적 가정, 폭력적 보호자의 경우는 물론이고, 폭력문화나 폭력 부문화가 지배하는 환경에의 노출도 마찬가지 영향을 미친다고 한다. 따라서 이러한 범죄적 역할모형에 노출되지 않는 것도 중요한 회복탄력성 요소라고 할 수 있는 것이다. 실제로 가장 친한 친구가 한 번도 체포된 적이 없는 청소년이 체포되었던 경험이 있는 친구를 가장 친한 친구로 둔 청소년보다 범죄자가 될 확률이 5.7배나 낮았다고 한다.

4. 약물의 부재

금지약물의 제조, 판매, 소지, 복용 모두가 범죄라는 점을 감안한다면 당연한 가정이기도 하다. 실제로, 이런 약물남용 여부가 청소년 범죄의 아주 중요한 예측인자라는 것이다. 약물을 복용하지 않은 청소년이 알코올이나 다른 약물을 복용한 청소년보다 4.4배나 범행할 확률이 낮았던 것이다. 물론 이 관계에 대해서 약물남용과 범죄 사이의 인과관계가 분명하지 않다는 비판, 즉 약물이 먼저인지 비행이 먼저인지 확인되지 않았다고 하지만 비행이나 약물남용이나 일탈과 범죄행위임에 틀림없고 따라서 둘 다 서로에게 위험요소로 작용할 수 있고, 반대로 둘 중 하나가 없다면 나머지 하나에 대한 회복탄력성 요소가 될 수 있다는 가정이다.

　지금까지 논의되고 제안된 회복탄력성 요소를 요약하면 아래 <표-24>와 같다.

표-24　분야별 특정 회복탄력성 요소[11]

분야	특정 회복탄력성 요소
교육	회복탄력성을 촉진하는 3가지 중요요소: • 고교졸업, 대학진학자가 범죄 가담하지 않을 확률 6배 높음 • 우수한 학업성적 취득에 우선순위를 두고, 학교 공부 이상을 공부하고 싶어 함 • 좋은 성적 얻기 위해 열심히 공부
비폭력적 가정환경	가정환경이 젊은이의 발달에 특별히 영향 미침: • 가족들이 거의 이성을 잃지 않음 • 보호자, 돌보는 사람이 물리적 처벌을 하지 않음 • 가족 구성원이 물리적 폭력에 의존하지 않음
범죄적 역할모형에 노출되지 않음	• 특히 가족 내에서 그리고 덜 중요하지만 지역사회 내에서 범죄적 역할모형에 노출되지 않는 것이 범행에 대한 회복탄력성의 중요한 예측 인자
약물남용	• 마리화나, 메스암페타민, 코카인 등 약물을 오남용하지 않는 것이 범행에 대항한 중요 보호요소, 약물남용을 하지 않는 청소년이 남용하는 청소년에 비해 범행에 가담하지 않을 확률 4배 높음. 알코올도 이와 유사
비비행 동료와의 상호작용	• 비비행 동료 또래와의 상호작용이 회복탄력성 중요 예측 요소 – 특히, 체포, 학교 중퇴, 약물복용, 학교 징계, 절도한 적이 없는 또래와의 상호작용
피해자화	• 청소년들이 범죄와 폭력의 피해자가 되지 않을 때 회복탄력성이 향상 • 피해경험 없는 청소년이 피해경험자보다 범행할 확률 6배 낮음
이웃, 마을, 동네 요소	지역 내 통기 접근이나 지식 결여가 비범행집단에 대한 가장 중요한 회복탄력성 예측 인자
폭력과 반사회적 행위에 대한 무관용적 태도	반사회적 행위에 대한 무관용과 비폭력을 반추하는 태도가 회복탄력성 중요 예측인자 – 그러한 태도는 대체로 청소년이 존경하는 성인과 그들이 보인 모범을 통해서 주입됨

범죄예방에 있어서 회복탄력성이나 준비성의 개념은 위험요소에 대항하여 위험요소로부터 보호하는 것을 내포하고 있다. 범죄예방은 지역사회를 이루고 있는 개인들에 초점을 맞추고, 이 경우 회복탄력성은 상황적/환경적 여건을 비롯하여 발달과정의 문제가 된다. 범죄성(criminality)으로부터 나오는 비용은 개인에게만 영향을 미치는 것이 아니라 가해자나 피해자를 넘어서까지 확대되고 전반적으로 사회 전체에 영향을 미친다. 지역사회가 개인, 기업, 자원으로 이루어진 만큼 이 모든 전선 위에 구축되어야 한다. 범죄예방을 위한 회복탄력성을 구축, 강화, 유지하기 위하여 일반적으로 취약한 개인이나 지역사회에 지원과 도움을 제공하고, 지역사회가 가용자원, 지식, 그리고 네트워크를 인식하고 강점에 초점을 맞추며, 상호 신뢰를 조장하고 지역사회가 위험성, 틈, 그리고 우선순위를 파악하도록 도움을 주고, 지역사회조직이나 단체, 기타 정부와 비정부 분야와의 협조적 동반자 관계를 구축, 유지하며, 개인과 지역사회가 자원과 기회를 찾아 협상할 수 있는 능력을 향상시키도록 자원을 함께 모아주어야 한다는 것이다12).

전통적으로 범죄예방 분야의 연구나 실무에서는 범죄원인론적 위험요소(criminogenic risk factors)를 조사하고, 그것들에 대항하고, 줄이고, 제거하는 개입에 초점을 맞추어 왔다. 그러나 이들 요소가 범죄의 유일한 하나의 예측요소, 예측인자가 아니며, 위험요소뿐만 아니라 보호요소와 회복탄력성에 대해서도 관심이 주어져야 한다는 것이다. 범죄예방에 있어서 회복탄력성의 구축은 개인, 가족, 지역사회가 범죄성으로 이어질 수 있는 부정적 영향력에 반응하고 대응할 뿐만 아니라 범죄의 결과를 더 잘 대하고 처리할 수 있도록 해 줌으로써 범죄를 예방하는 것이라고 이해되고 있다. 예를 들어, 사회적으로 융화적인 공간을 만

---

11) P. Burton, L. Leoschut and A. Bonora, Walking the Tightrope: Youth Resilience to Crime in South Africa, Cntre for Justice and Crime Prevention, Monograph series No. 7, Cape Town, September 2009, p. xv

12) M. Junger et al., "Preventing violence in seven countries: Global convergence in policies," European Journal on Criminal Policy and Research, 2007, 13(13): 327－356; Champagne et al., op cit., p. 8

들어 내는 것이 단순히 방어될 수 있는 공간(defensible space)보다 더 중요하다고 강조한다. 이는 결국 공동체 의식(sense of community)을 일구고 형성하는 것이 부정성과 범죄성을 억제하는 데 있어서 매우 중요하며 유용하다는 것을 의미한다. 또한, 범죄예방은 위험성을 제거하거나 약화시키는 것뿐만 아니라 보호요소를 강화, 향상시키는 것도 필요하고 중요하다는 것이다. 이는 보호요소가 범인성의 확률이나 가능성을 줄이거나 사회의 기능에 영향을 미치는 위기의 사후처리와 대응에 지역사회를 더 강하게 만들 수 있기 때문이라는 것이다. 보호요소는 범인성과 폭력의 가능성이나 확률을 줄일 수 있는 요소, 특성, 속성을 포함하는 것이다[13].

그런데 회복탄력성은 단지 개인에게만 기인하는 것이 아니라 특정한 상황이나 환경이나 여건 내에서도 발전되고 유지된다는 것이다. 예를 들어, 청소년의 범행 잠재성 감소나 증대에 영향을 미치는 것으로 분석되고 있는 학교 환경이 그 좋은 예라고 할 수 있다. 특히 학교에서의 폭력은 그 피해자에게 신체적, 감정적 well-being에 심각한 영향을 미치고, 나아가 그들의 학업 성적과 같은 교육적 성취와 결과에도 영향을 미친다고 한다. 이처럼 위험요소도 회복탄력성 요소도 개인뿐만 아니라 학교, 가정, 그리고 지역사회에도 기인하고 있음에도 불구하고 불행하게도 지금까지의 대부분의 예방적 개입이 개인을 표적으로 하였으며, 당연히 크게 성공적이지 못했다는 평가를 받아 왔다. 특히, 청소년 범죄가 청소년 개인보다 오히려 가정, 학교, 지역사회와 같은 환경적 요인에 기인한 바 더 크다고 하면서 그 해결은 개인에게서만 찾고자 한다는 것이다.

청소년들에게 있어서 학교는 가장 많은 시간을 보내는 곳이고, 그들에게 중요한 타자로서 선생님과 친구를 만나는 곳이기도 하여, 위험요소로서도 회복탄력성 요소로서도 중요한 위치를 차지한다. 학교라는 상황적 조건, 여건을 범죄에 대한 청소년의 회복탄력성을 촉진, 향상시키는 곳으로 초점을 맞추는 것은 비단 청소년들에게 학업적으로뿐만 아니라 청소년의 범죄에 대한 취약성에 영향을 미치는 다른 요소들에도 영향을 미치고 이익을 가져다준다는 것이다. 구체적으로, 자신의 학업에 강력하게 전념할수록 비행친구와 교우하고, 알코올이나 약물을 사용하고 남용할 가능성이 더 낮으며, 폭력이나 기타 비행적 활동에 가

---

13) Champagne et al., op cit., p. 9

담할 가능성도 더 낮다고 하는 반면에, 학교와 학업에 전념하지 않거나 비행적 교우관계를 하는 등은 청소년의 비행가담확률과 잠재성을 높이는 위험요소로 확인되어 왔다. 이유는 학교와 학업에의 전념과 긍정적 태도는 당연히 학업성적의 향상과 나아가 취업가능성을 높이게 되고, 이는 곧 그들의 회복탄력성을 높이게도 되어 범행에의 가담 가능성을 낮추게 된다는 것이다[14].

가정 폭력에의 노출이 심하면 위험요소이고 없으면 회복탄력성 요소가 될 수 있다고 한다. 이는 비폭력적 가정환경이 청소년들에게 폭력에 대한 일종의 완충지대, 완충장치가 되기 때문이라고 한다. 가정 폭력의 상당수가 대체로 가정의 경제적 곤궁, 가족의 알코올 또는 약물중독, 그리고 갈등과 분쟁의 결과라고 하는데, 그렇다면 이들 위험요소를 극복하고 회복탄력 요소가 되기 위해서는 가정경제의 회생, 가족의 중독이나 의존증 해소, 갈등이나 분쟁해소를 표적으로 하는 개입이 필요한 것이다. 그리고 폭력에의 노출은 폭력과 결과적인 피해자화를 받아들이는 정도와 수준을 높이게 되어 폭력과 폭력 피해자화에 둔해지고 당연시하게 된다는 것이다. 청소년들의 폭력을 용인하는 수준(Tolerance level of violence)을 높이게 되어 피해자화뿐만 아니라 스스로 폭력을 행사하는 데도 둔해진다는 것이다. 따라서 폭력에의 노출을 줄임으로써 그들의 폭력을 수용하고 용인하는 수준을 낮추어서 폭력에 대한 민감성, 감수성을 높여 그들의 폭력을 예방하자는 것이다[15].

---

14) J. B. Sprott, Jenkins, J. M. and Doob, A. N., "The importance of school: Protecting at-risk youths from early offending," Youth Violence and Juvenile Justice, 2005, 3(1): 59−77; R. Crosnoe, Glasgow, E. K. and Dornbush, S. M., "Protective functions of family relationship and the school factors on the deviant behavior of adolescent boys and girls: Reducing the impact of risky friendship," Youth and Society, 2002, 33(4): 515−544

15) R. Crosnoe, Glasgow, E. K. and Dornbush, S. M., "Protective functions of family relationship and the school factors on the deviant behavior of adolescent boys and girls: Reducing the impact of risky friendship," Youth and Society, 2002, 33(4): 515−544; Leoschut and Burton, op cit., p. 4

제16장

시장 기반 범죄예방으로서 제3자 경찰활동
(Third-party policing)

시장 기반 범죄예방으로서 제3자 경찰활동

(Third-party policing)

　　형사사법에 있어서 가장 강력한 요구이자 추세의 하나는 아마도 공공 분야와
민간 분야의 동반자 관계(partnership), 민간화(civilianization)와 민영화(privatization)
가 아닐까 한다. 이유는 다양하겠지만 그중에서도 자원의 한계와 효율적 활용을
필두로 사실은 민간 분야 전문성의 활용과 더 중요한 것으로 범죄의 예방은 정
부, 특히 법집행기관을 중심으로 하는 형사사법기관만으로는 그 해결이 불가능하
다는 인식일 것이다. 아무튼 범죄예방 분야도 이런 추세에서 예외일 수는 없으
며, 그중 하나가 바로 시장기반의 범죄예방(market-based crime prevention)이고,
그 가장 대표적인 시도가 바로 '제3자 경찰활동(third-party policing)'이라고 한다.
범죄와 관련한 이런 추세는 일상적인 활동 범위를 넘어서, 기존 범죄문제를 직접
적으로 줄이거나 미래 범죄활동 가능성을 간접적으로 예방하려고 설계된 행동을
취하도록 개인이나 단체를 설득하거나 강제하는 것이다. 이 제3자 경찰활동은 매
우 다양한 형태로 이루어질 수 있는데, 건물주에게 마약거래에 대한 책임을 묻
고, 의사나 사회복지사 등에게 아동학대를 신고하도록 강제하고, 음식점 등에서
미성년자에게 술을 팔지 못하도록 책임을 지우는 등이다. 이러한 예는 모두가 민
간 당사자(private party)에게 비행억제를 도울 것을 강제하는 것이다. 이는 결국
공경찰(public police)이 범죄를 예방하지 못한 데 대한 보완적 대안으로 시작된
것이라고 할 수 있을 것이다[1].

이러한 추세의 이면에는 물론 공경찰에 대한 불만과 자원의 효율화라는 측면이 자리하고 있지만, 이는 동시에 사경찰(private policing)의 중요성이 커지는 배경이 되기도 하였으며, 시민의 범죄두려움과 안전에 대한 욕구가 가미되어 사경찰 또는 민간 경찰활동을 하나의 산업, 즉 보안산업(security industry), 더 나아가 안전산업(safety industry)으로의 성장을 부추기게 되었다. 범죄 두려움과 불안함은 시민들로 하여금 감시, 보호, 보안을 시장에서 구매하게 만들었던 것이다. 당연히 이들 민간경비보안(private security) 산업이 공경찰 성장속도를 훨씬 능가하게 되었으며, 이제 현실은 안전에 대한 경찰의 독점은 끝났으며, 유형적 보호는 대부분의 현대생활에서 범죄에 대한 최일선 실무방어선이 된 민간경비에 의하여 제공되는 실정이다[2].

또한 경찰은 지역사회 주민이나 시민의 참여와 협조와 도움이 없이는 존재하기도 힘들고 당연히 범죄문제를 혼자서만 해결할 수 없다는 것을 누누이 목격해 왔다. 범죄예방을 위해서는 사건의 인지와 범인의 검거, 그리고 기소와 죄에 상응한 처벌이 전제되어야 하는데, 범죄의 인지는 절대적으로 시민의 신고에 의존하기 때문에 시민의 신고가 없다면 범죄의 해결과 예방 자체가 불가능해진다. 이런 현실인식은 경찰로 하여금 시민참여를 증진시킬 수 있는 다양한 프로그램을 개발하도록 이끌었다. 그런 시도 중 가장 오래되고 대표적인 것이 바로 한국에서는 112, 미국에서는 911과 같은 각종 비상 전화이며, 보다 더 적극적인 것이 '이웃감시(neighborhood watch)'이다. 이러한 프로그램은 시민들의 범죄감시에 대한 동기로서 이타주의, 공동체 의식, 그리고 자기이익에 전적으로 의존하는 것이다[3].

---

1) M. E. Buerger and Mazerolle, L. G., "Third-party policing: A theoretical analysis of an emerging trend," Justice Quarterly, 1998, 15: 301-327; J. A. Gilboy, "Implications of third-party involvement in enforcement: The INS, illegal travellers, and international airlines," Law and Security review, 1997, 31: 505-529; J. A. Gilboy, "Copelled third-party participation in the regulatory process: Legal duties, culture and noncompliance," Law and Policy, 1998, 20: 135-150

2) D. H. Bayley, Police for the Future, NY: Oxford University Press, 1994, p.11; D. H. Baylety and Shearing, C. D., "The future of policing," Law and Society Review, 1996, 30: 585-606

3) S. L. Roach Anleu, Mazerolle, L. G. and Presser, L., "Third-party policing and insurance: The case of market-based crime prevention," Law and Policy, 2001, 22(1): 414-434

그런데 이처럼 사회통제를 위해 시민과 민간경비 등 비경찰 행위자에 의존하는 것은 비범행(nonoffending) 제3자가 범죄기회를 줄임으로써 범죄적 일탈을 줄이고 예방하기 위한 특별 행동을 취하도록 하는 법적으로 강제된 요구도 수반하게 된다. 예를 들어, 미성년자에게 스프레이나 도검을 팔지 못하게 하거나 술집이나 주류가게의 위치를 제한하거나, 건물의 낙서를 강제로 지우도록 하는 법 등이다. 학문적으로 이처럼 비범행(범행하지 않는) 제3자의 범죄예방 책임에 점점 더 의존하게 되는 추세를 "제3자 경찰활동(third−party policing)"이라고 한다. 이러한 접근은 비범행 개인에 대한 통제를 통해 그들로 하여금 범죄를 통제할 것으로 생각되는 활동에 가담하도록 설득하는 것이다. 즉, 비범행 제3자에게 범행기회를 줄이기 위한 일정한 행동을 취하도록 요구하는 것이다. 이러한 제3자 경찰활동은 가장 대표적으로 지역사회−지향 경찰활동(community−oriented policing), 문제−지향 경찰활동(Problem−oriented policing), 그리고 상황적 범죄예방(situational crime prevention)과 같은 다양한 형사사법 제도나 주제와 이론적, 실무적 연계를 가지고 있다. 그러나 제3자 경찰활동은 비범행 개인의 활용을 포함하고 있다는 점에서 강제나 강요의 표적과 근원이 다른 범죄예방노력과는 구별된다고 한다. 제3자 경찰활동은 상황적 범죄예방과 이론적 공통성을 가지는 반면에 문제−지향 경찰활동과 다수의 운용상의 공통성을 가진다고 한다[4].

　　그렇다면 제3자 경찰활동이란 구체적으로 어떤 것인가. 공경찰(public police)은 범죄통제 책임을 점점 더 민간 분야와 시민에게로 위임하는 추세이지만, 이와는 반대로 그만큼 민간 분야를 중심으로 하는 사경찰활동(private policing)은 더 큰 책임을 수행하는 추세인데 그 중심의 한 축으로서 제3자 경찰활동의 정의도 확대되는 경향이다. 초기에는 제3자 경찰활동의 개념으로 제3자로 하여금 부정적 제재가 없다면 전혀 약속하거나 착수하지 않을 범죄예방활동에 가담하도록 설득하거나 강요하는 등의 경찰의 역할과 부정적 제재의 활용을 강조하였다. 그러나 개인이나 기타 조직 실체도 제3자 경찰활동의 당사자가 될 수 있고, 이 경우 부정적 제재가 필요 없다는 것이다. 이런 점에서 제3자 경찰활동의 개념을 사회−통제 요원의 정체성(identity)보다는 오히려 과정(process)을 강조하고, 경찰이 활용하는 부정적 제재뿐만 아니라 재정적 보상과 같은 긍정적 인센티브에

---

4) Buerger and Mazerolle, op cit.; Roach Anlleu, op cit.

초점을 맞추게 된다. 따르도록 강제하는 경찰활동을 공적 제3자 경찰활동(public third-party policing)으로 간주하고, 이와 구별되는 일종의 활동을 보험사와 같은 시장 참여자에 의한 범죄예방 노력을 사적 제3자 경찰활동(private third-party policing)이라고 보는 것이다[5].

자금까지의 논의를 종합하면, 우리는 세 가지 일반적 모형의 경찰활동을 확인할 수 있다. 당사자 경찰활동(First-party policing)은 전통적 경찰기능으로서, 경찰이 직접 피의 범법자를 접촉하고 검거하는 것이며, 공적 제3자 경찰활동(Public third-party policing)은 범죄를 통제하거나 예방하기 위하여 자신의 사회관계 영역에서 잠재적 범법자의 행동을 수정하도록 비범행 제3자에게 설득하거나 강제하는 것이고, 사적 제3자 경찰활동(Private third-party policing)은 민간기업이 범죄를 예방하기 위하여 비범행 고객에게 경제적 이익이나 불이익을 통하여 잠재적 범법자의 행동을 수정하도록 설득하는 것이다.

---

5) Buerger and Mazerolle, op cit.; Roach Anleu et al., op cit.

제17장

범죄예방으로서의 범죄단절
(Desistance from crime)

제17장

범죄예방으로서의 범죄단절(Desistance from crime)

　　데이터—주도의, 결과—기반의 환경에서, 형사사법제도도 점증적으로 형사
사법개입의 영향을 결정하고, 현재나 과거에 형사사법개입의 대상이었던 개인의
행동 변화를 검증하기 위하여 업무 수행 결과를 보여주는 계량적 분석에 의존하
고 있다. 다수의 정책결정자와 형사사법 전문가들이 이제는 영향을 결정하기 위
하여 재범율(recidivism)을 활용하는 데 익숙해 있다. 그러나 더 최근에는, 형사
사법제도를 위한 핵심 함수로서 재범율을 이용하는 것에 대한 비판이 제기되어
왔다. 그중에서도 가장 의미 있는 비판은 아마도 재범율은 성공보다는 실패에
초점을 맞추기 때문에 함수로서는 제한적이라는 비판일 것이다. 재범율만을 가
지고 형사사법개입의 성공을 측정한다는 것은 마치 학교를 그만두는 퇴학율만
으로 학교와 교사의 성공을 측정하는 것과 마찬가지라는 것이다. 더구나 재범율
은 개인의 변화와 형사사법제도의 대응이 결합된 결과여서 정책의 변화와 개인
의 행동변화를 분리하기가 어렵다고도 비판한다. 이런 연유에서, 범죄학자들은
점증적으로 개입의 성공을 측정하기 위하여 단절이나 중단(desistance)으로 방향
을 틀어야 한다고 요구해 왔다. 여기서 중단, 단절의 초점은 실패보다는 성공의
함수여서, 과거 범죄행위에 가담하였던 사람이 범죄행위를 중단하거나 범죄 경
력을 끝내는 방향으로 지향하는 과정을 측정하려는 것이다. 지금까지 연구는 범

죄행위에 가담하게 하는 위험요소(risk factors)들을 설명해 왔으나, 단절과 중단은 과거에 가담했던 그러한 행위로부터 멀어지는 데 초점을 맞추고 있다. 처음 사람을 범죄에 가담하도록 했던 요소들이 반드시 그 사람들이 범죄로부터 멀어지는 과정을 설명해주는 동일한 요소는 아니라는 것이다[1].

전통적으로 범죄학은 범죄와 그리고 특별히 범죄의 원인과 더불어 범죄와 그 원인에 대한 사법기관의 대응에 초점을 맞춰 왔다. 그와는 대조적으로, 왜, 어떻게 사람들이 범행을 삼가고 중단하는지 설명하는 데는 큰 관심을 두지 않았다. 범죄학자들의 연구나 일반적인 상식적 경험에 비추어 보아 거의 모든 범죄자가 언젠가는 범죄를 중단, 단절한다. 물론 여기서 문제는 그 언젠가가 되지만, 범행을 더 이상할 수 없어서 또는 범행을 더 이상 할 의지나 의도가 없어서 중단하게 된다. 여기에 더하여 왜 그리고 어떻게 중단하고 단절하는지가 관심이 아닐 수 없다. 그래야만 누구는 일찍이, 다른 누구는 늦게서야 중단하게 되는지 이해할 수 있을 것이다. 이와 유사한 논점으로서, 생애과정이론에서 다루는 지속범법자(persistent offender)들이 범죄를 중단하고, 단절하는 것과 관련된 요인이나 요소가 아닐 수 없다. 이런 측면에서, 범죄로부터의 중단과 단절 (desistance) 연구를 일종의 '대안 범죄학(Alternative Criminology)'이라고도 한다[2].

그렇다면, 범죄로부터의 중단이나 단절을 어떻게 정의할까. 기본적으로, 단절이나 중단은 범죄행위의 영원한 중단이라고 할 수 있으며, 화이트칼라 범죄, 기업범죄, 국가범죄보다는 사법제도에서 보편적으로 진행되고 처리되는 사회적 해악, 범행, 범죄 유형들에 더 초점을 맞춘다고 한다[3]. 이런 관점에서는 단절과 중단이 대체로 일정한 기간 범행을 하지 않고 사법제도의 대상이 되지 않는, 예를 들어서 재범을 하지 않는 '일종의 사건(event)'으로 개념화하는 경향이 강하다. 그러나 2000년대 이후, 단절과 중단을 순간이나 사건으로 보기보다는 오히

---

1) K. B. Bucklen, Desistance — Focused Criminal Justice Practice, National Institute of Justice, October 2021, p. 3

2) H. Graham and McNaeill, F., "Desistance: Envisioning futures," pp. 433 – 451 in Carlen, P and Ayres Franca L.(eds.), Alternative Criminology, London: Routledge, 2017

3) J. van Onna, vn der Geest, V., Huissman, W., and Denkers, A., "Criminal trajectories of white collar offenders," Journal of Research in Crime and Delinquency, 2014, 51(6): 759 – 784

려 과정으로 개념화하기 시작하였다. 범죄행동의 중단으로 이끄는 일련의 인지적, 사회적, 그리고 행위적 변화를 내포하는 점진적 과정(gradual process)으로 단절과 중단을 이해한 것이다. 그래서 사람들이 범행으로부터 멀어지고 사회적 통합과 재통합을 지향하도록 하는, 사회적 상황이나 여건 안에 자리하고 영향을 심각하게 받는 인간발달의 역동적 과정으로 개념화하는 것이다[4].

여기서 한 걸음 더 나아가서 단절과 중단을 낙인이론의 하나 또는 범죄예방유형처럼 1차적 단절, 2차적 단절, 그리고 3차적 단절로 세분화하기도 한다. 1차적 중단, 단절(Primary desistance)은 범행의 일시적 부재나 간극을 포함하는 범행의 중단으로서, 범행의 간헐성(intermittency)을 인식하는 것으로, 그 사람이 범행을 하고 안 하고에 초점을 맞추는 것이다. 2차적 단절, 중단(Secondary desistance)은 오랜 기간에 걸친 범행의 지속된, 일관된 중단으로서, 범죄경력(criminal career)의 중단과 이제는 법과 사회규범을 준수하도록 그 사람이 변했다는 것을 중요시하는 새로운 역할과 정체성의 채용을 포함한다. 이는 1차적 단절이 비행을 '하는(doing)' 행위적 영역을 넘어 그 사람의 생애에서 무언가 누군가 어떤 존재(being)이고 누군가 어떤 사람이 되는가(becoming)로 초점을 이동시키는 것이다. 여기에 더하여 3차적 단절, 중단(Tertiary Desistance)은 그냥 단순히 정체성과 역할 또는 행위의 이동뿐만 아니라 지역사회 공동체 사회에의 소속감(sense of belonging)으로의 이동도 포함하여 사회에서 자신의 위치를 스스로 어떻게 보고 남들에게 어떻게 보이는지도 망라하는 것이다[5].

일찍부터 범죄학은 범죄행위의 시작과 지속의 연구에 대한 관심을 가진지 오래다. 대부분의 범법자들은 30세를 전후하여 범죄가담을 줄이거나 그만둔다는 것으로 잘 알려져 있고, 이에 대한 이론적 설명도 다수라고 한다. 성장과 발달의 관점에서는 범죄경력의 중단에 대한 설명을 제공할 수 있는 개인적 변수를 찾으려고 하고, 다른 한편에서는 왜 중단과 단절이 일어나는지 설명할 수 있는 사회적 요소와 요인을 이야기하지만, 중단과 단절(desistance)은 인생사, 생활사건(life

---

4) Graham and McNeill, op cit.

5) M. Maruna, LeBel, T., Mitchell, N. and Naples, M., "Pygmalion in the reintegration process: Desistance from crime through the Looking Glass," Psychology, Crime and Law, 2004, 10(3): 271‒281

event)의 발생이나 어떠한 조건과 속성의 존재 그 이상을 내포하는 것으로 보인다. 가장 중요한 인생사지만 단순히 결혼했다고 취업했다고 다 범죄를 중단하지 않으며, 결혼하지 않고 취업하지 않았다고 다 범행을 지속하지도 않기 때문이다. 물론, 이들 이론 대부분은 원래부터 범죄로부터의 단절과 중단을 설명하기 위하여 개발된 것은 아니다. 이런 이유로 또 다른 한편에서 특별히 이 중단, 단절에 초점을 맞추는 설명이 나타난다.

먼저 성장과 발달 관점을 보자. 성장의 관점에서는 사람들이 성장함에 따라 범행을 그만둔다는 '나이 듦(aging)'을 중심 개념으로 제시한다. 그 옛날 Glueck 부부가 신체적, 지적, 그리고 감성적 능력과 안정의 단계의 도달을 의미하는 '성장적 개혁(maturational reform)'이 바로 그런 것이다. 여기서 '나이 듦'이 시간의 흐름과 함께 사람들의 인생에서 자연스럽게 도달하는 단계인 성장, 성숙으로 이해되었다. 따라서 지속적 범법자는 이 성숙, 성장의 결여나 부족으로, 그리고 중단과 단절은 대부분의 범법자들의 생애에서 일어나리라 기대되는 사건(event)으로 설명될 수 있다는 것이다. 성숙이나 성장과 관련하여 합리적 선택(rational choice)도 일조를 하는 것으로 알려지고 있다. 합리적 선택의 설명은 단절과 중단을 범죄가 사람의 생애에 가져다주는 이익과 비용의 합리적 평가나 결정의 결과로 간주하는 것이다. 실제로 범행을 중단한 강도범들에게 중단의 이유를 묻자 범행 후의 회피적 경험, 교도소의 두려움, 범죄적 생활을 이어가야 하는 불안 등이 모두 자신의 범죄가담을 포기한 결정의 요인이었다고 답했다고 한다.

사회적 요인의 관점에서 보면, 관습성에 대한 강력한 유대(bonds ro conventionality)가 중요한 요인이라고 한다. 범법자들이 중단하거나 단절하는 주요 동기는 재수감(reincarceration)을 피하고, 관습적인 삶을 이어가기 위해 정착하고 싶은 욕구였다는 것이다. 교도소라는 억제효과가 사람들로 하여금 관습적인 삶에 대한 보상이 바람직하게 보이는 보다 심각한 재평가 과정으로 인도한다는 것이다. 당연히 범법자가 범죄로 부터 단절하고 빠져나오기 위해서는 가족, 친구, 고용 등 범죄성에 가담할 기회를 제한함으로써 단절과 중단을 지지하는 관습적인 사회제도와의 의미 있는 유대를 발전시켜야 한다는 것이다. Hirschi의 사회유대이론을 토대로, 발달이론가들이 '비공식적 사회통제의 연령등급이론(Age-graded theory)'을 개발하였는데, 이 이론은 가정과 학교와 같은 비공식적 사회통제가 아동기 비행의 중단, 단절을 설명하고 구조적 맥락을 중재하며, 아동기로부터 성인기에 이르기까지 반사회적 행위의 강력한 지속성, 연속성이 있으며, 이전의 개인적 차이에 상관없이 성인기 비공식적 사회통제가 생애에 걸친 범죄행위의 변화를 설명한다는 세 가지 주요 주제를 중심으로 구축되었다고 한다. 아동기 기질과 경험이 범죄행위의 안정성을 이해하는 것은 적절한 것이지만, 성인 생애에 있어서 동조성을 지향하는 범죄적 궤적의 변화를 설명하는 것은 결혼, 군, 취업과 같은 개인적, 사회적 제도와 도구라는 것이다.

비행교우와의 접촉이 청소년기 범행의 가장 중요한 상관변수 중 하나라는 것은 주지의 사실이어서 당연히 이들 비행교우와의 결별이 중단이나 단절에도 영향을 미칠 수 있는데, 이는 그러한 비행교우와의 접촉이 자신에게 가져다줄 이익과 위험을 평가한 다음에 일어날 수 있다는 것이다. 여기서 결혼이 사회와의 강력한 관습적 유대를 대표하는 것이기 때문에 단절과 중단에 도움이 된다는 생애과정 관점과는 달리, 결혼은 관습적 사회와의 유대가 아니라 결혼이 교우관계에 영향을 미치기 때문이라고 주장한다. 결혼이 과거의 교우관계의 유형을 붕괴시킴으로써 또는 변화시킴으로써 비행교우관계에 노출될 수 있는 시간을 줄이고 범행에 가담할 수단과 동기도 그만큼 줄어들기 때문에 범죄로부터의 단절과 중단을 촉진한다는 것이다. 동시에 범죄성이 상대적으로 더 높다고 간주되는 남성 교우보다 결혼으로 범죄성이 상대적으로 더 낮다고 여겨지는 여성과의 접촉과 유대의 형성으로 친 사회적인 애착(attachment)도 형성하게 된다는 것이다. 결국, 이는 생애과정과 교우관계를 통한 학습과 통합하여 범죄로부터의 단절과 중단을 촉진할 수 있다는 것이다.

지금까지의 기술들을 종합하면, 다양한 이론과 경험적 연구가 단절과 중단이 작동하는 다양한 기제(mechanism)를 제시하고 있는데, 요약하면 단절과 중단의 중요 기제의 이론 대부분이 개체발생적이거나(ontogenetic) 사회적 요인으로 발생하는(sociogenic) 것에 초점을 맞추고 있는데, 이는 다른 말로 표현하자면 개인에 대한 내적인 요소(ontogenetic)이거나 개인으로부터 외적(sociogenic)인 요소에 초점을 맞추고 있다는 것이다. 이들 요소, 이론과 작동 기제를 활용한 대표적인 개입의 사례를 요약하면 다음과 같다6).

---

6) Bucklen, op cit., p. 4

표-25 단절, 중단에 초점을 맞춘 개입[7]

개입	단절, 중단의 이론
인지행동요법 (Cognitive Behavior Therapy)	인지변환이론(Cognitive Transformation Theory)
인지변환이론 (Cognitive Transformation Theory	비공식적 사회통제이론(Informal Social Control Teory)
의료-지원 처우 (Mediation-assisted treatment)	생물학적 이론(Biological theory)
억제-기반 접근 (Deterrence-based approach)	합리적 선택이론(Rational Choice Theory)
절차적 정의 접근 (Procedural Justice Approach)	절차적 정의 이론(Procedural Justice Theory)
탈 낙인화 (Destigmatization)	낙인이론 (Labeling Theory)

---

7) op cit., p. 10, Table 1: Eaxamples of Desistance－Focused Intervention 재편집

제18장

범죄예방의 추세와 전망

범죄예방의 추세와 전망

제1절   일반적 추세와 전망

범죄와 질병을 비교하고, 사회 안전과 보건안전을 비교하는 경우처럼, 질병의 경우 치료보다 예방이 바람직하다면 범죄도 당연히 치료보다 예방이 먼저야 한다. 문제는 범죄의 경우 과연 범죄는 애당초 예방될 수 있는 것이며, 있다고 해도 과연 예방이 치료보다 더 낫다고 자신할 수 있는가 강한 의문이 제기되기도 한다. 더구나 최근 들면서, 예방이 처벌과 같은 결과적인 '치료'와 근본적으로 다른 것인지 의문이 제기되기도 한다. 역사적으로, 범죄예방은 대체로 감시기술(surveillance technology)과 선별적 무능력화(selective incapacitation) 또는 구금(incarceration)을 활용하였고, 주로 노상범죄(street crimes)에 초점을 맞추어 왔다. 물론, 지난 수세기에 걸쳐 보다 진보된 형태의 범죄예방이 공공정책으로 통합되어 회복적 사법(restorative justice)과 지역사회 사법(community justice)모형이 그 대표적인 예이지만, 테러의 공포와 함께 범죄에 대한 보수적 태도와 인식은 또 다시 감시와 선별적 구금과 무능력화에 대한 새로운 관심을 일으키기도 한다. 이러한 대체적인 분위기 속에서 지금까지 우리가 목격해 온 범죄예방의 추세와 변화는 대략 다음의 세 가지 주제가 지배해 왔다고 할 수 있다고 한다[1].

먼저, 정보공유와 범죄예방기술에 대한 관심과 노력이 엄청난 정도로 새롭게 강조되고 있다는 점이다. 실제로 미국의 9·11 테러를 계기로 미국에서는 자원과 자금의 재분배는 물론이고 정부조직도 재조정되는 등 형사사법 공동체에 대한 극적인 변화를 초래하였고, 이런 변화는 공공 분야만이 아니라 미국의 대표적 민간연구기관인 Rand Corporation은 기존의 Criminal Justice Unit를 Public Safety and Justice로 확대, 개편하였다고 한다. 이런 변화를 가져 온 가장 큰 계기는 9·11테러가 정보공유의 실패가 원인 중 하나라는 지적에 따른 것이며, 따라서 변화의 최일선은 더 나은 정보공유를 위한 것이었다고 한다. 정보공유의 중요성과 함께, 대량살상과 파괴 무기의 발견을 위한 기술의 개발이 강조되었던 것이다. 두 번째는 다름 아닌 사법-관련 동반자 관계(partnership)를 발전시키기 위한 지속적인 압박이라고 한다. 이 동반자 관계는 물론 지방과 중앙의 법집행기관 간의 동반자 관계를 비롯하여 공과 사, 그리고 형사사법과 유관기관과의 동반자 관계, 그리고 사법기관과 지역사회와 공동체 사회와의 그것도 강조되었다고 한다. 동반자 관계의 구축은 당연히 앞에서 언급한 정보공유를 더 원활하게 하고 활성화시키는 것과도 연결된다. 그러나 무엇보다도 범죄는 어느 한 기관만의 문제가 될 수 없고, 해결할 수도 없다는 현실적 인식이라고 할 수 있다. 마지막으로, 불행하게도 공적 자원, 즉 예산이란 언제나 한계가 있기 마련이고, 범죄 관련 자원 또한 예외일 수 없어서 효과가 가장 확실하고 큰 곳에 자원을 집중하는 등 범죄예방 정책과 대책에 우선순위를 정하는 추세이기도 하다[2].

먼저, 정보의 공유와 범죄예방기술을 보자. 지금까지 사법정보의 공유는 통합사법정보체계의 구축을 향한 움직임이었다고 할 수 있다. 범죄를 예방하고 미래 테러공격과 싸우기 위해서, 많은 사법자원이 핵심정보의 공유를 지원할 수 있는 기술적 인프라 구조를 구축하고 실행하기 위하여 사용되고 있다. 이는 특히, 범죄가 공간적, 시간적으로 일정하고 균등하게 분포되지 않고 범죄가 많이 발생하는 시간(hot-time)과 장소(hot-spot)가 따로 있고, 범법자에 따라서도 범행의 확률이 크게 다르다는 점에서 이들 관련 정확한 정보를 안다면 자원을 더

---

1) A. M. Schuck, "American crime prevention: Trends and New Frontiers," Canadian Journal of Criminology and Criminal Justice, 2005, 47(2): 447-462, p. 449

2) ibid., p. 450

효율적으로 사용할 수 있음은 물론이고, 더구나 그러한 정보를 관계 기관이 공유할 수 있다면 기관 간 공조가 더 활발하고 효과적으로 이루어질 수 있다는 점에서 정보의 공유는 반드시 필요하다고 하겠다. 그런데, 이처럼 통합된 사법정보체계는 다양한 사법기관 사이의 정확하고, 막힘이 없고 빠른 정보의 교환을 지원하는 데 기술을 활용할 수 있도록 설계된다. 이와 같은 노력과 시도의 목표는 당연히 기관 간 수평적으로 그리고 수직적으로 정보를 통합하는 비용은 적게들고 업무성과는 높은 그러한 체계를 만들어 내는 것이다. 물론 정보공유는 선택이 아니라 당위가 되었지만 그렇다고 아무런 비판이 없는 것은 아니다. 가장 큰 우려는 역시 사생활의 침해와 인권의 침해라고 할 수 있다. 한 가지 예로 보험사기의 경우, 건강의료정보가 경찰을 비롯하여 보험관련 기관과 기업이 공유할 수만 있어도 대부분 예방되고 해결할 수 있으리라 기대되지만 민감한 정보의 유출로 인한 문제 또한 그리 간단치 않다는 것이다. 정보의 공유와 활용이 적법하고 정당한 절차와 과정에 따라 그것도 최소한의 범위에서 마지막 수단으로만 활용되기를 바라지만 그렇지 않다면 정보의 오용과 남용으로 인한 사생활과 인권의 침해를 벗어날 수 없는 것이다. 극단적으로는 잘못된 체포와 구금, 그리고 그로 인한 다양한 권리의 제한이라는 불이익도 수반될 수 있다는 것이다[3].

정보공유기술은 앞으로도 범죄예방에 있어서 점증적으로 더 중요하고 큰 역할을 할 것으로 예측되고 있다. 다양한 새로운 형태의 정보공유가 미칠 영향은 상당한 기간 존재해 온 그러한 기술을 이용한 그냥 데이터 저장 관점이 아니라 형사사법제도 내에서 그리고 형사사법기관과 기타 기관과 단체 사이에 상호작용을 위한 새로운 기술과 소통의 방법을 개발함으로써 실현될 수 있다는 것이다. 형사사법제도의 대부분의 사람들이 정보공유가 지역사회 안전에 핵심적이라고 믿지만, 앞에서도 비판의 목소리로 언급한 것처럼 개인의 사생활과 인권과 공공안전의 필요성 사이의 균형을 맞추는 능력에 대한 우려를 아직도 완전하게 불식시키지는 못하고 있다. 기술과 관련해서도, 우려되는 것은 그러한 새로운 기술을 활용할 수 있는 여력과 입수 가능성은 그 속도가 달라서 필요한 모든 기관과 사람이 다 원하는 만큼 활용할 수 없으며, 또한 기술 활용에 필요한 자원의 차이에서 오는 개인 간 또는 지역 간 격차이다. 따라서 이들 신기술이 범죄

---

3) op cit., p. 452

예방도구로 확산되기 전에 가용성, 접근성, 그리고 인권과 사생활이라는 쟁점들이 해결되어야 할 필요가 있다는 것이다[4].

　두 번째 발전 추세요, 필요사항이라고 할 수 있는 것은 예방의 동반자 관계의 구축이다. 범죄예방을 위하여 동반자 관계(partnership)를 구축하는 목적은 제한된 자원을 결집하고, 민관, 기관과 기관 사이의 담장과 벽을 허물기 위함이다. 물론 동반자 관계 그 자체가 일반적으로는 범죄예방으로 간주되지는 않고, 오히려 상당한 기간 동안 지속될 수 있는 폭넓은 범위의 조직과 기구들 사이의 관계 개발을 포함하는 복수의 예방활동을 통하여 범죄를 예방하려는 협조된 지역사회 전체의 전략으로 간주되고 있다. 특히, 범죄문제는 그 원인도 다양하고 따라서 그 해결 또한 사법기관만으로는 해결되지 않으며, 범죄문제 해결을 위하여 의료모형이나 공중보건모형이 요구되고, 지역사회의 참여와 협조가 없이는 사법기관이 존재와 역할이 불가능할 정도로 어렵다는 점을 고려한다면 동반자 관계는 더욱 더 중요해지는 것이다. 그런데 동반자 관계가 성공적이기 위해서는 지역적으로 기초한 것이어야 하고, 그래서 표적 지역사회의 특수한 필요를 충족시키도록 태생적으로 융통성이 있고 신축적이어야 하며, 또한 변화하는 상황과 조건에 신속하게 적응할 수 있어야 한다는 것이다. 이와 더불어, 성공적인 동반자 관계 구축과 지속을 위해서는 강력한 리더십과 폭넓은 구성이 전제되어야 하고, 효과적인 동반자 관계는 조직 간 공조와 관련된 영역 다툼과 기관원과 지역사회 구성원 사이의 유착관계의 이용 등의 문제가 해결되어야 한다는 경고도 나온다[5].

　그런데 사법 동반자 관계에서 비교적 최근의 추세 중 하나는 아동학대와 관련된 것으로서 아동복지 기관과 아동보호기관 간의 동반자 관계라고 할 수 있다. 아동학대와 방임과 이후의 폭력 사이의 강력한 연관성이 확인됨은 물론이고 이와 함께 가족지원 프로그램의 긍정적 효과가 확인되면서 아동복지 문제가 장기적인 범죄예방에 있어서 성공에 특히 중요한 것으로 간주되고 있다. 당연히

---

4) Schuck, op cit., p. 454

5) J. R. Coldren, Jr., Costello, S. K., Forde, D. R., 깨되, . 뭉 Rosenbaum, D. P., Partnership, problem solving, and fesearch integration - Key elements of success in SACSI: Phase I findings from The National Assessment of the Strategic Approaches to Community Safety Initiative, Washington, DC: US Department of Justice, http://www.ncjrs.org/

경찰은 전통적으로 위기 아동들을 그들의 가정으로부터 격리시키는 데 도움을 줘 왔지만 그러한 노력들이 아동복지과정으로 제대로 잘 통합되지는 못하였다는 것이다. 아동보호기관과 경찰 사이의 공조가 사실 아동안전을 향상시키는 하나의 좋은 방법으로 알려지고 있는데, 뿐만 아니라 그러한 공조가 가족의 사생활, 적법절차, 그리고 증거수집의 문제들을 더 잘 할 수 있다는 것이다. 물론 이러한 공조에 대해서, 아동복지와 경찰의 공조에 대한 원인과 결과라는 인과관계에 대한 이론적 연계의 타당성에 대한 우려가 제기되기도 하는데, 예를 들어 경찰관의 아동보호와 복지에 대한 민감성의 증대가 결과에 어떻게 긍정적으로 영향을 미치는지 등 이론적 근거에 대한 논의가 필요하다는 것이다. 또한 공조과정에 있어서 증대된 경찰관의 출현과 존재가 낙인과 같은 의도치 않은 결과를 초래할 잠재성도 우려하고 있다[6].

세 번째는 효율성의 문제와도 관련된 것으로 시간과 장소, 그리고 범법자에 따라 범죄 발생 확률이 다르며, 잠재적 피해자도 그 특성에 따라 피해자화 위험이 다르다는 점을 고려한다면 법집행 자원과 활동이 모든 시간, 공간, 사람에게 균등하고 획일적이라면 자원의 낭비요, 비효율적이라고 할 수 있어서 범죄예방도 당연히 특정한 모집단에 대한 표적화된 예방(targeted prevention)일 필요가 있다는 것이다. 이는 현재도 진행 중이지만 대부분 동의하는바 소위 'something works', 즉 '특정한 사람이나 집단이나 장소와 범죄 등에 대한 특정한 프로그램이 제대로만 실행된다면 효과가 있다'는 논리와도 궤를 같이한다고 할 수 있다. 대표적으로 학교폭력의 하나인 괴롭힘(bullying)과 같은 학교안전을 위한 프로그램이나 그리고 교정단계에서의 사회복귀 교육과 훈련이라는 '사회 재진입(reentry)' 프로그램이 좋은 예라고 할 수 있다. 이와 같은 표적화된 예방이 성공하기 위해서는 바로 그 표적을 파악하고 선별하는 능력에 달렸다. 위험성이 가장 높은 청소년들을 정확하게 파악하고, 석방이나 가석방 이후의 추적 프로그램을 통하여 그들의 사회 재진입이 성공적이기 위해 개입이 필요한 수형자를 정확하게 선정하는 것이 성공의 관건이라는 것이다. 물론 선정된 표적에 대해서 그에 맞는 맞춤형 개입이 제공되어야 함은 당연한 것이다[7].

---

6) Schuck, op cit., pp. 455−456

7) ibid., p. 458

　　지금까지 범죄예방의 주류는 대체로 범법자의 범행 동기를 억제하거나 범행기회를 제한하는 방향에서의 접근이었지만, 여기에 피해자 관점에서의 예방이 점점 더 강조되고 있는 형국이다. 그러나 최근 일부에서는 우리가 범행을 줄이는데 전념하려면, 즉 진정으로 줄이고자 한다면 범법자들의 동기와 기회뿐만 아니라 그들이 성공적으로 범행할 수 있는 능력(capacity)을 이해하는 데 더 많은 관심을 기울여야 한다는 주장이 제기되고 있다. 물론 과거에도 삼진아웃이나 무능력화와 같이 범법자의 범행능력을 무력화시키자는 극단적 접근이 없었던 것은 아니지만, 이는 물리적 격리와 배제에 국한된 한시적인 경우에 지나지 않으면서도 비용의 과다와 인권침해라는 비난도 없지 않았다. 반면에 범법자의 범행능력에 대한 이해는 범법자들이 왜 범행했는지 범행동기뿐만 아니라 범행에 필요한 지식과 기술을 어떻게 취득하여 어떻게 활용했으며 그것들로 무엇을 하였는지 범법자들에게 물어야 하고 귀 기울여야 한다는 것이다. 이들의 주장에는 범법자가 범행의 의지와 동기는 물론 기회가 있어도 범행에 필요한 기술 또는 자원이 없다면 범행할 수도 없어서 처음부터 범죄는 일어날 수 없다는 것이다. 이런 관점에서 일부에서는 범죄발생의 필요충분조건으로서 일반적으로 말하는 동기가 부여된 범법자, 매력적 표적, 그리고 보호의 부재를 들고 있지만, 여기에 범행능력이 추가되어야 한다는 것이다. 범행을 하고 범죄로부터 도주하기 위해서는 자원(resources), 즉 일련의 기술과 상이한 유형의 지식을 요한다는 것이다. 운전할 줄 알아야 자동차 절도도 하고, 컴퓨터를 잘 해야 컴퓨터 범죄도 범할 수 있듯이 말이다. 따라서 이들 기술과 지식이라는 범행의 자원, 자산을 이해하는 것은 범죄예방의 중요한 정보이며, 그것들을 제한함으로써 범행 자체가 실행될 수 없도록 한다면 중요한 범죄예방 대안이 될 수 있다는 것이다.

　　범법자의 능력에 대한 연구는 범법자들이 범행현장에서 무엇을 어떻게 하였는지에 관심을 집중하는 것이다. 그러나 지금까지의 주류 범죄학과 범죄예방 정책은 범죄에 대한 인과요인을 들여다보는 데 있어서 대체로 보안장치나 조치로 인한 장애와 같은 범죄에 대한 근위, 즉 인접요인보다는 가족과 가정 배경의 영향과 같은 원위, 즉 말단 인자에 더 많은 관심과 흥미를 보였다. 사실, 범행에의 '최초 가담 결정(initial involvement decision)'이라고 할 수 있는 범죄의 원인과 동기에 대한 관심과 흥미는 범죄현장에서 이루어지는 '사건 결정(event decision)'을 얼마간 빛을 잃게 만든다. '가담 결정'은 특징적으로 다단계이며 상당기간 동안 확장되는 반면, '사건 결정'은 그와는 대조적으로 대체로 당면한 여건과 상황에 관련된 제한된 정보를 이용하는 더 짧은 단기적 과정인 경우가 많다. 그럼에도 불구하고, 비록 우리가 다수의 범법자가 합리적이라고 인식하고 있음에도 그 합리성이 범법자의 기술과 지식에 따라 어떻게 영향을 받는지, 어떻게 작용하는지 크게 관심을 갖지 않았던 것이다. 보다 성공적인 예방을 위해서는 당연히 동기와 기회뿐만 아니라 범행 기술이 추가되어야 하며, 이 범법자의 지식과 기술이라는 범행수행능력에 대한 연구가 앞으로 더욱 필요해지며, 이런 연구는 '사건 결정'에 초점을 맞추는 접근에 의한 것이어야 한다[8].

범법자의 능력에 대한 이해의 부족이나 결여는 범행에 맞설 대책이 완전한 지식기반 위에서 작동하지 못하고, 그래서 자연스럽게 상황적 범죄예방이 과연 효과적인지 의문이 들지 않을 수 없게 한다. 우선, 상황적 예방이 별로 효과가 없으며 결코 완전하게 작동하고 효과를 낼 수 없다는 우려가 많은데, 그것은 부분적으로 범죄가 단지 대체되었을 뿐이라고 주장되고, 실제 범법자들이 과연 얼마나 합리적인가 의심되며, 원위요인에 제대로 맞서지 못하고서 장기적인 효과가 없다는 회의론 때문이라고 한다. 또한, 일부 대책들은 오히려 범법자들에게 호의적으로 작용하기도 한다는 것이다. 예를 들어 담장이 때로는 주거침입 절도범들을 외부 시선으로부터 막아준다는 것이다. 그리고 상가나 상업 지구에서는 상황적 예방대책, 예를 들어 CCTV나 보안검사 등이 잠재적 범법자도 전환시키지만 잠재적 고객도 전환시킬 수 있다는 것이다. 반대로, 고객들에게 매력적이게 진열된 상품은 도둑들에게도 절도의 매력적인 표적이 된다는 것이다. 왜 그럴까. 상황적 예방의 이론적 틀을 제공하는 일상활동 이론에서는 범법자, 표적, 그리고 보호부재를 범행의 필요충분조건으로 들고 있지만, 이것만으로는 필요는 하되 충분하지는 않다는 것으로, 이와 관련하여 일부에서는 그 모자라는 부분을 동기가 부여된 범법자에 추가되어야 할 요소가 있다고 주장한다. 범죄행위는 다

---

8) M. Gill, "Reducing the capacity to offend: restricting resources for offending," pp. 306 – 328 in Tilley(ed.), op cit., p. 307

섯 가지 필요조건이 충족되어야 발생할 수 있다면서, 행위에 대한 범죄로서의 낙인(labeling), 적어도 최소 한 명 이상의 범법자, 범법자가 범행할 수 있는 수단(means), 범죄기회, 그리고 공식, 비공식 통제의 결여가 있어야 한다는 것이다[9].

다시 말해, 범행이 발생하려면, 범법자가 범행할 수 있는 수단도 필요하다는 것이다. 범법자를 단지 그들의 범죄적인 선천적 기질이나 성향과 동기라는 관점뿐만 아니라 그들의 능력, 역량, 자원의 관점에서도 이해하는 것이 더 바람직하다는 것이다. 실제로, 일상활동 이론에서 동기가 부여된 범법자가 유능한 보호로서 예방될 수 있다고 하지만 실제로는 범법자가 범행 기술과 지식이 부족하거나 없을 때 잠재적 범행이 예방된다는 것이다. 바로 이런 점을 보완하는 측면에서 Ekblom은 '범죄기회의 결합(Conjunction of Criminal Opportunity: CCO)'이라는 개념을 제안한 바 있다. CCO는 일상활동 이론, 합리적 선택이론, 그리고 환경범죄학(environmental criminology)의 확장이요, 결합으로서, 자원의 중요성을 강조하기에는 아주 좋은 이론적 틀이라고 할 수 있다. 한편, 한 가지 중요한 사항은 범법자의 기술과 지식이라는 자원의 여부나 종류나 정도도 중요하지만, 그러한 자원을 어떻게 취득하였는지 그 과정에 대한 이해도 중요하다는 것이다. 즉, 범법자가 자신의 범행에 성공할 수 있게 해 준 기술과 지식을 습득한 방법을 이해할 필요가 있다는 것이다. 상식적으로도 이미 습득된 지식과 기술을 무장 해제시키는 방법이나 기술을 개발하기보다는 기술과 지식 습득과정을 붕괴시켜서 습득하지 못하게 하는 편이 더 쉽고 낫다는 것이다[10].

결국, 범법자가 동기가 부여되고, 거기에 더하여 기회도 주어졌더라도 범법자가 범행에 성공하기 위해서는 아직도 한편에서는 '수단(means)'이라고 하고 다른 한편에서는 '자원(resources)'이라고 하는 것을 필요로 한다는 것이다. 자원은 범법자로 하여금 모든 종류와 유형의 위험을 관리하고, 더 많고 상이한 기회를 이용할 수 있도록 도움을 주기 때문에 매우 중요하다는 것이다. 범법자들이 이용할 수 있는 상이한 유형의 자원을 Ekblom과 Tilley는 7가지 상이한 유형의 자원으로 분류하여 설명하고 있다. 먼저, 감정적 상태를 견디는 자원(resources for

---

9) R. Reiner, "Crime and control in Britain," Sociology, 2000, 34: 71−94, p. 79

10) P. Ekblom and Tilley, N., "Going equipped: Criminology, situational crime prevention and the resourceful offender," British Journal of Criminology, 2000, 40: 376−398

handling emotional state)으로서, 범법자는 범행에 대한 감정적 준비가 되어 있어야 한다는 것으로 예를 들어 '중화기술(techniques of neutralization)'을 필요로 할 수 도 있다고 한다. 둘째는 인성기질에서 나오는 자원(resources derived from personality traits)으로, 범행을 가능케 하는 인성 특징이나 특성이며, 셋째는 지식에 기초한 자원(knowledge-based resources)으로서 범행의 수법과 표적선택 등의 전문적인 지식이며, 넷째는 기술에 기초한 자원(skills-based resources)'으로서 지식이 사실에 관한 것이라면 기술은 그 지식을 적용하는 수법으로 장금장치를 따는 방법 등의 좋은 예이며, 다섯째는 신체적 기질에서 나오는 자원(resources derived from physical traits)으로서 신체조건 등이라고 할 수 있으며, 여섯째는 무기를 포함한 범행도구나 범행 촉진·조장제(crime facilitators)로 범행을 용이하게 하거나 범행에 반드시 필요한 도구이며, 마지막은 접촉과 연계(associates and contacts)로서 공범의 성격이 강하다고 할 수 있다. 종합하면, 범행을 견디는 감정적 자원, 인성기질, 지식, 기술, 도구, 그리고 조력자나 동반자가 곧 범행의 자원이며, 이런 자원이 많고 강할수록 범행이 수월해진다는 것이고, 반대로 이들 자원을 제한하거나 제거, 억제할 수 있다면 그만큼 범죄도 예방될 수 있다는 논리이다11).

제3절 범죄예방을 위한 문제-해결(problem-solving)

문제-해결 방법론은 경찰의 범죄통제와 예방 전략의 심장이라고 할 수 있을 정도로 그 활용도가 높다. 문제-해결을 위한 기술과 기법은 전형적으로 이론, 맥락성 또는 상황성(contextuality), 그리고 실행을 강조함과 동시에 확실한 자료의 체계적 분석과 대대적인 과정 평가를 담고 있다. 범죄예방 프로그램을 개발함에 있어서 문제-해결의 필요성과 중요성이 강조되고 그 역할이 더 커져야 한다는 목소리가 많아지고 있다. 문제의 근본적인, 근원적인 해결이야말로 진정한 의미의 예방이고 그 효과 또한 장기간 지속될 수 있어서 일시적이라거나 대체에 지나지 않는다거나 하는 범죄예방에 대한 비판도 잠재울 수 있기 때문이

---

11) Gill, op cit., pp. 309-312

다. 다행하게도 이런 문제-해결 방법론이 좋은 범죄예방 관행의 핵심요소로 간주되기 시작했다는 사실이다. 문제-해결 접근은 문제의 파악과 확인과 범죄 자료 분석, 이 분석과 평가에 기초한 개입과 전략목표의 선정, 일정 형태의 동반자 관계를 통한 실행과 영향력의 평가를 내포하는 일련의 단계로 뒷받침된다. 그 활용에 대해서 문제 지향 경찰활동의 선구자인 Goldstein을 비롯하여 상황적 예방의 Clarke 교수와 같은 저명학자들 다수의 지지를 받고 있는데, Ekblom은 효과적인 범죄예방 계획의 핵심 요소라고 강조한다[12].

다수의 문제-해결 범죄예방의 모형이 제안되고, 활용되고 있지만, 그중에서도 가장 잘 알려진 모형은 SARA 즉 검색(Scan), 분석(Analyse), 대응(Respond), 평가(Assess)하라는 모형일 것이다. 이를 응용하여 좀 더 정교하게 제시하기도 하는데, 예를 들어 문제-해결과정을 문제의 일상적 검색과 분석(Routine Scanning and analysis of problem), 문제를 다룰 전략의 고안(devising strategies to address problems), 문제에 대한 시도된 해결책의 실행(Implementing attempted solution to problems), 그리고 범죄문제와 전략의 감시와 해결방안의 효과성 평가(Monitoring of strategy and crime problem and evaluations of effectiveness of solutions)가 그것이다[13]. 이를 더욱 발전시켜서, 특정 범죄문제에 대한 정보의 수집과 분석(Intelligence), 현재 논의되고 있는 문제의 원위적, 근위적 원인을 다룰 모든 잠재적 대안의 선택(Intervention), 선택된 개입을 실행으로 전환시키는 행동(Implementation), 핵심 이해관계자와 기관 참여자의 동원(Involvement), 그리고 결과의 평가(Impact)라고 하는 5 I 개념을 제시하였다[14].

---

12) A. Cherney, Problem solving for crime prevention, Trends & Issues in Crime and Criminal Justice, no. 314, Australian Institute of Criminology, May 2006, p. 1; P. Ekblom, "From the source to the mainstream is uphill: The challenge of transferring knowledge of crime prevention through replication, innovation and anticipation," pp. 131-203 in N. Tilley(ed.), Analysis for Crime Prevention, Crime Prevention Studies vol. 13, Monsey, NY: Criminal Justice Press, 2002; G. Laycock, "Deciding what to do," pp. 674-698 in Tilley(ed.), op cit., 2005

13) M. Hough and Tilley, N., "Getting the grease to squeak: research lessons for crime prevention," Crime detection and prevention series paper 85, London: Home Office, 1998, p. 7

14) P. Ekblom, 5 Is introduction and illustrative guide, London: Home Office, 2003, http://www.crimereduction.gov.uk/learningzone/5isintro.htm

문제해결 과정을 범죄예방에 적용함에 있어서 선택된 어떠한 개입이라도 견고한, 온전한 이론의 논리적 확장이어야 한다는 것이 중요하다고 강조한다. 불행하게도 그중요성에 비해 실무에 있어서는 종종 경시되기 일쑤라고 한다. 그러한 관행의 결과는 당연히 실패이고, 실패의 원인 중 가장 핵심이 바로 이 이론적 근거와 뒷받침의 부재라는 것이다. 문제-해결에 있어서 자료의 중요성은 이미 강조되었지만, 자료 자체만으로는 스스로 가장 적용 가능한 개입대안을 제시하는 것은 아니며, 오히려 건전한 이론의 몫이라는 것이다. 이론이 중요한 것은 이론이 문제를 이해하고, 그 문제 해결을 위한 선택된 개입을 이론적, 논리적으로 정당화시켜 주며, 범죄가 얼마나 감소되었는지 또는 감소되지 않았는지를 포함한 결과를 해석하는 데 도움을 주기 때문이다. 일상활동 이론이나 상황적 예방은 장소에 기초한 범죄문제(place-based crime problem)의 이해를 용이하게 해 주고, 위험과 노력을 증대시키고 보상과 촉발은 줄이거나 변명을 제거하는 개입으로 보호가능성이 증대되었는지 확인하여 결과를 해석하는 데 도움을 주는 것을 예로 들 수 있다. 이런 일상활동 이론이 없다면 범죄다발지역의 특성을 이해하고, 적용 가능한 해결책을 선택하는 것이란 어렵게 될 것이다. 이론의 뒷받침이 없다면 개입이 제대로 실행되었는지, 기대했던 목표가 성취되었는지 알 수 없는 일일 것이다[15].

이론적 근거 위에 다음은 구체적으로 어떻게 문제를 해결해야 범죄를 예방할 수 있을 것인가의 문제이다. 문제-해결 접근법의 한 가지 핵심 목표는 대응방안이 특정한 범죄문제에 딱 맞는 일치된다는 것을 확인시킴으로써 바람직한 실천, 실무 관행을 이끌 수 있다는 것이다. 그러나 개입의 영향은 사실 개입이 실행되는 상황, 여건, 환경을 통하여 중재되어, 이를 상황별 임시변통(context contingent)이라고 한다. 상황에 상응한 변수로는 문제-해결 과정이 수행되는 사회적, 물리적, 문화적 상황, 개입의 표적집단, 정치적 기후, 실무자와 책임기관의 지식과 기술 수준, 동반자의 행동 등을 포함하는 것이다[16]. 이와 관련하여,

---

15) J. Eck, "Learning from experience in problem oriented policing and situational prevention: The positive functions of weak evaluation and negative functions of strong ones," pp. 93-117 in Tilley(ed.), op cit., 2002,

16) N. Tilley, "Evaluation and evidence led crime reduction policy and practice," pp. 81-97 in R. Matthews and Pitts, J.(eds.), Crime, Disorder and Community Safety, London:

좋은 문제－해결은 복잡한 임무이고, 단순히 범죄 자료의 분석과 그에 따른 대응 능력 그 이상을 함축하는 것이다. 즉, 실무자들, 실천가들의 융통성, 유연성 (flexibility)도 매우 중요하다는 것이 점점 더 강조되고 있다. 이러한 유연하고 융통성 있는 능력은 문제－해결 과정이 장기적이고 그래서 단계적일 경우, 그 단계별, 과정별 변화에도 민감해야 한다는 것이다. 알려지기로는 가장 성공적인 프로젝트는 상황의 변화에 적응하고 유연한 프로젝트라는 것이다. 문제－해결에 임하는 경찰관이나 관련 기관원에게 가장 핵심적인 기술은 문제 파악과 분석, 그리고 실행에 대한 기관의 다양한 전념의 정도에 적응하고 대응하는 능력이라고 한다. 변화하는 상황에 따른 유연하고 융통성 있는 응용, 적응 능력이 중요하다는 것이며, 이를 위해 특정 상황의 특정 문제를 해결하는 데 필요한 지식과 기술을 요한다. 변화에 적응하고 유연해진다는 것은 어쩌면 당연히 문제－지향 접근법을 채택할 때 일련의 쟁점들에 대해서 잘 알고 또 즉각적으로 관심을 가지고 반응하고 반응하여 필요한 것을 개선, 수정, 보완해야 한다는 것이다. 결국, 문제는 유동적, 역동적이며 따라서 그 해결도 고정적이지 않고 유연하고 역동적이고 융통성이 있어야 하며, 이런 변화에 즉각 대응할 수 있어야 한다는 것이다[17].

Routledge, 2001; Cherny, op cit., p. 3

17) A. Cherney, "Contingency and politics: The local governmenr community safety officer role," Criminal Justice: The International Journal of Policy and Practice, 2004, 4(2): 115－128; J. Eck and Clarke, R. V., "Classifying common police problems: A routine activity approach," pp. 7－39 in Smith m. J. and Cornish, D. B.(ed.), Theory for Practice in Situational crime prevention, Crime Prevention Studies vol. 4, Monsey, NY: Criminal Justice Press, 2003

저자 약력

이윤호

동국대학교 경찰행정학과 졸업
미국 Michigan State University 범죄학 석사, 박사학위 취득

경기대학교 교정학과, 경찰학과 교수 역임
        교학2처장, 대외협력처장, 행정대학원장 역임
동국대학교 경찰사법대학 교수 역임
        사회과학대학장, 행정대학원장 역임
        경찰사법대학장, 경찰사법대학원장 역임
        입학처장 역임

국가경찰위원회 위원 역임
법무부 법무연수원 교정연수부장(개방형 임용 계약직 이사관) 역임

대한범죄학회 회장 역임
한국공안행정학회자 역임
한국경찰학회장 역임
한국산업보안연구학회장 역임
한국대테러정책학회장 역임

현   고려사이버대학교 경찰학과 석좌교수
      동국대학교 명예교수
      사단법인 목멱사회과학원 이사장
      한화 시스템 자문위원

[저서]

『한국소년비행론』, 『한국형사사법정책론』, 『범죄학』, 『경찰학』, 『교정학』, 『피해자학』, 『현대사회와 범죄』, 『범죄, 그 진실과 오해』, 『범죄심리학』, 『연쇄살인범 그들은 누구인가』, 『청소년 비행론』, 『하루 한줄 행복에 물들다』, 『세기와 세상을 풍미한 사기꾼들』, 『범죄 기네스북』, 『영화속 범죄코드를 찾아라』, 『인생 프로파일링, 삶을 해부하다』, 『폭력의 해부』(역저)

범죄예방론

초판발행   2022년 1월 31일
중판발행   2024년 3월 25일

지은이   이윤호
펴낸이   안종만·안상준

편 집   윤혜경
기획/마케팅   이영조
표지디자인   BEN STORY
제 작   고철민·조영환

펴낸곳   (주) **박영시**
              서울특별시 금천구 가산디지털2로 53, 210호(가산동, 한라시그마밸리)
              등록 1959. 3. 11. 제300-1959-1호(倫)

전 화   02)733-6771
f a x   02)736-4818
e-mail   pys@pybook.co.kr
homepage   www.pybook.co.kr
ISBN   979-11-303-1464-8   93350

정 가   27,000원